Michael Panser – Xelîl Viyan – Bager Nûjiyan

»Werde, der du bist«

UNRAST

Michael Panser (1988–2018) war Revolutionär und Internationalist. Er studierte Geschichte an der Freien Universität Berlin und setzte sich intensiv mit Philosophie und politischer Theorie auseinander. Sein Leben widmete er den weltweiten Kämpfen von unten. Die Freiheitsbewegung Kurdistans sowie die Ideen Abdullah Öcalans inspirierten ihn sehr. In den freien Bergen Kurdistans wurde er, unter dem Namen Bager Nûjiyan, durch einen türkischen Luftangriff ermordet. Über viele Jahre seines Lebens schrieb er Tagebuch mit seinen persönlichen Eindrücken und politisch-philosophischen Gedanken.

Das Herausgeber_innenkollektiv besteht aus Genoss_innen und Angehörigen Michael Pansers. Sie eint, dass sie seine Tagebücher als wichtiges Zeitdokument verstehen, das Einblicke in die Gedanken eines jungen Mannes gibt, der aus dem kapitalistischen Patriarchat auszubrechen versucht.

Michael Panser – Xelîl Viyan – Bager Nûjiyan

»Werde, der du bist«

Tagebücher, Briefe und Notizen eines Internationalisten

hg. von einem Herausgeber_innenkollektiv

UNRAST

Bibliografische Information der Deutschen Bibliothek:
Die Deutsche Bibliothek verzeichnet diese Publikation in der Deutschen Nationalbibliografie; detaillierte bibliografische Daten sind im Internet über http://dnb.de abrufbar.

Michael Panser – Xelîl Viyan – Bager Nûjiyan
»Werde, der du bist«
Tagebücher, Briefe und Notizen eines Internationalisten
hg. von einem Herausgeber*innenkollektiv
1. Auflage, März 2024
ISBN 978-3-89771-386-4

www.unrast-verlag.de – kontakt@unrast-verlag.de
Mitglied in der assoziation Linker Verlage (aLiVe)

Die erste Hälfte des Buches erfuhr ein erstes Lektorat durch das Laikakorrekturkollektiv.

Illustrationen: aemjot (S. 14, 26, 32, 37, 43, 93, 106, 118, 129, 137, 180, 189, 194, 200, 209, 221, 228, 234, 242, 248; Instagram: @3mjot) und L.M.W. (S. 56, 61, 72, 85, 145, 158, 169, 215, 258, 275, 283, 298, 305, 312, 348, 354, 365, 381, 399, 401, 408, 413)
Karten: Minaekin

Umschlag: Selma Uhlisch
Satz: Unrast Verlag, Münster
Druck: Multiprint, Kostinbrod

Inhalt

Xwebûn – Selbtsein / Herbst 2015 bis Dezember 2018
Rojava – Şengal – Rojava – Freie Berge Kurdistans

Herausgeber_innenkollektiv

Einleitung

Wir haben Micha–Xelîl–Bager in verschiedenen Phasen seines Lebens kennengelernt und begleitet. Nach seinem Tod war es für uns selbstverständlich, die vielen schriftlichen Teile seines Vermächtnisses zusammenzusuchen. Uns war es wichtig, dafür zu sorgen, dass sein Werk nicht verloren und sein Wirken nicht in Vergessenheit gerät. Schon kurz nach seinem Tod haben wir bereits veröffentlichte Texte in Form einer Broschüre gesammelt veröffentlicht. Er sortierte seine Gedankenwelt durch das Schreiben und auch wir hatten schon seine Briefe und E-Mails erhalten und wussten daher um die prägende Rolle, die das Schreiben in seinem Leben einnahm. Micha–Xelîl–Bager hatte eine Fähigkeit zur Analyse der gesellschaftlichen und politischen Umstände und Zustände seiner Zeit. Wir sind davon überzeugt, dass seine Gedankenwelt in seinen Texten eine Gestalt annimmt, die vielen Menschen etwas mitgeben kann – hoffentlich sogar die Überzeugung, dass eine Welt voller Hoffnung möglich ist.

Also machten wir uns auf die Suche nach den Verstecken seiner Tagebücher: in Gärten auf dem Lande, auf Dachböden in der Stadt und in der Obhut von Freund_innen. Einige Tagebücher wurden direkt nach seinem Tod nach Europa geschickt, weitere Teile sind erst viel später zu uns gelangt, sodass wir sie nachträglich eingearbeitet haben. Wir haben unzählige Weggefährt_innen aus den verschiedenen Phasen seines Lebens kontaktiert und gefragt, ob sie noch E-Mails oder Briefe von ihm hätten. Wir sprachen außerdem mit seiner Familie, Freund_innen und Weggefährt_innen aus den Bergen Kurdistans. Gemeinsam wir haben über die damalige Zeit diskutiert, überlegt, was sie besonders geprägt hat, und Erzählungen und persönliche Erinnerungen gesammelt. Über die Zeit kam so eine Fülle an Material – Tagebucheinträge, E-Mails, Briefe, Notizen und Berichte – zusammen, die den Umfang des vorliegenden Buches um ein Vielfaches übersteigt.

Die Tagebücher umfassen nicht nur zusammenhängende Einträge, sondern auch Gedichte, Notizen, Zitate, Skizzen, Vokabellisten, To-do-Listen und »Karten«, die in Form von Mindmaps philosophische und politische Gedankengängen sowie Analysen abbilden. An wenigen Stellen finden sich im Buch auch Texte, die er im Namen eines Kollektivs (mit-)formulierte. Jedes Tagebuch beginnt mit Zitaten, die für ihn eine wichtige Rolle einnahmen, von Zitaten von Şehîd Viyan Soran bis zu Bruce Lee und Zitaten aus der daoistischen Philosophie. Micha–Xelîl–Bager las viel, schaute Filme und konnte sich vor allem viele Zitate daraus merken und in sein Leben einbauen. So haben wir in seinen Tagebüchern immer wieder Rückbezüge zu seiner Lektüre gefunden, wo er mal mehr und mal weniger frei Zitate aufgreift oder in seinen Worten wiedergibt. Es kann durchaus sein, dass auch viele weitere Zitate und Bezüge auftauchen, die uns nicht aufgefallen sind. Eines seiner Tagebücher endet auch mit dem schlicht, aber künstlerisch gestalteten Wort »ENDE«, als handele es sich um das Ende eines klassischen Theaterstückes.

Für die Arbeit an diesem Buch brauchte es dann eine gute Portion an Intuition, Assoziation und eine gute Kenntnis seines Denkens und Lebens, um in einem der ersten Schritte seine handschriftlich verfassten Tagebücher und Briefe zu entziffern. Die Zeit war an der Tinte und dem Bleistiftstrich nicht spurlos vorbeigegangen. Auch benötigt seine Schrift dann und wann eine gute Kombinationsgabe, um sie zu entziffern. Anschließend haben wir das handschriftliche Material für die Archivierung gescannt und sortiert. Zu entscheiden, welche Teile tatsächlich veröffentlicht werden sollen, hat neben der Transkription vermutlich die meiste Zeit in Anspruch genommen. Dafür brauchte es mehrere Runden des Kürzens. Dieses Buch enthält schließlich eine Auswahl des Materials und nicht das vollständige Werk. Wir haben einen Schwerpunkt auf die letzten sieben Jahre von Micha–Xelîl–Bagers gelegt, in denen er sich in Europa, in Kurdistan und dazwischen bewegte. Diese Auswahl bildet seine persönliche Entwicklung und die seiner Perspektiven und Gedanken ab, sie erhebt aber nicht den Anspruch eine zusammenhängende philosophisch-politische Abhandlung zu sein. Die Freiheitsbewegung Kurdistans, die Kämpfe, die er führte, und die Orte und Situationen, an und in denen er lebte, werden durch die subjektive Perspektive seiner Tagebücher dargestellt. Seine Sicht hat sich über die Zeit zudem stark verändert, was im Verlauf des Buches auch spürbar wird.

Im Arbeitsprozess standen wir vor der Herausforderung, seine Texte dem Format des Buches anzupassen und ein angemessenes Maß für unsere Eingriffe zu finden. An zahlreichen Stellen hat er ganze Abschnitte, einzelne Sätze oder Wörter in spanischer, englischer oder kurdischer Sprache geschrieben. Wir haben uns entschieden Spanisches und Englisches übersetzt wiederzugeben. Insbesondere kurdische Begriffe aus der Philosophie der Freiheitsbewegung haben wir aber im Original belassen und in Fußnoten erläutert übersetzt. Wir haben uns auch dazu entschieden, an einigen Stellen das kurdische Original mit aufzunehmen. Wir möchten damit diese von Kolonialismus und Assimilation betroffenen Sprache deutlicher sichtbar machen. Die jeweiligen Übersetzungen sind durch graue Schrift erkenntlich gemacht.

Er hat zudem verschiedene Schreibstile gewählt. Mal schrieb er durchgehend klein, das »ß« als »sz« und die Umlaute ausgeschrieben als »ae«, »ue« und »oe«. Einerseits geht dies auf die Nutzung des verschlüsselten Computer-Betriebssystems »Tails« zurück, andererseits ist es Produkt seiner Aufsässigkeit gegenüber Regeln und als Versuch zu verstehen, auch durch Sprache Herangehens- und Denkweisen zu verändern. Später hat er wieder in der uns gewohnten Rechtschreibung geschrieben. Auch seine Form des Genderns veränderte sich mit der Zeit. Aus Gründen der Leserlichkeit haben wir uns entschlossen, die Texte an die deutsche Rechtschreibung anzugleichen. In unseren Texte nutzen wir eine einheitliche Form des Genderns mit dem Gender_gap. In den Texten Micha–Xelîl–Bagers sind wir in der Form des Genderns verblieben, wie er sie genutzt hat und haben es der Leserlichkeit halber teilweise leicht angepasst. Die Worte, die er nutzte, wandelten sich ebenso mit der Zeit wie den Konzepten und Ideen, mit denen er sich beschäftigte. Feststehende Begriffe und Konzepte haben wir bei der ersten Nennung kursiv gesetzt. In vielen Fällen gibt es an diesen Stellen auch erklärende Fußnoten. Des Weiteren haben wir Abschnitte hinzugefügt, in denen wir als Herausgeber_innenkollektiv die politische Situation, den Kontext oder konkrete Inhalte rahmen und versuchen verständlich zu machen. Teilweise sind diese von uns geschriebenen Abschnitte für ein besseres Verständnis auch innerhalb längerer Sinnabschnitte seiner Texte platziert.

Um allen Menschen, die ihn kannten und die namentlich in seinen Tagebüchern vorkommen, an die Mails gerichtet oder Briefe gerichtet sind, selbst die Entscheidung zu überlassen, wie viel sie mit wem teilen – und auch aus Sicherheitsgründen in Angesicht eines repressiv gegen die Befreiungsbewegungen vorgehenden deutschen Bundesregierung – haben wir uns dazu entschlossen, alle genauen Ortsangaben und Namen, bis auf einige wenige, die schon öffentlich bekannt sind, aus dem Buch herauszunehmen.

Neben den Texten enthält jedes Kapitel zu Beginn eine Illustration, über die wir uns sehr freuen und wodurch die verschiedenen Phasen und Orte seines Lebens bildlich dargestellt werden können. An passenden Stellen ermöglichen geografische Karten einen Überblick zu seinen Reisen und den Regionen in denen er sich aufgehalten hat. Wir hoffen, dass dadurch eine leichtere Orientierung im Buch möglich ist. Wir danken den beiden Illustratoren für ihre Kreativität und Mühe. Eine große Ehre war es, dass die Eltern von Konstantin Gedig (Şehîd Andok Cotkar) ein Vorwort zu diesem Buch beitragen wollten. Der Epilog aus Erzählungen von Weggefährt_innen Micha–Xelîl–Bagers aus den freien Bergen Kurdistans sowie der Nachruf von Şehîd Qasim Engîn erscheinen uns als würdiger und angemessener Abschluss.

Nach mehr als vier Jahren Arbeit liegt jetzt dieses Buch in euren und unseren Händen – es ist ganz anders geworden, als wir zu Beginn erwartet hätten. Wenn wir gekonnt hätten – und vielleicht wird es in ganz weit entfernter Zukunft einmal möglich sein –, hätten wir die Gedanken aus diesem Buch in viel mehr Dimensionen dargestellt als es das bedruckte Papiers erlaubt. Wir hätten uns durch Raum und Zeit geschlängelt, gedehnt, Schleifen gezogen, wären Zickzack gelaufen, mal nach vorne und mal zurück gesprungen. Denn eines war

Micha–Xelîl–Bager nämlich in seinem Leben: ein Nomade und Anhänger der Nomadologie, die sich nicht nur auf eine Ebene beschränkt, sondern auf tausend Plateaus – wie es Deleuze und Guattari philosophisch ausdrücken – dachte und lebte. Dass wir zum Schluss nun doch ein recht chronologisches und gradliniges Buch vor uns haben, hätten wir nicht unbedingt gedacht und dies sei durch alle Lesenden mitgedacht, gefühlt, gerochen und miterlebt. Es ist ein Buch, das uns dazu anhalten soll, unsere eigenen Vorstellungswelten mit Träumen, Entschlossenheit und Zukunftswillen zu bereichern.

***

Während des Entstehungsprozesses dieses Buches wurden wir als Herausgeber_innenkollektiv durch das politische Geschehen und viele andere Umstände beeinflusst. So ist das Kollektiv in seiner Zusammensetzung nicht konstant geblieben. 2019 griff der türkische Staat mit Unterstützung islamistischer Gruppierungen und der Duldung zahlreicher Staaten Nordsyrien an, was in der Besetzung der Regionen Serêkaniye und Girê Spî endete. Über die gesamten letzten Jahre intensivierten sich die Angriffe des türkischen Staates auf verschiedene Regionen ganz Kurdistans, die unter anderem in Angriffen mittels Chemiewaffen auf die Medya-Verteidigungsgebiete gipfelte. Am 4. Oktober 2022 wurde die kurdische Aktivistin und Akademikerin Nagihan Akarsel auf offener Straße in Suleymaniya erschossen. Am 23. Dezember 2022 wurden Emine Kara (Evîn Goyî), Mehmet Şirin Aydın (Mîr Perwer) and Abdurrahman Kızıl in Paris im kurdischen Kulturzentrum in Paris erschossen. Diese Ereignisse haben uns als Herausgeber_innen berührt und beeinflusst, weshalb wir mit vielen anderen auf den Straßen gegangen sind und Veranstaltungen organisiert haben. Gleichzeitig hat die »Gira Zapatista« der Compañeroas aus Chiapas stattgefunden und es gab dabei wunderbare Begegnungen. Zum 500. Jahrestag der kolonialen Unterwerfung Abya Yalas besuchte eine zapatistische Delegation Europa. Ihr Ziel: grenzüberschreitende Vernetzung und die Kämpfe für ein würdevolles Leben verbinden. Wir haben das zehnjährige Bestehen der Rojava-Revolution gefeiert, an verschiedenen politisch-gesellschaftlichen Aufbauprozessen teilgehabt, an der zweiten Weltfrauenkonferenz teilgenommen und waren anlässlich der anhaltenden Aufstände in Rojhilat und dem Iran auf den Straßen. 2023 hat die vierte Konferenz des »Network for an Alternative Quest« zu Herausforderung der kapitalistischen Moderne stattgefunden. Auf der zweiten Konferenz 2015 sprach Micha–Xelîl–Bager zum Thema Macht und Wahrheit. Als Herausgebende sind wir Teil der Kämpfe und werden es weiter sein. Dieses Buch gehört ebenfalls dazu und ist in den Fluss der Zeit eingewoben. Deshalb wurde es manchmal hinten angestellt, manchmal intensiver bearbeitet.

Viele Menschen haben an dem Buch mitgewirkt und wir danken ihnen allen: den Lektor_innen das Laika-Verlages, die mit uns gemeinsam das Buch im Laika-Verlag veröffentlicht hätten, wenn der Verlag nicht aufgelöst worden wäre, der Gestalterin unseres wunderbaren Covers, den beiden Illustratoren, der Zeichnerin der Karten, den Probeleser_innen, die uns hilfreiches Feedback gegeben haben, der Familie von Micha–Xelîl–Bager, seinen Freund_innen und Weggefährt_innen. Wir danken ihnen und vielen Weiteren, die hier nicht alle einzeln genannt werden, für ihre Unterstützung und dass sie uns das Vertrauen entgegengebracht haben, um dieses Buch entstehen zu lassen.

Wir hoffen, durch dieses Buch einer »Internationalen der Hoffnung« wieder einige Schritte näher zu kommen. Wir alle können dazu beitragen.

Ute Ruß & Thomas Gedig

Erzählen als Widerstand

Gemeinsamkeiten von Şehîd Bager Nûjiyan und Şehîd Andok Cotkar führten zu der Bitte an uns Eltern von Andok (Konstantin Gedig), einleitende Sätze anlässlich der Veröffentlichung von Şehîd Bagers Briefen zu schreiben.

In den Regalen der Buchhandlungen stapeln sich kritische Publikationen mit Titeln wie *Small is Beautiful*, *Die Klimakämpfer*, *Vom Ende der Landwirtschaft*, *Klasse und Kampf* oder *Die konkrete Utopie der Menschenrechte*. Mit isolierten Bewegungen wie *Fridays for Future*, *#MeToo* und *Black Lives Matter* füllen sich die Medien, Straßen und Gespräche. Sie werden von großen Teilen der Gesellschaft anerkannt, solange sie etwas frech, aber nicht zu radikal auftreten.

Gleichzeitig gehen notwendige Diskussionen in Deutschland, Europa und der Welt sträflich langsam voran. Unsere politischen Vertreter_innen trauen sich und der Bevölkerung zu wenig zu, schielen auf Umfragewerte, reden den (Menschen-)Rechten zwar das Wort, aber schließen mit Autokraten und Diktatoren millionenschwere Geschäfte ab, damit diese weiter ihre Kritiker_innen einschüchtern, vertreiben oder ›beseitigen‹. Orientierung? Glaubwürdigkeit? Perspektiven?

Werden die richtigen Fragen ernsthaft gestellt und bearbeitet? Wie ist ein gutes, faires, ein menschenwürdiges Leben für alle möglich, nicht nur für uns Privilegierte in den Industriestaaten? Wie können sich Gesellschaften gegen die gnadenlose Ausbeutung von Menschen und Natur durch den Menschen und das Kapital und gegen Rassismus, Sexismus und Unterdrückung aufstellen?

Michael und Konstantin sind sich in Rojava begegnet. Michael unterrichtete politische Bildung für neue Internationalisten in der Akademie. Konstantin, im September 2019, frisch in der Akademie angekommen, nahm daran teil. Beide stimmten in ihrer Verurteilung der Gleichgültigkeit der politischen, wirtschaftlichen und gesellschaftlichen Strukturen, gegenüber Unrecht, Unfreiheit, Ungerechtigkeiten, Gewalt und den Brüchen des universellen Völker- und Menschenrechts, überein.

Beide sahen, dass viel Gutes bewirkt und Schutz gegeben werden könnte, wo Missstände herrschen. Die jungen Männer wollten sich nicht auf Deutschland und Europa verlassen, die kein Interesse an Veränderung haben. Sie wollten und mussten selbst aktiv werden. So beschritten sie konsequent und konstant ihre Wege. Obwohl klug und eloquent, entschieden sie sich gegen den politischen Weg in Deutschland. Sie wählten ihre Wirkungsorte bei den Menschen in

Kurdistan. Dies entschieden Şehîd Bager Nûjiyan und Şehîd Andok Cotkar, obwohl sie um die mannigfaltigen Gefahren vor Ort wussten. Die Menschen kennenzulernen, sich zu vergewissern, dass die eigene Entscheidung richtig war, gemeinsam mit ihnen eine Zukunft zu entwickeln, eine freiheitliche, selbstbestimmte Gesellschaft in Sicherheit zu gestalten: das war ihr Ziel. Sie wurden mit offenen Herzen aufgenommen. Ihre neue Heimat wurde Kurdistan.

Michael stellte sich schon in seiner frühen Jugend grundsätzliche Fragen nach der Sinnhaftigkeit unseres sogenannten *way of life*: wie kam es zur Vereinzelung des Individuums, zur Entfremdung mit der Natur, der Rollenverteilung von Frau und Mann und deren gesellschaftlicher Bewertung, der Ökonomisierung der Arbeitskraft und vielem mehr.

Seine autobiographischen Briefe geben uns einen Einblick in seine von Sozialismus und Wende geprägten Jugendjahre und ihren desillusionierenden Folgen auch für seine Familie im Osten. Er überlegte, warum er studieren sollte und wie sinnhaft es sei, »in dieser bunten Konsum-Karriere-Metropole« zu leben. Wie viele junge Leute befasste er sich mit der Weichenstellung für sein Leben: »Was ist die angemessene Form zu leben, in einer Situation, in der im Grunde die ganze Jugend vor die Wahl gestellt ist, sich gegen die eigene Generation im Karriere-Konkurrenz-Kampf durchzusetzen oder sich dem Heer der Abgehängten anzuschließen, sich vom Job-Center drangsalieren zu lassen und individuell nach dem Glück zu suchen, eine Nische zu finden« (S. 326 in diesem Buch).

Der junge Mann nahm sich bewusst die Zeit »sich mit dem eigenen Leben auseinanderzusetzen, mit der Welt wie sie war, als wir hineingeboren worden sind und, noch wichtiger, wie sie sein wird, wenn wir sie verlassen werden. Was wird besser sein und warum ist es ›besser‹? Was haben wir dazu beigetragen?« Mit diesen leitenden Fragen an sich selbst und die Gesellschaften beschäftigte er sich viele Jahre und war ein Lernender auch während seiner Zeit in den Bergen.

Der von Şehîd Bager Nûjiyan zitierte Zarathustra sagte: »Richtig denken, wahr sprechen, gut ausführen«. Könnte dies das übergeordnete Motto seines Lebensweges gewesen sein? Macht euch selbst ein Bild und begleitet ihn auf seiner Reise.

Şehîd Namirin!

TSURU

Herausgeber_innenkollektiv

Prolog

In einem Dörfchen im flachen ostdeutschen Brandenburg begann die Geschichte, die in diesem Buch erzählt wird. Von hier aus startete die Reise unseres Freundes Micha, der in seinem Kampf zu Xelîl und später zu Bager wurde. Hier nahmen seine Reise, seine Suche und sein Kampf ihren Anfang, welche ihn auf verschlungenen Pfaden in die unterschiedlichsten Territorien der Welt führten. Sein Weg wird uns an vielen Punkten an uns selbst erinnern und für uns ein Spiegel sein. Die Zeit und die politischen Geschehnisse hinterlassen ihre Spuren in unseren Biografien. Sie prägen uns und unsere Gedanken, unsere Sicht, unsere Leben und unsere Wahrnehmungen der Welt.

Unser Freund wurde im September 1988 geboren. Er wuchs auf in einer Zeit voller Umbrüche, die in Deutschland – Ostdeutschland – vor allem durch den Realsozialismus der DDR und dessen Zusammenbruch, der sich im Mauerfall und der sogenannten Wende manifestierte, geprägt war. Micha dagegen fand vorerst in dem gediegenen Saarmund, umgeben von Kiefernwald und in einem der sandigen Teile Brandenburgs gelegen, Orte für großartige Kinderabenteuer in der Natur. Auf diese Weise also sollten seine Reisen und Auseinandersetzungen mit der Welt beginnen.

In jener Zeit, welche die Gesellschaft tief erschütterte, war Michas Familie ein Ort der Geborgenheit und Sicherheit. Vor allem seine Mutter mit ihrem starken Gerechtigkeitssinn nahm eine zentrale Rolle innerhalb der Familie ein. Gemeinsam mit dem Vater vermittelte sie den Kindern sozialistischen Werte und schuf einen vertrauten Ort zum Großwerden. Später war es Michas großer Bruder, der ihm, neben seiner Mutter, gerade in seiner Politisierung ein Vorbild sein würde. Mit der kleineren Schwester verbrachte er die schönsten Stunden beim Buddeln im Sandkasten. Als sie älter wurden, waren die beiden mit ihren Cousins als Jugendgang unterwegs. Es verband sie vor allem die Musik und die gemeinsamen Auftritte bei Familienfeiern. Während Micha in Kindertagen bisweilen als ›aufmüpfige Quasselstrippe‹ bezeichnet wurde, wuchs er zu einem impulsiven, rebellischen jungen Mann heran, der sich gegen seinen Vater auflehnte und nach Formen der Aushandlung in der Familie suchte.

Micha war ein sehr wissbegieriger Mensch, ein Geschichtensammler und -schreiber, der die Grenzen des starren Systems der Schule nicht ohne Widerstand hinnahm. Mit steter Protesthaltung wehrte er sich gegen den Druck jener Institution, die die jüngeren Menschen vor allem darauf vorbereiten soll,

›etwas zu werden‹, schon im Kindesalter an der eigenen ›Karriere‹ zu arbeiten, anstatt sich auf den Weg der Selbstwerdung zu begeben. Dabei waren für Micha seit seiner Kindheit neben der Verbundenheit zur Natur auch die Musik und Literatur wichtige Formen, das gesetzte Leben herauszufordern und neue Wege sowie Inspiration zu finden.

Das wichtigste Möbelstück in Michas Kindheits- und Jugendzimmer war zweifellos sein Schreibtisch. Bei Kerzenschein hat er dort viele Nächte lang gelesen, später für die Schule und das Leben gelernt und seine Tagebücher abgetippt. Seine Bücherregale waren bis auf den letzten Zentimeter mit vielfältiger Lektüre gefüllt. Lehrbücher mehrerer Sprachen sind darin genauso zu finden wie Bücher über Kampfkünste, Geschichte, Kinderbücher, verschiedenste Romane und Fantasy-Klassiker. Die tiefen und verschlungenen Welten der Bücher waren für ihn aus seinem Leben nicht wegzudenken. So traf man ihn, nahezu egal in welcher Situation, immer mit einem Buch in der Hand an. Oder man entdeckte in einer seiner vielen Erzählungen hier und dort ein wichtiges Zitat, das er sich zur Lebensweisheit genommen hatte. Auch in seinen Tagebüchern stößt man häufig auf – aus einer seiner Lektüre oder aus Filmen – entliehene Sätze und Phrasen.

Am Kleiderschrank in seinem Zimmer lehnte die Gitarre, direkt dahinter stand der Bass. Auf dem Schrank ruhte die Geige, die schon viele Jahre gezählt hat und für Micha ein sehr besonderes Instrument war. Er hatte sie gemeinsam mit seinem Vater bei einem Geigenbauer in der Region gekauft. Gerne erzählte er von jenem Erlebnis in der verwunschen wirkenden Werkstatt des alten Handwerkers. Michas Begeisterung für die Musik spiegelte sich in seinem Gemüt wieder. Stets hatte er eine Melodie im Ohr oder auf den Lippen; das Musizieren und auch die Musik an sich sorgten für Momente, mit denen er Menschen zusammenbrachte und auf lebendige Art und Weise politisierte.

All dies zog sich durch sein Leben und ermöglichte ihm, in seinem Denken und Handeln flexibel zu bleiben und mit anderen Blickwinkeln auf das Hier und Jetzt zu schauen. Bereits in seinen frühen Jahren war es nicht zuletzt diese Vielfalt an Interessen, die ihm so zahlreiche unterschiedliche Perspektiven eröffnete: Bücher über politische Theorien; metaphysische Abhandlungen und Geschichten von weit entfernten Galaxien oder anderen Sphären und Kreaturen; die lustige Punkband, in der er an der Gitarre, am Bass und mit seinem Gesang dem Gefühl der Notwendigkeit eines Aufbruchs Ausdruck verlieh.

Auch als Schüler zeigte er sich, nicht zuletzt dank seiner offenen Art, diskussionsfreudig, trat in Aushandlung mit seinem Gegenüber, ob Schüler_in oder Lehrkraft, und argumentierte seine politische Sicht auf die Dinge. Vor allem seine antifaschistische Haltung verteidigte er vehement gegen die wieder lauter werdenden faschistischen Positionen und vermehrten Angriffe. Vor dem Hintergrund des Mauerfalls, den in Verknüpfung damit geschürten nationalstaatlichen

Wiedervereinigungsparolen der weiß-deutschen Bevölkerung, sowie der nicht ausreichend aufgearbeiteten nationalsozialistischen Geschichte Deutschlands traten faschistische Positionen in Ostdeutschland wieder stärker und sichtbarer hervor. Dieses politische Klima spitzte sich in den 1990ern in rassistisch-faschistischen Anschlägen und Pogromen gegen Unterkünfte von Migrant_innen in Hoyerswerda und Rostock-Lichtenhagen zu. Auch in Brandenburg stieg vor allem Anfang der 2000er die Zahl gewalttätiger faschistischer Angriffe an: gegen Migrant_innen, aber auch gegen links-alternative Menschen, die sich klar gegen die zunehmende rechte Stimmungsmache positionierten. Sowohl in der Stadt Potsdam als auch in den umliegenden Dörfern kam es zu zahlreichen verbalen und physischen Übergriffen durch Neonazis. In linken Kreisen bildeten sich antifaschistische Gruppen, um sich und ihre Projekte zu verteidigen und organisierten Widerstand zu leisten. Mit dem Vorbild seines älteren Bruders und der eigenen sozialistischen Weltanschauung, die er von klein auf von seinen Eltern mitbekommen hatte, organisierte sich Micha in einer dieser Gruppen. Im Fokus standen in erster Linie die eigene Selbstverteidigung und der Kampf gegen faschistische Akteur_innen in der Region, beispielsweise durch direkte Blockaden faschistischer Aufmärsche. Doch auch die Auseinandersetzung mit der deutschen Geschichte und ihrer faschistischen Kontinuität spielte eine Rolle. Die sogenannte Wende und veränderten Realitäten der ostdeutschen Bevölkerung waren noch frisch spürbar. Dadurch waren die direkten Auswirkungen des Kapitalismus auf die Leben der Menschen, vor allem der Jugend, ein alltägliches Thema. Geschichte, Zukunft und Gegenwart des Kapitalismus in Deutschland, aber auch weltweit, spielten alle eine wichtige Rolle in seiner damaligen Politgruppe.

Nicht nur weil er ihn durch die faschistische Bedrohung als Notwendigkeit erlebte, interessierte sich Micha für Kampfsport. Seine Annäherung an Kampfkunst beinhaltete vielmehr auch sehr philosophische und ideelle Aspekte. Das bedeutete für ihn beispielsweise, Selbstverteidigung auf jeden Moment bezogen zu leben, als Teil des Lebens zu begreifen. Auf alles vorbereitet und nichts dem Zufall überlassend traf man Micha immer auf seinem Fahrrad an, mit dem er tagtäglich, von der Wetterlage völlig unabhängig, zwischen Dorf und Stadt hin- und herfuhr. Sport und Bewegung waren für ihn ein wichtiger Ausgleich: einerseits physisch, allein schon wegen seines seit Kindheitsalter anhaltenden Asthmas, das ihn vor allem im Frühling mit den Pollen oder in dunstigen alten Häuserecken einholte; andererseits gedanklich, um gegen verstaubte und verkrustete Denkweisen vorzugehen, mit denen er mindestens genauso sehr kämpfte. Auch der Sport an sich wirkte sich auf Michas mentale Welt aus. So legten erste selbstorganisierte Selbstverteidigungstrainings in Potsdam die Grundlage, um sich später in die Philosophie Bruce Lees zu vertiefen und sie für sich als eine Philosophie des Lebens anzunehmen.

»Be water, my friend« – dieses zentrale Motto inspirierte Michas Streben, starre Formen zu überwinden und sich auf den Weg des *xwebûn* – wie es die Freiheitsbewegung Kurdistans nennt –, des Selbstseins, und auf die Suche nach Freiheit zu begeben. In diesem Spannungsfeld zwischen Selbsterkenntnis im Ist-Zustand und ständigem Wandel zugunsten einer freiheitlicheren Persönlichkeit war er berühmt für seine stundenlangen Spaziergänge. Er liebte diese Momente, ob mit oder ohne Begleitung, und hielt sich physisch als auch geistig immer in Bewegung. Auf seinen Streifzügen spürte er so nicht nur die Kraft der Natur, sondern erschuf auch neue Räume für Gedankenspiele sowie tiefgründige Gespräche.

Stundenlang und bis in die Nacht hinein konnte man sich mit ihm über alles Mögliche austauschen, sich mit ihm streiten und an einer anderen, freieren Zukunft spinnen. Er liebte es zu diskutieren, gemeinsam den Träumen durch Worte einen Platz zu geben und die Vielfältigkeit der kämpfenden Realitäten kennen und verstehen zu lernen. Michas offenes Gemüt und seine Fähigkeit, mit verschiedensten Menschen ins Gespräch zu kommen, schufen beständige und oftmals enge Verbindungen und Freundschaften, die ihm sehr am Herzen lagen. Vor allem in seiner Jugend war er Teil verschiedenster Freundeskreise, sei es an der Schule, in der Politgruppe oder der Punkband.

Die in ihm heranwachsende Ungeduld in zwischenmenschlichen Beziehungen und Aushandlungen war vor allem ein Ausdruck der Sehnsucht danach, freundschaftliche Beziehungen zu vertiefen und sich nicht mit leeren, maskierten Hülsen von Freundschaft zufriedenzugeben. In linkspolitischen Kreisen stieß er nach einiger Zeit auf starre Strukturen im Umgang miteinander und war zusätzlich selbst in seiner eigenen erlernten männlichen Rolle gefangen. In sich und seine Gedanken gekehrt suchte er die Verbindung mit anderen Menschen eher über das Politische. In klassischer Prägung eines Mannes der kapitalistisch-patriarchalen Gesellschaft stand er sich damit manchmal selbst im Weg, indem er seine Emotionen in sein Inneres verbannte und auf der analytischen Ebene verharrte. Oft nahm er sich darin zurück, seine Bedürfnisse, Sorgen, Hindernisse und Ängste zu teilen. Er suchte nach kollektiven Verbindungen auf der Grundlage ehrlichen Vertrauens, ohne zunächst selbst zu wissen, was genau das heißen könnte. Er kämpfte mit den individualisierenden, vereinzelnden und patriarchalen Formen von denen soziale Bindungen in kapitalistisch-patriarchalen und neoliberalen Gesellschaften geprägt sind, und versuchte zu verstehen, wie man sich Menschen öffnen und ehrliche Verbindungen aufbauen kann. Ein Kanal für sein Inneres wurden in dieser Zeit seine Notizen, Texte und Gedichte, die in diesem Buch in Ausschnitten vorliegen.

Auf der Suche nach wahren und tiefen Beziehungen, die die Schranken der patriarchalen Männlichkeit sprengen, ergründete er die Liebe. Auch hier stieß er in sich und in seinen Liebesbeziehungen auf jene Grenzen, die sich über das 5.000 Jahre andauernde Patriarchat in uns eingeschrieben haben. Zugleich konnte allein sein wachsendes Bewusstsein darüber diese Strukturen nicht aufbrechen. Um dem zu trotzen und Wege zur Überwindung dieser ansozialisierten Einschränkungen zu finden, versuchte er, die Begrenzungen klassischer Formen der Liebe innerhalb romantischer Beziehungen auszudehnen und zu verändern. Dies bedeutete Schmerz und viele Aushandlungen mit allen Beteiligten, führte ihn aber dazu, Liebe tiefer zu begreifen, in den belastenden wie schönen Aspekten. Sie als einen Ausgangspunkt des gemeinsamen Kampfes zu verstehen, sie im Kampf und der Veränderung selbst zu entdecken, sie im nicht immer einfachen Prozess der Zerstörung der eigenen dominanten Männlichkeit zu finden. Micha wollte Liebe in der Verbindung zum Leben, zu der Natur und den Menschen, der eigenen Gesellschaft finden. Denn jene Liebe ist es, die uns Brücken über jegliche Hindernisse und Schwierigkeiten bauen lässt, die uns unsere Entschlossenheit und Willen gibt, wirklich etwas zu verändern. Sein Ergründen der richtigen Form der Liebe zu Menschen, zum revolutionären Kampf, zur Natur, letztlich zum Leben selbst führte ihn auf den Weg, welchen wir in diesem Buch nachlesen können und der ihn schlussendlich in die Berge Kurdistans bringen sollte.

Doch zuvor noch durchlief er zahlreiche Entwicklungen, die die späteren erst ermöglichten. In einer Zeit, in der die Linke, nach dem Ende des Realsozialismus im Osten und dem Niedergang der antiimperialistischen und nationalen Befreiungsbewegungen, geschwächt war und vielerorts in eine Art Ohnmacht fiel, fand sich auch der damals jugendliche Micha in einem Zustand mangelnder Orientierung wieder. Der antifaschistische Widerstand und die autonomen Selbstverteidigungsgruppen boten nicht die notwendigen und ausreichenden Antworten auf die gesellschaftlichen Probleme, die er wahrnahm und in seinem eigenen Leben spürte. Er blieb auf der Suche.

In diesen Jahren erhoben sich aufgrund der rapiden Globalisierung der Welt und der damit einhergehenden Ausweitung des Kolonialismus und Kapitalismus auf jegliche Bereiche des Lebens und der Erde zahlreiche und lautstarke Proteste. Die sogenannten Gipfelproteste in den Anfängen der 2000er-Jahre wurden daher zu einem wichtigen Bezugs- und Ausgangspunkt antisystemischer Bewegungen von unten und links. Hunderttausende Menschen protestierten weltweit gegen die hinter verschlossenen Türen stattfindenden Treffen der Regierenden der großen kapitalistischen Mächte. Es entstand eine Antiglobalisierungsbewegung von unten, die nicht nur linke, sondern auch weitere zivilgesellschaftliche Akteur_innen mobilisierte. Sie waren Teil des Beginns eines neuen Zeitalters zur Wende des 21. Jahrhunderts und führten zum Aufbruch eines neuen Internationalismus. Mit den neuen digitalen Informations- und Kommunikationsmöglichkeiten, aber auch mit der steigenden globalen Mobilität, veränderten sich und erstarkten der internationale Austausch und die Vernetzung von Kämpfen. Doch der parallel stattfindende Aufschwung faschistischer Tendenzen und die weit verbreitete Perspektivlosigkeit der Linken prägten diese Phase im gleichen Maße.

Zur gleichen Zeit beteiligte sich Deutschland an Angriffskriegen. Die Diskursverschiebung rund um Terrorismus und auf Terrorismus als omnipräsente Bedrohung nach den Angriffen auf die Zwillingstürme des World Trade Centers in New York veränderten die Herangehensweise der imperialistischen Staaten. Die imperialen Kriege des Westens in Afghanistan und dem Irak wurden zu einem entscheidenden Wendepunkt dieser Phase, welcher jedoch keine geschlossene Antwort der Linken zur Folge hatte, sondern in manchen Teilen sogar die Ohnmacht verschärfte. Gleichzeitig war auch damals schon klar, dass es eine Alternative geben muss.

Die Gipfelproteste und die sich international ausweitende antikapitalistische Bewegung schlugen auch in Lateinamerika ihre Wellen. Der Widerstand richtete sich gegen das gesamte politisch-wirtschaftliche Establishment, die Hunderte an Jahren anhaltende Kolonialisierung des Kontinents und die damit einhergehende Unterdrückung der indigenen Bevölkerung. Der Slogan *›Que se vayan todos‹* ›Sie sollen alle abhauen‹ hallte in zahlreichen Regionen Argentiniens wider. In Ländern wie Bolivien oder Ecuador standen Persönlichkeiten wie Evo Morales und Rafael Correa für den Aufbruch und eine Alternative in Form von neuen, linken Regierungen entgegen der aufkommenden Neoliberalisierung durch kapitalistische Mächte, allen voran die USA, und deren Ideologie.

Weltweit waren soziale Bewegungen auf der Suche nach Auswegen und Alternativen zur kapitalistischen Moderne und den illusionären Verheißungen der Nationalstaaten. In dieser Phase entschieden sich die Zapatistas, eine Bewegung im Süden Mexikos, nach ihrem jahrelangem Kampf gegen die ›schlechte Regierung‹, wie sie die staatliche Regierung nennen, für einen wichtigen und neuen strategischen Schritt. Als Antwort auf die Ignoranz der kolonialen offiziellen Politik des mexikanischen Staates gegenüber der indigenen Bevölkerung begannen die Zapatistas, ihre eigenen Autonomiestrukturen auszubauen. Neben ihrem militärischem Arm, der EZLN[1], erschufen sie eigene demokratische Strukturen – die *Juntas* Räte der *Guten Regierung*, die im August 2003 ihre Arbeit aufnahmen. Gleichzeitig mit dem Präsidentschaftswahlkampf 2005 in Mexiko begannen die Zapatistas eine offene und breite Kampagne aller linken Basisorganisationen, die sogenannte ›andere Kampagne‹. Grundlage dazu bot ihre »Sechste Erklärung aus dem Lakandonischen Urwald«, in der sie sich, ihre Praxis, Ziele und Sicht auf die Welt darstellten. Ziel der Kampagne war, die außerparlamentarischen Bewegungen und Gruppen zu vernetzen, zu stärken

1 EZLN: *Ejército Zapatista de Liberación Nacional*, Zapatistische Armee der Nationalen Befreiung

und so nicht nur dem bestehenden mexikanischen Parteiensystem und dessen kolonialer Politik eine Absage zu erteilen, sondern sich als Bewegungen von unten selbst zu organisieren. Mit einer landesweiten Rundreise, bestehend aus einer Delegation unter Beteiligung der Zapatistas sowie aller an der ›anderen Kampagne‹ beteiligten Organisationen, sollte ein ziviles landesweites Programm des Widerstandes und des Kampfes gegen das kapitalistische politische System entwickelt werden. In diese Zeit fällt auch die Rebellion der APPO, der *Asamblea Popular de los Pueblos de Oaxaca* (Gesellschaftliche Versammlung der Gemeinschaften von Oaxaca). Diese war ein Bündnis aus etwa 350 Organisationen, indigenen Gemeinden, Gewerkschaften und bürgerlichen Zusammenschlüssen, die zu Tausenden im mexikanischen Bundesstaat Oaxaca auf die Straße gingen und sich organisierten, um für ihre Rechte einzustehen und sich gegen die korrupte Staatsregierung zu stellen. Auch der Aufstand der Straßenhändler in Atenco war ein Ausdruck des Widerstands gegen die unterdrückerische Regierungspolitik und zunehmende Militarisierung des Staates. Eine zentrale und repräsentative Rolle spielte in dieser Phase und insbesondere im Austausch zwischen den verschiedenen Bewegungen Subcomandante Marcos[2] als Sprecher der EZLN.

Die entstandenen Risse im System, die immer stärker werdenden Widersprüche und die aufkeimenden, real sichtbaren Alternativen gaben der Linken auch in Europa, in Deutschland, im wie ein Museum anmutenden Potsdam und in Michas beschaulichen Kindheitsdorf neue Hoffnung und Inspiration. Gegen die gesellschaftliche Atmosphäre des ›*There is no alternative*‹ ›Es gibt keine Alternative‹ setzte sich das aufblühende und Feuer entfachende Gefühl des ›Eine andere Welt ist möglich‹ durch. Die Kämpfenden in Lateinamerika, allen voran die Zapatistas, mit den poetischen Geschichten und Kommuniqués des Subcomandante Marcos, fanden eine Sprache, die die Herzen der Menschen, auch Michas, berührte. Sie zeigten neue Wege auf.

Diese Geschehnisse, die er über verschiedene Medien und Erzählungen mitbekam, weckten großes Interesse in Micha; er versuchte, die Kämpfe auf der anderen Seite des Atlantischen Ozeans besser zu verstehen und kennenzulernen. Sein Streben, die Zusammenhänge, die Situation und Realität der Ausbeutung und des Widerstands dort zu begreifen, war nie ein Selbstzweck. Er wollte die ungerechte Situation weltweit verändern. Das bedeutete für ihn auch, Verknüpfungen herzustellen: Das Leben und die Kämpfe in Lateinamerika selbst zu spüren und näher zu erfahren, verband er stets mit der Frage, was wir für den Kontext in Deutschland und die eigenen Kämpfe daraus lernen und mitnehmen können. Er verkörperte den Geist des neuen Internationalismus, die

2 Subcomandante Insurgente Marcos wurde als politische Figur bzw. Pseudonym im Zusammenhang mit der zapatistischen Bewegung und als damaliger Sprecher der EZLN in Chiapas, Mexiko, bekannt.

Verbindung des gemeinsamen globalen Kampfes im Zusammenhang mit den jeweiligen Kämpfen und Realitäten in den lokalen Zusammenhängen. Schnell lernte er Spanisch, weil direkter Austausch für ihn immer wichtig war und er die Welten sehen konnte, die sich hinter den Sprachen verbergen. Denn ein Wort in der eigenen Muttersprache von einer fremden Person zu hören, die mit dem aufrechten Wunsch gekommen ist, die verschiedenen Realitäten zu verstehen und dir zuzuhören, ist wie eine Hand, die von einer Freund_in gereicht wird, die zum gemeinsamen Kampf auffordert. Diese Haltung spiegelte sich in Michas Begierde wider, sich zahlreiche Sprachen anzueignen, um mit den Menschen selbst sprechen zu können.

So machte sich Micha 2009 schließlich zum ersten Mal auf den Weg nach Mexiko und in die zapatistischen Gebiete, gemeinsam mit weiteren Freunden und Weggefährten, die die gleiche Sehnsucht und die gleichen Fragen nach Freiheit und einer gesellschaftlichen Alternative teilten. Sie überquerten den Ozean, um die sozialen Bewegungen und Kämpfe vor Ort kennenzulernen. Gleichzeitig war diese Reise auch Teil einer Suche nach der eigenen Rolle im internationalen antikapitalistischen Kampf, aber auch in den eigenen Kämpfen mit ihren lokal variierenden Zielen in Deutschland. Beständig diskutierten sie, wie die Widerstandserfahrungen Lateinamerikas in den eigenen Kontext einzubetten sind, inwiefern Teile davon auch übertragbar sein könnten. Als Menschenrechtsbeobachter in Chiapas lernten sie die dortige Lebensrealität der zapatistischen Gemeinden kennen und erhielten Einblick in die bis heute andauernde koloniale Geschichte und die anhaltenden paramilitärischen Angriffe[3]. Diese Erkenntnisse wurden beispielsweise durch die Lektüre von Eduardo Galeanos Werk *Die offenen Adern Lateinamerikas* ergänzt, in dem der Autor die jahrhundertelange ökonomische Ausbeutung und politische Dominierung Lateinamerikas durch Europa und später die USA analysiert. Bei Micha hinterließen vor allem die Offenheit der Menschen, ihre kommunale Lebensweise und die gesellschaftliche Breite des sozialen Widerstands großen Eindruck.

Diese Reise warf viele neue Fragen auf. Mit seinem 2009 begonnenen Studium der Geschichte und Lateinamerikastudien an der Freien Universität Berlin ging es Micha vor allem auch darum, die Entwicklungen sowohl in Lateinamerika als auch in Deutschland besser nachvollziehen zu können, die

3 In der Region gibt es verschiedene aktive (para)militärische Gruppen, die teils im Kontext von Drogenkartellen, teils von staatlicher Seite unterstützt aktiv sind. Durch Chiapas verläuft eine wichtige Handels- und Migrationsroute nach Norden in Richtung der USA. Das Interesse der verschiedenen Akteure ist es, diese Route und alle Bereiche des Lebens zu kontrollieren. Folge ist die immense Ausübung von Gewalt, Morde und Angriffe auf die Menschen in der Region sowie Angriffe auf die Autonomie der zapatistischen Gemeinden durch die (para)militärischen Kräfte. In der letzten Zeit zeigt sich eine Intensivierung der Gewalt und Angriffe.

Widerstandshistoriegeschichte der unterschiedlichen Kontexte zu ergründen und darin Wegweiser für das Hier und Jetzt aufzuspüren.

2009 war zugleich das Jahr der großen Bildungsstreiks und europaweiten Universitätsbesetzungen, die sich gegen den neoliberalen Umbau der Universitäten richteten. Über ein halbes Jahr lang war der größte Hörsaal der Freien Universität Berlin besetzt. Dort fanden in dieser Zeit selbstorganisierte Bildungsveranstaltungen statt, Diskussionen wurden geführt und viele politisierten sich durch diese gemeinsamen Erfahrungen mit anderen jungen Menschen. Micha engagierte sich in selbstverwalteten Studierendencafés, brachte sich in der *Fachschaftsinitiative Geschichte* ein und wurde Referent für Hochschulpolitik des AStA, des Allgemeinen Studierendenausschusses. Vorlesungen und Seminare zu Themen revolutionärer Umbrüche, antikolonialen Widerstandes und der Geschichte von Befreiungsbewegungen interessierten ihn besonders. Als Teil der Fachschaft organisierte er das ›Histokino‹ mit, einen monatlichen Kinoabend zu geschichtlichen Hintergründen und Ereignissen. Bei einer von engagierten Geschichtsstudierenden organisierten Fahrt nach Kärnten in Südösterreich lernte er den Widerstand der slowenischen Partisan_innen gegen den Nationalsozialismus an den Orten des Geschehens selbst kennen und hörte die Erzählungen von Augenzeug_innen. In Berlin besuchte Micha viele Veranstaltungen und Proteste von antikapitalistischen, antifaschistischen und antikolonialen Initiativen. Er fuhr ins Wendland, um den Castortransport 2010 zu blockieren, und nahm regelmäßig an Kundgebungen und anderen Aktionen gegen nationalistische Aufmärsche in Brandenburg teil. Die Bewegung in Michas Umfeld und Leben bettete sich in den Geist der Zeit ein: Der damalige Finanzkollaps in Irland, Griechenland und Spanien wurde von der jungen Generation als Zusammenbruch jeglicher ›sozialer Sicherheit‹ wahrgenommen, die Notwendigkeit von Veränderung war offenkundig. Überall in Europa blühten Widerstand und Proteste auf.

Micha verfügte inzwischen über vertieftes Wissen über die Kämpfe Lateinamerikas. Er hatte Kontakte zu Freund_innen dort aufgebaut. Dies zusammen mit seinen in verschiedensten Kontexten geführten Diskussionen über die Vernetzung der politischen Arbeiten und Herausforderungen in Deutschland und Lateinamerika sowie mit seinen bereits bestehenden Verbindungen zum Leben dort motivierten ihn 2011 zu einer weiteren Lateinamerikafahrt. Er machte weitere Erfahrungen und gewann neue Kenntnisse über die Realitäten der Widerstände und des Lebens in den unterschiedlichen Teilen Lateinamerikas. Bewegungen und Organisierung in Kolumbien genauso wie in Nicaragua waren für ihn wichtige Aspekte eines großen Ganzen, das von den aktuellen emanzipatorischen Bestrebungen bis in ihre Geschichte reichte, die er besser kennenlernen wollte.

Nach dieser Reise, zurück in Berlin, zwang das Leben Micha dazu, alltäglich Zeit und Raum durchzustrukturieren: Der Weg zur Uni bedeutete eine Stunde

U-Bahn-Fahrt, jeder Besuch bei Freund_innen oder von Veranstaltungen ebenso; jeden Tag begegnete er Tausenden von Menschen, doch die allermeisten blieben anonym hinter einem Schleier der fehlenden Verbindung. Diese Beziehungslosigkeit und Fremdheit von Menschen, die sich eigentlich in ihren Leben so nah sind, beschäftigte ihn sehr. Er beschloss, gemeinsam mit einer Studienfreundin, einen Ausbruch aus dem Alltagstrott der Metropole und des von gesellschaftlichen Normen geprägten Lebens zu wagen.

Die beiden reisten vom Rasthof Michendorf bei Potsdam per Anhalter Richtung Südwesten. Der Weg führte sie bis nach Nordmarokko, wo sie von Ort zu Ort wanderten, im Freien übernachteten und mit Dorfbewohner_innen ins Gespräch kamen. Der Weg durch die Atlasausläufer um Chefchaouen schockierte sie wegen der endlosen Monokultur des Marihuana-Anbaus für den zentraleuropäischen Konsum. Wie bei anderen Reisen zuvor wurde ihm auch hier die Verwobenheit von Drogen mit kolonialer Politik deutlich. Das Hinterfragen der Ausbeutung durch die kapitalistischen Metropolen und der weltweite Widerstand, der sich dagegen auf verschiedene Weise formiert, beschäftigen und bestätigten ihn immer weiter auf seiner Suche nach Freiheit und dem wahren Leben.

Was Micha ab diesem Punkt geprägt hat, wie der Fluss weiter fließt, was unseren Freund bewegte und vor Herausforderungen gestellt hat, davon sollen die folgenden Tagebücher, Briefe, E-Mails und Notizen selbst berichten. Lasst euch mitnehmen auf seine Reise. Er kann uns vieles lehren und wird uns einen Teil seiner Welt und dessen, wie er geworden ist, selbst zeigen.

Hoffnungssuche
November 2011 bis Dezember 2013

Deutschland – Marokko – Andalusien –
Deutschland – Schottland – Deutschland –
Nordkurdistan – Deutschland – Nordkurdistan –
Südkurdistan – Nordkurdistan – Griechenland – Deutschland –
Frankreich – Katalonien – Deutschland – Qandîl

Und hier fängt die Geschichte nicht an

November bis Dezember 2011, Marokko – Andalusien

26/12/11, Marokko

Es ist enorm schwierig für mich von einem strikten, schematischen, rationalen Denken wegzukommen. Natürlich kann die Selbstbefreiung keine Flucht vor allem sein. Es gilt, was Jane formulierte: emotional ehrliche Komplizenschaften zu schaffen, und sich gleichzeitig unabhängig zu machen von den Warenströmen.

In Berlin scheint mir das nur schwer möglich. Die ehrlichsten Gespräche hatte ich nie im Alltag, sondern immer in einer Situation des Umbruchs.

Wie wird diese, unsere Zeit in ein paar Jahrzehnten gesehen werden? Ich will mein Bewusstsein über diese Zeit niederschreiben und niemals vergessen, was ich überall sehe: wie kaputt die Menschen, die Landschaft sind. Vielleicht ist mein Bild auch getragen von dem ständigen Beschwören von Krisen, doch vielleicht sind diese real?

> »Wenn ihr so die Ketten der Ideen in den Köpfen eurer Mitbürger gespannt habt, könnt ihr euch rühmen, sie zu führen und ihre Herren zu sein. Ein schwachsinniger Despot kann Sklaven mit eisernen Ketten zwingen, ein wahrer Politiker jedoch bindet sie viel fester durch die Kette ihrer eigenen Ideen; dessen erstes Ende macht er an der unveränderlichen Ordnung der Vernunft fest. Dieses Band ist um so stärker, als wir seine Zusammensetzung nicht kennen und es für unser eigenes Werk halten.«[4]

Ich habe immer wieder eine Vision von Endzeitbildern, in der ich eine dunkle Straße oder eher noch eine widerlich erleuchtete, zivilisierte, ausgestorbene Straße entlanglaufe. Ich hatte lange die Vorstellung: Ich in einer Endzeitlandschaft als Reisender, Überlebender.

Ich durchstreife tote Landschaften voller toter Architektur, Zivilisationsmüll (aus älteren Tagen oder gerade erst gebaut) und Autobahnen (dem Sinnbild der Entfremdung, Zerstörung und Vernetzung, Mobilisierung schlechthin) oder ich empfinde die befreiende Abwesenheit all dessen, unberührte Natur, Einsamkeit.

---

4 Foucault, Michel: *Überwachen und Strafen. Die Geburt des Gefängnisses.* 1. Auflage. Frankfurt a. M.: Suhrkamp 1977, S.131.

Mein romantisiertes Bild des reisenden Fremdlings, überschneidet sich mehr und mehr mit dem, wie ich mich sehe und dem, was ich gerade tun will: frei reisen, lernen den Zwängen auszuweichen, die mich an einem festen Ort umzingeln. Autonom werden und das nicht im Finden eines Chefs. Ich glaube, dass der Krieg, der schon angefangen hat, oder nie aufgehört hatte, sich noch ausbreiten wird. Vielleicht leben wir wirklich in einer Zeit, der noch einige Brüche bevorstehen. Alles ist besser als die totale Verwaltung.

Je mehr ich lese und je mehr ich für mich dekonstruiere, desto mehr merke ich, dass mir eine Philosophie zu eigen wird, die immer weiter von der Norm der momentanen Welt abweicht.

ich

wer könnte ich sein außer mir?
mit meinen erfahrungen meinen träumen bleibe ich doch immer ich
ich bin mein maß aller dinge
welchen anderen maßes könnte ich mich bedienen? ich kenne nur mich,
und das nicht sehr gut.
und was bleibt von mir, wenn ich den Mann und den Weißen fortschicke, als
nur ich? all die Kolonisatoren, die in meinem Kopf wohnen und immer noch
den Koffer dort haben.

03/01/12, Costa del Sol, Andalusien, Montemar

Es ist seltsam, ich habe zum ersten Mal das Gefühl, machen zu können, was ich will, das heißt bewusst meine Entscheidung zu treffen und zu verteidigen. Wahrscheinlich habe ich zumindest zum ersten Mal diese Stufe von Bewusstsein gefunden. Gestern Abend haben wir über uns gesprochen, über Nähe, was zwischen uns ist, und mit den anderen Menschen, mit denen wir Ähnliches teilen. Ich habe gemerkt, dass das, was meine Intuition ist, bisher von Scham oder Ängsten, zum Teil aus dem Unterbewusstsein, verschleiert war. Jedes Mal, wenn ich intuitiv bei einer Entscheidung war, konnte ich sie nicht umsetzen, weil mir abstruse Moralvorstellungen, Verhaltenskodizes und ansozialisierte Lösungen davorsprangen.

Ich habe ein unglaublich gutes Gefühl mit der ganzen Sache: mit uns, mit der Reise, mit mir. Ich verlerne jeden Tag ein wenig meiner Unsicherheit, einfach indem es den Raum gibt, darüber zu reflektieren. Jane ist mir eine unglaubliche Hilfe, einfach den ›Mut‹ aufzubringen, mich mit Gedanken auseinanderzusetzen. Ich hatte mir mal vorgenommen, ehrlich und ein ›wahrer Mensch‹ zu sein. Allerdings ist mir gestern erst bewusst geworden, in welchem Maße dies eine Selbstkritik und Reflexion voraussetzt und sich auch gegen eine ›gedankliche Faulheit‹ richtet, das heißt dem Verdrängen von ›unangenehmen‹ Gedanken, die vielleicht Tiefgreifendes nach sich ziehen. Also, um zusammenzufassen:

Ich muss eine Ebene finden, um selbst Schlüsse zu ziehen: Was sind meine Bedürfnisse? Was will ich gerade? Was will ich in bestimmten Situationen? Wie geht es mir mit Entscheidungen und mit Verhaltensweisen? Wie geht es anderen damit? Wie kann ich kommunizieren? Im Zweifel heißt das wohl immer, möglichst viel zu kommunizieren, generell gegen den Zweifel und das Monster der Sorge. Jede_r ist nur so allein und verzweifelt, weil er_sie sich nicht mitteilt und austauscht.

Wir sind mitten in der Wüste, Zombieland. Ein Hotel, Restaurant am anderen, direkt dahinter Parkplätze, Supermärkte, Automechanikerei und reihenweise Ruinen der Gegenwart, Betonklötze von Farbenhäusern, Wohnungen, alles ordentlich in Reih und Glied, der architektonische Tod in Ankündigung. Nichts hier ist lebendig. All das wird nur noch durchquert, weil es unbewohnbar, lebensfeindlich ist. Die Verwaltung der Menschheit in ihrem Reproduktionsprozess der wohlverdienten ›freien‹ Tage im Jahr. Dazu die Einflug- und Abflugschneise des nächsten Großflughafens und die gesamte Stadt selbst versprüht den Charme von asphaltierten Startbahnen. Ohne uneingeschränkte Mobilität wäre ein Ort wie dieser nicht zu ertragen. Das einzig Tröstliche ist der letzte Rest Natürlichkeit, nicht in materieller Form, sondern in klanglicher. Die Brandung des Meeres auf den künstlich aufgeschütteten Strand überdeckt wenigstens bei geschlossenen Augen die kakophone Komposition. Wahrscheinlich ist all das nur in dem lethargischen Grundzustand zu ertragen, in dem sich die verwaltete Masse über die Promenade schiebt. Und dabei soll das hier noch ein schöner Ort der Zivilisation sein, ein Ort der Entspannung, der Regeneration. Dabei ist Natur nicht an einen Zweck gebunden, oder einer Verwaltung unterworfen. Vögel, die auf den Strommästen der Großstädte nisten, sind ferne Boten einer Natürlichkeit, die von vielen nicht mehr wahrgenommen werden kann in all der Entfremdung.

Und trotzdem bleibt eine Grundunzufriedenheit, unterbewusst, denn wahre Freude kann in einem Wohnblock mit Blick auf die Vernichtung kaum entstehen. Selbst der aufgeschüttete Strand ist eine Ware, angepriesen in Katalogen. Lieber sterben als hier ›leben‹[5]. Im Grunde ist all das tatsächlich einer absurden Matrix entsprungen, doch keiner fantastischen, nur der zeitgenössischen, der totalen Entfremdung und Entmenschlichung, die bereits an anderer Stelle formatiert wurde: Alles gilt es zu zerstören.

5 In seinen Werken *Menschliches, Allzumenschliches* (1886), *Morgenröte* (1880/81) und *Die fröhliche Wissenschaft* (1882) beschäftigt sich Friedrich Nietzsche mit dem ›freien Geist‹.

Deutschland – Marokko – Andalusien –
Deutschland – Schottland – Deutschland –
Nordkurdistan – Deutschland – Nordkurdistan –
Südkurdistan – Nordkurdistan – Griechenland – Deutschland –
Frankreich – Katalonien – Deutschland – Qandîl

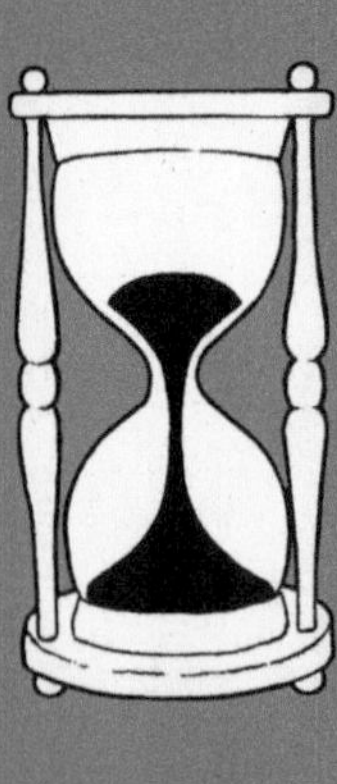

Die zwei Zeiten meiner Revolution

Januar bis Februar 2012, Deutschland – Schottland

16/01/12, Dorf in Nordostdeutschland

Mir ist gestern schlagartig klar geworden, dass mein ›Zuhause‹ immer ein bisschen ferner rückt und dessen Bedeutung schwindet. Ich muss hier wieder weg, das habe ich gemerkt, egal wie, ob allein oder mit Jane.

Es geht mir nicht darum, andere Menschen und ihr Leben zu verdammen, sie zu bewerten oder infrage zu stellen. Ich muss mir nur eingestehen, dass ihre nicht meine Leben, nicht meine Welt sind. Andere Menschen können für sich ein gutes Leben führen, und ich hoffe, sie haben sie frei gewählt. Ich gehe mit denen, die eine andere Welt suchen und aufbauen wollen. Jeder Eingriff in ein fremdes Leben, in eine andere Welt, die dies nicht wünscht, ist ein kolonialer Akt. Es gilt die anzugreifen und in Frage zu stellen, die anderen die Möglichkeit nehmen frei und selbstbestimmt zu leben.

Mir ist klargeworden, dass, so wie die Zapatistas zwei Ebenen der Zeit mit ihrer Revolution berühren, auch meine persönliche Auseinandersetzung zwei Zeiten hat. Die eine ist der Moment, der gerade existiert, in dem ich losgehe. Denn im Grunde bleibt nichts anderes, als jeden Moment wieder neu loszugehen.

Die andere Zeit ist entweder verborgen und kann nicht erreicht werden, oder ist der Weg selbst, der *Dō* [6]. Damit ist mir auch erst aufgefallen, was im Buddhismus damit gemeint ist, dass der Dō nie zu Ende ist. Es kann nicht der Anspruch sein, irgendwann ›fertig‹ zu sein. Man kann nur immer weiter fortschreiten.

Jeder Akt der Emanzipation enthält notwendigerweise einen Anteil Unsicherheit. Wie die Freiheit des Verlustes immer Bestandteil der Freiheit ist, muss zuallererst jene Unsicherheit gewagt werden, um letztlich die Loslösung, die Emanzipation, zur Wahrheit werden zu lassen. Wer die Unsicherheit nicht

6 *Dō* (道) ist ein japanischer Begriff und bedeutet Weg, aber auch moralisches Prinzip oder Lehre mit philosophischer und spirtueller Konnotation. Er ist zum Beispiel bekannt durch die Kampfkünste Judo oder Karate-Do. Verwandte Begriffe, wie etwa das chinesische Dao, sind jedoch in der asiatischen Philosophie insgesamt verbreitet. Es geht um die Art und Weise des Ausübens von Tätigkeiten, das verantwortungsbewusste Beschreiten eines Weges und ist assoziert mit den Begriffen ›Führen‹, ›Erkennen‹ und ›Bewegen‹.

anerkennt, leugnet, vernachlässigt oder übergeht, bleibt notwendigerweise verhaftet im Status Quo, in Sicherheit. Und bekanntermaßen kann auch Sicherheit tödlich sein. Was es braucht, ist die Zuversicht auf dem eigenen Weg und Überzeugung. Und letztlich Mut zu eigenen Fähigkeiten. Die allerdings konsequenzlos bleibt, wenn sie nur als theoretisches Konstrukt, als Idealbild vor sich hergetragen wird, als Label. Letztlich ist jede Theorie, die kein Handeln nach sich zieht, nur ein Symbol – und zwar das der Ohnmacht.

Ich habe gerade einen der Gründe entschlüsseln können, warum ich die ganze Zeit so fertig bin. Im Moment habe ich die ganze Zeit die Welt um mich, von der ich so viele Neurosen gelernt habe, die mir immer mehr verlogen erscheint. Deshalb bin ich so nervös und ungeduldig, weil es alles um mich herum auch ist. Es gab in meiner Vergangenheit nie den Akt der Emanzipation von meiner bürgerlichen Herkunft, deren Verhalten ich so perfekt übernommen habe: schweigen, sich anpassen, allein klarkommen. Deshalb wollte ich immer lieber allein spielen: es umgeht die Auseinandersetzung. Nicht umsonst ist der bürgerlichste Zeitvertreib die PC-Sucht. Es geht allein, und alles, was kollektiv zu sein scheint, ist entweder einem Zweck, einem fantastischeren ›Höheren‹ unterworfen, oder, sofern das nicht der Fall ist, rettet immer noch die letzte Verfremdung vor sich selbst: jemand anderes sein zu können. Aus dieser Singularisierung jedenfalls entspringt für mich eine Menge: meine Verschwiegenheit, Schüchternheit, Minderwertigkeitskomplexe gegenüber Menschen, die nicht an einer internalisierten unsozialen Erziehung kranken. Meine Verlustängste bei Reibungen mit Freund_innen: mein Geltungsbedürfnis.

Ich würde sogar so weit gehen zu behaupten, dass all das Grundkrankheiten der generalisierten Vereinzelung sind. Wie loswerden? Systemische Veränderung drängt sich mir auf: den Ablauf ändern. Mein Bedürfnis, allein zu sein, drückt wohl genau diese Schwierigkeit aus, mit Menschen umzugehen. Schottland könnte eine Art Nach-Vorne darstellen. Also spazieren gehen. Alle die keine ›Problemkinder‹ waren, haben Codes und Regeln verinnerlicht, bis diese nicht mehr als solche erkennbar waren. Vielleicht haben sie einen anderen Weg durchzumachen. Letztlich ist die Abschottung gegenüber der Welt, wie auch immer sie aussehen mag (PC, Drogen, Süchte, schon die Neigung, lieber allein zu Hause zu bleiben), immer der gleiche Ausdruck der unterschwelligen Angst vor den Anderen, der Unsicherheit im Umgang mit der Realität. Und das Ausblenden als der bürgerlichste Reflex, der vorstellbar ist.

Damit hängt meine Nervosität und meine Konzentrationsschwäche zusammen: einerseits ist es die Reizüberflutung, der Überfluss an Möglichkeiten. Andererseits ist es das Gefühl oder die Befürchtung, etwas falsch zu machen, was natürlich dazu führt, dass alles falsch ist oder Ablenkung.

Mitte Februar 2012, Bleussy, Schottland[7]

Eine Sache beschäftigt mich: Jane meinte, Autonomie wäre für sie nur kollektiv denkbar. Die Grundlage für wahre Komplizenschaft kann nur Autonomie sein, die kollektiv gelebt an Stärke gewinnt, weil sie sich gegenseitig vervielfacht. Was nicht heißt, dass es falsch wäre, auf andere angewiesen zu sein. Aber die Komplizenschaft beruht auf der freien Assoziation, dem freien Willen und nicht auf Sachzwängen oder realpolitischen Notwendigkeiten. Deshalb bleibt der Kern immer relativ klein, eng verflochten, kann auf Vertrauen bauen. Jede ›Koalition‹, die Notwendigkeit zur Allianz, kann die Zerstörung der Autonomie bedeuten. Auf diesem Weg scheint mir meine Revolution weiterzuführen als durch den Bezug auf Identitäten, die zwar zu zahlenmäßig größeren Zusammenschlüssen führen können, aber immer Gefahr laufen, sich der eigenen Identität zu opfern, zur Szene zu verkommen, offen zu sein für Misstrauen und Lethargie, Expert_innentum und Avantgardismus.

Frantz Fanon: Die Verdammten dieser Erde – Gedanken
Ich lese diese Berichte über Traumatisierungen und frage mich, warum ich so gefesselt davon bin. (→Profit des Sprechenden?) Vielleicht bin ich wirklich sehr früh mit ›fiktionaler‹ Gewalt sozialisiert worden, und nun fällt es mir schwer, mehr zu fühlen als Täter-Opfer-Umkehrungen, oder besser/anders: mein Verständnis ist zu großen Teilen rein rational. Vielleicht kann ich aus meiner privilegierten Position gar kein emotionales Verständnis dieser Gewalttätigkeiten und Betroffenheiten entwickeln? Meine durchaus realen Gewalterfahrungen erscheinen gering gegen die Bilder, die mir bei Syrien, Kurdistan, Chiapas durch den Kopf gehen. Die Gewalt, die ich erfahren habe, kommt von Weißen und richtet sich gegen Weiße. Es ist nicht die widerwärtige rassifizierte Gewalt, die gegenüber Indigenas verübt oder im ›völkisierten‹ Krieg gegen die Kurden angewandt wird.

Das scheint hier die Perspektive zu sein, aus der ich lernen kann. Der Ansatz mit dem ich mein Handeln reflektieren kann, um eben nicht wieder

7 Reisen bedeutete für Micha zu dieser Zeit fast immer, per Anhalter unterwegs zu sein. Auf dem Rückweg aus Marokko begegneten Micha und Jane auf einer der vielen Raststätten in Südspanien Dennis, einem Logistikunternehmer, der auf Grund seiner schweren Diabeteserkrankung beschlossen hatte, gemeinsam mit zwei Dackeln und einem Wohnmobil die Welt zu erkunden. Aus seiner Einladung, gemeinsam mit ihm seine Heimat Schottland zu bereisen, entstand eine Verabredung der drei für Februar 2012. Die Reise ging von Edinburgh nach Inverness und bis auf die Insel Syke. Dennis nannte Micha und Jane immer ›seine Schutzengel‹, weil sie ihn zweimal täglich daran erinnerten, seine Diabetes-Tabletten einzunehmen. Er machte sagenhafte *scottish pancakes* zum Frühstück und erzählte aus der Geschichte Schottlands: Von Hippiekommunen, die es seit den 68ern auf einigen Inseln Schottlands gibt, und davon, warum auf dem schönen schottischen Land keine Bäume mehr stehen – außer auf einer winzig kleinen Insel inmitten eines der vielen Seen.

patriarchale, kolonialistische und klassistische Macht zu reproduzieren. Die Macht wirkt auch auf die Privilegierten und unterwirft sie Zwängen, ebendiese Machtdiskurse fortzusetzen und ihre Rolle zu spielen. Aus diesem Rollenbild gilt es auszubrechen.

Ich möchte lieber Banken ausrauben, als meine Nische finden. Lieber ausgestoßen, als Teil dieser Norm, dieser unsichtbaren Zellenwand zu sein.

Flucht? Ich denke Flucht ist immer Ausdruck von zwei Erkenntnissen: auf der einen Seite Ausdruck der Zuversicht in die Existenz des Möglichen; auf der anderen Seite die Gewissheit, dass der Status quo uns bedroht, unsere Fähigkeit frei zu denken tötet, selbst Emotionen. Bis wir zu Geistern in einer Welt werden, die nur noch relativ erscheint und doch konkretes Leid erzeugt. Dabei gaukelt uns unsere ›Aufgeklärtheit‹ noch vor besser zu sein, die eigentlichen letzten potentiellen Retter dieser Welt.

Sicherheit

Sicherheit

Es gilt, eine eigene Zeitlichkeit zu finden

März bis April 2012, Ostdeutschland

Ich habe gerade bemerkt, dass ich meine eigene Zeitlichkeit finden muss, meinen Weg. Wenn ich keine Perspektive sehe, sehen sie andere und ich kann davon lernen. Vielleicht ist es gar nicht falsch, einige Jahre zu studieren, damit ein Privileg zu nutzen, aber seinen Weg zu gehen. Solange es der eigene Weg ist, der einen fragen lässt, und der ständige Selbstkritik erfordert. Andererseits weiß ich, welche Gefahren der ›einfache‹ Weg birgt, wie Bequemlichkeit den Blick ablenkt und Opportunismus fördert, oder verkommen lässt zur reinen Selbstbeweihräucherung. Wo sehe ich eine emanzipatorische Perspektive?

Reisen ist auf Dauer zu anstrengend, auslaugend, obwohl ich es wohl eine Weile aushielte. Das Wichtige ist, etwas zu finden, was mich selbst erfüllt, eine Wahrheit, die mich trägt: ein Gefühl der Ausgeglichenheit, Zuversicht, Freiheit letztendlich. Wie lässt sich all das verbinden mit den Zwängen des Alltags? Geld, Wohnen ... Vielleicht sollte ich wirklich meine Fähigkeiten als Meisterdieb ausbauen, aber auch das erfüllt mich nicht und droht letztendlich mich aufzureiben.

Es gilt eine eigene Zeitlichkeit zu finden. Mich von Sachzwängen zu befreien und der scheinbaren Notwendigkeit zu entgehen, sofort Antworten zu finden. Sonst geht der eigene Horizont verloren oder wird beschränkt vom nicht selbst definierten Gedankenhorizont. Daher kann meine Biographie nicht an Normen orientiert sein, die mein Denken beschränken. Gleichzeitig wirken diese Normen natürlich die ganze Zeit und es erfordert innere Ruhe und Überzeugung, in Auseinandersetzungen zu wachsen.

Gleichzeitig ist wohl jedes ziellose Davonpreschen aus reinem Trotz gegen die Norm, ebenso aus Zwang erwachsen und damit nicht meine Wahl. Momentan möchte ich lernen für mich, vielleicht sogar noch einmal im Rahmen eines Studiums. Aber es darf um mein Bedürfnis, meinen Weg, meine freie Entscheidung gehen.

Ich habe Verrücktheiten im Kopf, die weitergedacht werden müssen, Geschriebenes und Gesagtes, was ich verstehen will, weil ich glaube, davon lernen zu können. Ich will Komplizenschaften suchen, wo Menschen eigene Wege gehen und sich für den Kampf um eigene Wahrheiten entscheiden. Gerade die Auseinandersetzung mit den freien und sich befreienden Kräften an den Rändern der Metropole hat mich enorm weitergebracht, weiterdenken lassen. Sie bieten mir Zuversicht, nicht allein zu sein und dass eine andere Welt denk- und machbar ist. Dass die Utopie Realität sein kann und die freien und sich befreienden Kräfte einen Weg gehen, der vieles von dem beinhaltet, was eine andere Welt nötig hat: den Mut zur Selbstkritik, die Gewissheit, die Wahrheit konkret und kollektiv leben zu können.

Vielleicht, nein, wahrscheinlich ist alles, was die herrschende Geschichtsschreibung umfasst, verkürzt und zurechtgebogen zur Legitimation des Status quo. Allein die Tatsache, dass die Frage nach der konkreten gesellschaftlichen Alternative nicht mehr als ›wissenschaftlich‹ gilt, zeigt die Zensur. Die Beschneidung der Realität ist, in dem die Denkbarkeit des Anderen aufgehoben wird, das wirkungsvollste Machtmittel. Was nicht gedacht werden kann, kann nicht in Handlungen umgesetzt werden, wenn sie nicht innerhalb der Diskurse der Herrschenden verlaufen.

Wenn ein Denken der politischen Situation ausgeblendet wird, wird verhindert alternative Konzepte zu Staat, Nationalität und institutionalisierter Religion zu finden. Dabei versucht die These des herrschenden Diskurses gleichzeitig die Denkbarkeit ihrer Antithese aufzuheben. Ist es möglich, die Alternative aus den Köpfen zu löschen, indem die Sprache verstümmelt wird?

Wichtig ist es den Determinismus aus der Analyse zu streichen. Nichts ist gewiss ... So detailliert eine Analyse auch sein mag, allein die Beschränktheit der Sprache verhindert, dass ein Modell die Realität als solche wiedergibt. Dazu kommen noch viele andere Einschränkungen: Ungenauigkeit in der Analyse, Subjektivität, Wertung von ›Fakten‹.

Wahre Dinge, ausgesprochen, klar gedacht, sind nicht schwer zu verstehen. Ich glaube, gerade die Klarheit in der Sprache von Öcalan bringt mich dazu, zu glauben, dass es einen Weg gibt, weil es den immer gibt. Wie Öcalan sagt: Der Wahnsinn dieser Welt ist nicht so absolut, wie es manchmal scheint. Keine Herrschaft ist total, sie beinhaltet notwendigerweise den Gegenpol. So klein und schwer zu finden er auch sein mag. Ich habe Ideen, wie ich ihn finden kann oder zum Gegenpol werden kann.

31/03/2012, Email an Jane

Tatsächlich, das ist ein und dasselbe Bild, mit anderer Belichtung. Bezüglich Freiburg, Karl-Marx-Stadt, dem ganzen Theater, das sich hier als Realität präsentiert. Ich war gerade in Potsdam, und »Hey!«, es reiht sich wunderbar ein: glattgeleckte renovierte Renaissance-Innenstadt, das Disneyland der lokal-regionalen Bohème, die natürlich Fahrrad fährt mit ihren schwurbeligen Kindern im Anhänger und noch schnell beim Biobäcker ein Fitness-Mehl-Erlebnis-Produkt holt. Ich musste gerade vorhin wieder an Guy Debord denken: Alles ist völlig und bis in die letzte Konsequenz entfremdet, oder geht es noch weiter? Dein kleines auf dich persönlich zugeschnittenes Warenparadies. Such dir deine Nische. Ich habe die ganze Zeit noch andere Welten im Kopf, Bilder, Klischees. Bilder, die ich, wie ich glaube, aus Lateinamerika im Kopf habe, von Menschen, die klarkommen und kämpfen müssen und ihrer Welt ein Stück Veränderung abtrotzen. Die in einer Gegenwart leben, weil sie es sich nicht leisten können, an die Zukunft zu denken. Jedenfalls nicht so wie hier.

Den ganzen Vormittag waren hier abwechselnd böige Regenschauer und strahlender Sonnenschein, aber durch die dunklen Wolken dahinter schien alles völlig surreal, das perfekte Spiegelbild zu der Welt, die mir die Menschen in der Stadt vorgaukeln wollten, an das sie vielleicht selbst glauben: winzige Augenblicke von Fröhlichkeit und Heiterkeit, du musst nur ganz einfach die gigantische Sturmwolke dahinter ignorieren, dann ist das Bild wunderbar harmonisch. Wenn das Glitzern die Norm ist, oder zumindest so verkauft wird, ist es nicht mehr schwer alles andere als Störung zu verwalten.

Meinst du, es ist falsch, wegzulaufen? Das ging mir vorhin durch den Kopf. Weglaufen besteht denke ich ja immer aus zwei Grundwahrheiten: Einerseits aus der Erkenntnis, dass es hier zu wenig gibt, um in dieser Realität zu bleiben. Und außerdem die Zuversicht, dass es andere Welten gibt, in denen Lernen und Leben möglich ist. Im Moment habe ich diese Zuversicht, ich zweifle nur gerade, mit welchem Fuß ich zuerst auftreten soll, obwohl ich weiß, dass ich einfach nur loszugehen brauche. Irgendetwas hält mich hier noch fest. Angst, weil ich nicht weiß, wo ich lande oder landen will. Aber sollte nicht eigentlich die Erkenntnis reichen, dass ich es will? Diese Angst vor dem Unbestimmten entspringt der Vereinzelung, die so typisch für die soziale Schicht unserer Eltern ist. Deshalb stecke ich ein bisschen in einer Klemme, weil ich weiß, was zu tun ist, aber mich emotional nicht von der Bequemlichkeit und der Angst lösen kann.

Schwierig, in dieser Scheinwelt meine Bedürfnisse zu formulieren. Nun ja, ich will weg von so vielen Menschen, die verwalten und sich verwalten lassen. Ich will einen Raum, in dem ich lesen und denken kann. Schon mal 'nen Magneten auf'ne Bildröhre gelegt? In etwa so klar sehe ich meine konkreten Vorstellungen vor mir. Wandern, immer geradeaus.

Ich hatte schon oft das Gefühl, irgendetwas leisten zu müssen, weil ich meiner Familie oder wem auch immer irgendetwas schuldig wäre. Es ist genau diese Art der Dankbarkeit, die hier jedem Kleinkind eingeimpft wird – ohne je zu hinterfragen, muss jede Sozialisation erst mal akzeptiert werden, so bekloppt sie auch sein mag. Je mehr ich über Normierung und Normalisierungen höre und lerne, desto perfider erscheint mir das ganze System. Kranke schaffen, um gesund zu sein, Perverse schaffen, um normal zu sein, Problemchen schaffen, um sich auf Kosten der anderen zu freuen, dass *Man* der einzige ist, dem es nicht schlecht geht. Es ist für mich nicht so einfach, Herkunft und Sozialisation zu akzeptieren und zu dekonstruieren. Aber mir erscheint genau das der Weg zu sein, nicht nur den Mann in mir, sondern auch den Weißen, den Heteronormativen, den Gesunden kaltzustellen. Und alle anderen, die sich da eingenistet haben. So kann ich mich vielleicht ein Stück weit frei machen von dem, was mir meine Umwelt aufgezwungen hat. Ich möchte unglaublich gern Nietzsche mit dir lesen, er schreibt auch über das Recht zu Sterben, im Grunde über die vollständige Selbstermächtigung, die freie Vereinbarung. Und über's Kinder in die Welt setzen, ohne zu wissen, was diese Welt bitteschön will und was das Kind damit anfangen soll.

Mir fällt bestimmt noch ganz viel mehr ein, wenn ich wieder wach bin. Danke für dein Geschreib, es bringt mir viel, darüber nachzudenken, was du schreibst und denkst. Und Spaß und Liebe und Verschwörung. Alles andere, wenn sich meine Gedanken entknoten mit der Zeit. Ich glaub dran.

Ich drück dich.

Tatort Kurdistan

Die Kampagne und das Netzwerk *Tatort Kurdistan* waren für Micha ein wichtiger Bezugspunkt in dieser Zeit. Das Netzwerk liefert viele Informationen auf Deutsch über die Entwicklungen in Kurdistan.

Im April 2012 fand die Jahrestagung von *Tatort Kurdistan* zum Thema »Internationale Repressionsstrategie gegen die kurdische Bewegung und die türkische Linke« statt. Es gab Vorträge zum PKK-Betätigungsverbot in Deutschland und wie es dazu kam, dass die PKK[8] in Europa als terroristische Organisation eingestuft wurde. Ein Beitrag stellte die Situation in türkischen Gefängnissen und die Aushebelung der Rechtsstaatlichkeit in Bezug auf das Gefängnis in İmralı dar. Von der Situation Abdullah Öcalans, der sich zu diesem Zeitpunkt seit acht Jahren in Totalisolation befand, berichtete der, sich in Deutschland im Asyl befindliche, Rechtsanwalt Mahmut Şakar. Ein weiteres Thema war die Repression gegen kurdische Medien, auch in der Diaspora, und die Kriminalisierung kurdischer Aktivist_innen in Europa. Aktuelle Nachrichten, wie später durch die Nachrichtenagentur ANF, waren auf Deutsch noch nicht zugänglich, daher gab diese Konferenz tiefe Einblicke in Themen, die sonst zumeist ungewusst und ungesehen blieben. Die Prozesse innerhalb des Netzwerks von *Tatort Kurdistan* waren für Micha und enge Genoss_innen ein wichtiger Bezugspunkt, um die Freiheitsbewegung Kurdistans in ihren unterschiedlichen Facetten besser kennen zu lernen und die Dimension ihres revolutionären Kampfes, die Rolle von Öcalan und die Repression gegen die sie in Deutschland zu verstehen.

8 PKK ist die Arbeiterpartei Kurdistans (*Partiya Karkerên Kurdistanê*).

07/04/2012, Email an Jane

Hey,
war heute echt seltsam, irgendwie habe ich gar nichts gemacht, mich nur verwaltet, gegessen und hatte die ganze Zeit das Gefühl, irgendwas machen und meine Zeit nutzen zu müssen. Überall sind Uhren und ich kann mich nicht konzentrieren. Gitarre gespielt habe ich, ein Lied von Yann Tiersen gelernt, der genau das singt: »No concentration, just a white disorder everywhere around me, you know, I'm so tired now.«[9] Ich muss aus dieser Blase raus, hier ist alles statisch und ohne Zeit. Wahrscheinlich essen die Uhren die Zeit vollständig auf und den Menschen bleibt keine mehr. Oder es gibt Diskurse von Wurmlöchern im Raum-Zeit-Kontinuum und die Zeit verschwindet in eine andere Welt. Vielleicht gab es ja mal eine Epoche, in der Magier_innen den Leuten mehr Zeit verschafften, in dem sie aus der Zukunft welche abgeschöpft haben. Oder die Welt ist aus dem Gleichgewicht geraten und jetzt schwappt die schöne Zeit, die vorher frei herumgefleucht ist, völlig aus manchen Gesellschaften und fließt aus der Welt. Klingt schlüssig, finde ich.

Without just one nest	Ohne ein einziges Nest
A bird can call the world home	kann ein Vogel die Welt sein zu Hause nennen
Life is your career[10]	das Leben ist deine Karriere

9 Liedtext von Yann Tiersen: *La dispute*; dt. »Keine Konzentration, nur eine weiße Unordnung überall um mich herum; weißt du, ich bin so müde.«

10 Zitat aus Palahniuk, Chuck: *Fight Club*. New York: W. W. Norton 1996.

Zwei Welten

Mai bis Juni 2012, Ostdeutschland

04/05/12

»Fragend schreiten wir voran ...«[11]

Ich redete sehr viel mit Leonie über Beziehungen, Ärgerei damit, festgefahrene Situationen, Erwartungen, Eifersucht und Angst. Öcalan hat recht, wenn er von der Notwendigkeit einer mentalen Revolution spricht. Hilfs- und Opferbereitschaft, Kompromissdenken und der immer noch tiefsitzende Gedanke des Märtyrertums als legitime Motivation bilden ein Wertefundament, das letztlich Normen diktiert. Letztlich führt es zu einem Welt- und Menschenbild, in dem Kollektivität eine Notlösung oder ›Kompromiss‹ ist, in dem angeblich die Bedürfnisse Einzelner leiden würden, da sie basierend auf einer Moral der Individualität nicht kommunizierbar sind.

Eine Welt, in der es normal zu sein scheint, dass ich Menschen verlieren kann, wenn sie mit anderen in Beziehung treten. In der es einfacher ist, den Schein unter einer Hülle zu leben, aus Angst vor einem Fundament von Vertrauen, vor der Freiheit und dem Leben. Mein Weg ist, die Norm zu zerschlagen und durch Komplizenschaft der Isolation zu entfliehen. Auf Grundlage meiner Bedürfnisse eine Parallelwelt aus Ehrlichkeit und freier Vereinbarung zu schaffen.

11 Dies ist ein Zitat und ein grundlegendes Prinzip aus der zapatistischen Bewegung aus Chiapas, Mexiko.

Schuldlügen

ich habe bomben geworfen auf dresden
ich stand mit einer fackel in der hand in hoyerswerda
ich habe jugoslawien bombardiert
und bin am hindukusch einmarschiert
ich habe juden vertrieben
und ausländer beleidigt
denn in meinem kopf waren sie immernoch anders
ich habe zivilisten massakriert
dörfer dem erdboden gleich gemacht
ich tat nichts von alledem und trotzdem fühle ich die
schuld der taten
die lastet auf allen
wie alle menschen sind
und ich lernte, dass schuld die falsche kategorie ist
auch wenn ich menschen faschisten in die arme trieb
weil ich ihr blut vergoss
nur ein, zwei tropfen
ihre sehnen überdehnte ihre adern platzen ließ
auch wenn ich es nicht sehen konnte unter der haut
auch wenn ich bomben baute in meinem kopf
und so viel hass spürte
aus ohnmacht
die ich überwinden lernte jeden tag
und dass meine macht nur macht über mich sein kann
und ich lieber voll zuversicht und liebe in der zweiten
reihe stehe
als vorne und mich verliere weil ich die richtung nicht
weiß vor wut und ohnmacht
ich gebe meine munition lieber denen die wissen in
welche richtung sie schießen
und sich fragen ob sie müssen mit mir zusammen

liebe ist quatsch weil es ein wort ist
sprache tötet
gefühle.
und schafft die welt in der sie existiert
und schon hier versagt sie
weil die wörter nicht reichen

Die Plüschigkeit der Zustände

Zuerst einmal zur Klarstellung: Dies soll keine Abrechnung darstellen, kein sinnfreies Bashing von Lebensweisen und Positionen. Es geht mir nicht um einen fiesen Rundumschlag gegen die Szene, die Gesellschaft, den Staat (den ich hoffe gezielter treffen zu können) oder den Papst (der schon gestraft genug ist). Ich versuche nur, Beobachtungen, Kritiken und Selbstkritiken anzubringen, die vielleicht auch anderen helfen können. Denn (fast) jeder Beitrag kann Auseinandersetzungen oder Prozessen nützen, die ein wenig eingeschlafen sind oder drohen ins Stocken zu geraten.

Zu meiner Perspektive: Ich schreibe all dies in Auseinandersetzung mit mir und meinem bisherigen Weg, der Brüche aufweist. Ich bin als weißer Typ sozialisiert und profitiere von der heterosexuellen Matrix und einer bürgerlichen Herkunft – oder bin von beidem beschränkt?

Diese Voraussetzungen gilt es offenzulegen und ihre Mechanismen zu entschlüsseln, um mit meiner Sozialisation zu brechen. Dies ist ein Prozess, kein unerreichbares Ziel. Ich habe für mich gemerkt, dass mir dieser Weg gefällt und ich ihn gehen will. An diesem Punkt treffe ich auf Widersprüche zur Welt, eher dieser Gesellschaft, und was es vielleicht für euch interessant macht: auch zur linken Szene. Ich habe viele Jahre in der bequemen Schwammigkeit der Potsdamer und Berliner links-autonomen Subkultur verbracht, in antifaschistischen, antisexistischen, hochschulpolitischen und antikapitalistischen Zusammenhängen. Überall traf ich auf Mechanismen, die mir immer mehr zu denken geben.

Ich bin seelisch divergent
indem ich gewissen namenlosen wirklichkeiten
zu entfliehen versuche
die mein leben hier plagen.
wenn ich aufhöre dorthin zu fliehen
werde ich gesund sein.
bist du vielleicht auch divergent, mein Freund?*

* Zitat aus dem Film 12 Monkeys (1995)

vergiss deine erwartungen
geh mit uns vorwärts
langsam vorsichtig
aber gemeinsam und entschlossen
vielleicht sind wir die fußgänger_innen der geschichte
vielleicht werden wir länger brauchen
wolltet ihr nur schnell ankommen?

der sanfte leichte vorsichtige Schritt
wird uns am weitesten tragen
weil sein abdruck sein eindruck
am tiefsten wirkt

die trauer, die sagt lass es sein
lieber verstehen als lass dir zeit

Das von sich selbst entfremdete Subjekt der Metropole ist nicht weniger kolonisiert als die Bewohner_innen anderer Erdteile. Hier findet die Kolonisation nur auf anderen Ebenen statt: mentale Kolonisation als Besatzungsmacht, die unseren Geist okkupiert. Die antikoloniale Revolution muss auch in der Metropole erkämpft werden.

> »Die Dekolonisation geschieht niemals unbemerkt, denn sie betrifft das Sein grundlegend, sie verwandelt die in Unwesentlichkeit versunkenen Zuschauer in privilegierte Akteure, die in gleichsam grandioser Gestalt von Lichtkegeln der Geschichte erfasst werden. Sie führt in das Sein einen eigenen, von den neuen Menschen mitgebrachten Rhythmus ein, eine neue Sprache, eine neue Menschlichkeit. Die Dekolonisation ist wahrhaft eine Schöpfung neuer Menschen. Aber diese Schöpfung empfängt ihre Legitimität von keiner übernatürlichen Macht: das kolonisierte ›Ding‹ wird Mensch gerade in dem Prozess, durch den es sich befreit.«[12]

Es gibt keine Trennung der Welt in Innen und Außen des Systems mehr – je unbewusster wir leben, desto besser läuft das Getriebe dieser Zivilisation, die auf der physischen und psychischen Unterwerfung des Lebens basiert.

> wenn du glaubst du bist frei
> wurdest du bezwungen
> wenn du glaubst es wird besser ganz von allein
> bist du verloren
> wenn du glaubst es gäbe sowieso nichts besseres
> haben sie dich genau so wie sie dich brauchen

Neue Anarchismen

Anarchismus fern von seinen sehnsüchtigen Erinnerungsorten, den mythischen Personen und historischen Bezugspunkten. Ein neues anarchistisches Bewusstsein auf Grundlage eines dialektischen Verständnisses von Beziehungen und Situationen: Anarchie ist die organisierende Kraft, wo quasistaatliche Rahmen nicht anerkannt werden und in der die Initiative autonomer Subjekte sich in kollektiver Form ordnet. In jeder Situation kann unsere Anarchie die Oberhand gewinnen und die Herrschaft abschütteln, in dem sie sie einfach nicht anerkennt.

Unsere neuen Anarchismen bedeuten einen Kampf gegen unseren eigenen Paternalismus und das koloniale Regime, das uns organisiert, spaltet und verwaltet. Ein Kampf gegen jeden Rest staatlichen Machtwillens in uns und gegen uns. Das bedeutet den Aufstand auf allen Ebenen, in unseren Köpfen, unseren

12 Fanon, Frantz: *Die Verdammten dieser Erde*. Berlin: Suhrkamp 2018, S. 30.

Handlungen, unserer Sprache, unseren Vierteln, Dörfern und Städten, Schulen, Unis, Arbeitsplätzen, Ämtern, Supermärkten, für unsere Leben. Wohin uns das führen wird und wie weit wir gehen wollen, müssen wir selbst entscheiden.

Ein neuer Internationalismus muss vom Herz einer jeden Zelle ausgehen: ein Körper funktioniert nur auf Grundlage seiner Bestandteile. Internationalismus ist das Bewusstsein all diese Zellen vernetzen zu können. Für die Menschen im Herz der Metropole bedeutet dies: erst einmal zu Zellen zu werden, die selbstermächtigt und fähig sind, das Feuer zu entfachen und zu lenken. Zusammen mit allen, die aus freier Entscheidung und demokratischem Bewusstsein mit uns kommen wollen.

frei wie frei bist du? frei wozu?
frei zu sein
frei zu handeln
frei von notwendigkeit
frei von zweifeln
frei von ängsten
frei von zwängen
frei von arbeit
frei zu entscheiden
frei zu gehen?

Wir können zu keinem Zeitpunkt anfangen – außer jetzt. Wir müssen uns befreien von dieser Welt und ihren Fesseln, um aus Ruinen, dem Abfall und hauptsächlich aus Träumen eine neue bauen zu können.

Ausgehend vom Konzept hegemonialer Männlichkeit: Auch wenn ich vielleicht kein konkret benennbares Bild von Männlichkeit verkörpern will, welche Ideale tragen zu meiner Identität als ›Mann‹ bei? Fühle ich mich als Mann? Oder bin ich so privilegiert und normkonform, dass ein Bewusstsein über Männlichkeit gar nicht existieren kann?

Außerdem sind die Perspektiven zu differenzieren: Wie sehe ich mich selbst und inwieweit repräsentiere ich dabei Männlichkeit? Und auf der anderen Seite: Wie werde ich wahrgenommen und der Männlichkeit zugeordnet? Wie und warum werde ich als ›Mann‹ erkannt und bewertet? Liegt es an meinem Erscheinungsbild, dem Auftreten, der Sprache?

Konditionierung durch normiertes Verhalten in Romantischen Zweierbeziehungen (RZB)

Im Grunde funktioniert mein erworbenes Verhaltenssystem wie der pawlowsche Hund – ein System, das geprägt ist durch Verstärkung, Reizeliminierung,

Strafen (Liebesentzug, Streit, Verlassen) und Belohnung (gestärktes Selbstwertgefühl durch explizit positive Reaktionen auf mein Verhalten).

Dadurch kann kein Verhalten von mir als positiv gesehen werden, wenn es nicht durch positive Rückkopplung von außen bewertet wird. Ich dachte eigentlich, ich wäre über diesen Zustand seit den (positiven) Auseinandersetzungen mit Jane hinaus, aber eben hat es mich schwer getroffen, zu merken, wie eng das Raster aus Konditionierung immer noch wirken kann. Wie schnell ich zurückfalle in Verhaltenskodizes, die ich mit der Zeit in der RZB entwickelt habe. Ich habe sogar eine Phobie vor Romantik entwickelt. Angst vor Situationen, die emotional geladen sind und ein bewusstes Verändern der Situation nicht zulassen. Romantik und romantische Momente stellen vielleicht die einzige positive Emotionalität dar, alle anderen emotionalen Momente waren negativ konnotiert (Dies als These …). Stellt Romantik vielleicht in RZBs die Nische dar, in der emotionales Verhalten zugelassen ist, um den sonst existierenden Schutzpanzer vor emotionaler (negativer) Reaktion auf die unerträgliche Außenwelt nicht zu zerstören? Freie emotionale Assoziationen wären vielleicht zu deprimierend, um ausgelebt zu werden. Damit gibt es in der RZB nur zwei Räume für Emotionalität: Romantik und Depression (allein oder zu zweit). Für eine funktionierende Beziehung dürfen die beiden Räume sich nicht überlagern. Ebenso wenig ist es möglich, die Romantik als solche mit bewusstem Handeln zu füllen, denn dann läuft man Gefahr, den Schutzraum der RZB durch den Einbruch der Realität zu zerstören (da dies ›entzaubernd‹ auf das Dogma der Romantik wirkt).

Vielleicht ist genau der Unernst, den ich die ganze Zeit im Kopf habe, etwas, das anderen helfen kann, von dem andere lernen können. Ich komme mir hin und wieder wie ein nicht ernst zu nehmender Heimatloser vor, der nirgendwo bleiben will und keinen Weg kennt außer den Rätseln, die vor mir liegen. Ich glaube, zwei Dinge, die ich hoffentlich nie verliere, sind: das Augenzwinkern und die Liebe. Es ist wichtig, sich nicht zu ernst zu nehmen; und gleichzeitig ernst gemeinte Selbstkritik zu üben, erscheint nur als eine sinnvolle, oder besser vielversprechende, ›Tugend‹ (verschwurbelter Niezsche-Sprech!). Ebenso wichtig erscheint mir die Liebe mir gegenüber (→Nietzsches *Geist der Schwere*). Ich habe mir schon viele Ebenen von Liebe gegenüber anderen bewusst gemacht: geistig, körperlich, emotional, spontan, verspielt, traurig, froh über ehrliche Traurigkeit, lebendig und wie viel es noch gibt.

Ich merke gerade jeden Tag, wie sich Ängste lösen und Macht über mich verlieren. Ich habe das Gefühl, immer mehr Liebe zu mir selbst zu entwickeln und hoffe, darüber nicht die Möglichkeit ›mich zu verachten‹ zu verlieren. Ich lerne, dass mir Einsamkeit gut tut und ein Rückzug in meine Fantasiewelt ist. Gleichzeitig ist es gut zu wissen, dass da Menschen sind, die mit mir lieben, gerade wegen meines Wahnsinns und dem Gefühl, in viele Welten nicht mehr hineinzupassen. Ich glaube, ich habe langsam ein Netz von Komplizenschaften, denen ich vertraue und die ich mir als Rückzugsort vorstellen kann.

Erkenntnisreiche Spaziergänge und Bücher

Die Zeit in Europa, in denen Micha Kompliz_innen fand und intensive Selbstbildung betrieb, war geprägt von vielen langen Spaziergängen, die er mit Menschen unternahm, zu denen er eine Verbindung spürte. Das Gehen und Sprechen, ohne vier Wände und elektronische Technik um ihn herum, sortierte seine Gedanken und klärte den Geist. Wenn es zu konfliktreichen und angespannten Situationen kam, wenn man einmal die Hoffnung verlor oder von Enttäuschungen belastet war, dann war die ruhige Bewegung an der frischen Luft für Micha fast ein Allheilmittel: Nach einem langen Spaziergang neben einer guten Freund_in sah die Welt schon ganz anders aus. Zurückblickend hatte man das Gefühl, mit jedem Schritt ein Stück weiter gekommen zu sein, das Denken entwickelt und die Gedankenfäden miteinander verflochten zu haben.

Es sind diese Zwischenräume, das Heraustreten aus der alltäglichen Durchstrukturierung des Lebens, die die Kompliz_innenschaften stärkten und kollektiv einen klaren Willen fassen ließen. Bücher wurden untereinander weitergereicht, sodass sich gemeinsame Gedankenfäden sponnen und ein gemeinsames Denkgerüst entwickelt wurde. Micha nannte dies oft ›neue Karten zeichnen‹.

Alle anderen waren meist schon eingeschlafen, wenn sich Micha abends bei Kerzenschein hinsetzte und las. Er war derjenige, der mit Abstand am meisten und am konzentriertesten gelesen hat. Ein Buch, das er studiert hatte, wob er fast organisch in sein Denken mit ein, er sog die niedergeschriebenen Gedanken, Ideen und Analyseinstrumente geradezu in sich ein. Sie wurden dadurch zu einem Teil von ihm.

Oft las er denen, mit denen er Orte und Räume teilte, auch vor – besonders gerne die *Geschichten vom Alten Antonio* von Subcomandante Marcos. Er trug diese Erzählungen lange Zeit immer bei sich und zitierte daraus.

Zwei Welten – ich fühle mich in keiner zu Hause. Eine Welt – befriedet, konsumierbar, voll von eingelullten Existenzen und den letzten erbärmlichen Gadgets der Zivilisation. Eine Welt, in der Konsum Sinnerfüllung wird – in der du nur deine Nische finden sollst, um apathisch glücklich zu werden. Es gibt noch eine andere Welt, die Welt der ständigen Gegenwart, der realen Kämpfe, in der all die brachialen Widersprüche offen liegen und Unterdrückung sichtbar in der alltäglichen Gewalt ist. Im Trott des Zurechtkommens im Chaos, im plötzlichen

Wegbrechen der Selbstverständlichkeit verschwimmen beide Welten. Wo der Frieden seine Sicherheit verliert, wo der Krieg akzeptiert wird und ich meine Rolle als Akteur im Krieg nicht mehr hinterfragen kann.

Es geht um Selbstermächtigung. Was will ich? Meine Privilegien opfern für eine Sache, die nicht meine ist? Was kann ich lernen, und wozu? Wo endet meine Freiheit als Individuum und beginnt meine Pflicht vor dem Kollektiv? Welchem Kollektiv? Wie gehen Individuum und kollektive soziale Existenz zusammen? Vielleicht war dafür meine bürgerliche Sozialisation schon sehr gründlich.

Wo geht es um mich, wo ergreife ich Raum zum eigenem Nutzen? Ist die Aneignung anderer Kämpfe nur der Versuch, eine neue Identität zu flicken, weil alle anderen kaputt sind? Was will ich in meinem Leben anfangen und was erfüllt mich? Wem gegenüber fühle ich mich rechenschaftspflichtig? Warum habe ich das Gefühl, im Kopf eine Bilanz meines Lebens vorweisen zu müssen? Wann wäre die Bilanz positiv? Wäre das dann, was ich will, oder wäre es nur das Ergebnis von verinnerlichtem Produktivitätsdenken?

»Wir lieben das Leben so sehr, wir würden dafür sterben.« [13]

Wenn ich nicht bereit bin, für mein Leben, so wie ich es führe, zu sterben, mache ich dann etwas falsch? Ist es dann das Leben, das ich führen will? Wenn ich versuche, von meinen Bedürfnissen, Träumen, Phantasien und Wahnvorstellungen ausgehend, jede Konsequenz zu ziehen und dabei Ängste und gesellschaftliche Zwänge überwinde – bin ich dann frei oder tot? Spielt das eine Rolle? Was ist die Alternative? Unterwerfung unter Normen und Zwänge, die erst mein Glück, meinen Geist töten ... bis nur noch die willenlose, geistlose, angepasste Hülle bleibt. Ich bin mein Wahnsinn, der nicht in Normen passt, ich bin Inhalt, der die Form zerschlägt. Ein unfertiges Bild, das nie fertig wird.

13 Dieser Satz wird Kemal Pir, einem türkischen Gründungsmitglied der PKK, zugeschrieben. Er verkündete gemeinsam mit anderen Gefangenen am 14. Jul 1982 im Gerichtssaal den Beginn eines ›Todesfastens‹ aus Protest gegen die Haftbedingungen. Auf die Bemerkung des Richters, dass sie das Leben ja gar nicht lieben würden, wenn sie es so ›leichtfertig‹ aufs Spiel setzten, war seine Antwort, dass sie diese Aktion machten, gerade weil sie das Leben so liebten, also bereit seien das eigene Leben, für das Leben an sich und das Leben anderer zu geben. Ebenso wie Mehmet Hayri Durmuş, Ali Çiçek und Akif Yilmaz stirbt er im Verlauf des Hungerstreiks. Er gilt als der erste internationalistische Gefallene der PKK. 2017 wurde über den Gefängniswiderstand in den 80ern der Film *14. Juli – Die Hölle von Diyarbakir* veröffentlicht. Er und der ebenfalls türkische Haki Karer, der 1977 durch einen Agenten des türkischen Staates ermordet wurde, gelten als Symbole des internationalistischen Geistes der PKK.

21/06/2012, Sommersonnenwende ...[14]

Ich bin den ganzen Tag schon traurig, gestresst, gehemmt. Ich merke, dass mich das alles ziemlich überfordert: Reisevorbereitungen, Sozialzwänge, meine Unfähigkeit, Nein zu sagen, die gerade wieder schlimmer wird. Mir ist bewusst geworden, warum ein so großes Hausprojekt nichts für mich wäre, jedenfalls nicht so, wie das hier funktioniert. Mir drängt sich das Gefühl auf, dass es Zwänge gibt, die aus all den Widersprüchen entstehen. Alle müssen tagsüber getrennte Wege gehen, das gemeinsame Leben wird dadurch von außen zerstückelt. Es gibt Einzelinteressen, wirkliche Empathie ist nicht möglich, weil alle Welten meist getrennt bleiben. Jede_r trägt seine eigene Wahrheit. Genau das macht mir Angst: In einer Welt zu leben, in der meine Wahrheiten nicht die von anderen sein können, wo jede Kommunikation beschränkt bleibt, weil jede_r auf einem Haufen von Identitäten und Ängsten sitzen bleibt, und deshalb nicht sehen kann, was die Welt der anderen ausmacht. Durch die Trennung der Menschen durch Vereinzelung und Entknotung ihrer Lebenswege wirkt jede Kollektivität, die ab und zu zustande kommt, hysterisiert. Im Grunde sind die Leben der Menschen Fäden, die sich mit anderen Fäden verknoten können, Schleifen und Knäuel bilden. Nur, dass zunehmend die Fäden nur noch ordentlich parallel nebeneinander liegen und sich immer weniger überkreuzen, berühren, geschweige denn zu Ballen zusammenlaufen. Deshalb ist mein Weg auch, Fäden zu finden, die noch knüpfen wollen und sich verknüpfen können, um wieder das Chaos der Knäuel und unentwirrbaren Klumpen zustande zu bringen, in denen das gemeinsame Leben stattfindet.

Am schlimmsten ist die Art der Fäden, wie sie sich selbst in gleichmäßige Stücke einteilen, und manchmal einen Teil ihrer Länge dazu bestimmen, näher zu anderen Fäden zu rücken, nur ein bisschen, niemals ganz berühren. Berühren ist fast so schlimm wie verknoten, weil der Faden dann nicht mehr wie von Weitem schön glatt und regelmäßig aussieht, sondern die Fussel sichtbar werden, die Stellen, wo vielleicht anders hätte gesponnen werden können, oder vielleicht gar mehr sichtbar ist, wohin der Faden an einer Stelle laufen sollte und warum. Denn die Fäden haben Angst voreinander, weil es inzwischen üblich ist zu fragen: Was hat der Knoten an der Stelle zu bedeuten? Warum wirst du immer dünner? Ist mein Garn, aus dem ich meinen Faden spinne, vielleicht mehr wert, besser zum Spinnen geeignet? Deine Farbe ist schlecht gewählt; am Anfang hast

14 Die Sommersonnenwende fand in einem der vielen Hausprojekte statt, in denen sich Micha oft aufhielt. Viele der älteren Hausprojekte haben ihren Beginn in einer Phase der Hausbesetzungen nach dem Mauerfall. Seither werden sie oftmals als selbstverwaltete, linksalternative Räume genutzt. Sie waren wichtige Stationen in seiner Suche nach einem kommunalen, solidarischen Leben. Trotz seiner vielen Reisen hatte er immer wieder Kontakt mit den alten und neuen Mitbewohner_innen.

du zu viele Knoten und Fussel, und die falschen, deshalb wollen wir nicht, dass du zu unserem Knäuel gehörst.

Verflucht seien die parallelen Fäden. Ich will die Knäuel bunt färben, die stolz darauf sind, so ordentlich und einheitlich zu sein. Ich will zeigen, wie schön Fussel sind, was ich aus ihnen lernen kann, und wie gut es ist, die Farbe zu wechseln, dünner und dicker, grober und feiner, gestreift, kurz und lang zu sein. Denn manchmal tun die Langen so, als ob es gut wäre, zu verhindern, dass die Kürzeren sich verheddern, Fusseln verlieren. Als ob die kurzen Fäden etwas gewönnen, einheitlicher, gerader, ordentlicher zu sein.

Ich will meinen Faden spinnen, bis zum Schluss, ihn bunt und verrückt machen, dass keiner sagen kann: »Dieser Faden war soundso lang, hatte diese Farbe und kann so und so beschrieben werden.« Denn das geht nicht.

Jeder Faden ist eine Welt.

26/06/12, Stadt in Ostdeutschland

Eigentlich habe ich vor, einem Freund zu schreiben, aber ehrlich gesagt, weiß ich nicht, was. So vieles, das er sagt, wirkt so verletzt und pessimistisch, fast resigniert. Als würde er mit viel Angst leben. Es ist die Angst, Menschen zu verlieren, verletzt zu werden, die Angst vor Veränderung, die er eher notgedrungen anzunehmen scheint. Wie seinen Auszug, der aussieht wie eine Flucht nach vorn. Ich glaube, ich erkenne in ihm, wie auch ich sozialisiert wurde: isoliert vom anderen, sozial arm, Angst vor Kontrollverlust, Abhängigkeitsdenken, so viel Etikette, die wahre Bedürfnisse verschwimmen lässt. Im Grunde das Wegfallen der Notwendigkeit sozialer Interaktion. Beziehungsweise: Das letzte Ziel in einer Wüste aus Selbstverständlichkeit ist die Suche nach Anerkennung durch andere und letztlich auch durch sich selbst. Deshalb hat er so viele Projekte, die ihn nie glücklich zu machen scheinen, weil sie Projektionen sind. Seine Sehnsucht hofft er durch willkürliche Sinngebung zu befriedigen, wodurch er sich weiter von der notwendigen Emanzipation entfernt. Oder ihr zumindest nicht näher kommt. Und all das könnte auch auf mich zutreffen, traf genau so auch auf mich zu, bis vor nicht allzu langer Zeit.

Eigentlich ist die erste und wichtigste Revolution – vielleicht die einzige, die wir führen müssen – die gegen uns selbst. Um zu werden, wer wir sind. Um den Bullen, den Macker, den Faschisten in uns zu töten. Jede Identität, die so tut, als wäre sie ein Schutz für uns und uns dabei eigentlich vergewaltigt und dem Spiel der Gewalt unterwirft. Dem der Abgrenzung, der Exklusivität. Jede Identität lügt, weil sie mich glauben lässt, etwas zu sein, was mich niemals im Ganzen ausmachen kann. Weil jede Identität nur einen winzigen Ausschnitt fokussiert, ein Merkmal verabsolutiert und alles andere leugnet. Damit ist der Rückzug auf eine Identität oder einen Standpunkt letztlich die Selbstaufgabe, der symbolische soziale Selbstmord, die Aufhebung des Selbst, als nie ganz fassbare Gesamtheit von Prozessen: Verhalten, Begehren, Sprache, Denken, Träumen und Lieben. Wenn ich eine einzige Identität für mich wähle, zerstöre ich das unendliche Feld der Denkbarkeiten. Lieber bin ich der Kreis, der nie aufhört, sich nur um sich selbst dreht und jede Frage mit Gegenfragen beantwortet.

Nordkurdistan

Im Sommer 2012 plante das *Kurdische Frauenbüro für Frieden Cenî* eine Frauendelegation nach Nordkurdistan. Die Einrichtungen der Frauenbewegung, die Kooperativen und selbstorganisierten Stadtverwaltungen mit ihren feministischen Ansätzen sollten besucht werden. Jane hatte sich entschieden, an der Delegation teilzunehmen, um sich selbst ein Bild von dem zu machen, was sie bisher nur gehört und gelesen hatte.

Gemeinsam mit Micha beschloss sie, etwas früher loszufahren und zusammen per Anhalter nach Kurdistan zu reisen. Ihr Weg führte von Chemnitz aus nach Prag und weiter über Serbien und Bulgarien bis nach Istanbul. Von dort aus ging es mit dem Reisebus nach Amed[15] (türkisch: Diyarbakir), wo sie bei einem kurdischen Anarchisten und Übersetzer anarchistischer Literatur unterkamen, den Micha über Couchsurfing kennen gelernt hatte.

Während Jane mit der Frauendelegation unterwegs war, verbrachte Micha die meiste Zeit in Wan. Am 14. Juli fand eine große Demonstration für die Freiheit von Abdullah Öcalan in Amed statt, veranstaltet von kurdischen Parteien und Dachverbänden. Diese wurde von Seiten des Staates extrem hart angegriffen, ganze Stadtteile glichen Bürgerkriegsszenarien, Hubschrauber warfen Gaskartuschen ab und es wurde scharf geschossen. Das Gas wurde mit ätzenden Chemikalien angereichert, rot gefärbtes Wasser auf Demonstrant_innen verschossen und zivile Kräfte mit automatischen Gewehren terrorisierten die Massen. Die Bevölkerung verteilte halbierte Zitronen und Würfelzucker gegen das Tränengas und öffnete solidarisch ihre Türen für Verwundete. Kinder organisierten sich in Banden und griffen mit Steinsalven Räumpanzer an. Alt und Jung waren gemeinsam auf der Straße und versuchten, Straßenzüge zurückzugewinnen.

Nach Ende der Delegation reisten Jane und Micha weitere Wochen per Anhalter durch Nordkurdistan und an die Schwarzmeerküste, verbrachten eine Woche in Midyad, reisten nach Mêrdin und begaben sich dann weiter nach Südkurdistan.

15 Die Städte in Nordkurdistan haben häufig einen kurdischen und einen türkischen Namen.

Deutschland – Marokko – Andalusien –
Deutschland – Schottland – Deutschland –
Nordkurdistan – Deutschland – Nordkurdistan –
Südkurdistan – Nordkurdistan – Griechenland – Deutschland –
Frankreich – Katalonien – Deutschland – Qandîl

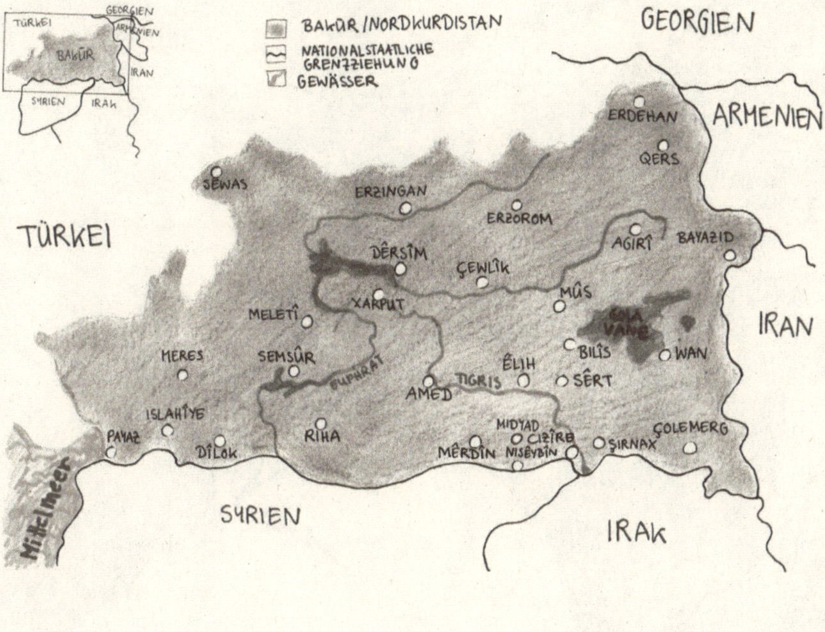

So viele Erlebnisse

Juni bis Juli 2012, Wan (Nordkurdistan)

08/07/12

Wahrscheinlich werde ich mich einmal an all die Erlebnisse hier erinnern und positiv an all das Gelernte denken. Jetzt im Moment, inmitten all der Lichter, fühle ich nur, wie Aufregung und Unsicherheit auf mir lasten. So viele Erlebnisse, die ich noch nicht einmal aufschreiben konnte, weil alles so schnell geht. Hier gibt es so viel gedrängten Raum und aberwitzige Begegnungen. Und das in einer Welt, die mir so fremd ist, mich als exotisch erklärt und mir immer wieder meine Rolle als ›der Andere‹ vorführt. Was wohl bewirkt, dass meine Selbstverständlichkeiten gesprengt werden, ich den Rahmen des Bekannten verlasse und einmal die Rollen umdrehe; indem ich außerhalb der Norm stehe, in Erklärungsnot gerate, sprachlos bin, genau die Rolle spielen muss, die sonst die ›anderen‹ Marginalisierten einnehmen. Wobei natürlich die Konnotation umgedreht wird: Ich werde mit offenen Armen empfangen, bewirtet, eingeladen, beschützt. Also kann ich mich nur über meine relative Einsamkeit beklagen, meine Außenseiterrolle. Die räumliche Distanz steigert meine Sehnsucht zu all den Menschen ins Unermessliche. Ich kann inzwischen zu mehreren Menschen starke Gefühle zulassen, trotz all der Zeit und Distanz. Oder gerade deswegen? Projiziere ich vielleicht meine Sehnsucht nach emotionaler Sicherheit auf die postromantischen Liebesbeziehungen? Dann wäre die Gefahr, mich in anderen zu verlieren, nur verschoben und die Selbstsicherheit durch Poly-Beziehungen[16] und Bedürfnisorientierung nur vordergründig eine Befreiung. Wie weit gehen Selbstermächtigung und das Ablegen sozialer Zwangsmechanismen ohne letztlich in Isolation zu fliehen, ohne Angst abhängig zu sein und damit nur wieder Opfer sozialer Phobie …?

Eine seltsame Welt: Der Reiche wird von den Armen beschenkt, am Rand (eigentlich dem Ursprung) der Zivilisation sind die Menschen wahrhaftiger als im Herzen der Metropole, wo der Fortschritt jedes Gefühl tötet, abstumpft und Wesen produziert, denen jede Möglichkeit der Empathie abhanden gekommen ist, deren letzte große Gefühlsäußerung Ekstase und Mitleid sind. Die nicht

16 Gemeint sind sogenannte polyamouröse Beziehungen, das sind Beziehungen mit mehreren Liebespartner_innen.

wissen wollen, dass selbst Gott an seinem Mitleid mit den Menschen gestorben ist. Die die Gefahr nicht sehen, selbst an ihrem Mitleid zu sterben, menschlich, gefühlt, weil ihr Mitleid immer sagt: ›Die‹ hätten nicht das, was wir haben, deshalb sind sie ärmer. Und die nicht merken, dass das, was sie haben, nicht beneidenswert ist, weil ihr Mitleid die Möglichkeit zerstört, sich selbst zu sehen, die Ehrlichkeit zu sich selbst zunichte macht. Sie können nicht mehr fragen: »Was wollen wir?« Sie sagen nur noch: »Das haben wir.« Und sehen nur noch ihren Widerschein der Waren, die sie besitzen. Und die anderen sind die anderen, wenn sie anders scheinen, weil sie weniger haben. Deshalb sind ›die Armen‹ so wichtig, denn durch sie muss kein Mensch die eigene Armut sehen und ertragen. Es gibt noch einen Bezugspunkt außerhalb des Selbst, der die Selbstauseinandersetzung dankenswerterweise nicht nötig macht. Jedermensch projiziert eigene Probleme auf andere. Wenn wir die Symbole und Projektionen aufdecken, reflektieren und zerschlagen, können wir wirklich frei sein.

Eigentlich müsste ich alles Erlebte aufschreiben. Die Erinnerungen fangen bereits an, ineinander zu verlaufen und zu verschwimmen. So wie meine Gedanken jetzt überschattet werden von einem Iraner, der mit mir ein Zimmer teilt, raucht und redet. Mangel an Empathie ist nicht allein ein europäisches Problem. Dazu kommt anscheinend jugendliche Ungeduld, vielleicht Unzufriedenheit. Wie auch immer, so kann ich nicht weitermachen. Von einer Situation in die nächste schlittern. Ich brauche einen Plan. Einen richtig guten. Meine Augen fangen an zu brennen vor Müdigkeit und Zigarettenqualm. Angst um meine Sachen habe ich inzwischen nicht mehr. Nur Angst um meine Ruhe. Wo finde ich Ruhe? Und kommt mit der Ruhe wieder die Traurigkeit, das Gefühl von Einsamkeit, Isolation, Sehnsucht? Sehnsucht nach Menschen, wahren Begegnungen, Gelassenheit, Sicherheit.

Was will ich? Wie will ich leben?
Ich will Raum: Freiraum, Lebensraum, Bewegung, Liebe. Ich will Sicherheit, die nicht bindet, Sicherheit bei Menschen, in der Natur und Selbstsicherheit. Ich will Natur atmen, sehen, fühlen. Am offenen Feuer frieren und wissen, wo ich mich wärmen kann. Sprachen lernen und Fähigkeiten entwickeln, um an mir und meiner Welt zu arbeiten. Ich will Berge sehen, mit wahren Menschen reden. Ich will das Gefühl haben, dass andere mich sehen und verstehen wollen, nicht nur mein Äußeres. Ich will Bogenschießen, Steine schleudern und kämpfen lernen, für das Gefühl mich bewegen zu können. Meditieren und mich finden. Nicht in anderen Ländern, sondern genau da, wo ich bin. Ich will mit anderen sein, Geliebten, Fremden, Freund_innen, und das nicht, weil ich sie brauche, sondern weil ich sie will. Alles nur, weil ich will.

All diese Erlebnisse, Begegnungen und Gedanken auf der Reise erfordern mehr Reflexion und bieten so viel mehr, als ich mir vorstellen konnte. Jede Reise geht zuerst einmal zu sich selbst. Die Örtlichkeit ist gar nicht so wichtig. Die Abwesenheit jeder Routine im Umgang mit anderen Menschen, Handlungsabläufen und Selbstverständlichkeiten erzeugt sofort so viel an Neuem, dass es schwerfällt, davon nicht überrumpelt zu werden. Doch es scheint ein Weg zu sein, wie ich wachsen kann. Und will.

Ich bin kein Symbol, keine Leinwand oder Klischee. Ich gehöre nicht in eure Fantasiewelt. Wenn schon, in meine eigene. Ich bin nicht ›interessant‹, bin kein beeindruckendes Kunstwerk, nichts, worauf ihr euch beziehen könntet, um euch gut zu fühlen. Ich bin kein Bild, auch nichts, wovor ihr euch rechtfertigen müsstet. Ein Prozess passt nicht auf ein stehendes Bild. Ich erkläre mich nicht in einem Satz, ich ordne mich nicht selbst in deine Kategorien ein, es sei denn, du hast eine nur für mich. Frage dich nicht, wozu ich gehöre, frage mich lieber, wohin ich will. Willst du wissen, wie ich so sein kann, frage mich nach meiner Vergangenheit, denn ich habe nicht immer in der Gegenwart gelebt, in der du mich triffst.

Gib mir keine Namen, von denen du denkst, sie könnten mich beschreiben und höre auf, ein Symbol sein zu wollen und nur in Bildern zu leben. Fuck your identity.

15/07/12

Bilder, die desto stärker wirken, je mehr Zeit vergeht, je mehr ich anfange, das Gesamtbild zu verstehen. Menschen in der Parteizentrale der BDP[17], die sich über unsere bloße Anwesenheit freuen. Für die auch darin schon ein Symbol besteht. Das nicht begreifbare Privileg, durch Polizeireihen laufen zu können. Ihre Unsicherheit in ihren Blicken nur wegen des Andersseins des Gegenübers. Die Resignation und Überforderung des Polizeigruppenführers vor der fremden Autorität. Kinder, die keine acht, neun Jahre alt sind und Steine auf Wasserwerfer schmeißen. Wahrscheinlich ist das ein Teil dessen, was für sie zur Normalität gehören muss.

Masken und Symbole der Macht: die Selbstgefälligkeit, Männlichkeit, Überheblichkeit derer, die legal Waffen auf andere zeigen können, legitim, sich ihrer Macht bewusst Militärhubschrauber kreisen am Himmel. Bilder, die ich mit Worten nicht ausmalen kann, weil das Gefühl des Kriegszustandes daraus nicht

17 Die *Bariş ve Demokrasi Partisi* (BDP, Partei des Friedens und der Demokratie), wurde 2008 als Nachfolgepartei der *Demokratik Toplum Partisi* (DTP, Partei der demokratischen Türkei) gegründet, gegen die der türkische Staat ein Parteiverbotsverfahren eingeleitet hatte; 2014 wurde sie in *Demokratik Bölgeler Partisi* (DBP, Demokratische Partei der Regionen) umbenannt. Ihr Ziel war der Aufbau der von Abdullah Öcalan vorgeschlagenen Demokratischen Autonomie. Die Partei vertrat vor allem die Interessen der kurdischen Bevölkerung sowie nationaler und religiöser Minderheiten in der Türkei; sie sind enormer staatlicher Repression ausgesetzt, unzählige ihrer Mitglieder befinden sich in den Gefängnissen der Türkei oder im politischen Exil.

erfahrbar wird. Die Übermacht über die Menschen. Der nie ganz aufgehende Plan der vollständigen Unterwerfung der Menschen. Worunter auch? Selbst Produktivität wird durch die permanente Zerstörung von allem, was Leben bergen kann, unmöglich. Wofür sind das Militäraufgebot, die Brutalität und Absurdität der Fremdbestimmung gut? Es basiert auf einem Wertegerüst aus Ausgrenzung und Ethnozentrismus, dem Zwang alles Fremde zu assimilieren oder verschwinden zu lassen.

Vielleicht kommt mir das alles hier noch nicht wirklich wie meine Geschichte vor, als ob die Beliebigkeit meiner Nichtbetroffenheit Wahrheiten daran hindert, welche zu werden. Als ob immer größere Kluften zwischen die Welten in meinem Kopf treten, der Welt aus der ich komme, und die mir keinen Raum mehr bietet, in dem ich mich wiederfinde, und dieser Welt, in der mir meine Fremdheit immer wieder bewusst gemacht wird.

Sein wie der Fluss

Juli bis August 2012, Schwarzmeerküste – Midyad

23/07/12, Irgendwo im Kaçgar-Gebirge[18]

Heitere Lebensbetrachtung, die Welt anschauen, als wäre ich kein Teil von ihr. Mich selbst lesen lernen wie ein Buch und dem Protagonisten ab und zu zurufen, wenn er in der Klemme steckt. Vielleicht liegt hier die Möglichkeit, immer weiter voranzuschreiten, sich Fragen auszudenken und neue Welten zu malen. Mir geht es darum, die Maßstäbe zu verschieben und mich nicht ernst zu nehmen. Lieber vom Fluss lernen; seit ich sitze und ihm zuschaue, zuhöre, hat er noch nicht einmal aufgehört. Er ist nicht wirklich fassbar; er ist überall gleichzeitig. Entspringt im Gebirge, schneidet sich weiter in die Schluchten, fließt durch Täler, immer ruhiger und langsamer werdend, kommt im Meer an und entspringt erneut als Quelle weit oben als winziges Rinnsal … Er trotzt jeder Gewalt. Er kann gestaut, versperrt, umgeleitet werden, aber er wird nie aufhören, zu fließen.

Wenn er es täte, wäre jedes Leben bedroht, das von ihm abhängt. Sei wie der Fluss.[19] Der Fluss würde wegen Hindernissen und Erniedrigungen niemals aufgeben. Er wäscht Bosheiten fort mit der Zeit. Er kennt keine Eile, folgt seinem eigenen Tempo, seiner eigenen Richtung, verworren und nicht nachvollziehbar. Wer versucht ihm mit Logik zu begegnen, wird von seinem Rauschen ausgelacht. Nicht aus Boshaftigkeit, nur wie um zu sagen: Lass die Ernsthaftigkeit, ich habe noch tausend Kilometer zum Meer und brauche nichts außer mir selbst als Grund. Im Fluss spiegelt sich ein Stück Unendlichkeit, auch wenn schon feststeht, dass er irgendwann versiegt, so wie alles irgendwann endet.

Sein wie der Fluss: geduldig, ungestüm, zielstrebig, frei von jedem Zwang zur Begründung oder Rechtfertigung. Unernst sich selbst gegenüber und mit großzügigen, verständnisvollen Augen auf den Rest der Welt blickend. Jeden Stein genießen und ihm für den Sprung, den Richtungswechsel danken. Nicht

18 Ein Gebirgszug in der Nähe der Stadt Yusufeli in der Provinz Artvin am Schwarzen Meer in der nordöstlichen Türkei.

19 Unter anderem in Anlehnung an: Coelho, Paulo: *Sei wie ein Fluss, der still die Nacht durchströmt.* Neue Geschichten und Gedanken 1998-2005. Zürich: Diogenes 2006.

vergessend, wo er entsprang und an die Felsen denken, die ihn lenkten. Auch in der flachen Ebene nicht den Schwung verlieren. Vorwärts und in Bewegung bleiben. Freund_innen immer mitnehmen, aufnehmen. Nicht nach dem Nutzen fragen.

Sein wie der Fluss. Von ihm lernen, sich selbst zu befreien. Den Staudamm, der uns einzwängt und aufhalten will, überwinden und neue Wege finden.

Natur

natur ist da, wo alles ganz ganz wild ist
du brauchst jemanden, der sich auskennt der dich beschützt
da draußen gibt es tiere, krankheiten, wetter – bleib lieber zuhause, und sieh dir den wetterbericht an.
du kannst nicht einfach draußen schlafen –die kälte, die nässe, insekten,
der fuchs holt dich und bären,
du wirst verhungern verdursten
deine Kreditkarte kann dich dort nicht schützen
oder
du benutzt deinen verstand, dein gefühl auf deinem weg und brichst mit der entfremdung
geh hinaus, steh im regen lass dich von mücken zerstechen
aber lebe und wähle zwischen einer umgebung, die krabbelt, juckt, friert, regnet, dich deine stärke spüren lässt und dem betonsarkophag der
festung von der bösen welt da draußen
und warte bis sie dir sagen du kannst jetzt hinaussehen sie ist beherrscht verwaltet gezähmt
die natur
eine welt in der es dir nur gestattet ist an orten zu schlafen die geld kosten vier wände
und ein dach haben ist keine welt zum drin leben nur zum durchqueren
eine welt in der es darum geht wie gut du darin bist schnell viel geld zu verdienen
ist keine welt zum lernen zum fehlermachen zum wieder aufstehen und lachen
eine welt in der alle zu glauben wissen wie du begehrst was du magst
ist keine welt zum lieben nur zum einsamkeit verdrängen
eine welt in der keiner löschen will weil das wasser zu teuer ist
ist eine welt zum brennen

Tourismus & Nationalismus

Eine Stadt, die keine ist.[20] Kein Dorf – nur eine Ansammlung von Häusern, die nicht für die sind, die dort wohnen. Es geht um jene, die passieren, vorbeikommen, um die Besonderheit des Ortes zu bestaunen. Sie zu genießen, zu konsumieren und dafür bezahlen können. Es ist eine seltsame Miniaturwelt, die von den beständigen Flüssen der Metropole gespeist wird. Denn die Leute, die das Geld bringen – als Preis dafür, den Ort genießen zu dürfen – kommen, weil sie Zuflucht suchen vor der Zivilisation, die sonst ihr Leben diktiert. Der Tourismus kündigt die Zivilisation an, sie wird kommen und sich die Idylle jeden Ortes einverleiben, der nützlich werden kann, eingebunden in die bunte Warenwelt.

Kauf dir das letzte Stück Exotik des Planeten; den Guide bezahle für seine Anstrengung, als Gadget erhältst du den Esel, der deine Sachen trägt. Lass dich bedienen von dem immer krampfhaft lächelnden ›Ortskundigen‹, der hofft, dass die nächste Reisegruppe wieder größer wird und er damit seinen Lebensunterhalt decken kann. Er lebt in ständiger Angst, die Ströme an Waren, an Konsumierenden, an Geld könnten abreißen. Auf lange Sicht sind die moderne Kulturindustrie und der Tourismussektor, die – natürlich – boomen, todbringend: Sie lösen den Reiz der Exklusivität und des Abenteuers auf und machen den Weg frei für die Massen mit Kameras bewaffneter ›Panorama-Verliebter‹, die in Reisebussen angekarrt werden, ausgespuckt vor dem letzten Gletscher, an dem niemand mehr vorbeiwandern darf, um den letzten Brocken verdreckten Eises zu schützen.

Es stellt sich die Frage, wer hier von wem eingesperrt wird: Die Tiere, die letzten ihrer Art, in den Reservaten und ›Schutzgebieten‹ (Schutz vor wem?) Oder all die ›Naturverliebten‹ in ihren klimatisierten Pensionen hinter den »Betreten verboten«-Schildern und auf den Wegen, die nicht verlassen werden dürfen. In der Tat, auch Sicherheit kann tödlich für die sein, die beschützt werden sollen. Auf lange Sicht wird sie den Tod derer, vor denen geschützt werden soll, nicht verhindern.

Tourismus: Das ›Verdienen‹ von Geld mit der Schönheit des eigenen Landes. Er weckt Gefühle und Stolz für nicht selbst Erbrachtes. Er ist Wasser auf den Mühlen der nationalistischen Ideologie.

Eines fiel mir immer wieder ein, bei Foucault, Nietzsche, Žižek, …: All das sind für mich Fragmente, die für mich zusammengenommen Gedankenwerkzeuge zur Selbstbefreiung sind. Wie Stücke einer großen Theorie der Befreiung, von

20 Es geht um die Stadt Yusufeli.

Ches neuem Menschen über den Onkel[21], die innere Ruhe großer *Budōka*[22] bis zum Weg Zarathustras. Selbst Prinzessin Mononoke[23] enthält für mich mehr Wahrheit als vieles, was ich in der Schule, Uni gelernt habe. Im Moment fühlt es sich so an, als ob die Reise nach Süden mir auf dem Weg helfen kann, Wahrheiten aufzeigen kann. Ich habe inzwischen eine vage Ahnung, was es heißt, in die Berge zu gehen[24], die eine bewusste, freie Entscheidung, die zu so strapaziösen Wegen führt, für viele in den Tod (aber einen freien, bewusst gewählten – einen für das Leben), einem Leben in Zwang, in Fremdbestimmung, vorzuziehen. Freiheit heißt auch immer die Freiheit zum Verlust. Es ist schwer dies zu lernen in einer Welt, deren Freiheit längst von der Sicherheit erstochen wurde, einer Sicherheit, die genau das Netz von Abhängigkeiten, von Macht und Sachzwängen, Regelungen, Normen bildet, das alle Menschen fesselt, sie vor sich selbst versteckt.

Alles bricht auseinander.

Ich habe das Ende gesehen, das Ende der Zivilisation. Postapokalyptische Szenen aus dem Nirgendwo: endlose Tunnel – Berge, bedeckt mit Asche, zersplitterte Straßen. Abgeschnittene Täler angefüllt mit braunem, dickem, schlammigem Wasser. Zwanzig Kilometer sind es bis zum Staudamm, der es von seinem wilden, lebensspendenden Fluss zurückhält. Dazwischen die Ruinen unbewohnter Dörfer, mit Wasser bedeckt. Trockengelegte Felder und Grasbüschel sind das letzte Stück Leben in der Umgebung. Und manchmal sind dort Lastwagen, die den Abfall der Zivilisation transportieren. Es ist ein Gebiet nicht zum Leben, sondern zum Durchqueren. Es ist schwer zu atmen, die Luft ist gefüllt mit dem Staub der Lastwagen, Bulldozer auf den flachen neuen Straßen. Die letzten paar Bäume sind grau geworden, als wären sie aus Beton. Ein Farbenspiel wie in einer Nachkriegsmetropole, wo vorher Natur pur war. Jetzt ist es hier nur noch trocken, heiß, staubig und betäubend. Zusammengebrochen ist das Gleichgewicht von Leben und Tod. Sicher wird alles zu einem Ende kommen. Aber auf diese Weise? In diesen Tagen? Mehr und mehr scheint dies der Krieg zu sein, der sich abspielt: eine Zivilisation im Krieg gegen das Leben, gegen das Gleichgewicht, gegen die Komplexität der Natur.

---

21 Als Onkel bezeichnet er hier Abdullah Öcalan. Apo ist eigentlich eine Kurzform von Abdullah und wird teilweise auch als Koseform von Apê (kurd.: Onkel) interpretiert.

22 Ein_e *Budōka* ist eine Person, die eine japanische Kampfkunst betreibt, z.B. Karateka oder Judoka.

23 *Prinzessin Mononoke* ist ein japanischer Zeichentrickfilm aus dem Jahr 1997, der die Auswirkungen von Umweltzerstörung und den Widerstand dagegen thematisiert.

24 In die Berge zu gehen, bedeutet in der Realität des kurdischen Befreiungskampfes, sich der kämpfenden Guerilla anzuschließen.

Systematische Zerstörung des natürlichen Lebensraumes

Die türkische Regierung beschließt regelmäßig Großprojekte wie zum Beispiel das Südost-Anatolien-Projekt (*Güneydoğu Anadolu Projesi*, GAP), welches 22 Staudämme, 19 Wasserkraftwerke und zahlreiche Bewässerungsanlagen entlang der beiden Flüsse Euphrat und Tigris umfasst. Die Folgen für den natürlichen Lebensraum sind verheerend, viele Menschen müssen ihre Dörfer verlassen.

Diese riesigen Bauvorhaben sind zudem Teil der türkischen Kriegspolitik. In Richtung Syrien und Irak wird regelmäßig die Beschränkung der natürlichen Ressourcen des Euphrat und Tigris als Druckmittel eingesetzt, um außenpolitische Interessen durchzusetzen. In Nordkurdistan wiederum wird anhand der tiefen Einschnitte in die Natur der Bewegungsraum der Guerilla eingeschränkt. Micha hat viele dieser natur- und menschenverachtenden Projekte selbst erlebt, auf seinen Reisen in den verschiedenen Teilen Kurdistans, während seiner Aufenthalte in Rojava und schließlich als er Teil der Guerilla der Freiheitsbewegung Kurdistans wurde.

Eines dieser Staudammprojekte führt von der Schwarzmeerküste in Richtung der Stadt Artvin. Micha und Jane fuhren auf dem Beifahrersitz eines LKWs mehrere Hundert Kilometer durch diese Gegend. Die Natur ist karg, Häuser stehen halb überflutet am Rande des Stausees und Straßen enden im Wasser. Entlang der grau-braunen Wasserfläche führt eine neu gebaute Autobahn, die in kilometerlangen Tunneln durch die Felsen führt, welche rundherum aus dem Boden ragen. Als die Sonne an diesem Tag unterging – es war Ramadan-Zeit – lud der Fahrer die beiden auf eine Linsensuppe in ein Restaurant ein. Der Restaurantbesitzer führte sie an den Rand des Stausees und zeigte gen Norden: »Dort lag das Dorf meiner Eltern im Tal, es war fruchtbar und wunderschön. Die vielen Linsensorten, die hier angebaut wurden, waren weit über die Region hinaus bekannt. In zwei bis drei Monaten wird auch der Ort, an dem wir hier gerade stehen, überflutet sein. Wir müssen dann fort von hier. Die Regierung hat Häuser für die Menschen gebaut, die ihre Dörfer verlassen müssen. Es sind zwei Reihen weißer, eckiger Häuser weiter oben in Richtung Stadt. Die Häuser sehen alle gleich aus, wie in diesen amerikanischen Filmen.«

Jede_n als Menschen zu sehen, von dem es zu lernen gilt. Care about myself.[25] Fragend voranschreiten. Alles persönlich nehmen. Zuversichtlich wie der Fluss, der stärker wird, je mehr Quellen ihn speisen. Das Om finden. Auf der Beerdigung von Göttern tanzen. Mich selbst nicht ernst nehmen. Das wird immer

25 *Die Sorge um sich* (1989) ist Titel des dritten Buches aus der Reihe *Sexualität und Wahrheit* von Michel Foucault.

leichter angesichts der Kriege, die hier wirken, am Werk sind. Nomadentum nicht als Flucht, nicht als Fehlen von Wurzeln zu sehen, sondern es als Möglichkeit begreifen.

Woher kommt mein Widerstreben, anderen meine Texte zu zeigen, das Unbehagen beim Schreiben betrachtet zu werden, Menschen mitlesen zu lassen? Vielleicht empfinde ich Angst vor der Bewertung und Minderwertigkeitsgefühle? Vielleicht habe ich Angst, mich erklären zu müssen, Angst, es nicht zu wollen oder zu können? Vielleicht ein Erbe des ›Bildungssystems‹, das aus Noten sowie Belohnungen oder dem Zurückhalten der Noten aufgrund der Äußerung eigener Gedanken besteht. Scheinbar muss meine emotionale Bindung an die Lehrenden als Autoritätspersonen sehr stark gewesen sein. Im Vergleich dazu gab es wenig bis keine Beziehungen, die horizontal gewesen wären. Vielmehr kämpfte ich entweder um die Anerkennung bei ›übergeordneten‹ Institutionen oder reproduzierte das System, in dem ich mich durch Besonderheiten – vor mir selbst und oft genug offen vor ihnen – über den anderen positionieren musste. Ein großer Teil meines Verständnisses als ›politischer Linker‹ kommt aus diesem unterbewussten Mechanismus.

Dinge gehen durch meinen Kopf. Die Sehnsucht nach Menschen, mit Leonie zu reden, Sarah zu sehen, zu Hause anzukommen. Und ich habe diverse Ängste, Menschen zu enttäuschen, zum Beispiel meine Eltern, weil ich zum Geburtstag nicht zu Hause bin. Ihre Erwartungen nicht erfüllen zu können, die auf mir lasten und die ich mir wohl selber aufbürde. Vielleicht liegt darin mein Unbehagen im Umgang mit der ›Familie‹, weil das Bild, das mir von dieser Institution eingebrannt wurde, negativer ist als meine konkrete, eigene Familie in ihrer Kollektivität, Sorge umeinander, der Umsetzung des eigenen Weges, die mir immer Freiheiten ließ, die für mich aber nicht so leicht wahrnehmbar waren. Einerseits ist die Familie als Zwangsinstitution ein Angstbild von mir gewesen, davor mich rechtfertigen zu müssen, das rückführbar auf meine emotionale Bindung an Autorität und vielleicht ein Erbe der auf mich wirkenden starken, bewussten Mutter ist. Dabei ist mein Bild von Familie nicht der eigenen Erfahrung entsprungen, sondern übernommen von anderen, repressiveren, weniger (oder übermäßig) sorgenden Typen. Und unkritisch aus einem theoretischen, identitären ›linken‹ alles kritisierenden Verständnis kopiert. Wahrscheinlich sind auf Grundlage dieser fehlenden Übereinstimmung von Bild und erlebter konkreter Erfahrung von Familie viele Reibereien erklärbar.

Bilder untergegangener Zivilisation, Städte, die nur noch Ruinen und den Salamandern übergeben, von unvorstellbaren Mächten entvölkert sind. Seltsam, wie diese momentane Zivilisation dazu neigt, die Ruinen zu ehren und das heutige Leben in Neubauruinen einzupferchen. Dabei vor allem jene Kräfte zu vertuschen, die die alten Welten in den Untergang geführt haben. Die Geschichte all dieser Welten erscheint als eine riesige Spirale von ständigem Aufbau, Erneuerung und unweigerlicher Zerstörung. Als ob der Zerfall unweigerlich auf diese Art zu Schaffen folgen muss. Alles verfällt und die Spirale schraubt sich höher auf die nächste Stufe, zur ein wenig besser durchdachten Herrschaft, mit anderen Diskursen, die ihre Hegemonie aufrecht erhalten. Bis es für diese Herrschaft nicht weitergeht und sie fallen muss. Dieses System hat Mächte freigesetzt, die inzwischen so gewaltig sind, dass sie sich anmaßen können, das Leben selbst zu kontrollieren. So wie genetisch verändertes immer früher stirbt, so wie Staudämme austrocknen und Zerstörung und Tod bringen, beschleunigt diese Zivilisation den Zerfall, weil sie nicht anerkennt, dass nicht alles beherrschbar ist. Weil sie nicht wahrhaben will, dass leben Symbiose bedeutet und nicht Kontrolle und Gewalt.

Everything is falling apart. In this case: the faster, the better.
Alles zerfällt. In diesem Fall: Je schneller, desto besser.

Erwartungen heißen so, weil es darum geht: zu warten auf die Zukunft.

Oder besser ein Bild davon, denn die echte Zukunft schert sich nicht darum, dass sie erwartet wird. Erwartungen an Menschen heißen so, weil es darum geht, darauf zu warten, dass sie dies und das machen, ohne die Frage danach stellen zu wollen, aus Angst vor dem Nein.

Erwartungen bedeuten: immer schon wissen, was passieren soll, ohne die Chance zu geben, frei zu entscheiden, dem Zufall Raum zu lassen.

Deshalb werfe ich meine Erwartungen weg und freue mich.

Erwartungen bedeuten immer Wahrnehmungsverzerrung, weil sie ständig das Bild des angeblich gewollten, bestimmten, befürchteten mit dem Erlebten abgleichen. Dabei gehen beide Welten verloren.

09/08/2012, Midyad: Brief an die Familie

Sonst studieren wir die Tage noch altertümliche Geschichte. Vor 1.500–2.500 Jahren eroberten die Perser alte römische und byzantinische Festungsstädte. Hier liegt nämlich allerlei an alten Steinen und Kieseln herum, die vor ein paar Zigtausend Jahren von Menschen lustig arrangiert wurden. Hasankeyf zum Beispiel ist eine 2000-jährige in Fels gehauene Festungsstadt, die bald von Staudammprojekten geflutet werden soll. Und Dara, beinahe 1.500 Jahre alt und mit einer Nekropolis: eine Stadt der Toten. Aktuell passiert auch etwas. Zwei Tage nachdem wir am Wan-See waren, gab es dort Militäroperationen. Und wie die nicht zensierten Medien berichten, ist die Guerilla dabei, die Kontrolle über Gebiete weit im Osten zu gewinnen. Gestern sind wir an der syrischen Grenze längs gefahren und auf der anderen Seite haben gerade kurdische Milizen die Selbstorganisierung gestartet. Hier wird jetzt gerade sozusagen Geschichte geschrieben. Voll aufregend.

Ansonsten geht es uns sehr gut, wir kochen immer bei Sonnenuntergang auf einem Dach über der Stadt und sitzen vor einem christlichen Kloster im Schatten und trinken Tee (weil die Christen ja keinen Fastenmonat machen, der hier gerade ist). Hier in der Gegend gibt es keine Türken (außer drei Beamte bei der Post), sondern nur Kurden, Araber und interessanterweise aramäische Christen. Sozusagen Urchristen (aramäisch gilt als die alte Sprache, die auch Jesus gesprochen haben soll). Und viele Kirchen, katholische und syrisch-orthodoxe, und Kloster. Scheint hier eigentlich ganz gut zu funktionieren mit den Religionen, aber wie Žižek sagte: Echte Fundamentalisten haben keine Angst vor den anderen Religionen, sie wissen, dass sie recht haben. (Und die anderen kommen halt in die Hölle, naja, Pech gehabt.) Wie auch immer, ich wünsch euch was: Spaß und fröhliches Beisammensein. Bald auch wieder mit mir in echt, wenn ich meine Studien hier fertig habe.

Midyad

Die Stadt Midyad liegt in der Region Mêrdin in Nordkurdistan und somit zentral in ›beth nahrain‹, wie das Land zwischen Euphrat und Tigris von der assyrischen Bevölkerung genannt wird. Bis zum Völkermord an den Armenier_innen und Assyrer_innen im Osmanischen Reich 1915 bildeten Assyrer_innen die Mehrheit der Bevölkerung Midyads.

Nach der Ermordung des christlichen Bürgermeisters der Stadt Kerboran (türkisch: Dargeçit) 1979 folgte eine weitere Massenflucht der christlichen Bevölkerung aus ganz Mêrdin in die Diaspora. Trotz der großen, gewaltvollen demographischen Veränderungen der Region ist Midyad bis heute für seine Vielfältigkeit bekannt: Die Bevölkerung setzt sich aus Assyrer_innen, Aramäer_innen, Jüd_innen, Ezîd_innen, Kurd_innen, Araber_innen und Türk_innen zusammen. Das Stadtbild ist geprägt von Kirchen, Klöstern, Moscheen und traditionellen êzîdischen Bauten. Als 2019 der AKP[26]-Bürgermeister das êzîdische Symbol aus dem Stadtwappen streichen und durch eine Moschee ersetzen lassen wollte, wurde dies durch Proteste der örtlichen HDP[27] erfolgreich verhindert.

Micha und Jane waren zur Fastenzeit Ramadan in Midyad. Ein älterer Mann winkte sie damals einladend in sein Haus. Er setzte sich mit ihnen

26 Die *Adalet ve Kalkınma Partisi*, Partei für Gerechtigkeit und Entwicklung, ist die nationalistische Partei Erdoğans.

27 *Halkların Demokratik Partisi*, Demokratische Partei der Völker. Siehe auch Kasten: Der Angriffskrieg auf Nordkurdistan ab 2015, S. 265.

vor ein großes silbernes Tablett voller regionaler Melonensorten. Dazu gab es frischen, selbstgemachten Ziegenkäse. Der Mann erklärte, er sei Aramäer und in seiner Stadt Midyad würden alle verschiedenen Bevölkerungsgruppen seit langer Zeit miteinander leben, einander zu den jeweiligen Festlichkeiten gratulieren und die Bräuche der anderen respektieren. Daher esse er während des Ramadans im Zimmer und nicht vor dem Haus auf der Straße, vor den muslimischen Mitmenschen, die tagsüber eben fasten. Er habe die jungen Europäer_innen gesehen und sich gedacht, dass sie sicher hungrig seien. Die meisten Läden hätten ja geschlossen oder verkauften Essen nur hinter mit Zeitung verklebten Fenstern.

Am nächsten Tag führte der Mann Micha und Jane durch die Stadt, zeigte ihnen die prächtigen assyrischen Häuser, die es noch gab, und besuchte mit ihnen das ein Stück außerhalb gelegene syrisch-orthodoxe Kloster ›mor Gabriel‹.

Deutschland – Marokko – Andalusien –
Deutschland – Schottland – Deutschland –
Nordkurdistan – Deutschland – Nordkurdistan –
**Südkurdistan – Nordkurdistan – Griechenland – Deutschland –
Frankreich – Katalonien – Deutschland – Qandîl**

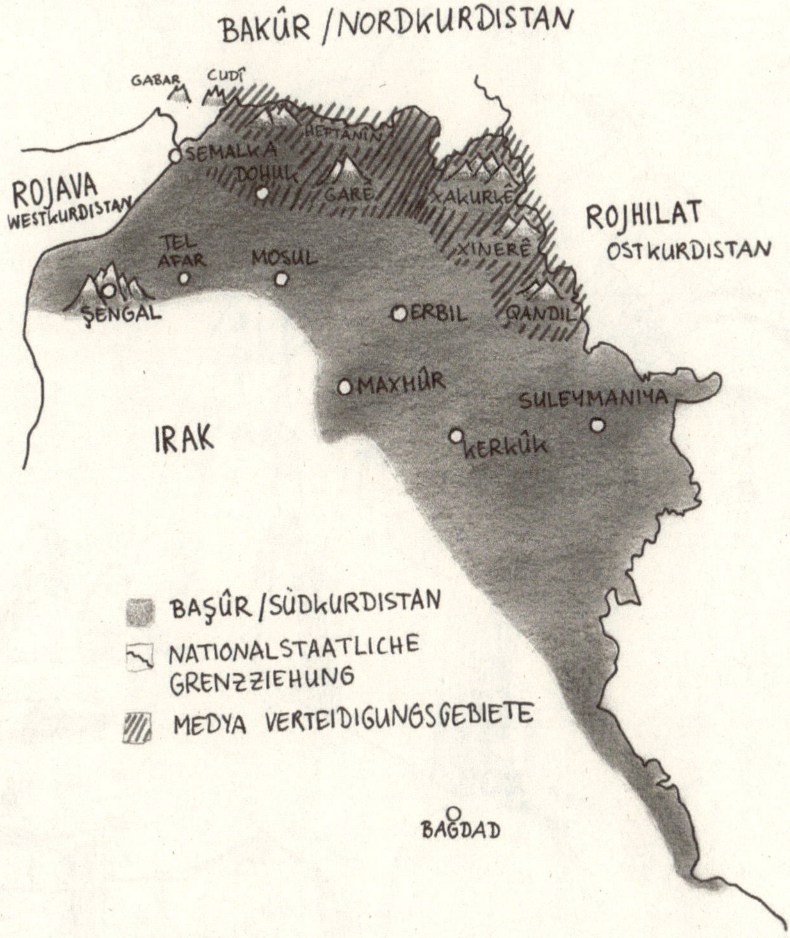

Eine Bewegung, die die Symbiose aus Mensch und Kollektiv denken kann

August 2012, Maxmûr – Qandîl – Medya-Verteidigungsgebiete – Maxmûr (Südkurdistan)

Maxmûr

Einer Einladung folgend fuhren Jane und Micha anschließend in das südkurdische Maxmûr. Maxmûr ist ein Geflüchtetenlager. Die Bewohner_innen wurden Anfang der 1990er aus der nordkurdischen Region Botan vertrieben, indem dort Tausende Dörfer verbrannt wurden.

Das ›Lager‹ hat sich inzwischen zu einer Stadt aus kleinen Steinhäusern weiterentwickelt und steht unter der Selbstverwaltung der dortigen Bevölkerung. Die Menschen haben viele Einrichtungen des öffentlichen Lebens aufgebaut, darunter Kindergärten, Schulen, ein Krankenhaus sowie Frauen- und Jugendakademien.

Einen weiteren Ort gesellschaftlichen Zusammenkommens stellt das *Haus der Familien der Gefallenen* dar. In einem großen Raum sind Hunderte Bilder von Freiheitskämpfer_innen zu sehen. An einer der Wände steht der Satz »Jede_r Gefallene ist eine Philosophie des Lebens.«[28] Jeden Abend ab 17 Uhr, so wurde Jane und Micha gesagt, kann jede_r dorthin kommen und Menschen aus Maxmûr erzählen Geschichten von den gefallenen Söhnen und Töchtern, derer dort gedacht wird.

Beim Besuch des *Hauses der Verwundeten*, ein Ort, an dem verwundete Kämpfer_innen sich gemeinsam organisieren, schlug ein Freund Jane – in Erinnerung an eine ihm nahestehende, im Kampf gefallene Freiheitskämpferin – den Namen Şîlan vor. Bei der Verabschiedung aus dem Camp beschlossen drei Freundinnen aus der Frauenbewegung, Micha den Namen Xelîl zu geben – zum Andenken an den gefallenen Freiheitskämpfer und Filmemacher Halil Dağ (siehe S. 87), dem Micha sehr ähnlich sah. Seitdem lernten viele Menschen Micha unter dem Namen Xelîl kennen.

Immer wieder gibt es Angriffe durch den türkischen Staat und die irakische Zentralregierung mit dem Ziel, die Selbstverwaltung Maxmûrs zu beenden. Zuletzt hat 2023 die irakische Zentralregierung versucht, das Geflüch-

28 Zitat von Abdullah Öcalan

tetenlager einzuzäunen, um es besser kontrollieren zu können, ist dabei aber an dem Widerstand der Bevölkerung gescheitert. Im Oktober 2023 haben die Guerillaeinheiten der HPG (*Hêzen Parastina Gel*, Volksverteidigungseinheiten) und YJA-STAR (*Yekîtiya Jinên Azad-Star*, Einheiten der freien Frauen)[29] schließlich ihre Kräfte aus Maxmûr zurückgezogen, nachdem sie 2014 dorthin gegangen waren, um die Menschen gegen Angriffe des IS zu schützen. Sie haben die Aufgabe der Verteidigung nun an die Menschen in Maxmûr übergeben.

Ich muss, besser will, kurdisch schreiben und lesen lernen. Jetzt, wo ich unbedingt verstehen will, Fragen stellen können will, bin ich so viel motivierter als durch Smalltalk. Es kommt mir so vor, als ob genau hier ein Ort sein könnte, an dem ich lernen kann. Eine vorher nicht oft gefühlte Offenheit, ein Interesse, ein Bewusstsein für Gemeinsamkeiten ist mir hier bereits begegnet. In so kurzer Zeit. Ich habe noch keine Ahnung, wo ich hier bin und noch weniger verstehe ich die Zufälle, die mich hergebracht haben. Hier habe ich seltsamerweise kein Gefühl von Kontrollverlust, das mich sonst so niederschlagen würde. Hier ist es an eine Kette von Assoziationen gebunden, an ein Vertrauen, das sich aus wenigen Begegnungen oder Erlebnissen speist und sonst auf Fantasiebilder und Gedanken gestützt ist, die aus Büchern stammen. Ideen, von denen ich nicht einmal weiß, ob sie auch nur annähernd zutreffen.

Ich fühle mich wie in einem Film.

Ich frage mich, was die Leute hier für ein Bild von mir haben, was ihnen erzählt wurde. Viel kann es nicht sein. Ich bin in einem Raum, den ich mit Fragen und Symbolen fülle, die ich nicht so einfach entschlüsseln kann. Wegen Sprachbarrieren, natürlich. Aber auch wenn ich Fragen stelle, wären die Antworten für mich voll von Symbolik. Meistens ist es so, dass die Realität hinter den Erwartungen zurückbleibt. Hier ist es umgekehrt: Die Realität erfüllt jedes Klischee, das heißt, die Bilder werden genaugenommen durch die Realität ersetzt. Ich sitze in einem Raum unter dem Bild des Onkels und zwischen den beiden Fahnen der Gruppen, die sonst nur in den Nachrichten als böse Geister oder als symbolische Hoffnung auf Freiheit gesehen werden. Wahrscheinlich werden hier die Treffen abgehalten, Entscheidungen getroffen. Es ist unvorstellbar heiß und das Lager ist riesig. Anscheinend gibt es hier alles: Schulen, Akademien und vorhin gab es eine E-Technik-Weiterbildung.

29 Die HPG und die YJA-STAR sind Guerillaeinheiten der Arbeiterpartei Kurdistans (PKK) und der Freien Frauenpartei Kurdistans (PAJK). Mit dem Beginn des bewaffneten Kampfes am 15.08.1984 haben sich über die Jahre die Guerillaeinheiten der HPG und der Fraueneinheiten der YJA-STAR entwickelt, die bis Heute mit der Strategie des langanhaltenden Volkskrieges einen Widerstandskampf gegen die Kolonialisierung Kurdistans führen und die Medya-Verteidigungsgebiete kontrollieren.

Raum determiniert Denkbarkeiten

Die Beschaffenheit des Raumes, seine Architektur, Umgebung, die Personen und Dinge, die ihn durchqueren, sind anscheinend äußerst bedeutend für das, was darin gedacht werden kann. Ich komme hier immer wieder auf die gleichen Gedanken. Selbst wenn ich wollte, könnte ich mir hier bestimmte Dinge nicht (nicht) aneignen. Was natürlich auch an der Verfügbarkeit von Materialien liegt. Die westliche Literatur beschreibt Mikrokosmen, die völlig anders und von hier aus so absurd erscheinen, weltfremd und auf sich selbst bezogen.

Und die Fragen, die immer wiederkehren: Was fange ich hier an? Wie soll ich dem Zufall, hier zu sein, angemessen begegnen? Was verpflichtet mich wozu?

Wenn es mir nur um meine Selbstbefreiung geht, wie kann ich dann diese Offenheit, Gastfreundschaft empfangen? Wie ist das Vertrauen gerechtfertigt? Vielleicht ist dies eine Richtung, aus der man auch zu Niezsches Ablehnung von falscher ›Gerechtigkeit‹ kommt: Aus der Gegenüberstellung wird deutlich: Ich komme allein und mir gegenüber steht die Macht eines Kollektives mit einem Ziel und einer verbindenden Idee. Und langsam, wenn die Wucht des ersten Eindrucks langsam abnimmt, kommen erste Zweifel auf. Angst, hier die gleichen Mechanismen zu finden. Identifizierung statt solidarisch-kritischem Vorwärtsschreiten. Warum bist du nicht so konsequent am Kampf beteiligt? Warum riskierst du nichts? Ich glaube und hoffe, dass die Selbstkritik hier kein leeres Werkzeug ist und die Selbstbefreiung vor jeder Mission steht. Ich will herausfinden, wie viel von dem, was der Onkel schreibt, hier vielleicht ähnlich verstanden und angewendet wird, wie ich es verstehe. Ich möchte auch herausfinden, wie ich noch lernen kann.

Nebel liegt über dem Lager. Ein Schleier, durch den, außer grauem und fahlem Licht, den ganzen Tag keine Sonne kommt. Und ein Wind weht. Böen tragen Staub aus den wüstenartigen Ebenen und wehen ihn in die Augen. Er bedeckt alles, fein und ockerfarben, wodurch alles matt wirkt. Im Schutz des Schleiers vor der Sonne arbeiten Freunde, mischen Zement und befestigen die Wege zwischen den Räumen der Akademie. Das Gebäude umschließt ein Hof. Er ist zu einer Seite offen. Die Raumnutzung scheint mir gerade nicht sehr ausgeglichen, was daran liegen könnte, dass die Akademie sonst für mehr Menschen ausgelegt ist. Die Wege sind schön geschwungen und wenn ich richtig verstanden habe, kommen in die Zwischenräume Pflanzen. Fast japanisch in der Wirkung, wenn es mal fertig ist.

Am Samstag Abend war ein Fußballspiel, was sich sehr witzig anhören wird, wenn ich es jemandem erzähle: »Ich habe mit den Freunden aus den Bergen Fußball gespielt.« Irgendwo im Nordirak, in einem Lager, das seit 1994 besteht und von der Bewegung verwaltet wird. Gestern Nachmittag war eine Freundin hier, die in Deutschland aufgewachsen ist, 1990 wieder zurück in den Norden kam und seitdem kein Deutsch mehr gesprochen hat. Sie arbeitet hier in der Frauenakademie.

Sie hat auch von zwei Deutschen erzählt, die zwei Jahre in den Bergen waren. Danach wurden die beiden nach Hause geschickt, weil sie in Deutschland noch mehr wichtige Arbeit leisten könnten. Eine von ihnen war etwa 30, die andere 25 Jahre alt. Und mir schwebt die ganze Zeit die Frage im Kopf herum, wie es für mich wäre, was es bedeuten würde? Im Moment wäre es noch nicht die richtige Zeit, mir schwirren noch zu viele Dinge im Kopf herum. Bilder, Vorstellungen. Ich will China sehen, vielleicht Japan, kämpfen lernen, schreiben. Und viel lesen, die Listen werden immer länger. Ich habe das Gefühl, dass ich erst ein Stück allein gehen muss, bevor ich eine solche Welt betreten kann. Allein stärker werden und für mich lernen. Nicht mich aufopfern. Falls ich irgendwann in die Berge komme, will ich sagen können, dass das der Weg war, den ich immer ohne Zwang, aus freier Entscheidung gegangen bin. Erst muss ich noch meine Vereinzelung überwinden, damit ich im Kollektiv ich selbst sein kann. Und das beinhaltet, zu wissen, was ich kann. Das ich die Gruppe nicht brauche und gehen kann. Dann kann ich ein freier Teil der Gruppe sein. Auch bei mir kommt die Angst vor Kollektivität vielleicht genau aus der Unfähigkeit, allein zu sein und aus der Angst, nicht zur Gruppe zu gehören. Aus der Angst folgt, als Schutz, sich symbolisch Zugehörigkeit zu konstruieren. Daher der Wille zur Exklusivität, die Bissigkeit gegen die andere Gruppe. Ich bin gerade auf dem Weg, alles kleinzuhacken, was mich gegen mich selbst zwingt. Dieser Weg hat mich hierher gebracht, die Ideologie der Selbstbefreiung. Meine Selbstbefreiung von meiner Familie als Zwang in meinem Kopf. Die ich für die Menschen aus meiner Familie vollbringen will. Die Befreiung von einer ›linken‹ auf Identität beruhenden Szene, um wieder Menschen sehen zu können statt Symbolen. Meine Befreiung vom vorgegebenen Weg, um meinen eigenen Weg zu suchen.

Viele neue Bilder, Geschichten, Hintergründe: Ein Freund, der Deutsch kann, ist mit uns durch das Camp gelaufen und wir haben verschiedene Orte besucht und mit Menschen gesprochen. Zuerst eine neu gebaute Akademie für Sprache, Kultur und Schulung, dann den Verein für die Familien der Gefallenen und dann ein Frauenzentrum. So langsam ergibt sich ein Bild. Nach der Akademie waren wir noch im Gemeindehaus, wo das Komitee des Lagers arbeitet.

Müdigkeit und was nicht alles ... ›die anderen‹ sind angekommen. Erleichterung, dass nicht nur Typen gekommen sind. Es sind sehr unterschiedliche Charaktere. Von einem habe ich mich schon belehrt gefühlt, der anscheinend den Plan hatte. Die anderen wirken sehr sympathisch. Überhaupt habe ich gerade das Gefühl, hier sehr gut hereinzupassen.

Die Berge ...
Nicht irgendwelche Berge, sondern *die* Berge. Absurd, wie schnell es funktionieren kann, in solche Kreise zu kommen und jedes Klischee mit der noch weniger real scheinenden Erfahrung überschreiben zu können. Ich bin gerade aus dem Quartier ein Stück den Berg hochgestiegen, wurde von Freund_innen eingeladen und habe mich mit 15 Leuten gleichzeitig unterhalten. Anscheinend wird es langsam mit der Sprache. Ich wurde dafür kritisiert, allein weggegangen zu sein. Wegen der Gefahr von oben[30]. Natürlich ist die Kritik im Zweifelsfall lebensrettend. Nur fühle ich mich manchmal belehrt und als Sorgenkind bevormundet, das unvernünftig, unwissend wäre. Natürlich ist hier jede_r ein_e Lehrer_in für mich. Allerdings bewirkt es bei mir ein Unbehagen, wenn ich das Gefühl habe, andere fühlen sich dazu verpflichtet.

Es werden wenig Fragen gestellt, ist mir aufgefallen. Besonders ein Mensch tut sich sehr schwer damit zuzuhören, aber eigentlich alle. Und es wirkt manchmal, als ob wieder um Raum gekämpft wird. Wahrscheinlich wirkt mein Auftreten unsicher, weil ich nicht um Raum kämpfen will. Weil ich Räume nicht mag und lieber Räume meide, in denen jede Kommunikation Druck aufbaut, in denen die Leute nicht zuhören, sondern nur warten, bis sie sprechen können. So kommt kein richtiger Austausch zustande, wenn nur eine Seite zuhört. Wie in der Diskussion um die Selbstbefreiung der Frau und die profeministische Männerbewegung. Bei dem Thema habe ich das Gefühl, meine Position kann nicht gehört werden, weil es ein starres Bild vom Patriarchat gibt und die Frauenbefreiung angeblich schon am Ende wäre. Als ob sie das je sein könnte. Natürlich soll das nicht die Dimension des bisherigen Weges leugnen, nur muss vielleicht der Kritik noch offener begegnet werden.

Alles wirkt surreal. Mit jedem Detail mehr. Ich sitze mit sehr wichtigen Personen für die Bewegung im Zelt, die so offen im Umgang sind wie alte Männer auf Parkbänken (eine bestimmte Sorte jedenfalls). Selbst die Müdigkeit wird von den Eindrücken kleingehalten. Vorhin haben wir unsere Kleidung bekommen, sie am Fluss gewaschen und gebadet. Die Infrastruktur ist einfach überwältigend. Alles ist durchdacht und Verhaltensregeln sinnvoll. Überall ist an dezentralen Orten für jede Notwendigkeit eine Lösung gefunden worden. Innerhalb weniger Stunden hat sich meine Selbstwahrnehmung und meine Wahrnehmung anderer zu einem Gefühl von Verbundenheit mit allen Menschen hier verändert. Mit dem Humor (oder Ernst) habe ich Schwierigkeiten, weil ich gerade anfange, die Alltagskommunikation zu meistern. Ein Freund hat offen in der Runde gesagt, dass er gegen mich ist, weil er nicht wüsste, was Deutsche hier verloren haben. Ich bin mir nicht sicher, ob er es im Spaß gesagt hat, aber seine Körpersprache, vor allem seine Blicke und das abweisende Ver-

30 ›Oben‹ meint ›aus der Luft‹, also durch Drohnen oder Kriegsflugzeuge.

halten, schienen ernst zu sein. Oder etwas, was ich (noch) nicht verstehe. Zwei Freund_innen hatten bereits Probleme mit den körperlichen Anstrengungen, zum Beispiel bei der Hitze Steigungen zu überwinden und große Entfernungen zu laufen. Ich wundere mich, dass ich noch keine größeren Probleme hatte. Gerade spüre ich eine Zuversicht, Gelassenheit, mit der ich meine Rolle hier abstrahieren kann. Ich versuche andere zu verstehen und habe für mich das Gefühl, einen Raum gefunden zu haben, der für mich gut bewohnbar ist, für die nächste Zeit.

Die Medya-Verteidigungsgebiete

In Maxmûr schlossen sich Xelîl und Şîlan einer Delegation von Jugendlichen an, die Einrichtungen der kurdischen Freiheitsbewegung in Südkurdistan sowie die Medya-Verteidigungsgebiete besuchte. Die Medya-Verteidigungsgebiete sind ein mehrere Hundert Kilometer langes Gebiet in den Grenzregionen Türkei/Irak und Irak/Iran, von der Region Zaxo im Westen bis Bradost im Nordosten und Halabca im Südosten.

Im Herz Mesopotamiens gelegen waren diese weit emporragenden Gebirgszüge über die Jahrtausende hinweg Zufluchtsort für verfolgte Volks- und Glaubensgemeinschaften wie Suryoye, Jüd_innen, Armenier_innen, Alevit_innen, Ezîd_innen, Christ_innen und Kurd_innen. Noch heute finden sich Dörfer jener Gemeinschaften vermehrt in hohen Bergregionen. Besonders in den zahlreichen natürlichen Höhlen bewahren Heilige Stätten und Ruheorte die Erinnerungen an die historische Rolle des Gebirges. Heute bietet die Gegend den Guerillakräften der PKK, also der HPG und der YJA-STAR sowie anderer widerständiger Gruppen aus dem Iran und der Türkei einen Rückzugsraum. Es werden militärische und ideologische Bildungprogramme abgehalten und die Verteidigung der Bevölkerung der Region gegen koloniale Angriffe wird koordiniert. Über und unter der Erde sind Camps und Einheiten der Guerilla verteilt, alle Gipfel sind mit Späheinheiten und schweren Waffen bestückt, um die Abwehr von Luftangriffen zu gewährleisten. Oftmals wird diesen Bergen Ähnlichkeit mit einem großen Ameisenhaufen nachgesagt: Auf den ersten Blick ist weit und breit niemand zu sehen, doch bei genauerem Hinsehen wimmelt es nur so von Leben, von der Oberfläche bis tief in den Boden hinein. Alle sind beschäftigt und ständig in Bewegung; von außen betrachtet sieht es chaotisch und unübersichtlich aus, in sich jedoch folgt es einer klaren Logik und Organisation.

18/08/2012, çiya Berge

Ich denke, ein Teil der Problematik, was Sprache angeht, ist, dass keine Übersetzung der Unterschiedlichkeit der Gedankenbilder gerecht werden kann, dass die unterschiedliche Denkweise und Benutzung von Konzeptworten einen Austausch sehr erschwert. Konzepte wie Orientalismus, Natur oder Feminismus sind aus den unterschiedlichen Blick- und Denkrichtungen nicht vergleichbar, sollen aber in der wörtlichen Übersetzung diskutiert werden, wodurch die Symboliken in beiden Richtungen aneinander vorbeigehen. Diskussionen werden so oft zu Wortklaubereien. Die Ähnlichkeit des Denkens und Handelns wird von der Sprachebene verschleiert.

Wie also kann ich mich ›öffnen‹, wenn die Symbolik das Verständnis unmöglich macht? Wenn meine Sprache in der Übersetzung nicht ausdrücken kann, was ich sagen will?

Ein Freund hat mich gestern gebeten, meine Fragen zu wiederholen, ob und welche Gewalterfahrungen von Männern es vielleicht gibt, inwieweit ein Bewusstsein existiert, dass das Patriarchat als hegemoniale Form der Gewalt, auch immer Männer von Männern unterdrücken lässt. Den Mann sich selbst. Es verunsichert mich ungemein, wenn auf meine Frage geantwortet wird, dass sie schon besprochen wurde. Das klingt für mich so, als hätte sie keine Berechtigung. Weshalb mich die Tatsache, dass ich gebeten wurde zu wiederholen, sehr erleichtert hat. Vielleicht besteht doch Redebedarf oder wenigsten ist der Wille zur Auseinandersetzung vorhanden.

Ich entwickele gerade enorme Unsicherheiten gegenüber der Freundin, die am Anfang gesprochen hat. Vielleicht wegen der Tatsache, dass ich eine Autorität in ihr sehe. Mein Trauma gegenüber meiner Mutter, die dominant gegenüber meinem Vater war, bzw. mein Trauma gegenüber autoritären Lehrer_innen greift, denn es hat für mich bedeutet, in jeder Situation einer Gewalt und Erwartungen ausgesetzt zu sein.

Anscheinend hat diese Denkrichtung ausschlaggebende Bedeutung: Ich tendiere dazu mich psychisch abzuschotten und mich zum Opfer der Umstände zu machen, statt die Selbstermächtigung zu üben. Dabei geht es genau darum, sich selbst analysieren zu lernen, andere zu verstehen und zuzuhören.

Mein Problem ist, die Kritik nicht vollständig auf mich anwenden zu können. Meine Unsicherheit im Umgang mit anderen Frauen resultiert aus der Angst als Unterdrücker gesehen zu werden. Im Grunde gibt es zwei Möglichkeiten für mich: Ich sehe einen Menschen als Frau und fühle Unsicherheit und Angst vor meiner Sozialisation. Oder ich höre zu, lerne sie kennen und ich sehe sie nicht mehr als Frau, sondern als Mensch mit besonderen Eigenschaften.

Die Freundin hat von Dingen erzählt, deren Bedeutung die Ereignisse, auf denen sie beruhen, übersteigt. Sie hat von ihrem Schulweg als 13-jährige erzählt, der mit Leichen übersät war.[31] Sie hat mit zehn schon gegen die Polizei gekämpft und sich mit 20 Jahren der Bewegung angeschlossen. Ein Freund, der erzählt, dass seine Mutter ihn aus den Bergen zurückholen wollte, seine Beweggründe jedoch letztlich verstand und ihn als Freiheitskämpfer akzeptieren musste. Es gibt Familien, die in Deutschland leben, in einer seltsamen Welt voller fremder Symbole, und die stolz sind, einen Sohn in den Bergen zu haben. Eine Freundin, die sich angeschlossen hat, weil ihr das Leben in Deutschland wie eine Lüge ins Gesicht schlägt und sie sich deshalb für die Wahrheit der Berge entscheidet. Ein anderer Freund, der aus seiner Familiengeschichte und dem rein symbolischen Leben in Deutschland den Weg wählt, der ihn vielleicht umbringt und vor dem er Angst hat. Aber er will lieber daran wachsen, als zu Hause zu bleiben. Existenzen auf dem Weg in eine andere Welt. Der Weg bestimmt das Ziel.

Ostkurdistan – Rojhilat

Neben den kurdischen Gebieten in der Türkei lebt der zweitgrößte Bevölkerungsanteil der Kurd_innen auf iranischem Staatsgebiet. Die Landstriche im Westen des Irans erstrecken sich über 400 mal 200 Kilometer von den Grenzregionen zur Türkei im Norden bis zur Stadt Îlam im Südwesten. Das bergige Gebiet ist für seine Vielzahl an kurdischen Dialekten und alten Glaubensgemeinschaften bekannt. Die abgeschiedenen dörflichen Regionen konnten sich aufgrund ihrer Geografie eine starke Autonomie bewahren. Jegliche politische Selbstorganisierung auf Grundlage der kurdischen und verschiedenen nicht-muslimischen religiösen Identitäten wird jedoch mit schwerer militärischer und polizeilicher Repression beantwortet. Tausende Kurd_innen sind in iranischen Gefängnissen inhaftiert worden, jährlich werden Hunderte durch Erhängen hingerichtet.

Die Bevölkerung wird zudem durch ein feinmaschiges Netz an Spitzeln des Geheimdienstes und durch staatliche Drogenpolitik unter Kontrolle gehalten. So werden soziale Netze, wie Familien und Dorfgemeinschaften, zerstört. Großes Misstrauen wird gesät und es entwickelt sich eine starke individuelle Abhängigkeit vom Staat bis hin zur blinden Loyalität.

31 In ihrer Heimatstadt Êlih kam es in den 90er-Jahren zu dutzenden sogenannten ›Morden unbekannter Täter‹. Seit 1989 wurden in überwiegend kurdischen Städten ca. 17.000 politische Aktivist_innen, Politiker_innen, Journalist_innen, Anwält_innen und Bäuer_innen verschleppt, extralegal hingerichtet und die meisten in Massengräbern verscharrt. Wöchentlich versammeln sich die ›Samstagsmütter‹, um den Verbleib ihrer Kinder zu erfahren und Gerechtigkeit einzufordern. Im Rahmen des Friedensprozesses forderte Abdullah Öcalan die Einrichtung einer ›Gerechtigkeits- und Wahrheitskomission‹, die durch Aufarbeitung dieser Taten zum nachhaltigen gesellschaftlichen Frieden in der Türkei beitragen könne.

Die Partei für ein freies Leben in Kurdistan (PJAK, *Partiya Jiyana Azad a Kurdistanê*) und die Gemeinschaften der freien Frauen Ostkurdistans (KJAR, *Komelgeha Jinên Azadiya Rojhilat*) versuchen, die Idee des demokratischen Konföderalismus[32] im Iran umzusetzen. Angegliedert daran organisieren sich auch Guerillaeinheiten, die Ostkurdistaneinheiten (YRK, *Yekîneyên Rojhilatê Kurdistanê*), die sich in den Bergen des Westirans und des Nordiraks aufhalten. Ihre Rückzugsgebiete wurden im Jahr 2011 durch eine Großoffensive des iranischen Militärs angegriffen. Bei den Auseinandersetzungen kam es auf beiden Seiten zu schweren Verlusten.

24/08/12, Berg im Osten

Gestern waren wir auf dem Gletscher. Es ist wohl ein ziemlicher Fortschritt für mich, dass es mir zunehmend leichter fällt, mich auf Menschen einzulassen. Es wird mir hier auch sehr leicht gemacht. Die Offenheit, auf die ich hier stoße und die Selbstverständlichkeit, mit der ich akzeptiert werde, nur aufgrund meiner Anwesenheit, war für mich nie vorstellbar. Hier gibt es inzwischen zwei sehr enge Freunde, die mich viel lehren können. Der eine ist im Schwabenland aufgewachsen, der andere spricht so deutlich Kurdisch, dass ich ihn fast vollständig verstehen kann. Wir hatten zusammen Nachtwache und haben uns eine Weile über Europa und die Situation im Osten unterhalten. Er hat mir vorgeschlagen, hier zu bleiben und mich ausbilden zu lassen. So wie mich überhaupt viele fragen, ob ich hier nicht bleiben will, für eine Ausbildung, für politische Arbeit im Westen oder in der alten Welt. Jane hat für mich recht, wenn sie meint, vorerst autonom bleiben zu wollen. Ich sehe den Weg, der mir viel geben kann, den ich gehen will. Dabei will ich so unabhängig bleiben, wie nötig, so wenig institutionellen Überbau wie möglich auf mich nehmen. Die Organisation ist tatsächlich ein Problem, das ich überdenken muss. Allein schon deshalb, weil die Rolle und Notwendigkeit der Partei hier so völlig anders erscheinen als jede meiner Vorstellungen.

Zu dem Freund aus der Leitung habe ich inzwischen immer mehr das Gefühl von Vertrautheit, Offenheit und ich will mir vornehmen, seinen Kontrollzwang zu kritisieren, wo dieser in Bevormundung umschlägt. In den letzten Tagen konnte ich einige wichtige Dinge klären, so wie die Tatsache, dass ich oft das Gefühl habe, dass auf Gedanken und Kritiken von mir, mit einer angstgesteuerten und reflexhaften Verteidigung reagiert wird. Es beruht auf der Angst, ich oder wir würden der Bewegung den Rücken kehren, uns auf unsere liberale Freiheit berufen und gehen. Als ob es einen Weg zurück gäbe, der mich zufriedenstellen könnte. Ich habe zum ersten Mal das Gefühl, nicht nur für

32 Siehe Kasten auf S. 218.

mich zu handeln, sondern wirklich voranzuschreiten, kritisch denken und alle Konsequenzen ziehen zu können.

Mich beeindruckt die Kraft, die jede_r Einzelne hier aus der Stärke der Bewegung zieht, für sich selbst und für die Überzeugung, das Richtige zu tun. Eine Bewegung, die die Symbiose aus Mensch und Kollektiv denken kann. Ich sehe einige Kritikpunkte. Aber ich habe erst gestern zwei Dinge gelernt: Menschen und die Bewegung als Prozess zu denken, meinen Perfektionismus als Vorstellung beizubehalten, aber nicht die Zeitlichkeit zu vergessen und alle mitnehmen zu wollen und zu können, die sich dafür entscheiden. Deshalb will ich auch zuerst einmal zurück nach Deutschland, um Gespräche zu führen. Zu berichten aus der Welt, die sich mir gerade als Ausweg eröffnet aus dem Chaos und dem Dilemma der Zivilisation. Es geht darum, alle Ideen, Fragen, Kritiken und Selbstkritiken denkbar zu machen.

02/09/12, Maxmûr

Heute Morgen sind wir von den *Komalên Ciwan*[33] aus den Bergen des Südostens weggefahren. Es ist ein sehr beeindruckendes Bild, all die Freund_innen, Geschichten und Erlebnisse auf einmal vor sich zu haben, die trotz der kurzen Zeit, eine so große Bedeutung tragen, so tief wirken. Mit den Gedanken zu gehen, dass ich einige von ihnen, wohl die meisten der Freund_innen, nie wieder sehen werde. Vielleicht werden viele von ihnen fallen und wir werden sie als Geschichte, als *Şehîd*[34] wiedertreffen, für die die Sache ihr Leben und Tod bedeutet. Seltsam, sich wieder in einer deutschen Gruppe zu bewegen, noch dazu in einer zusammengewürfelten. So viele Mechanismen, die so absurd erscheinen gegenüber der Offenheit, Zuneigung und dem Vertrauen der Freund_innen der Komalên Ciwan. In der Gruppe gibt es ständige Behauptungskämpfe, Gedankenlosigkeit, Unaufmerksamkeit und gezwungenen Ernst. Ich fange gerade an, immer häufiger an Deutschland und die Welt zu denken, die mich dort erschlagen wird. Ich kann versuchen, die Bilder aus Qandîl[35] wach zu halten. Jane hat es gerade gesagt und ich habe es auch im Kopf: all die Erfahrungen erstmal wirken zu lassen. Ich überlege nach *Yunanistan* Griechenland oder Albanien abzuhauen, irgendwo eine Weile bleiben, vor allem keine Menschen mehr um mich haben müssen.

33 Vereinigung der Jugend: Jugendorganisation der Freiheitsbewegung Kurdistans
34 Gefallene_r: Meint Gefallene innerhalb des revolutionären Kampfes
35 Qandîl-Bergregion, zentrale Bergkette in den Medya-Verteidigungsgebieten in Südkurdistan.

Şehîd Viyan Soran

Tausende junge Kurd_innen tragen den Namen Viyan aus Respekt für und in Erinnerung an Viyan Soran. Auch Xelîl nahm ihren Namen an und nannte sich Xelîl Viyan.

Viyan Soran (geboren 1981 als Leyla Weli Hesen) stammte aus einer einflussreichen Großfamilie in der südkurdischen Stadt Suleymaniya. Obwohl ihre Familie damit nicht einverstanden war, schloss sie sich nach dem gymnasialen Schulabschluss der PKK an, weil sie den Kampf um die Freiheit der kurdischen Bevölkerung wichtig fand. Jegliche Versuche der Stammesältesten, sie daran zu hindern oder zurückzuholen, scheiterten an ihrer eigenen Entschlossenheit.

Innerhalb kurzer Zeit wurde sie zum Vorbild für eine starke Haltung und Willenskraft der Frauen in der kurdischen Freiheitsbewegung. Schon bald übernahm sie wichtige Aufgaben innerhalb der Partei und wurde von vielen als Vorbild gesehen.

Seit der Verschleppung Abdullah Öcalans 1999 und seiner anschließenden Gefangenschaft hatten Teile der damaligen Führungsebene der PKK die Abkehr vom bzw. Abschwächung des revolutionären Weges und eine Durchführung von sogenannten ›Sozialreformen‹ angestrebt. Unter anderem der Bruder Abdullah Öcalans hatte Gespräche mit US-Geheimdiensten aufgenommen, wonach den Kurd_innen gewisse Rechte zugestanden werden würden, wenn sie sich vom Guerillakampf abwenden würden.[36] Dieser neuen Linie begegnete innerhalb der Partei vielerorts heftige Kritik. Insbesondere der Vorschlag, innerhalb der Guerilla solle geheiratet werden, war ein unmittelbarer Angriff auf die Errungenschaften der kurdischen Frauenbewegung, da die Frauen selbst durchgesetzt hatten, nicht heiraten zu müssen. Die Frauen hatten in den vorherigen Jahren auf Vorschlag Abdullah Öcalans und unter schweren Bedingungen, die Formierung einer autonomen Frauenguerilla und die Bildung einer selbstständigen Frauenpartei umgesetzt.

Viyan Soran analysierte diese Phase klar als Angriffe auf die Revolution und protestierte, wie bereits Dutzende Kurd_innen vor ihr, mit einer erschütternden Aktion gegen die Totalisolation Abdullah Öcalans, gegen die Verleugnungs- und Vernichtungspolitik der kolonialen Staaten und die Versuche, die PKK von ihrem Weg abzubringen. Am 1. Februar 2006, mit

36 Dabei handelte es sich um mehr als nur ein Zugeständnis »gewisser Rechte«. Es war ein offener ideologischer Angriff und sollte die Abwendung von dem revolutionären Guerillakampf bewirken. Es ist nicht exakt bekannt, was genau die USA zugesagt hatte, aber es ging um die Integration der Freiheitsbewegung Kurdistans ins hegemoniale System, sodass am Status-Quo nichts geändert werden würde. Die Kurd_innen sollten unter der Kontrolle der USA den Widerstand beenden, mit dem Ziel sich vom Kampf abzuwenden.

25 Jahren, verbrannte sie sich auf einem schneebedeckten Felsen im Tal Şeşdara in Heftanîn selbst.

Sie schrieb Briefe an ihre Weggefährt_innen, an die kurdische Bevölkerung und an Abdullah Öcalan, in denen sie die Beweggründe ihrer Aktion erklärte.

Ihr Handeln war gegen reaktionäre Stimmen innerhalb der PKK gerichtet und die Nachricht von ihrem Tod verbreitete sich an allen Orten und riss viele Freund_innen aus einem demoralisierten und zweifelnden Zustand, gab ihnen neue Kraft und Motivation. Viyans Aktion wird als ein Auslöser für die ideelle Klärung innerhalb der Partei und für die konzentrierte Fortsetzung ihrer Arbeit im Wiederaufbaukomittee der PKK gewertet. Durch ihre entschlossene Haltung ist sie zu einem Maßstab für Werte innerhalb der Organisierungsarbeit geworden.

Die Revolution erfordert Geduld

September 2012,
Hêftanîn – Hewlêr – Midyad – Thessaloniki

03/09/12, navîna berxwedanê[37] Zentrum des Widerstands

Ich bin im Urwald gelandet und von Mücken zerstochen. Hier gibt es keine Akademie, deshalb hoffe ich, dass unser Programm etwas anders aussehen wird. Die Fahrt war der Horror, Gebirgsstraßen, die hauptsächlich aus Schlaglöchern mit Entschleunigungsgräben bestanden. Zu viert auf der Rückbank eines recht kleinen Peugeot, die Gedanken über Bilder und Menschen, die ich bald wiedersehen kann. Ein Freund hat geschrieben, er hat wahrscheinlich frei bis April. Vielleicht sollte ich ihm einfach sagen, dass sein Studium abgesagt wurde. Sollte ich vielleicht einigen sagen und eine Winterakademie einberufen.

Anscheinend sind wir direkt hinter der Grenze, nicht allzu weit von der Stadt entfernt, die wir schon einmal passiert haben. Vor ein paar Tagen sind hier zwei Freund_innen bei einem Panzerangriff gestorben. Es gibt so gut wie keine Luftangriffe, weil das Gebiet hier zu dicht an der Grenze liegt, zu dicht bei den Gefechten, um Zufallsbombardements zu fliegen. Es stimmt, was die Freundin gesagt hat: Ohne Krieg wäre hier das Paradies. Überall wächst wildes Obst, Feigen, Weintrauben, Beeren. Anscheinend ist das hier auch ein Teil der Komalên Ciwan und hier kommen mir wieder so viele Menschen so offen vor, sogar noch mehr als in der Akademie, die so viele Menschen hatte und damit mehr Anonymität. Hier, im kleineren Kreis, ist das Verhältnis sofort enger und persönlicher.

> **Heftanîn**
> Die Gebirgskette Heftanîn, übersetzt ›Sieben Himmel‹, befindet sich an der Grenze zwischen der Türkei und dem Irak, oberhalb der südkurdischen Stadt Zaxo. Die Region ist für ihre schönen Wälder bekannt, die von Flüssen und Weihern durchzogen sind und einen großen Reichtum an Obstsorten

37 Gemeint ist das Gebiet Heftanîn.

und Nüssen beherbergen. Eine weitere Besonderheit stellt die große Zahl christlicher Dörfer dar.

Im Sommer 2012 lernte Xelîl die Gebirgskette Heftanîns selbst kennen und kroch durch einen schmalen selbstgebauten Tunnel, den die Guerilla zu Verteidigungszwecken angelegt hatte. Tunnel und Höhlen, so sagte der Guerillafreund, der ihn führte, müssten immer zwei Ausgänge haben: Falls es zu Bombardierungen komme und man sich in einen Tunnel zurückziehe, sei das überlebenswichtig. Denn die Druckwelle, die ansonsten die inneren Organe des menschlichen Körpers tödlich verletzen würde, könne so aus der Höhle entweichen, ohne Schaden anzurichten. Als Xelîl auf der anderen Seite des Berges seinen Kopf aus dem Gang streckte, erblickte er die Weite der Ebene. Der Guerillakämpfer, der ihm mit einer Geste zu verstehen gab, dass er sich nicht zu weit herauswagen solle, reichte ihm ein Fernglas. Er zeigte ihm eine Kette von Militärstützpunkten der türkischen Armee auf gegenüberliegenden Hügeln und deutete dann genau auf den Punkt, an dem die türkische Luftwaffe neun Monate zuvor Bomben auf Jugendliche abgeworfen hatte.

In Richtung Norden überblicken die Gebirgszüge von Heftanîn die breitflächige Ebene von Şirnax. Somit wurden die dort oben stationierten Guerillaeinheiten auch direkte Augenzeug_innen eines weiteren Massakers am 28.12.2011, diesmal durch die türkische Luftwaffe, infolgedessen 35 kurdische Jugendliche in Roboski ermordet wurden. Nur ein einziger Jugendlicher überlebte den Angriff schwer verletzt. Allein 24 der Getöteten gehörten einer einzigen Familie an.

Bis heute sind weite Teile der Berge als Folge der sogenannten *Anfal-Operationen* vermint. Die Anfal-Operationen 1986–1989 waren genozidale Massenmorde des irakischen Regimes unter Saddam Hussein gegen die kurdische Bevölkerung und andere Minderheiten wie Assyrer_innen und Chaldäer_innen im Nordirak. In einer Operation mit Giftgas gegen die Bevölkerung in Halabja wurden am 16. März 1988 circa 5.000 Kurd_innen gnadenlos ermordet, viele von ihnen sind qualvoll erstickt. Die Mitschuld des deutschen Staates ist dabei nicht von der Hand zu weisen, denn später wurde bekannt, dass Saddam Hussein die für das Massaker benötigte Technik aus Deutschland geliefert bekam.

03/09/12, goristana şehîdan Gefallenenfriedhof

Seltsam. Ich habe die Bilder meines Namensgebers und vieler anderer, die Şehîd geworden sind, gesehen. Şîlan hat mal gesagt, der Tod ist bedeutungslos. Sicher, das ist er, außer ihm wird ein Sinn gegeben. Und welcher Sinn könnte größer wirken, als für das Leben zu sterben? Damit wird der Tod zum Symbol des Lebens. Wie dieser Ort, an dem mit seinen Farben, seiner Ruhe und den

Blumen so viel mehr Kraft steckt als in der stummen, apathischen Stimmung der Friedhöfe der Metropole. Dort, wo der Tod so beängstigend wirkt, weil er hinter jeder Ecke wartet und die Angst lauert, er könnte früher kommen. Ein bewusstes freies Leben hat den Tod nicht als angsteinflößendes Symbol an dem ungewissen Ende, sondern als bewusst gewählte Möglichkeit, als Konsequenz aus der Freiheit.

Halil Dağ

Der Guerillakämpfer und Filmemacher Halil Uysal, später Halil Dağ genannt, wurde 1973 in Deutschland als Sohn eines türkischen Vaters und einer kurdischen Mutter geboren. Nach seinem Studium der Fotografie war er beim kurdischen Fernsehen und als Journalist tätig. 1994 reiste er gemeinsam mit einem Kollegen in die syrische Stadt Damaskus, um Abdullah Öcalan zu interviewen.

Halil Uysal entschied sich, dort in der Akademie der PKK zu bleiben, nahm an einer sechsmonatigen Ausbildung teil und war anschließend innerhalb der PKK journalistisch tätig. Er schrieb, fotografierte und filmte für Nachrichtenagenturen und das Fernsehen.

Er produzierte mehrere Filme über das Leben der Guerilla, die Natur, in der sie lebt, und die Rolle der Frauen im Freiheitskampf der Kurd_innen. Einer der wichtigsten davon ist *Bêrîtan*. Der Film über das Leben der gleichnamigen Guerillakämpfern erlangte große Bekanntheit. Als Widerstandskämpferin spielt sie in der kurdischen Frauenbewegung eine wichtige Rolle. In einem Gefecht mit Soldaten der Peshmerga der Demokratischen Partei Kurdistans (KDP, *Partiya Demokrata Kurdistanê*)[38] 1992 ergab sich die damalige Kommandantin einer Guerillaeinheit nicht, sondern stürzte sich von einem Felsen, um nicht in Gefangenschaft zu geraten. Ihre Geschichte ist bis heute ein wichtiger Bezugspunkt für den Widerstandsgeist der Frauen im Kampf der kurdischen Revolution. Halil Dağ wurde 2008 im Kampf mit türkischen Soldaten in der nordkurdischen Region Besta in Şirnax getötet.

Nach diesem Kämpfer und Freund also wurde Xelîl bei seinem Besuch in Maxmûr benannt. Er sah dessen Bild zum ersten Mal auf einem Gefallenenfriedhof in einem Tal in Heftanîn. Die Friedhöfe der Gefallenen in den Bergen sind liebevoll angelegte Gärten mit vielen Blumen in allen erdenklichen Farben. Alle Gräber sind in Stein gerahmt und tragen den von Hand

38 Die KDP ist Regierungspartei in der Kurdischen Autonomieregion im Nordirak/Südkurdistan unter Führung der Familie Barzanî, verfügt über eigene Sicherheitskräfte und Militär. Sie ist eine feudal-konservative Partei, die sich nicht scheut mit Besatzungsstaaten wie Irak, Iran, Türkei oder Syrien gegen andere kurdische Gruppen zusammen zu arbeiten und hierbei auch Gewalt anzuwenden.

eingravierten Namen der Gefallenen. Häufig gibt es ein kleines Gebäude mit vielen Fotos und Regalen mit Andenken an die Gefallenen. Auch ein Gedenkbuch, in dem jede_r ihre Gedanken teilen kann, ist üblich. So entstehen kollektive Orte des Erinnerns, die immer weiter gepflegt und belebt werden. Halil entspricht im Kurdischen dem Namen Xelîl. Da der türkische Staat die kurdische Schreibweise verbot, tragen viele Kurd_innen türkisierte Versionen kurdischer Namen bzw. kurdische Namen in türkischer Schreibweise.

04/09/12, çiya Berge

Eigentlich habe ich Angst, die Strukturen hier zu verlassen, weil ich fürchte, in alte liberale Muster zu verfallen und vor Auseinandersetzungen zu fliehen. Die Delegation geht ihrem Ende entgegen. Es macht mich nur traurig, genau zu wissen, dass die Auflösung des Kollektivs für mich eine Befreiung sein wird. Ich mache mir inzwischen wirklich Sorgen, sozial inkompetent zu werden oder schon zu sein, so oft wie meine Kritik als irrelevanter Perfektionismus gesehen wurde. Ich fürchte meine Gedanken sind so abgehoben, dass sie nicht mehr von anderen verstanden werden können und sich dadurch ein Teufelskreis öffnet, der mich verstummen lässt. Wohl ist das hier auch keine Form der Organisation, eher zufällig zusammengewürfelt, die für mich eine Lebensform wäre. Die muss ich erst noch finden. Vielleicht hilft mir meine Detailfixiertheit oder Sensibilität auch, Mechanismen zu sehen, die fatale Folgen haben können. Sie zu kommunizieren, wird mir eher als negativ angerechnet oder ignoriert, deshalb muss ich eine Form finden, die für mich und alle anderen gangbar ist.

Es ist äußerst aussagekräftig, dass ich immer wieder als Verteidiger von Frauen gesehen werde, wenn ich Dinge bezüglich Gruppenstrukturen und Genderfragen sage. Wahrscheinlich wirke ich wie ein Agent, der die bequeme Position der privilegierten Männlichkeit untergräbt.

Allerdings merke ich, dass ich eigentlich überhaupt nicht in der Position bin, Dinge ansprechen zu können, Kritik äußern zu können. Ich werde nicht so gelesen, dass es ankommt. Wahrscheinlich hängt es sehr mit meiner Wahrnehmung zusammen, dass ich in Situationen so schnell überfordert bin. Vielleicht wäre es für alle wirklich am besten, zum Beobachter zu werden und die Dringlichkeit völlig aus der Situation zu verbannen. Nur zuhören, sehen und später kommunizieren in einer Form die angemessen erscheint.

Von jetzt an will ich lieber hören und sehen, im Schatten bleiben. Wer schreit, kann das Flüstern nicht hören.

Ich habe mir fatalerweise die Verhaltensweise angeeignet, immer in Dringlichkeiten zu denken, meine Positionen als absolut und durchdacht anzusehen und in anderen nur ihre Schwächen, ihre Fehler und ihre Männlichkeit zu sehen. Vielleicht greift genau hier die Kritik des Onkels am ›postmodernen‹

Denken[39]: überall die Mechanismen, die Macht zu sehen, sie zu kritisieren, aber keine Konsequenz ziehen zu können und keine Alternative zuzulassen.

Meine überkritische Art gegen andere, zusammen mit meiner (Selbst-)Überforderung durch große Gruppen haben wohl zu Dynamiken und schlechter Stimmung in der Gruppe beigetragen. Selbst wenn einige oder viele meiner Kritikpunkte richtig waren. Die Art und die Zeit waren meist unpassend. Ich verfalle immer wieder in Denkweisen, die Fehler der anderen als isoliert und individuell zu betrachten, statt als gesellschaftlich gewordener Prozess. Bisher wollte ich direkt einwirken, kolonisieren, ihr Denken formen. Vor allem habe ich andere stärker kritisiert als mich selbst. Mentalitäten ändern sich nicht von heute auf morgen, sondern nur sehr langsam. Wie ein Freund meinte: Die Revolution erfordert Geduld, Zurückweichen, neue Vorstöße. Dauerhafte Veränderung muss tief gehen, an der Wurzel ansetzen und freiwillig sein.

Anscheinend brauche ich ständige Reflexion und Auszeiten, wenn ich mich in der Gruppe bewege. Ich muss unbedingt noch mal Sun Tzu[40] vollständig lesen. Es geht um die Akzeptanz und den Respekt vor dem Gegenüber, gerade in Konflikten und darum die Selbstkritik, die eigene Position nicht zu überhöhen. Ich muss akzeptieren, dass ich hauptsächlich von anderen lernen kann, so ›falsch‹ sie auch liegen.

Südkurdistan – Başûr

Die kurdischen Gebiete im Nordirak, auch ›Autonome Region Kurdistan‹ genannt, entstanden in der heutigen Form infolge eines Volksaufstandes 1991 nach dem sogenannten Zweiten Golfkrieg.

Wie so häufig bei Konflikten des Nahen Ostens spielten die USA eine von eigenen Machtinteressen geprägte Rolle. Zunächst zeigten sie sich dem Aufstand wohlgesonnen, schnell jedoch befürchteten sie aufgrund der starken Beteiligung von schiitischen Bevölkerungsteilen eine iranische Einflussnahme und unterzeichneten daraufhin einen Waffenstillstand mit Saddam Hussein, dem damaligen irakischen Staatspräsidenten. Zur Unterstützung der Aufstände ließen die USA zwar eine Flugverbotszone im Nordirak aus-

39 Abdullah Öcalan kritisiert am Poststrukturalismus, dass weder eine verbindende Erzählung noch eine politische Strategie angeboten wird. Grob ausgedrückt: Die Poststrukturalist_innen würden nur dekonstruieren, aber keine politische Lösung anbieten. Seine Auseinandersetzung dazu ist vor allem in *Zivilisation und Wahrheit. Maskierte Götter und verhüllte Könige. Manifest der demokratischen Zivilisation – Band 1* (Unrast Verlag 2017) und *Soziologie der Freiheit. Manifest der demokratischen Zivilisation – Band 3* (Unrast Verlag 2020) der Gefängnisschriften Öcalans nachzulesen.

40 Sun Tzu (um 544 v.Chr. bis 496 v.Chr.) war ein chinesischer General und Militärstratege, Autor und Philosoph der im alten China gelebt hat und unter anderem *Die Kunst des Krieges* geschrieben hat.

rufen, die jedoch die Gebiete um Suleymaniya und Kerkûk nicht umfasste, sodass der Widerstand aufständischer Kurd_innen dort grausam niedergeschlagen wurde. Es wird von 40.000 bis 60.000 Toten auf kurdischer Seite ausgegangen.

Der dem Iran nahestehende Teil der kurdischen Region im Nordirak um Suleymaniya, verwaltet von der Patriotischen Union Kurdistans (PUK/YNK, *Yekêtiy Nîştimaniy Kurdistan*), sieht das US-amerikanische Verhalten nach wie vor als Verrat und Auslieferung an. Die westlich gewandte Verwaltung durch die KDP rund um die Hauptstadt Hewlêr (arab. Erbil) hingegen, deren Gebiete durch die Flugverbotszone geschützt waren, pflegte stets enge Beziehungen zu den USA. Der westliche Teil Südkurdistans unter der KDP und der östliche unter der PUK werden de facto getrennt regiert, es gibt heute militärisch bewachte Grenzen zwischen den Regionen. In den 90er-Jahren fanden bewaffnete Konflikte zwischen den kurdischen Parteien statt, die heute ›Bruderkrieg‹ genannt werden.

Die KDP ist in diesen Gegenden die engste Verbündete der USA als auch der Bundesregierung. Sie arbeitet ökonomisch, geheimdienstlich und militärisch eng mit der Türkei zusammen und fördert innerkurdisch das Bild der PKK als Terrororganisation. Maßgeblich dominiert wird sie von der Barzanî-Familie, die zu den reichsten Familien der Welt gehört und sich der Vetternwirtschaft und Korruption schuldig macht.

In Suleymaniya erinnert das ehemalige Foltergefängnis *Amna suraka* heute als Museum eindrucksvoll an das Leiden und die grausame Unterdrückung der Kurd_innen unter Saddam Hussein. In dem Museum befindet sich ein Gang, dessen Wände mit unzähligen kleinen Spiegelsplittern und dessen Decke mit zahlreichen kleinen Lichtern bestückt sind. Jeder dieser Spiegelsplitter steht dabei für einen Menschen, der bei den Anfal-Operationen ums Leben kam, und jedes Licht für ein zerstörtes Dorf.

05/09/12, Hewlêr

Eine Welt in der gedacht werden kann
Und eine Welt in der nur gezweifelt wird
Die eine Welt in die andere tragen damit sie sich näher kommen
gegen den den Zweifel und die Angst voreinander
Von der einen Welt lernen um in der anderen bestehen zu können
ohne den Verstand zu verlieren oder erst zum Gefühl zu kommen
das in der einen betäubt ist und in der anderen mit Bomben beworfen wird

10/09/12, Midyad

Ein Sturm braut sich zusammen. Vorhin gab es sintflutartige Regengüsse und es ist windig. Irgendwie passt das alles zu dem Szenario, das ich ständig im Kopf wälze. Vom Krieg, von dem ich eine Ahnung bekommen habe, dem großen Kampf, der sich anbahnt. Ich habe zum ersten Mal das tiefe Gefühl, wirklich Teil einer neuen Welt zu sein, eine Rolle zu spielen und teilzuhaben. Bis jetzt war es nur ein erster Schritt, den ich gegangen bin, weg von einer kaputten Welt, von der ich kein Teil mehr sein will. Es gilt Partei zu ergreifen, die bewusste Entscheidung zu treffen für eine Bewegung, ein Leben und gegen den Untergang. In meinem Kopf haben sich endlich die Kräfteverhältnisse verschoben. Ich weiß jetzt, dass Revolutionen nichts mit Mathematik, nicht einmal mit Logik zu tun haben. Das einzig Entscheidende ist die tiefe Überzeugung.

15/09/12, 120km vor Thessaloniki

Ständige Ungeduld, Unentspanntheit. Ich bin sofort von allem genervt. Gestern habe ich eine Nachricht von Sarah gelesen, in der sie schreibt, dass Lasse arge Probleme damit hat, dass ich wiederkomme. Ich weiß nicht, was gerade passiert, aber ich habe jedes gute Gefühl verloren. Die Aufgaben, die ich vor mir sehe, wirken nur noch als Druck auf mich. Ich weiß nicht, wieso ich in so ein Loch gefallen bin, und es raubt mir jede Energie. Jetzt gerade beim Schreiben merke ich langsam, wie die Bilder wieder sichtbarer werden, die Perspektive. Seltsam ... Wenn ich Wörter aneinanderreihe, entsteht anscheinend ein Bild für mich, ein Bild der Zukunft, das ich formen kann. Aus dem Schreiben ziehe ich Kraft. Wenn ich es schaffe, mein Vertrauen in die Welten, die ich auf Papier schreibe, auf die Welt, durch die ich laufe, zu übertragen, entsteht für mich die Welt, die ich bewohnen kann.

Wir brauchen einen Plan

Herbst bis Winter 2012, Nordwestdeutschland – Nordostdeutschland

Wir brauchen einen Plan. So fange ich an in der Luft zu hängen, bekomme das Gefühl, mich im Kreis zu drehen. Zeitpläne, Organisationspläne, Trainingspläne.
Nicht die wichtigen Fragen vergessen:

Was tue ich hier eigentlich? Ist hier der richtige Ort, die richtige Zeit dazu? Mit wem will ich Dinge erreichen? Welche Dinge und warum? Wer soll eigentlich wovon befreit werden? Wie?

Es geht nicht darum möglichst viele Leute für irgendetwas zu gewinnen. Es geht darum, Komplizenschaften zu vertiefen, Perspektiven zu entwickeln. Die Unmöglichkeiten denken lernen. Zuerst einmal die Bereitschaft zuzuhören, Neues zu erschließen. Die Fokustheorie stimmt: nicht elitär werden, uns überlegen fühlen, sondern offen sein und auch nach außen gehen. Mit dem Anspruch, den Widerspruch zwischen Kader_innen und Nichtkader_innen aufzulösen. Strategisch denken. Wir müssen uns immer wieder die Grundideen in Erinnerung rufen: Vertrauen, Offenheit, Vorsicht, Überzeugung, Mut und die Strategie: den Fluss vertiefen, neue Zu- und Nebenflüsse finden, uns vereinen, an Stärke gewinnen.

Die verschiedenen Akademien organisieren: regelmäßige und beständige Lesekreise, Wochenendseminare, langfristig Camps und Ausbildungslager.

YXK – unbefristeter Hungerstreik in den Gefängnissen Kurdistans 2012

Im November 2012 besuchte Xelîl nach seiner Reise eine Veranstaltung: das Hüseyin-Çelebî-Festival. Jährlich veranstaltet der Verband der Studierenden aus Kurdistan (YXK, *Yekîtiya Xwendekarên Kurdistan*) einen Literaturwettbewerb für Kurzgeschichten und Gedichte in den drei kurdischen Dialekten Kurmancî, Dimilkî und Soranî sowie im Deutschen, Englischen, Französischen und Türkischen. Dieses Ereignis wird Hüseyin Çelebî gewidmet, einem durch sein Engagement zur kurdischen Frage in Deutschland bekannt gewordener Aktivist, der 1992 in Südkurdistan in den Reihen der Guerilla ums Leben kam. Er hatte zu Lebzeiten viele Gedichte und Kurzgeschichten mit seinen Freund_innen geteilt. Er war auch Mitbegründer von YXK, der 1991 in Bochum gegründet wurde. Die Ortsgruppen der YXK vernetzen sich sowohl regional, bundesweit als auch europaweit. Gemeinsam fördern sie die kurdische Kultur und das Bewusstsein über die eigene Geschichte und Identität.

Bei der Veranstaltung im November 2012 herrschte gedrückte Stimmung bei allen Besucher_innen, denn in der Türkei befanden sich politische Gefangene seit dem 12. September in einem unbefristeten Hungerstreik. Im Laufe der Wochen hatten sich 10.000 Inhaftierte der Aktion gegen die unmenschlichen Haftbedingungen sowie die systematische Folter und Isolierung überall in der Türkei und speziell auf der Gefängnisinsel Imralı angeschlossen. Nach 67 Tagen waren viele von ihnen in einem lebensbedrohlichen Zustand. Im Laufe des Hüseyin-Çelebî-Literaturwettbewerbs erreichte die Teilnehmer_innen und Besucher_innen die Nachricht, dass Abdullah Öcalan Grüße an alle Hungerstreikenden übermitteln ließ. Seinem Bruder Mehmet war es aufgrund des Hungerstreiks möglich, ihn in seiner Gefangenschaft auf Imralı zu besuchen. Öcalan erklärte, dass die Aktion erfolgreich gewesen sei und rief die Streikenden auf, keine weiteren wertvollen Leben zu gefährden. Diese beendeten ihre Aktion infolge des Aufrufs. Die Stimmung aller Teilnehmenden der Literaturveranstaltung hob sich deutlich, Erleichterung war im Raum zu spüren.

Um zu werden, was wir sind, müssen wir erst ganz unten ankommen. Um zu begreifen, dass unsere Sicherheit kein Schutz, sondern ein Gefängnis ist, müssen wir die Wände einreißen und verstehen, dass wir nicht aufhören zu existieren, wenn sie verschwindet.

Ich spüre eine Dringlichkeit, Ungeduld und das Gefühl, dass das, was ich tue, der Situation angemessen sein muss. Die Aktion, die zum Aufstand führt, nicht die reine Auseinandersetzung mit Modellen ohne Bezug zur Welt, wie sie mir gerade begegnet.

Die Menschen haben Angst. Wir können Angst haben wie sie, oder die Ängste verstehen lernen. Für mich verschwindet die Angst, die ich verstehen gelernt habe.

Ez gelek caran difikirim bi hevalan, ji çiyan. Dema ku û divê ku ezê biçim wêderê. Ev perspektif ji min re gelekî giring e, bê vî nikarim li vir bimînim. Ez ji çîyan hez dikim, ji hevalan, ji tevgerê. Ji rêza wan û ji evîna wan. Hertim.

Oftmals denke ich an die Freund_innen, in den Bergen. Wenn die Zeit gekommen ist, muss ich dorthin gehen. Diese Perspektive ist sehr wichtig für mich, ohne sie kann ich auch hier nicht bleiben. Ich liebe die Berge, die Freund_innen, die Bewegung. Ihren Respekt und ihre Liebe. Immer.

Nordostdeutschland

Etwas macht mich sehr traurig. Als ob etwas verloren gegangen wäre, ein Teil von mir, der kaputt gegangen ist. Ich spüre zur Zeit eine große Unsicherheit. Seit ich wieder in Potsdam bin, wühlt etwas in mir, eine Sehnsucht, eine Angst, eine Sorge, am falschen Ort zu sein. Vielleicht ist dies die Kehrseite zum Gefühl der Selbstsicherheit, das ich an all den fremden Orten, die ich durchquerte, gespürt habe.

Ich weiß jetzt ungefähr, was Kai meint, wenn er davon spricht, die Traurigkeit als wichtigen Teil von sich zu akzeptieren. Wir dürfen nur das Wesentliche nicht aus den Augen verlieren, unsere Macht über uns und unsere Leben. Tiefe Traurigkeit, die droht zu bleiben, tötet bei mir jedes Gefühl der eigenen Handlungsmacht. Vielleicht ist dieses Gefühl das Verlangen nach Nähe. Ich hätte mir nie träumen lassen, wie tief meine gefühlte Verbindung zu Şîlan ist, wie viel Kraft sie mir gibt. Wie ihr Bild mir meine Selbstkritik erleichtert, als Brücke zur anderen Welt. Meine Unzufriedenheit mit mir selbst führt mir immer wieder meinen Fehler vor Augen, nicht gegangen zu sein, als ich es eigentlich wollte, und den Gedanken daran nicht zulassen konnte. Wir müssen unsere Fehler als Teil von uns, Teil unserer Geschichte akzeptieren und aufhören, uns schuldig zu fühlen, damit wir klar sehen und daraus lernen können.

Wenn das reden absolut wird
Das reden dem handeln den raum
nimmt
Wozu dann das reden
Wie soll die wahrheit aus dem
wort entstehen
Das die pause nicht lässt
Zum verstehen
Wenn der inhalt schleifen geht
Immer zum gleichen punkt zurückkommt
Die wichtigkeit des redens hochgehalten wird
Aus angst vor der stille dem
schweigen
Das platz ließe für die besinnung
Auf mich selbst
Nicht auf andere menschen
Nicht auf die verpflichtung
Nur das ich

Denn all das andere verschwimmt
Wird bedeutungslos ohne mich
Ich werde nicht wer ich bin im
Rauschen der gegenwart
Ich lese ja auch nicht ständig die
wegbeschreibung
Wenn ich auf der straße stehe
Die geradeaus geht und
gegangen werden will

Akademien

»Unter jedem Baum und in jedem Haus kann eine Akademie sein« – Akademien sind der Inbegriff des kontinuierlichen kollektiven Lernens und Lehrens in der Freiheitsbewegung Kurdistans. Wer die Freund_innen aus der Bewegung kennenlernt, wird schnell in Gesprächen über eine ›Akademie‹ stolpern.

Was überall in Kurdistan umgesetzt wird, ist auch eine beständige Praxis hier in Europa: Sich jenseits von staatlicher Beschulung und akademischem Elfenbeinturm weiterzubilden, tiefgründig zu studieren und sich gegenseitig im Denken, Bewusstsein und Verstehen zu fördern. Dabei ist jede_r Lernende_r und Lehrende_r zugleich. Die Erkenntnisse werden anhand von Kritik und Selbstkritik sowie Persönlichkeitsanalysen mit der eigenen Geschichte und Lebenswelt in Verbindung gebracht. Grundlegend ist dabei die Methode Öcalans, »die Person in der Gesellschaft und den Augenblick in der Geschichte« zu begreifen. Akademien finden mit allen Menschen statt oder auch autonom unter Frauen oder Jugendlichen, um die eigene Sichtweise auf die Welt und auf die Rolle der jeweiligen Identität darin zu schärfen.

Akademien können ein paar Stunden dauern, mehrere Tage oder auch Monate. Oftmals wird dabei gemeinsam gelesen. Die Gedanken Abdullah Öcalans zu Themen wie Staat und Patriarchat, dem Demokratischen Konföderalismus und Frauenbefreiung, oftmals auf Grundlage seiner Gefängnisschriften oder verschriftlichen Reden aus den 80er- und 90er-Jahren, sind zentraler Bestandteil der Bildungseinheiten – genauso wie weltweite philosophische, feministische, antikoloniale und antikapitalistische Denkansätze und ihre Geschichten.

Xelîl organisierte mit zahlreichen Genoss_innen verschiedene Akademien. Sie beschäftigten sich intensiv mit den Inhalten und Ideen der Freiheitsbewegung Kurdistans, aber auch der Realität eines Lebens in Europa und dem eigenen Gewordensein darin.

Selbstbehauptung
gegen eine feindliche umwelt
ihre zwänge flüsse bilder farben
ihre kälte, ohne die der wind
kein problem wäre
die flüsse benutzen in meinem tempo
ich kann es nicht eiliger haben als sie
mich tragen können
ich durchquere diese welt
ohne noch ein teil von ihr zu sein
mein körper hier mein geist in der
zukunft wohin er meinen körper trägt.

Stadtguerilla zu sein
heißt nicht zu schießen oder bomben legen
es heißt nicht den kampf der berge
mit der verzweiflung der lebensfeindlichkeit der metropole zu verbinden
dass wäre nur die umkehrung des kampfes für das leben
die reine negation der realität, die sie finden
stadtguerillas
stadtguerilla zu sein
bedeutet zunächst zu denken wie die guerilla
sich zu bewegen wie die guerilla
nur vorsichtiger, weil ihre berge
die städte sind, die um einiges feindlicher sind
sich bewegen wie ein guerillero
bedeutet das territorium zu nutzen
nicht sich ihm zu unterwerfen
es transformieren nicht zerstören
was in der stadt nur näher beieinander liegt
deshalb brauchen wir die gleiche vorsicht
wie die guerilla auf den bergen
die ihre welt nicht zerstören darf

die berge hierher zu tragen
zwei, drei, viele kurdistans zu schaffen
vietnams und cubas
chiapas und oaklands
ohne unsere welt abzuschaffen

Der revolutionäre Weg ist niemals möglich ohne Aufgabe der eigenen Sicherheit. Was riskieren wir, wenn wir nicht um unsere eigenen Leben kämpfen? Für wen?

Was betrifft uns? Was sind wir bereit, für unser Leben zu opfern?

angst vor sprachlosigkeit
unkommunizierbaren räumen
erwartungsvoller stille
den schutzraum der isolation suchen
ist kein ausweg
nur die verwaltung der angst

18/11/12: CrimethInc, 15:21 Uhr

If we don't connect with each other, some more reactionary will do.
Wenn wir uns nicht miteinander verbinden, werden es andere, reaktionärere tun.

Wir sind die Bedrohung der Realität, weil nichts bleiben kann.
Wir sind der Inhalt und eure Rahmen werden uns nicht aufhalten.

CrimethInc.
Dem nordamerikanischen anarchistischen Kollektiv *CrimethInc.* begegnete Micha das erste Mal 2010/2011 über die Zeitschrift *Reshape*. Sie war die erste, die Artikel von *CrimethInc.* auf Deutsch veröffentlichte. Seitdem verfolgten er und seine Freund_innen schriftliche Publikationen, Filme und andere Neuerscheinungen des Kollektivs, das in Deutschland vor allem durch die Bemühungen des anarchistischen Versandes *Black Mosquito* in Flensburg bekannt geworden ist. Insbesondere die Verbindung von Anarchismus und Situationismus sollte Micha und sein politisches Umfeld nun über lange Jahre begleiten. Über die *Situationistische Internationale* – ein in den 1950er-/1960er-Jahren entstandenes politisches Künstlerkollektiv, das bis heute die revolutionäre Theorie und Kultur in Frankreich prägt –, *Die Gesellschaft des Spektakels* von Guy Debord bis hin zu *Der kommende Aufstand* (2007, 2009) und *Tiqqun* flocht er viele Gedankenfäden systematisch in sein Denken mit ein. Das *Unsichtbare Komitee* als Verfasser des Essays *Der kommende Aufstand* ist eng verwoben mit dem Autor_innenkollektiv *Tiqqun*.

Micha beteiligte sich außerdem an der kollektiven Übersetzung des 2011 auf Englisch erschienenen Buches *Work. capitalism. economics. resistence.* Die deutsche Übersetzung erschien 2014. Das Buch wird als »Versuch eine anarchistische – womit wir meinen: nicht-marxistische – Analyse der Ökonomie zu destillieren« beschrieben und entstand im Kontext der ökonomischen Krise 2009/2010, der Aufstände in Griechenland, des beginnenden Arabischen Frühlings und der Occupy-Bewegung. Im Herbst 2012 veranstaltete CrimethInc Veranstaltungen in vielen deutschen Städten zum Anlass des neu erschienenen Buches *Message in a Bottle*.

05/12/12, Nordostdeutschland

> Hoffnung ist unsere Morgenröte, was bedeutet
> dass wir mit jedem Raum, den wir erschaffen, immer gewinnen
> Das Einzige, was zählt, ist der Weg
> Wenn wir den nicht verlieren, wird der Sieg unser sein.

Wie allein die Weite des Horizontes die Ernsthaftigkeit und Verbissenheit all dessen was mich bedrückte, verblassen lässt, wie die untergehende Sonne mein Zögern, mein Zweifeln mit sich in die Tiefe zog mit einem Lächeln.

Die Klarheit der Kälte lässt meine nervösen Finger zur Ruhe kommen, erstarren.

Bestimmung. Das heißt: den Sinn erkennen. Für mich, meinen eigenen Sinn, den ich mir selber schaffen, formen kann.

Welche Relevanz, welche Wichtigkeit? Die falsche Dringlichkeit einer Welt, die in ihrer Allumfasstheit doch daran nichts ändern kann? Sicher, sie können den Mond mit Atomraketen in feine Staubpartikel zersprengen, aber was schert das die Sterne?

Hinter all dem Rauschen der Nachrichten, den weise erscheinenden Worten derer, denen heute zugehört wird, ist doch immer das leidende Grundthema zu vernehmen, die Angst, die sie immer weiter senden lässt. All das wäre in der Stille unerträglich. Wir müssen diese Stille in uns finden, um das Rauschen an uns vorbeifließen zu lassen, im Wissen: Sie haben uns nichts zu sagen.

05/12/12, Nordostdeutschland, 23:15 Uhr

dem argwohn zu verstehen geben
dass er hier nicht mehr gebraucht wird
das misstrauen abbauen weil es keinen nutzen mehr hat
in dieser welt
in der dem vertrauen vertraut werden kann
all die schichten des panzers
nicht mehr nötig sind
weil der angriff ausbleibt

die feindseligkeit von dort draußen
braucht hier drin nicht gesucht werden
sonst wird die öffnung zum angriff
die bewegung zum kampf
die doch eigentlich spiel sein könnte
das feindliche kollektiv dort draußen
ist nicht das kollektiv der solidarität hier drin
und dein schutz dort draußen
ist hier drin deine selbstauflösung

Welch gut gelernte Schauspieler_innen diese Welt hervorbringt. Ich frage mich, wo all die Nischen sind, aus denen sie hervorkommen, die sonst so unsichtbar sind. Eine Stadt von 150.000 Menschen und du siehst kaum zwanzig von ihnen am Abend auf der Straße. Rein private Wesen, Nischenexistenzen. So kalt die Welt, so unerträglich die Öffentlichkeit ist und dabei so beständig und unerreichbar der Traum, dass andere sich für mein Privates interessieren, mich damit anerkennen. Der vorherrschende Modus ist die Einsamkeit, der Rückzug in den eigenen Baukasten, an dem die anderen nicht werkeln dürfen. Zu groß die Angst vor der Kälte, die sie hereinlassen, die Angst davor, dass auch noch die künstliche, trockene, stickige Maschinenwärme entweicht, die zwar ungesund ist, aber die einzige, die uns vor dem Erfrieren rettet. Die Angst davor, im letzten schützenden Fluchtraum noch infrage gestellt zu werden. Daher das Unbehagen vor der Kritik, der Unwille zur Veränderung des Ich.

Ich projiziere mein Unbehagen auf alle hier. Natürlich, von mir aus gesehen, ist nur vorstellbar, dass alle von der gleichen Krankheit der selbstmitleidigen Unsicherheit befallen sind.

Wie das Gefühl zurückkommt, das Bewusstsein über meine eigene Macht, genau in dem Moment, wo die Statik nicht mehr vordergründig ist und die Änderung der Richtung absehbar. Wie fesselnd und betäubend der Alltag und die jeden Tag tiefer wirkende konditionierte Mobilisierung wirken muss, wenn die Gegenwart so selten, vielleicht nie wahrgenommen werden kann. Wo immer nur Details getauscht werden, ohne je zum Bewusstsein zu kommen (oder ihm folgen zu können) und wo das Paradigma immer das gleiche ist, das der Passivität, des simplen Konsums. Immer nur von der Umwelt betroffen zu sein, niemals schaffen zu können. Ich will mich nicht länger den Rahmen unterwerfen, sondern sie nicht anerkennen.

Die Gewalt der Situation nicht anerkennen, der Notwendigkeit zu reagieren nicht folgen. Stattdessen das Auge schärfen für die Strukturen, offen sein, autonom, unantastbar.

wie seltsam es erscheint
diese sehnsucht dieses bedürfnis dieses tiefe verlangen
nicht eingestehen zu können
von hier aus
dabei doch eigentlich nichts weiter zu wünschen
als dich zu umarmen
deine wärme zu spüren
deine haut zu berühren
deine gedanken zu stehlen und dir meine zu schenken
uns miteinander zu verlieren in der zeit
und andere welten betreten
nichts ist einfacher und befreiender
und doch in seiner atemberaubenden schönheit
so schwer zu denken im hier und jetzt

und wenn wir scheitern
dann mit einem lachen und einem schulterzucken
mit einem wir haben es gewusst
und konnten nicht anders

Dort, wo wir hingehen, reicht unsere Überzeugung. Die Überredungskunst des Marktes ist die erste Illusion, die wir entlarven und lachend von uns weisen.

Wir müssen um unsere Leben schreiben. Es sind Fragmente und Bruchstücke der Welten hinter dieser Welt, die vielleicht noch kommen mögen, wenn wir es wollen und gemeinsam dafür kämpfen. Wir bieten keine Antworten, nur Fragen. Wir zeigen, präsentieren kein Ziel, keine fertige Utopie, die dann kritisiert und verworfen werden könnte. Wir bieten dir nichts als unsere Komplizenschaft und das Vertrauen, dass wir alles können, was sie uns immer abgesprochen haben. Wir glauben an nichts, aber wir tragen die Gewissheit in unseren Herzen: Gemeinsam können wir die Welten erschaffen, die wir wollen, mit unseren Leben, unseren Taten, unseren Träumen.

Wir gehen voran auf dem Weg der Selbstüberwindung. In der Überzeugung, dass wir untergehen müssen, um uns neu zu schaffen. So wie für alles Neue etwas Altes sterben muss, so befreien wir uns von unseren alten Identitäten und zerkauten Träumen, die irgendwie an Reklametafeln erinnern. Wir werden sie nicht mehr brauchen.

Wie könnte die Wahrheit je so peinlich sein wie die Erbärmlichkeit dieser Realität?

unsere zukunft wird frei und
selbstbestimmt sein
oder sie wird nicht sein
verwaltete existenz oder selbstbestimmtes leben

Gegen jeden Staat, ohne jeden Rahmen

Die subversive Verschwörung, die in jeder freien Vereinbarung, selbstermächtigenden Assoziation mit Kompliz_innen liegt, löst bei mir jedes Mal ein so überwältigendes Gefühl von Vertrautheit aus. Und eine Sehnsucht nach wahren Menschen, nach Selbstverständlichkeit und nach Vertrauen in wahre symbiotische Verbindungen, die *hevaltî* Freund_innenschaft entstehen lassen. Jeder Raum, den ich durchquere, weckt in mir die Sehnsucht nach einer anderen Welt, nach all den anderen Welten, die dort draußen existieren. Und ich bekomme immer wieder eine Ahnung, wie ich in eine dieser Welten kommen kann, wie ich dabei helfen kann, sie zu erschaffen und gleichzeitig die lebensfeindliche Realität, Oberflächlichkeit und gleichzeitig so tiefwirkende Gewalt zurückzudrängen.

Unsere dunklen Kräfte, um weitere Welten zu erschaffen, um diesen unseren wilden Abgrund zu überleben.[41]

Ich sehne mich nach Ehrlichkeit, Verbundenheit, Vertrauen, nach der Schönheit der tanzenden Feuer und der Klarheit der Sterne in den Bergen, nach der Wildheit der Flüsse und der Freiheit des Windes der Steppen.

Ich fürchte meine Ängste, die mich fesseln. Worauf warte ich eigentlich?

Dem dema calakiyê ye.[42] Es ist die Zeit der Aktion.

ich will in die wüste schauen ihre unendlichkeit
ihr leben mitten im nichts
ich will über die steppen wandern
den freien wind auf dem gesicht spüren
ich will zwischen den ruinen stehen
die einst die sitze der macht waren
die so unantastbar schien
und lachen
ich will mich im schatten der wälder verstecken
auf den felsen am fluss
von der sonne mich wärmen lassen
ich will die unendlichkeit sehen
im vertrauen das mich in deinen augen anstrahlt
die tiefe spüren
der gewissheit

41 »Our dark materials, to create more worlds, to survive this wild abyss of ours.« Bezieht sich auf die Trilogie *His Dark Materials* von Philip Pullman, auf Deutsch als *Der Goldene Kompass* veröffentlicht, und ist ein freies Zitat des Gedichtes »Paradise Lost« von John Milton, das am Anfang der Bücher zu finden ist und als Inspirationsquelle für die mythologische Geschichtenwelt des Autors dient.

42 Diese Ausspruch ist sowohl ein Sprichwort als auch ein Slogan bzw. ein Motto zum Aufruf dazu, das Warten zu verlassen und zu beginnen zu handeln. Es stammt von Şehîd Viyan Soran (s. Kasten auf S. 83).

Das Grau des Herbstes

Es ist gar kein Grau, es sind vielleicht die Häuser, die nicht mehr leuchten. Das Grau ist das Aufatmen nach der Völle des Sommers, die Ruhe nach dem Lärm des stürmischen Lebens. Es ist die Klarheit, die der Wind der Steppen bringt. Ein Signal für viele, sich zurückzuziehen, doch gleichzeitig der Wind, der uns mitnehmen kann, weil er uns in seiner Einfachheit zu einem neuen Anfang bringen kann. Das Grau des Herbstes ist nur ehrlich zur Metropole. Ohne das goldene Licht, das der Sommer brachte und all den Stahl und das Glas erstrahlen ließ, siehst du, was du wirklich bist: Tote Materie, und mit der Kälte offenbarst du dich in deiner Tödlichkeit. Kein dampfender Wald, kein Holz für wärmende Feuer. Nur Leblosigkeit.

dialektik der selbstbefreiung
je intakter die welt schien
desto kaputter war ich
desto kränker verzweifelter habe ich mich gefühlt
jetzt
wo alles risse bekommt
die metropole stöhnt in ihrer selbstauferlegten zerstörung
bin ich auf dem weg der heilung
wenn diese welt in trümmern liegt
und all die anderen welten wieder sichtbar
erlebbar werden
werde ich gesund sein

Die meisten Menschen haben vergessen, wie frei sie eigentlich sind. Sie wissen, dass sie einzigartig sind oder dass sie nicht besser oder schlechter als alle anderen sind (wenn sie das Glück haben, zu diesen Gedanken kommen zu können). Oder sie wissen, dass es keine Auswirkung, keine Relevanz hat, was sie tun und wer sie sind. Einige suchen ständig nach der Antwort auf diese Frage. Was sie dabei nicht sehen, ist die Freiheit, die aus all dem entstehen kann. Die meisten wissen nicht einmal, dass sie sich immer für oder gegen das Leben entscheiden könnten und weil sie die Möglichkeit der Entscheidung nicht kennen, entscheiden sie sich immer gegen das Leben, weil sie es nicht wirklich wollen.

Sie sind einfach, ohne es zu merken.

Ich bin. Und ich bin mir bewusst, zu sein. Damit werde ich, der ich bin, in dem Maße, wie ich mein Bewusstsein schärfe und die Entscheidungsmöglichkeiten offenlege.

Von der kurdischen Freiheitsbewegung lernen

Dezember 2012, Süddeutschland – Ostdeutschland

06/12/12, Süddeutschland

wenn die einsamkeit die abschottung das normale ist
ist das misstrauen jedem kollektive gegenüber vorgesehen.
die verzweiflung die ignoranz das verdrängen
folgen aus der angst vor der welt
wie schwer es fällt aus dieser welt
in eine andere welt zu gehen
die die feindseligkeit nicht braucht
das vertrauen an deren stelle setzt

die leere der erwartungslosigkeit erreichen
das nicht lebensnotwendige den überflüssigen ballast
wegwerfen
den mentalen emotionalen sorgenbeladenen überdimensionierten
überfluss abstreifen
und die freiheit des denkens die freie handlung lernen

vorsicht entwickeln
die handlungen besonnen
nicht reflexhaft meine konditionierung abtrainieren
reflexe sind aus der kaputten gegenwart entsprungen
ihnen muss ich misstrauen
meine eigene dringlichkeit initiative finden
die nur abhängt von mir

Macht (Michel Foucault):

> »Die Macht ist die konkrete Macht, die jedes Individuum besitzt und die es – ganz oder teilweise – zwecks Konstituierung einer politischen Macht einer Souveränität abtritt.«[43]

Die Abtretung dieser unserer Macht gilt es rückgängig zu machen. Dem Souverän den Kopf abzuschlagen, ist gar nicht nötig (bzw. erst als letzter Akt im Krieg gegen die sich dann als Repression offenbarende, angezweifelte Macht des Königs). In dem Maße, in dem wir uns unserer Initiative und Machtwirkung bewusst werden und danach handeln, autonom und selbstbewusst, schwindet die Macht der Rahmen, die Herrschaft des Staates. Diese Nichtperformanz der Machtabtretung über uns selbst ist der revolutionäre widerständische Akt.

Bildungsveranstaltungen in Europa und Deutschland

Xelîl verspürte stets ein großes Bedürfnis, seine Gedanken und Überzeugungen mit anderen Menschen zu teilen. Eine Form, in der er dies tun konnte, waren Vorträge. Diese stießen üblicherweise in antifaschistischen und selbstorganisierten linken Räumen auf ein interessiertes Publikum, sei es in linken Kommunen, Hausprojekten, auf politischen Camps oder in Sozialen und Kulturzentren. Meistens gestaltete Xelîl die Bildungseinheit mit verschiedenen Freund_innen.

Häufiger Bezugspunkt seiner Vorträge waren die Idee des Demokratischen Konföderalismus und der durch dessen Entstehung ausgelöste Wandel der Freiheitsbewegung Kurdistans. Xelîl flocht eine Kritik an der deutschen Linken und ihrer Praxis ein, beschrieb konkrete Probleme und äußerte Verbesserungsvorschläge. Es ging ihm darum, die kurdische Bewegung und ihren Paradigmenwechsel ausgehend von der Realität der Zuhörer_innen vorzustellen. Manchmal sprach er auch über die (revolutionäre) Geschichte Kurdistans oder berichtete von seiner Reise nach Rojava im Jahr 2014. In einigen Vorträgen wählte er als Einleitung Briefe von gefallenen Revolutionär_innen aus und las sie vor.

Seine Liebe zur Freiheitsbewegung Kurdistans und Abdullah Öcalan war deutlich spürbar. Ihm lag viel daran, sich anderen Menschen gegenüber verständlich zu machen und ihnen diese Empfindungen näherzubringen. Auch wenn er wusste, dass es nicht in allen Räumen widerspruchslos bleiben würde, über Öcalan und dessen Rolle zu sprechen, nahm er immer wieder eine vermittelnde Rolle zwischen den Welten ein. Ein weiterer Aspekt, den er immer hervorhob, war die Bedeutung von Bildungsarbeit und Akade-

43 Foucault, Michel: Dispositive der Macht. Berlin: Merve Verlag 1978, S. 69ff,

mien. Er sah große Wichtigkeit in der Veränderung der Persönlichkeit der Menschen. In seinen Tagebüchern finden sich immer wieder Notizen und Skizzen zu Vorträgen, die er vorbereiten wollte, und über Orte, an denen er Veranstaltungen durchführte.

Neben solchen öffentlichen Vorträgen traf Xelîl sich auch mit Freundeskreisen oder organisierten Gruppen für interne Versammlungen. Dort fand eher ein Dialog statt, ein kollektiver Austausch zwischen allen Anwesenden. Xelîl sprach die Menschen direkt an und interessierte sich für ihre Erfahrungen. Häufige Fragen lauteten beispielsweise: Wie haben wir uns politisiert? Warum interessieren wir uns für die Freiheitsbewegung Kurdistans? Auf diese Weise vermittelte er nicht nur seine Überzeugungen und Erlebnisse, sondern trug zugleich den Geist wechselseitigen Lehrens und Lernens in die Diskussionen hinein.

08/12/12, Süddeutschland

Von der kurdischen Freiheitsbewegung lernen
Heute Abend soll es um die kurdische Freiheitsbewegung gehen, um die Schöpfung des neuen Menschen, Geschlechterbefreiung und die Bewegung der Jugend.

Ich rede hier nicht als Politiker, als Lobbyist der kurdischen Bewegung. Ich weiß, dass viel von dem, was ich erzähle, bei euch auf Unverständnis stoßen wird, vielleicht auf Ablehnung. Deshalb finde ich es wichtig, euch zu sagen, dass ich das, was ich euch erzähle, für mich als Wahrheit erkannt habe, von der ich gelernt habe und die mich vorangebracht hat. Genauso verstehe ich jede Veranstaltung, jedes Gespräch, jede Kritik als Bereicherung, von der ich mir genau das klauen kann, was mir nützt. Was ich euch anbiete, ist, aus meinen Wahrheiten und Irrtümern einige preiszugeben, damit wir damit lernen können.

Ich biete euch an, nicht gegeneinander zu kämpfen, sondern miteinander zu lernen, so wie jede Kritik, jeder Zweifel eine Bereicherung und Perspektiverweiterung ist.

Ich rede aus meinem Selbstverständnis als Anarchist, mit meiner von mir angestrebten Identität im Hinblick auf meine Utopie, meinen Weg hin zu einer anderen Welt.

Ich wünsche mir, diese Welt hier zu schaffen. Eine solidarische, konstruktive Atmosphäre, in der wir zusammen eine gemeinsame Welt bauen können.

Anfang dieses Jahres gab es in Hamburg einen Kongress:
Die kapitalistische Moderne und der kurdische Aufbruch.

- mein Zugang und Beschäftigung mit dem Thema
- Selbstbefreiungsideologie
- Geschichte der Bewegung
- Geschlechterbefreiung
- neues Paradigma
- aktuelle Situation

Es gibt einen Umgang mit Wissen, bei dem sich beim Lesen und Zuhören jedes Mal ein Gefühl von Enttäuschung breit macht, sobald sich das zaghaft, vorsichtig nähernde Wesen, das so sehr nach einer Wahrheit sucht, an die es sich klammern kann, auf einen für es fraglichen Punkt stößt, zum Beispiel durch einen zu plumpen Widerspruch, ein Unbehagen wegen des Stils, des Ausdrucks oder des Formats. Dann gewinnt die Angst die Oberhand und sie grenzt sich ab, zieht sich zurück in die trügerische Sicherheit der Ablehnung, in die eigene Sphäre, den eigenen Kreis mit dem Radius Null, seinen Standpunkt.

10/12/12, Süddeutschland

Kollektives Bewusstsein und der Mangel an Verantwortlichkeit
Was sind schon unsere Probleme, die uns so ernst und unlösbar erscheinen? Verglichen mit dem Rest der Welt, mit den anderen Welten? Und doch darf mich das nicht dazu verführen, meine Sozialisation, meine kleine Geschichte nicht als die grundlegende Realität anzuerkennen, die mich zu dem gemacht hat, was ich bin. Ich spreche mir oft die Relevanz meiner Persönlichkeit ab, setze mich in Vergleich zu anderen, die dann so übermächtig groß erscheinen und mich klein machen. Deren bildhafte Gewalttätigkeit mich ohnmächtig werden lässt, mich mir selbst aberkennt. Welche Probleme soll ich angehen, wenn nicht meine eigenen? Und andererseits, wie soll ich gesund werden, wenn diese Welt so kaputt bleibt, wie sie ist? Hier muss ich zwangsläufig immer wieder in diese tiefe Traurigkeit und lähmende Depression fallen. Meine Geschichte hat mich zu diesem unsicheren, neurotischen, traumatisierten und angstüberladenen Wesen gemacht. Sie hat mich sowohl die Angst vor dem Alleinsein, vor der Isolation gelehrt als auch vor den anderen Menschen, vor Gesellschaft. Das ist der Zwiespalt, in dem ich mich bewege. Es ist der Modus, der hinter allem steht: die Angst. Angst vor Neuem, Angst vor der Statik des Bekannten, der Vorkonfiguration des Wahnsinnes. Durch diese Widersprüche, deren Gleichgewicht durch den willkürlichsten Auslöser kippen kann, bewege ich mich täglich. In Räumen, die so intensiv, so prozesshaft sind wie dieser, passiert das in einer Geschwindigkeit, die droht, mich vollkommen zu überfordern. Wie ein ständig schwankender Konflikt zwischen Über-Ich und Ich, dem ein gleichzeitiger Ich-Es-Konflikt gegenübersteht. Meine

Bedürfnisse nach Nähe und Sicherheit, die ständig von mir selbst in Frage gestellt werden, indem ich mich meiner ansozialisierten Kodizes unterwerfe.

Der Weg aus meinen Neurosen kann nur über ein Kollektiv führen. Bisher war die Abschottung, die Einsamkeit das grundlegende Moment des weit größten Teils meines Lebens. In meiner Isolation liegt die Wurzel meiner Ängste, die anfangen, sich im Kreis zu drehen und zu tanzen, wenn ich ihnen den Raum gebe. Dieses tiefe Gefühl der Einsamkeit, das L.s Geschichte bei mir gestern hervorgerufen hat, ist die grundlegende Erfahrung meines bisherigen Lebens. Um nicht angreifbar zu sein, fliehe ich in die Einsamkeit. Um nicht verletzt werden zu können, entziehe ich mich dem Zugriff anderer Menschen – aber nur zum Preis der Isolation, der paradoxen Selbstbestrafung in meiner Betäubung.

Meine Erfahrungen im Umgang mit anderen Menschen waren die meisten Jahre geprägt von Hierarchien, Zwangssituationen, Erwartungen, Forderungen, Bestrafungen, Belohnungen und dem Kampf darum, dass jede Beziehung davon erfasst wird. Deshalb kämpfe ich gegen die Freund_innen, die mir zuhören wollen, deshalb sondere ich mich von der Gruppe ab, um wenigstens durch die Aufmerksamkeit, die ich daraufhin bekomme, das Gefühl zu bekommen, irgendein Teil zu sein. Einfach weil ich nie die Selbstverständlichkeit gelernt habe, Teil eines Kollektivs zu sein. Weil ich nie das Gefühl hatte, Anerkennung zu bekommen, ohne sie mir verdienen zu müssen. Weil der größte Teil meiner Handlungen immer ein Mittel für mich sein musste, um mir meine Position zu verdienen. Das ist die Grundebene meiner Mentalität der Selbstversklavung: handeln müssen, um sein zu dürfen. Daher die Flucht in die Einsamkeit, das rettende Ufer, an dem ich auf niemanden meine Infragestellung projizieren muss. Der Raum des Selbstmitleids, in dem ich meine Schwäche vor niemandem eingestehen muss, denen gegenüber ich mich dann minderwertig fühlen würde. Daher die Unfähigkeit zu sprechen, die Lähmung der Unsicherheit, wenn ich versuche, mich zu öffnen. Das ist die ständige Herausforderung, die Gewalttätigkeit dieses Raumes. Nur besitzt diese Erfahrung zum ersten Mal die Möglichkeit, eine Heilung herbeiführen zu können, weil ich ständig gefordert bin, mich selbst zu überwinden.

Die Tiefe und Intensität der Prozesse der letzten Tage hat mich in meiner Fragilität an die Grenze getrieben. Und doch sehe ich zwischen all meinen Fluchtgedanken, meiner Selbstinfragestellung und den Magenverkrampfungen erstaunt, dass ich nicht mehr allein bin, dass ich umgeben bin von Kompliz_innenschaften, von Menschen, die alle aus der gleichen kaputten Welt kommen und doch zusammen vorwärts gehen auf einem Weg der Heilung. Vielleicht ist es diese fundamentale Erfahrung, die mir so schwer fällt zu akzeptieren, weil all das Vertrauen, das Feuer einer anderen Welt, nicht mehr nur wie in einem Traum in den fernen Bergen im Osten erscheint, sondern genau hier, am Ort, an dem auch meine Vergangenheit stattgefunden hat, deren Erfahrung mich erst hat fliehen lassen.

Nach und nach zerbrechen wir die Panzer, die wir uns aufbauen mussten, so wie ich das Gefängnis zu verstehen beginne, in das ich mich gesperrt habe. Schritt für Schritt komme ich aus seiner Dunkelheit hervor und blinzele.

13/12/12, Ostdeutschland

Uns auf die Probe stellen

Eine Leichtigkeit finden, Reflexionsfähigkeiten auch in der Situation entwickeln. Alle Beziehungen als politisch begreifen und den Willen umsetzen, sie vertiefen zu wollen. In diesen Dingen habe ich in den letzten Tagen einige Fortschritte gemacht, die ich gerade in jeder Situation wieder von Neuem auf die Probe stelle. Allein das Selbstbewusstsein, immer eine Metaebene herstellen zu können, auf eine Lösungskraft zurückgreifen zu können, auf den Fortschritt zu pochen und doch keinen Druck auszuüben, der andere vor den Kopf stößt, all dies sind Herausforderungen, die ich annehmen will, um immer besser zu scheitern.

Wir müssen nun eine Politik der langen Dauer und Weitsichtigkeit entwickeln. Wir müssen vorwärts gehen und immer weiter suchen, um keine Zufriedenheit/Befriedung zu entwickeln. Uns in neuen Räumen auf die Probe stellen und Impulse in bekannte Räume tragen, Anknüpfungspunkte für potenzielle Verbündete entwickeln. Wir, unser Weg, unsere Kämpfe sind Prozesse langer Dauer: Was auch heißt, lang haltende Fundamente zu schaffen, Ausgangspunkte, Rückzugsräume. Kompliz_innenschaft braucht Berge, Höhlen, Wälder, die sich nach unseren Bedürfnissen, strategischen Zielen und äußeren Anforderungen richten.

Meine Vorstellung ist es, ein Netz zu schaffen, das sich durch das Vertrauen in allen Teilen trägt. Die Zeit im Süden ist für mich dafür eine furchtbar schöne Ausgangsbasis, die ich vertiefen und erweitern will. Mir ist dabei eine Ebene der Vertiefung bewusst geworden, die für mich eine fundamentale Bedeutung hat und die für meine Arbeit, mein Leben hier unerlässlich ist. Es ist eine emotionale Stärke, die es mir erst möglich macht, eine Militanz und Disziplin zu entwickeln, um mein ideologisch-politisches Bewusstsein zu erweitern und in Austausch mit all den anderen zu kommen, die mit uns reden und gehen wollen.

Meine Emotionalität bewusst machen und daraus Energie ziehen, sie als grundlegend politisch und ausschlaggebend betrachten: darin liegt eine wichtige Lektion. So wie es eine Frage meiner momentanen Lage in dieser Gesellschaft ist, ob ich in Depressionen und Zweifeln versinke oder mich schmachtendem Liebeskummer im Sehnen nach nur einer Person hingebe, so ist auch meine Gefühlswelt gemacht, sozial, und hat damit eine ausschlaggebende Rolle. Wenn ich sie mir wieder aneigne, den Reflexen nicht folge und mir bewusst mache: Dies sind meine Kompliz_innen, denen ich vertrauen will, die ich liebe. Viele meiner Zweifel sind ankonditioniert, damit ich allein bleibe. Also kann ich meine Gefühlswelt langsam verändern, vielleicht mit Bauchschmerzen, wenn ich gegen die mächtigen Verbündeten dieser absurden Welt kämpfe, die in mir sind. Vielleicht ist dies ein Weg zu einem neuen Menschen, zu neuen Welten.

Was die Kräfte außerhalb von uns betrifft, die gegen uns stehen: Sie werden schwächer, je stärker wir uns vertrauen, je mehr wir sind, die sich aufeinander verlassen können. Diese Verbündeten will ich suchen gehen. Ich glaube, es gibt sie überall, deshalb fange ich dort an, wo es vielleicht leichter ist als woanders, an Orten, an denen das Bündnis und die Korruption durch die Staaten schon stärker angegriffen ist. Ich brenne grade darauf, ins kalte Wasser zu springen. Ich hoffe, es kühlt mich nicht zu sehr ab.

Und auch wenn wir noch eine Menge lernen müssen. Ich glaube daran: Wir können diese Welt retten.

Wenn der Raum es (scheinbar) nicht möglich macht, so intensiv Nähe zu haben, wie ich es mir wünsche, steigert sich meine Sehnsucht bis ins Unerträgliche. Genau das Gefühl hatte ich im Süden. Weil wir ständig mit so vielen Menschen im Raum waren, ständig mit so vielen konfrontiert, blieb mir die ganze Zeit eine Nähe zu zweit verwehrt, eine Intensität, wie ich sie gern erlebt hätte. In so konfigurierten Räumen bleibt das Bedürfnis nach Intimität, tiefer körperlicher Verbundenheit unerfüllt.

Unbefriedigende Zwischenräume

Was mich traurig macht, ist die Unmöglichkeit hier das Leben führen zu können, das ich mir wünsche – und genau darum geht es ja gerade. Mich erfüllt eine tiefe Trauer, die keine schnelle Konsequenz zulässt, eine Sehnsucht, die meine Magengegend zu einem Knoten zusammenzieht. Die Sehnsucht danach, uns frei finden zu können, Welten zu haben, die wir beleben können – all das gibt es nicht. Nicht bis wir es tun. Es gibt hier kein freies Leben für uns, bis zu dem Moment, an dem wir nach unseren Sehnsüchten suchen, um sie als Wegweiser zu benutzen und ihnen folgen. Wovor ich besonders Angst habe, ist, dass wir nicht mehr aufeinander aufpassen, wie wir es bräuchten, dass wir es nicht können, weil die Gewalt gegen uns zu groß wird oder wir den Blick dafür, füreinander verlieren.

Ich will dich neben mir spüren und mich mit dir an meiner Seite über meine Tränen freuen, über deine, über die Heilung, die wir gemeinsam erreichen. Ich will dir vertrauen, dass du genau an dem Ort bist, der der richtige für dich und deinen Weg ist und ich weiß, dass es nichts helfen würde, wenn du stattdessen hier wärst, selbst in meiner Trauer, inmitten meiner Sehnsucht nach dir.

Ich werde meinen eigenen Weg gehen, im Vertrauen, dass es unser Weg ist. Egal ob wir gerade nebeneinander von den Dächern aus die Unordnung dieser Welt betrachten, oder weit entfernt voneinander bei Kerzenlicht die Worte des Widerstands aneinanderreihen.

Ich bin stolz über den Weg, den wir zurückgelegt haben, unbefriedigt von der Situation und voller Zuversicht gegenüber allem, was auf uns zukommt. Ich werde daran arbeiten, an den Räumen, von denen wir ausgehen können, wo wir die Kämpfe führen, die unseren Leben bedeuten, unsere Schritte der Befreiung.

unsere messer schärfen
unseren geist schärfen
unser herz öffnen
unseren verstand nicht zu ernst nehmen
und auf unser gefühl hören
nicht alles glauben was wir sehen
sondern dem was wir träumen
nicht so normal zweifeln
lieber wahnsinnig lieben

21/12/12, Ostdeutschland

Eine seltsame Welt. Wie gedämpft, hinter einem Schleier. Gerade in diesen Tagen, so dicht gedrängt voller Erwartung und Ereignissen, die eigentlich keine sind. Ereignisse, die nicht in den Geschichtsbüchern auftauchen werden, obwohl so viele Menschen so viel an sie hängen: ihre Erwartungen, ihre Entscheidung über Glück und Unglück. Es ist kalt geworden. Am Ende wird es immer kalt und es verschafft keine freien Gedanken mehr durch die Straßen zu schlendern, die immer auch ein bisschen trostlos erscheinen. Dafür ist es zu kalt geworden. Seltsam, zweihunderttausend Menschen und keiner von ihnen zu sehen. Leben findet dieser Tage nur noch hinter den Mauern statt und wehe dir, du stehst auf der falschen Seite.

Zwei Tage und Sehnsucht. Immer noch, schon wieder, eine andere, aus einer anderen Welt. Es wäre falsch zu behaupten, nichts würde sich ändern. Es geht nur alles sehr langsam, wie meine Geduld mir vorhalten will; nicht einmal sie kann ich mehr ernst nehmen. Es war alles zu einfach, ich habe ein Zimmer gesucht und mit dem ersten Versuch eins gefunden, auf das ich noch einige Tage warten muss, bis ich mir einen Arbeitsplatz einrichten kann. So lange laufe ich durch die unterkühlten, verlassenen Häuserschluchten, fahre in eine andere Stadt, in der ich zu viele Menschen in zu gefestigten Kreisen sehen kann, die ich nicht kenne, wo ich mich fehl am Platz fühle. Hier bin ich nicht fehl am Platz, es ist eher so, als ob tatsächlich ein leerer Platz vor mir läge, auf dem hauptsächlich eines herrscht: Ruhe. Ungefähr so müssen sich Verschworene fühlen, die zum ersten Mal in ein anderes Land kommen und versuchen rauszufinden, wie die geheimen Mechanismen, die Kodizes lauten, um dieses Territorium zu verstehen.

Dies ist der Beginn meines eigenen Netzwerkes, Geheimordens. Wie ein Eindringling, ein stummer Wanderer, der nicht auffällt und dessen Zeit hier begrenzt ist, weil er nicht bleiben kann. Die Drohung der Statik, Bequemlichkeit ist zu schrecklich, als dass er daran denken könnte. Auch hier ist der Himmel eingepfercht, eingerahmt von den Mauern, die das Imperium schützen.

Wie die Gedanken immer zum gleichen Schluss kommen, der Verstand immer zum gleichen Punkt geht, dessen Erfüllung, Umsetzung in der Zukunft liegt, und der Körper in der Gegenwart bleibt, nachhinkt. Wie die Ungeduld den Körper tritt, endlich vorwärts zu gehen. Wie sie versucht, die Gedanken des Kopfes aus der Zukunft in die Gegenwart zu übersetzen, sich dabei verhaspelt, das Zeitgefühl verliert, der Körper sich die Knie aufschlägt. Weil er noch die wichtigen Gedanken nach hinten werfen wollte, damit ihm jemand hinterherrennt.

Ein Chaos, die Ungeduld
Wie ungestüm sie sich gebärdet, von allen im gleichen Moment nur das Ende nehmen will, den Weg vergisst, ständig ihren letzten Halbsatz wiederholt, sich in der Erwartung verliert, endlich verstanden zu werden.

Wenn sie gestüm geworden ist, das ruhige, gemächliche und doch entschlossene Schreiten gelernt hat, werden wir sie wieder neben uns finden. Als Entschlossenheit, die nicht mehr eilt, sondern warten kann, die gelernt hat, was es mit der Zeit auf sich hat. Mit unseren zwei Zeiten der Revolution. Dass wir jetzt losgehen können, vielleicht müssen, dass der Weg sehr lang ist und dass wir deshalb jeden Tag wieder gehen, immer losgehen, immer unterwegs sind. Der Moment, in dem wir gerade vorwärts gehen, hat nur Bedeutung, schenkt uns nur Raum und Erfahrungen, wenn wir den ganzen Weg dabei denken können. Wenn wir wissen, dass wir nie ankommen und darüber lachen gelernt haben. Wie in einem Spiel, einem Rennen ohne Ziellinie. Der Trick ist, nicht auf die Würfel hereinzufallen, sondern einen Schritt vor den anderen zu setzen.

wenn ich euch sage: wir ziehen in ein abenteuer;
was würdet ihr tun?
wenn ich euch sage: wir gehen jetzt hier los um uns ins leben zu stürzen, in gefahren, in ungewissheit, den fast sicheren tod, mit nur einem wahnwitzigen ziel: wieder leben zu lernen.
was würdet ihr denken?
wenn ich euch sage: wir sind schon losgegangen.
haltet ihr es dann immer noch für unmöglich?
lasst uns endlich wieder zum wahnsinn finden, und die vernunft dieser welt zurücklassen.

Das *No-Border*-Netzwerk – ein gemeinsamer Kampf gegen die Festung Europa

Xelîl beschloss nach der ersten Reise nach Kurdistan, dass ein neuer Schritt in Deutschland nötig war, um das Gesehene, all die neuen Gedanken ins Leben einfließen zu lassen. In einer Stadt in Ostdeutschland fand er auf Anhieb ein kleines WG-Zimmer, welches er meist mit einer oder mehreren seiner Freund_innen teilte. Abends lagen sie gemeinsam auf den Isomatten, reflektierten den Tag, planten die kommenden. Häufig las Xelîl ihnen auch vor.

In dieser Zeit lernte er viele neue Menschen kennen und diskutierte mit allen über die Frage: Wie wollen wir leben? Wie sieht die Realität des Lebens hier aus und wie wollen wir sie verändern? Auf einer Veranstaltung zum europäischen Grenzregime lernte er einige Menschen aus dem *No-Border*-Netzwerk kennen. In den Erinnerungen an ihn stechen vor allem die langen und intensiven Spaziergänge hervor, auf denen sie in einer bisher nicht gekannten Radikalität die Zustände der kapitalistischen Moderne hinterfragten. Xelîl diskutierte die Konzepte der Freiheitsbewegung Kurdistans und vieler anderer revolutionärer Ansätze mit seinen Kompliz_innen und gemeinsam suchten sie nach Möglichkeiten zur Umsetzung eines ›anderen Lebens‹ im Sinne des Demokratischen Konföderalismus. So organisierten sie an vielen unterschiedlichen Orten mehrtägige Akademien zu Themen wie: Was ist Freiheit? Was ist Utopie? Was ist Revolution?

In der folgenden Zeit organisierten sie sich, um den *Refugee March* zu begleiten. Das war ein Marsch von circa fünfzig Geflüchteten von Würzburg nach Berlin, die für eine Abschaffung von Lagern und Residenzpflicht sowie ein Ende der unmenschlichen Abschiebepraxis in der BRD protestierten.

Was bedeutet uns die Revolution? Was soll das sein, der Umsturz? Ist es nicht ein allzu grobes Muster, einfach zu wünschen, die soziale Ordnung möge sich verändern? Die ökonomischen Verhältnisse sollten ›gerecht‹ gestaltet werden? Was soll das sein, die gerechte Art und Weise? Ist nicht die Grundlage der Gerechtigkeit wieder die Angst, übervorteilt zu werden? Muss ich meinen gerechten Teil nehmen, mein Los tragen, das Ergebnis dieser Revolution ist?

Vielleicht ist die Idee der großen Revolution nicht so durchdacht, dass sie so wünschenswert wäre. Sicher, wir alle warten darauf, dass sie kommt, Jahre, Jahrzehnte. Warten wir gemeinsam oder warten wir jede_r für sich? Darauf, dass der Lauf der Geschichte sich fortsetzt, der Fortschritt komme. Was haben wir damit zu tun?

Um ehrlich zu sein, ich glaube nicht daran. Weder, dass die große mystische Revolution kommt, noch dass sie uns retten könnte. Wovor retten? Unsere Verdammnis steckt in unseren Köpfen; sollen wir deshalb hoffen, sie mögen uns abgeschlagen werden? Das erscheint mir allzu fatalistisch. So wie der quasireligiöse Denkansatz, auf die Ausgangssituation zu warten, in der wir nur noch mit dem Finger schnippen müssten, um endlich den reinen Sozialismus zu schaffen, der endlich frei sein soll von den historischen Fehlern und Irrtümern, der so rein ist, dass er nach dem Himmel und der verlogenen Moral jenseitiger Idealität stinkt.

Vielleicht waren die Fehler des ›realen‹ Sozialismus nicht so sehr Irrtümer und Entgleisungen. Vielleicht müssen wir der Tatsache ins Gesicht sehen, dass der richtige Sozialismus, die reine Lehre nicht existiert. Dass er nur ein Hirngespinst ist, so wie die Revolution die Erlösung und Gerechtigkeit bringe.

Ich denke, wir müssen uns von all dem Quatsch lösen, der Anspruch auf Totalität erhebt, vom dringenden Verlangen verabschieden, wir müssten alle Probleme, Eventualitäten und Wahrscheinlichkeiten durchdacht haben, bevor wir anfangen. Wann sollte es denn so weit sein? Jedes Bild der einen Revolution, des richtigen Sozialismus, des idealtypischen anarchistischen Weltmodells ist falsch. Es birgt im Kern den Totalitarismus, den Zwang zur Kontrolle. Dahinter grinst der Souverän, der Beamte, mit herablassendem Zweifel, völlig gelöst von sich selbst, mit seinem Willen zu Wissen und Herrschaft.

Der Fetisch der Revolution ist die Angst vor dem eigenen Weg, der eigenen freien Entscheidung, einfach jetzt loszugehen und die eigene Heilung zu suchen. Er ist letztlich ein Verstecken hinter dem fiktiven Anderen, ein liberaler Akt der Verdrängung der eigenen Verantwortung.

Der Irrweg, der versucht die eigene diffuse Angst vor der Welt im Sicherheitsgefühl der Masse zu ertränken und sich damit ihrem stummen Zwang unterwirft – dieser kollektive Irrweg tötet die Initiative, versperrt alle anderen Möglichkeiten, die Ausbrüche.

Freiheit kann uns nicht gegeben werden. Sie erscheint nicht für uns durch die Revolution. Die Revolution der Masse kann nicht stattfinden. Sie ist der Widerspruch in sich. Masse heißt Angst, mobilisierte Angst ist Faschismus. Freiheit heißt leben, leben heißt Widerstand heißt Selbstbefreiung. Kollektive von Selbstbefreiten, Kompliz_innen, auf ihrem eigenen Weg.

Şehîd ★ Namirin!
Sakine Cansız, Fidan Doğan, Leyla Şaylemez

Es heißt weiblich werden

Januar bis Februar 2013, Ostdeutschland

03/01/13, im Zug

Diese seltsame Ansammlung dunkler Straßenzüge und heruntergekommener Mietskasernen. Dunkelheit, Kälte, Frösteln, eine leise, nachdenkliche Atmosphäre. Geheimnisvoll.

Mir drängt sich ein Gefühl von Verschwörung, die Vorbereitung eines strategischen Verschwindens, auf. Reflektieren, durchdenken, planen. Warten, nicht reagieren, sondern vertiefen, Rückzugsräume auskundschaften, Territorien verstehen. Disziplin üben. Heimlich vorgehen, trainieren, eine Philosophie der Befreiung weiterdenken, theoretisch fundieren, bevor sie praktisch auf die Probe gestellt wird: und Kompliz_innen finden, um Netze weiterzuknüpfen. Räume verbinden, Beziehungen delokalisieren, kontextualisieren. Logistische Konzepte ausprobieren, nomadisieren. Geduld üben, den Weg ernst nehmen, nicht flüchten, sondern in Bewegung bleiben.

03/01/13, Ostdeutschland

Es heißt weiblich werden
Vielleicht ist die Geschlechterbefreiung nicht weniger ein innerer Kampf, nicht nur in der Nichtanerkennung der angelernten Männlichkeit, sondern auch im Entdecken und Entwickeln einer ›Weiblichkeit‹, die sich vom starren Rahmen gelöst hat.

Die meisten Mauern des Imperiums laufen nicht außen herum, sondern mitten hindurch, teilen jeden Überlebensraum und grenzen ihn ab.

Kennst du den Moment, in dem sich dir ein Schatten einer Erkenntnis nähert, sich anschleicht, eine Ahnung von dem Grauen, das hinter dieser Realität steht, ein Vorbote eines Verständnisses der perfiden Mechanismen, die diese Welt aufrechterhalten und jeden Moment wieder erschaffen?

Die Morde von Paris

Am 9. Januar 2013 stand für die Freiheitsbewegung Kurdistans und ihre Freund_innen die Welt still. Während seit einigen Monaten von einem Friedens- und Lösungsprozess für die kurdische Frage in der Türkei die Rede war, erlebten sie einen der schmerzlichsten Tage ihrer Geschichte. In den Morgenstunden wurden die Aktivistinnen Sakine Cansiz, Fidan Doğan und Leyla Şaylemez im Kurdischen Informationszentrum, mitten in Paris, kaltblütig hingerichtet. Xelîl erreichte die Nachricht per SMS von einem Freund aus dem Studierendenverband YXK.

Der Name Sakine Cansiz, auch Heval Sara genannt, ist für jede Person bedeutend, die sich für die kurdische Frauenbewegung interessiert. Als eine der ersten organisierten Frauen in der PKK und als unerbittliche Kämpferin für die Linie der Frauenbefreiung erlangte Heval Sara Bekanntheit und wurde unter Freund_innen wie in der Bevölkerung sehr geliebt. Sie war diejenige Frau, die dem gefürchteten Hauptfolterer in türkischen Gefängnissen während der 80er-Jahre, Esat Oktay, in der Haftanstalt von Amed (türkisch: Diyarbakir) ins Gesicht spuckte. Diese Szene ist in dem Film *14. Juli* über den Widerstand in den Gefängnissen aufgearbeitet worden und hat Generationen von Kurd_innen Mut und Stärke gegeben, auch unter den unmenschlichsten Bedingungen niemals den Kampf um Würde aufzugeben. Fidan Doğan, auch Hevala Rojbîn genannt, war eine diplomatische Mitarbeiterin des Kurdischen Nationalkongress (KNK, *Kongreya Neteweyî Kurdistanê*) und hatte in Frankreich ein breites Solidaritätsnetzwerk für die Freiheitsbewegung Kurdistans aufgebaut. Die junge Kurdin Leyla Şaylemez, auch Hevala Ronahî genannt, aus Halle in Deutschland war in der kurdischen Jugendbewegung engagiert.

Die tödlichen Schüsse waren von Ömer Güney abgefeuert worden. Er hatte seit 2009 enge Kontakte in der kurdischen Community in Paris aufgebaut. Später konnte er als V-Mann des türkischen Geheimdienstes MIT identifiziert werden. Er wurde festgenommen, das Verfahren jedoch bis Anfang 2017 herausgezögert. Zu diesem Zeitpunkt waren Beweise, wie Tonaufnahmen, von vorgesetzten Geheimdienstlern unterzeichnete Unterlagen sowie Aussagen von durch die Guerilla festgenommenen MIT-Mitarbeitern, veröffentlicht worden. Die Beweislage ermöglichte es, den Verlauf der Auftragsmorde nachvollziehen, jedoch verstarb der Täter einen Monat vor Prozessbeginn in einem Pariser Gefängnis. Dem Antrag der Angehörigen der Opfer, dass der Prozess gegen die Hintermänner der Morde weitergeführt werden müsse, wurde von französischen Behörden bis heute nicht stattgegeben. Anfang 2021 veröffentlichte die kurdische Nachrichtenagentur ANF neue Recherchen, wonach Ruhi Semen, einer der drei Männer, die gemeinsam in Europa für den MIT agierten, bis heute im Vorstand einer bayerischen

DİTİB-Einrichtung[44] und in einem Türkspor-Sportverein tätig sei. Auch Ömer Güney hatte vor seinem Umzug nach Paris in Bad Tölz in Südbayern gelebt und die beiden waren bei derselben Firma angestellt gewesen.

Der Mord an den drei Frauen in Paris stellte für Xelîl wie für eine ganze Generation von Menschen in Europa, die die kurdische Politik aufmerksam verfolgen, eine Zäsur dar. Dass im Auftrag des türkischen Staates kurdische Politikerinnen und Aktivistinnen in Europa ermordet werden und eine juristische Aufklärung vonseiten der europäischen Staaten nicht beabsichtigt ist, demonstrierte für viele die internationalen Verflechtungen der kurdischen Frage zum ersten Mal in dieser Deutlichkeit.

Unter anderem weil es nach den Morden in Paris 2013 keine Konsequenzen gab, konnte ein solcher Angriff erneut durchgeführt werden: Am 23. Dezember 2022, nur zwei Wochen vor dem zehnten Jahrestag des Attentats, wurde erneut ein Anschlag in Paris verübt: Evîn Goyî (Emine Kara), Abdurrahman Kızıl und Mîr Perwer (Mehmet Şirin Aydın) wurden von einem französischen Faschisten ermordet. Die Beteiligung des türkischen Geheimdienstes ist auch in diesem Fall naheliegend.

Emine Kara war eine wichtige Kommandantin im Kampf gegen den IS und langjähriges Mitglied der kurdischen Freiheitsbewegung. Beim Anschlag im Dezember 2022 wurde sie als erstes hingerichtet. Es ist wahrscheinlich, dass sie als führendes Mitglied der Bewegung und als Frau ein primäres Ziel des Anschlags gewesen ist, daher wird der Anschlag im Dezember als eine Fortsetzung des Feminizids von 2013 angesehen.

11/01/13, Ostdeutschland

Tatsächlich, das Ereignis stellt das Paradoxon der Geschichte dar. Es passt nicht in einen Weg, scheint diesen aufzuheben, da es sich nicht einpassen lässt. Diese Unverständlichkeit, das Unfassbare der Morde von Paris hat mich meiner völligen Ohnmacht gegenübergestellt. Es gibt nichts, was daraus entstehen könnte, was nicht Reaktion wäre. Und genauso ist es mir gerade nicht möglich, weiter Prozesse zu führen, die keinen Bezug darauf nehmen. So bin ich gerade gefangen in der Zwischenwelt des Nicht-handeln-Könnens. Alles, was vorher passierte, erscheint plötzlich belanglos, weil es unmöglich erscheint, ›einfach‹ weiter zu machen. Dieser Akt reiner Vernichtung, seine Destruktivität, konfrontiert mich mit meinen Zweifeln. Gerade empfundene Unmöglichkeit etwas zu erschaffen. Lethargisch starre ich auf den Bildschirm, auf der verzweifelten Suche nach

44 Türkisch-Islamische Union der Anstalt für Religion e.V. (*Diyanet İşleri Türk İslam Birliği*). Sie betreibt in Deutschland eine Vielzahl von Moscheen und ist direkt dem Ministerium für Religion des türkischen Staates unterstellt. Sie steht immer wieder in der Kritik die nationalistische Staatspolitik der Türkei in Deutschland zu vertreten.

einem Anhaltspunkt, der mich wieder handlungsfähig machen kann. Mit meinen Gedanken hänge ich in einer Schleife, die mich nicht entlässt und in der ich mich von allem entferne, was mich umgibt.

Meine Lethargie macht deutlich, wie hilflos mich diese Welt mitunter macht. Meine Ungeduld, jetzt sofort etwas tun und ändern zu wollen, ist das dringende Verlangen nach einer anderen Welt im Jetzt und Hier, und nicht mehr nur in meinem Kopf. Mein ständiger Wunsch nach Radikalisierung, nach wahren Ereignissen, dem ›reinen‹ anarchistischen Handeln, ist nur Produkt dieser Ohnmacht, die mich immer wieder überkommt, wenn ich mich mit einer Statik des Raumes, der Welt konfrontiert sehe.

Die Morde von Paris stellen für mich eine folgende Art von Ereignis dar: Sie sind für mich Wahrheiten, die ich erst mühsam mit meinem Paradigma verknüpfen muss, um damit umgehen zu können. Ich wollte nicht dem einfachen Reflex folgen und mein Paradigma verlassen, genauso wenig konnte ich einfach weiter machen; die Einordnung war so einfach nicht möglich.

Ich habe mit einer Freundin über meine Gedanken zu festeren (Kader-) Strukturen geredet. Ich habe das Gefühl, ich brauche eine Form von Rahmen, der meinen Inhalt lenkt und ihm die Einbettung möglich macht.

04/02/13, Ostdeutschland

Die Klarheit kehrt zurück, die Kopfschmerzen werden sich verflüchtigen. Hoffentlich. Und die Pläne verfestigen sich, nicht als Zwang, sondern als Perspektive. Es sind strategisch kodierte Bezugspunkte. Nun folgt der Weg nach Südwesten, später der nach Osten, der gut durchdacht und vorbereitet sein will. Der Sommer scheint einiges anzukündigen: Verbreiterung, Vertiefung, Verwurzelung, Bewusstwerdung.

Neue Kompliz_innen und ein Vertrauen, das ich spüre, das zwischen all den Punkten erwächst. Wie muss der Impuls aussehen, der die Netze verdichtet, aktiviert, alles in Bewegung setzt? Welche Räume und Zeiten? Zunächst einmal gilt es, Kompliz_innenschaft zu delokalisieren, Räume zu erkämpfen, um den ihnen innewohnenden Mechanismen zu entkommen. Die Normalität transformieren bis sie verschwindet. Die beste Selbstverteidigung ist die soziale, und die einzige mit Konsistenz.

Wir müssen Verschworene werden gegen die Weißen, die Männer, die Homophoben. Verschworene gegen das, was aus uns gemacht wurde; Verschworene gegen die Werte dieser Welt, in der es normal ist, dass die Menschen getrennt bleiben.

Wir müssen die Verschwörung erkennen, die darin liegt, dass wir uns in die Augen sehen und uns erkennen, die Verschwörung, dass wir einander zuhören und keinen Maßstab außer uns und keine Werte akzeptieren, außer denen, die wir wählen und erschaffen.

mein erbe ist das erbe von unterdrückern
meine haut ist die haut von mördern
meine hände sind die hände von ausbeutern
meine sprache ist die sprache von herrenmenschen
meine gedanken sind die gedanken von kolonialherren
mein blut trägt das recht zu töten

darum
muss mein weg all dies zum ausgangspunkt nehmen
und die verpflichtung anerkennen zu kämpfen
gegen die unterdrückung, die mord- und vergewaltigungskultur
das herrenmenschentum die ausbreitung des kolonialismus
für eine neue menschheit, menschlichkeit
welch glück ein weißer typ zu sein
angst haben müssen als vertreter der herrenmenschen gelesen zu werden
das privileg nachts durch deutsche straßen ziehen zu können
überschattet von der drohung einer verdachts-nicht-völlig-unabhängigen
kontrolle durch andere weiße männer die angst vor mir haben
angst vor dem eigenen täter-sein die immer gewinnen kann in situation
die nicht den raum bieten zur kommunikation die nicht erklärter schutzraum
sind

angst_restunsicherheit davor die gegenüber könnte nicht frei nein sagen
und sagt unfrei ja
angst vor dieser männlichkeit
diesem weiß-sein
in einer welt die oft nur die unterscheidung kennt
zwischen opfern
und tätern

lieber naiv auf die fresse fallen
als wegen unsicherheit und aus angst isoliert bleiben

16/02/13, Ostdeutschland

Wie offensichtlich und doch habe ich es nicht gesehen. Es ist wie in den alten Geschichten über Spanien, Nicaragua, Angola. Leute verschwinden und es ist klar, wo sie auftauchen. Leute, die diese Welt verlassen, um andere zu erschaffen. Ich fühle mich am Beginn dieses Weges. Als ob ich wüsste, wohin er führt. Nicht an einen bestimmten Ort, eher dass er irgendeine ähnliche Entscheidung beinhaltet: von hier zu verschwinden, um in eine neue Welt zu gelangen. Im Wissen, dass ich hierher zurückkehre als ein anderer. Das Bild der Freundinnen lässt es in aller Deutlichkeit erscheinen: den Weg, auf den wir uns aufgemacht haben.

19/02/13, Ostdeutschland

Der Krieg ist unsichtbar in Deutschland. Was in meinem Kopf immer klarere Konturen gewinnt, ist für andere nicht in dem Maße verständlich, durch mich nicht verständlich zu machen. Wir alle sind Teil eines globalen Krieges. Ein Krieg, in dem ein Zivilisationsmodell um sein Überleben kämpft, um Ressourcen, um die Hegemonie in den Diskursen. Ich bin ständig darauf zurückgeworfen, diesen Krieg für mich sichtbar zu halten. Ich merke, wie meine Sprache sich militarisiert, in einer Weise, in der ich sie drastischer verwende, was bei anderen Zweifel erweckt. Für mich selbst kann ich Karten und Bilder dieser Welten malen, aber sie verblassen, müssen grob nachgemalt werden. Sie sind zu hektisch, zu grell, sobald ich mit anderen in Kontakt komme, die anderes sehen. Gleichzeitig die Angriffe. Eine Konsumkultur gegen die ich ankämpfe und immer wieder verliere. Eine Gegenwart, die mich erdrückt. Ein Zeichen, dass ich weiter muss. Schon zu lange an einem Ort hängengeblieben, erstarrt, unbeweglich. Ich fange an, unehrlich zu werden, anderen und mir selbst gegenüber. Ich stelle die wichtigen Fragen nicht mehr, fühle mich satt, lenke mich vom Hunger ab. Esse zu viel, zu viel Müll. Wände, die mich von den anderen abtrennen und damit zum dunklen, unverständlichen anderen werden lassen, Teil des gleichen Konzeptes. Die Nomaden sind auch das Andere, Bot_innen und Agent_innen anderer Welten, die immer ein wenig Zukunft bei sich tragen. Ich muss die Leichtigkeit der Nomaden wiedererlangen.

Ich habe mich an einen Ort gefesselt aus Angst, als eine Flucht vor der Ungewissheit und habe mich in ein Gefängnis begeben. Es muss andere Wege geben, ein neues Territorium kennenzulernen, zu verstehen. Wir müssen jedes Ereignis, jede Struktur, die wir nicht bewusst und selbstbestimmt organisieren, alles, was wir nicht beleben, als eine feindliche Operation begreifen, als biopolitischen Akt, als diskursive Disziplinarmaßnahme, Kolonisierung unseres Bewusstseins und Zersetzung unserer Initiative. Ich habe daraus allerdings in vielen Situationen den falschen Schluss gezogen. Ich habe die Menschen, auf die ich traf, als Agent_innen, Träger_innen feindlicher Operationen interpretiert, von denen ich mich angegriffen fühlte. Nicht in erster Linie als Kompliz_innen. Daher diese Distanz, Barriere und mein Klammern an emotionale und körperliche Bezugspersonen. Ich frage nicht mehr nach den wichtigen Dingen. In dem Maße, wie ich mich einrichte, mich zurückziehe in diesen geschlossenen Raum, akzeptiere ich auch die Privatsphäre der anderen, deren >individuelle< Lebensführung und -vorstellung. So entsteht keine Reibung, kann kein Feuer entstehen, keine Kritik, kein anecken und aneinandergeraten, nicht einmal verstehen. Nur Annahmen, Unterstellungen, Befürchtungen.

Nomad_innen

So wie bisher geht es nicht weiter – aber wie dann? Da sich auf diese Frage keine einfache Antwort finden lässt, zieht sie eine Suche nach sich. Das nomadische Sein ist eine Lebensform, die Ausdruck dieser bedingungslosen Suche, dieser suchenden Beweglichkeit, ist. Es ist eine Form, dem Narrativ ›There is no alternative – Es gibt keine Alternative‹ dieser Zeit zu widersprechen und kann doch (noch) keine klaren Antworten finden.

Schon frühere Entscheidungen von Xelîl, wie beispielsweise seinen festen Wohnsitz aufzugeben und das universitäre Studium hinter sich zu lassen, trugen mit dazu bei, den nomadischen Geist besser verstehen zu lernen und das eigene Leben nach dieser Philosophie zu leben. Damals waren zwei Ereignisse sehr prägend für seine Entscheidungen: Zum einen las er 2011 gemeinsam mit Jane das Vorwort von Nietzsches *Menschliches, Allzumenschliches*. Zum anderen besuchten Anfang 2012 Aktivist_innen von der griechischen Insel Kreta Berlin und berichteten von den katastrophalen Auswirkungen der Finanzkrise und von ihren Ansätzen gesellschaftlicher Selbstorganisierung.

Als Nomad_innen wandten sich Xelîl und einige seiner Freund_innen von einem ›traditionellen‹, vorgefertigten und ihnen von der Gesellschaft zugedachten Lebensweg ab. Sie stiegen in gewissem Sinne aus, verließen die abgesteckte Bahn und machten sich querfeldein auf den Weg ins Ungewisse, von dem sie nur folgendes wussten: »Es gibt ein würdevolles Zusammenleben und wir wissen, dass der Weg dorthin beschwerlich ist. Wir wissen, dass wir nichts mehr zu erwarten haben und dass jeder Schritt uns manchmal unendlich schwer vorkommen wird. Doch wir sind niemals allein, denn wir sind es in keinem Augenblick je gewesen. Wir machen uns mit ungezählten vielen gemeinsam auf diesen Weg und weben das Netz, das eine neue Welt bedeutet.«[45]

Die Kontinuität kolonialer Ausbeutung, der selbstzerstörerische Umgang mit unserem Lebensraum und anderen Lebewesen sowie Kriegstreiberei aus kapitalistischen Interessen sind für immer mehr Menschen unaushaltbar. Unter solchen Zuständen zu leben, bedeutet für viele eine existentielle Bedrohung des eigenen Lebens und für andere ein Leben in physischer und psychischer Krankheit und Unzufriedenheit. Also machen sich Menschen auf die Suche nach etwas Anderem, etwas Neuem. Dieses Andere, nach dem sie sich sehnen, erahnt man in dessen Spuren in Büchern, Erzählungen, in der Geschichte und auch in Formen unseres Zusammenlebens. Sie folgen dem Entschluss, dieser Intuition, dieser Sehnsucht zu folgen.

45 Dieses Zitat ist ein Ausschnitt aus einem Text, welchen die Nomad_innen gemeinsam verfasst haben.

In diesem Sinne des philosophischen aber auch alltäglichen Nomadisierens verband Xelîl gemeinsam mit anderen Freund_innen verschiedene Orte, Menschen und Ideen. Sie gründeten daher das Nomadische Kollektiv, auch Nomadisches Komitee genannt, indem sie sich kommunal organisierten. Gleichzeitig wurden die gemeinsamen Arbeiten mit den selbstorganisierten kurdischen Strukturen in Deutschland enger, vertrauter und stärker.

28/02/13: Erinnerungen, Ostdeutschland, E-Mail an Lasse

Ich empfinde einen Druck, der auf mir lastet, der von niemand anderem als von mir selbst produziert wird. Zu viele Möglichkeiten, die mich überfordern, zu wenig Greifbares. Keine echten Beziehungen. Die Leichtigkeit, die mir Şîlan schenkt, wird von meinem Denken erstickt, das mich auf Notwendigkeiten stößt, Ansprüche, Sinnvolles zu tun. Ich habe verlernt, allein zu sein, zu schreiben, produktiv nur für mich selbst zu sein. Auf einem Stein zu sitzen. Es gibt keine Fortschritte, alles bewegt sich im Kreis. Und dort, wo ich jetzt stehe, muss ich wieder gegen alte Bestien kämpfen. Ich schreibe keine Geschichten mehr, beobachte nicht.

Luftholen.

Betrachten. Die dritte Person hatte sich schon lange nicht mehr im Spiegel betrachtet. Jetzt stand sie davor, mit zur Seite geneigtem Kopf sah sie sich an. Ihre Konturen, die so viel aussagten über all die Erlebnisse. Unsichtbare Narben, die doch wahrnehmbar wurden, wenn sie darüber nachforschte, was dieses Bild ausmachte. Eine Schwere hatte sich ihm in die Augen gegraben, eine Hast, die so überhaupt nicht zu dem fantasievollen Wesen passen wollte, das früher einmal mit diesen Augen geblickt hatte. Früher hatte es sich allein gefühlt und aus Dingen, die es umgab, eigene Welten gebaut, Neues erschaffen, belebt. Jetzt blickte er sich an, suchend nach den kleinen Dingen, die sie verändern konnte und mit dem Wunsch alles umzuwerfen.

Die Wände haben die Geschichten verschluckt, die Fantasie gefressen. Was früher aus den Büchern zu ihm sprach, ist stumm geworden, die Bilder und Farben wurden zu Diagrammen, Skizzen und Modellen. Früher hatte er sich in Welten geträumt, mit den Wesen aus den Geschichten gefühlt; heute dachte er darüber nach, wie er das Denken der anderen verändern konnte.

Er betrachtete den Globus, der an der Kante seines Bettes stand. Betrachtete die Gegenden und ließ vor seinen Augen die Bilder dieser anderen Welten vorbeiziehen. Er hatte gelernt, sie zu analysieren und vergessen, sich in ihnen zu fühlen. Der einsame Junge mit der überschäumenden Fantasie hatte sie von sich weggeschoben, träumte nicht mehr für sich selbst. Wie er früher seine Traumwelten vor den anderen Menschen versteckt hatte, aus Angst, sie könnten durch die Unachtsamkeit der anderen zerstört werden, versteckte er sie nun vor sich selbst. Aus Angst, sie könnten ihn wieder von den Anderen trennen, nach denen er sich so lange gesehnt hatte, vielleicht ohne es zu wissen, aber immer mit diesem Gefühl des Verlassenseins. Seine Fantasie hatte er zu nutzen gelernt, um Anerkennung zu erlangen, ohne sie offen zu zeigen. Er war ein notorischer Lügner, schaffte es, Netze aus Erdachtem zu stricken und lernte, sich so anzupassen, dass seine Ausflüchte Realität wurden. Damit wurde er in Bezug auf die anderen so anpassungsfähig, wie seine Gedanken eigene Welten erfanden, die auf die anderen passten. Er kannte Filme, die kein anderer gesehen hatte, die aber Anekdoten für Situationen lieferten. Er tat Dinge, wenn andere nicht dabei waren, kannte Fakten, die fern jeder Überprüfbarkeit lagen. Er schaffte sich selbst als Mysterium, hatte Freund_innen, die keine_r kannte, an Orten, an denen die anderen sich nicht bewegten. Getrennte Lebensbereiche: Die Musik hatte keine Verbindung zur Schule, die keine Verbindungen zum Freund_innenkreis in der Stadt hatte, der für die Familie nicht greifbar war. Er fühlte ein Unbehagen, wenn die Räume ineinander überzulaufen drohten, wenn er sich mit der romantischen Pärchenbeziehung in der Szene bewegte, in der er ein anderer war.

Um sich zu beweisen, sich zu profilieren, schuf er Lügen, Traumwelten, an die er selbst glaubte. Er hatte viele Freund_innen in der Stadt, kannte viele vom Sehen, die Beziehungen aber waren von sehr geringer Konsistenz. Es war unmöglich, Vertrauen zu anderen Gleichaltrigen aufzubauen, wenn dies bedeutete, Schwächen zu zeigen. Vielleicht ebenso ein Schicksal des jüngsten Sohnes, der darauf zurückgeworfen war, zur ›Männlichkeit‹ zu finden, ohne der älteste, reifste, stärkste sein zu können. Eine männliche Welt. Frauen waren für ihn nie ein Bezugspunkt, außer als mysteriöser Ort der Autorität als Mutter, Lehrerin oder der verschworenen Gefolgschaft in der Person der jüngeren Schwester.

Er schob seine Kapuze zurück, versunken in Gedanken. Auch weil das Bild des Grübelnden, Zurückgezogenen und Vermummten anfing, ihm plakativ vorzukommen. Er erinnerte sich, dass er früher, wenn er allein im Raum war, in der kleinen Neubauwohnung in einem Neubauviertel irgendwo in einer Stadt, die so nicht mehr existierte, Geschichten geschrieben hatte. Er hatte in diesem Kinderzimmer gesessen, aus dem Fenster geschaut, das er mit seiner Schwester mit Fingermalfarben je nach Jahreszeit bemalt hatte, und seine Geschichte in seinem Kopf gehört, sie ständig vor sich hin gesponnen. Was er ansah, worüber er traurig war, was er ungerecht fand. Über den Kindergarten, die Ameisen, die im Winter drinnen waren und im Sommer draußen, genau dort, wo die Menschen auch lieber waren.

Fantasie und Empathie sind nicht entfernte Vorstellungen von Fähigkeiten, die unterschiedlich in den Menschen angelegt sind, sie müssen nur geweckt und belebt werden.

Und er weinte, wie damals, als er den Tod der Gebrüder Löwenherz erlebte, sie vor sich sah. Wie bei dem letzten Pfeil, den Robin aus dem Fenster des Turms schoss, zu der Stelle, an der er begraben sein wollte, in den befreiten Wäldern. Er hatte etwas wiedergefunden, was ihm sehr wichtig war, das lange verloren war und an das er sich nun erinnerte.

Eine Verbindung zwischen vergangenen Welten und dieser Situation, in der ich sie wieder brauche, um sie neu zu entdecken. Nicht mehr als Illusion der Verbindung, als Schutz, sondern als echtes Verbindungselement zwischen den Welten.

Wie leben?

Wie ein Fluss läuft mein Weg

März bis April 2013, Frankreich – Katalonien – Deutschland

05/04/13, Bordeaux

Depressionsstöße: Unauflösbare Gefangenschaft in Gedanken, verloren, isoliert, sprachunfähig. Ein stürmisches Meer von Gedanken in meinem Kopf und niemand, den ich überschwemmen könnte, seichte Tunnel und plätschernde Bäche. Das Gefühl, die einzige Person, die den Ozean überstehen könnte, steht woanders, weit weg. Eifersucht. Hass auf dieses ruhige Vor-sich-hin-Existieren, ziellos, kleinen Impulsen folgend. Niemand, der_die es wagt, noch eine Perspektive zu suchen, das Große zu wagen, Abenteuer anzunehmen. Es wäre illusorisch und selbstverleugnend zu behaupten, ich könnte all das ohne diese Kompliz_innenschaft zu Şîlan denken, geschweige denn danach handeln. Ohne diese Verbindung bin ich wieder isoliert.

10/04/13, Katalonien

Nur ein paar Stunden allein durch die mehr oder weniger kaputt zivilisierte Landschaft Kataloniens wandern und ich bin auf einem ganz anderen Weg, anderen Gedanken, einer ganz anderen Stimmung. Selbst hier, zwischen den Autobahnbrücken und Gleisanlagen, vermüllten Wäldern und verfallenen Industrieruinen, finde ich wieder zur Ruhe, fällt die Anspannung. Immer wenn der Blick weiter schweifen kann, kann ich ein wenig besser durchatmen, fallen mir die zielgerichteten Bilder leichter, schimmert der Weg durch: mein silberner Faden.

Ich verbinde Gedankenfäden, spinne Knoten, verknüpfe, bringe zusammen, was mich zum nächsten Punkt bringt.

Wie die Strömung, die Theorie und Praxis nicht mehr als Widerspruch gegenüberstellt, sondern daraus die Synthese bildet, im Weg, der beides beinhaltet. Einen verworrenen Weg als Praxis; Kompliz_innenschaften, ausbrechen aus dem Zwang der Schule, der Uni, der Sicherheit, des vorherbestimmten Schicksals, der Apathie. Und eine Theorie, die eine Philosophie der Befreiung und der internationalistischen Einbettung ist.

Auch darin liegt kein Widerspruch: die Notwendigkeit der Einsamkeit, um zu anderen zu finden, Verbindungen herzustellen.
Je besser ich mit mir selbst umgehe, desto stärker wird der Umgang, der Bezug zu den anderen. Ein Bezug darf nicht aus der eigenen Schwäche begründet sein.

Jede Freundschaft, die nicht zur Stärkung der Subjekte beiträgt, enthält unterdrückerische Momente, Bequemlichkeit, Liberalismus, Zwang und wird früher oder später allen schaden. Deshalb muss ich in Zeiten meiner Schwäche und depressiven Phasen allein sein, mich selbst spüren, bis ich den Punkt erreiche, an dem ich wieder andere suchen kann – aus eigenem Antrieb, nicht von außen dazu getrieben.

11/04/13, Katalonien

Die angstvolle, besitzen wollende Liebe und die freie, eine ergänzende und stärkende, im Sein bestätigende Liebe – zwei Pole, die schwanken, je nachdem, welche Kraft ich grade aufbringe, welcher Strom mich trägt. Die angstvolle Schutz suchende Liebe der Umklammerung ist eine Kraft, die mich mitunter zu Şîlan zieht. Als sicherer Hafen, an dem sich meine emotionale Unausgeglichenheit regenerieren kann. Jedenfalls ist das die Hoffnung, die mich dazu bringt, nach ihrer Nähe zu suchen, sobald meine Kraft schwindet.

Die andere Liebe ist die Kraft, die aus mir selbst kommt und die sich noch verstärkt, sobald ich mit Geliebten aufeinandertreffe. Zu ihr finde ich bei Şîlan; und es ist diese starke Anziehung, die Lisas Bild in mir wachhält. Eine freie Verbundenheit starker Individuen, die zusammen gehen wollen. Damit einher geht eine beflügelnde Leichtigkeit, wie ich sie bei anderen Personen spüre, auch bei Simon, Caro, Julian. Eine gegenseitige Verstärkung, eine Freundschaft, die keinen Zwang kennt. Die Prüfung steht ihnen in Zeiten der Schwäche noch bevor.

Gut & Böse

Solange sie als universelle Werte genommen werden, die vom Himmel fallen, werden diese Gegensätzlichkeiten nicht aufhören, ein Gefängnis für jedes freie Denken darzustellen. Auf dem Weg der Selbstbefreiung stellt die Auflösung der oktroyierten Vorstellungen von Gut und Böse einen wichtigen Schritt dar. Erst wer sich selbst ein gutes Ich ist, für sich selbst gegen sein Böses kämpft, um zum Guten der eigenen Sache zu werden, kann sich eine eigene Moral erstreiten.

Der Umbruch, die Revolte funktioniert nicht ohne die kritische Selbstreflexion, die Überwindung der eigenen Schwäche und Heilung. Aber die Heilung zu einem gesunden Menschen kann nicht in dieser Welt vonstattengehen. In der Revolte werden wir, was wir sind und die Rebellion siegt in der Schaffung der neuen Menschen – uns.

Nirgends ist die Irrationalität größer als in der Einsamkeit.

Das Fehlen des Spiegels ermöglicht das Vergessen des Subjektes, das Verschwimmen des Verständlichen; daher die Verbindung der Einsamkeit mit dem Wahnsinn und der Philosophie.

26/04/13, Ostdeutschland

Brief an ein_e Kompliz_in

Bist du ganz in der Situation? Was ich dir erzählen will, braucht eine Zwischenwelt, in der wir uns offen begegnen, in der die Zwänge der Außenwelt für einen Moment nicht wirken können, uns nicht finden können. Denn ich will mit dir über uns reden, über eine gemeinsame Welt. Unsere Welten sind grundverschieden und trotzdem ist da diese Verbindung, das Mystische des freien Willens zueinander, in all seiner Irrationalität und verwirrender Vielfalt unserer jeweiligen Punkte, Realitäten. Ich komme aus einer Welt, von der aus ich bestimmte andere Welten nicht mehr betreten kann. Ich kann von außen an sie herantreten, um zu sehen, wer sich von ihr so weit entfernt hat, dass wir uns offen begegnen können. Meine Welt ist im Wandel, ständig, mein Weg ist der Weg der Selbstbefreiung, von dem ich nicht weiß, wohin er führt. Aber je mehr die Geschichte weitergeht und je weiter ich sie erzähle, lebe, desto klarer wird mein Geist, desto stärker, größer, bewusster, freier fühle ich mich.

Was ich mir wünsche, ist ein Raum, in dem wir uns offen begegnen, denn ich will einen gemeinsamen Weg mit dir finden. Meine gefühlte Verbindung zu dir übersteigt das, was in dem Wort ›Liebe‹ fassbar wäre, es ist nicht rationalisierbar, und daher nicht sprachlich zu fixieren. Was ich dir schreiben kann und will, ist diese Verantwortung, die Unauflösbarkeit der Beziehung, die Sicherheit, dass ich nicht einfach gehe, denn jede Welt braucht eine Gewissheit, die sie ausmacht. Meine Gewissheit ist unser soziales Kapital, das Bewusstsein über unsere Verantwortung füreinander. Denn das ist der Weg des Verantwortungsbewusstseins für diese Welt, für alles und jede_n, die Teil davon sein will. Unserer Gegenwelt, die die Beliebigkeit und die Liberalität[46] verlässt, die die Welt hier ausmachen. Das Recht in Ruhe gelassen zu werden will ich tauschen gegen die Ansicht, dass nichts stärker sein kann als die Liebe zum Leben. Die bewusste Verbindung zur Welt und zu denen, die danach leben wollen.

Der Kampf, der all das für mich bedeutet, ist der Kampf für das Leben, für die Einheit der Welt, in die viele Welten passen.[47] Ich will nicht allein bleiben, ich bin auf der ständigen Suche nach wahren Menschen, die ebenfalls suchen und ihr Unbehagen in dieser Welt zu Energie machen wollen.

---

46 Mit ›Liberalität‹ bezeichnet Xelîl die hegemoniale, grundlegende »Mentalität der bürgerlichen Gesellschaft«: »Es gibt die Vorstellung, dass die individuelle Freiheit losgelöst von der kollektiven Freiheit und Verantwortung existiert. Also auch, dass das individuelle Handeln getrennt sei von einer Verantwortung für den Zustand der Welt, der Gesellschaft, letztendlich für das Überleben des Menschen selbst. Es ist die Wurzel des Individualismus, der Denkbewegung, die stillschweigend die Verbindung zwischen der einzelnen Handlung und der Auswirkung auf die Welt gekappt hat, beziehungsweise die Ausmaße dieser Realität leugnet.« (Siehe dazu S. 222f.)

47 Die Formulierung ›Eine Welt, in die viele Welten passen.‹ geht zurück auf die zapatistische Bewegung.

Du bist einer dieser wahren Menschen, die mir ehrlich begegnen, den Willen in sich tragen, weiterzugehen, fragend voranzuschreiten. Was daraus wird, liegt ganz an uns, hängt von nichts ab, als von unserem Willen.

Was ich will, ist raumgreifend sein, um gemeinsame Räume zu schaffen, Räume zerstören, um Möglichkeiten denkbar zu machen. Die Frage nach dem Willen stellen, nach dem gemeinsamen Weg.

Wie soll deine Geschichte aussehen?
Eine Kunst des Lebens, Leben als Schaffen der eigenen Geschichte.
Was willst du in deinem Leben erreichen?

> »Für den Menschen ist es also die größte Notwendigkeit, seine Abgesondertheit zu überwinden und den Kerker seiner Einsamkeit zu verlassen.«[48]

Fragen, fragen, immer nur fragen
Es kann der Käfer den Specht nicht ertragen
Gib mir ein Rätsel auf, ich werde sagen
Du musst da jemand anderen fragen.

28/04/13, Ostdeutschland, 02:18 Uhr

Wie ein Fluss läuft mein Weg, immer vorwärts drängt alles. Nimmt Fahrt auf, ich stoße auf diese wahren Menschen, treffe sie an in einer Welt des Rausches, des grellen Leuchtens und Glitzerns. Nicht der beste Ort, der passendste Raum für Begegnungen, doch gerade das verleiht mir Zuversicht. Sogar hier ist diese Verbindung spürbar. Es ist, als würde ich all die Freund_innen in ihren Welten besuchen, im Versuch, sie zu finden. Mein Weg muss mich zurück in Welten führen, die für mich nicht auf Dauer bewohnbar, belebbar sind, denn ihre Bindung und Sicherheit sind zu starr, fesselnd, einsperrend. Alle hier scheinen ein Unbehagen mit sich herumzutragen, einen ständigen Zweifel am Schein dieser Sicherheit. Argwöhnisch gegenüber dieser Welt voller unernster Zugeständnisse traut sich niemand mehr die großen Fragen zu stellen. Die Frage nach der eigenen Geschichte, der eigenen Rolle in der Welt, die Frage des Lebenswegs, der eigenen Verantwortung, ob die eigenen Bedürfnisse hier tatsächlich auch nur annähernd Befriedigung erfahren können.

Ich suche eine andere Sicherheit. Die Sicherheit meiner Welt ist das soziale Kapital, sind nicht mehr diese zahllosen Formen von Besitzverhältnissen, von Eigentum, die diese Welt hier durchziehen und stützen. Meine Währung heißt Vertrauen und sie vermehrt sich, je mehr ich davon verschenke.

48 Fromm, Erich: *Die Kunst des Liebens*. Frankfurt a. M.: Ullstein 1974, S. 26.

Wie soll ich mit Fara umgehen? Schonungslose Offenheit? Ich bezweifle nicht, dass sie damit umgehen kann, ich frage mich nur, ob es einen richtigen Zeitpunkt gibt. Das Problem ist, dass diese Art von Wahrheit aus dieser Welt heraus so missverständlich ist, so leicht Irrtümer und Unbehagen produziert. Eine Gefangenschaft des Geistes, geknüpft an Ängste und Sorgen, besessen zu werden, verantwortlich zu sein für mehr als sich selbst. Wer bin ich für sie, wie trete ich an ihre Welt? Für mich handelt es sich um ein politisch kodiertes Vertrauen, Kompliz_innenschaft. Aber wie sieht all das von einer anderen Seite aus, ohne die Strudel von Gedanken und Bilder, die in meinem Kopf daran hängen?

Es existiert eine Unsicherheit für mich, welche Rolle ich für sie spielen kann. Die Frage danach, ob es letztlich einen gemeinsamen Weg, eine gemeinsame Perspektive gibt.

Ich will mich auf den Weg machen, andere Welten suchen. Ich bin schon auf dem Weg und ich wünsche mir, dass sie mitkommt. Ich spüre viel Verbindendes, Vertrautes, habe das Gefühl, dass wir uns gegenseitig stärker machen können, uns vertiefen.

Die Isolation überwinden. Ich schrieb ihr, ich möchte in ihrer Welt vorkommen, mit allen Konsequenzen. Wir beide sind auf der Suche nach anderen Welten, tragen beide ein Unbehagen, eine Ungeduld, einen Willen zur Macht für uns selbst schöpferisch zu sein.

Kollektive gehen vorüber, was bleibt?

Es ist diese Form von Einsamkeit, die ich fühle, wenn ich in großen Gruppen unterwegs bin, in der Masse.

Eine Verbindung, die nur in der Ekstase besteht – kann sie mich tragen, mich nüchtern aushalten? Mein Ich, wenn es zweifelt, wenn es sucht?

Wenn es darum geht, die Isolation zu überwinden, macht mir dieser Weg der ekstatischen Masse in dieser Oberflächlichkeit Angst vor dem Alleinsein. Es sind Situationen, die so dynamisch sind, so wenig vorhersagbar oder beeinflussbar durch die Einzelnen. Es sind all diese spontanen oder ritualisierten Vereinigungen, die doch die Trennung nicht aufheben, weil sie nicht über die Situation hinauskommen. Vielleicht sind es bekannte Wesen, sogar Freund_innen im herkömmlichen Sinne des Wortes, Menschen, mit denen ich immer wieder zusammentreffe. Und doch sind unsere Existenzen nicht aufeinander bezogen, gibt es kein gemeinsames Ziel, keinen gemeinsamen Weg. Die Beziehungen, die ich so lange geführt habe, hatten höchstens das Ziel, gemeinsam klarzukommen, ein temporäres Bündnis gegen den Angriff dieser Welt, gegen die Feindseligkeit. Sie waren rein defensiv und sich selbst erhaltend. Es ist die Konfiguration dieser Welt, dass die Wesen getrennt bleiben, ihre Karriere planen, ihre Konflikte verwalten, sich immer wieder zusammenfinden, um sich zu vergewissern, dass sie nicht allein gelassen wurden. Was fehlt, ist ein Weg, ein gemeinsamer Wille.

Zwischen all dem Rauschen und Flimmern, zwischen Maschinen und den Blasen, in denen die Wesen sich in ihrer mobilisierten Privatsphäre durch diese Wüste begeben, treffe ich auf Verbündete.

Es existiert ein Gefühl, vor einem Menschen zu stehen, der sucht, fliehen will, einen Weg geht, der sich nicht dem Strom anpasst.

29/04/13, Park, Ostdeutschland

Ich bewege mich wie in einem Wachtraum. Ich hatte wieder eine dieser Begegnungen gestern Abend. Ramans Geschichte hat mich wieder in die Berge gebracht, mich überwältigt und mit diesen anderen Welten konfrontiert, die irgendwo dort draußen existieren. Sie holen mich ein, wie eine Anziehungskraft, eine Energie, die mich durch die Gegenwart begleitet und vorwärts treibt. Die Berge bedeuten meine Zukunft, das wird mir immer stärker bewusst, nicht als unausweichliche Prophezeiung, eher als Konsequenz der Entscheidung, die ich vor langer Zeit getroffen habe, als ich mich von einer staatlichen Bildung lossagte und aus Berlin floh. Ich bin immer noch dabei zu verstehen, was diese Entscheidung bedeutet, was sie beinhaltet, wie weit sie mich führt. Ich bezweifle inzwischen nicht mehr, dass es die richtige Entscheidung war.

1. Jedes Handeln ist Ausdruck einer Ideologie.
2. Je ›ideologiefreier‹ sich die Handlung gibt, je unbewusster sie von einem Ideensystem produziert wird, desto näher liegt sie an einem hegemonial-ideologischen Rahmen, dem Herrschaftsdenken, das verinnerlicht wurde.
3. Die Freiheit der Handlung kann annäherungsweise erreicht werden durch die Entwicklung einer eigenen, wieder angeeigneten Ideologie, die mit dem Herrschaftsdenken bricht.

Grundlage ist, dass die Handlung, die auf Intuition beruht, durch die von der Natur entfremdete Gesellschaftsform nicht mehr möglich ist, weil intuitives Handeln von der Kindheit an von Werten und Normen zivilisatorischer Moralsysteme überschrieben und verdrängt wird.

Eine emanzipatorische Ideologie kann sich wieder an intuitives Handeln annähern, wenn sie die Einheit der Welt in den Blick nimmt und den symbiotischen Charakter aller Existenzen in Rechnung stellt.

Wozu verliebe ich mich? Gerade fühle ich mich Maya gegenüber hingezogen. Vielleicht ist es dieses Vertrauen, das mir so offen entgegengebracht wird, in das ich mich so leicht verliebe, dieses unglaubliche Gefühl, anerkannt zu werden. Vielleicht war ich zu lange auf mich allein gestellt, denn dieses Erlebnis echter Verbundenheit ist mir noch zu neu, als dass ich ihm einfach trauen könnte. Vielleicht will ich es deshalb für mich ›absichern‹, indem ich versuche, es auf eine körperliche Ebene zu tragen. Darin liegt wohl eine Folge der Beziehung zu Leonie, darin nämlich, dass nach einiger Zeit und nachdem eine ›Chance‹ vertan war, eine körperliche Ebene nicht mehr erreicht werden konnte. Seitdem findet die ganze Beziehung auf einer abgekühlteren Ebene statt. Es drängt sich mir das Gefühl auf, dass es nur mein Gefühl sein könnte, dass diese Distanz von mir ausgeht und das Versagen der körperlichen Ebene für alle anderen nicht gleichermaßen bedeutend ist. Wie lässt sich dann dieses Gefühl, das Unsicherheit in der Beziehung auslöst, auflösen?

Vielleicht ist die Lösung viel einfacher, wenn wir das Problem in die Situation einführen: Wenn ich mein Bedürfnis in einer Situation einfach äußere, in der die freie Vereinbarung möglich ist. Dann braucht es nur noch zwei Dinge: Wille und Initiative, was nichts anderes ist als Mut.

Wird die Liebe irgendwann zu einem so freien Gefühl, dass sie nicht mehr an eine bestimmte Person gebunden ist? Wird sie eher zu dem Gefühl, das aus einer bestimmten Art tiefer Verbindung folgt? Die Fragen drängen sich mir auf, wenn ich versuche, diese verwirrende Vielfalt an vertrauten und liebevollen Beziehungen zu verstehen. Ist dies eine Form revolutionärer Liebe, einer generalisierten Liebe zu allen, die sie empfangen, damit umgehen können und wollen? Ist es die Liebe zu sich selbst, die nicht auf eine bestimmte Person hin kanalisiert wird, sondern sich als Panamorie auf viele bezieht? Ist es das, was Che [Guevara] meinte? Dann verflüchtigt sich auch mein klammes Gefühl im Magen und Eifersucht entwickelt sich zu Verständnis. Seltsam, wie Gedanken so sehr die Gefühle lenken.

Sicherheit

Sicherheit

Leben als Kunstwerk

Mai bis Juli 2013, Ostdeutschland

02/05/13, Dorf in Ostdeutschland

Keine Wahrheit tut mehr weh als die Erkenntnis, dass einer_m die Fähigkeit zum Umgang mit der Realität abgesprochen wird, indem mensch vor Wahrheiten beschützt wird.

> »Ich werde niemals vergessen, welch gewaltsames und wunderbares mit dem Willen verbunden ist, die Augen zu öffnen und dem ins Gesicht zu sehen, was ist und was kommt.«[49]

Die Kunst des Schweigens

freundliches schweigen trauriges schweigen
betretenes schweigen nachdenkliches schweigen
feindseliges schweigen ergriffenes schweigen
tödliches schweigen verstehendes schweigen
totes schweigen strahlendes, überschäumendes schweigen
überzeugtes, starkes schweigen
schweigen als kunst zu leben
leben zu lassen.
schweigen als verbindung im moment
als einsicht in die unzulänglichkeit der sprache
liebe im schweigen

09/05/13, Dorf in Ostdeutschland, 01:41 Uhr

In all der Verwirrung habe ich nicht das Gefühl, dass ich meinen Plan aus den Augen verlieren würde. Vorbereitungen müssen getroffen werden und es gibt viele Punkte, an denen ich weitermachen kann und muss, sowohl was den Südwesten angeht als auch den Osten. So langsam wächst ein Bild zusammen, konkretisiert sich all das. Es müssen Dinge festgeklopft werden, damit es weitergehen kann. Deshalb muss ich mit denen aus dem inneren Kreis reden. Hier

49 Foucault, Michel: *Ästhetik der Existenz.* Berlin: Suhrkamp 2007, S. 25.

und an anderen Orten sind noch viele Gespräche zu führen. Die Zielstrebigkeit in ihnen darf nicht verloren gehen.

Das Netzwerk aufbauen, entschlossener. Die wichtigen Fragen stellen. Das Netzwerk, die Kommission, ist ein Werkzeug und kein Ziel. Über Ziele sprechen ist der erste Schritt, erst danach kommt die Überlegung der Mittel, die in meinem Kopf schon existieren und diskutiert und ausgetauscht werden müssen.

12/05/13, Ostdeutschland

Es gibt einen Weg, einen silbernen Faden, der sich hinter, oder besser über, all dem entlangzieht. Und ich glaube, meiner läuft nicht mehr allein, verknotet sich mit dem Faden anderer, suchender Wesen und durch unsere Annäherung werden unsere Fäden strahlender und glänzender.

Ich will nicht allein bleiben und ich habe mehr und mehr das Gefühl, Wege zu finden, wie ich diesem Gefängnis meiner Einsamkeit entkommen kann, oder besser noch, wie ich es zerstören kann mithilfe von Kompliz_innen.

Über den Weg reden. Klarheit über den Wahnsinn erlangen, der hinter all dem steht, voller Zuversicht, dass wir uns bewegen und eine Richtung haben. In all dem Chaos existieren Bezugspunkte, Menschen, Vertrauen, Wille.

Ich verwalte nicht mehr meine Gegenwart. Ich lebe auf eine Zukunft hin. Ich entgehe der Feindseligkeit des Territoriums der Metropole und zersetze es durch die Liebe derer, die deren Architektur nicht anerkennen und die Mauern abtragen.

Knoten werden sichtbar: wir fahren *welatê* ins Land, in die freien Berge.

Meine Zuversicht wiederfinden, diese Mühelosigkeit der Bewegung. Fliehe ich gerade zu Menschen, in die Bequemlichkeit der Situation? Passt all das noch zum Weg? Wieder zum Plan zurückkehren. In all der Verwirrung mit der Situation um meine Familie darf der Weg nach Osten, meine Geschichte nicht verloren gehen. Ich bin internationalistischer Kader des neuen Paradigmas, meine Aufgabe ist die Internationalisierung der Kämpfe. Ich bin das Bindeglied, dessen Pass zur Waffe werden kann.

Die Kommissionen sind nur der erste Schritt. Wie es dann weitergeht, liegt nicht allein an mir.

Wir müssen über den Weg reden und über uns. Unsere Unsicherheit, körperlich und gedanklich, zur Welt. Daraus eine Antriebskraft entwickeln, die diese Trägheit lachend zurücklässt.

normalität im chaos
heißt den weg hinter all dem zu sehen
die kraft, die einen sinn in diese situation trägt
die bewegung in eine richtung
die auf ein nächstes ziel gerichtete flucht

es geht nicht um die verwaltung der gegenwart
dieses grade-so-klarkommen
der weg bedeutet das jetzt nach dem morgen zu fragen
klarheit über den eigenen willen
der den weg weist

Tagwerk
Neben Fara aufwachen, aufstehen, frühstücken. In den fernen Westen aufbrechen, Abschied, Ankommen, verschlossene Menschen, Verwirrung, telefonieren, frühstücken, losfahren, lesen, auskühlen, telefonieren, deprimiert sein, sich allein fühlen, in die WG fahren, nicht hinein können, wütend, hilflos sein, in den Park fahren, meditieren, Musik hören, Nachrichten schreiben, Maya treffen, reden, in den Osten fahren, Nachrichten lesen, aufbrechen, verabreden, Abschied, in den Westen fahren, zur Vokü gehen, Sarah treffen, mit ihr reden, essen, für viele abwaschen, ins Tippi laufen, verwirrt sein, Julian treffen, draußen sitzen, mit Sarah reden, seltsame Lesung hören, betreten und verwirrt sein, zu dritt reden. Sekt trinken, zu zweit reden, loslaufen, großen Plan ausbreiten, Plan schmieden, Quatsch erzählen, müde werden, schlafen gehen.

23/05/13, Ostdeutschland

- Was bedeutet Internationalismus für uns?
- Welche Rolle spielen wir? Was fangen wir mit unserem Leben an?
- Die Frage nach der Verantwortung zur Welt.
- Was sind wir bereit aufzugeben? Wofür?
- Welche Ängste, Zweifel halten uns davon ab, Konsequenzen aus unserer Konfrontation mit der Welt zu ziehen?
- Was für Lebensmöglichkeiten bieten sich uns? Welche wollen wir?

15/06/13, Ostdeutschland

Leben als Kunstwerk
Was ist Leben, wenn nicht Streben nach Schönheit, nach der Einheit von Form und Inhalt? Ich erzähle Geschichten, doch muss es meine Geschichte sein, gelebte Geschichte. Abenteuer. Ich bin nicht mehr als das, was ich tue. Mein Weg ist diese Bewegung, die ich auf eine Zukunft, ein Kunstwerk hinführe. Insofern kann ich nur Denker sein, wenn ich auch Künstler bin. Der Gedanke wird zur Tat, die den Weg bedeutet, Stück für Stück.

In den letzten Tagen fühlte ich diesen Sog, diese Bewegung, die mich vom einen zum anderen führte. Dynamik. Keine Selbstinfragestellung mehr, nur Handlungen, manifestierter Wille auf ein Ziel hin. Zielstrebigkeit. Es sind diese konkreten Überlegungen, die Reise, die Kommissionen, die die Richtung wahrnehmbar werden lassen. Die Bewegung, die sich aus sich selbst erklärt, ist offen in alle Richtungen und ebenso unbeirrbar. Ein gerader Weg erfordert einen starken Willen, einen Geist, der ihn erfüllt. Manchmal, wenn ich auf starke, offene Menschen treffe, ist es genau dieses beflügelnde Gefühl der gegenseitigen Stärkung durch die Verbindung, die meinem Weg neuen Schwung gibt. Dieses Netz aus bewussten, freien Menschen ist die Grundlage jeder Bewegung, jeder Befreiung. Wir haben begonnen, uns zu bewegen, Wahrheiten für uns aufzudecken und danach zu handeln. Jede konkrete Manifestation von Wahrheit, die wir uns geben, provoziert andere Wesen, sich selbst zu transzendieren und ihrerseits ihre Wahrheit zu suchen. Diese Fähigkeit, meinen Weg, mein Suchen sich selbst anzueignen, bedeutet die Grundlage für unsere freie Verbindung. Im Grunde tun Kader_innen nichts anderes, als Wahrheiten für sich aufzuzeigen und danach zu leben. Dadurch, durch ihre Offenheit, stoßen sie nach und nach die verdeckten Mechanismen der Entfremdung um, demaskieren die Unfreiheit und eröffnen Welten neuer Möglichkeiten. Dies ist das neue Paradigma: die Befreiung der Möglichkeiten und die Wiedererlangung der Gewissheit, dass alles möglich ist, was wir uns vorstellen können.

Militanz des Bewusstseins bedeutet den Mut und die Entschlossenheit, Schlüsse zu ziehen und sie als Wahrheit zum Ausgangspunkt des eigenen Handelns zu machen. Auch, und gerade dann, wenn sie den eigenen Status quo und den einfachen Weg aufheben und auf eine neue Stufe heben.

Disziplin auf dem eigenen Weg bedeutet, auch die Einfachheit der eigenen Bedürfnisse zu hinterfragen und die Herrschaft der Wunschmaschinen dahinter zu entlarven.

Aufopferung auf dem Weg der Selbstüberwindung bedeutet, die Anerkennung der Verbindung mit der Welt als Grundlage unserer Existenz. Wir können nicht losgelöst existieren, Isolation bedeutet Selbstverstümmelung. Wir können nur alles oder nichts befreien.

23/06/13: Email an Maya

Meine Liebe,

Du gehst mir sehr viel durch den Kopf. Ich habe versucht, die Bilder zu sortieren, um zu verstehen, was sie bedeuten. Ich schicke sie dir, damit du vielleicht einen Eindruck hast, was bei mir passiert, oder besser, was mit mir passiert. Vielleicht verwirren sie nur, vielleicht sind es alberne Bilder, mir fehlt dafür der Maßstab. Ich mag sie sehr gern, weil sie mich daran erinnern, was ich will. Wenn du nicht viel damit anfangen kannst, brauchst du sie nicht ernst zu nehmen. Es sind nur Worte, nur ein Versuch, eine Skizze, von der es nicht dramatisch ist, wenn sie scheitert.

Ich hoffe sehr, mein Schweigen irritiert dich nicht, wenn ich mich nicht melde. Für mich ist es kein seltsames Schweigen. Es ist nämlich so, dass ich mich nicht wirklich getrennt von dir fühle. Deine Präsenz ist für mich sehr stark und ich habe nicht das Gefühl, eine Distanz überbrücken zu müssen. Ich habe viel darüber nachgedacht, was unsere Begegnungen mit mir gemacht haben, was ich von dir gelernt habe, denn sie haben mich sehr beeinflusst und sind sehr präsent. In jeder Begegnung, in jedem Gespräch ist es diese Art von dir zuzuhören, zu reagieren, die mir Kraft gibt. Die Ruhe, die du ausstrahlst, schenkt mir Geduld, eine Zuversicht, als ob du direkt neben mir stündest. Es ist eine verwirrende, aufregende Bewegung, die mich erfasst hat; die ganze Zeit dieses Gefühl einer Zeitlosigkeit, einer Abstraktion der Situationen, durch die ich mich bewege. Wie ein Fluss, der mich trägt. Ich glaube, du trägst viel dazu bei, dass ich mich mit einer solchen Leichtigkeit bewegen kann. Ich habe wieder angefangen zu schreiben und zu lesen, was ich lange Zeit nicht mehr getan habe. Die Gegenwart war in der letzten Zeit sehr präsent und einnehmend für mich und ließ für mich oft keine Zeit, keinen Raum, um über mich selbst nachzudenken, über das, was meinen Weg gerade ausmacht, meinen Willen, meine Zukunft. Es ist, als ob dein Eintritt in meinen Horizont einen Bezugspunkt erschaffen hat, der mich mich selbst besser wahrnehmen lässt. Ein Bezugspunkt, der mir Zuversicht und Vertrauen verleiht, weil ich weiß, dass es einen Raum geben wird, in dem wir uns frei begegnen werden und der dadurch genau jetzt in meinen Gedanken existiert und damit real ist. Vielleicht ist es mein Bild dieses Raumes, das es für mich so leicht macht, den Weg dorthin zu gehen. Denn ich stelle es mir furchtbar schön vor, dich wiederzusehen, wie auch immer es sich gestalten wird. Bei all dem habe ich nicht das Gefühl, eine Erwartung mit mir zu tragen, eine Hoffnung zu projizieren, einer idealisierten, romantisierten Vorstellung zu erliegen. Denn was mir Kraft gibt, ist nicht der Glaube, wir könnten uns am Ende eines für mich anstrengenden Weges wiedersehen, als Belohnung für irgendwelche Strapazen. Vielmehr existiert für mich dieses Vertrauen die ganze Zeit, den ganzen Weg entlang. Jetzt gerade, nicht in einer mit Hoffnung überladenen Zukunft. Deshalb kann meine Zuversicht nicht enttäuscht werden, weil sie ja jetzt gerade echt ist, dich mir nahebringt. Sie ist durch das legitimiert und begründet, was ich bisher erlebt habe, nicht durch das, was noch kommt. Sie ist genealogisch[50], nicht idealistisch und romantisch.

---

50 Forschung über Verwandtschaft und Herkunft. In diesem Falle vielleicht etwa ›durch Erfahrung und Erleben bedingt‹. Der Begriff der Genealogie wurde von Foucault geprägt und für ein Programm historischer Untersuchungen bezüglich des Zusammenhanges von Wissen und Macht verwendet.

Ich habe dir einmal erzählt, wie es für mich ist, mich hier zu bewegen, durch diese Städte zu laufen, Menschen zu treffen, die mir immer nur bis zu einem bestimmten Punkt folgen können, weil ich meine Welt, meine Perspektive nur zu einem bestimmten Grad erklären kann. Ich fühle mich wie zu Besuch, in einer Welt, in der ich keinen wirklichen Platz mehr habe, keine Perspektive. Deshalb ist mein Weg sehr diffus, verwirrend, muss von hier ausgehen, andere Welten suchen. Die Art, wie du mir begegnest, dein Zuhören, Vertrauen, verstärkt meinen Willen zum Weg, den ich gehe. Mein Wille zu dir ist deshalb mein Wille zu diesem Weg, zu diesem Leben letztlich. Das Erschaffen der Möglichkeiten, der Räume, in denen wir uns frei begegnen können, ist für mich Teil des Kampfes, auf den ich mich eingelassen habe. Deshalb bist du für mich eine Komplizin. Die Verbundenheit zu dir ist Teil meiner Motivation, der Fluss, der mich trägt. Ich habe keine Angst, irgendetwas zu verlieren; so wie ich dich nicht verlieren kann, genauso wenig wie ich dich besitzen kann. Was ich kann, ist einzig die Frage zu stellen, ob du vielleicht auch dieses Gefühl hast, das mich trägt, das Gefühl durch die Begegnung mit dir freier zu sein. Dass sich die Möglichkeiten durch die Verbindung vervielfachen und ich reicher werde mit dem, was ich von dir lerne, mit dir erlebe.

...

Ich weiß nicht, wie das alles klingt, aber es fühlt sich gut an, es dir zu schreiben.

Nichts von all dem erfordert eine Antwort, eine Konsequenz. Ich bin bei Foucault auf zwei Techniken der Selbstauseinandersetzung gestoßen, die in der Antike verbreitet waren. Das eine waren Notizbücher, in denen Gedanken festgehalten werden konnten als externer Speicher im Alltag. So fing ich nämlich an, einen Gedanken all den Quatsch betreffend, den ich oben geschrieben habe, festzuhalten, als ich vorhin aus dem Zug stieg, vor vielen Stunden. Das andere war die Korrespondenz, das Briefeschreiben. Er meinte, Briefe werden immer zu einem Teil an eine andere Person geschrieben, zum anderen an sich selbst. Deshalb hilft jeder Brief mir selbst, dann ein wenig klarer zu sehen, auch wenn ihn kein Mensch sonst versteht. Ich erwarte keine Antwort, für mich gibt es keine Zwangsfolge, keinen festen Ablauf, keine angemessene Reaktion. Nur die freie Handlung, die gewählte Verbindung.

Ich werde mir jetzt einen Baum suchen, unter den ich mich legen kann und ein paar Stunden nicht mehr so komplizierte Dinge denken. Vielleicht sollte ich das öfter machen. Ziemlich wahrscheinlich. Am liebsten bald wieder mit dir, das wäre sehr schön.

Aus der Dunkelheit, Verwirrung, Liebe und Freude.
Fühl dich umarmt.
X.

Drei Monate keine Aufzeichnungen

Aus den drei Monaten zwischen Ende Juni und September 2013 wurden leider keine Tagebücher gefunden. Es können nur Vermutungen angestellt werden, warum dies der Fall ist: Vielleicht war das Versteck zu gut, sodass es von den Freund_innen nach seinem Tod nicht gefunden werden konnte; vielleicht hat er niemandem Informationen zum Ort gegeben oder die Information ist über die Jahre verloren gegangen.

Die drei ›fehlenden‹ Monate sind drei Monate vor einem weiteren Aufbruch in die freien Berge Kurdistans. Auf dieser Reise entstand sein erstes Interview mit dem *Kurdistan Report* unter dem Titel »Die Angstreflexe überwinden«. Diese Monate waren von Reisevorbereitungen geprägt. Er diskutierte mit vielen Weggefährt_innen über die Bedeutung der Berge Kurdistans, um den Kopf von den Einflüssen der kapitalistischen Moderne frei zu bekommen. Die Überzeugung war, dass es notwendig sein würde, Dinge aus der europäischen Sozialisierung zu verlernen, um neue Arten und Weise erlernen zu können, die beim Aufbau einer befreiten Gesellschaft behilflich sein würden.

Gedanken einer neuen Gesellschaft

August bis September 2013, Qandîl

Er kam sich fremd vor, fühlte sich, als müsse er sich von den anderen abschotten, distanzieren, um klar denken zu können. Die Banalitäten, die im Raum waren, griffen ihn an, er spürte, wie der Raum zum Denken für ihn enger wurde. Seine Fantasie und sein Geist waren wie unter Besatzung, die kolonisierende Macht war diese Liberalität, die belanglose Aneinanderreihung beliebigen Inhaltes; die Kolonialtruppen waren all die Witze, Wortspielereien, das Schulterzucken und verursachten Kratzer an der Oberfläche. Ihm war bewusst, dass dieser Idealismus der klaren Gedankenführung ihn von den anderen entfernte, dass es eine symmetrische Antwort war, die er gab. Es war keine Lösung, die Kommunikation abzubrechen und sich zurückzuziehen. Nur fühlte er sich schwach, betroffen vom stummen Druck der Gruppe, deren kollektiver Geist wieder über den Menschen schwebte, ihre Entscheidungen verzerrte und ihre Initiative verschluckte. Dieses Mal jedoch stand er auf der anderen Seite: Er war nicht mehr handlungsfähig wegen der Übermacht derer, die dieses Kollektiv über ihn gewannen, sondern weil er seine Initiative oft alleine sah, als würden ihm Entscheidungen zugetragen werden. Er war todmüde, ihm fielen die Augen zu, und seine Gedanken legten mehrere Tausend Kilometer zurück, zu jenen anderen Menschen, die er liebte und bei denen er dennoch nicht sein konnte. Ihre Welt war eine andere, die er gerade nicht betreten konnte, die er verlassen hatte, weil sie ihm nichts mehr bot. Er wusste, dass dieser ganze Weg, der vor ihm lag, nichts anderes war, als der Versuch, nach Hause zu kommen, zurückzukehren. Und er wusste auch, dass er noch nie dort war, dass es kein Ort, kein Raum war, an dem er schon gewesen war. Es war ein Gefühl, eine Sicherheit, ein Traum. Er kannte einige Menschen, die er dort wiedertreffen würde. Er und die Welt würden eins sein.

13/09/13, Qandîl, Freitag, Tag 6

Drei Punkte:

1. Internationalismus, Vernetzung, internationale Kommissionen,
2. Analyse und Perspektive für Europa,
3. Unterstützung des kurdischen Befreiungskampfes.

Die Frage der Möglichkeit wahnsinniger Pläne hängt immer mit dem Spannungsfeld zwischen Idealismus und Pragmatismus zusammen.

Unsicherheit, die zu Härte führt. Zweifel, dass der richtige Zeitpunkt schon gekommen ist. Zweifel, dass ich nicht halten kann, was mir so notwendig erscheint. All die Linien und unterschiedlichen Perspektiven, die durch diese Bewegung laufen, scheinen genau darauf hinzudeuten: Es braucht Impulse von außen, um Dynamiken anzustoßen, um aus dem Chaos heraus produktive Lösungswege zu finden. Die Bewegung und die Anstöße müssen über Kurdistan hinausstrahlen, damit sie bestehen. Keine der Welten kann dauerhaft bestehen, wenn sie sich allein betrachtet, wenn sie nicht in Austausch mit den anderen Welten tritt. Die kapitalistische Moderne kann nicht nur in Kurdistan bekämpft und widerlegt werden und jede konservative Lösung wird noch mehr und größere Opfer fordern.

Vor allem darf eines nicht passieren: Die Aufopferung der eigenen Entwicklung für diese Revolution, die nicht mehr persönlich und befreiend für das Individuum ist. Ich merke, dass dies hier ein strategischer Punkt ist, der notwendig durchlaufen werden muss, um neue Türen zu öffnen. Er ist keine Lebensperspektive für mich. Jede Situation, in der ich mich wiederfinde, gibt mir das Gefühl, dass ich etwas unternehmen muss, um sie zu überwinden. Mein Streben geht immer in die Zukunft, zu den Menschen, die ich liebe und die ich wiedersehen will, mit denen ich grade keinen Raum teilen kann. Jede noch so gering erscheinende Statik macht mir Angst, gibt mir ein Gefühl von Ruhelosigkeit, lässt mich Lösungen, Möglichkeiten zur Veränderung, Verbesserung suchen. Meine Unfähigkeit zur ›Zufriedenheit‹ in der Gegenwart macht mich zum Revolutionär, lässt mich von Welten träumen, in denen alle Welten Platz haben, die kein Gefängnis mehr sind, die die freie Verbindung möglich machen. Die mich frei lieben lassen und mir die Unruhe nehmen, dass ich immer noch hinter einer Mauer lebe.

Kein Mensch kann frei sein, solange auch nur ein einziger unterdrückt ist. Was ich will, ist nichts Geringeres, als mich frei fühlen zu können, frei zu denken, frei zu handeln. Meine Verantwortung mir selbst gegenüber führt automatisch zum Kampf gegen jede Herrschaft, jede Form von Sklaverei. Ich glaube, es gibt viele dort draußen, denen es genauso geht. Konvertit_innen, die Wege suchen, ihr Unbehagen wegen des Status der Welt in Energie zu verwandeln. Niemand kann frei leben, während andere unfrei sterben.

Meine persönliche politische Arbeit kann nur als Einheit von Selbstbefreiung und kollektiver Befreiung funktionieren, eigentlich jede revolutionäre Tätigkeit. Die Diskrepanz zwischen individueller Perspektive und Aufopferung für die kollektive Organisierung führt zu Individualismus oder Selbstaufgabe. Vielleicht muss auch jetzt schon in der PKK gegen die Zwangskollektivierung in Form von Pragmatismus gekämpft werden, besonders im Hinblick auf die Arbeit in Europa.

Keine Arbeit darf den Menschen ignorieren, der sie ausführt, nicht einmal vertrösten. Einen Menschen zu einer Tätigkeit drängen, die er nicht gewählt hat oder die ihn nicht persönlich erweitert, seine Entwicklung vorantreibt, bedeutet Vergeudung von Energie und Verrat an der Freiheit des Willens und der selbstbestimmten Handlung. Eine Arbeit, die keine_r machen will, muss zur Rekapitulation der Strategie und der Perspektive führen.[51]

Selbstverteidigung darf niemals bei der Beibehaltung, dem Beharren auf dem Status quo stehen bleiben, weil der Raum, in dem der Angriff stattfindet, so aufrechterhalten wird und neue Gewalt produziert. Verteidigung ohne Selbststärkung bzw. strategischen Gegenangriff führt früher oder später zur Niederlage, Vernichtung. Die Selbstwerdung, das Verfolgen des eigenen Weges durch den freien Willen, muss darauf abzielen, den erkannten Angriff sinnlos und überflüssig, obsolet erscheinen zu lassen.

Ein Unbehagen, eine diffuse Angst kommt auf, wenn ich an die Menschen denke, die ich liebe und die in anderen Welten geblieben sind. Es ist eine Art Angst, die Verbindung zu verlieren, im Nebel zu verschwinden oder schlimmer noch, fremd zu werden. Nicht, weil ich denke, dass sie mich leichtfertig aus ihrer Welt entfernen. Eher das Gefühl, ich könnte mich zu weit entfernen, verschwimmen, selbst zu einem befremdlichen Rätsel werden, das eine unverständliche Sprache benutzt und verstörende Handlungen zum Lebensinhalt erhoben hat. Die Angst, die Frage nach dem Grund nicht mehr beantworten zu können. Eine Brachialität der Seinsweise, die zu zurückweisend wirkt; eine innere Stärke, die ich für mich entwickle, die gewalttätig wirkt.

Es braucht immer Abstraktionspunkte, eine Verbindung zu einer anderen Welt, um mich hier nicht zu verlieren. Eine Verbindung, die auf Liebe basiert, auf dem Willen zu den Menschen, die geblieben sind, dem Willen verstanden zu werden.

14/09/13, çiya Berge

Eine Identität, eine Seinsweise, die die Männlichkeit in ihrer Hegemonie selbst untergräbt. Eine Skepsis, die kritisches Bewusstsein in jedem Raum entwickelt, der männlich dominiert sein kann. Wie soll eine Geschlechterbefreiung erlebt

51 Xelîl befindet sich zu diesem Zeitpunkt in den Bergen Kurdistans, um die PKK kennenzulernen. Die PKK ist eine Partei, die durch kollektives Handeln bestimmt ist. Der Eintritt in dieses kollektive Leben ist freiwillig. Im Kampf gibt es die Notwendigkeit für bestimmte Bereiche und Aufgaben. Kader und Kaderinnen der Partei sind sich dessen bewusstwofür er oder sie Verantwortung trägt, mit der Bereitschaft sich den Bedürfnissen des Kollektivs und des Kampfes zu widmen. Das ist zum Teil aus einer individualistischen Haltung heraus nicht (leicht) nachvollziehbar und kann dabei auch dazu führen, dem Kollektiv zu schaden.

werden, die den Mann in seiner Unsicherheit und dominierenden Angst belässt? Wie die Ebene der Verbindung finden, auf der eine Reflexion von männlichem Verhalten, Denken und Unterbewusstsein möglich ist? Wie kann die Bewusstwerdung durch die Frauenbewegung eine Veränderung des Mannes bewirken?

Welcher Weg eröffnet die Perspektive, die ich für mich will? Wie sieht ein Lösungsweg für meine Situation aus? Welche von den Möglichkeiten, die sichtbar für mich sind, sind nur scheinbar sinnvolle Wege? Welche führen zur Vertiefung, erweitern mich? Welche sind Profilierung, Ruhmsucht oder schlicht Suche nach Anerkennung?

Es gab nie einen Lebensabschnitt für mich, der mich wirklich befriedigt hätte. Im Grunde war mein Leben immer auf eine Zukunft ausgerichtet, ein Ideal, einen Traum. Mein Gefühl von Angezweifeltsein kam sehr früh auf, daraus resultierten all diese Selbstzweifel, die Suche nach Vertrautem, Rückzugsräumen, Alternativen.

Ist diese Revolution wirklich verbunden mit mir selbst, meinen Perspektiven, meiner persönlichen Suche, meinem Willen zu dieser Welt? Oder ist es nur ein willkürlicher Punkt, aus dem ich emotionalen Profit schöpfen kann? Wie sieht meine Selbstverwirklichung aus? Gibt es überhaupt eine wirkliche Alternative zum Weg, für den ich mich entschieden habe?

Im Grunde geht es um eines: All mein Suchen ist der Versuch, nicht mehr fliehen zu müssen. Ich bin vor allem geflohen, was mich eingezwängt hat: vor meiner Familie, vor dem Staat, der mich an sich binden wollte. Ich bin vor dem Kompromiss geflohen, allein zu nomadisieren und kurzlebige Räume als Schutz aufzubauen, weil sie die Angst nicht endgültig verschwinden lassen können, weil die Gewalttätigkeit der Welt um die Räume herum sie vergiftet, die Beziehungen korrumpiert und die Verbindungen belastet hätte. Ich suche nach einer Lösung für mein Dilemma: Wie in einer Welt frei leben, in der Krieg herrscht, wie lieben, wenn die faschistische Mentalität ein Bild des Grauens und der Vernichtung zeichnet, jede Realität der Gegenwart bedroht?

17/09/13, Südkurdistan

Ich habe einen Entschluss gefasst. Alle meine Überlegungen, Ideen, ideologischen Bewusstwerdungsprozesse laufen auf etwas hinaus: den Gedanken einer neuen Gesellschaft und Kollektivität. Eine neue Welt. Diese Bewegung bedeutet für mich einen offenen Raum, der mir die Wichtigkeit der kollektiven Verantwortung vor Augen geführt hat. Ich kann mich dieser Welt und der Verantwortung ihr gegenüber nicht entziehen. Mein Inhalt soll dieses Bewusstsein tragen, meine Lebensweise dem Kampf für das Selbstbestimmungsrecht und der Befreiung aller Wesen Rechnung tragen. Mein Weg hat mich zum Revolutionär gemacht und das seit dem Moment, in dem die Erkenntnis in mein

Unterbewusstsein gesickert ist, dass die Kultur, aus der ich komme, zerschlagen und kolonisiert wurde. Es gibt keinen Weg zurück. Alle Lösungswege, die die kapitalistische Moderne vorzubringen scheint, bedeuten die Unterwerfung und die Vernichtung. Mein Weg soll in eine neue Welt führen, in Welten, die durch die Risse der Gegenwelt scheinen. Ich stehe auf der dunklen Seite des Mondes, um ein Licht für die Zukunft zu finden, das Licht, das in einer anderen Welt leuchtet.[52]

Mein Anschluss zur Partei ist der nächste Schritt, er beinhaltet bereits seine Widerlegung. In einem solchen Moment der Klarheit sind meine Zweifel Werkzeuge, die auf die Schwachstellen hindeuten, Vorsicht der Sprache und der Handlung lehren. Mein Leben als Kader der PKK ist die Form meines nächsten Schrittes. Sie muss flexibel fließend sein, sich mit dem Fortschritt weiterentwickeln. Meine Zeitlichkeit liegt in der Zukunft, mein Weg soll die Richtung meines Willens zeigen und die existierenden Formen des Sachzwanges der Gegenwart unterwandern.

Die Frage der Strategie lenkt die Blickrichtung in eine Welt, in der die Zukunft dieser Region als Spiegel der Welt fungiert. Alle Entwicklungen deuten nach Osten; der Sturz des iranischen Regimes ist nicht zu verhindern, außer durch die radikale Demokratisierung aller gesellschaftlichen Strukturen. Die momentane Situation hat viel mit der Bedrohung durch die internationale Machtkonstellation zu tun – die Revolution in Syrien ist das Spielfeld, auf dem die Grundsteine für alle nachfolgenden Entwicklungen gelegt werden. Es braucht eine internationale Unterstützung, eine Ausweitung des Widerstandes.

20/09/13, Freitag, xaniyê mêvanan Gästehaus

Das größte Problem, die größte Herausforderung, die Freund_innen aus Europa hier begegnet, ist der Umgang mit Vertrauen. In einer Kultur, die auf Abgrenzung, Profilierungssucht, Angst und Egoismus, Proprietariertum basiert, ist das unlogischste, was sich der Mensch erlauben kann, einfach zu vertrauen. Handlungsmacht kann dort nie kollektiv werden, wenn immer ein Argwohn

52 Aus »An die Maulwürfe« in *Botschaften aus dem Lakandonischen Urwald* von Subcomandante Marcos. Im Original: »Ein kleines Stück des Mondes … Aber in Wirklichkeit ist es nicht ein, sondern zwei Stücke: Das Stück der dunklen Seite des Mondes und das Stück der glänzenden Seite des Mondes. Und hier muss verstanden werden, dass das Stück Mond das glänzt, glänzt, weil es eine dunkle Seite gibt. Es ist die dunkle Seite des Mondes, die die glänzende Seite des Mondes möglich macht. So auch wir, wenn es uns getroffen hat, die dunkle Seite des Mondes zu sein. So nicht deshalb, weil wir weniger sind, sondern, weil wir bereit sind, die dunkle Seite zu sein, damit es möglich ist, dass alle den Mond sehen (und letztendlich ist die dunkle Seite wertvoller, da sie für andere Himmel leuchtet, und um sie zu sehen, muss man lernen, sehr hoch zu fliegen). Und so ist es, dass es wenige sind, die bereit sind zu leiden, damit andere nicht leiden, und zu sterben, damit andere leben, und das ist so, denn Stiefel und Mond und etcetera und Punkt.« (Edition Nautilus 1996, S. 45)

bleibt, ob die Handlung und Absicht der anderen nicht doch antisozial, bevormundend und destruktiv sein könnte. Es gibt Gründe, nicht davon ausgehen zu wollen und zu können, dass die Entscheidung, die andere für eine_n selbst fällen, selbstlos, durchdacht, sorgsam und solidarisch sein könnte. Es ist dieser Schritt der Selbstüberwindung, den Wahnsinn der faschistoiden Moral der Abschottung zu überwinden. Freiheit kann nur im Vertrauen in das Kollektiv erlangt werden, niemals in der permakritischen Distanzierung von den Nebenwesen, die einen umgeben.

für die, die niemand sieht
für die, die gehen müssen
für die maulwürfe
für die fledermäuse
für die schnecken
und für die drachen
für die, die auf der flucht sind

Glaube nicht, dass du traurig sein musst, um Revolutionär sein zu können; auch wenn das, wogegen du kämpfst, abscheulich ist.[53]

Der Drache nimmt auf seinem freien Flug keinen Begleiter mit.

Having no way as way.[54] Kein Weg als Weg.

Philosophie heißt sterben lernen[55]
Sein Leben unter eine Philosophie der Freiheit zu stellen heißt, den Tod frei zu wählen, ihn sich anzueignen. Leben und Tod sind dann nicht mehr Gegensätze, sondern in ihrer Einheit und mit dem Bewusstsein darüber, die bewusste Entscheidung zur Welt. Sie bedeuten die Überwindung der Feindseligkeit gegenüber der Welt.

Vielleicht finden sich gerade überall in Europa und in Territorien des Westens Wesen, die sich verbinden. Verschworene gegen die Realität, gegen die Gegenwart, die die Zukunft leugnet und erstickt. Revolutionäre Zellen, die

53 Im Original: »Denke nicht, dass man traurig sein muss, um militant sein zu können – auch dann nicht, wenn das, wogegen man kämpft, abscheulich ist! Es ist die Konnexion des Wunsches mit der Realität (und nicht sein Rückzug in Repräsentationsformen), die revolutionäre Kraft hat.« Das ist Michel Foucaults Zusammenfassung der wesentlichen Prinzipien des Anti-Ödipus von Gilles Deleuze und Félix Guattari. (Foucault, Michel: *Dispositive der Macht*. Berlin: Merve Verlag 1978, S. 228)

54 Abgewandeltes Zitat von Bruce Lee, Tao der Kampfkunst *Jeet Kune Do* (JKD): »Using no way as way, having no limitation as limitation.«, »Kein Weg als Weg nutzen, keine Beschränkung als Beschränkung haben.« (Siehe auch S. 256)

55 Zitat von Michel de Montaigne, franz. Philosoph der Renaissance, aus den *Essais* (1998).

einen neuen Gesellschaftskörper beschreiben, die Utopien verkörpern und der Ausweglosigkeit entkommen. Die Jugend findet Formen ihres eigenen Umgangs mit der Welt: diffus, widerständig, zögernd, angepasst. Voller Wahnsinn und Angst, zwischen Indoktrination und dem Versuch der Selbstwerdung.

Dort draußen gibt es Verbündete, weil unsere Realitäten sich ähneln, die zu ähnlichen vielfältigen Konsequenzen führen.

Es ist nicht ganz klar, ob sie sich bewegen, ob sie dabei sind, zu verschwinden oder einfach vorwärtszugehen. In der Dynamik der Flucht lässt sich dies nie ganz auseinanderhalten.

tränen
irgendwo in einem freien land
in den freien bergen
in denen wilde steineichen wachsen
statt gefällt zu werden
tränen
für die freunde
die nicht kamen
trauer über die angst
die versteinert
und nicht wachsen lässt
berge länder und meere
zwischen den tränen
und den freunden
und doch tränen
die freunde in freie berge holen
gegen die angst
getrennt zu bleiben
zum wahnsinn finden
die blindheit des maulwurfs
dessen weitblick
der nicht sehen muss
und nicht betroffen ist
von der oberflächlichkeit
des offensichtlichen.

Seit Tagen trage ich dieses Gesicht, diesen Zweifel, diesen Blick. Seit Tagen fühle ich diese Entfernung, diese Sehnsucht. Seit Tagen sucht meine Erinnerung nach Menschen, die weit weg andere Welten beleben, die für mich nicht zugänglich sind. Seit Tagen warte ich auf die Bewegung, das Ende des Wirbels, der mich im Kreis dreht, um mich selbst, die gleichen ziellosen Gedanken.

Lieben heißt mein Wille. Nicht an der Gegenwart zu zweifeln heißt den Willen, dessen Grundlage und Herkunft nicht mehr infrage zu stellen.

Wie dem Zweifel die Rückkehr verwehren?

Jedes Mal, wenn die Frauen ihre Räume gegen Männerbündelei verteidigen müssen, existieren Machtlinien, die die Trennung vertiefen. Ich stehe zwischen den Gruppen, fühle das Unbehagen der Frauen, auch mir gegenüber und die Abneigung gegen das männliche Verhalten, das mir die Verbindung und die solidarische Kritik unmöglich macht. In dem Moment bleibe ich allein, stehe davor, zum Männerfeind zu werden und verzweifelt nach der Komplizinnenschaft der Frauen zu suchen, die ich doch nicht wage einzufordern.

Têkoşîn Kampf – Durchsetzung gegen die Männlichkeit
Kader sein:

- Wie ist individuelle Initiative, freier Wille geschützt?
- Wie können Freiräume gegeben werden?
- Kann Vertrauen so weit vorgeschossen werden?

Die eigene Rolle verstehen lernen. Es muss verstanden werden, dass jede Idee von Gleichheit dem Raum und der Bewegung nicht gerecht wird. Es gibt Menschen, die sehr gut in praktischer Arbeit sind, andere in ideologischer. Um zu verstehen, was das Beste für die einzelnen Wesen und das Kollektiv ist, müssen die Differenz der Fähigkeiten und die Erfordernisse des Raumes in Rechnung gestellt werden. Wir sind nicht als Gleichwertige hier. Unsere Position als Gäste ist eine Anerkennung der Differenz, keine Wertung. Der Weg, den wir hierher zurückgelegt haben, ist grundsätzlich verschieden von allen anderen Wegen und jeder Versuch, eine Angleichung des Verhaltens herbeizuführen, stellt die Wesen und die Räume grundlegend infrage. Was sich angleichen muss, ist die Akzeptanz des Willens und das Bewusstsein über die kollektive Verantwortung für alle Wesen, ihre Rollen, ihre Arten und Weisen.

Wir werden niemals gleich.

Mein Kampf hier, mein Weg, ist ausschließlich für die Hevals, denn ohne die Hevals, wäre das alles nichts. Doch ist mein Kampf nicht nur für die Hevals in Kurdistan, sondern für die Hevals in der ganzen Welt, für die Freund_innen in Deutschland, die nicht hier sein können, weil ich nicht stark genug war, den sozialen Raum aufzubauen, in dem wir zusammen hätten losgehen können. Deshalb muss mein Weg zurückkehren, mit Liebe, um zu ihnen zu finden.

Jetzt, wo ich meine unüberbrückbare Differenz anerkannt habe, wäre es illusorisch anzunehmen, ich wäre hier gleich allen anderen. Ich bin ein Europäer in Kurdistan mit einer eigenen Identität, eigenen Werten. Ich komme nicht als Kurde und will keiner werden. Es wäre eine neue Identität für mich, homogenisierend statt widerständig. Ich bin Anarchist, Internationalist.

24/09/13

Vielleicht ist das die eigentliche Übung hier: bei all der Überforderung noch geradeaus zu denken, ein eigenes Sein zu bewahren. Oder ist es einfach das Ziel, loslassen zu lernen? Die eigene Geschichte auszulöschen und eins zu werden mit der Partei? Soll ich mich von meinem Selbstbefreiungsweg befreien? Es muss eine Möglichkeit geben, ein Gleichgewicht herzustellen zwischen den Anforderungen des Kollektivs, der Verantwortung und den Notwendigkeiten des laufenden Krieges, sowie den Menschen und dem Willen der Einzelnen. Wie soll aus der reinen Notwendigkeit dem Krieg gegenüber der Krieg selbst überwunden werden?

Mein Kampf gilt der Form dieses Zusammenlebens, der Männerbündelei, dieser armseligen Ausprägung patriarchaler Angegriffenheit, die in kolonisierende Offenheit umschlägt, wenn sie sich sicher wägt.

Die richtige Analyse führt zur richtigen Tat, die Verbündete bringt. Ich habe erstmalig das Problem der Männlichkeit hier thematisiert und wie vermutet, verläuft die Linie zwischen der ideologischen Zielsetzung und der Prägung der Hevals, die sie mitbringen – auch hier werde ich zum Agenten. Zur Lösungskraft, die aufzeigt, den Dialog möglich macht. Impulse setzen, Dynamiken lernen.

Ich weiß jetzt, dass es möglich ist. Was ich immer nur im Gefühl hatte, ist Gewissheit geworden.

Wie lange dauert es wohl ein schwaches Individuum, einen nie zuvor beanspruchten Körper, zur Guerillero_a, zur Freiheitskämpfer_in zu machen? Wie kann der Grundstein für diese neue Kaste von Internationalist_innen gelegt werden? Die Organisierung der verschworenen Konvertit_innen, die ihre Privilegien zum Ausgangspunkt ihres Widerstandes machen?

Künstler lügen, um die Wahrheit zu sagen.[56]

Die Welt um mich wird bedrückender, kräftezehrender, die Sehnsucht nach den Freund_innen beschwert, statt zu beflügeln. Eine enge, beengende Welt, voller Notwendigkeiten, die den Raum nehmen zum Denken, frei Bewegen, allein Sein, Lieben. Muss erst alles verloren gehen, damit ich deren Bedeutung erkenne? Vielleicht ist dies mein Fallen, um ganz unten anzukommen, die Angst zu verlieren, zu sterben, um neu geboren zu werden. Zu lernen, was all

56 Frei nach Evey in dem Comic und Film *V wie Vendetta*: »Künstler lügen, um die Wahrheit aufzuzeigen. Politiker lügen um die Wahrheit zu vertuschen!«

dies Gewohnte bedeutet, den Frieden zu leben und im Krieg zu wachsen. Keine Bequemlichkeit mehr, kein Rückzug.
Was meine neue Lieblingsbeschäftigung ist, ist nachts mit voller Ausrüstung über Berge zu marschieren. Mir war vorher nicht wirklich bewusst, wie technisch versiert es möglich ist, Berge hinaufzustolpern oder herunterzuschlittern. Der Boden ist bedeckt mit trockenen, harten, spitzen Gräsern, dornenübersät, dazwischen Felsen mit einer Oberfläche wie Sandpapier. Es gibt zwei Möglichkeiten des Marschierens: Hoffend, dass du auf den Füßen bleibst und im Zweifelsfall mit dem Gesicht in den Dornen hängenbleibst, oder deine Hand mit einer bunten Auswahl von Dornen aller Längen, Spitzen und Härtegraden musternd, mit Widerhaken oder ohne.

Ich glaube, es gibt schlimmere Dinge als Waffen, Dinge, die auf schlimmere Art töten: Ignoranz, Wille zur Herrschaft, Menschen- und Lebensfeindlichkeit.

Tiefer Zweifel, heilender Zweifel, Reflexion. Im Lärm der Vielen und des Explodierens der Mechanismen, die töten, um Leben zu retten und in eine andere Zukunft zu schicken, verschwimmt das Selbst, das Stück weg hin zur eigenen Befreiung. Wo alles den Zwängen des Krieges und der Vorbereitung geopfert wird, wo bleibt da Platz für die Frage nach dem Selbst? Es ist nicht die Gleichheit, die ich suche, sondern die Verteidigung der Möglichkeit der Vielfalt. Hinter den Uniformen, der gleichen Äußerlichkeit, entfalten sich die Menschen, ihre Farben, Hoffnungen, Wünsche, Ängste. Der Kampf hier gilt immer gleichzeitig der Bequemlichkeit, der Verteidigung des Alten, wie auch der Homogenität, dieser größten Gefahr all dessen, was sich behaupten muss. Die Kunst der Selbstwerdung, die Verteidigung der Freiheit in einer Welt des Krieges, ist das Stück Wahnsinn, das all dem hier Kraft verleiht, jede Logik der Verhältnismäßigkeit aufhebt und befreit. Dies hier ist die wohl härteste Schule auf dem Weg zur Freiheit, die Aufgabe all dessen, was ich liebe, der Verzicht auf jedes Vorrecht, die individuelle Selbstmacht. Es ist der Wunsch selbst, der wächst, das Verlangen nach dem, was wir begehren und das Bewusstsein, dass wir alles erreichen können, wenn wir uns selbst besiegt und gereinigt haben. Gereinigt von all den Ängsten, falschen Eitelkeiten, Begehrlichkeiten, Begrenzungen des Geistes. Das Bewusstsein, dass wir Teil dieser Welt sind, Teil des gleichen Kreises des Lebens, das nur in Symbiose bestehen kann.

Die Unfähigkeit den eigenen Tag zu bestimmen, die Unfähigkeit die eigene Sprache sprechen zu können: taub, stumm, gelähmt. Und doch Teil sein, akzeptiert, geliebt. Wie eine ganze Welt erschaffen, die auf der Akzeptanz des Anderen basiert, der unhinterfragbaren Partizipation? Auf der Liebe zum Leben letztlich und zu allem Lebenden. Es gibt keinen Ausweg aus dem Dilemma der Welt, außer in der Veränderung, dem Bruch mit allem, das wir kennen. Das ist es, was

Che [Guevara] meinte, als er von der Liebe sprach als grundlegende Triebkraft der Revolution und der Revolutionär_innen. Wir haben gar keine andere Wahl, als uns eine neue Sicherheit aufzubauen, als verlorene Kinder unserer Zeit und der Jugend der kommenden Welt. Uns bleibt nichts außer uns selbst, denn alles, was die bisherige Welt bieten kann, ist Zähmung und Unterwerfung zum Preis der Trennung voneinander. Was uns zurückhält, ist diese Angst vor der Freiheit, die Angst, zum vollen Bewusstsein zu kommen, dass nur wir für all unser Handeln verantwortlich sind. Und im Grunde ist es nur diese Angst, die wir verlieren können. Oder wir sind bereits auf dem Weg, uns von der Welt, von unserem Leben zu lösen. Das ist es, was heißt: Wir haben eine Welt zu gewinnen.

Ich habe meinen schlimmen Feind wiedergetroffen. Es ist der Abgrund zwischen mir und der Welt, die Flucht vor der Gegenwart. In diesem Abgrund grinst mich ein Gesicht an, das sagt: Was hilft's sich über mich zu quälen, die andere Seite wird dich genauso allein fühlen lassen. Wie ein Spiegelkabinett den Raum zertrennt und unendlich werden lässt. Bis ich selbst mich fragte: Was ist Raum? Was bin ich?

kein tag ohne gedanken an sie
die freundinnen - ihre welt
kein tag ohne diesen wunsch
wiedersehen wiederhören wiederfühlen
kein tag ohne das wissen um
den zustand der welt um die lage
kein tag ohne trauer / der hier erfüllt wäre
kein tag ruhe, zufriedenheit
kein tag zukunft
wie ganz aufgehen im augenblick
ehrlich gesagt will ich nicht vergessen
warum revolutionäre eben nicht immer
fröhlich sein können über die welt
die da kommt durch sie für sie für alle
sie würden verleugnen warum sie losgegangen waren
um eine andere tür zu öffnen
eine wand einzureißen / eine brücke zu bauen
einige werden posthum geboren
und einige leben wie wir in einer zeit
wie wir in der gegenwart
ein teil von ihnen blickt immer noch aus dem
gestern und auf das gestern
ein teil ist immer schon voraus
in der welt der möglichkeiten
die da kommen können
und die ihren willen an diese welten binden

Noch immer diese Trennung, auch wenn sie sich verändert. Die Freund_innen hier sind nicht mehr so fern. Als wäre ich alleine in einem Raum, in dem niemand wirklich anwesend ist, aber es sind noch andere Welten in meinem Kopf, die mich beschäftigen, die mir Kraft geben, Perspektiven eröffnen und meinen Willen stärken Brücken zu bauen, zurückzukehren, zu versuchen, der Bedeutung, die all die Welten für mich haben, gerecht zu werden. All die Bilder, Erinnerungen, das Gefühl der Verbundenheit zu denen, die ich zurückgelassen habe, obwohl und weil ich sie liebe, sind Fragmente, Bausteine, Hinweise für den Weg, wie ich ihn weitergehen kann.

Still, like a mirror.
espond, like an echo.
Moving, like water.
Repose in the nothing.[57]

Ruhig, wie ein Spiegel.
Antworte, wie ein Echo.
Bewege dich wie Wasser.
Ruhe im Nichts.

Was macht den Menschen aus? Zwei grundlegende Kräfte: Liebe, Freiheit.

57 Zitat von Bruce Lee

Es ist die Zeit des Zuhörens

September bis Dezember 2013, Qandîl

Der grundlegende Fehler vieler Internationalist_innen war, zu lokal zu denken. Internationalismus braucht allerdings keine lokale Festlegung, sondern eine Ideologie und Strategie, die im globalen Maßstab denkt. Es braucht erst eine solche Grundlage, um Wege zu eröffnen, Möglichkeiten zu erschaffen.

28/09/13, Samstag

Vielleicht sollte es öfter Drohnenüberflüge geben, dann käme ich mehr zum Schreiben. Zum Zeitplan: Wir sind am Freitag letzter Woche zu Hevala Medya[58] gegangen. Montag war ich bei der *Şervanên-nû*[59]-Koordination, Dienstag sind wir hier angekommen. Es kommt mir schon wie eine ganze Weile vor, obwohl ich immer noch nicht wirklich angekommen bin. Ständig stürze ich in diese tiefe Trauer, Sehnsucht nach Menschen, Räumen, Berührungen, Gesprächen, Austausch mit Menschen, die verstehen können, was mit mir passiert. Hier stoße ich auf Verständnislosigkeit, Desinteresse, bin ein exotischer Fremdling, der nicht sprechen kann, nicht versteht. Unkritisierbar, nicht anwesend.

In einem sozial repressiven Raum, der nicht offen freundlich, sondern homogenisierend ist, ist es die größte Herausforderung, das eigene Denken zu bewahren und dabei nicht diesen tiefen Graben, die Trennung zu den Menschen, denen es vielleicht ähnlich geht, aufzumachen. Das Schlimmste ist, ich verstehe die Mechanismen, die Unsicherheit, das offensiv-aggressiv männliche Gehabe. Aber ich stehe ihm hilflos gegenüber. Finde keinen Umgang und meine Sprachlosigkeit wird zu Handlungsunfähigkeit. Der einzige Verbündete, der zumindest die Sprachbarrieren überwinden kann, ist jung, schwerfällig im Zuhören und selber vom Raum und dessen Anforderungen in Beschlag genommen. Mit der

58 Hevala Medya ist eine deutsche Internationalistin, die sich in den 90er-Jahren der PKK anschloss. Sie ist am Aufbau medizinischer Versorgung beteiligt und eröffnete Krankenhäuser an prekären Orten wie den Qandîl-Bergen, im Şengal-Gebirge und im Flüchtlingslager Maxmûr. In der südkurdischen Bevölkerung ist sie weit bekannt und viele Menschen begeben sich in ihre medizinische Versorgung.

59 *Şervanên nû* (deutsch: Neue Kämpfer_innen) bezeichnet den Bereich der ideologischen und militärischen Grundausbildung.

sprachlichen Mauer fällt die Handlungsfähigkeit. Wenn Sprache die Waffe der Weisen ist, ist dies der nächste Akt von Selbstverteidigung, den ich ergreifen muss.

18/10/13, Freitag, immer noch Qandîl

den weg des feuers gehen
den weg und die anstrengungen teilen
mit den kindern von erde und flamme
leben im zeichen von veränderung und vergänglichkeit.
den flammen augen und herzen öffnen
die sagen nichts kann bestehen
und jedes feuer ist ein ende und ein anfang
das ende dessen was war
und eine befreiung der kräfte, der energie
für das, was kommen kann
wenn die flammen genährt werden
von der liebe und dem vertrauen in die möglichkeit
der lebenschaffenden wärme

30/10/13, çarşem Mittwoch

und wo du nicht lieben kannst
da sollst du noch hassen
und die welt ehren mit deinem gerechten zorn
mit flammen und zerstörung überziehen
was dir das leben unmöglich macht
und mit feuer bekämpfen
auf das aus der asche
eine neue welt
und ein neuer mensch wachsen kann
dein krieg sei nie der vernichtung
eher noch ein befreiender schlag
und die türme ihrer falschen moral umwerfend

ein heiliges schweigen
gegen die geschwätzigkeit der masse
die doch eins ist im vertrauen zu einander

30/10/13

Ein weiter Weg bis hier, und ein noch weiterer, der hier beginnt. Es kommt eine Zeit des Schreibens, der Reflexion, der Neuorientierung. Jetzt ist eine andere Zeit, die Zeit der Gemeinschaft, um frei von Angst vor mir selbst zu werden. Deshalb müssen diese Seiten vorerst leer bleiben, damit im Schweigen das vorsichtige Licht wachsen kann, das sonst vom Zweifel bedroht wird. Es ist die Zeit des Zuhörens, des Lernens und Akzeptierens.

31/10/13, pênçşem Donnerstag

Ich habe das Offensichtliche entdeckt, den Grund, warum ich hier keine wahre, zweifelsfreie und endgültige Verbindung mit den Compas finden kann: Es gibt keine gemeinsame Zukunft und keine persönliche Beziehung. Das ist, was mir so stark fehlt, warum ich immer außen vor bleibe. Meine Präsenz ist rein ideologisch, nicht persönlich. Die Mobilisierung in Europa braucht aber diese liebevolle Verbindung als Grundlage, sonst gibt es keine Chance zu siegen. Hier ist so etwas vielleicht nicht nötig, aber bei der Veränderung der Gesellschaft und der Jugend in Europa müssen wir neu anfangen, ganz von vorne.

Vor allem fehlt mir die Sicherheit eines gemeinsamen Weges, der den Zweifel aufbricht, dass sie mich wirklich akzeptieren. Aber diese Frage macht keinen Sinn. Es gibt keine Antwort, die zählt. Die Denkweise der Partei impliziert nicht die Möglichkeit einer solchen Frage. Ich bin jetzt Teil dieses Kampfes, ohne Grenze, ohne Zweifel, ohne dass ich rausgeschmissen werden könnte. Ich bin PKK.

Es gilt die Realität auf einer revolutionären Ebene zu akzeptieren, die Größe der Werte zu erweitern, jeder Handlung, jedem Gedanken, jeder Situation einen Sinn zu geben. Sich zu einer Waffe für die Befreiung machen, für sich selbst, für die Gesellschaft, für die Realität. Das Wertvollste verteidigen, das Leben, die Natur, die Freundschaft, die Liebe. Ohne sie sind wir verloren.

01/11/13

Den Mann in sich töten. Das Projekt zur Veränderung des Mannes, die Überwindung der *çanda zilam* Kultur des Mannes[60] **bedeutet nicht die Auslöschung des ganzen Geschlechts. Zuerst einmal bedeutet es die Anerkennung von dessen Existenz. Mein grundlegendes Problem hier war immer, mich außerhalb der Männlichkeit, als Nicht-Mann zu fühlen, und damit von den anderen Männern, auch den widerständigen und marginalen, getrennt zu bleiben. Teil der gleichen Selbstinfragestellung, Schize, *bandorê şerê taybet*** Auswirkung des Spezialkriegs.[61]

60 Siehe Kasten »Die Patriarchale Männlichkeit töten«, S. 379.

61 Mit »Spezialkrieg« ist hier psychologische Kriegsführung oder Kriegsführung sogenannter niedriger Intensität gemeint.

Er fragte nach dem Grund. Warum sind wir gekommen? Warum machen wir mit? Und: Um zu kämpfen oder um zu leben? Ehrlich gesagt frage ich mich, was der Unterschied ist, und greife nach meiner Waffe. Seit ich denken kann, seit ich mir irgendeine Situation vorstellen kann, war mein Leben in irgendeiner Weise Kampf. Für Akzeptanz, für Ruhe, Frieden, für Verteidigung. Verteidigung gegen ein System und seinen Mechanismus der modernen Sklaverei.

Selbstbeobachtung
Beim Betreten des Raumes strahlen. Suchende Offenheit zögernd, zerbrechlich. Verbündete, spiegelnde, leuchtende Persönlichkeiten. Vorsichtiges Öffnen und in sich ruhig, nach außen zurückhaltend. Nie ganz anwesend, eine Verbindung in eine andere Welt, andere Zeit, zu anderen Liebenden lässt immer diesen Schatten auf der Situation, die dadurch nie vollständig wird. Stille Freude, wenn Lachen, dann in sicheren Räumen unter Vertrauten, sehr verhalten oder überschwänglich. Tiefe Unfähigkeit zum wirklichen Spaß oder sich zu amüsieren. Schnell wechselnde Stimmung. Ein kurzer Streif eines Blickes, ein Wort, das alles verändert. Schnell kochende Wut, Zorn, Verzweiflung, den Tränen nah. Skepsis. Über die Wahrhaftigkeit der Situation, der aufrichtigen Nähe der Männer um mich. Dabei doch eigentlich immer den gleichen Kampf führend, um die gleiche Basis kreisend, die gleiche Substanz suchend. Den Kern des eigenen Seins. Mitunter bin ich nicht ansprechbar, weit entfernt, aufgelöst, durchsichtig flimmernd, eine Spur leidend. Beim immer gleichen Versuch die Ketten dieser Welt zu zerbrechen, sein Gegenüber nicht Feind bleiben zu lassen. Um endlich nach Hause zu kommen.

Watedayîn Bedeutung geben. Was hier hochgehalten und sinnstiftend behandelt wird, ist genau der Mangel in der westlichen Welt. Es gibt keinen Maßstab, kein Mittel, das irgendeine Bedeutung in die Leben der Vielen tragen könnte. Das ist eine der mühsamen Lektionen, die ich hier erst lernen konnte, die meine Suche vielleicht mit ausgelöst haben: Mangel an Sinn, Verbindung zur Welt, zur Gesellschaft. Ich lerne Bedeutung zu geben und zu erkennen.

02/11/13

Ich bin jetzt seit circa sechs Wochen hier und trotzdem nicht weniger weit entfernt als am ersten Tag. Sicher, ich kenne die Freunde, ihre Namen und Geschichten nur sehr fragmentarisch. Im Grunde kann ich dem hier keinen wirklichen persönlichen Sinn geben. Habe keine eigene Mission, außer wieder klarzukommen und zu warten. Ich bin taub und stumm, abgeschnitten von allen, die ich liebe und einer neuen, anderen diffuseren Disziplin unterworfen. Vielleicht sind all diese Ansprüche an ein Leben auch zu abgehoben, die Sorge um mich letztlich doch nur Trennung von der Welt und der Weg zur Befreiung nur auf eine solche radikale Art und Weise zu gehen. Wieder tun sich in meinem Kopf illusorische Bilder auf, Fantasien, wie meine Zukunft als Kader wohl aussehen wird, aber ist irgendetwas davon wirklich real? Sind es nur Konstrukte zur Bewältigung der Gegenwart? Wie lange kann ich so weitermachen, als Geist in dieser Zwischenwelt ohne anzukommen, ohne loszugehen?

Ich bin in eine Form gerutscht, die ich noch nicht wirklich füllen kann. Ist das vielleicht einfach die Herausforderung, die mir so lange gefehlt hat? Meine Träume laufen schon lange diesem Ideal des Revolutionärs hinterher, ohne dass ich wirklich den Mut gehabt hätte diese Perspektive für mich aufzubauen. Meine theoretischen Vorstöße und philosophischen Entwicklungen haben mich letztlich hierher geführt. Allein deshalb kann ich nicht fortgehen. Ich will keine Enttäuschung für die Freund_innen im Kampf sein, die diesen Weg für mich möglich gemacht haben. Mein Durchhalten soll ein Tribut an die Gefallenen sein, mein Respekt für *serokatî*[62]. Mein Wille und meine Liebe für die, die vielleicht nie kommen werden, die in ihrer Welt statt in vielen leben.

Die Form des PKK-Kaders wird mir einmal passen, es ist mein Weg, meine Verpflichtung, das Seil zu sein, das eine erste Verbindung zwischen den Kräften herstellt und die Welt wieder ins Gleichgewicht bringt, eins werden lässt. Wenn ich jetzt aufgebe, werde ich nie wieder losgehen können, für immer Flüchtling sein, einsamer Wanderer zwischen den Welten. Die Lektion hier: Sinn geben, Bedeutung erkennen und Weiterverschenken. Für den Moment gibt es keinen Druck, keine Auswirkung des Krieges, die mich unmittelbar trifft. Geduld heißt vor allem Geduld mit mir selbst. Selbstvertiefung, Anerkennung der eigenen Schwäche, statt Fluchtreflex und Distanzierung. Die Anerkennung der eigenen Unfähigkeit ist die Einsicht in die Notwendigkeit der Organisierung. Wieder eine theoretische Überlegung, eine abstrahierte Selbsterkenntnis. Wir sind alle gefangen in unseren eigenen kleinen Gefängnissen aus Ängsten, Eitelkeiten, Identitäten, Scham, Selbstgeißelung und Verzweiflung. All das muss kollektiviert werden, damit es verschwinden kann. Dies hier ist nichts anderes als der Versuch, all diese Gefängnisse zu überlagern, sich überschneiden zu lassen, um gemeinsam auszubrechen. Die Tatsache, dass ich in all dem nicht klar komme, mich außen

62 *Serok*, *Rêber*, *Rêbertî*, *Rêber Apo* und *Serokatî* sind Namen, die Abdullah Öcalan im Kontext des kurdischen Freiheitskampfes gegeben wurden. Apo ist die Kurzform von Abdullah, Serok bedeutet ›Führer‹ oder ›Präsident‹, Rêber bedeutet ›Leiter‹ oder ›Wegeröffner‹. Oftmals wird nicht sein Name verwendet, sondern eine dieser Bezeichnungen, womit seine Rolle als politischer Repräsentant für die Selbstbestimmung des kurdischen Volkes hervorgehoben wird. Die Begriffe Serokatî und Rêbertî werden verwendet, um die Rolle Abdullah Öcalans als ideologische Instanz, als Schöpfer eines Denksystem beim Aufbau einer neuen Gesellschaft zu begreifen. In den offiziellen Dialogen mit ihm, die 2012–2015 auf der Gefängnisinsel Imrali geführt wurden, lehnte er den Begriff Serok ab und wies darauf hin, nur den Begriff Rêber zu verwenden und einen Personenkult zu vermeiden.

vor fühle, ist ein Zeichen, dass ich mein Gefängnis egoisiere. Idealismus tötet vor allem die Verbindungen, welche die Wahrhaftigkeit der Situation ausmachen.

11/11/13, dûşem, roja 52'mîn Montag, 52. Tag

Vertiefung: die deutsche, europäische Geschichte verstehen. Aus apoistischer Perspektive sind es Spuren der natürlichen Gesellschaft und gesellschaftliche Widersprüche. Wie entstand die aktuelle deutsche, staatstreue Identität? Wie funktioniert der Mechanismus der Herrschaftslegitimation, wie sieht eine widerständige deutsche Identität aus? Was ist ihr kollektives Gedächtnis? Wie steht dem die Geschichte des *şerê taybet* Spezialkriegs gegenüber?

13/11/13, çarşem, roja 54min Mittwoch, 54. Tag

keşif hatiye. esasî em xwestin biçin banyoyê lê wisa em tenê dikarin bisekinin. Drohnen sind gekommen. Eigentlich wollten wir uns waschen gehen, aber so können wir nur warten.

13/11/13

Ich verschließe mich und bin wieder gefangen zwischen den Welten. Fühle verzweifelte Wut, Hilflosigkeit. Natürlich, eigentlich wollen alle hier das Beste für mich. Habe ich nur Freunde um mich, die mir helfen wollen. Es fällt schwer, die Zeichen richtig zu deuten, das heißt so, dass sie Kraft und Bedeutung geben. Heute morgen bin ich gescheitert, habe beim Sport aufgegeben, mit den Tränen gekämpft; seitdem bin ich mehr oder weniger abwesend, am Boden. Der Körper folgt der Kraftlosigkeit des Geistes. Alles fühlt sich weit weg an und ich fühle, wie mir Skepsis entgegenschlägt, was das Verständnis der Ideologie, der Kultur angeht. Dieses Spannungsfeld der Kulturen baut Druck auf mich auf, der mich verunsichert. Dieses Problemfeld der nationalen und kulturellen Identität verschiebt das Dilemma. Es wurde gesagt, ich könnte diese Kultur von außen nicht begreifen, aber komme ich wirklich hinein? Ist diese Kluft zu überbrücken? Ich begreife und akzeptiere langsam die Bedeutung meiner eigenen Kultur, deren Einfluss, Prägung sind meine Ausgangsposition. Vielleicht ist es die Akzeptanz der Kultur der Freunde gegenüber, die ich lernen muss. Dieser doppelte Prozess: die Bewegung in Richtung Wahrheit und die Akzeptanz dessen, was geworden ist, als Ausgangsvoraussetzung für die Freiheit der Handlung. Mein Handeln ist noch kein Stück freier geworden, meine Identität ist nur ein loses Bündel von Sozialisationen und Fantasien, bietet keine wirkliche Grundlage. So kann keine Ideologie eine Verbindung zwischen mir und der Welt aufbauen, wenn ich nicht weiß und akzeptiere, was ich geworden bin. Das ist es, was dieser weise, ruhige Freund sagen wollte: Begreife deine Geschichte, um deine Zukunft zu befreien. Vor allem: Gib der Verbindung zwischen ihnen Sinn. Der Moment ist die Schnittstelle zwischen deiner Vergangenheit und dem, was kommt. Dieses Selbstverständnis muss wachsen und Klarheit gewinnen.

Diese Klarheit wird meine Sicherheit. Mein Vorschlag im Frühling nach Europa zurückzukehren, ist das verbindende Element, ein Teil des Schlüssels. Es ist die Lektion, die mich vollständiger machen wird, und um die ich die Freund_innen bitten muss. Wieder nomadisieren, um produktiv sein zu können. Ist dies die Verbindung, die Synthese der kollektiven Verantwortung und eine Möglichkeit zu wachsen? Den Verantwortlichen hier muss bewusst sein, dass dies der Anfang eines langen Weges ist, der nicht endet. Mein Wille stößt immer wieder an eine Grenze. Wird er größer? Er ist gefordert, zu wachsen und ich fühle die Veränderung, die ich seit fast zwei Monaten durchlaufen habe. Loslassen ist jedenfalls Teil der Lektion. Die Absolutheit des Schwarz-Weiß, Freund-Feind-Denkens, das immer noch in meinem Kopf existiert, meinen Verstand kolonisiert, ist Teil dieser falschen Mentalität, die meine Akzeptanz verhindert. Sicherheit durch Kontrolle, nicht durch Liebe und Vertrauen. Meine Verbindung nach Europa hat zumindest zu einem Teil diese Verschiebung durchlaufen, denn diese Sicherheit basiert nicht auf Wissen, eher im Gegenteil. Ich muss dieses Vertrauen in diesem Raum aufbauen, um endlich die Kontrolle verlieren zu können. Meine Sicherheit mir selbst gegenüber muss in ihrem Fundament verschoben – besser verbreitert – werden, damit ich endlich eine andere Stufe von Freiheit erreiche. Die Zukunft wird frei oder nicht sein. *An azadî an azadî.* Entweder Freiheit oder Freiheit. Auf welch schwaches Niveau mein Bewusstsein, meine Selbstsicherheit immer wieder fällt, wie tief die Logik des Staates sitzt, der Wille zur Kontrolle, zur Herrschaft. Die Auswirkungen und kolonialen Muster des Spezialkriegs, haben sich in mein Bewusstsein, Unterbewusstsein, Fühlen und Denken gefressen. Die Entgiftung ist eine harte Prüfung und ein schwerer Weg, aber ich weiß jetzt, dass ich der Mühe einen Wert geben kann, weil es der richtige Weg ist. Der Weg zu mir selbst. Zur Einheit und zur Freiheit. Ich muss jetzt nichts wissen, stattdessen einfach nur leben.

Die Umrisse schimmern langsam durch, die Bedeutung und die Hintergründe dieses Wegstücks und die Möglichkeiten, die in ihrer Vielfältigkeit und Schönheit dahinter liegen. *An guhertin, an guhertin* Entweder Veränderung oder Veränderung.

14/11/13, pêncşem, roja 55min Donnerstag, 55. Tag

In meinem Geist, meinem Verhalten, meiner Mentalität spiegelt sich die Situation und die Geschichte Europas wider: eine Hoffnung und eine Gefahr. Das Material, das die Welt verändern oder zerstören kann. Mit anderen Worten: kapitulieren.

Träume befreien und Wunschvorstellungen sterben lassen, um die freie Bewegung zu ermöglichen.

15/11/13, Înê, roja 56'emîn Freitag, 56. Tag

Der Gedanke an meine Mutter lässt mich nicht los. Kann nicht verkraften, den Lauf der Geschichte in Kauf zu nehmen, diese Verantwortung nicht anzuerkennen?[63]

Im Grunde habe ich diese Entscheidung vor zwei Jahren getroffen; der rote Faden führt bis hierher, und es gibt eine Konsequenz, die gezogen werden muss. Ich muss noch begreifen, wie weit diese Entscheidung führt, als ich den Entschluss fasste, den Rahmen zu verlassen, mich dem Staat zu entziehen und zu organisieren. Ein neues Leben, eine neue Straße, die hier beginnt. Es gibt eine Verbindung, die die Welten verbindet, wenn die Zeit gekommen ist. Einen Weg, der durch den Willen entsteht, die Brücke zu sein. Im Moment wäre es nur eine Flucht, eine Rückkehr in das Bekannte. Ich warte auf den Sturm, der mich zurückträgt.

Wie mühsam, diese Bedeutung erst aufzuschlüsseln, gegen den Zweifel zu verteidigen, gegen den Reflex, wie mühsam jeder Schritt gegen die verinnerlichte Liberalität fällt, um die Verantwortung anzuerkennen. Letztlich ist all das nichts anderes als die Anerkennung der Verantwortung mir selbst gegenüber, mich zu befreien, stärker zu werden, bewusster, schöner und mutiger. Gegen die Angst, die Bequemlichkeit. Und gegen die falsch verstandene Verantwortung den Freund_innen gegenüber, die droht, mich abhängig zu machen. Wieder eine Strategie, die aufgegeben werden muss, ein Sicherheitsmechanismus, der mehr fesselt als stärkt, weil er die Gegenwart infrage stellt. Die Welten sind nicht so getrennt, wie es von hier aus scheint, mein Verschwinden ist nicht spurlos, und wer will und den Mut hat, kann mir folgen. Mein Wille gegenüber den Menschen, die ich liebe, wird stärker, in dem Maße, wie ich akzeptiere, dass wir jetzt gerade getrennt bleiben müssten, damit ich wachsen kann. Ein geringes Opfer gegen die Mühen, die die Freund_innen hier auf sich nehmen, um den Weg zu bereiten, für eine andere, neue Welt in die viele Welten passen. Vielleicht auch die, aus der ich gekommen bin und die durch mein Verschwinden verändert wird und so nicht mehr existieren kann. Die Welt ist im Wandel und mein Wille soll eine Rolle spielen, auf der richtigen Seite.

17/11/13, yeksem, roja 58'emîn Sonntag, 58. Tag

Der Engel der Geschichte schaut nicht nach hinten, in die Vergangenheit, sondern in die Zukunft. Er sieht, was kommt, ist entsetzt und kann doch den Lauf der Welt ändern. Die Kindermenschen des Westens tappen im Dunkeln,

63 Als er sich auf den Weg in die Berge Kurdistans machte, war seine Mutter bereits schwer an Krebs erkrankt. Das war für ihn in dieser Zeit sehr präsent. Zum Zeitpunkt dieses Tagebucheintrages war sie schon verstorben, was er allerdings erst später erfahren sollte, da ihn die Nachricht ihres Todes aufgrund schlechter Wetterbedingungen erst später erreichte.

sehen weder ihre Vergangenheit und nicht klar was hinter ihnen liegt, noch den Weg und die Möglichkeiten, die auf sie zukommen. Sie tappen ungeschickt vorwärts, blind, und behaupten noch, es wäre ihre Freiheit, nicht zu sehen. Sie sind unfähig und unwillig, sich selbst zu erkennen, und streiten ab, dass andere klarer sehen könnten.

01/12/13, domingo, día 72 Sonntag, Tag 72

Die Welt ist im Wandel. Das Zeitalter der Nationalstaaten geht zu Ende. Der Krieg, der in den Geburtsstätten der Zivilisation entfacht wird, ist Zeichen für die Geburt von etwas Neuem. Das Chaos, in dem wir uns befinden wird etwas Neues hervorbringen. Die Epoche der demokratischen Konföderation beginnt und wir sind auf der Seite derer, die sich organisieren und die Zukunft erkämpfen. Sie richten sich gegen die Vernichtung, der wir gegenüberstehen und gegen die Leere, die herrscht und in so vielen Punkten offensichtlich wird.

Winter.

Die größte Einengung der Möglichkeiten. Schnee macht Bewegung unmöglich, zu sichtbar, angreifbar, verletzlich. Eingraben, verstecken, untertauchen.

Im Grunde ist mir egal, wie das Bild aussieht, das von mir bleibt. Ich will nur sagen können, immer gegen die Angst gekämpft, jede Konsequenz gezogen zu haben. In der Einswerdung mit der Welt.

03/12/13, martes, día 74 Dienstag, Tag 74

Aufklärungsversuch eins. Seit Langem wieder außen stumm, taub, mein Magen streikt, die Depressionen kommen wieder, so wie die Unsicherheit, was die Zeit hier angeht, meine Überzeugungen, Moral. Mit dem Hunger wird die Kälte beißender, mein Körper ist so schwach, wie seit Langem nicht.

All dem, das wichtig und einmal nötig sein wird, Bedeutung geben. Vor allem die Entscheidung als fest und getroffen akzeptieren, die gerade nötig ist. Ich kehre zurück, um langsam zu wachsen, um geeint wieder aufzubrechen und um der freien Bewegung Raum zu geben.

Die selbst geschaffenen Grenzen überschreiten – kein Weg als Weg, keine Beschränkung als Beschränkung. Den Maßstab groß werden und die Zielstrebigkeit daran wachsen lassen.

Diese so junge Spezies versteht die Welt nicht, in die sie geworfen wurde, hat sich selbst verlassen und kämpft nun darum, zu einem Bewusstsein zu kommen, das die eigene Existenz nicht mehr infrage stellt. Zur Natur finden und zur eigenen Einheit mit der Welt.

Heute hat sich das älteste der jungen Völker erhoben, um den Weg zurück, voran zu weisen. Wir überblicken die 5.000 Jahre und ein Kreis schließt sich.

09/12/13, lunes, día 80 Montag, Tag 80

Die Plattformen. Sie haben begonnen.[64]

Ich werde nicht beitreten. Dieses Mal ist die Entscheidung fest, keine Spiele mehr, kein Pokern. Nur die Wahrheit, und wo sie sich nicht offen zeigt, muss ich nicht mitspielen. Ich kehre als Freund nach Europa zurück und dort wird sich zeigen, was noch aus dieser Geschichte werden soll. Ich weiß, dass ich zurückkehren werde nach Kurdistan, in die freien Berge, um meinen Platz in der Revolution einzunehmen. Aber noch nicht jetzt, nicht bedingungslos, nicht unter diesen Bedingungen. Ich bin mir bewusst, dass es so vielleicht nie passieren wird. Vielleicht bleibe ich Wanderer zwischen den Welten, aber vielleicht ist dieser Platz vorerst besser für mich geeignet. In dieser Verfassung und mit der wenigen Erfahrung ist eine Last von mir genommen, ein Druck. Ich enttäusche lieber jetzt die Freund_innen, als im Nachhinein Verrat zu verüben.

10/12/13, martes, día 81 Dienstag, Tag 81

Eine neue Rolle, neue Aufgabe. Mein Prozess erreicht eine neue Stufe, eine neue Form von Autonomie. Keine Flucht mehr, sondern eine neue Bewegung von Grund auf.

Ich kam als Flüchtling, ratlos welche Richtung ich einschlagen sollte. Ich konnte weder mein Geschlecht noch meine Herkunft akzeptieren und die Fehler, die ich gemacht habe, die Abhängigkeiten, die diese Welt mir auferlegt hat, lassen mich bis in die Gegenwart zwischen den Welten hängen. Der Neuanfang muss woanders beginnen. In der Welt, die am meisten gefangen hält. Ich bin 25 und habe gerade mal zwei Jahre in Richtung Freiheit gelebt. Wie soll ich jetzt diesen Entschluss fassen können? Es ist nie zu spät zur Revolution zu kommen, aber es kann unter Umständen zu früh sein.

> Unsere Ideologie soll hart sein, wie die Berge, die Erde;
> Unsere Politik weich, wie das Wasser, der Fluss,
> und doch stark und zerstörerisch gegen alle Hindernisse.

12/12/13, jueves, día 83 Donnerstag, Tag 83

Bis zum Ende ...

Die Akademie ist vorbei.

64 Plattformen sind eine Methode der Kritik, Selbstkritik, der kollektiven Reflexion, Bewusstwerdung und des Versprechens gegenüber der eigenen Rolle und Verantwortung als revolutionäre Persönlichkeit.

Was tun?

Dezember 2013, Qandîl

12/12/13, unter der Erde

Was tun? Kann und will ich hier gerade noch mehr lernen, oder führt der Weg erst zurück, um neu, ganz ohne Bedingung zu beginnen? Die Idee ist unreif, die Strategie noch nicht erfunden, die aufzeigt, in welche Richtung ich wachsen will, muss, um eine Perspektive zu entwickeln und die Verantwortung zu tragen.

Ich habe mächtige Freund_innen gefunden und der Weg hierher ist von jetzt an immer offen. Ich muss meine eigene Rolle verstehen, mich verbinden und befreien von den Zwängen, die aus früheren Fehlern entstanden sind. Ich glaube, dass meine Substanz, und die Gestalt, die daraus erwachsen ist, stark genug ist, den falschen Schritt zu erkennen. Dann könnte ich zurückkehren, zu denen, die Hilfe bieten und eine Perspektive eröffnen können.

Ein Projekt entwickeln einen Rahmen aufbauen, Bildungen organisieren und die eigene Rolle verstehen. Ich will zurückkehren und Freund_innen finden für die gemeinsame politische Bildung. Ich denke an eine deutschsprachige Akademie, als Grundlage für ein Netz von Kader_innen für Europa. Einen Kreis von Menschen finden, sie miteinander verbinden und Dynamiken Raum geben. Nach Ostdeutschland gehen? Am ehesten dort besteht ein Stützpunkt und vielleicht macht es Sinn, einen Raum aufzubauen, der immer offen ist, ein Schutzraum. Was auch immer, jedenfalls ist mein Weg offener, wenn er die alten Fehler behebt, die Ungeduld der erzwungenen Bewegung abwirft. Wenn ich meinen eigenen Weg ohne die notwendige Reaktion der anderen denken kann, wenn ich selbst autonome Radikalität lebe, können sich Menschen mit mir verbinden, sich darauf einlassen, selbst in Bewegung zu kommen. Eigenbewegung, freie Radikale, bis sich Leute finden, selbst losgehen, sich strategisch zu verbinden. Gefängnis ist keine Drohung, sondern die Ankündigung einer Akademie, Raum, in dem der Krieg klar zum Ausdruck kommt. Es braucht für den Anfang keine Bewaffnung, nur Konsequenz. Vor allem, starke Charaktere, die sich ändern wollen. Es geht darum, den laufenden Krieg auf allen Ebenen zu verstehen, die eigene Rolle, die Machtlinien und die Positionen. Schlicht, die Wahrheit des Zustands der Zivilisation und dessen, was daraus werden kann, wenn wir die Prinzipien deren Funktionierens verstehen lernen.

Vor allem geht es um eines: zu verstehen, dass dies ein Anfang sein kann, ein Anfang einer unendlichen Bewegung, die sicher schwierig und beschwerlich wird. Doch vielleicht kann sie dem eine Bedeutung verleihen, was sonst so willkürlich, spontan und fremdgesteuert ist, wenn es nicht radikal in die eigenen Hände genommen wird.

Dieses seltsame Gefühl, dass die Zeit knapp wäre, sorgt letztlich dafür, dass nichts zu Ende gebracht wird, seien es Bücher, Beziehungen oder Revolutionen. Es führt zu dieser zersplitterten Persönlichkeit, die sich an allem gleichzeitig festhalten will, weil sie selbst nicht stehen kann, ohne zu fallen, und so lieber die nächste weiche Unterlage greift.

14/12/13, sábado, bajo tierra. Samstag, unter der Erde.

Diese seltsame Welt der Dauerbelastung, der Auslastung der Lebenszeit bei Tageslicht, in einem Raum, in dem es nichts zu tun gibt, außer Warten. Verarbeiten, was in den letzten Monaten ohne Unterbrechung auf mich gewirkt und mich in diese verwirrende, fremdartige Welt voller verschlüsselter Codes gezogen hat. Es ist im Grunde elementar und einfach, und daher so schwer zu begreifen für ein Bewusstsein, das so lange unter dem Einfluss der Kriegsmaschine des Westens gelebt hat.

Wo hat all das angefangen? Was ist der rote Faden, der mich durch diese Geschichte zieht, und wohin führt er?

Die Geschichte ist schnell erzählt, kein geheimnisvolles Leben, nichts, was die Stücke des Weges von Grund auf erklären könnte. Vielleicht hatte diese Position, die Rolle in der Familie eine fördernde Wirkung für diese Entwurzelung, Vereinzelung, Flucht, aber das erklärt noch nichts. Eine Leere, die alles umfasste, was meine Welt ausmachte, war immer in meiner Persönlichkeit angelegt gewesen, seit den ersten Jahren in dieser Welt. Familien, die in Betonblöcken lebten, Tür an Tür, einander fremd, über Hunderte Kilometer zerstreut, der Funktion der Werktätigkeit folgend. Eine Kindheit auf einem Kontinent der Produktion. Produktivität, die alles umfasst bis zu den Spielsachen, und die doch seltsam ziellos war. Eine Maschine, die sich selbst aufrechterhält, und dazu wachsen muss, um nicht von der Bewusstwerdung im Leerlauf eingeholt zu werden. Eine Industrie, kaum Platz für Nischen zum Leben, Spielen, Lernen. Fehler machen, wachsen. Sorgen waren für mich, seit ich denken konnte, ein Tribut an die Vergänglichkeit. Es ist leicht, dem Frühling Bedeutung zu geben; schwerer fällt es den Sinn des Vergänglichen zu erkennen. Vielleicht lag hierin ein Hinweis, der mich zum Volk des Feuers und der Erde bringen sollte, so viele Jahre später. Ich war ein einsames Kind, schwer verständlich, weltfremd, außenstehend. Wenn ich ganz in eine Situation gezogen wurde, war ich voller Überschwänglichkeit, entgrenzt, leicht in Wut zu bringen, voll erdrückender Angst; nie in mir ruhend. Vielleicht war ich von Grund auf der geborene Außenseiter. Es gibt viele Beispiele, die Geschichte ist voll davon. Ich war unfähig zu wirklicher Freude, nie ganz verbunden mit den Menschen um mich herum, ein unvollständiger Teil dieser Maschine, weil ich nicht klar erkennen konnte, was meine Rolle war, von Anfang an an einen Platz gestellt, der nie völlig zu beleben, zu füllen war. In so vielen Situationen gab es einfach keine richtige Entscheidung und die Ausweglosigkeit trennte mich noch stärker von der Welt, der Wahrheit, die vielleicht genau in der Zwischenwelt lag.

Wie sollte ein solcher Mensch in einer Maschine, die die notwendige Handlung im Keim erstickte, funktionieren. Kein Organismus, in dem sich Zellen verändern, sich Aufgaben anpassen, zerfallen, neu geschaffen werden. Nur die kalte Logik der Funktionalität, die sich in mein Gehirn gegraben hatte und mein Denken ausmachte. Die Wurzel schuf hier den geistigen Widerstand, die überschäumende Fantasie, die mich zum Revolutionär werden ließ. Die Bewusstwerdung, die Aneignung des Denkens aus der Kolonialität war der erste Kampf, der mich auf einem Gebiet Fuß fassen ließ. Mein rebellierender Geist wurde geboren, der die Logik umdrehte und diesen Krieg offenlegte, der mich vorher so hilflos gemacht hatte.

In einer Höhle, einem Versteck für den Winter, zwischen Felsen in den freien Bergen Kurdistans lag die Wahrheit der Maschinenwelt vor mir, mein zögerndes, zweifelndes Rebellieren gegen eine Welt des Todes und der Sklaverei – all das, was mich und meine Welt beherrschte, war von hier aus verständlich, nachvollziehbar, zu entschlüsseln. Alle Wahrheiten, auf die ich seit meiner zweiten Geburt, der Trennung von der Maschine, gestoßen war, ließen sich verbinden. Das Fundament meines Denkens hatte sich verfestigt, als ich zu verstehen begann, worauf sich die Welt der Widerständigkeit begründete. Die Wahrheit der rechten Lebensführung war das Werkzeug der Selbsterkenntnis, in dem sich all die ideologischen Bausteine verbanden. Selbstwerdung, Heilung, Sorge um sich, *maximum ultraism*[65], die Philosophie der Selbstverteidigung, Aufopferung, Militanz – all das waren Werkzeuge, die nun strategisch kodiert werden konnten. Sie ließen sich zur Grundlage einer neuen Renaissance, einer mentalen Revolution machen; Kern des Denkens der Organisierung der Zukunft. Wo war der Handlungsrahmen, der Anfang? Hier war keine Aufgabe offensichtlich, keine einfache Konsequenz zu ziehen. Vor allem war diese Verbindung immer noch vorhanden, die mich immer wieder zurück nach Europa ziehen würde. Ein neues Feld von Aufgaben wartete auf eine praktische Umsetzung und auf eine Antwort auf all die Überlegungen. Ein ideologischer Krieg hatte mich verpflichtet, meine Rolle zu spielen, die mich kreuz und quer durch Europa schicken würde. Im Grunde war dies die Aufgabe, die ich am besten erfüllen konnte, unterwegs, in Bewegung, jede Normalität aufstörend. Ich will den Menschen, die mich umgeben werden, den Krieg und dessen Ausmaße verständlich

65 »Maximum ultraism« ist der Verweis auf ein Konzept, das im letzten Kapitel von *Expect resistance. a crimethink field manual* (2007) eingeführt wird.

machen – damit ich nicht mehr allein sein werde, nicht der einsame Flüchtling bleiben muss. Es waren zwei Teile, die sich gegenüber standen: die Natürlichkeit der Ideologie der wahren Lebensführung und der Spezialkrieg der Maschine, der seit fast fünftausend Jahren stattfand und die der Staat war. Dazwischen stand der Kampf mit all seinen Elementen und Strategien: der Kampf der Befreiung der Frau, die ökologische Revolution, die demokratische Autonomie der Völker und der Geist der Jugend.

Ein klarer Weg liegt vor mir, zurück in die Welt, die mich nicht mehr unterwerfen kann, ein letztes mal, bevor ich wirklich und endgültig aufbrechen kann.

14/12/13, Qandîl: Brief an Bêritan und Şîlan

Ich schreibe euch für den Fall, dass wir uns nicht mehr sehen, bevor ich abreise. Was sehr wahrscheinlich ist, denn wie die Lage aussieht, wird es nicht allzu leicht, zwei zusätzliche Fahrten zu organisieren, die nicht dringend sind. Heute ist der 14. Dezember, und wie bei euch ist der Qandîl eingeschneit und die Wege sind länger und krummer als gewöhnlich. Ich glaube, vorgestern bin ich durch euer Dorf gefahren, in dem die *saziya ziman*[66] ist, aber es gab keine Möglichkeit anzuhalten, weil alles sehr hektisch war. Am 12. Dezember war unsere Akademie zu Ende und die letzten zwei Tage waren sehr ereignis- und gedankenreich. Ich bin mir nicht sicher, was gerade wichtig wäre mit euch zu teilen, und ob es nicht doch besser wäre, darauf zu drängen, bis sich eine Möglichkeit ergibt, dass wir uns sehen. Aber eigentlich fühlt ihr euch nicht allzu fern an und ich glaube nicht wirklich, dass sich das ändert, wenn ich aufbreche, ohne dass wir uns sehen. Ich glaube, ich bin in den letzten Monaten sehr viel stärker geworden, und paradoxerweise autonomer, in der lärmenden Menge des kollektiven Lebens der *şervanên nû*. Auch ein bisschen dicker, aber das war nötig, weil ich anders nicht die Kondition hätte aufbauen können, um die physische Ausbildung zu überstehen.

Im Moment sitze ich unter der Erde, vielleicht in einer der Mangas[67], die Heval Şîlan gegraben hat, im Wintercamp der Koordination der *komalên ciwan*. Ich habe gerade das Gespräch geführt, wegen dem ich hergeschickt wurde, und wenn sich die Möglichkeit ergibt, kann es sein, dass ich morgen an einen anderen Ort fahre und von dort aus weiter nach Deutschland. Vielleicht klingt das überraschend und überstürzt, aber das ist es nicht. Es ist ein wenig wie der rote Faden, der für mich offensichtlich geworden ist. Dort oben auf dem Berg sind seltsame Dinge passiert, um mich herum, mit mir. Ich glaube, die Bildung war das Beste, was ich machen konnte, um ein wenig besser zu verstehen, was

66 Sprachinstitut in den Bergen Kurdistans, das sowohl Sprach- und Alphabetisierungskurse durchführt, Übersetzungen macht, Bücher zur Sprachförderung entwickelt als auch Wege zur Förderung der Muttersprache in ganz Kurdistan erarbeitet.

67 Mangas sind Rückzugs- und Wohnorte der Guerillaeinheiten.

sich mir nur ungenügend mit der eigenen Substanz, *cewher*[68], übersetzen lässt. Ich kehre als *dost*, Freund der Bewegung, nach Deutschland, zurück, um ein paar Dinge aufzulösen, die ich vorher nicht verstanden habe, als wir überstürzt (in meinem Fall) aufgebrochen sind. Ich weiß nicht, wie es für euch ist, aber für mich bestehen so viele Punkte weiter, wegen derer ich im Moment nicht in den Bergen bleiben kann. Verbindungen, die mich in eine seltsame Verantwortung, jedenfalls das Gefühl davon, ziehen. Druck, den ich nur auflösen kann, wenn ich zurückgehe, um noch einmal richtig aufzubrechen. Um ‚soweit ich kann, klarzumachen, was es bedeutet, wenn ich gehe, vor allem für mich, und dass ich vorher nicht wieder sagen werde, dass oder wann ich zurückkehre. Kryptisch? Dort oben, zwischen diesen ganzen liebenswerten, tollpatschigen, liberalen, feudal-paternalistischen, so nah am System lebenden und doch widerständigen Freund_innen, sind mir Wahrheiten auf den Kopf gefallen, die eine Richtung weisen, Bedeutungen aufzeigen, vor allem Verständnis ermöglichen. Ihr müsst wissen, für mich waren viele Dinge sehr unsichtbar, unverständlich, auch Dinge, die zu Fehlern euch gegenüber geführt haben, überhaupt all die Missverständnisse und seltsamen Verhaltensmuster meinerseits erklären. Es gibt so etwas wie eine Wahrheit über mich selbst, auf die ich gestoßen bin, jedenfalls auf einen kleinen Teil davon, einen Zugang. Vorher, im Grunde bis zur Akademie, habe ich ein paar Dinge nicht akzeptieren können, die dazu geführt haben, dass ich die Realität in Teilen nicht akzeptieren konnte: Identitätskonflikte, was Männlichkeit betrifft, Herkunft, Nationalität, Verantwortung, gesellschaftliche Rolle. Ich glaube, ich musste viertausend Kilometer weit reisen, um allein zwischen Fremdlingen, deren Sprache ich nicht verstand, deren Kultur so fern war, zu verstehen, was eine Familie ist, was die Rolle meiner Mutter ist, für mich und mein Leben. *Watê dayîn* Bedeutung geben ist genau der Mangel, die Leere, die ich vorher nicht füllen konnte, als Unzufriedener, flüchtig zwischen den Welten, *navnetewî*[69]. Vor allem weil die eigene Kultur, die Prägung der Maschinenwelt, die mich ausgestoßen hat, so unsichtbar ist und ihre gewalttätigen Mechanismen so offensichtlich versteckt sind.

Wie an einem Abend in einem Brief ausdrücken, was sich über Monate entwickelt und ein Bewusstsein aufgebaut hat? Vielleicht kann das nur der Weg ausdrücken, den ich sehe, und der so absurd ist wie alles, was sich in unseren Leben abgespielt hat, seit dem Beginn dieses Prozesses, der Trennung vom System. Ich zweifle nicht mehr daran, dass es radikal möglich ist, beziehungsweise, ich kann die Ausmaße erahnen, wie weit dieser Weg vielleicht noch führen wird.

Ich glaube, ich muss ein Stück Weg alleine gehen. Deshalb drängt es mich gerade auch nicht, euch zu sehen. Ich vertraue darauf, dass ihr versteht, dass

68 Kurdisch für Kern, Essenz, eigene Substanz

69 *Navnetewî* bedeutet ›international‹ und kann hier aber eher als die Übersetzung von ›zwischen den Welten‹ verstanden werden.

dieser Prozess, das Nachbeben des Kampfes, den ich oben auf dem Berg ausgetragen habe, ein Kampf gegen die Selbstversklavung in meinem Kopf ist, den ich gewinnen muss, ohne mir Hilfe zu suchen, von der ich mich vielleicht wieder abhängig mache, aus Schwäche, aus Angst, allein gehen zu müssen. Die Welt zu verlassen, aus der ich gekommen bin, um alle Welten zu befreien, um die Möglichkeiten unendlich werden zu lassen. Die Abhängigkeit und die falsche Verantwortung gegenüber meiner Familie; die Angst meiner Mutter und um meine Mutter, Freundschaften, die mehr unter Druck setzen, als Kräfte freisetzen – all das muss aufgelöst werden. In meinem Kopf, in meinem Prozess der Selbstwerdung, die erst jetzt eine wirkliche Zielstrebigkeit erreicht, nach so vielen Jahren. Nun ja, eigentlich sind es nur zwei Jahre, seit dem Aufbruch, der Entscheidung, den vorgezeichneten Weg zu verlassen, und die weitreichender war, als ich mir hätte träumen lassen. Es hat sich eine Tür geöffnet zu anderen Welten, und ich gehe noch einmal zurück, um alle Abhängigkeiten zurückzulassen und begangene Fehler zu bereinigen. Nicht zuletzt, um ein Versprechen zu halten, gegenüber meiner Mutter, dass wir uns wiedersehen. Noch einmal, jetzt, wo ich sie ein wenig verstehen kann, ihren Weg sehe, ihren Kampf. Ich will im Frühling wandern gehen und vorher die Bildung vertiefen. Dafür muss ich Türkisch lernen, weil wenig übersetzt worden ist von dem, was ich brauche, um meine ideologischen Lücken zu füllen. Ich komme zurück in die freien Berge, wenn die Zeit reif ist, spätestens nach dem nächsten Winter. Ich will mein Leben nicht in den Ruinen Mitteleuropas verbringen, das jeden Tag an seinem Untergang baut. Aber ich glaube, es gibt ein paar Verbindungen, die ich schaffen kann, einfach, indem ich mich durch diesen seltsamen Kontinent bewege. Ich will mein Verschwinden richtig vorbereiten, damit ich mich ohne Angst und Bedingung diesem Kampf, der Revolution in den Bergen und Städten des Mittleren Ostens anschließen kann. Bis die Zeit reif ist für die nächsten Kämpfe, denn es bleibt doch eine seltsame, versklavte Welt, auch mit einem freien Kurdistan. Versteht ihr ein wenig, was ich meine? Vielleicht bin ich ein wenig von der Sprache entfernt, sie entgleitet mir, oder ich bin allgemein verwirrt, verstört. Ein Anzeichen von Wahnsinn und Realitätsferne ist ja, zu glauben, etwas verstanden zu haben. Aber das macht nichts, mit dieser Fantasiewelt geht es mir ausgezeichnet, und im Moment spielt meine Umgebung sehr gut mit. Ich bin sehr gespannt, was in Europa passiert, wie erdrückend die Realität dort wird. Ich habe einige sehr starke ideologische Werkzeuge gefunden: Die wahre Lebensführung, *rastiya serokatiyê* und die Realität des *şerê taybet* Spezialkrieges, von denen ich glaube, dass sie das europäische Dilemma erklären, und dazu interessanterweise die Essenz dessen sind, was ich seit zwei Jahren studiert und vertieft habe. Es ist im Grunde ein Dreieck:

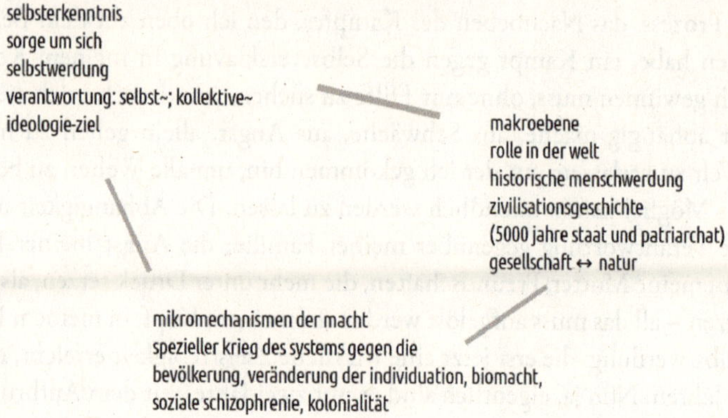

Ich will nicht allzu lange in Europa bleiben, vor allem nicht wieder in seltsame Projekte verfallen, die überfordern. Ich glaube, dass es eine sehr gute Idee ist, der Partei beizutreten, aber diese Entscheidung kann ich hier nicht fällen. Nicht jetzt, und überhaupt glaube ich, dass es nötig ist, dafür der Welt gegenüberzustehen, aus der ich gekommen bin, um ganz gehen zu können. Fast wäre ich nach der Bildung beigetreten, aber einige Punkte haben mich zurückgehalten. Vor allem, dass ich nicht bedingungslos beitreten kann, weil ich noch einmal nach Europa zurückkehren will, zur Vorbereitung, um zu verschwinden. Außerdem hat mich ein Freund und sein Verhalten verstört. Er war *komitan*[70] der Akademie und, ich glaube, leicht cholerisch und manipulativ. Ein seltsamer Charakter, für mich nicht greifbar, widersprüchlich, in sich und gegenüber den Verantwortlichen, der Gesamtkoordination der *şervanên nû*, die auch keine große Hilfe war. Er hat mich, glaube ich, als hauptsächlich unbegreiflich fremd betrachtet und er konnte einfach nicht abwarten und zuhören. Ich fürchte, einige Freund_innen konnten nicht so viel mit mir anfangen. Sie sind vielleicht enttäuscht, weil es nicht so gut aussah, dass ich nicht den Eid geleistet habe. Der *komitan* hat mich vor drei Tagen in meiner Abschlussplattform auflaufen lassen und ich bin noch ein bisschen verwirrt davon. Ich verstehe ein wenig besser, wie verschiedene Seiten, Meinungen und Prioritäten in der Partei existieren. Vor allem, was die Gewichtung zwischen militärischer und politisch-gesellschaftlicher Organisierung betrifft. Wer ausschließlich mit dem Kugelschreiber Krieg führt, ist für einige Freund_innen vielleicht nicht entschlossen genug bei der Sache. Ich weiß nicht, ob ihr vielleicht etwas gehört habt; ich weiß nur, dass einige Freund_innen bei euch waren, die mir von euch erzählt haben. Drei Freund_innen, die für die KCR[71] gefilmt haben; der eine Freund davon war eine Weile mein

70 Kommandant
71 *Komelya Ciwanên Rojhilat,* Gemeinschaft der Jugend Ostkurdistans

taxim-komitan Einheitskommandant und er ist gerade bei uns bei der KC[72]. Ich versuche über die Freund_innen den Brief zu euch zu bringen und einen Kontakt für Europa zu bekommen, damit wir ein bisschen zuverlässiger kommunizieren können. Es kann sein, dass ich morgen schon nach Süden aufbreche. Ich will an der Route festhalten, trotz Schneestürmen im Norden. Allzu eilig habe ich es eigentlich nicht. Ich hoffe, es gibt von euch aus nichts Dringendes, weshalb wir uns sehen sollten. Ich bin sehr froh, euch da oben zwischen den Gipfeln zu wissen. Wenn die Gerüchte stimmen, geht ihr auch zu *şervanên nû*, jedenfalls wurde mir das erzählt. Damit ist euer Weg für die nächsten Monate klar, und ich kann mir vorstellen wie euer Programm aussieht. Vielleicht bin ich danach sogar schon wieder in der Nähe; oder wir hören anders voneinander. Ich weiß nicht, ob es für euch vielleicht anders ist, aber für mich fühlt ihr euch trotz all den großen Gedanken, Entfernungen und Zeiträumen sehr nah an. Ich bin furchtbar froh über diesen ganzen Weg, die Prozesse; nichts davon hätte ich alleine anfangen können. Ich freue mich euch in irgendeiner Welt wiederzutreffen, in den Bergen, der Wüste, im Wald, zwischen Ruinen. Dann könnt ihr kritisieren, was aus mir geworden ist. Ich gehe ein Stück allein, um mich wirklich organisieren zu können, als gesundes Organ, als ganzes, nicht mehr zerstückeltes Wesen. Ich komme euch suchen, wenn die Zeit für mich gekommen ist und ihr mich bis dahin nicht gefunden habt. Macht's gut, ihr Heldinnen, ihr seid sehr präsent auf meinem Weg, in meinem Kopf, beflügelnde Nähe, und Vertrauen, dass nichts davon falsch ist. In Vorfreude und mit dem Willen für die gemeinsamen Kämpfe, Räume und Revolutionen; Liebe, X.

18/12/13

Unsere Aufgabe ist nicht, lange zu leben. Unser Tod soll noch das Leben selbst rechtfertigen, Zeugnis des Willens, die vorprogrammierten Gefängniswelten nicht zu akzeptieren.

Was mit dieser Nachricht anfangen?[73]

20/12/13

Ich habe Monate bei dem Volk der Berge verbracht, mit den Kindern des Feuers gelebt. Fern von elektrischem Strom und mit Wasser, das von einer Quelle Hunderte Meter getragen werden musste. Wir haben süßen Schwarztee aus

72 *Komalên Ciwan*, Gemeinschaft der Jugend

73 Vermutlich hat ihn zu diesem Zeitpunkt die Nachricht vom Tod seiner Mutter erreicht. Aufgrund schlechter Witterungsbedingungen hatte das Überbringen der Nachricht viel Zeit gebraucht. Sein Entschluss, nun wieder nach Deutschland zurückzugehen, hing auch mit dem Wunsch zusammen seine Mutter zu noch einmal zu sehen, um mit ihr über Fragen zu seinem Leben und der Familiengeschichte zu sprechen. Auch wenn dies nun nicht mehr möglich war, blieb er bei dem Entschluss vorerst nach Deutschland zurückzukehren.

Whiskeygläsern getrunken, den die Schmuggler über die Grenze bringen. Es gab drei Messer und vier Taschenlampen für 35 Freund_innen und es erschien mir unlogisch, den Anspruch teilen zu wollen, und so lebte ich im Dunkeln, wenn die Sonne verschwand, und benutzte nur Werkzeuge, wenn sie mir mit der Aufgabe dazu gegeben wurden. Ich lernte die Kälte kennen, sie fürchten, sie ertragen, sie hinnehmen. Ich lernte zu warten, Geduld zu haben, aber ohne Hoffnung auf Änderung, einfach eins zu sein mit der Wahrhaftigkeit der Lage.

Dieses Volk der Flammen lebt mit einer Weisheit, die so selbstverständlich ist, wie der Zyklus der Berge. Nach 5.000 Jahren haben sie sich erhoben, unzählige Male, um ein für alle Mal die Geschichte zu schreiben, in der sie leben wollen.

26/12/13

ich habe zu den wahnsinnigen gefunden
die sich verbinden
und die statik der gegenwart nicht anerkennen wollen
die die flut der verkehrsströme und
knotenpunkte
die dieses system nähren
mit einem lächeln fortwischen
und sie ersetzen mit dem fluss ihrer
wünsche und utopien
ich habe zu den wahnsinnigen gefunden
die ihr gesicht verhüllen
ihre namen auslöschen
und diese welt verlassen
auf der suche nach diesen anderen welten
deren farben wir heute erträumen können
um diese neue realität
in die wahrhaftigkeit unserer verbindungen
zu legen
die risse, die sich durch die welt ziehen
können wir erfüllen um unsere wurzeln
zu schlagen
für das, was kommen soll
und sich ausbreitet

Nomadisieren – sich eine Form geben

August 2013 bis Juni 2015

Deutschland – Rojava – Deutschland

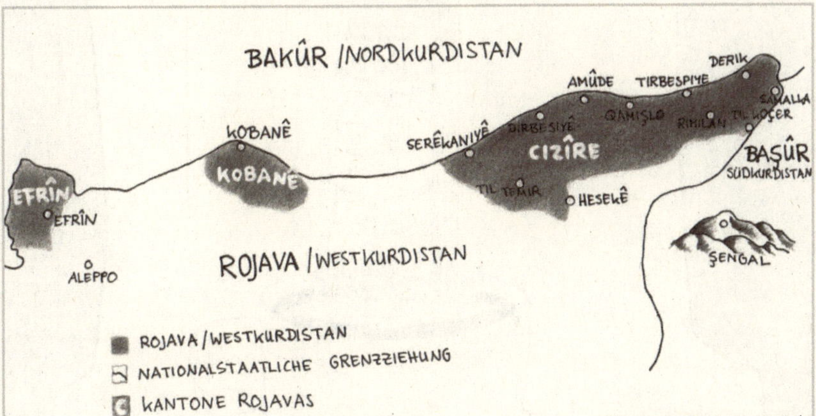

Kantone Rojavas 2014

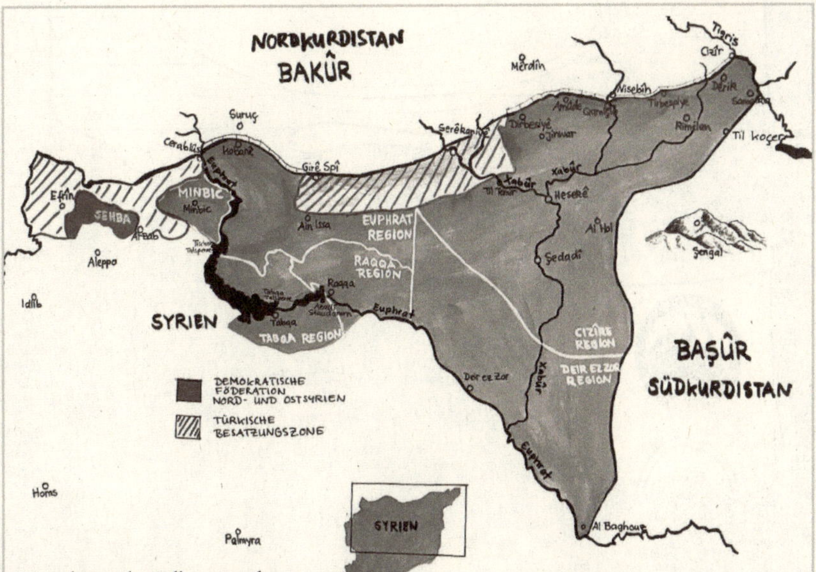

Demokratische Selbstverwaltung von Nord- und Ostsyrien 2023

UNITE!
SOLIDARITY
frei?

ANTIFASCHISTISCHE AKTION

Das Chaos organisieren

Januar 2014, Ostdeutschland

09/01/14

Das Chaos organisieren

Es gibt Orte, die bewusst Widerstand leisten und die nach Strategien fragen, Techniken entwickeln. Das, was am meisten fehlt und so dringend benötigt wird, ist das Ziel, das die Richtung und den Zustand der Vorstellung, die Utopie darstellt. (Der Ort, der noch nicht ist und sich immer wieder verschieben wird, je mehr wir versuchen, ihn zu erreichen – und der immer größer und schöner wird.) Es braucht vor allem erst mal Mut und Willen, dieses Ziel zu formulieren, sich festzulegen. Wenn diese Entscheidung getroffen wurde, nicht mehr nur in der Gegenwart klarzukommen, sondern den Status quo zu verlassen, stellen sich im Grunde nur a) die Frage nach der Richtung, dem Ziel und b) die Frage nach der Strategie, dem Rahmen, innerhalb dessen gekämpft wird. An der Strategie können Taktiken ausgerichtet werden, in denen die Strategie sich ausdrückt. Die momentane Taktik bestimmt die Aktionen, die Werkzeuge.

Strategisches Handeln heißt, die eigenen taktischen Aktionen auf ein Ziel hin zu kodieren, sie an ihm auszurichten. Sich zu organisieren bedeutet, sich zusammenzuschließen, eine kollektive Utopie zu formulieren und gemeinsam darauf hinzuarbeiten. Es bedeutet, die Verantwortung gegenüber einander anzuerkennen, das eigene Leben einer Strategie zu widmen, ein gemeinsames Ziel zu erkämpfen. Im Grunde bedeutet es die Unterordnung der eigenen, kleinen individuellen Ziele unter eine Kollektivierung des Willens.

Ein Ziel ist die Befreiung der Lebensmöglichkeiten, die Wiederaneignung der Entscheidung über die eigene Zukunft. Es ist auch die Zurückweisung der staatlichen Verwaltung und der Fixierung des Lebens. Mit der Selbstbestimmung über den eigenen Weg hängt die Einsicht zusammen, dass nichts diese Welt retten kann, ohne die Anerkennung der kollektiven Verantwortung für diese Gesellschaft, für diesen Planeten und diese Menschheit. Nur wir selbst sind dafür verantwortlich, was mit uns und unserer Welt geschieht.

Ein bzw. der Rahmen für diese Möglichkeiten ist die Konföderation der Kommunen. Die Konföderation ist die freie Vereinigung der Kollektive und Wesen, die sich aufeinander beziehen und eine neue Gesellschaftlichkeit praktizieren. Die Konföderation ist die Institution und gleichzeitig die Ideologie der demokratischen Zivilisation, basierend auf Grundlage der Selbstverwaltung und dem Zusammenschluss der demokratischen Kräfte, der Ökologie und der Geschlechterbefreiung. Der Widerspruch zum System des Konföderalismus ist nicht allein die kapitalistische Wirtschaftsform, die das Leben zerstückelt und in Warenformen presst, oder die konkreten sexistischen Auswirkungen der patriarchalen Herrschaft oder die Auswirkungen der ökologischen Katastrophe, vor der wir stehen. Die Form, die die Grundlage all dessen bildet und die Strukturen in sich vereint, sie institutionalisiert oder zu einem System von Herrschaftsmoral erhebt, ist der Staat. Das Staatswesen ist das System, das seit 4.300 Jahren gewachsen ist und sich aus dem Mittleren Osten in Gestalt verschiedener Staatskulturen bis nach Europa übertragen hat, um neue Formen und Strukturen der gleichen Herrschaft zu begründen. Die Konföderation beruht auf dem Willen der Menschen, die sich in Kommunen und Räten zusammenschließen und zu organisieren. Sie geben sich eine Form, die zu ihren Ansprüchen, Bedürfnissen und zu ihrem Ziel passt und die die Institutionen des Staates als Struktur, die sie repräsentiert, zurückweist und nach und nach ersetzen kann.

Die Bewegung, die die Möglichkeit des Aufbaus der Konföderation erkämpft und den Staat zurückdrängt, ist die imaginäre Partei (das heißt eine Metapher dafür). Agent_in der imaginären Partei ist jede_r, die durch ihr Handeln nichtstaatliche gesellschaftliche Strukturen schützt, aufbaut und ihre Rolle als Teil der Gesellschaft anerkennt. Die imaginäre Partei kann keine Person ausschließen, die für die Zukunft in diesem Sinne kämpft. Sie ist keine Körperschaft, sie ist eine Idee.

Der konkrete Inhalt, der entscheidende Punkt für den Erfolg der demokratischen europäischen Konföderation ist die neue ethische Grundlage von Gesellschaftlichkeit. Es ist ein Bewusstsein, das auf dem Willen zur Kollektivität, Akzeptanz und Vielfältigkeit basiert, ebenso sehr wie auf der vehementen Zurückweisung jeder Machtakkumulation außerhalb der demokratischen Institutionen, die den kollektiven Willen verkörpern. Die Struktur der Kommunen wie die der Konföderation basiert auf der freien Verbindung, dem nebeneinander Existieren verschiedener Formen, entgegen jeder Vereinheitlichung und jedem Assoziationszwang.

Konkret existierende Machtlinien, die durch das Staatswesen geschützt werden, müssen von einer konkreten Organisierung der dynamischen Kräfte beantwortet werden: der Frauen und der Jugend.

Die Zivilisation ist eine ästhetische Entgleisung.
Ich sammle Erfahrungen. Andere sammeln Geld oder Creditpoints.

wenn mich alles verlassen hat, kommt
das allein sein
wenn ich alles verlassen habe,
kommt die einsamkeit.
alltägliche vereinzelung als repression

Die Imaginäre Partei

Als Xelîl im Dezember 2013 von seiner Reise zurückkehrte besuchte er ein Antiquariat in Berlin. Dort entdeckte er das Buch *Anleitung zum Bürgerkrieg* von *Tiqqun* und studierte es in der folgenden Zeit gemeinsam mit Freund_innen. *Der kommende Aufstand* und *Aufruf* hatte er bereits 2011 gelesen und konnte daran anknüpfen. Fortan bemühte er sich, die Schriften des *Unsichtbaren Kommitees* und von *Tiqqun* in einen Kontext zu setzen, ihre Absichten zu begreifen und sich mit ihnen zu verbinden. Nun galt es, seine Erfahrungen aus Kurdistan für die Bedingungen in Europa zu durchdenken. Es ist keine einfache Übung nach Erfahrungen im Herz einer kämpfenden Bewegung wieder im Rachen der Bestie diverser kapitalistischer Krisen anzukommen. Xelîl nahm sich dieser Aufgabe an. Im Herbst 2015, veröffentlichte er einen Artikel im *Kurdistan Report* 181 unter dem Pseudonym *Initiative zur Verständigung/Philologischer Flügel der Imaginären Partei* und schrieb darin:

»Niemand kann in der kapitalistischen Metropole ohne einen gewissen Schutz überleben: der Schutz des unsicheren Versprechens der nahen Rente oder des Erfolgs, das Ausblenden der Realität, die Leugnung der eigenen Verantwortung, Erschaffen von Feindbildern, die Betäubung durch Drogen, Konsum und staatliche Ruhigstellung, Flucht in den Urlaub, die Arbeit, die Freizeit, den Selbstmord. Die Freund_innen des unsichtbaren Komitees schlagen einen anderen Weg vor: die Sicherheit der Selbstorganisierung, ein neues Experimentieren mit dem Schutz, den die Freund_innenschaft und die gesellschaftliche Verbundenheit bieten. Und so bilden die, die sich organisieren, eine neue Kaste von Verbündeten, die sich vom Staat zurückziehen, um sich die eigene Kraft der Problemlösung und Perspektivfindung anzueignen. Eine imaginäre Partei, notwendig dezentral und kommunalistisch organisiert und über ein gemeinsames Bewusstsein verbunden – durch eine Mythologie der Befreiung; und in der Lage, sich über das gegenseitige Erkennen, ihre Betroffenheit und die Notwendigkeiten zu verbünden. So weit wie die staatliche Verwaltung die Gesellschaften durchdrungen und kolonisiert hat, so kleinteilig und von unten muss der Aufbau der ethischen Gesellschaftlichkeit sich selbst organisieren, bis er zur Bewegung werden kann.«

13/01/14, Ostdeutschland

Liberalität oder: Wie ich der Beliebigkeit in die Augen sah (die mir auswich)
Allgegenwärtige Angst vor den eigenen Leben, die die Menschen ergriffen hat. Zusammenzucken, wenn Betroffenheiten aufgedeckt werden, Unwohlsein durch die plötzliche Entschlossenheit eines Verbündeten, einem, der gern einer wäre. Nur müsste für die wirkliche Kompliz_innenschaft eben die Illusion der Neutralität aufgegeben werden. Das erste Opfer wäre die Möglichkeit des Rückzuges in die Isolation.

Die Konstellation der Räume und die Abfolge der Zwangssituationen hat die Menschen dieser Welt wieder zu Höhlenmenschen gemacht, die schon die Möglichkeit des Rückzugs leugnen. Sie fürchten den Blitz, die Gewalten, die sie nicht verstehen, und verachten die Verkündiger des Blitzes, wenn auch nur im Stillen (denn sie scheuen das laute Wort, wenn es nicht ausgelassen und froh ist). Sie geben nichts, außer als Gönnerhaftes, ihre Gabe ist nie frei von Erwartung. Ihre Geschenke sind keine Opfer, kein Schaffen, nur Restauration. Ihr Modus ist die Wiederholung oder die bloße Neuanordnung bekannter Teile. Sie denken statisch, sesshaft, materialistisch und proprietär

Meine Rolle hier kann nicht vom Respekt gegenüber dem Status quo zeugen. Es würde an Selbstverleugnung grenzen, wollte ich hier, in dieser Welt meinen Platz suchen, meine Nische gegen die Aufdringlichkeit der anderen erkämpfen. Mein schalldichter Raum gegen den Kriegslärm, der die Luft erfüllt, draußen, außerhalb der Geschäftsviertel, außerhalb der Paradieswelt. Obwohl er gerade dort nie aufgehört hat, die Grundebene zu bilden, umgeschrieben und neu vertont zum Soundtrack eines Spezialkrieges; der Feldzug der Schlaflieder. Fahrstuhlmusik als Hintergrundgedudel zur Geste der Unterwerfung.

Wohin soll ich wachsen in Räumen persönlicher Abwesenheit? Blicke richten sich auf den Boden, Augen werden zu kalten, kritischen Schlitzen, Gesichter verhärten sich. Weißt du, das sehe ich anders, und sehe weder Anreiz noch Notwendigkeit deine weltfremden Gedanken zu verstehen. Deine Sprache greift an, verletzt, denn sie ist sehr konkret und persönlich. Wenn alle zwischen oder über den Seiten der Schlacht stehen, muss sie dann noch geschlagen werden? Werden nicht tatsächlich die, die für sich die Notwendigkeit sehen zu handeln, sich zu positionieren, eine Seite zu wählen, widerlegt? In ihrer Handlungsweise, dem Wahrheitsgehalt ihrer Entscheidung beraubt? Ich werde immer dickköpfig und dogmatisch, doch gleichzeitig so naiv erscheinen gegenüber denen, die zu abgeklärt sind, selbst von einer Wahrheit betroffen zu sein. Sogar, und gerade, wenn es um ihre Anwesenheit auf dieser Welt geht.

Ihre Liberalität raubt ihnen den letzten Halt, zerschlägt die letzte Verbindung, bis zum Ende dieser Normalität, dem Zusammenbruch der normierten Räume. Und sie untergräbt meine Integrität, greift mich an, weil sie, die Normalität und ihre Verteidiger_innen, niemals akzeptieren können, was ich als meine Wahrheit, als Ausgangspunkt meiner Bewegung setzte. In den Augen der Liberalen und Zweifelnden werden die Sachzwänge, der Assimilationsdruck, der Kompromiss mit dem Bestehenden niemals aufhören. Es bedeutet die Kapitulation vor der Herausforderung, das eigene Leben selbst zu bestimmen. Die Liberalität ist mächtigste Waffe des Imperiums geworden, die moderne Form der Implementierung der Sklavenmoral. Die letzten Menschen, die am längsten leben und doch eigentlich schon nicht mehr wirklich anwesend zu sein scheinen.

Es bleiben uns Formen des Umgangs mit dieser Welt. Unsere Existenz zwingt uns, Stellung zu beziehen. Wir können die Welt, wie sie ist, akzeptieren, unsere Plätze einnehmen und die Konsequenzen hinnehmen. Oder wir können sie akzeptieren und auf ihre Veränderung hinwirken. In beiden Fällen müssen wir uns als Teil der Welt betrachten, wenn wir in ihr handeln und uns verhalten. Wir können auch den Versuch unternehmen, unsere Rolle und unseren Zwang innerhalb des Systems zu verstehen, unsere Seinsweisen abstrahieren und Strategien auf einer anderen Ebene entwickeln. Währenddessen, noch während unserer transzendenten Höhenflüge und metaphysischen Erkundungen, werden wir dennoch gezwungen sein zu existieren, und sind während dieses ganzen Prozesses Teil der Welt.

Die liberale Ideologie hat all diese Rahmen verlassen; sie hat ein Bewusstsein geschaffen, dass das eigene Sein leugnet, das die Verbindungen zwischen sich und der Welt gekappt hat. Alles ist zweifelhaft geworden, unverbindlich, unverbunden. Es wäre Willkür, wenn nicht auch noch dem Willen als produktive Schaffenskraft seine eigene Grundlage entzogen worden wäre. Eine große Abwesenheit, eine Leere hat die Vielfalt der Welten befallen und mit um sich greifender Bedeutungslosigkeit infiziert. Wie passend das Bild vom Untergang Fantasiens ist, dessen Ende gekommen ist, seit niemand mehr die Vorstellungskraft aufbringt, Welten zu bauen, die nicht der stummen Zwangslogik des Mangels folgen. Es gilt, alle diese Schatzkammern des Geistes zu bewahren und zu horten, wie es darum geht, die Geschichte des Widerständigen zu retten und zu überliefern.

Ich habe keine Angst mehr, die Sicherheit dieser Welt zu verlieren. Meistens. Es ist lange her, dass ich ohne Hoffnung war, dass ich gehen wollte wegen der Unerträglichkeit des Raumes. Wie es scheint, kommt jede Flucht zu einem Ende. Ich laufe nicht mehr vor dieser Welt weg, vor dem Krieg, den sie gegen die Möglichkeiten und die Kräfte der Veränderung führt. Sie schüchtert mich nicht mehr ein. Vielleicht beginnt hier die Phase des Gegenangriffes. Der utopische Krieg gegen dieses Projekt der Kontrolle, der Verwaltung, der Konservierung und des Todes.

20/01/14

Was bestimmt die Wege der so verworren und spontan wirkenden Menschen um mich herum? Es ist ein ständiges Spannungsfeld zwischen der Liebe, der ständigen Suche nach wahren Begegnungen, der Angst vor der Freiheit und dem Verlust der letzten Sicherheiten in der Welt.

Ich verliebe mich, ständig, in diese wahren Menschen, in ihre Art, ihre Betroffenheiten, an denen sie zugrunde gehen werden und an ihrem Mitleid mit dem Zustand der Welt. Ich sehe all diese schönen Menschen gefangen in einem Netz aus Notwendigkeiten, hin- und hergerissen zwischen den Räumen und Reaktionen. Welcher ist der Weg hinter all dem, die selbstgewählte Geschichtlichkeit? Ich sehe die Größe der Selbstaufopferung, die Selbstlosigkeit, die revolutionäre Kraft. Noch schafft sie keine neuen Welten, die lange überdauern, noch ist sie gebunden an die Angst zu fallen. Es braucht diese Gewissheit, die Sicherheit der neuen Welten, in die alle Welten passen.

Wenn wir uns trauen, uns diese so einfachen Fragen zu stellen, werden wir zusammen gehen können:

- Was ist dein Weg?
- Welche Geschichte willst du leben?
- Wohin führt all das, wie verändert es sich?
- Wovor hast du Angst?
- Wen willst du retten, wem helfen?
- Wie weit bist du bereit zu gehen?

Konsistenzplan
Aufbau von Kommunen, Knüpfen von Netzwerken. Perspektiven denken: den Aufbau zukunftsorientierter Strukturen für Europa und die Entwicklung einer entsprechenden Ideologie; das Leben eines neuen Internationalismus als Verbindung der Welten.

Soweit zur Ratio, die nötig ist für das, was wir uns als Perspektive oder Utopie denken können. Aber die andere Frage, die immer durchscheint, wenn das Rauschen der Situation gerade abflacht: Kann und will ich all das leisten? Wie steht es um meine emotionale Stabilität, wenn der Krieg gerade ins Stocken gerät, die Liberalität die Abwesenheit von Situationen provoziert und plötzlich wieder in aller Brachialität diese Leere hereinbricht, die Kompliz_innenschaft verhindert? Oder wenn der Gegenangriff des Staates so perfide abläuft, dass nichts mehr klar zu sein scheint? Kann dies alles einfach so zerplatzen oder ist es möglich, die Substanz der Dinge zu verteidigen?

Seit meiner Rückkehr aus den Bergen ist alles in einer Klarheit sichtbar, die mich ab und zu irritiert. Ist all das Teil der Lösung oder eine Illusion? Es ist lange her, dass ich vor einer mentalen Herausforderung stand. Einem philosophischen

Spiel, das mich wirklich an die Grenze meiner Denkbarkeit brachte. Es ist gefährlich, nicht mehr von vielen kritisierbar zu sein, wegen einer bestimmten Sprache, einem gewissen Auftreten, einer mythischen Lebensweise. Inzwischen merke ich, wie ich für so viele Menschen hier exotisch geworden bin: der, über den sich gewundert wird. Warum, wenn ich doch oft so positive Antworten und Reaktionen provozieren kann, möchte doch niemand diese Bewegung nachvollziehen? Wann tritt die seltsam-liberale Distanzierung in Kraft? Wie soll ich mit meinem Tempo umgehen, wenn es wenig anknüpfungsfähig für so viele andere ist?

Ein Zögern hält mich zurück, den Menschen, die ich liebe, meine ehrliche Wahrheit zu zeigen. Kritik ist hier so unendlich schwer, in einer so statischen Welt, die das Subjekt so bedrängt, kontrolliert, zur Ware macht und so wenig Raum für Fehler lässt. Die Ausschlussmechanismen dieser Welt sind so brutal, sie implantieren die ständige Angst, auch außen zu stehen, zu verschwinden oder sozial zu sterben. Es besteht eine gewalttätige Sozialität, einer Vernichtung durch Leugnung, dem Entzug von individueller Relevanz gleich.

Wie lernen, lehren wir, dass das Verschwinden in unserer Welt nicht mehr möglich ist? Dass wir nicht akzeptieren wollen, dass unsere Hevals, Compas, Kompliz_innen und Weggefährt_innen verschwinden? Es gibt schlimmere Dinge in dieser Welt als den Tod: die soziale Vernichtung. Eine Gesellschaftsmaschine, die ihre eigenen Bestandteile frisst, deren Staatlichkeit jede Verbindung brüchig und fragwürdig gemacht hat. Wenn alles zweifelhaft ist, woran können wir uns dann festhalten? Im Grunde hat die unumschränkte Zweifelhaftigkeit der Welt, die Indoktrination der Subjekte bis zur Infragestellung der Realität, die Menschen wieder in die Höhlen getrieben. Draußen kämpfen die subjektlosen Mächte, die Gewalten unauflösbarer Staatlichkeit, um Hegemonien und Ressourcen, um Wissen, Macht und Wahrheit. Der Mensch ist verschwunden, hat kapituliert, während sich die gesellschaftliche Moral faschisiert und der Logik der Äquivalenz staatlicher Sühne- und Strafregister angliedert. Wenn der Staat es geschafft hat, den juridischen Machtkomplex an die Stelle der gesellschaftlich-demokratischen Kultur und Moral zu stellen, wird die Sklaverei umfassend sein.

Sollte es nicht möglich sein, die materiellen Fesseln schon jetzt zurückzuweisen, und jene zu finden, die ihnen keinen Wert beimessen? Sollte es nicht auch möglich sein, nicht erst auf den Zusammenbruch bestimmter Warenströme zu warten, sondern ihn ideologisch vorwegzunehmen und den Warenströmen die Bedeutung zu nehmen?

24/01/14

Wer kommt, um zu gehen, muss in dieser Welt, in der Logik des Faschismus, die Frage des Willens, der Wiederkehr offenlassen.

Ich werde niemals verschwinden.

Wer mich gehen lässt, muss damit rechnen, dass ich wiederkomme.

Systemzwang heißt, nicht frei über Gehen und Bleiben entscheiden zu können. Nichtakzeptanz des Wissens über den Systemzwang heißt, für immer an der Rechtschaffenheit der Wesen zu zweifeln und ihnen zu unterstellen, nicht bleiben zu wollen.

Systemzwang, Einsicht darin heißt Verantwortung.

Faschismus ist die Illusion, den Mikrokosmos des Zugeständnisses des Systems zu wollen.

Ignorieren des Systemzwangs führt zu Assimilation.

Assimilation heißt Faschismus.

Berxwedan jiyan e. Widerstand ist Leben.[74]

In der Denkbewegung, die den Systemzwang offenlegt, liegt die mentale Voraussetzung für Widerstand.

Moral heißt gelebte angeeignete Philosophie heißt Ideologie der Selbst_erkenntnis_befreiung.

Gespräche*

* mit Leuten, die ich nicht getroffen habe

Wie der Manager, der nie in der gleichen Welt leben wird wie ich, und der nicht versteht, dass seine Welt untergeht.

74 Siehe Kasten Mazlum-Doğan-Akademie, S. 352.

321.2
322.2
320.2
319.2

Euer Freund ist der Wandel

Februar bis März 2014, Ostseeküste – Ostdeutschland

14/02/14, nêzîk bahrê In der Nähe des Meeres

Agir Feuer

Lebenswille, Selbsterneuerung, Opfer, Vergänglichkeit im Bewusstsein des Todes, Akzeptanz der Realität, Selbstverortung im Verhältnis zur Wahrheit.

av Wasser

Dao, Richtung der fortgesetzten Selbstüberwindung, Nutzen und Verstehen der Welt, Umgebung: Schwer- und Fliehkräfte. Nomadisieren.

ard Erde

Der Boden, auf dem gedacht wird. Tieferes, sich vertiefendes Verständnis der Welt und des eigenen Standpunktes darauf.

ba Wind

Anerkennen der Schritte des Weges, füllen mit und testen an konkretem Erleben. Die Kraft, die Nomad_innen ernährt, sie vorwärts trägt.

16/02/14, gund cîhê zarokatiya xwe Dorf und Ort meiner Kindheit

Ich frage mich, wie sich die Geschichte lesen wird, falls sie eines Tages geschrieben wird. Dieser verworrene Weg, die Folge von Entscheidungen, die ihm zugrunde liegt. Nach und nach lösen sich die Fesseln, die mich nicht losgehen lassen und meinen Weg nicht wirklich frei machen. Bisher musste ich immer zurückkehren, aus Angst, falschem Pflichtgefühl und vor allem Angst vor der Freiheit. Es sind geistige Gefangenschaft und Ideologiefragmente, die Priester[75] und Herrscher in meinen Kopf gebracht haben, die meine Fantasie beschränken und steuern wollen. Ich muss alle Fesseln und Blockaden finden, die mich noch zurückhalten könnten, oder die mich wieder zurückkehren lassen wollen, um nicht frei voranzuschreiten. Diese Bereiche, die mich einweben und ein Netz falscher Abhängigkeiten spinnen: Familie, falsche Beziehungen, Besitz, Abhängigkeit vom Staat. Alles, was mich vom heiligen Menschen[76] trennt.

75 Bezieht sich hier auf die Rolle der Priesterschaft beim Wandel von kollektiven und egalitären Gesellschaftsformen hin zu hierarchischen und unterdrückerischen Formen der Gesellschaftsordnung, vor allem in der Zeitspanne nach dem Neolithikum.

76 Eventuell ein Bezug auf Ideen und Gedankengänge Nietzsches in u.a. *Also sprach Zarathustra* (1883).

Mit jedem Schritt die Revolution zu leben, sich immer wieder zu erheben und nicht mehr stehen zu bleiben, den eigenen Wünschen zu vertrauen und von der schmutzigen Kultur des Staates und des Mannes zu befreien. Nicht allein die beste Strategie wird uns retten, keine Politik, sondern nur die Moral als neue Bewusstseinsebene unseres Handelns. Keine Angst mehr vor der Freiheit, vor der Liebe zu haben ist der Maßstab für die konkrete Handlung.

Es stimmt, was der Maulwurf[77] gesagt hat: Es ist nicht wichtig, wo wir genau sind. Es kommt nur darauf an, wirklich anwesend zu sein und keinen Stillstand anzuerkennen. Denen offen gegenübertreten, die auch auf der Suche sind. Es geht nicht darum, zu agitieren, etwas tun zu müssen, sondern zu sein, als Spiegel der Welt, die sein könnte.

Dieser Quatsch ist nicht die Wahrheit. Klau, was du gebrauchen kannst, den Rest wirf lachend beiseite. Es kann nicht mehr sein als eine Karte, zu der ein Weg gehört.

04/03/14

chronische bewusstseinsschübe
der eigenen unvollendeten logischen kette
temporäres ideologie-schwäche-syndrom
wiederkehrender bedeutungsverlust
kurzschlüsse in der wunschmaschine
wozu dieser partizipationsapparat
im kreislauf des selbstreproduzierenden abgetrenntseins
irrelevante bauteile
deren anwesenheit bestenfalls zufällig erscheint
mitunter zynisch, böswillig
dazu verdammt mit der maschine zu arbeiten
ohne essentiell zu sein

maschinenmenschen
wie weltraumaffen
substituierbare schaltkreise
selbsterfüllende prohezeihung potentieller unfähigkeit
fröhliche maschinenwelt
deren produkt die produktion selbst ist
unendlich reproduzierbare tautologie der selbsterhaltung
ich bin weil ich bin weil ich bin
weil meine existenz unhinterfragbar ist

77 Bezieht sich auf die Geschichten des Subcomandante Marcos.

welcher zauberlehrling hat den wahnsinn in gang gesetzt?
unsichtbarer maschinenkrieg
mobilisierung produktivmachung einverleibung
und funktionierende wesen
angeschlossen mit kabeln
angedockt an schnittstellen
wie an ruderbänke gekettete sklaven
die das meer nie gesehen haben

05/03/14

Die Zukunft der Verbündungen liegt nicht im Westen, wo solcherart Ressentiments bestehen. Allein für diese Erkenntnis war mein Aufenthalt hier schon eine wichtige Erfahrung. Die westdeutsche Gesellschaft hängt in einer Blase fest, die mit Altlasten überfordert ist, ideologischen und welchen, die auf Erfahrungen basieren.

Räume sind verdichtet, Infrastruktur überlastet. Die deutsche Philosophie hat diesen Subjektivierungsmodus, diese erdrückende Geschichtlichkeit. Das scheint im Osten nicht zu greifen, seltsame Leerstellen, freie Felder tauchen dort auf.

Wie weit muss ein Rückzug gehen, um sich wirklich neu konstruieren zu können? Nomadismus in revolutionärer Form muss Räume vernetzen, für die, die es wollen, die suchen. Somit scheint das Projekt auf dem Land fragwürdig, zu groß drückt ein Erbe, eine Fixierung auf vergangene Kämpfe. Geschichte kann nicht zurückgedreht werden.

Was hat es mit der Freien Republik Wendland auf sich? Den Widerständen im Norden? Welches sind die Gebiete? Wo sind die Kompliz_innen, die wir finden können?

gefängnisschriften aus der gefangenschaft
der gegenwart

würde der narr in seiner narrheit
beharren, er würde weise werden.

ich hätte gerne meine leute wieder.
sie sind ins ery[78] gegangen und waren nicht mehr da
ich hätte gerne meine freund_innen wieder
wir gingen auf eine party, und plötzlich war
ich allein.
ich hätte gerne meine kompliz_innen wieder.
sie gingen allein nach hause
und denken nicht mehr an die zukunft.
ich hätte gerne meine hevals wieder
sie sind in die berge gegangen und müssen
für unsere welt kämpfen, die wir verloren haben.

Das Spiel der krummen Fragen. Glasperlenspiel[79].

Wenn das bleibt, was ist, seid ihr verloren
Euer Freund ist der Wandel
Euer Kampfgefährte ist der Zwiespalt
Aus dem Nichts
Müsst ihr etwas machen,
Aber das Großmächtige
Soll zu nichts werden.
Was ihr habt, das gebt auf und nehmt euch,
Was euch verweigert wird.
– B. B.[80]

78 Selbstverwaltetes Zentrum in einer Stadt, in der er sich viel aufgehalten hat.
79 Das Glasperlenspiel ist der letzte und umfangreichste Roman von Hermann Hesse.
80 Gedicht von Berthold Brecht.

322.2
320.2
319.2

Lass uns aneinander wachsen, bis wir Riesen sind

März bis Mai 2014, Ostdeutschland

13/03/14

Wieder stehe ich zwischen den Welten, wieder ist eine Verschiebung vonstatten gegangen, wieder habe ich das Gefühl, letztlich wieder gehen zu müssen. Noch ein letztes Mal? Oder kann ich all dem wieder nicht entfliehen? Ich habe das Gefühl, langsam die Bedeutung, die Hürde dieses Schrittes nachvollziehen zu können, alles zurücklassen, frei zu gehen, das heißt frei von Sicherheit und frei von der Möglichkeit, einfach zurückzukommen.

Vielleicht hat der Anfang meines Wegs wegen irgendeiner Konstellation, meiner Position innerhalb des Systems mich von Anfang an weit von der Welt getrennt. Als Sklaven ausgespuckt, ratlos, dessen Weg innerhalb der Maschine vorgezeichnet war. Weit entfernt von jeder Wahrheit sollte ich dem Imperium mit meinen Fähigkeiten dienen.

Ich bin mir noch nicht sicher, wodurch ich die Stärke gewann, aber an irgendeinem Punkt in diesem Prozess der Zurichtung übte ich Verrat an der Maschine, die mich konstruiert hatte. Vielleicht durch diese Fluchtpunkte in der Fantasie; das Reich, das sie nicht unmittelbar kontrollieren konnten. Mein erstes befreites Gebiet war diese Fähigkeit, mir Welten zu erschaffen, die sie nicht betreten konnten. Bei dem Versuch, wahrhaftig zu werden, einen Modus freien Seins zu finden, kann jeder Organismus erstaunliche Fähigkeiten ausbilden: übermenschliche physische Kräfte, Zähigkeit, ein Wille, dem sich die gesamte eigene Existenz unterordnet, um zu überleben. Meine Verteidigung gegen eine Scheinwelt war die ausweichende Bewegung in meine eigene Realität, das Ausbilden fragiler Schutzräume, die sich an realen Assoziationspunkten der Umwelt orientieren: Ich erinnere mich, dass ich mich in Spielen sehr früh in der Rolle eines Kämpfenden sah, für die, die gefangen und unterworfen sind. Das frühe Abbild einer Projektion: Rachefantasien. Kein symmetrischer, destruktiver Racheengel, der Zerstörung über die Welt bringt, die ihn verraten hat. Eine ethische Figur, verpflichtet Gutes zu tun, sich opfernd. Vielleicht ist ein nicht unwesentlicher Teil meines Weges der Versuch, dieses Bild aus der Fantasie in die reale Welt zu übertragen, ganz zu werden, meine Wunschmaschine befreien, meine wirklichen Wünsche zu entschlüsseln.

Revolutionäre Lebensführung bedeutet, im Ausnahmezustand zu leben. Dazu braucht es Selbst_techniken, die die eigene Emotionalität, die Sozialisierungen und Begehrensformen kontrollieren, transformieren und lenken können.

16/03/14, selbstverwaltetes Ladencafé

Überlegungen

Was wir vorhaben, ist ein Versuch, ein Experiment. Wir gehen nur von sehr wenigen, sehr einfachen Wahrheiten aus.

I. Wir glauben an die Möglichkeit eines anderen Lebens, einer anderen Welt.

II. Wir gehen von uns aus, unserer Verantwortung füreinander, von nichts sonst. Allein sind wir besiegt.

Diese Wahrheiten reichen sehr weit. Wenn wir Verbündete treffen, die diese beiden Wahrheiten anerkennen, werden wir gemeinsam gehen können.

25/04/14, Ostdeutschland

Schönheit ist keine Eigenschaft, sondern ein Zustand.

Es gibt keine sinnvolle Frage nach dem ›Was‹. Was bist du? Wer bist du? Das ›Was‹ ist unhinterfragbar.

Die relevante Frage betrifft das ›Wie‹, die Art und Weise der Handlung, die daraus erwächst. Wie etwas passiert, ist der Modus der Ethik, des Wertehintergrundes.

Und so wie nichts einfach verschwinden kann, kommt alles wieder. Rekonstruiert sich am anderen Punkt, zu einer anderen Zeit, auf einer anderen Ebene. All die Fortschritte, Erkenntnisse, die ich in den Bergen erfahren habe, waren so stark, dass sie vieles, was bereits auf einem anderen Teil des Weges angelegt, installiert worden war, verdrängten. Vor allem, weil mein Aufbruch hier vieles halbfertig ließ und Gedanken, Werkzeuge sich nicht entfalten konnten. Offene Enden, lose hängende Fäden. Ich war vielleicht nie in einem Raum, in dem ich eine persönlich ethische Substanz festigen konnte, bis ich wieder floh. Deshalb diese emotionale Instabilität, die Mentalität des Flüchtenden. Seit ich zwei Jahre alt bin ist der Modus meiner Lebensform das innere Exil. Eine weit fortgeschrittene Form des *Bloom*[81], der schizoid-paranoiden Liberalität. Und als dieser ausgestoßene Exilant bin ich immer ein Stück weit getrennt, immer leicht an dem Punkt, lieber zu verschwinden. Dies ist ein Stück Erkenntnis, die ich

81 Der *Bloom* ist eine Figur aus den Schriften des Kollektivs *Tiqqun* und bezieht sich auf eine archetypische und vor allem von sich selbst und der Welt entfremdete moderne Person. Benannt ist der Bloom nach der Figur Leopold Bloom aus dem Roman Ulysses von James Joyce.

meiner Bewegung entnehmen konnte. Jedoch nicht mehr mit dieser tragischen Implikation, dem Bild des Opfers dieser Gesellschaft.

»Lass uns aneinander wachsen bis wir Riesen sind.«

07/05/14

Wer ›Ich‹ sagt, sagt in Wahrheit ›Wir‹. Es gibt kein isoliertes Subjekt. Jeder Ausschluss, jede Trennung von der Welt ist ein gewaltförmiger Akt. Jede Unmöglichkeit, Klarheit über sich zu gewinnen, jeder getrennte Gedanke, der versucht nur die _dividualisierte[82] Position zum Ausgangspunkt zu nehmen, ist Ausdruck der Versklavung der Wesen. Die Schwierigkeit, hier zu einem ganzen Selbst, einer autonomen Existenz zu finden, das heißt, in Klarheit über die eigenen Grenzen zu leben, zeugt von der ungeheuren systemischen Gewalt, der wir ausgesetzt sind. All die kleinen Feindseligkeiten, das ständige Unbehagen, all die kleinen Konflikte, die scheinbar sofort jeden kollektiven Raum durchziehen, sind Ergebnis dieser permanenten Zersplitterung. Das leere Gerüst, an das sich Fragmente willkürlicher Identitäten hängen können, um wenigstens im Schein noch etwas darzustellen, ist der Bloom, die wandelnde Liberalität.

Ich bin der Bloom. Es gibt kein ›Was‹ mehr, das nicht offensichtlich bemüht und konstruiert wäre. Das heißt, wenn das ›Wie‹ aufhört zu zirkulieren, beginnt die Leere das Leben selbst zu verschlingen. Daher kommt dieses Gefühl, handeln zu müssen, das mich so lange durch die Geschichten und Kontinente hat irren lassen. Aus dem Irrglauben, es ginge darum, die richtige Handlung zu vollführen, am richtigen Ort.

Der Punkt hat sich verschoben: Es geht nicht um die konkrete Handlung, nicht das ›Was tun‹ des Moments. Die Frage nach der Lebensform ist die einzige relevante. Das heißt, es bleibt allein die Frage nach der Strategie: Wo, in welchen Dimensionen verbinde ich mich mit wem. Auf welches Zwischenziel hin, um meine Lebensform, das Nomadisieren, zu einer Welt werden zu lassen, die souverän in einer Vielheit von Welten existieren kann? Denn um nichts weniger geht es: eine Welt unter dieser Welt zu erschaffen, ihr ein Bewusstsein geben. Eine Gegenwelt, oder besser: Vielheiten davon.

Für eine Gegenwelt, die konsistent ist, braucht es Autonomie des Denkens, ein Bewusstsein, eine Ideologie der Befreiung und des Territoriums, des Raumes: befreite Gebiete. Die entscheidende Frage der Zirkulation und Erschaffung des Denkens und des Raumes ist die ethische Grundkonfiguration.

Feinste Haarrisse sind es, die sich langsam fortschreitend in meine Souveränität graben und eine schleichende Verunsicherung verursachen. Es entsteht

82 Er drückt hier in sprachlich kreativer Form die vom ›Wir‹ scheinbar getrennte und real auch oft entfremdet abgetrennte Position eines Individuums aus.

dieses Gefühl der Zweifelhaftigkeit von Situationen und Räumen, weil zwischen all die Wege und Existenzen hier permanent Trennungen und Einschübe gelegt werden. Diffus fragmentierte Lebenswelt, in der die Kollektivität so schwer, die konsistente Verbindung solchermaßen erschwert wird, dass ständig Krisen auftauchen können. Verunsicherung durch Unsichtbarkeit. Verschwinden durch den Zweifel über die eigene Anwesenheit. Prekäre Anerkennung durch all die Mauern, die die Sicht versperren, auf geliebte, eigentlich Anwesende.

Aber all dieser Quatsch ist nicht die Wahrheit. Es ist wahr, dass Gewissheit hier schwer erlernt werden muss und Vertrauen, wirkliches Vertrauen eine hohe Kunst ist. Durch all die Räume, Mauern und Grenzen hindurch. Was macht mich so verletzlich? Haben die Mauern eine solche Macht über mich? Anscheinend braucht es mächtige Ideologien, ethische Werkzeuge, die in ihrer Grenzenlosigkeit all die Gefängnisse zersetzen und Ausschlüsse lachend übergehen können.

Ich bin der Bloom; ich existiere als domestizierte Hülle im befriedeten Schlachtfeld der totalen Verwaltung. Als antiimperiale Kriegsmaschine des Abrisses, der Neustrukturierung der Architekturen dieser Welt. Unsere Identitäten, Rechte und Institutionalisierungen wurden uns gegeben als Fesseln, um diese Realität zu akzeptieren und um unser Eingeständnis mit der Konfiguration dieser Welt abzunötigen. Es ist einfach, all diese Identitäten und Hüllen zu verwalten. Die Sache ist nur, die Begehren, die gelenkt und abgeschwächt werden können, können nicht völlig in die Maschine eingereiht werden, entziehen sich der Kontrolle in ihrer Totalität. Es gibt diese Leerstelle, eine diffuse Differenz, die sich nicht ganz eliminieren lässt. Hier liegt die Wahrheit des Willens zur Macht, des Willens zum Leben. In diesem Begehren, auf das der Bloom gestutzt wurde, liegt eine revolutionäre Energie. Oder Liebe, wie auch immer sie genannt werden soll. Wir können sie freilegen und tanzen lassen.

Das Unbehagen in der Zurückweisung ist wahrhaftig.

08/05/14, Tag der Befreiung

Habe ich je wirklich erzählt, versucht zu zeichnen, was dieser Weg für mich bedeutet? Die Perspektive, die ich meinem Leben geben will, ihm jeden Tag gebe? Wenn ich darüber nachdenke, gibt es keine Gegenwart. Was es gibt, ist gelebte Erfahrung, die Vergegenwärtigung dessen, was vergangen ist, was wir durchlaufen haben. Und im Grunde gibt es kein Denken, das nicht auf eine Zukunft gerichtet wäre, eine Werdung.

Was für den Bloom der Hang zum Nichts ist, will ich zur Befreiung werden lassen: den Sinn. Die Vermittlung meiner selbst zur Welt. Befreiung vor allem von der Befangenheit des Geistes, der Abhängigkeit, der Versklavung des Selbst. Jetzt, da etwas entstanden ist, von dem wir ausgehen können, wird unsere Rache so stark und grenzenlos, Grenzen auflösend werden, wie die Kraft, die versucht uns zurückzuhalten. Wir können nicht mehr verschwinden, weil wir schon eine Welt geworden sind.

21/05/14

Wer seine Freunde liebt, muss sie auch hassen können, ihre Schwäche, ihre Selbstversklavung, und muss sie dort bekämpfen, um die Schönheit in ihnen zu befreien.

Hevaltî, Kompliz_innenschaft heißt die Anerkennung der wahren Verbindung; die Einheit von Liebe und Hass. Die ständige Kritik und der Kampf für den gemeinsamen Lebensraum. Wo die Kollektivierung von Autonomien, die gemeinsame Welt der Souveränität, die Kompliz_innenschaft im Ausnahmezustand nicht möglich ist, muss der Weg zueinander auch die Autonomisierung der Wege in Kauf nehmen. Jede Verbindung in Liebe muss zur Freiheit, zur wahrhaften Anerkennung führen oder verschwinden.

Meine Krankheit ist die Unfähigkeit, die Schwäche der Lebensform hier zu ertragen. Ich stehe allein im Sturm, der an mir reißt. In andere Welten ziehen, erschaffen, zerstören, den Kreislauf drehen und zu Geschichte werden. Die Wahrheit erkämpfen, im Leben, das zum Kämpfen ruft, lachend, das Chaos entfesselnd.

Bis der Tod kommt und sagt: »Du hast genug gekämpft, Legenden erschaffen, Gewalten bezwungen, geliebt und dem Leben gehuldigt. Verlängerer des Chaos, Streuer der Entropie, Hüter der Einheit des Seins, der die Möglichkeiten befreit hat und nicht müder werden wollte, jede blutig erkämpfte Antwort zu verlachen und das Spiel der krummen Fragen weiter zu fordern. Dein Weg war der Freiheit geweiht und soll als erfüllt angesehen werden. Denn du gingst bis zuletzt in Waffen der Liebe auf deinem Weg der Überwindung bis zum Untergang.«

REFUGEES
BRING YOUR FAMILIES
WELCOME

Zeit, die Seite zu wechseln

Mai bis Juni 2014, auf dem Land im Norden Deutschlands

26/05/14

> Der Sub hat aufgehört zu existieren. Er hat seine Notwendigkeit für
> beendet erklärt.
> Er ist verschwunden, damit andere bleiben können. Er hat sich für
> *Galeano* geopfert. Der fiel, damit er leben kann.
> Einige müssen sterben, damit andere leben können.
> Und einige müssen kämpfen, damit andere in Frieden sind,
> in Sicherheit.
> Es leben die Kräfte der Befreiung,
> die kämpfen, um zu leben, die
> kämpfend fallen.[83]

06/06/14, 00:01 Uhr

Welcher Imperativ steht noch über mir? Diene der Revolution, was auch immer sie sein mag. Wer kann dieses Gespenst vertreiben, das meinen Geist nicht zur Ruhe kommen lässt? Ein Gehetztsein zieht mich fortwährend weiter, lässt mich in kaum einem Raum ankommen.

Es gibt keine lange Dauer, in der eine Verortung zwanglos möglich ist, wieder Planungen, Organisierungen, Projekte. Ein Zwiespalt zwischen den wenigen Augenblicken, in denen ich ganz bin, organloser Körper, eins mit meinem Begehren auf der einen Seite und dem stummen Druck, der Notwendigkeit zur Arbeit an dieser Welt auf der anderen Seite. Eine Arbeit, die innerhalb dieser Zerrissenheit meiner selbst nicht frei sein kann von der aggressiv-patriarchalen Geste, die lieber zerstört, statt zu transformieren, deren ungeheure Schöpfungskraft immer die Gefahr der entgrenzten, rückläufigen Energie birgt. Niemand

83 Am 25. Mai 2014 erklärte die EZLN, dass Subcomandante Marcos, auch ›der Sub‹ genannt, der für 20 Jahre die Organisation in der Öffentlichkeit repräsentiert hatte, sich verabschiedet. Dies geschah in Reaktion auf einen tödlichen Anschlag gegen Comandante Galeano am 3. Mai 2014. »Und dass dieser Flegel, der Tod heißt, zufrieden ist, geben wir einen anderen Namen an Stelle von Galeano her, damit Galeano leben könne und der Tod nicht ein Leben mit nimmt sondern nur einen Namen, einige Buchstaben ohne jeglichen Sinn, ohne eigene Geschichte, ohne Leben. So haben wir entschieden, dass Marcos heute aufhört zu existieren.« (Communiqué der EZLN vom 25. Mai 2014)

hier ist frei von der internalisierten Staatsmaschine, die wenigsten kommen dorthin. Es gibt Formen, die als Wahnsinn interniert werden oder als Genies neutralisiert, durch Exotisierung isoliert und ihrer potenziellen wuchernden Effekte beraubt.

Die Grundformel des Befreiungskampfes, der mentalen Revolution der psychotisierten _dividuen: abkoppeln von der Staatsmaschine, sich selbst deterritorialisieren, die Formen der Reterritorialisierung bespielen, das heißt nomadisieren, und zur antiimperialen Kriegsmaschine werden. Es sind immer Vielheiten, die anfangen zu wachsen, wenn die binäre, manichäische[84] Welt der Staatsmaschine und ihrer Sklavenmoral, ihrer plumpen Ideologien zusammenbricht, wenn ihre Bestandteile sich in Meuten neu zusammenrotten.

(Notiz für geplante Veröffentlichungen: die Protokolle des Spiels der krummen Fragen)

Der Punkt ist, ich konnte hier nie frei leben, weil für mich keine konsistente Sicherheit existierte. Solange diese Instanz nicht erarbeitet ist, werde ich wie gehetzt bleiben, suchend, unruhig, nomadisierend, im Feld zwischen meiner eigenen Exterritorialisierung und meiner Unterwerfung durch die Staatsmaschine, einer ausweglosen, unendlichen Fluchtlinie folgend. Es ist der Aspekt der Sicherheit, auf dem meine ganze Mühe liegt. Es geht um eine Verbindung meiner persönlichen Sicherheit, die ich nur als Psychose erlernt habe, mit der Sicherheit eines Weltgefüges, das fragmentiert wurde, immer weiter fragmentiert wird und von dessen Untergang meine Bewusstwerdung nur einen verschwommenen sichtbaren Punkt darstellt. Meine chronische Selbstinfragestellung ist mein Schlüssel zu dieser Welt, mein Zugang birgt die Möglichkeit, die Fragilität klar hervorzuheben. Das ist meine allgemeine Feldtheorie der Verteidigung, mein Beitrag und meine Rolle bei den Meuten, in denen ich mich bewege: eine neue Sicherheit für Autonomien erarbeiten und erkämpfen. Zwei zentrale Fragestellungen, die eine Grundfrage sind:

- Wie funktioniert die Sicherheit und Sicherung des Überlebens des Staates?
- Welche Mechanismen und Logiken schaffen es, den Krieg außen vor zu lassen?
- Wie sehen vielheitliche Sicherheitskonzepte aus, um Welten antiimperialer Kriegsmaschinen ein Wuchern und Nomadisieren zu ermöglichen?
- Welche Strategien können wir entwickeln?
- Was ist Sicherheit?

84 Mit dem Adjektiv ›manichäisch‹ wird eine Anschauung bezeichnet, die ein lediglich in Gut und Böse einteilendes, vereinfachendes Weltbild aufweist. Es leitet sich vom ›Manichäismus‹ ab, einer in der Spätantike entstandenen Religion, die nach ihrem Gründer, dem Perser Mani, benannt ist. Seine Lehre nahm zoroasthrische, christliche und buddhistische Elementen in sich auf und behauptete eine Teilung der Welt in zwei entgegengesetzte Naturen des ›Lichtes‹ und der ›Finsternis‹.

lass alle hoffnungen fahren
zerschneide die verbindungen
zu denen, die da zu sein scheinen
sieh mit offenen augen
in den abgrund des verlassenseins
evakuiere deine vielheitlichkeit
in der bewegung, die die zerstreutheit beendet
die die wesen zusammensetzt zu vollen körpern

baue deine zelte ab
nomadisiere deinen begehren folgend
einsamkeit ist nur der einbruch der staatsmaschine
mentaler zwang zur sesshaftwerdung
verhaftet in der situationen allein vor der mauer sitzend
verlassensein ist der freie modus der nomadisierenden
sich frei zu binden
jede verbindung ein geschenk
jede einsamkeit emotionale unterwerfung
zeit die seite zu wechseln

08/06/14

Richtige Lebensführung[85]
Revolutionäre, richtige Lebensführung bedeutet, im Ausnahmezustand des Krieges zu leben.

Ziel der richtigen Lebensführung besteht
a) im Erlangen der Freiheit und
b) im tiefen und richtigen Verständnis der Realität.

Richtige Erkenntnis führt zu richtiger Handlung
Die richtige Erkenntnis bezieht sich auf das Bewusstsein und das gesellschaftliche Sein des Menschen.

Ohne richtige Führung ist freies Leben nicht möglich; es benötigt Ideologie und Ziel.

Richtiges Leben bedeutet mit Geist (Gefühle, Bewusstsein) und Körper zu leben.

Ideologie, als angeeignetes philosophisches System, bedeutet den eigenen Modus der Selbsterkenntnis. Sie stellt Fragen nach grundlegenden Ideen: Was ist

85 Xelîl bezieht sich hier auf den letzten Satz von Theodor W. Adornos Aphorismus »Asyl für Obdachlose« aus den *Minima Moralia*: »Es gibt kein richtiges Leben im falschen.«

Existenz, Natur, Mensch, Gesellschaft? Ideologie bedeutet, ein Wahrheitsregime zu produzieren, um Bedeutungen geben zu können.

Die Wahrheit der rechten Lebensführung ist ein Meer, das jeden Tropfen des Regens aufnimmt und mit ihm eins wird.

Ideologie ist Selbsterkenntnis.

Ziel bedeutet Bewusstwerdung der subjektiven Utopien, Vorstellungen, begehren. Im Hinblick auf ein freies Leben kann der Welt um uns Bedeutung gegeben werden, um aktiv revolutionäre Prozesse zu führen.

Das Unsichtbare Komitee[86] ist eine Bewegung der Rache; eine Rache an der Realität.

Die Erkenntnis der Wahrheit konfrontiert uns mit der Triade: Mensch – Gesellschaft – Natur / Weltgefüge

Bedeutung zu geben ist möglich im Bewusstsein über das Ende, den Tod. Die Anwesenheit kann mit Bedeutung belegt werden, im Hinblick auf das Verschwinden.

Verschwinden, um anwesend sein zu können; um Bedeutungsebenen entstehen zu lassen.

Sterben, um zu leben.

09/06/14

Denken ist kein willkürlicher Akt, sondern harte Arbeit zur Vermittlung zwischen sich und der Welt. Nicht mit dem Denken aufhören zu können, ist kein Geschenk, keine Gabe, sondern Zeichen, Symptom eines früheren Versäumnis, Ausdruck einer brachialen Entfremdung und Entfernung von der Welt. Nicht denken zu müssen bedeutet, der Einheit mit der Umwelt näher zu stehen, größere Leichtigkeit zu empfinden, wenn es um Austausch zwischen sich und den anderen geht. Dies trifft auch auf despotische, faschistoide Systeme zu, die einen Einklang bewirken können. In dem Fall liegt der eigenen Angepasstheit ein grundlegendes Schize[87], eine Trennung, zugrunde, und es braucht größere Anstrengung, die Vermittlungsarbeit zu vollführen, weil sie erst eine bewusste Loslösung erfordert, die beim Paranoiker und der Soziopathin schon existent ist.

Spionage: erkennen, ohne erkannt zu werden.
Diplomatie: sprechen, ohne sich zu offenbaren, ohne die anderen zu entblößen.
Sabotage: angreifen, ohne zu konfrontieren.

---

86 Es geht um das Autor_innenkollektiv *Das Unsichtbare Komitee.*

87 Bezieht sich auf den Begriff der »Schizo« den Deleuze und Guattari in ihrem Werk *Anti-Ödipus. Kapitalismus und Schizophrenie* (1977) bearbeiten.

13/06/14

Was benötigt eine wirkliche internationalistische Organisierung? Wie einen kollektiven Prozess beginnen, der die Trennung zwischen Identitätsgruppen nicht mehr ernst nimmt? Wie ein solches Ungleichgewicht an Kräften zwischen der Bewegung und der deutschen Linken produktiv nutzen? Es geht um Anerkennung der grundverschiedenen Ausgangsbedingungen, die Vielheitlichkeit von Wegen und Notwendigkeiten. Der Ablauf ist immer ein ähnlicher: Nicht oder sehr schwach organisierte Deutsche treffen auf sehr fest organisierte kurdische Strukturen, die zum Teil funktionieren wie ein Orden. Ein Konstrukt, das organisiert ist wie ein Staat und Instrumente und Werkzeuge aufstellt, um den Staatsapparat zu unterwandern, und dabei trotzdem die notwendigen und produktiven Strukturen zu nutzen. Wo hört die demokratische Organisierung auf, und beginnt die Staatsmaschine? Die Partei ist eine Körperschaft, in der die _dividuen aufgehen, ein geschlossener, ritueller Gesellschaftskörper, dessen Funktion und Aufgabe der behutsame Aufbau und die entschlossene Verteidigung der demokratischen Autonomie ist.

Vor allem braucht es klare Ziele, ein klares Bewusstsein über Notwendigkeit und Form der Organisierung. So schwach, wie die Ideologie der Befreiung zur Zeit in der deutschen Linken ist, werden immer nur Individualisierte, Vereinzelte ausbrechen und den Weg finden. Was ein Kollektiv, das stark genug ist eine Organisierung aufzubauen, braucht, ist eine ideologische Grundlage, ein leitender Gedanke: Führung.

jiyanekê militan di nav rastiya serokatiyê de esas digre. bê serok jiyana azad nabe, bê serokatiya xwe ya xweser. rastiya serokatiyê me rêxistin kirin e. parçeyekê jiyanê derva rêxistin nemîne, şekilê rêxistina me daxwaziyên me bingeh bide.

Ein militantes Leben nimmt die Wirklichkeit der revolutionären Führung zur Grundlage. Ohne Führung, ohne autonome Selbstführung, gibt es kein freies Leben. Die Wirklichkeit unserer Führung ist Organisierung. Kein Teil des Lebens verbleibt außerhalb der Organisierung, die Form unserer Organisierung nimmt unsere Wünsche zur Grundlage.

16/06/14, Dorf in Norddeutschland

Was ist das Ziel?

Sterben lernen; das heißt, frei zu gehen. Ein Leben zu führen, dem nicht mehr die Angst zugrunde liegt, sondern die Vertiefung der eigenen Lebenslinie. Sich eine Fluchtlinie zu erschaffen, die die Selbstmacht erhöht und vergrößert. Der Weg des Lernens ist immer die Überwindung der eigenen Angst und führt genau an ihrer Grenze entlang: Wir verlernen unsere Ängste, indem wir ihnen begegnen.

Angst verhärtet und verleitet uns dazu, andere zu bekämpfen. Es ist die Angst, nicht mehr anerkannt zu sein, mich rechtfertigen zu müssen, die mich hart werden lässt und gegen die Freund_innen stellt.

Eine formlose, weiche Form zu erschaffen, die es ermöglicht, dem Zyklus des Krieges zu entkommen, ist in dieser Welt der überzeichneten, so willkürlich kodierten Identitäten eine schwere Herausforderung.

Vielleicht führt die Metaphorik des Krieges doch auf eine falsche Spur, zumindest mich, der ihn noch nicht verstanden hat. Das Relevante bei der Taktik der Guerilla ist nicht die umfassende Möglichkeit verheerender, effektiver Angriffe, sondern der feste Unwille zur Aggression. Keine Befreiungsarmee will kämpfen, jede Verteidigung ist Ausdruck des Willens zum Frieden. Dies ist die Lektion, die zu lernen ist: die Härte, die konfrontiert als falsche Kriegslogik, als herrschaftliche Geste zu entlarven, und die Weichheit zu erlernen. Weichheit gegenüber den Freund_innen und sich selbst, der Liebe Ausdruck verleihen lernen.

Es ist kein Zufall, dass ich diesen Gedanken hier zu Papier bringe, nach einem Tag, an dem ein freies Kollektiv seinem Willen Neues zu erschaffen Ausdruck verliehen hat. Es ist eine Leistung der Solidarität und des Willens, zusammen etwas zu schaffen, zu erschaffen, einen Raum der freien Verbindung inmitten des jeweiligen, nicht mehr vereinzelten Konfrontiertseins mit der Welt.

Erst wenn ein persönlicher Weg, eine individuelle Fluchtlinie zur Freiheit, ermöglicht werden kann, können auch die Strategien Raum finden. Erst wenn meine eigene Position wieder in Bewegung kommt, meine Begehren Ausdruck und Raum, sich zu bewegen und sich zu entwickeln, finden, bewegt sich auch meine Persönlichkeit auf revolutionären Bahnen, werde ich zum Revolutionär. Ich komme einer Ahnung näher, was diese Frage beinhaltet, und wie meine Antwort beginnt durchzuschimmern: Mein Ziel ist, ein freies Leben zu führen; die Angst zu verlieren, das ist, zu verstehen und zu verlassen, was mich unterwirft.

Gegen_welt_formeln

Die Welt, die uns umgibt, ist ein Gefängnis. Es ist eine Idee, von der wir ausgehen können, wenn wir uns anmaßen, Zeichen zusammenzufügen und Karten zu malen. Von Bewegungsmöglichkeiten, Lebensformen. Das heißt nicht nur, wie wir uns innerhalb des Territoriums zu bewegen vermögen, was uns erlaubt ist, sondern ebenso, welche Realitäten wir daraus erschaffen können. Wie wir unsere Lebensformen wählen und bauen können, ohne an eine Mauer zu stoßen.

Geraume Zeit ist vergangen, in der sich dieses Bild, dieses Verständnis von Lebbarkeit in mein Bewusstsein geschoben hat. Es war an einem Tag im Frühling, ein blauer Himmel erstreckte sich bis an die Grenze der Sichtbarkeit, wo sich der diesige Rand der Unendlichkeit mit den entwaldeten Oberflächen der brachliegenden agroindustriellen Landschaften Ostdeutschlands vereinte. Das heißt dort, wo der Blick nicht von Betonblöcken verstellt war, gleich dem, aus dem wir unsere Blicke warfen und unsere Gedanken schweifen ließen.

Deutschland ist ein Gefängnis, meinte er. Dieser ganze Kontinent. Du kämpfst einen Todeskampf, um hierher zu kommen, falls du nicht das Glück hattest, hier geboren zu sein. Und wenn du es hineingeschafft hast, merkst du, dass du in einem Gefängnis gelandet bist.

Reste eingebildeter Privilegiertheiten zerbrachen an seinen Worten und in meinem Kopf eröffnete sich ein Feld von Leere. Gedankliche Steppe. Ein tiefes Unbehagen, plötzliche Gedanken von Ausweglosigkeit. Mit einem Mal war da nicht mehr diese tiefe Trennung zwischen dem Deutschen, dem alle Möglichkeiten einer bürgerlich-elitären Bildung offenstanden, und dem Flüchtling, der darum kämpfte, in einem Deutschkurs unterzukommen, um wenigstens die Kluft der Sprachunfähigkeit überwinden zu können. Die Gezwungenheit der Wege, der Anpassungsdruck, die Enge der Rahmen unterlagen der gleichen Struktur, dem gleichen Bau. Unterschiedliche Positionen, zugewiesene Territorien, Aufgabenfelder, Funktionen, doch innerhalb der gleichen Maschine: die Welt, die zugrunde lag und deren Mechanismen wirkten, hatte über die Jahrhunderte die Gestalt einer gigantischen, globalen Produktionsstätte angenommen. Sie verschlang unvorstellbare Mengen an Ressourcen, fraß Metalle, fällte Bäume, zog mit Kilometer umspannenden Netzen Fisch aus den Meeren, verfeuerte Kohle, fing Gas auf, erlegte Tiere für Pelze, extrahierte Wirkstoffe, legte Kabel, riss die Böden auf, zerschnitt Fleisch. Und nicht nur das, sie produzierte auch Gedanken, die der Sorge Ausdruck verliehen, wie mehr geborgen, geformt, gegossen, gesprüht, verflüssigt, verheizt werden konnte, wie kontrolliert werden konnte, wer von den Folgen betroffen sein würde, wie sich die Gruppe isolieren und ›im Zaum‹ halten ließ.

Und sie erschuf Träume. Wünsche, denen sich die Menschen hingeben konnten, dass auch sie teilhaben könnten. Wie einfach und unbeschwert das Leben sein könnte, wie ihre Leben an einer anderen Stelle in der Maschine aussehen würden und wie sie es schaffen könnten, dass sie, und nur sie, in die fantastische Nische entwischen konnten, in der sie ein wichtiges Bauteil des Apparates sein würden oder besonders viele wohlschmeckende und duftende Abfälle für sie abfielen.

All dies sind Bilder, flüchtige Schatten von Abstraktionen, die vor meinen Augen vorbeiziehen, seit ich meine Position verlassen habe und begonnen habe, zu nomadisieren. Seit dieses Gefühl in mir gärt, bin ich auf der Flucht. Das heißt, eigentlich begann dieser Prozess lange vorher, und der bewusste Teil dauert inzwischen fast drei Jahre. Vorher, über zweiundzwanzig Jahre, verbrachte ich mein Leben in eben jenem Gefängnis. Doch in diesem Moment, in dem der Freund seine Erfahrungen auf einen Satz zusammenfasste, präsentierte er mir in kurzen, so prägnanten wie bitteren Worten die Wahrheit, die ich lange Zeit gefühlt hatte, der ich über Kontinente hinterhergereist war und die zu entschlüsseln Teil eines verworrenen Weges war.

Es gibt eine Möglichkeit diesem Gefängnis zu entkommen. Das ist es, was ich auf meinem Weg gelernt habe, in mühsamen Lektionen, auf einem Fluchtweg, der sich über mehrere Zehntausend Kilometer erstreckt hat, und der doch keine räumliche Flucht ist. Es gibt eine Möglichkeit, abzutauchen, ohne körperlich zu verschwinden, sich zu entziehen, selbst ohne eine reale Verschiebung im Raum. Es ist ein Wechseln in eine andere Welt, eine Gegen_welt, die anderen Gesetzmäßigkeiten folgt, eigene Formen annehmen kann, die wuchern und wachsen, und die mit der alten Welt und ihren Formen nichts gemein haben muss.

Wenn die Welt mich zwingt zum Revolutionär zu werden, weil sie nicht duldet, dass meine Kraftlinie sich vergrößert, werde ich mit Freude zum Verteidiger des Lebens, der Freiheit und Kämpfer gegen die Angst.

17/06/14

Antifaschismus. Eine Aneignung

Die Positionierung zum Kampf gegen den Faschismus gehört zu einer der Grundlinien der libertären Linken in Deutschland wie in Europa. Inwieweit ist diese Positionierung heute ein leeres Symbol, eine reine selbstbestätigende Geste? Oder: Warum kämpft wer gegen welchen Faschismus, auf Grundlage a) welchen Verständnisses von Faschismus und b) auf welche Weise? Daran anschließend, was wird gegen den Faschismus verteidigt?

21/06/14

Wir glauben, dass nur jene_r als Werkzeug taugen kann, die sich darauf einlässt, sich zu bewegen. Wer unsere Wahrheiten teilt, wird sich darin erkennen, allen anderen wünschen wir, nichts verloren zu haben.

Diese Schriften versuchen für uns noch etwas anderes: Sie versuchen, all die Fragmente, die wir uns bei vielen Freund_innen geklaut haben, in einer Weise anzuordnen, dass sie uns Denk- und Handlungsmöglichkeiten eröffnen, Zugänge, mit der Welt umzugehen. Die Ideen, derer wir uns bemächtigt haben, stammen aus den verschiedensten Köpfen und Gegenden, Zeiten und historischen Gegebenheiten. Es ist eine Karte unserer nomadisierenden Bewegung, die nicht an gleichen Punkten ansetzt, um sich umso vielfältiger verbinden zu können. Wir glauben nicht mehr an die westliche Tragödie oder die große Revolution, wir glauben an den Weg, der durch Mikrorevolutionen neue Welten entstehen lässt.

Fragmente der Selbstbefreiung

Juni bis September 2014, Ostdeutschland

25/06/14

Mit der Intensität und Tiefe schweben mir deine Worte vor Augen, dass ich nicht anders kann, als zu grinsen und jede steife Form aufzugeben. Uns weich machen, verstehen wollen: Mein Geist nomadisiert in die Berge, Tag für Tag, und verlacht jede Trägheit, Lähmung, die vor einem Monat noch eine diffuse, nebulöse Stimmung hinterließ. Sehnsucht verwandelt sich in Liebe, die beflügelt, und Sachzwänge werden zu Fingerübungen. Treffen mit Kompliz_innen lassen Welten entstehen, die die belastende Vordergründigkeit des imperialen Zugriffs lachend verkümmern sehen, begraben von der Macht der Utopie. Ich dekolonisiere meinen Verstand, um mein Bewusstsein zu beflügeln und Wahrheiten fühlen zu können. Ich baue mir eine Fluchtlinie, an der entlang meine Handlungsmacht in dem Maße wächst, in dem ich meine Gestalt abstreife und zum Zauberer werde, Propheten-Zauberer, Rächer Enkidus[88], der verraten wurde und uns zeigt, wie sie auch uns zu kaufen versuchen. Weißt du, mir wird immer mehr bewusst, was die Bildung bedeutet, wie hier mein Prozess weiter und tiefer geht, mit jeder Bewegung die Bedeutung, das Erkennen wächst. Die Betroffenheit, Ohnmacht, mit der die Freunde meine Schwäche konfrontierten, die ich im System so lange Jahre erlernt hatte, die kleinen Formen des Klarkommens, lässt mich hier lächeln und strahlen.

Ich merke, wie Wesen sich in mir spiegeln, Reflexionen zurückkommen, die von Hoffnung sprechen.

15/07/14

In den vergangenen Wochen ist in mir eine Ahnung aufgetaucht, was mein Weg hier gerade bedeutet. Es ist eine Weiterführung, ein zu Ende bringen dieses Emanzipationsprozesses. Ein Ganzwerden, Nomadischwerden. Ich arbeite darauf hin, diese Welt hier verlassen zu können, frei von Angst, frei von Bedingungen. Ich habe mir einen Zeitpunkt gesetzt, an dem ich diesen Prozess prüfen will, ein Maßstab, der hier so wichtig ist.

88 Enkidu ist eine Figur in der mesopotamischen Mythologie. Er verkörpert den ›Wilden‹, aus Sicht der Sumerer ›Unzivilisierten‹. Nach einer Niederlage gegen Gilgamesch, dem König des Stadt Uruk, wird dieser sein Kampfgefährte bzw. Diener. Seine Geschichte wird oftmals als beispielhafter Akt der Kolonisierung und ›Zähmung‹ verstanden. Es gibt verschiedene Interpretationen der Legende, unter anderem durch Abdullah Öcalan sowie die Matriarchatsforscherin Heide Götter-Abendroth.

Bis ich gehen kann, liegen meine Aufgaben in drei Bereichen:

- Ich will meine Selbstbildung bezogen auf dieses westliche Denken zu einem vorläufigen Abschluss bringen, auf jeden Fall eine Zäsur herbeiführen.
- Ich will ein Denk- und Theoriegebäude skizzieren und verschriftlichen, dass meine Person nicht mehr braucht, um gesehen zu werden. Eine Werkzeugkiste einer neuen *episteme*[89], eine Fragmentsammlung. Eine Denksystematik von Plateaus[90]. Eine verwestlichte *rastiya serokatî*, Karten der revolutionären Lebensführung. Ein ideologischer Fingerzeig in Richtung des neuen Paradigmas, wie ich es produktiv für eine neue europäische Renaissance halte.
- Kompliz_innenschaften mit Fluchtlinien verbinden. Der Teil der Arbeit, der hier stattfinden muss, um einen neuen Internationalismus denken und praktizieren zu können.

Von nun an ist meine Anstrengung, überflüssig zu werden, ohne mich zurückzuhalten.

03/08/14

Eine Grundfrage der Strategie taucht auf: Wenn keine autonome Versorgung möglich ist, weil die wirtschaftliche Abhängigkeit sich dermaßen stark ausdifferenziert hat, worauf dann eine Organisierung aufbauen? Als Rückzugsland braucht es konsistente, weiträumige und relativ dichte Netze von Kommunen, die eine Basis bilden. Zonen von Undurchdringbarkeit. Wenig Raum, starke Durchdringung von Besitz an Land, stark protektionistisch. Eine Grundfrage betrifft die Wiederaneignung von Territorien und Land: Die Definitionsmacht über die architektonische Beschaffenheit der Lebenswelten dort erlangen, wo gerade Leerräume entstehen, also in den strukturschwachen, weniger leicht kontrollierbaren Gebieten.

Das Problem der Geschwindigkeit: Es ist eine grundlegende Schwierigkeit, eine autonome Zeitlichkeit aufzubauen, die Ausweitung des Ausnahmezustandes. Das Tempo der Warenströme diktiert eine homogen fließende Normalität. Die Strategie der Schnecke ist eine wesentliche Ausgangsvoraussetzung autonomer Realitäten.

---

89 Wichtiger Begriff in Michel Foucaults Werk *Die Ordnung der Dinge* (1974). Er bezeichnet damit die Gegebenheiten in einer bestimmten Epoche unter denen sich Wissen angeeignet werden und sich das Wissen selbst entfalten kann.

90 Bezieht sich hier auf Deleuzes und Guattaris Buch *Tausend Plateaus* (1980), in dem sie miteinander verwobene (sich überlappende, überschneidene) Plateaus beschreiben, indem sie verschiedene Aspekte der politischen Theorie, Soziologie und Psychologie miteinander in Verbindung setzen.

Li dijî her awayê
desthilateriya li ser gelê kurd li ser gelên cîhanê
û li dijî paşverûtiya herêmî
bi mabesta jiyan kirina paradigma civaka demokratîk
ekolojîk û azadîxwaziya zayend
ez ê şer bikim

Gegen jede Art von
Herrschaft gegen das kurdische Volk, die Völker der Welt
und gegen Nationalismus
und mit dem Ziel eines Lebens nach dem Paradigma der demokratischen Gesellschaft,
der Ökologie und Geschlechterbefreiung
werde ich kämpfen.

Ich werde niemals vergessen, welch Gewaltsames und Wunderbares mit dem Willen verbunden ist, die Augen zu öffnen und dem ins Gesicht zu sehen, was ist und was kommt.

01/09/14

Zu Abdullah Öcalan: Jenseits von Staat, Macht und Gewalt, Kapitel »Freiheit der Frau«, S. 189–197 (Mezopotamien Verlag[91] 2010):

In einer umfassenden Sklaverei ist keine Liebe zwischen den Geschlechtern möglich, die nicht darum kämpft, die Sklaverei zu überwinden. Bis zum Ende der Herrschaft muss sich der Geschlechtstrieb dem Kampf unterordnen.

Nicht den eigenen Willen dem Kollektiv zu opfern ist das revolutionäre, sondern den eigenen Willen groß werden zu lassen im Dienste der Gesellschaft.

08/09/14

Jede Organisierung muss von dem autonomen Wesen ausgehen. Es gibt keinen Weg zu irgendeinem Anschluss, der nicht freiwillig gegangen wird. Vor allem bedeutet dies für jede Kaderarbeit, dass sie niemals in eine bloße Rekrutierung-

91 Im Februar 2019 ist der Mezopotamien Verlag durch den deutschen Staat verboten worden. Mit der Unterstellung, eine Unterorganisation des PKK zu sein, wurden das Verlagshaus geschlossen und die gelagerten Bücher konfisziert. Unter den Titel *Edition Mezopotamya* veröffentlichten die Verlage edition 8 (Schweiz), Mandelbaum (Österreich) und Unrast Verlag (Deutschland) die wichtigsten Titel des Mezopotamien Verlags in einer Gemeinschaftsedition erneut. Finanziert wird das Projekt gegen Zensur und für die Publikationsfreiheit aus Spenden.

maschine münden darf. Auch und gerade das Leben als Revolutionär_in muss als Weg der Selbstbefreiung, Selbstermächtigung gegangen werden. Jedes Opfer muss aus sich selbst kommen, nichts kann gefordert werden.[92]

11/09/14

Wie können die Erfahrung, die Ideologie, die Wahrheiten einer sozialen Bewegung vermittelt und aufbereitet werden, um anderen Werkzeuge der Selbstbefreiung zur Verfügung stellen zu können?

Oder: Wie die Substanz des neuen Paradigmas internationalisieren?

Im Grunde betrifft die kapitalistische Moderne die ganze Vielheit an Gesellschaften weltweit. Was in den letzten vierzig Jahren im Mittleren Osten geschaffen wurde, ist die gesammelte Erfahrung eines Befreiungsprozesses, eine Alternative, eine Gegenwelt, abstrahiert in einer Ideologie, verkörpert durch eine Führung, die sie institutionalisiert, und als verkörperte Organisierung, das Vorbild einer wieder angeeigneten Ethik als Grundlage von Gesellschaftlichkeit. Was seit Jahren ein Problem darstellt, ist die Vermittlung dieser Erfahrung zum Rest der Welt, die Didaktik, Methoden der Weitergabe.

Grundgedanke: Damit das neue Paradigma für andere Welten leuchten kann, muss es von einigen Symbolen befreit werden.

Jedes Wissen, jede abstrakte Ideologie kann entweder aus einer Erfahrung entstehen oder zieht diese nach sich. Ohne einen Zugang, eine Methode kann kein Paradigma übernommen werden. Was es braucht, um gezielt Ideen zu verbreiten, ist die organisierte Erfahrungsmöglichkeit, der eigene Bezug, der aus der Betroffenheit erwächst. Daher ist das neue Paradigma im Mittleren Osten ohne Pendant in Mitteleuropa, da von dort aus kaum zu verstehen.

Wir dürfen die Welten nicht mehr voneinander getrennt betrachten. Jede Freund_in, die geht, hat Auswirkungen, erzeugt ein Chaos, das, wenn es nicht gefüllt wird, vom Staatsparadigma gefüllt wird: mit Angst, Unbehagen, Isolation, Verrat.

92 Es handelt sich hierbei nicht um ein Zitat. Öcalan schreibt dazu: »Die Liebe neu zu beleben ist eine der schwersten Aufgaben der Revolutionär_innen. Das bedarf großen Fleißes, eines tiefen Bewusstseins und der Liebe zur Menschheit. Die erste Bedingung für die Liebe ist, dass sie sich im Rahmen des Bewusstseins unserer Zeit abspielt. Die zweite, dass sie Stärke gegenüber dem Wahnsinn des Systems beweist. Die dritte, dass die Individuen sich die moralische Verpflichtung zueigen machen, einander nicht einmal in die Augen zu sehen, solange sie Freiheit und Gleichheit nicht verwirklicht haben. Die vierte, dass sie den Geschlechtstrieb diesen drei Notwendigkeiten unterordnen. Es muss uns bewusst werden, dass alle Handlungen die Negation der Liebe sein werden, solange der Geschlechtstrieb nicht mit Bewusstsein, einer Moral der Freiheit und den Erfordernissen des politisch-militärischen Kampfes in Beziehung gesetzt wird.« (*Jenseits von Staat, Macht und Gewalt*. Köln: Mezopotamien Verlag 2010, S. 195)

Das neue Paradigma aufzubauen bedeutet, kollektiv Erfahrbarkeiten der demokratischen Moderne zu schaffen, Vielheiten demokratischer Nationen, die Gegenwelten bilden, die nicht mehr voneinander getrennt sind.

Wie verhält sich die Performanz des Ereignisses zum geheimen Prozess des Aufbaus, der nach außen keine Form annimmt? Braucht eine Gegenwelt gegenüber dem Alten eine Form, muss sie verstanden werden?

Die einzige Relevanz von Sichtbarkeit ist Kompliz_innenschaft: Menschen der Gegenwelt, die sich der Aneignung der Ethik verpflichten.

Eine andere Realität

September 2014, Rojava

19/09/14

Wir sind seit gestern in Rojava, nach einer verwirrend langen und umständlichen Einreise. Ich habe etwas das Zeitgefühl verloren, aber es muss etwa eine Woche gedauert haben, bis wir einen Weg gefunden hatten. Wir haben am Freitag, den 12., die Freund_innen in Hewler getroffen und im Grunde wirkte der Plan dort recht durchdacht. Innerhalb einer Gruppe, die eine gewisse Förmlichkeit nicht in wirkliche Kollektivität umwandeln kann, besteht die Gefahr völlig in der eigenen Ratlosigkeit unterzugehen. Im Grunde gibt es genau zwei Möglichkeiten für eine Kollektivität, die Initiative zulässt, Verantwortung anerkennt und handlungsmächtig bleibt: entweder durch Kollektivierung entlang von Kompliz_innenschaft, das heißt durch gleiche Lebensform, oder durch freiwillige Partizipation an der Initiative einer Führung, die sich als dienend gegenüber dem Kollektiv versteht.

Eine Gruppe von einundzwanzig Personen, die sich nicht kennen und ein recht ambitioniertes Projekt in Angriff nehmen, birgt eine gewisse Krisenhaftigkeit in sich. Als wir einen Samstag an der Grenze in Semalka standen, wurden wir von der Unorganisiertheit überrollt. Es ist beeindruckend zu sehen, wie einundzwanzig westlich-liberal sozialisierte Menschen nicht in der Lage sind, die Kollektivität, die nötig wäre, um Hindernisse zu überwinden, zu erreichen.

Am Samstagmittag erreichten wir die Grenze. Die Peşmerga[93] konnten vor allem mit dem Stil wenig anfangen. Unsere Performance insgesamt war wohl wenig Klarheit stiftend und unsere Vorbereitung war einfach zu dürftig.

Wir standen wenige Hundert Meter vor der Grenze und schauten von den Hügeln, auf denen der letzte Posten der *Dem*-Parteien[94] stand, über den Fluss auf die andere Seite, an dessen Ufer die Gebiete der geheimen Revolution begannen.

Eine Revolution, deren Ausmaß vielleicht weit über alle jene gescheiterten Versuche der Geschichte reicht, erkämpft mit dem Blut von dreitausend Märtyrer_innen und dem Unzähliger anderer, die von den Banden massakriert wurden. Banden, die von fremden Mächten in die Welt gesetzt wurden, die kontrollieren, beherrschen, unterwerfen, spalten, auslöschen. Eine ganze

93 Deutsch: ›Die dem Tod ins Auge Sehenden‹. Peşmerga ist die Bezeichnung für die Streitkräfte der Autonomen Region Kurdistan im Nordirak.

94 Gemeint sind wohl die militärischen Grenzposten der KDP.

Gesellschaft sollte ausgelöscht werden, als Exempel. Abschreckendes Beispiel für das, was passiert, wenn tatsächlich der Versuch gewagt wird. Vier Stunden in Staub, Sonne, Hitze, zwischen den Welten, an der Grenze, getrennt durch eine Entscheidung. Wir sind zurück in die eine Stadt, in der am nächsten Tag die erste Gruppe verschwand, während die Übrigen nach Norden fuhren. Das war am Montag. Montagabend kamen wir nach Nusaybin. Danach fuhren wir weiter und im Grunde brauchten wir den ganzen Montag, um klärende Gespräche zu führen, bis wir uns endlich am Abend trennten, um allein weiterzugehen. So kamen wir Mittwoch endlich in ein Dorf an der Grenze, von wo aus Kai noch am gleichen Tag über die Grenze kam. Von den übrigen fünf schafften es vier am Donnerstag, einen Freund mussten wir zurücklassen, weil er dechiffriert[95] wurde. Wir kamen in die neue, freie Hauptstadt und wurden gerettet von den Freund_innen.

Eine andere Realität: Ein Freund erzählt von der Revolution ...
Rojava hat in mancher Hinsicht weiter geführt als die Französische Revolution. Eine Gesellschaft, gezeichnet vom Krieg, die ihre Gefallenen zum Feuer werden lässt, das ihren Willen bedeutet. Zehntausende unter Waffen, die für den Frieden und die Gesellschaft aufgestanden sind. Und Worte, die nichts fassen, und immer hinter der Realität zurückbleiben.

Westkurdistan – Rojava

Der hauptsächlich von Kurd_innen bewohnte Teil Syriens befindet sich im Norden des Landes. Es handelt sich um den westlichen Teil Kurdistans, dar *Rojava* (auf Deutsch: Sonnenuntergang/Westen) genannt wird. Mit einer bis drei Millionen Menschen ist es der auf die Bevölkerungsgröße bezogen kleinste Teil Kurdistans. Die Kurd_innen waren innerhalb des syrischen Ba'ath-Regimes eine weitgehend entrechtete Gruppe, oftmals ohne Ausweispapiere und ohne Recht auf ihre eigene Sprache und Kultur. Selbstorganisierung wurde mit schwerster Repression, Verschleppungen und Folter geahndet. Zu größeren Massakern kam es 1960 gegen 300 Grundschüler_innen in einem Kino in Amudê und 2004 im Rahmen eines Fußballspiels in Qamişlo.

1979 verließ Abdullah Öcalan die Türkei in Richtung Rojava und hielt sich bis zu seiner Verschleppung 1999 im Libanon und in Syrien auf. Die Bevölkerung in Rojava ist mit seinen Ideen bekannt und bildete über Jahre ein Unterstützungsnetzwerk für deren Organisierung, unter anderem für die Grenzübertritte von Guerillakämpfer_innen in den Nordirak und die Türkei. Mit den Aufständen von Syrer_innen im Rahmen des sogenannten Arabischen Frühlings 2011 entwickelte sich ein Machtvakuum, das Kurd_innen

95 enttarnt

nutzten, um eine Selbstverwaltung nach dem von Öcalan vorgeschlagenen Modell des Demokratischen Konföderalismus umzusetzen.

Mit der Gefahr des sogenannten Islamischen Staates in Syrien und dem Irak (IS) wurden die Selbstverteidigungseinheiten ausgebaut und professionalisiert. Es wurden gesellschaftliche Bündnisse mit anderen Bevölkerungsgruppen der Region geknüpft, gemeinsam bilden sie heute die *Demokratische Selbstverwaltung Nord- und Ostsyriens*. Diese verwaltete zeitweise ein Drittel des syrischen Territoriums und ist bekannt für ihre emanzipatorische Politik in Bezug auf die Gleichstellung von Frauen sowie die Selbstbestimmung religiöser und kultureller Identitäten. Mit dem Widerstandskampf der Selbstverteidigungskräfte YPG und vor allem der Frauenselbstverteidungskräfte YPJ, die Kobane im Januar 2015 vom IS befreiten, wurde Rojava international bekannt. Mittlerweile ist die Rojava Revolution eine Inspirationsquelle und eine Hoffnung für viele Bewegungen von unten und links weltweit. 2019 konnten die *Demokratischen Kräfte Syriens* (SDF) den IS für militärisch besiegt erklären, wofür bis zu diesem Zeitpunkt mehr als 12.000 Kämpfer_innen ihr ihr Leben gelassen hatten. Allerdings werden diese Erfolge mit den Angriffen der Türkei auf die selbstverwalteten Gebiete ernsthaft gefährdet und der IS beginnt inzwischen, von Neuem Kraft zu schöpfen.

Demokratischer Konföderalismus

Der Demokratische Konföderalismus, basierend auf den drei Grundpfeilern Frauenbefreiung, Ökologie und Basisdemokratie, ist der Vorschlag eines alternativen Gesellschaftsmodells. Es beruht auf den Ideen des Philosophen und Vordenkers Abdullah Öcalans und wird in Teilen Kurdistans bereits seit über 10 Jahren erfolgreich aufgebaut. Hierbei ist der Demokratische Konföderalismus nicht nur ein politisches System oder ein Organisierungsmodell sondern gleichzeitig ein Prinzip der gesellschaftlichen Organisierung. Seine Kraft liegt in der Einheit in Vielfalt, welche der multikulturellen Realität des Mittleren Ostens eine echte Perspektive für Frieden und Selbstbestimmung öffnet. Gleichzeitig ist der Ansatz der autonomen Organisierung wie beispielsweise der Jugend und vor allem der Frauen eine zentrale Säule und eine Basis der gesellschafltichen Befreiung.

Seit der Ausformulierung des Vorschlages durch Abdullah Öcalan 2005 und die intensive Diskussion darüber innerhalb der Freiheitsbewegung und der Gesellschaft Kurdistans wurde der Demokratische Konföderalismus zu verschiedenen Zeitpunkten und in unterschiedlichen Regionen umgetzt: 2011 wurden die ersten demokratischen Autonomien in Bakûr ausgerufen, das Geflüchtetenlager Maxmûr organisiert sich nach diesen Prinzipien und auch die Demokratische Selbstverwaltung in Nord- und Ostsyrien, sowie in Şengal basiert darauf.

Im Demokratischen Konföderalismus geht es darum, dass die Notwendigkeiten und Bedürfnisse der Menschen von ihnen selbst umgesetzt werden können, dass sie ihre Selbstbestimmung ausleben können.

Die Gesellschaft kümmert sich ebenso, unter Beachtung ökologischer Werte, um ihre wirtschaftlichen Belange, wie auch um die konkrete Verwaltung des alltäglichen Lebens selbst. So sehr sich das vor allem wie eine basisdemokratische Form der Verwaltung anhört, so ist es auch eine Form den Willen, die Träume und die Erfahrungen aus der Geschichte von Kolonialismus und Unterdrückung in angemessener umzusetzen. Es ist der Versuch Vielfalt organisiert zusammenzubringen und der Homogenisierung des staatlichen Systems etwas entgegen zu setzen.

Die Überlegungen, die hinter diesem Konzept stehen, inspirieren mittlerweile viele Menschen und soziale Bewegungen weltweit und zeigen, dass sie auch eine globale Perspektive für die Lösung der aktuellen Krisen sind.

> yê ku di perwerdeyê de xwêdan nede, wê di şer de xwînê bide.
> Wer in der Bildung nicht ins Schwitzen kommt, wird im Gefecht bluten.
> – Rêber Apo

Organisierte Jugend, die ihre Fesseln nicht mehr anerkennt, und nie mehr aufhört aufzuwachen.

Staat und Gesellschaft sind die Punkte einer Linie – je weniger vom einen, desto mehr vom anderen.

Der Staat hat die Gesellschaft in Europa soweit zurückgedrängt, dass er in die Wesen selbst übergegangen ist – jedes Wesen ein Kleinstaat.

Die Völker Europas sind wie kleine Kinder, die bei der Hand genommen werden müssen. Sie kennen ihre Geschichte nicht, verstehen die Welt nicht. Sie müssen erst wieder laufen lernen.

Brief an B.
Einige Zeit ist vergangen, seit wir uns getroffen haben, für mich fühlt es sich an wie Monate. In der Bewegung fließt die Zeit anders, eine ständige Aneinanderreihung von Ausnahmezuständen, Situationen, die einem ständigen mentalen Bürgerkrieg gleichen: die freie Aushandlung der Lebensformen. Das ist, was einen Teil unseres Projektes ausmacht: Lebensformen erschaffen, die uns selbst und den Kompliz_innen um uns ermöglichen, ihre eigenen Lebensformen zu vertiefen, sie sich wieder anzueignen, und einen gemeinsamen Willen zu erschaffen.

Im Moment bin ich noch inmitten der Revolution des Westens, doch wenn ich den Brief hier auf den Weg schicke, werden einige Tausend Kilometer mehr zwischen uns liegen. Wenn wir zu unseren Aufgaben gehen, die Revolution noch ein Stück weiterzutragen. Wir haben es tatsächlich geschafft, dank der verschworenen Hilfe einiger Freund_e über die Grenze zu kommen. Durch all die Gespräche und Ratschläge der Freund_innen hier bin ich sehr guter Dinge, was unsere Aufgabe angeht. Natürlich ist es kein Leichtes, ein ganzes System herauszufordern, noch dazu an dem Punkt, den wir ausgewählt haben. Aber, wie ein Freund erklärte, ist es selbst äußerst krisenhaft und schwächelt vor sich hin.

Ich frage mich, an welchem Punkt dieses Prozesses wir uns wiedersehen.

Divê em xweşbûyîna xwe avabikin, ji bo şere taybet ê dewletê yê berî girtiye. Xelas bû, û em bi tenê disekînin, derve xweşiya xwezayî ya gerdûnî. Derve heqîqet, dem dûr hatiye avêtin, tirs mezin dibe, tirs li hember bûyîna xwe, bûyîna civakî, komînal. Guman li ser rastiya hevaltiyê tên, û em tekekes dimînin, cewhera civakî xirab bû.

Wir müssen unsere Schönheit schaffen, die uns der staatliche Spezialkrieg genommen hat. Die Auswirkung lässt uns erstarren und außerhalb der natürlichen Schönheit der Welt stehen. Wir sind viele Schritte von der Wahrheit entfernt, Angst verbreitet sich, Angst vor der Selbstwerdung, vor der Gesellschaftswerdung, dem Kommunalsein. Es entwickeln sich Zweifel an der Freund_innenschaft, wir bleiben allein, die gesellschaftliche Grundlage verdirbt.

Estetîk çi ye? Hêza hevaltî, exlaq, dema azad dikare bizivire. Bi mabesta jiyankirina azad a demokratîk de, exlaq wek rûbar reya xwe dibîne, û bandora xwe dikişîne. Lêgerîna heqîqetê hertim lêgerîna xweşbûyînê ye.

Was ist Ästhetik? Die Kraft der Freund_innenschaft, moralische Stärke, die sich frei entfaltet. Um ein freies, demokratisches Leben zu führen, nimmt die Moral wie ein Fluss ihren freien Lauf und verbreitet sein Wirken.

Die Wahrheitssuche ist immer eine Suche nach Schönheit.

Das Absolute existiert nicht – weder sind wir vollständig unterjocht, noch werden wir einen raschen Sieg erringen.

Beliebigkeit und Mangel an Klarheit ist immer Zeichen verinnerlichter Unterdrückung.

Revolution ist ›nicht‹ rational, sondern wahnsinnig.

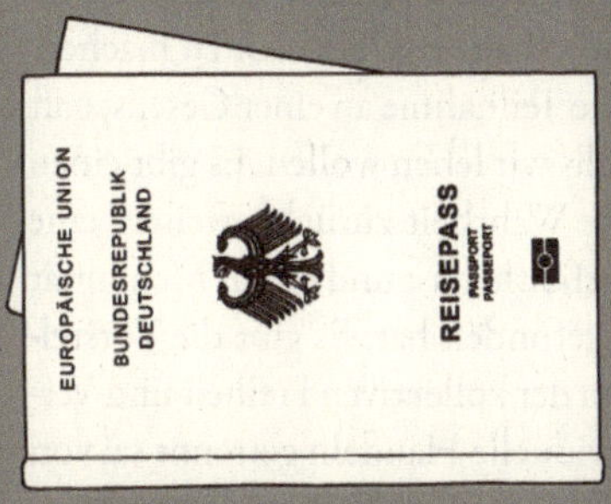
EUROPÄISCHE UNION
BUNDESREPUBLIK DEUTSCHLAND
REISEPASS
PASSPORT
PASSEPORT

Ihr Held_innen

Oktober 2014, Deutschland

07/10/2014: Email an verschiedene Freund_innen

Ihr Held_innen,

Ich habe die Tage ein wenig in Aufzeichnungen gewühlt und einiges ergänzt, was mir nicht ausreichend erhellt erschien. Es sind hauptsächlich Skizzen, von Dingen, die mir durch den Kopf gehen und die versuchen, einiges zusammenzudenken, was mir irgendwann auf den Kopf gefallen ist. Wenn ihr eine ruhige Minute habt, um die es euch nicht schade ist, könnt ihr verworrene Blicke werfen und euer erbostes Wort an mich richten.

Es sind weite Bögen und Verbiegungen, aber vielleicht ist solcherart lose Assoziiertes auch einer Welt angemessen, in der die Wege krumm geworden sind und es schwerfällt, geradeaus zu sehen.

Angesichts unseres Geworfenseins in diese Welt durchlaufen wir Räume und Dimensionen, die wir vielleicht nicht gewählt haben, die uns aber zwingen (wenn wir uns auf die Herausforderung einlassen, die unsere Existenz uns stellt) uns eine Art zu sein, eine Seinsweise zu geben. Unsere Anwesenheit auf dieser Welt ist zunächst eine Tatsache, mit der wir arbeiten müssen: Es herrscht ein gewisser Existenzzwang. Wir können ihn zurückweisen und uns wieder verabschieden, aber das ist nicht der Punkt, auf den ich im Folgenden hinauswill. Die Realität, die Situation, in der wir uns seit unserer Geburt befinden, zwingt uns dazu, uns zu verhalten, unsere Rolle zu spielen, mit allen Konsequenzen.

Ich schreibe dies an den Anfang einer Überlegung, weil es mir erscheint, als ob diese Wahrheit nicht mehr die Grundlage dieser Gesellschaft bildet. Und um damit klarzumachen, was ich für notwendig halte uns bewusst zu machen. Unsere Gefangenschaft in einem System, unsere Teilnahme an einer Gesellschaft ist ein Faktum, das wir akzeptieren müssen, falls wir leben wollen. Es gibt einen Umgang mit der Welt, der sich anmaßt, diese Wahrheit zurückzuweisen, eine Art Container-Mentalität, die so stumpf wie gefährlich ist und die als Mentalität der Unterwerfung Eingang in unsere Kultur gefunden hat. Es gibt die Vorstellung, dass die individuelle Freiheit losgelöst von der kollektiven Freiheit und Verantwortung existiert. Also auch, dass das individuelle Handeln getrennt sei von einer Verantwortung für den Zustand der Welt, der Gesellschaft, letztendlich für das Überleben des Menschen selbst. Es ist die Wurzel des Individualismus, der Denkbewegung, die stillschweigend die Verbindung zwischen der einzelnen Handlung und der Auswirkung auf die Welt gekappt hat, beziehungsweise die Ausmaße dieser Realität leugnet. Es ist im Grunde eine Art Selbstvergessenheit, die die Relevanz des einzelnen Menschen stillschweigend aberkennt und uns vertröstet mit einem Set von ›freien‹ Konsumformen, einer gewissen Palette von Möglichkeiten, an Paketlösungen zur Befriedigung der Bedürfnisse (die als fest und unveränderlich angenommen werden, höchstens wandelbar in der Stärke des Wunsches und der Höhe des Gegenwertes). Diese Mentalität, die ich ›Liberalität‹ nennen will, bildet das Grundgerüst des Funktionierens der bürgerlichen Gesellschaft, die hier hegemonial geworden ist: Ohne diese Trennung von der Welt würde die Gewalttätigkeit des Systems zum permanenten offenen Bürgerkrieg führen. Die Liberalität verlagert ihn in die Menschen selbst und bewirkt ihre Zerrissenheit. Das ständige Unbehagen, die Leere, die uns immer wieder ergreift und die so schwer zu begreifen ist, wenn wir uns nicht bewusst machen, aus welchem subjektiven Umgang mit der Welt sie entspringt: aus der Schize, der Trennung. Die Mauer, die sich in jede Beziehung, in jedes Kollektiv, in jeden Geist schieben kann, und die ihr Äquivalent findet in der einfachen Möglichkeit, immer einfach weggehen, verschwinden zu können.

Aber um diese Ausformung von Ideologie soll es hier nicht gehen, nicht in erster Linie. Es geht mir um etwas anderes. Darum, unseren Ausgangspunkt zu bestimmen: eine Verortung. Es geht um den Umgang, den wir wählen, die Art, wie wir uns der Welt gegenüber verhalten wollen. Ich denke, es benötigt eine Reflexion, eine Abstraktion unserer Form_des_Seins, um die Frage erweitern zu können: Wie verlief unser Weg bis hierher? Welches sind die Wahrheiten, von denen wir ausgehen wollen? Welche Bedeutung geben wir unseren Leben, die der Welt, in der wir uns befinden, gerecht wird? Vielleicht sogar: Worin besteht unsere Kunst zu leben?

Ich werfe euch meine verschriftlichte Verwirrung an den Kopf, weil ich glaube, dass wir eine neue Form brauchen, unsere Leben zu organisieren. Etwas wie ein Netzwerk, ein Kollektiv, einen Geheimorden, etwas, das vor allem anderen eine kollektive Verantwortung anerkennt. Eben diese Notwendigkeit sich zu verhalten, die die Individualisierung der Positionen, der Wege und Lebensweisen zurückweist. Was wir brauchen, ist zuallererst eine Karte, die uns Klarheit schaffen kann: über unsere Möglichkeiten und die Notwendigkeiten, vor denen wir stehen. Über das, was sein kann, wenn wir radikal infrage stellen, was folgerichtig erscheint und was sonst so alternativlos wirkt.

Der Prozess, an dem wir gerade stehen, ist in meinen Augen vor allem die Geschichte einer Loslösung vom biopolitischen Regime, Ausbildungs- und Lohnarbeitssystemen, von engen sozialen Räumen (schrecklichen Gemeinschaften, normativ und normierend), die Geschichte ständiger Grenzüberschreitungen und Anschlüssen, die wir aktiv und passiv erfahren können. Auch die

Geschichte von Erweiterungen des Bewusstseins über die Lebensträume, die wir durchlaufen, die aus einer noch individuellen Bewegung erwachsen sind, aus dem Bedürfnis Grenzen nicht anerkennen zu wollen; auf Reisen, auf der Flucht. Kurz: Aus einem Prozess, unsere Begehren zu verstehen und zu befreien, Klarheit über unsere Wünsche, Vorstellungen und Notwendigkeiten zu gewinnen.

Warum ein so grundlegender Einstieg? Vielleicht, weil mir die Zweifel, denen ich bei Freund_innen, Verwandten und Fremden begegne, sehr umfassend erscheinen. Ich treffe auf Schulterzucken, Abblocken, sobald es um den Zustand der Welt geht, dünnwandige Verteidigungsreaktionen, die die tiefen Zweifel verdecken sollen. Klarkommen, um jeden Preis, um nicht die großen Fragen antasten zu müssen, die uns so grundlegend selbst in Frage stellen können. Und Hilflosigkeit angesichts der eigenen Lage, die so wenig in Verbindung zu stehen scheint, so losgelöst und unfähig Einfluss zu nehmen.

Vielleicht auch, weil mir gerade eine Ahnung gekommen ist, dass wir endlich diese einfachen Worte formulieren können, die am Anfang einer Bewegung stehen: Es ist möglich, andere Wege zu gehen und das individuelle Schicksal hin zu einer gemeinsamen Bewegung zu verschieben. Weil es selten vorkommt, dass plötzlich eine Freund_in vor der Tür steht und sagt: Wenn du wirklich nur damit beschäftigt bist, klarzukommen, warum versuchen wir dann nicht, etwas anders zu machen? Von heute an, gemeinsam, konsequent und radikal? Weil es mir nicht recht erfüllend oder einleuchtend erscheint, dies allein zu uns zu sagen, sehe ich die Notwendigkeit, mich mit Kompliz_innen zusammenzuschließen. Weil unsere Existenzen, unsere Lebens- und Seinsweisen nicht alleinstehen können. Das eigentliche Problem ist eben jene Form von Container-Mentalitäten, die sich so tief in unsere Köpfe gebrannt haben. In der Mauer verkörpert sich die konkrete Feindseligkeit, die uns beigebracht wurde, um zu funktionieren und um getrennt zu bleiben. Die Mauern, die wir erlernt haben, um in dieser Welt funktionieren zu können – und es trotzdem, oder gerade wegen eben diesen Mauern, nicht wirklich konnten, nicht mehr können: Diese Feindseligkeit, Abschottung, widerspricht unserem Wesen zutiefst und ich erkenne darin einen Moment unserer Selbstversklavung.

Es gibt das Wissen, dass es viele Menschen und Zusammenhänge gibt, deren Lebensweise auf einer kollektiven Grundlage basiert, die die Solidarität leben und Bewegung aus sich selbst heraus erschaffen; dass es wohl nicht einen Menschen gibt, der nicht in solcher Weise verbunden mit den Wesen in ihrer Umgebung wäre. Sie bilden Räume konkreter Erfahrung, Umgangsformen, Lernräume der Anerkennung vielheitlicher Seinsweisen. Diese Kollektive, die Menschen, die sich in ihrem Schutz bewegen, aus der fragenden Offenheit einer Begegnung mit gerade-noch Fremden schaffen. Es entsteht ein spontanes Bündnis gegen Übergriffe im öffentlichen Raum (der Raum, der ›normalerweise‹ unbegrenzt vom Staat kontrolliert und verwaltet werden kann). Diese

Umgangsformen, die im Alltag aufblitzen können, uns schützen und uns oft die Laune retten können, sind für mich die Verkörperung einer bestimmten Ethik. Es ist eine Ethik der Anerkennung, der Verantwortung und der Bewegung. Einer Suche nach freiheitlichen Lebensformen, freien Verbindungen.

Diese Ethik, die ich eine Ethik der Befreiung, des freien Lebens, nennen will, würde ich als unsere Grundlinie bezeichnen; die utopische Grundlinie einer Gegenwelt der Solidarität und der Autonomie. Unsere Linie, die sich durch die Räume zieht, die wir betreten. Sie bietet uns eine Möglichkeit der Selbstkritik und der Einschätzung von Handlungs- und Lebensweisen. Wie offen treten wir in Räumen auf, wie klar können wir uns vermitteln? Ist unsere Art und Weise lösungsorientiert und vom Moment ausgehend, oder negativ, das betonend, was nicht ist, woran es mangelt? Sind wir dabei so radikal zu leben, wie es diese Welt erfordert, als Militante, und ist unsere Strategie ein realistischer Maßstab, eine kritisch und weise erarbeitete Karte?

Dies sind die fünf Grundlinien, die wir uns bewusst machen können: Klarheit, Offenheit, Radikalität, positive und lösungsorientierte Selbstführung, mit einem angemessenen Maßstab. Dazu gehört eine Ethik, die wir uns bewusst aneignen und erlernen können. Die Ethik der Solidarität ist einer der Schlüssel für eine revolutionäre Veränderung: die Anerkennung unserer Selbst, unserer Freund_innen und der Realitäten, mit denen wir konfrontiert sind. Nur auf Grundlage der Anerkennung können wir unseren Willen einbringen und Veränderung herbeiführen. Es ist eine spiralförmige Bewegung von Betrachtung und Handlung: Das freie Spiel der Aushandlung anerkennen und in Austausch treten.

Eine ethische Bewegung zu schaffen in einer Welt, die auf grundlegend anderen Werten basiert, sich immer weiter krisenhaften Tendenzen ergibt und deren Moralkodizes sich zunehmend faschisiert, bedeutet, dass wir starke Werkzeuge benötigen, um sie uns erarbeiten zu können. Denn eben dies stellt dieses Unterfangen dar: harte Arbeit. Und das in jedem Sinne. Denn wogegen wir kämpfen, wogegen wir eine Alternative sichtbar und möglich machen wollen, ist ein Regime, das unsere Verhaltensweisen, unsere Denkformen, unsere Begehren korrumpiert hat und bis in die kleinste Handlung hinein beeinflusst. Es existiert ein ganzer Apparat, ein ganzes Spektakel, das uns nahebringen will, was wir begehren, wie wir uns lieben, was als mögliches Ziel in unserem Leben existieren kann. Ehrlich gesagt, stehe ich immer wieder ratlos diesem spektakulären Regime gegenüber, voller Unverständnis über dessen plumpe Mechanismen: der Konsumrausch, die Fixiertheit auf materielle Vervollkommnung. Ich denke, wir können uns einige Werkzeuge ableiten, aus unserer Praxis, die mehr oder weniger funktionieren und die wir verbessern und erweitern können. Wir nomadisieren, räumlich sowie geistig, und benutzen auf unsere Weise Techniken der Kritik untereinander, Selbstkritik gegenüber Kompliz_innen und können unsere Verantwortung füreinander reflektieren, wie wir uns nicht nur im Raum, sondern zueinander bewegen. Wir haben die Möglichkeit, kollektive Räume zu erschaffen, befreite Gebiete. Wir sind nicht gezwungen, auf eigene Rechnung zu arbeiten, sondern können es ebenso füreinander tun, für uns selbst und für alle, die uns Vertrauen schenken und mit uns gehen.

Uns und dieser Ethik steht ein anderer Moralkodex gegenüber: die Moral des Staates. Im Grunde kämpfen Denkweisen, Moralkodizes gegeneinander, konfrontieren sich. Jede unserer Handlungen findet in einem Rahmen von ethischen Linien statt. Hinter jeder Handlung, jeder Haltung, steht eine Welt. Die Ethik des Staates basiert auf sehr einfachen Linien, den Linien der Kontrolle und Unterwerfung: Hierarchisierung, Konkurrenz, Abgrenzung, Distanzierung voneinander. Die Geste, die dieser Logik zugrunde liegt, ist die Inbesitznahme, die Invasion. Jeder Mensch, jede Institution und jedes Kollektiv, das auf der staatlichen Ideologie basiert und sein Funktionieren darauf stützen, ist einer Maschine vergleichbar, die ihre Bauteile diszipliniert, anordnet, zum Arbeiten bringt, dem Mechanismus folgend, zum Zweck der Selbstproduktion und Vergrößerung. Da kein Wesen freiwillig unterworfen wird, droht jedem Staat (dem Nationalstaat genauso wie den quasi-staatlichen Mikrostrukturen) permanent die Konfrontation mit der Rebellion oder das Verschwinden seiner Substanz. Überall, wo Menschen und Wesen nicht selbst über ihre Leben entscheiden, entsteht Widerstand: diffus, selbstzerstörerisch, oder eben organisiert und strategisch.

Im Grunde stehen sich seit der Herausbildung der ersten hierarchischen Gesellschaften und der ersten Staaten diese Ethiken gegenüber: es existieren viele Welten. Nur eine davon ist der Staat. Eine Vielheit an Welten, die in Austausch treten oder in Krieg zueinander. Wir stehen gerade an dem Punkt, an dem die Hegemonie, die die staatliche Sphäre über unsere Lebensformen ausübt, bröckelt. Das fragile Gleichgewicht der weichen Herrschaft über die Kindermenschen des Westens, die wie in Watte eingepackt im Schlaraffenland des freien Konsums leben (zum Preis ihrer möglichen Erfahrungen, ihres freien Denkens, ihrer körperlichen Unversehrtheit und der Zukunft ihres Planeten), ist gekippt. Wir sind von Neuem offen vor die Wahl gestellt: Akzeptieren wir die Realität, die uns die staatliche Welt bietet, die immer offener gewalttätig, zerstörerisch gegenüber Menschen und der Natur wird? Oder wagen wir, wie Generationen vor uns, das Experiment von etwas Neuem: eine Welt, in die viele Welten passen?

Vielleicht, wenn mich mein Gefühl nicht völlig trügt, könnte daraus eine Kunst zu leben, eine Lebens_kunst, entstehen, die uns persönlich und kollektiv befreit (und nebenbei die Welt rettet). Die für uns emotionale Stabilität bedeutet, unseren Schutz vor der Übergriffigkeit einer sich faschisierenden Gesellschaft, die uns ihre Aggressivität aufzwingt und uns die meisten Räume verwehrt, indem sie ihnen Funktionen zuweist und auf dem Ausschluss beharrt. Es ist ein Wechselspiel von nomadischen Formen, Aneignungen und strategischen Kodierungen.

Das Grundelement, das wir uns bewusst machen und auf das wir uns berufen können, ist die Ethik der Befreiung. Sie kann eine neue Sicherheit bedeuten: eine kollektive soziale Sicherheit. An die Stelle der staatlichen Sicherheit, die materiell und exklusiv ist, können wir eine inklusive Sicherheit der Kollektivität stellen, eine Selbstorganisierung rund um unsere Bedürfnisse. Ausschlaggebend wäre nur noch der Wille zueinander und die Verantwortung voreinander: Kompliz_innenschaft. Und die Einsicht, dass unsere Zukunft nur antistaatlich sein kann, das heißt, dass unsere Zukunft auf einer Organisierung basieren muss, die nicht außerhalb von uns selbst liegt, sondern von uns ausgeht, von unseren Bedürfnissen, den Notwendigkeiten, die sich für uns ergeben und die wir definieren.

Nun habt ihr mein wahnsinniges Wort vernommen. Vielleicht könnt ihr damit etwas anfangen. Falls nicht, war es eine nette Übung mit Glasperlen. Vielleicht immerhin gut für eine Geschichte. In der Hoffnung, bald wieder eure Wege zu kreuzen, und in Gedanken, die Linien und Kreise gehen.

Und Liebe.
X.

Wir müssen alles neu lernen: Sprechen, Sehen, Denken

Oktober 2014 bis Januar 2015, Ostdeutschland

20/10/14

Wie im Wissen um den Krieg den Überblick behalten? Wie geradeaus denken, wenn die Schleifen der Gegenwart sich schneller einem ungewissen Wahrheitsfragment entgegen drehen? Es sind nicht freie Kurven, auf denen ich denken will. Die Substanzlosigkeit raubt mir Energie, Kraft, Geduld. Wozu Antworten suchen, wenn uns die Frage unklar ist, wenn wir im Nebel stehen und in unserer Starrköpfigkeit jede Schwade für das Ding an sich halten?

Was nur auf einer Entscheidung basiert, kann nicht nachgewiesen werden. Besonders hier, wo uns die Sichtbarkeit der Dinge im nun rückwärts gespiegelten Licht zu Tage tritt und sich die gerunzelte Stirn in Lächeln verwandelt. Ist dies nicht Beweis genug dafür, dass wir festen Willens sind, eine andere Welt zu erschaffen, in all ihren Farben? Eine, die die Abwesenheit nur als Kunstbegriff kennt und den Zweifel und die Sorge nur als schlecht getarnte Vorwände, sich den Eid zu erneuern, aus der reinen Freude am Ritual: die Schönheit der Kompliz_innenschaft und die Ästhetik der Verschwörung feiernd.

Vielleicht braucht es eine neue Form. Einen Kunstbegriff, eine Quintessenz des Willens und der Entscheidung.

Die nächste Akademie wird nicht mehr ein freier Lernort, sondern etwas anderes sein: der Ort des Sich-Findens; die Erschaffung einer gemeinsamen Strategie mit denen, die nicht mehr überzeugt werden brauchen, sondern mit jenen, die bereits eine Entscheidung getroffen haben.

Vielleicht braucht es nicht einmal einen wirklichen Rahmen. Allein den Beginn der Verschwörung, das Feuer, das die Nomadisierenden in den Westen getragen haben. Wir müssen ein geheimes Hauptquartier schaffen, als Ort der Begegnung und gleichzeitig den Ort des gemeinsamen Schreitens.

22/10/14

Von der Forderung.

Du, wir können vom revolutionären Prozess, vom kollektiven Erwachen nichts fordern, ohne Teil davon zu sein.

13/11/14

Wir können das verändern, was wir uns bewusst machen. Alle Mechanismen, Verhältnisse, Prozesse, die wir uns im Bewusstsein aneignen, können durch unseren Willen beeinflusst werden, wenn sich unser Wille durch die Tat ausdrückt.

Wenn Gott unbewusst ist, können wir ihn nicht abschaffen. Was uns möglich ist, ist den »großen Anderen« zu verkleinern, indem wir uns unseres Verstandes bemächtigen und uns eine skeptisch-kritisch-reflektierende Philosophie erschaffen, die diesen Prozess als grundlegend für unsere Selbstermächtigung anerkennt. Es ist der Prozess der Weltwerdung, Gesellschaftswerdung, dem die Selbstwerdung in gewisser Hinsicht vorausgeht und darin aufgeht, darin enthalten ist. Die Grundlage dieses Prozesses ist der Glaube, immer noch. Der Glaube, die Einsicht oder das Bewusstsein, dass nichts abgeschlossen werden kann, immer etwas außerhalb unseres Horizontes bleibt und durch unsere Suche eine Richtung darstellt. Diese Suche in einer Ethik der Anerkennung, des Verstehen-Wollens, zu begründen, ist der Prozess der Revolution. Gott ist unbewusst und doch ist uns sein UnbewusstSein bewusst.

Im Grunde bedeutet das, dass wir ihn als Instanz nicht abschaffen können. Was wir allerdings können, ist ihn mit unserem Willen mit Symbolen zu füllen. Spiegel, Farben und Formen, um die Vielheitlichkeit der Realität, die Gott als unfassbar ausdrückt, zu erfinden. Wir selbst sind wie die Hülle, in der sich das Licht bricht, sich Göttlichkeit spiegelt. In uns ist Leere, unfassbare Energie, die Bewegung ermöglicht. Außerhalb von uns ist die Vielheitlichkeit. Die Unendlichkeit ist nur eine Idee, die unerklärlich bleibt.

Wenn sich auf unserer Hülle Symbole sammeln, die unsere Bewegung auf das Außen, die Vielheitlichkeit, hin unmöglich zu machen scheinen, bleibt uns der Weg versperrt. Diese Symbole sind Zeichen der Unterdrückung, die unsere Suche versperren und unsere Energie externalisieren, uns an eine uns fremde Maschine anschließen. Die besetzte, kolonisierte Hülle kann keine freien Symbole mehr wählen, keine freien Formen, keine Ästhetik entwickeln. Wir werden zu Sklaven, wenn unser Blick nach innen kippt, auf die Leere unseres Seins hin. Dann ist unser Leben durch die Symbolmaschine der Herrschaft bedroht.

Der erste Schritt zur Befreiung ist die Anerkennung unserer Leere, der Welt, unserer Anwesenheit und der Unterdrückung. Jedes uns fremde Symbol, das nicht konkret mit den Wesen um uns herum aushandelbar ist, ist Zeichen der Unterwerfung. Was wir brauchen, ist ein Set von eigenen Symbolen, Selbstverständnissen, Erklärungen unserer Anwesenheit. Was dann beginnt, ist unsere Geschichte.

An die verlorenen Kinder des Westens
Wir, die wir in Gefangenschaft großgezogen worden sind, beginnen gerade zu begreifen, dass diese Welt nicht frei gewählt ist. Blinzelnd sehen wir in das Licht einer erwachenden Wahrheit und ahnen, dass das Chaos nicht die Gefahr, sondern das Verharren im Unbehagen ist. Wir lernen, darauf zu reiten, darin zu lernen und zu wachsen. An die Agenten der Maschine: Wir haben nicht vor, stehenzubleiben. Wir haben Jahrzehnte in unsichtbarer Sklaverei gelebt, gut verschleierter Gefangenschaft. Wir sind gerade dabei, das zu begreifen. Wir begreifen, dass wir, die jetzt und hier keine Rolle spielen, keine Bedeutung, keinen Platz haben.

Wir sind die Überflüssigen.

Alle Rollen, die uns zugewiesen werden, sind Teil der Unterdrückung durch eine Welt, sind Teil der Entfremdung. Wenn ihr uns zurückhalten wollt, uns dem festen Rahmen einverleibt, werden wir kämpfen müssen. Nicht gegen euch, sondern gegen eine Angst, das Ende dieser Form von Geschichte anzuerkennen. Für unsere Welt, die anders sein wird und die wir erschaffen, indem wir die Käfige verlassen und aus unserer Ohnmacht lernen:

Legt euch nicht mit uns an.

Was ist Demut?

15/11/14

Revolutionäre Demut

> Du solltest nicht in erster Linie Angst haben vor dem, was alles
> passieren könnte,
> sondern vor dem, wie es ist, wenn es so bleibt.

Revolutionäre Demut: niemals fordern, sondern um Unterstützung bitten, schenken, ohne eine Gegenleistung zu erwarten.

→ Das kapitalistische Denken des Tausches, des Werts, überwinden.

→ Grundlinie der revolutionären Persönlichkeit: Sich der Gesellschaft schenken, dadurch frei werden – Selbstbefreiung durch Verbundenheit.

PS: Denn im PS befreien sich die Gedanken und es entstehen Verknüpfungen zu anderen Optionen … Im Brief schließt sich der Gedanke scheinbar, die Täuschung der Vollendung. Die Vollendung existiert nicht, alles geht weiter, fließt, befreit sich, und auch, wenn es danach strebt noch vollkommener zu werden, zu wachsen und an Schönheit zu gewinnen, ist das Ende die Illusion, es sind unendlich viele Enden, die sich auseinander ergeben und ein Spiel des ständigen Neuanfangs bedeuten.

Brüder und Schwestern im Geiste, wir schreiben euch, um euch zu sagen, dass ihr nicht allein seid.

Die europäische Revolution hat begonnen.

05/12/14, Ostdeutschland

Etwas hat begonnen zu fließen und setzt Energien frei. Ich bin ständig mit Ausnahmezuständen, Intensitäten, Verbindungen, die ich nie zu leben gelernt habe, konfrontiert. In gewisser Weise sind wir tatsächlich die verlorenen Kinder des Westens, von jeder realen gemeinsamen Verbindung entfremdet. Voller Tatendrang, so unendlich naiv und hilflos zappelnd angesichts des Chaos in uns und um uns, das wir nicht fassen können und vor dem wir uns so lange versteckt haben.

Wir müssen alles neu lernen: Sprechen, Sehen, Denken. Wir können kleine Tätigkeiten ausführen, aber im Grunde verstehen wir nichts wirklich.

Der Prozess, die Geschichte, in die wir geraten sind, ist dieses zaghafte Tasten.

02/01/15, Ostdeutschland

Semiologie[96] des Widerstandes

Zeichen geben: an stelle des <u>ob</u>
das <u>wie</u> setzen
nicht in frage stellen, was ist,
sondern was bleiben kann
und geworden ist.
Entscheidung nicht zum verschwinden
sondern zur bewegung

transzendenz nicht durch auslöschen
sondern vervielheitlichen
eingehen nicht ins jenseits
sondern in die revolution.
Entschlossenheit nicht zum beharren
sondern zum verstehen.

Starrheit zu energie
gefangenheit zu freiheit
zweifel zum loslassen
und zögern zu liebe vollenden.

unschärfe ist die freiheit,
die wir uns aneignen können.
Wenn wir das große, die geschichte
nicht verstehen, wird die unschärfe
als angst erscheinen, verbunden
mit der welt ist sie quelle unendlicher
kraft, selbstmacht.

Es ist die Verbindung des Begehrens mit der Wirklichkeit, die revolutionäre Kraft besitzt.

96 Bezieht sich auf Foucaults Benutzung des Begriffs: Semiologie ist »die Gesamtheit der Erkenntnisse und Techniken, die gestatten zu unterscheiden, wo die Zeichen sind, zu definieren, was sie als Zeichen instituiert, ihre Verbindungen und die Gesetze ihrer Verkettung zu erkennen,.« (Foucault, Michel: *Die Ordnung der Dinge*. Frankfurt a. M: Suhrkamp 1974, S. 60)

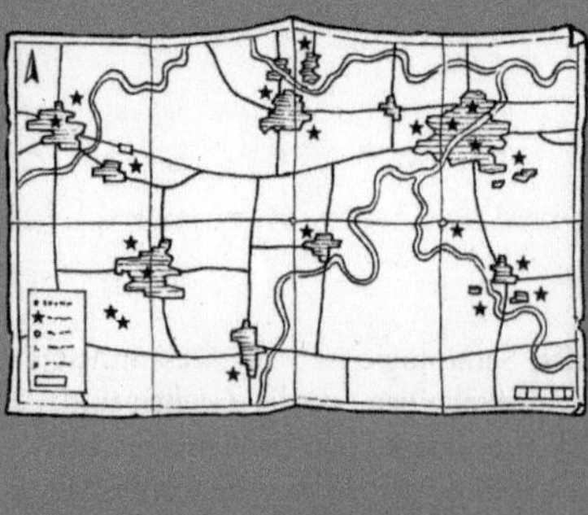

Erster Brief aus den Ruinen des Ostens

Januar 2015, Ostdeutschland

Erster Brief aus den Ruinen des Ostens

Schön, dass dich unser Brief erreicht hat. Du, d_ie du diesen Brief in der Hand hältst, bist auf eine_ von uns gestoßen oder hast ihn über eine andere Verbindung in die Hand bekommen. Bitte behandle ihn mit Diskretion. Im Moment sind wir noch nicht stark und klar genug, mit vielen gleichzeitig das Gespräch zu suchen. Aber wir haben die Absicht und werden Wege finden. Für den Moment ist dieser Brief für dich, und für Freund_innen von dir, denen du sehr vertraust und bei denen du das Gefühl hast, dass es auch für sie geschrieben sein könnte.

Mit diesem Brief wenden wir uns an euch, um mit dem ersten Kreisen von Freund_innen einige Fragen anzureißen. Die Zukunft betreffend, unsere Situation und über das, was wir für nötig halten. Um in groben Umrissen das zu teilen, was wir uns bis hierher gedacht und was wir versucht haben, und um vorzuschlagen, was zu tun uns angemessen erscheint. Wie wir uns gegenseitig helfen können, wenn du willst.

Wer wir sind

Oder besser: wie. Seit einiger Zeit organisieren wir uns, um uns selbst wieder eine kollektive Perspektive aufzubauen. Um die Frage nach dem Ausweg aus den neoliberalen Regimen und dem System der Staatlichkeit zu stellen. Nicht nur für uns selbst, sondern für die Gesellschaften, aus denen wir kommen. Die Frage scheint uns inzwischen nicht mehr nur dringlich und beachtenswert, sondern die Entwicklungen der letzten Monate und Jahre scheinen auch wieder einigen Grund zur Hoffnung zu geben. Im Moment sind wir einige, die eine gemeinsame Lebensform und eine Suche teilen. Begonnen hat der Prozess der Selbstorganisierung in dieser Form als sich langsam vergemeinschaftende Form von Selbstbildung. Im Grunde haben wir unsere Unklarheit über die Welt und die Ahnungslosigkeit, was wir damit anfangen sollen, zusammengeworfen und befunden, dass wir die Fragen besser zusammen angehen. Inzwischen sind wir zu ersten Ergebnissen gekommen, haben einige Ideen, die wir teilen wollen.

Warum wir nomadisieren?

Vor allem, um besser sehen zu können. Um dem Sachzwang und der Gefangenschaft auszuweichen. Unsere Freund_innen sind über Städte und Raum verteilt, mitunter trennen uns ganze Kontinente. Überall gibt es diese kleinen Orte der Selbstorganisierung, Hausprojekte, Kommunen, autonome Gruppen, vereinzelte Aktivist_innen. Wir waren oft nur zu ungeduldig, nicht ausdauernd genug, lange an einem Ort auszuharren. Viele der bestehenden Rahmen waren für uns zu eng, um uns darüber klar zu werden, wie wir einen Ausweg denken können. Aus der Bewegung heraus hat sich für uns eine neue Lebensform entwickelt: Nomad_innentum. Als Nomadisierende stellen wir unsere Kraft, unser Potential, unser Denken zur Verfügung, wo es gebraucht werden kann, wo es einer gemeinsamen Idee folgen kann. Beim Arbeiten, bei der Organisierung, bei der Selbst_bildung, bei der Mediation, bei der Verteidigung. Wir haben den Anspruch, eine Initiative für eine neue Gesellschaft voranzutreiben. Dieser Brief ist ein Teil davon. Wenn du ihn bekommen hast, hat eine Freund_in die Einschätzung geteilt, dass dir der Gedanke, die Utopie oder die Suche vertraut ist.

Woher wir kommen, wie wir hierher gekommen sind

Wir teilen in erster Linie die Lage der europäischen Jugend. Das bedeutet, dass unser bisheriges Leben davon geprägt war, uns in einer Gesellschaft zurechtfinden zu müssen, die uns keine Rolle gibt, außer ausgebildet und später als Lohnabhängige ausgebeutet zu werden. Wir sind als Kinder Teil der Gesellschaft, wir werden beschützt, bis zu dem Punkt, an dem wir als Jugendliche ausreichend geformt sind und in die Produktion eingegliedert werden. Wir selbst, unsere Bedürfnisse und unser Wille kommen dabei höchstens am Rande vor, als Kompromiss, als Zugeständnis. Mehr noch, die Art und Weise, wie wir zu wünschen lernen, was uns als begehrenswert gelehrt wird, macht es uns oft sehr schwer, herauszufinden, was wir wirklich wollen. Mitunter führt es so weit, dass wir sogar der Illusion erliegen, die Selbst_ausbeutung und Selbst_verwertung stimmten mit unseren Bedürfnissen überein. Darüber hinaus erzeugt die Lebensweise, die uns gelehrt wurde, eine enorme Gewalt: in Form von Umweltzerstörung, Unterdrückung innerhalb und außerhalb der Länder, in denen wir leben, durch Geschlechterrollen, in die wir gepresst werden. Wenn wir uns nicht entscheiden, uns anders zu organisieren und uns eine eigene Welt aufbauen, werden wir die Unterdrückung der Natur, der Menschen und jene entlang von Geschlechtlichkeit fortsetzen. Wir fangen an, das zu verstehen.

Das ist die Welt, aus der wir kommen. Im Speziellen kommen wir aus Mitteleuropa, wurden hier sozialisiert und sollen hier unsere Rolle als Staatsbürger_innen und Seesterne einnehmen. Es ist schwer für uns, uns selbst als Unterdrückte von staatlichen und kapitalistischen Herrschaftsverhältnissen wahrzunehmen, weil wir mit unserer Lebensform oft selbst als Unterdrückende gegenüber anderen Menschen und Welten existieren. Wir sind Kolonisierende, weil unsere Konsumwaren auf der Ausbeutung anderer Kontinente, der Umwelt und im verstärkten Maße von Frauen und Kindern basiert. Wir sind Profitierende von einer Welt der Entfremdung und Verdinglichung. Wir sind in die Situation gezwungen, andere unterdrücken zu müssen. Das ist unsere Gefangenschaft. Eine sehr perfide Form der Unterdrückung, weil sie viele Bündnisse unmöglich macht, um uns dagegen aufzulehnen. Dies ist auch ein Aspekt der gesellschaftlichen Isolation, die uns oft voneinander trennt. Gleichzeitig ist damit eine gewisse Möglichkeit der Bewegung gegeben, denn es gibt keine konkrete Person, die uns daran hindert, dieser oder jener Linie zu folgen. Wenn wir bestimmte Bewegungen in einer gewissen Sichtbarkeit und Stärke ausführen, greifen uns Institutionen wie Polizei oder andere staatliche Hilfsorgane an. Mit der Verdichtung der Kontrolle in zunehmendem Maße auch präventiv.

Wir haben in vielfältigen Formen lernen können, bis zu diesem Punkt, wo wir uns an euch wenden – als nächste Stufe der Kollektivierung unserer Ideen, Utopie, Rat- und Rastlosigkeit. In Büchern alter Freund_innen, aus unserem Verhalten, Kritiken von Verbündeten. Wir, die wir gerade diesen Brief schreiben, sind in Deutschland aufgewachsen und haben gewisse Erfahrungen in Teilen linker Szenen und Projekten gesammelt, in antifaschistischen, feministischen, ökologischen, akademischen, musikalischen und kommunitären Kreisen. Einen entscheidenden und prägenden Bezugspunkt bildet der Kontakt und Austausch mit der Freiheitsbewegung Kurdistans. Ohne die Hilfe der Freund_innen in den Bergen, Städten und Dörfern von Mesopotamien wären wir um einiges ratloser. Wir glauben, dass der Austausch über die Grenzen und Länder hinweg Teil eines internationalistischen Projektes der Befreiung ist, dem wir uns verschrieben haben. Für die Lösung der kurdischen Frage, für die europäische Frage, die globale Frage nach einer nachhaltigen Gesellschaftsform – im individuellen, sozialen sowie ökologischen Sinne.

Wohin wir gehen wollen

Ehrlich gesagt, wir können es nicht in aller Klarheit bestimmen. Wir sammeln Fragmente von utopischen Ideen, denn was es für einen Aufbruch braucht, ist vor allem ein Ziel und ein Verständnis der Situation, um sich aus ihr heraus bewegen zu können. Diejenigen, die sich mit uns und durch uns organisieren, teilen vor allem die Klarheit, nicht an dieser Welt festhalten zu wollen. Zuallererst heißt es, mehr von unseren Möglichkeiten auszugehen als von unserem Status quo. Wir haben den Anspruch, eine andere Lebensform zu entwickeln. Das bedeutet, uns als handelnde Subjekte in einer laufenden Auseinandersetzung um die Zukunft zu begreifen. Die Zukunft des Planeten, der Gesellschaften und derer, die noch kommen. Nicht mehr nach dem alten Paradigma, sondern sozial und ethisch. Ja, wir müssen für eine andere Welt kämpfen.

Natürlich gibt es Bilder und Karten davon, wie wir uns ein anderes Europa vorstellen können. Aber vielleicht ist dies nicht der Weg, um Utopien produktiv präziser zu formulieren. Viel lieber wollen wir uns mit euch an gemeinsamen

Orten geteilter Erfahrungen darüber austauschen. In gewissem Sinne versuchen wir unsere Utopien in unseren Strukturen und Experimenten des Aufeinandertreffens vorwegzunehmen. Dabei geht es weniger darum, die perfekte Handlung zu finden, das geheime Werkzeug, das nur richtig verstanden werden muss, um zum richtigen, befreienden Ergebnis zu kommen. Es geht uns vielmehr darum, die ethische Linie der Kollektivität verstehen zu lernen. Das Vertrauen, Akzeptieren, emotionale Verständnis aus dem Unbehagen heraus, das mit einer rationalen Kritik präzisiert und übersetzbar gemacht werden kann. Wir versuchen das, was wir mit Kompliz_innenschaft bezeichnen, als eine Grundlage für soziale Projekte zu begreifen. Wir brauchen alles – Landkommunen, Hausprojekte, Infoläden, Werkstätten, Bücher, Techniken der Enteignung und Aneignung, Wissen und Wissensaustausch im Alltag und utopisches Denken, Zauberponys – aber wir brauchen es auf die richtige Art und Weise, verbunden auf einer Ebene, auf der wir darüber Aushandlungen führen können, wie wir all das wollen. Mit der Verschiebung der Frage in Richtung der Bewusstwerdung, Reflexion und Strategie haben wir bisher gute Erfahrungen gemacht. Für viele von uns war es am Anfang diese Perspektivverschiebung, die gemeinsame Fragen möglich gemacht hat: die Frage nach der eigenen Lebensform, der eigenen Schwäche und Angst und um das Verstehen und Befreien des eigenen Willens. Und der Kollektivierung – der Gesellschaftswerdung.

Warum wir uns jetzt an euch wenden

Wir sind wenige, zu wenige. (Wenn ihr fragt, wie viele wir sein müssten – die Antwort ist keine Zahl, sondern ergibt sich aus der Existenz einer Gegenwelt, die sich nachhaltig verteidigen und bestehen kann.) Der entscheidende Punkt an jeder Befreiungsbewegung ist das Wachsen, die gemeinsame Erfahrung und das Überwinden der Hindernisse – das Erkennen der Notwendigkeiten. Davon wollen wir ausgehen. In unserer Situation erscheint es uns nicht ratsam, über große Kanäle Signale auszusenden, die verpuffen, ohne dass wir mit den Reaktionen umgehen können. Das zu laute Wort ist uns im Moment eher Hindernis als Hilfe beim Wachsen. Gleichzeitig können wir nichts allein lösen. Es braucht eine Lösungskraft für das europäische Dilemma und wir glauben, dass wir gemeinsam unseren bescheidenen Beitrag leisten können. Dieser Brief ist unser erster vorsichtiger Versuch, Verbündete, neue Kompliz_innen, zu finden, um gemeinsam Wege zu suchen. Die Grundlage unserer Organisierung bilden unser Wille, unsere Formen des Begehrens. Ein Begehren nach Kompliz_innenschaft, sozialer und materieller Sicherheit, nicht nur jetzt und nicht nur für uns.

Aus der Bewegung, wie sie sich für uns ergeben hat, zeichnet sich inzwischen eine Art Karte ab. Sich überlagernde Netze mit offenen Enden. Es gibt uns Nomadisierende. Es gibt ein Netz von Fluchtorten. Ein Netz von Verbündeten, die offene Räume in Städten, Dörfern und Kommunen aufbauen, die für Akademien und als sicherer Raum gegen Repression und emotionale Angriffe genutzt werden können. Unter anderem gibt es ein wachsendes Netz von ineinandergreifenden solidarischen Ökonomien, sowohl im finanziellen Sinne als auch die Kollektivierung von Arbeitskraft betreffend. All das sind nur bescheidene Versuche herauszufinden, wie wir uns unser Leben wieder aneignen könnten. Wir brauchen Kritik und sind darauf angewiesen, in Gemeinschaften Prozesse zu führen, um mit Formen und Möglichkeiten eines gesellschaftlichen Aufbruchs zu experimentieren. Kurz: Wir brauchen deine Hilfe. Wenn wir uns gegenseitig helfen können und du willst, sind wir bereit, jede Anstrengung zu leisten, um uns einen gemeinsamen Raum zu öffnen.

Was noch zu sagen geblieben ist

Weiter hinten, angefügt, haltet ihr eine Art Karte von Grundgedanken in der Hand. Erstens eine Annäherung an eine Methode, um zu erproben, wie wir unser Denken organisieren können, um strategisch handeln zu können. Das andere ist ein erster Entwurf einer Strategie, die wir vorschlagen wollen.

Wir sind davon überzeugt, dass es einen Weg gibt, uns unser Leben wieder anzueignen und eine andere Welt möglich zu machen. Wir glauben, dass der Zeitpunkt dafür jetzt ist, dass die Revolution nicht kommt. Sie kann nur der Moment sein, in dem wir losgehen, jeden Tag erneut, und der Prozess, den wir in aller Konsequenz bereit sind zu führen. Und auch wenn wir noch eine Menge lernen müssen, bis wir wirklich jemandem helfen können: Wir glauben daran, dass es keine andere Möglichkeit gibt, außer als Revolutionär_innen voneinander zu lernen, gemeinsam zu kämpfen und füreinander Partei zu ergreifen. Sicher, wir sind noch nicht weit gekommen, aber wir haben das Gefühl, dass dies ein Anfang ist, von dem wir ausgehen können. Wir hoffen, dass ihr versteht, dass dies nicht ein Pamphlet ist, in dem es um den Inhalt geht, oder um eine künstlerische Sprachübung. Wir schreiben nur in der Hoffnung, eine Möglichkeit des gemeinsamen Erkennens und Verstehens in den Raum werfen zu können. Um alle zu finden, die möchten. Ihr erreicht uns auf dem gleichen Wege, wie ihr diesen Brief bekommen habt. Wir versprechen euch, niemals zu vergessen, welch Gewaltsames und Wunderbares mit dem Willen verbunden ist, die Augen zu öffnen und dem ins Gesicht zu sehen, was ist und was kommt.

Revolutionäre Jugend des Ostens

PS., das eine Karte zeichnet, eine Skizze der Denkbewegung, auf die wir festgenagelt werden können, oder auch nicht:

1. Wir leben im Willen den Rahmen des real Existierenden zu überwinden. Wir erkennen unsere Rolle in dieser Gegenwart und in diesen Gesellschaften an, unter der Bedingung, dass wir sie verändern können.

2. Unser Maßstab ist die Vervielheitlichung der Möglichkeiten: der individuellen und kollektiven Handlungsräume, der Denkbarkeiten, der Perspektiven, der Begehren.

3. Wir schreiben und denken nicht objektiv. Wir gehen von Wahrheiten aus, die für uns existieren, und auf denen wir unsere Analysen und Werkzeuge aufbauen. Sie sind diskutabel und erweiterbar, einige möchten umgeworfen werden.

4. Wir stellen keine Forderung, rufen nicht auf. Wir erheben keinen Anspruch. Wir stellen klar die Möglichkeit in den Raum, in Austausch zu treten, sich zu verbünden.

5. Wir erkennen unsere Verantwortung an, die die Aneignung der Wortgewalt bedeutet und die entsteht, wenn wir Räume betreten und sie uns erschließen. Wir schreiben und reden mit allen, deren Grundlage die Anerkennung der Vielheit ist.

6. Wir arbeiten an einer Strategie, die wir teilen wollen, zur Diskussion stellen.

7. Wir akzeptieren den Vorwurf der Unvernunft etwas denken und erschaffen zu wollen, das noch nicht existiert. Oder um mit den Worten einiger Freund_innen zu sagen: Wir glauben an die Utopie, weil uns die Gegenwart unmöglich erscheint.

8. Dies ist kein Programm.

9. Raum für Notizen

PPS. In unseren Augen ist es von grundlegender Wichtigkeit, dass sich an jedem Ort Freund_innen organisieren, die nach persönlicher und kollektiver Freiheit suchen, die sich ein gegenseitiges Vertrauen erarbeiten, das schwerer wiegt als die Angst vor der Isolation und der Repression des Staates. Wir wissen, wie schwer es ist, sich wirklich zu organisieren. Wir wissen, wie sehr der Staat darauf zielt, die Menschen zu vereinzeln, sie voneinander zu trennen und auszuliefern,wie scher es erscheint, unsere Schwächen voreinander nicht als persönliche Fehler zu begreifen.

a) Die gesellschaftliche Realität um sich herum analysieren, die eigene Betroffenheit und die der Wesen um sich herum zu erkennen, b) Utopien diskutieren, wie eine ethisch-selbstermächtigende Form des Umgangs mit speziellen Fragen denkbar wäre, c) strategische Werkzeuge und Bündnismöglichkeiten zur Lösung entwickeln und d) Anstöße zur Schaffung von Strukturen zur Überwindung geben. Folglich Institutionen: Landwirtschaftshöfe, Akademien, Räume des Austauschs und Bewusstwerdung.

Es gilt Lösungen denkbar zu machen, wie die Gesellschaft die eigenen Probleme wieder selbst bearbeiten kann, ohne auf den Staat angewiesen zu sein.

Mehr noch, ihn als Hindernis unserer Selbstermächtigung zu begreifen. Heute fällt uns alles so schwer, weil wir vom Staat organisiert sind, uns vom Sachzwang führen lassen. Wenn wir eine freiheitliche und nachhaltige Welt anstreben, müssen wir wieder lernen, uns selbst zu führen, unserer eigenen Stärke zu vertrauen.

Wir denken, dass es sinnvoll und nötig ist, all diese Werkzeuge und Ansätze, die an vielen Orten bereits bestehen, zu sammeln und zu einer gemeinsamen Bewegung zu machen. Zu einer revolutionären Organisierung, die eine starke Gegenwelt gegen die Internationale der Angst und der Unterwerfung durch die Staaten und die Regimes des Marktes bedeuten können. Mit jede_r, d_ie sich selbst organisiert und sich frei in Solidarität verbindet, wird unsere Welt größer und schöner. Wird sie zu einer neuen Sicherheit, die nicht mehr auf Ausschluss und Verdinglichung, sondern auf Anerkennung, Verbindung und Vielfältigkeit basiert. Ohne einander sind wir nichts, nicht einmal wir selbst. Füreinander können wir alles werden.

Alles ist leicht, wenn wir uns organisieren.

Geschichte bedeutet vor allem die Gewordenheit des Seins

Frühling 2015, Ostdeutschland

Compañera querida, liebe Freundin,

um dort fortzusetzen, wo wir unterbrechen mussten, das heißt: in der Mitte.

Ich hoffe, deine Gedanken finden ihren Weg. Ich versuche meine ein wenig zu ordnen, um sie besser teilen zu können. Ein Gedanke kam mir, aus deiner Anmerkung über die geheimen Wege, die das Wort findet: eine Briefkultur ist eine famose Sache. Eine geheime Technik des Wissensaustauschs, die vielleicht als Ergänzung und Fortsetzung der Akademien funktioniert. Ich hatte schon einmal den Gedanken und die Erfahrung gemacht, dass das ruhige, schriftlich fixierte und adressierte Wort nachhaltiger ist als das gedrängte gesprochene, das schneller assoziiert und Verbindungen aufwirft. Das eine kombiniert mit dem anderen ist eine revolutionäre Waffe.

Wir haben kein *tekmîl*[97] abgehalten, deshalb, vor allem anderen, auf diesem Weg. Für mich ist das Bewegen der Geschichte eines der schönsten Spiele, deshalb muss ich wohl eine gewisse Leichtfertigkeit meinerseits bemängeln. Das betrifft vor allem eine Ungeduld beim Teilenwollen, wodurch der Maßstab des Austauschs verzerrt wird und mir in Momenten, in denen ich nicht im Gedankenwirbel versank, meine Hast auffiel. Ich will öfter mein Augenmerk darauf lenken, das Spiel offen zu lassen, mehr Fragen zu stellen. Deinerseits fände ich hochinteressant, mehr von deinem Denken direkt nachvollziehen zu können; ich vermute, es ist sehr bereichernd.

In den letzten wenigen Minuten, bevor ich verschwunden bin, sind wir auf eine Fragestellung getroffen, die eine sehr grundlegende ist: Was ist das Ziel, wenn wir versuchen, in der Geschichte zu stochern? Vielleicht war ich an diesem Punkt vorschnell und ein grundlegender Gedanke war verstellt.

Was ist Geschichte? Ich glaube, die angebliche Wahrheit dessen, »was wirklich passiert ist« und »wie es wirklich war«, ist für uns nicht die hilfreiche Frage. Es ist das Spiel der Definitionsmacht über die Geschichte, die Deutungshoheit, wer welchen Erinnerungsort besitzen darf. Ein seltsamer Mechanismus, als ob wir die Geschichte besitzen würden, die uns hervorgebracht hat, wie

97 Tekmîl kommt aus dem Kurdischen und bezeichnet eine Methode der kurzen Reflexion und Kritik.

Actionfiguren oder die beste Kopie von einem Film. Ich will von etwas anderem ausgehen: Was vergangen ist, ist in gewissem Sinne verloren und wir können es nicht mehr rekonstruieren. Wir werden es nie verstehen, deshalb müssen wir uns etwas anderes überlegen, wie wir die Fehler der Vergangenheit nicht ständig wiederholen. Geschichte bedeutet vor allem die Gewordenheit des Seins. Alles ist erst geworden und das, womit wir heute konfrontiert sind, ist das Ergebnis von Bewegungen und einem Spiel von Kräften, die es hervorgebracht haben. Für uns ist in unserer konkreten Situation vor allem eines wichtig: Wie ist unsere Gegenwart so geworden, welche Kräfte und Prozesse haben sie in der Weise geschaffen, wie wir sie wahrnehmen? Das Problem ist natürlich, dass wir weder die Gegenwart noch ihre Geschichte wirklich begreifen, sie in Gänze erfassen, völlig durchleuchten können. Wir stehen im Nebel, ratlos in die Welt geworfen und gezwungen, uns zu verhalten.

Was die Anhänger der reinen Theorie, der wahren Idee, in schwindelerregende Abgründe zieht, können wir vielleicht produktiver fassen als unsere Freiheit zu experimentieren, mit einem Spiel von Annahmen, Überlegungen, Abstraktionen und Handlungen zu beginnen. Wovon ich ausgehe, ist eine radikal-subjektive, negative Ideologie. Es ist eine sehr schöne Art des Denkens, wie mir scheint, die mir die Freund_innen in den Bergen in einem anderen Land beibringen wollten. Ich fange gerade an, ein wenig zu verstehen, was für ungeahnte Möglichkeiten daraus entstehen können. Vielleicht verstehst du ein wenig, was ich meine: Ich denke, was wir versuchen können, ist eine Idee, die wir von uns selbst gewinnen können – als verlorene Kinder, als ratlose Jugendliche, als verrückte Do-it-yourself-Künstler_innen –, zurück in die Vergangenheit zu werfen.

Es gibt diese seltsame Verbindung zwischen unserer Situation und der Geschichte. Oft genug ist die Verknüpfung so wenig offensichtlich, der Blick verstellt durch die Normalität, den Alltag, den Sachzwang des Moments. Dabei ist alles verbunden: Wir können aus unserer Situation, wenn wir ein wenig darüber nachdenken, ziemlich weitreichende Überlegungen anstellen, wie vielleicht die Welten aussahen, die unsere aktuelle möglich gemacht haben – und genauso können wir unsere Welt und unsere Möglichkeiten in der Vergangenheit suchen, auch die, die nicht real werden konnten. Ideen davon und Fragmente finden. Es gibt keine Gleichheit, keine Wiederholung, nur hinkende Vergleiche, krumme Wege und unlogische Verknüpfungen. Ein Freund hat einmal geschrieben, das grundlegende Problem ist die Beziehung zwischen dem historischen Prozess und dem Ereignis. Die Verbindung ist nie rational fassbar, sie ist genaugenommen paradox. Natürlich ist jede historische Situation das Ergebnis einer prozesshaften Entwicklung, muss aus dem Vorigen entstanden sein, als Quintessenz, so auch unsere konkrete Realität in der Gegenwart. Aber es gibt keine Möglichkeit, zu erklären, warum dies und das passiert, warum es jetzt passiert, durch wen und auf welche Art und Weise.

Vielleicht hast du eine Ahnung, was ich verschlüsselt ausdrücken möchte, denn das Problem erscheint mir sehr grundlegend. Es gibt keine Gewissheit, keine richtige Schlussfolgerung. Nur das Spiel mit Ideen, die wir zirkulieren können, und den Experimenten, die wir mit unseren Handlungen ausführen. Aktion und Reflexion, Praxis und Theorie. Analyse, Bewegung und Kritik. Wenn wir versuchen wollen, eine Realität damit zu erschaffen, die sich an einer Utopie der Befreiung und Selbstermächtigung orientiert, müssen wir versuchen, uns dieser unerreichbaren Wahrheit anzunähern. Erreichen können wir es nicht, aber ich glaube, der Weg in diese Richtung ist ein revolutionärer Prozess (weil er notwendigerweise auf Widerstände stoßen wird, die von der alten, staatlich-patriarchalen und despotischen Welt organisieren werden, um die Wahrheit zu verschleiern und das Leben nutzbar zu machen und der Maschine zu unterwerfen). Was in der Geschichte, im Befreiungskampf, im Eifer des Gefechts und der Betroffenheit so oft verloren ging, ist die notwendige Verknüpfung der Idee, des Bewusstseins über den Prozess, mit der konkreten Handlung in der Situation, jedem einzelnen Schritt als historischem Ereignis.

Was bedeutet das für uns, für unser Handeln? Für mich bedeutet es, dass die relevanteste Kraft der Geschichte unser Wille, unsere Entscheidung, ist. Das heißt, dass wir eine Linie in die Geschichte einführen, der wir folgen. Unser Handeln ist die Objektivierung unseres Denkens und des Willens, den es ermöglicht, die Art, wie unsere Eigenbewegung die Welt transformiert, unsere Arbeit an ihr. Jede konkrete Handlung der Veränderung ist ein Ereignis. Wenn wir eine Gegenwelt aufbauen wollen, eine Utopie, müssen wir die Geschichte entlang unseres Willens fortführen. Unsere Utopie ist der Prozess, den wir wollen, den wir uns entlang einer Ethik vorstellen können. Einer Linie, die bestimmte Werte zugrunde legt: Anerkennung, Solidarität, Nachhaltigkeit, Kompliz_innenschaft. Natürlich stellt sich das Problem unseres Willens komplexer, weil unser Begehren durch die alte Welt verzerrt ist. Wir können sogar begehren, was uns schadet, uns bedroht. Deshalb denke ich, dass die Frage nach dem Verhältnis von Utopie und Begehren eine der wichtigsten ist, die wir bald kollektiv angehen könnten. Ich versuche, ein Bild zu umreißen, das ich im Kopf habe: Es ist ein Strahl, an dessen Anfang wir stehen, als kollektive Kraft, in diesem Moment der Geschichte. Ausgehend von uns gibt es einen Strahl des Begehrens, der in eine mögliche Zukunft weist und dessen Koordinaten wir mit dem Namen unserer Utopie versehen – das Land, das es nicht gibt, dem wir in unserer Vorstellung aber eine Geographie geben können. Eine Welt, in der alles möglich ist, was unser schaffender Wille in Einklang mit den gemeinsamen Notwendigkeiten bringen kann. Ohne Grenzen, ohne Fremdbestimmung. Der Strahl ist nicht einfach ein Weg auf ein Ziel hin, er ist nur eine Richtung, und jede Handlung kann danach befragt werden, wie sie im Verhältnis zum Strahl steht. Es ist ein ständiges Spiel zwischen dem Voranschreiten und dem

Befragen des Schrittes Jede Handlung ist ein Ereignis, Teil einer Geschichte, eines historischen revolutionären Prozesses. Wir oszillieren um die Säule, die in unsere Zukunft weist. Das bedeutet, wir müssen lernen, unsere Handlungen nach ihrer Geschichte zu befragen und können in ihnen eine mögliche Zukunft, eine Utopie, erscheinen lassen.

Es ist ein etwas weiter Bogen, aber vielleicht kannst du darin eine Idee davon finden, was mir in den Diskussionen so wichtig ist. Ich habe oft das Gefühl, dass wir so viel neu lesen, verstehen lernen müssen, um wirklich mit dieser Welt umgehen zu können. Um wirklich eine Lösung für die europäische Frage zu finden, überhaupt, um annähernd zu verstehen, wie offen die Gegenwart ist, wie frei wir darin entscheiden könnten. Jede Idee, jede Betrachtungsweise, eröffnet eine Vielheit an Lebensformen, die wir annehmen können. Ein anderer Freund schrieb einmal, die Geschichte begreifen heißt eben nicht, zu erkennen, wie es denn gewesen ist, denn die Geschichte schreiben immer die Sieger. Die Geschichte begreifen bedeutet, die Gefahr, die Bedrohung, in einer historischen Situation zu sehen, wie sie sich am Horizont abzeichnet.

Um zum Punkt zu kommen, habe ich ein paar Fragen notiert, die wir uns stellen können. Die uns vielleicht helfen, die Bedrohung zu verstehen, die Angst, die Gefangenschaft. Vielleicht für erste Ideen, als Impuls, um daraus eine Karte zu erarbeiten, die uns eine Strategie verrät.

1. Wie können wir die Geschichte des Staates und der Befriedung durch staatliche Sicherheit im Osten verstehen? Wie ist die Lage der Jugend im Osten, welche Sicherheit existiert? Wie können wir eine neue soziale Sicherheit denken?
2. Also eine Frage der Analyse der Gegenwart und ihrer Geschichte, ausgehend von der sozialen Kaste und der geographischen Position, in der wir uns bewegen.
3. Ausgehend von der Tatsache, dass im Westen seit den 68ern vielfältige Erfahrungen der Organisierung existieren, von denen wir lernen können:
4. Wie sahen Formen der Organisierung aus, die erfolgreich waren, welche waren zu inkonsistent? Wie war die Verteidigung organisiert? Wie sah ein Sicherheitskonzept aus, auf welchen Verbindungen beruhte die Organisierung? Wie wurde sich auf eine Utopie bezogen, wie verhielt sich die Bewegung konkret in ihren Aktionen dazu?
5. Also die Frage nach den Techniken, Werkzeugen und Taktiken, der Ästhetik einer neuen Bewegung.
6. Welche Erinnerungsorte können wir füllen? Wie können wir eine Geschichte der historischen Widerstände schreiben, um die Dimension unserer Selbstbefreiung zu begreifen?

7. Also die Frage nach der Bedeutung, der historischen Verknüpfung und des Spiegels der Vergangenheit.
8. Was können wir aus dem historischen Verständnis als eine für uns produktive Lebensform ableiten? Wie sähe eine neue Form von revolutionärer Lebensführung aus?
9. Also die Frage der Selbstführung, der ethischen Linie und möglichen Handlungen.
10. Auf welcher Analyse, aus welchem Verständnis heraus, kämpfen wir dann? Wie sieht unser Kampf aus und wie können wir unsere Situation als Ausgangspunkt für einen Lösungsprozess, Befreiungskampf sehen? Wie ist die Geschichte des Krieges des Staates gegen die Menschen hier?
11. Also die Frage des Verständnisses des laufenden Krieges, der Auseinandersetzung, der Machtanalytik.

Das sind einige der Fragestellungen, die mir durch den Kopf gehen. Ich bin gespannt auf dein Wort. Verzeih die Verwirrung, die Wege sind krumm geworden, auch die des Denkens. In großer Freude und im Wissen, dass die Diskussion nie vorbei ist.

Sei sehr umarmt,
X.

Neues Paradigma des Geistes

Mai bis Juli 2015, Hamburg, Westdeutschland

Network for an Alternative Quest – Konferenz II

An der Universität Hamburg fand im April 2015 die zweite Internationale Konferenz des *Network for an Alternative Quest* unter dem Titel »Die kapitalistische Moderne herausfordern II: Kapitalistische Moderne sezieren – Demokratischen Konföderalismus aufbauen« statt. Mehr als tausend Menschen nahmen daran teil und die Veranstaltungen wurden simultan in sechs Sprachen übersetzt. Vertreter_innen von sozialen und revolutionären Bewegungen sowie Intellektuelle und Akademiker_innen aus aller Welt gestalteten das Programm und die Diskussionen.

Die Atmosphäre war von einem Gefühl gemeinsamen Aufbruchs und von großer Offenheit geprägt. Wie schon bei der ersten Konferenz veröffentlichten die Veranstalter_innen einen offenen *Call for Papers*, wobei die besten Einreichungen für einen Vortrag in Hamburg eingeladen wurden. Xelîl reichte unter seinem bürgerlichen Namen Michael Panser einen Beitrag zu den »Schnittmengen in den Philosophie-Systemen von Michel Foucault und Abdullah Öcalan« mit dem Titel »Macht und Wahrheit: Machtanalytik und nomadisches Denken als Fragmente einer Philosophie der Befreiung einzusenden« ein. Daraufhin wurde er eingeladen, auf dem Podium der Konferenz zu sprechen. Sichtlich nervös und dennoch selbstbewusst präsentierte er seinen Vortrag.

Alle Beiträge der Konferenz sind auf einer Webseite[98] dokumentiert und wurden teilweise auch in Buchform[99] veröffentlicht.

24/05/15, Westdeutschland

Nomadisches Denken bei Foucault & Rêber Apos Dialektik: Neues Paradigma des Geistes. Bewusstsein als ethisch-politisches Kampfmittel

Das Ende der westlichen Philosophie, so wie wir sie kennen, begegnet uns am Kreuzweg, an dem sich für uns Rêber Apo und Foucault treffen. Der Philosoph

98 http://www.networkaq.net/2015/

99 Die Dokumentation der dritten Konferenz 2017 ist im Unrast Verlag erschienen: Network for an Alternative Quest (Hg.): *Die kapitalistische Moderne herausfordern III. Demokratische Moderne entfalten – Widerstand, Rebellion, Aufbau des Neuen*. Münster: Unrast Verlag 2020.

als souveräner und grundlegender Träger und Schaffender der philosophischen Sprache kommt zu einem Ende. Im Chaos des beginnenden 21. Jahrhunderts überschreitet das Denken die Grenze der Philosophie und verbindet sich mit einer gesellschaftlichen Ethik – ein utopisches Denken der Überschreitung.

Wer regieren will, muss philosophieren. Wer sich selbst führen will, auf Grundlage der eigenen Selbstermächtigung ein Leben führen will, braucht eine eigene Philosophie, die einen kritisch_objektiven Zugang zur Wirklichkeit ermöglicht. Worum es geht, ist nicht weniger als eine Überwindung der traditionellen Sphären der Philosophie. Die Vergesellschaftung des methodischen Verständnisses der Welt.

Jedes Wissen bringt, wie jede Handlung, Macht hervor. Jeder Zugang zur Wirklichkeit basiert auf einem Set von Kodes, Annahmen, Implikationen.

Viele Philosophen erkannten als Träger einer Denkentwicklung ihre Verantwortung und folgten ihrem Empfinden und ihrer ethischen Linie., Sie erkannten ihr Unbehagen in einer Welt der Verdinglichung und Entfremdung als Motor der Transformation. In diesem Sinne benutzt die kritische Linie der Philosophie die Arbeit am Bewusstsein als Technologie des Krieges in einer laufenden Auseinandersetzung um die Zukunft.

Heute steht die Philosophie an einem historischen Punkt. Die Grenze der philosophischen Sprache ist erreicht und nur das Sprengen der Struktur unseres Denkens und der gesellschaftlichen Gefüge, in denen sie bisher stattfanden, bietet einen Ausweg, eine Lösungsstrategie. Die Denkentwicklung fand in der Zivilisation der kapitalistischen Moderne in Institutionen statt, die die Episteme des Systemwissens füllte. Die Episteme stößt in Vermittlung mit der Realität in ein Chaos, wenn sie auf Grundannahmen und einer Metaphorik fußt, die nicht der Wirklichkeit entsprechen, das heißt auf einen produktiven und nachhaltigen Umgang verweisen, ihn möglich machen. Was heute überwunden werden muss, ist die Souveränität des philosophierenden Subjekts. Eine Gesellschaft, die ohne Vermittlung des Staates auf einer Welt bestehen will, muss sich in eigenen Institutionen und gesellschaftlichen Verfahren ein kollektives Bewusstsein erarbeiten. Vielleicht sind die Bedeutung und die Größe der Aufgabe in Europa und Mesopotamien an grundsätzlich verschiedenen Punkten. Die kurdischen Gesellschaften können auf gesellschaftliches Wissen und Praktiken zurückgreifen, die in Europa vom Staat bis in die kleinsten Winkel der Gesellschaft verfolgt und verbannt wurden. Es entstand eine Schwächung der Erfahrung und des Selbstbewusstseins, die die größten Eskalationen und angstgestützte Mobilisierungen wie den Nationalsozialismus möglich gemacht haben. Vielleicht ist das, was Rêber Apo für die kurdische Gesellschaft geschaffen hat, aus eben diesem Grund für eine europäische Linke so schwer zu akzeptieren: Was er geschaffen hat, ist eine Methodik der kritischen Metaphysik, mit der er der Gesellschaft und der transformatorischen Initiativkraft in Gestalt der PKK eine

Waffe des Bewusstseins an die Hand gab. Ein Spielen mit Begriffen, ein nicht an Besitz orientiertes, kommunal-demokratisches Denken, das selbst das Erbe der marxistischen Dogmen überwinden konnte. Ein Experimentieren mit Bildern, Vergleichen, Assoziationen. All das mit einem klaren Ziel: eine Lösungsorientierung für das Dilemma finden, in dem sich in aller Offenheit und Klarheit alle Gesellschaften seit dem Ende der Blockkonfrontation wieder gegenüberstehen.

Teile der westlichen Philosophie folgten seit Kant einer kritischen Tradition, die die Grenzen der Vernunft gegenüber der Welt formulieren sollte. Doch mit der Herausbildung des liberalen Staates und aus dem Erbe der sekularisierenden Praxis der Privatisierung tat sich seit den aufgeklärten Absolutismen eine Trennung von Politik und Kritik auf. Die Philosophie füllte infolgedessen die Nische des Monopols der Kritik, das sich zudem mit den eskalativen Mechanismen der Öffentlichkeit verband. Die Politik umfasst inzwischen die Mechanismen der Bio-Macht, die Foucault analysiert. Auf der anderen Seite gibt er uns Mechanismen an die Hand, die die Frage der Führung, Selbstführung und Regierbarkeit betreffen. Freies Sein, Leben, die freie Gesellschaft setzen ein freies Bewusstsein voraus. Wie können wir, angesichts unserer Gefangenschaft im Paradigma der kapitalistischen Moderne, unser Bewusstsein transformieren? Unser Zugang zur Wirklichkeit, unser Wahrheitsregime, muss sich transformieren.

Abdullah Öcalan und die PKK

In den 1970er-Jahren gab es in der Türkei, wie fast überall auf der Welt, eine große linke Bewegung, die maßgeblich von Student_innen getragen wurde. In dieser Zeit studierte Abdullah Öcalan in Ankara und nahm an den sozialistisch geprägten Protesten teil. Unter Rückgriff auf die Erfahrungen linker Gruppen und unter dem Eindruck von staatlicher Repression entwickelte er eigene Ideen, die von dem Wunsch getragen waren, die unterdrückte kurdische Identität zum Teil des politischen Kampfes zu machen. Mit dem Slogan »Kurdistan ist eine internationale Kolonie« riefen er und seine Mitstreiter_innen eine neue Phase des revolutionären Kampfes aus und konnten immer mehr Menschen für einen antikolonialen Kampf für die Selbstbestimmung der Kurd_innen gewinnen.

Die Gruppe war vom Marxismus-Leninismus und Sozialismus sowie von den weltweiten nationalen Befreiungsbewegungen beeinflusst, bemühte sich jedoch immer auch um eigene Analysen und neue Lösungswege. Als eine Folge ihrer Analysen gründete die Gruppe dann 1978 die Arbeiterpartei Kurdistans, die PKK.

Tausende Mitglieder und Sympathisant_innen der PKK wurden gemeinsam mit anderen linken und oppositionellen Gruppen in der Türkei festgenommen und waren schon in den 80er-Jahren extremer Folter ausgesetzt.

Vor dem Putsch 1980 verließ Öcalan die Türkei und bereitete eine neue Organisationsbasis der PKK im Libanon vor. In der zentralen Parteischule im Libanon und später in Damaskus bildete er Zehntausende ideologisch aus, koordinierte die Arbeiten der PKK und empfing diplomatische und journalistische Besucher_innen.

Abdullah Öcalan entwickelte eigene Grundsätze wie zum Beispiel die autonome Organisierung der Frauen und ihre Vorreiterinnenrolle in der Revolution, die notwendige Überwindung der patriarchalen Männlichkeit und die Entwicklung einer sozialistischen Persönlichkeit. Diese ideologische Unabhängigkeit ermöglichte es der PKK, auch nach dem Zerfall des sowjetischen Blocks 1990 die Perspektiven für den eigenen Kampf nicht zu verlieren und weiter an Stärke und Erfahrung zu gewinnen.

Auch heute noch wird Abdullah Öcalan von Millionen Kurd_innen als Vorreiter gegen den Kolonialismus angesehen. Er ist der Wegbereiter der Freiheitsbewegung Kurdistans und ein wichtiger Bezugspunkt ihrer Revolution. In seinen Gefängnisschriften (auch bekannt als Verteidigungsschriften, da er bis heute nur im Rahmen einer gerichtlichen Verteidigung Zugang zu Schreibmaterial hat), die er nach seiner geheimdienstlichen Entführung in ein türkisches Gefängnis im Jahre 1999 niederschrieb, formulierte er als Konsequenz aus intensiven und langjährigen Diskussionen innerhalb der Freiheitsbewegung Kurdistans einen Vorschlag für einen Paradigmenwechseln innerhalb der Bewegung. Er schlug den Demokratischen Konföderalismus vor, welcher auf der Grundlage von ökologischen Werten und der Befreiung der Frau ein basisdemokratischer Vorschlag für gesellschaftliche Selbstorganisierung fern staatlicher Systeme darstellt.

Seit seiner Inhaftierung in andauernder Isolationshaft auf der Gefängnisinsel İmralı protestieren viele Kurd_innen und ihre Verbündeten daher pausenlos für seine Freiheit, da er stellvertretend für die gesamte Bevölkerung und Befreiungsbewegung Kurdistans, und darüber hinaus, in Haft sitzt.

Eine der zentralen Aufgaben der nächsten Zeit scheint es zu sein, in gewisser Hinsicht einen Kreis zu schließen: den Kreis der Schrift, des verdinglichten Gedankens. Oder vielmehr, dessen Verdinglichung idealistisch vorwegzunehmen. Vielleicht habe ich zu lange dieses Mittel des revolutionären Kampfes vernachlässigt und damit meine eigene idealistische Polarisierung gefördert. Ein Mangel des Ortes, natürlich. Auf der Flucht ist es schwer Ruhe zu finden, in der Bewegung neigt der Geist zu sehr dazu, die Flucht nach vorn anzutreten, statt die Tiefe der Bewegung zu nutzen. Jedenfalls trifft das wohl auf einen so schemenhaften Charakter wie meinen zu, schwach im Gewimmel und leicht überfordert.

Es kam mir der Gedanke in den Kopf, wie sehr der Kampf und das Finden von Werkzeugen und Möglichkeiten mit der Selbsterkenntnis in Verbindung steht: Wir finden nur wenig an konkreten Techniken, die Revolutionär_innen vor uns angewandt haben. Vielleicht weil die Widersprüche, die die Herrschaft selbst in den Menschen hervorgerufen hat, noch nicht ausreichend manifestiert und ausgeprägt waren, als dass sie mit Hilfe der Bewusstwerdung zu einer Aneignung hätten führen können. Vielleicht musste der Angriff der kapitalistischen Moderne soweit voranschreiten, weil die Fähigkeit, tief zu verstehen, verbunden ist mit der Fähigkeit, tief getroffen zu sein: Weit aufgelöst, der eigenen Sicherheit und Souveränität beraubt, der gefährlichsten humanistischen Verwirrung.

Inzwischen muss für jene, die wach sind oder sich gerade noch im Prozess des Erwachens befinden, die allumfassende Betroffenheit sichtbar, fühlbar vor allem anderen, werden. Vielleicht sind erst wir, im Sturm des Chaos zu Beginn des dritten Jahrtausends, in der Lage, die Tiefe des Traumas zu erkennen, das der zivilisatorische Prozess uns zugefügt hat. Ein Kreis schließt sich in unserer Zeit, in der alle Konzepte zwischen unseren Fingern zerfließen, alle Werte infrage stehen und wir mit dem kalten Abgrund der aus dem Krisenhaften ins Chaos stürzenden Herrschaft des patriarchalen Paradigmas konfrontiert sind.

In diesem Sinne ist es unsere Schwäche, weiter klarzukommen. Unsere größte Stärke ist unsere Angegriffenheit, der Ausgangspunkt für unsere gegenseitige Verantwortung. Unsere Krankheit ist der Schritt zur Heilung. Nicht nur unsere, sondern auch von den Folgen des Kreises der tausend Jahre währenden Dunkelheit.

Der erste Schritt auf dem Weg der Selbstermächtigung ist die Ohnmacht.

Keine Befreiung ohne Selbsterkenntnis und Selbstheilung: Und so sitze ich morgens um halb fünf schlaflos. Es ist Samstag, der 27. Juni, ruhelos, immer noch auf der Flucht. Was ist der Grund für all diese Gefühle von Bedrängnis, Dringlichkeit, Ruhe- und Rastlosigkeit? Was muss abhanden kommen oder kaputt gehen, was ist es, was diese tiefe Spaltung bewirkt?

Symptomatik

Unruhe. Das Gefühl, etwas tun zu müssen. Wie schon zuvor sind all diese strategischen Gedanken, Pläne, Sicherheitssysteme noch immer Kompensationen für das Gefühl des Verlorenseins, das immer nur kurzzeitig überbrückt werden kann. Durch die Situation, die Realität des Kampfes, die Auseinandersetzung, wenn sie gemeinsam geführt wird. All diese Anfälle von analytischer Klarheit und umfassender Einordnung von Dingen, Philosophien, Geschichten, Sprachen mögen nützlich sein, aber sie sind nur stark aus der Angst heraus: Mobilisierung, um die Schize künstlich zu überbrücken.

Zeitlichkeit: Die Angst vor der Uhr, vor der Vergänglichkeit.

Disziplin, Ordnung: Die Angst vor dem Chaos.

Leistungszwang: Hang zur Produktivität, Unfähigkeit, Zeit verstreichen zu lassen bei bloßer Anwesenheit. Unfähigkeit zu genießen; Rückversicherung durch Machtspiele.

Sophismus[100] aus Gedankenlosigkeit: geistiger Leerlauf, durch Profilierung gefüllt.

Will ich mich ändern?

Was steht auf dem Spiel, was mir schwer fällt loszulassen?

Position, bisheriger Arbeitserfolg: Alternativkarriere?

Was ist die Bedeutung, die ich mir, anderen, der Welt gebe?

Was fühle ich wirklich, ohne Konzept?

Wohin fließt meine Energie, mein Begehren, wenn es nicht durch Angst verstellt ist?

Wen zum Meister wählen?

Anscheinend ist die Position des Meisters und Analytikers nicht so leicht zu ersetzen. Es ist die soziale Komponente der Anerkennung, die nicht allein rekonstruiert oder ersetzt werden kann.

Die revolutionäre Psychoanalyse ist der Weg des neuen Menschen – die Reinigung des Geistes, der Denkformen hin zu freien Subjektivierungsformen sind Gegenstände zur Aufgabe der revolutionären Organisierung. Allein die Organisiertheit führt noch nicht zu wirklicher Veränderung des Selbst; es braucht Formen der Analyse des Verhaltens und der Einordnung.

Ich weiß nicht, wonach ich suche. Eine Erinnerung, eine Erklärung? Erfahrungsgemäß löst sich das Problem, die Angst, auf, wenn es wieder rational und emotional mit der Gegenwart, der Geschichte, verbunden wird.

> Nichts habe ich doch ist mein Nichts nicht die umfassende Leere, die alles umfasst. Selbst die ging mir verloren.

An die Freund_innen: Ich habe das Tagebuch meiner Mutter gelesen, auf der Suche nach Hinweisen, die mit meiner Krankheit zu tun haben könnten. Spuren und Anzeichen, wann meine Angst angefangen hat, mich aus der Welt zu drängen.

27/06/15, 18:15 Uhr

Versucht, einen Asthmaanfall herbeizuführen, ohne Erfolg.

Habe ich einen grundlegenden Mechanismus der Angst gefunden, das Trauma, das meine Lebensangst ausgemacht hat?

---

100 Ein Trugschluss

02/07/15

Die Illusion hält sich hartnäckig. Was muss geheilt werden, um nicht mehr getrennt zu sein? Und vielleicht ist es doch schon nicht mehr die gleiche Art des Getrenntseins. Ein scheues Annähern und Zurückweichen. Beklommen, unsicher, wieder fliehend vor der zu schnellen Berührung. Vorschnell, überschwänglich die erlösende Geste und doch Illusion. Die Illusion einfach unter ihnen sein zu können, unter denen, die ich gesucht habe, mein ganzes Leben. Um nun, wo sie da sind, wahrhaftig, doch nicht unter ihnen sein zu können.

Mein In-der-Welt-Sein ist eine seltsame Angelegenheit. Allerdings unter Vorbehalt früh durchschaut. Vielleicht zu früh mit dem Abgrund konfrontiert, nie davon erholt, das Schicksal gesehen zu haben, das denen blüht, die nicht wollen können. Und damit als verzweifelten Widerstand das Exil gewählt, das die Zukunft ist.

Nomadisieren ist Ruhe
Wahre Reise ist Wiederkehr.
Flucht bedeutet, das Leben zu fordern, der eine_r verwehrt war.
Flucht hat keinen Weg, keine Grenze.
Flucht bedeutet, das Ganze zu verschieben.

Bewegung heißt nicht mehr zu entscheiden, sondern zu werden.
Über Bewegung zu reden, bedeutet Stillstand.

Nomadisieren bedeutet zur Ruhe zu kommen.
Zur Ruhe führt der Kampf.
Utopie der großen Ruhe.

Vielleicht ist Revolutionär der bescheuertste Beruf für den Bloom, vielleicht der einzig mögliche. Der auch in den Untergang führt, wie jeder konsequent gegangene Weg, aber dabei immerhin eine gewisse Schönheit entwickeln kann.

Into a soul absolutely free
From thoughts and emotion,
Even the tiger finds no room
To insert its fierce claws.

One and the same breeze passes
Over the pines on the mountain
And the Oak trees in the valley;
And why do they give different notes?

No thinking, no reflecting,
Perfect emptiness;
Yet therein something moves,
Following its own course.

The eye sees it,
But no hands can take hold of it –
The moon in the stream.

Clouds and mists,
They are midair transformations;
Above them eternally shine the sun and the moon.

Victory is for the one,
Even before the combat,
Who has no thought of himself,
*Abiding in the no-mind-ness of Great Origin**

* Gedicht wurde dem Buch *Tao of Jeet Kun Do* von Bruce Lee entnommen, der Autor wird als »ein taoistischer Priester« benannt.

Xwebûn – Selbtsein

Herbst 2015 bis Dezember 2018

Rojava – Şengal – Rojava – Freie Berge Kurdistans

Aufbau und Verteidigung

Herbst 2015 bis Frühjahr 2016, Rojava

05/11/2015: Email an Fara

Liebe Freundin,

einen frohen 5. November dir. Ich hoffe, du bist wohlauf. Ich sah dich kurz online und musste in dem Moment weg, als du schriebst. Deshalb wollte ich jetzt kurz einen Bericht absetzen und ein paar Fragen anhängen.

Vielleicht hast du den Maulwurf[101] inzwischen getroffen und bist ein wenig unterrichtet über den Verlauf der Delegation. Gerade warten wir noch und arbeiten den ganzen Tag an Schriftstücken, bereiten uns auf die Arbeiten hier vor. Wir hatten nochmal ein Gespräch mit einem verantwortlichen Freund und sollen eigentlich die Tage verteilt werden. Das passt alles sehr gut zusammen und wir lernen eigentlich jetzt schon eine Menge: nicht übereinander herfallen, obwohl wir noch im Gästehaus gefangen sind und nicht raus können, konstruktiv denken, verantwortlich für den Kontakt mit Europa sein, ein wenig Sprache lernen.

Vor allem arbeite ich viel an Gedanken zu Patriarchat und wie ein schlauer Umgang damit aussehen kann. Ich habe ja noch die Aufgabe, eine Analyse der liberalen Männlichkeit zu schreiben, und ich glaube, es wird ein größeres Projekt. Allein die historischen Linien zu verstehen, die Angst, aus der heraus der Gedanke der individuellen Loslösung von der Gesellschaft aufkam, ist ein wenig Arbeit. Aber das ist ziemlich gut und es trifft sich natürlich mit Biographiearbeit, die von hier aus gedacht, von der Wiege der Zivilisation aus, noch ein wenig plastischer wirkt: Von hier ging alles aus, das Patriarchat, der Staat, das Priestertum, und ebenso der Widerstand – der Kampf von Licht und Schatten, sprach Zarathustra. Alles, was in der Geschichte nicht gelöst wurde, überträgt sich als gesellschaftliches und psychisches Problem auf die nächste Generation, dümmstenfalls über Jahrtausende. Nun ja, ich habe wieder angefangen zu schreiben, um genau der Angst auf die Spur zu kommen, die letztlich zu patriarchalen Kurzschlussreaktionen führt, individuell und kollektiv. Ich bin bisher nur bis zum groben Rahmen gekommen und ein paar grundlegenden Überlegungen. Ich glaube immer mehr, das Patriarchat lässt sich sehr gut als Systematik beschreiben, die sowohl als Denkstruktur, als Kommunikationsform,

101 Ein Freund von ihm. Der »Maulwurf« ist auch eine Figur in den Geschichten des Subcomandante Marcos. Diese Geschichten wurden im Freundeskreis viel geteilt.

als individuelles Verhaltensmuster und als gesellschaftliche Organisierung wirkt. Denken, sprechen, handeln – bis in eine gesellschaftliche Dimension. Vor allem haben wir viel die Frage diskutiert, warum denn der Kampf tatsächlich so schwer fällt, wenn sich doch auch im Grunde so viele Freund_e zum Kampf dagegen bekennen und sich positionieren, sich als pro-feministisch begreifen. Ich glaube, wir werden nur wirklich zum Grund kommen, wenn wir den Teil des Unbewussten dazunehmen – Patriarchat als Angst, als Trauma und Kompensation. Der Punkt ist vielleicht nicht wirklich neu, aber ich glaube, wir vergessen immer wieder zu leicht und geraten in Abgrenzungsmuster, wenn wir nicht genau damit arbeiten, unser Unbewusstes aufzudecken, die verdrängte Angst verstehen und damit eine Gegenorganisierung des Bewusstseins aufbauen können. Vor allem in der Konstruktivität der Lösungsvorschläge müssen wir eine schlaue Form finden. Antipatriarchale Arbeit muss also wie eine Schizoanalyse (Verstehen der Trennung von der Welt, der Schizophrenie) und Therapie verstanden werden. Für FLTI[102]-Räume ist das vielleicht schon Teil der Grundlage und Selbstverständnis; jetzt versuchen wir gerade, Werkzeuge auszudenken, wie das Projekt zur Veränderung des Mannes praktisch aussehen kann. Das ist von hier aus einfach in einer ganz anderen Dimension denkbar, als ich es mir in Europa vorstellen konnte; es gibt einen grundsolidarischen Umgang. Nicht nur unter den Freund_innen, sondern insgesamt, was Offenheit und Verbundenheit betrifft. Vielleicht ist das der wichtigste Punkt, in dem hier Leute ausgebildet werden können: gesellschaftliches Leben, solidarische Grundhaltung und kollektives Grundverständnis – all das ist die Grundlage für wirkliche Veränderung.

Nun ja, soviel zum Grundgefühl und den großen Fragen von hier. Wie bewegst du dich gerade? Wie ist dein Zustand? Bist du noch auf dem Land? Wie läuft es dort?

Ich glaube, hier ist ein ziemlich guter Raum, um in Ruhe verstehen zu können, und in diesem ganzen Chaos ist es absurderweise tatsächlich ein befreites Gebiet, das Sicherheit bedeutet. Vor allem, weil unzählige Freund_innen da sind und für gemeinsame Reflexion bereit sind; eine Perspektive vermitteln können, die alles übersteigt, was ich in Mitteleuropa denken konnte. Der Bogen ist sehr weit, aber ich habe das Gefühl, mit der Bewegung, die wir angefangen haben, und die inzwischen einige Grenzen gesprengt hat, können wir einen Ausweg finden, sogar aus dem Dilemma der liberalen Männlichkeit und dem Nihilismus, der gerade den Westen zerfrisst.

Ich freue mich von dir zu hören.
Sei umarmt, und pass auf dich auf.
X.

---

102 FLTI steht für Frauen Lesben Trans Inter

Anfang 2016: Ans Kollektiv – Grußwort

Liebe Freund_innen,

wir freuen uns im Nebel des Krieges einige Worte an euch richten zu können. Allein der Anlass, der uns auffordert, unsere Gedanken in Form dieses Briefes zu sortieren, steigert unsere Moral und lässt uns sehr auf alles hoffen, was auf uns zukommt. Wir hoffen, dass ihr euch beim Prozess der Bewusstwerdung über die eigene Stärke zusammentut und keine Grenze anerkennt. Es ist niemals einfach sich auf etwas vollkommen Ungewisses zuzubewegen. Vor allem, wenn ein Teil des Ungewissen in einem solchen Chaos geboren wird, im Krieg, der gerade den Mittleren Osten heimsucht und in den wir geschlittert sind. Aber wie in jeder Auseinandersetzung, die uns mit unserer Wirklichkeit mit unserer Geschichte und den Gesellschaften, aus denen wir kommen und in denen wir leben, in Berührung bringt, tun sich neue Welten auf, die wir uns nicht vorstellen können und die es wert sind, für sie zu kämpfen. Nicht trotz der Anstrengungen, die dafür nötig sind, sondern gerade wegen all der Mühe, die Freund_innen, Verbündete und gemeinsam mit uns Suchende auf sich nehmen, um einen Weg zu finden, der zu wirklicher Freiheit, Gleichheit und Gerechtigkeit führt.

Wie ihr wisst, befinden wir uns in einer Zeit großer Umbrüche und Zuspitzungen, die direkt vor unseren Augen, oder auch noch unerkannt und unter der Oberfläche scheinbaren Stillstandes, vor sich gehen. In Nordkurdistan haben Jugendliche und Freiheitssuchende wie wir den Kampf auf eine neue Stufe gehoben, um sich auf allen Ebenen gemeinsam und bewaffnet gegen den Vernichtungsfeldzug des Staates und des Kapitals zu verteidigen. Sie verteidigen sich gegen die Kräfte, die versuchen die patriarchale Unterwerfung zu wiederholen. Unter welcher Symbolik und in welcher Form auch immer, sind die Ausführenden der Unterdrückung und des Krieges gegen die Gesellschaft nie etwas anderes gewesen als die organisierte Form der Angst alter Männer. Gegen diese Welt der Unterwerfung, der Angst und Ohnmacht liegt es an uns, unsere Rolle einzunehmen und eine Entscheidung zu treffen. Wir haben die Möglichkeit in aller Klarheit unserem Willen Ausdruck zu verleihen, den Zustand der Welt nicht mehr anzuerkennen und für etwas besseres, füreinander Partei zu ergreifen.

Die militante Linie erkennen – Ziele und Maßstäbe

Wir gehen hier mit dem Anspruch voran, eine gemeinsame Linie von Militanz und Radikalität zu erlernen, auf der sich eine Organisierung aufbauen lässt, die hier und in Europa eine neue Art der Politik umsetzbar macht, eine Art ethisch-politischer Militanz. Das bedeutet, wir wollen auf Grundlage unserer Verbundenheit, unserer *hevaltî*[103], eine solidarische Form erlernen, in der wir

103 Hevaltî meint in der kurdischen Bewegung Freund_innenschaft und Genoss_innenschaft.

uns in einem ständigen Prozess der Befreiung und Veränderung am revolutionären Projekt beteiligen können. Wir glauben und haben erfahren, dass ein solches Lernen hier möglich ist, in den befreiten Gebieten Mesopotamiens. Hier ist der Raum, sich ein gemeinsames Fundament zu erarbeiten, das eine wirkliche Nachhaltigkeit für eine Organisierung in Europa möglich macht. Die Lernprozesse, die wir für nötig und möglich halten, betreffen verschiedene Ebenen: Zum einen ist von hier aus natürlich eine andere Perspektive auf den Zustand der Welt gegeben, sodass es von hier aus um einiges einfacher erscheint, die ideologischen Linien zu erkennen und uns Weltbilder zu erarbeiten, um Notwendigkeiten besser verstehen zu können. Durch die kollektive Lebensform, die hier den Alltag und jede Form des gesellschaftlichen Lebens ausmacht, lernen wir die Bedeutung gemeinsamer Maßstäbe und Werkzeuge. Überhaupt ist es ein Lernraum, der angefüllt ist mit einem riesigen Schatz an Erfahrungen mit kollektiven Prozessen, durch den wir in die Lage versetzt werden, uns wirklich aufeinander zuzubewegen und die tiefen Spuren und Ängste des Individualismus zu überwinden, die uns in Europa so oft schwächen und voneinander trennen. Durch den kollektiven Prozess und das gegenseitige Kennenlernen wird erst ein freies Individuum geboren; nicht indem die Einzelnen versuchen, sich voreinander zu bewahren und zurückzuhalten, sondern indem sie ihre Schwächen und Ängste als Spuren gesellschaftlicher Konflikte denken und überwinden. Daher muss unser Maßstab über uns hinausgehen – wenn wir uns wirklich selbst befreien wollen und irgendwann in einen wirklichen Zustand gelebter Freiheit zu gelangen, müssen wir die Probleme der Gesellschaften als unsere eigenen anerkennen und uns auf die Suche nach Lösungen begeben.

Zum anderen und vor allem ist jedoch der revolutionäre Prozess, den wir als den unseren begreifen, der Prozess der ständigen Überwindung der Grenzen des individuellen und kollektiven Bewusstseins: Die Erschaffung einer neuen Mentalität, die sich wieder auf eine Ethik der Anerkennung und Verbundenheit bezieht statt auf Abgrenzung und Objektivierung. Seit wir hier sind, gibt es keine Situation, keinen Streit, keinen Tag, der nicht aus Bildung besteht. Wir sind in Kontakt und arbeiten mit Leuten zusammen, mit denen wir uns vor nicht allzu langer Zeit wahrscheinlich nie hätten träumen lassen, auch nur ein Mindestmaß an gegenseitigem Verständnis aufbauen zu können. Was wir hier lernen, ist vor allem zu verstehen, dass es keine unlösbare Situation gibt, keinen Konflikt, der dauerhaft Freund_innenschaft, Hevaltî, unmöglich machen kann, wenn es einen gemeinsamen Willen gibt.

Kurz: Wir haben es uns zum Maßstab gemacht, wenn die Zeit gekommen ist, als revolutionäre Kräfte nach Europa zurückkehren zu können und auch dort einen Prozess der gesellschaftlichen Befreiung und Bewusstwerdung unterstützen und verteidigen zu können. Aufbau und Verteidigung – dies sind die beiden Säulen, die wir lernen müssen. Kader_in zu sein bedeutet, als militante Persönlichkeit revolutionäre Werte zu entwickeln und zu leben. Was es dafür braucht, ist Offenheit für die Prozesse, die wir hier gemeinsam führen werden, um uns dieser großen Aufgabe entschlossen annehmen zu können. Das bedeutet natürlich auch, dass wir gemeinsam entscheiden, welche Aufgaben wir uns geben und welchen Prozessen wir Priorität einräumen. Dazu gehört natürlich, immer die Verbindungen aufrechtzuerhalten, so wie jetzt zwischen dem Morgenland und Mitteleuropa, und zu bewahren und zu verbessern, was schon entstanden ist.

Der Stand der Organisierung hier

Da die Zeit nicht mehr gereicht hat, noch einmal länger auszuführen, wie wir im Detail hierhergekommen sind, beschränken wir uns darauf, euch zu erzählen, was gerade schon existiert und womit wir arbeiten können. Wir werden Räume bekommen, die gerade noch ausgebaut und bereitgemacht werden (wir haben sie schon besichtigt und waren sehr erfreut). Nach Plan sollen sie in drei bis vier Wochen bezugsfertig sein, das heißt, es gibt Räume, in denen für die erste Zeit Unterschlupf und Platz für Sprachkurse und weiteres existiert. Wir haben einen großen Garten.

Ein kurzer Einblick in unsere Lernprozesse und Schwierigkeiten

Die anfängliche Schwierigkeit, der wir uns alle stellen mussten, war der Realitätsabgleich unserer idealistischen Wahrnehmung Rojavas mit der Wirklichkeit und Widersprüchlichkeit. Natürlich sind hier nicht alle dem Anspruch nach revolutionär und auch da, wo der Anspruch existiert, ist es ein langer Prozess. Die Dimension einer wirklichen gesellschaftlichen Veränderung zu sehen, ist natürlich etwas anderes als anfänglicher Enthusiasmus, sodass es ein wichtiges Lernfeld war und ist den Widerspruch zwischen Ideal und Wirklichkeit erkennen und aushalten zu lernen.

Es kamen und kommen immer wieder Momente auf, in denen sich einige von uns gefühlt in einer relativen Isolation wiederfanden. Natürlich ist die Rolle hier eine gewisse außenstehende Position, die nur langsam und nie vollkommen verändert werden kann, denn die Gesellschaft, in der wir hier die Möglichkeit haben zu lernen, ist völlig anders als die uns gewohnten und Kulturalismus ist ein vollkommen normales Phänomen. Es ist ein gewisser Ausnahmezustand, in der immer wieder ein Umgang mit der eigenen Fremdheit gefunden werden muss – sowohl gegenüber den Menschen, die hier leben, als auch der Fremdheit, die dadurch in einem Menschen selbst wahrnehmbarer wird. Natürlich gibt es Freund_innen und Leute, die immer wieder Brücken schlagen, aber die Erfahrung der Andersheit ist tief und grundlegend, gerade auch, weil sie nicht wie in Europa durch eine Maske von Identitäten verschleiert werden kann. Das

Gefühl der Differenz und das Erlernen der Akzeptanz dessen, des Selbst und des Anderen, hat revolutionäres Potential.

Klassischerweise kommen viele Schwierigkeiten und Konflikte durch Ängste, die durch sogenannte Gruppenprozesse hervorgerufen werden. Da die meisten von uns nur bedingt gelernt haben, was es bedeutet, sich selbst als kollektives Wesen wahrzunehmen und sich auf dieser Grundlage zu verbinden, kommt es immer wieder zu Fluchttendenzen, Überforderung, dem Gefühl des Nichtverstandenwerdens oder Verlustangst. Diese Probleme werden im revolutionären Prozess diverse Male auf verschiedenen Ebenen durchlaufen und, wenn wir gut sind, führen zu kollektiver Klarheit und Bewusstsein, stärkerer Hevaltî und Weisheit. Nun ja.

Ein wichtiges Lernfeld ist daher der bewusste Umgang mit kollektiver psychischer Reproduktion. Gerade die letzten Wochen waren geprägt von sehr starken Selbstansprüchen, die natürlich vieles vorangebracht haben, aber eben auch eine starke Belastung bedeuteten. Es gibt etwas, das in der Bewegung *pirlipêş* genannt wird, was so viel wie ›vorpreschend‹ heißt. Das ist die Gefahr der individuellen Initiative, die nicht mehr kollektiv getragen wird und die sowohl einen Teil des Kollektivs abzuhängen droht, als auch den vorantreibenden Motor verbrennen kann. Der revolutionäre Prozess sollte immer mit der kritischen Geschwindigkeit vorangetrieben werden, mit der er aufrechterhalten werden kann. Mitunter haben wir es nicht mehr geschafft, uns die notwendigen Werkzeuge bewusst zu machen, um der gegenseitigen Verantwortung für jeweilige Persönlichkeitsentwicklungen gerecht zu werden, und so beispielsweise mitunter *tekmîls* nicht früh genug eingesetzt, um wieder zueinanderzufinden ohne viel Energie in Destruktivität zu verlieren. Gerade ein produktiver Umgang mit aufkommenden Ängsten ist etwas, was enorme Wichtigkeit hat, ebenso wie das Ausprägen von Vertrauen in Verantwortlichkeiten und Aufgaben.

All das sind Lektionen, die natürlich erst durch das gemeinsame Voranschreiten bewusst gemacht und in wirkliche Erfahrung umgewandelt werden können. Wir versuchen gerade, vergangene Fehler durch eine klarere Struktur der Organisierung und Methodik zu ersetzen. Ein wichtiger Maßstab ist dabei natürlich immer die Stärkung des Teams, die Bewahrung und das Wachsen der Gesellschaft in ihrer Vielfältigkeit im Kleinen. Wie ihr merkt, das Meer des Lernens ist tief und breit.

Organisatorisches

Die Fragen, die von unserer Seite offen sind, liegen wohl auf der Hand: Wir sind natürlich brennend an den Ergebnissen eurer Zusammenkunft interessiert, da wir uns danach sehnen, gemeinsam weiter voranzuschreiten. Unsererseits warten wir auf eure Fragen. Ansonsten wollten wir euch noch eine vorläufige, unvollständige Liste an nützlichen Hinweisen und Notwendigkeiten anvertrauen, auf dass euch einiges Grübeln erspart sei:

Alles, was fehlt, kann hier besorgt werden. Wir fänden es sinnvoller wertvolle Gepäckkapazitäten mit Dingen zu füllen, die hier schwer zu bekommen sind und für die Revolution von nahezu unschätzbarem Wert sein können. Dazu zählen diverse technische Utensilien wie Rechner und Kameras und vor allem Bücher, davon sowohl Wörter- und Sprachlehrbücher als auch ideologische und revolutionär-ästhetische Texte. In letzter Zeit wurde auch vermehrt der Ruf nach guter, qualitativer europäischer Schokolade laut, und Lakritze. Aber auch Schoki.

Nun, wir hoffen, wir konnten euch eine Idee vermitteln von dem, was auf uns zukommen kann. Wir sind in heller Aufregung und großer Vorfreude. Auch und gerade, weil der Weg seine Steigungen hat und wir mit euch im Gedächtnis wissen, was diese Verbindungen bedeuten, die schon entstanden sind. Wir glauben an das Potential, das in diesem Anfang steckt, den wir bereits geschafft haben. Wir wünschen euch viel Kraft und Klarheit für eure Vorbereitungen.

Mit revolutionären Grüßen
Bund der Morgenlandfahrenden / RJV

Der Angriffskrieg auf Nordkurdistan ab 2015

Von 2013 bis 2015 führte der türkische Staat auf der Gefängnisinsel İmralı immer wieder Gespräche mit Abdullah Öcalan zum Thema einer friedliche Lösung der kurdischen Frage. Trotz vieler Versuche staatlicher Strukturen, die Annäherung der Parteien zu verhindern, konnte der sogenannte Lösungsprozess zwei Jahre lang aufrechterhalten werden. Abdullah Öcalan hatte eine »Roadmap für Verhandlungen« zur Lösung der Kurdischen Frage in der Türkei veröffentlicht und es wurden von Stellvertretenden der damaligen türkischen Regierung und Stellvertreter_innen der HDP grundlegende Fragen zur Demokratisierung des türkischen Staatssystems besprochen. Ende Februar 2015 wurden von ihnen gemeinsame Beschlüsse in der Dolmabahçe-Deklaration in Ankara verkündet.

Schließlich wies der türkische Staatspräsident Erdoğan diese Politik des Dialoges zurück. Bei den Parlamentswahlen am 7. Juni 2015 erzielte dann jedoch die Oppositionspartei HDP enorme Erfolge und die AKP Erdoğans verlor ihre Mehrheit. Kurz darauf kündige ein Bombenangriff auf eine Wahlveranstaltung der HDP in Amed (türkisch: Diyarbakir), die live in den Nachrichten übertragen wurde, den Wandel in der Politik der AKP an. Am 20. Juli folgte das nächste Massaker: In Suruç wurden Jugendliche linker Organisationen, die zur Unterstützung der Bevölkerung in Kobanê einen Solidaritätskonvoi organisiert hatten, durch einen Selbstmordattentäter angegriffen. Auch dies wurde live im Fernsehen ausgestrahlt. 33 junge Menschen aus der ganzen Türkei verloren ihr Leben, unzählige weitere wurden verletzt. Beide Anschläge wurden von aus der Türkei stammenden IS-Mitgliedern durchgeführt. In den letzten Jahren wurden immer wieder Verbindungen zwischen dem türkischen Staat und djihadistischen Gruppierungen, bis hin zum sogenannten IS, aufgedeckt. Zudem ist zu vermuten, dass das zeitliche Zusammenfallen von Fernsehberichten und Attentat gezielt der Abschreckung widerständiger Bevölkerungsanteile dienen sollte. Das beabsichtigte Narrativ ist klar: Wer sich kritisch zum Regime positioniert, kann sich seines Lebens nicht sicher sein.

Am 24. und 25. Juli läutete die AKP den offenen Krieg in der Region ein, indem sie die Rückzugsgebiete der Guerilla sowie umliegende Dörfer durch mehr als 40 Kampfflugzeuge bombardieren ließ. Ein Teil des ›Friedensprozesses‹ war, auf Vorschlag Abdullah Öcalans hin, ein systematischer Rückzug der Guerilla aus Nordkurdistan, womit sich der Angriff gegen Einheiten wandte, die zum Schließen des Friedens bereit waren und bereits ihre Stellungen verlassen hatten.

Mit dem Kriegsbeginn fanden auch Vorbereitungen für weitere Neuwahlen am 1. November statt, in deren Verlauf faschistische Mobs Büros der HDP angriffen. Am 10. Oktober wurden bei einer zentralen Friedens- und Demokratiekundgebung zwei weitere Bomben in der Menschenmenge gezündet. 100 Menschen starben, weitere 500 wurden verletzt. Die staatlichen Sicherheitskräfte hinderten die Menschenmenge an der Flucht und griff die in Panik ausgebrochenen Massen mit Wasserwerfern und Gasgranaten an. Wieder reklamierte der IS den Anschlag für sich. Ab September 2015 wurden in den mehrheitlich kurdischen Gebieten der Türkei Ausgangssperren verhängt, die Bevölkerung wurde terrorisiert und Hunderte Zivilist_innen wurden Opfer von Scharfschützen oder schlichtweg von Panzerwagen überfahren. In einigen Städten bildeten kurdische Jugendliche die Zivilen Verteidigungskräfte (YPS, *Yekîneyên Parastina Sivîl*) und bewaffneten sich.

In Amed verteidigten die YPS den historischen Stadtteil Sûr wochenlang gegen den Einmarsch der Regimekräfte, deren Funktion nur noch als Besatzer beschrieben werden konnte. In der Stadt Cizîre, die eine Hochburg des kurdischen Widerstandes darstellt, verschanzten sich Zivilist_innen und Verwundete in den Kellern von Mehrfamilienhäusern. Gruppen von Menschen mit weißen Flaggen, die versuchten, Verwundete aus der Belagerung zu retten, wurden vor laufender Kamera erschossen. Drei der erwähnten Zufluchtskeller wurden durch staatliche ›Sicherheitskräfte‹ mithilfe von Benzin in Brand gesetzt. Die Menschen darin wurden bei lebendigem Leibe verbrannt, es gibt keine Überlebenden der brennenden Keller von Cizîre. Das war im Februar 2016. Allein aus der Stadt Cizîre flohen 80.000 Menschen. In ganz Nordkurdistan wird die Zahl der Menschen, die ihre Heimat aufgrund dieser Konflikte verlassen mussten, auf 500.000 geschätzt.

In der Nacht vom 15. auf den 16. Juli fand ein umstrittener Putschversuch des türkischen Militärs statt, in dessen Folge die AKP-Regierung rund 100.000 Menschen inhaftierte, 100.000 Personen aus ihren Jobs entließ, die Reisepässe von 140.000 Bürger_innen für ungültig erklärte, 160 Medien verbot und ebenso viele Journalist_innen verhaftete. 4.811 Lehrbeauftragte aus 112 Universitäten wurden gekündigt, 15 Universitäten wurden ganz geschlossen. Von den 103 durch die prokurdische Partei des Friedens und der Demokratie (BDP) verwalteten Stadtregierungen in Nordkurdistan wurden 82 unter Zwangsverwaltung der AKP gestellt. 85 Bürgermeister_innen wurden festgenommen und 2022 Mitarbeiter_innen der Stadtverwaltungen entlassen. Zahlreichen Parlamentarier_innen wurde ihre Immunität aberkannt, Dutzende wurden festgenommen, darunter die damaligen Kovorsitzenden der HDP: Selahattin Demirtaş und Figen Yüksekdağ.

Mit dem Ende des Lösungsprozesses veränderte sich die Stimmung und Politik in der Türkei von den Ideen des Aufbruchs und der Demokratisierung hin zu einem Prozess zunehmender Machtkonzentration, einschließlich der brutalen Niederschlagung und Unterdrückung jeglicher Opposition. Der Staat ist seitdem Schritt für Schritt faschistisch umstrukturiert worden. Nur die Loyalität zur Regierungspartei AKP kann einen Zugang zu Bildung, zur Wirtschaft, zur Politik sicherstellen. Sie ist Voraussetzung, um Teil der neu geschaffenen, AKP-treuen Sicherheitskräfte zu werden, und dies sind nur einige Beispiele der anhaltenden antidemokratischen Prozesse. Erdoğan suchte in den vergangenen Jahren zunehmend den Schulterschluss mit der rechtsradikalen Partei (MHP, *Milliyetçi Hareket Partisi*, Partei der Nationalistischen Bewegung). Durch Verfassungsreformen im April 2017 baute er sein Präsidialsystem dahingehend aus, dass er nun sämtliche Exekutivbefugnisse besitzt und auch auf die Justiz beträchtlichen Einfluss ausüben kann. In den betreffenden parlamentarischen Wahlen konnten Teile der Opposition aufgrund ihrer Inhaftierung nicht abstimmen, in der folgenden ›Volksabstimmung‹ wurden Wähler_innen bedroht und eingeschüchtert, zudem wiesen unter anderem Wissenschaftler_innen einer Wiener Forschungseinrichtung auf Wahlbetrug hin. De facto befindet sich der türkische Staat seitdem unter der autoritären Herrschaft von Erdoğan und seiner AKP.

Diese Politik setzte die AKP in den Folgejahren fort. Im Zuge der sogenannten Kobanê-Verfahren wurden im Jahr 2020 108 Personen angeklagt. Unter Ihnen auch die ehemaligen Kovorsitzenden der HDP, Selahattin Demirtaş und Figen Yüksekdağ, die Kovorsitzende Pervin Buldan, mehrere HDP-Abgeordnete und Bürgermeister_innen sowie alle Mitglieder des zentralen HDP-Vorstands von 2014. Diese Anklagen werden auch als

Vorwand für ein laufendes Verbotverfahren gegen die HDP genutzt. Aus der steigenden Gefahr eines Verbotes hat die HDP im Vorfeld der vorgezogenen Parlamentswahlen im Mai 2023 entschlossen die *Yeşil Sol Parti* (YSP, Grüne Linkspartei) zu unterstützen und selbst keine Abgeordneten zur Wahl aufzustellen. Sie unterstützte zudem die Kandidat_innen der sozialdemokratischen CHP, um eine Wiederwahl Erdoğans zu verhindern. Die Mobilisierung der HDP und YSP war sehr stark und voller Widerstand, führte dennoch nicht zu einer Abwahl des AKP-MHP-Regimes. Die Wahlen waren von immensem Wahlbetrug und -behinderungen gekennzeichnet, sodass im zweiten Wahlgang Erdoğan, und damit die AKP, mit knapper Mehrheit die Parlamentswahlen in der Stichwahl für sich entschied. Darüber hinaus hatte auch das katastrophale Erbeben im Februar 2023 Auswirkungen auf das Ergebnis. Das Erdbeben traf insbesondere die kurdischen Gebiete innerhalb türkischer Staatsgrenzen. Es starben über 100.000 Menschen, unzählige verloren ihre Häuser und Wohnungen sowie ihr Hab und Gut. Auch hier zeigte sich der anti-kurdische Rassismus des AKP-Regimes: Viele Menschen starben erst nach einigen Tagen, da keine staatliche Hilfe kam und viele nicht aus den Trümmern geborgen werden konnten. Im Endeffekt hatte so auch diese Katastrophe ihre Auswirkungen auf die wenige Monate später stattfindende Wahl. Viele Menschen, die die Opposition unterstützen, konnten sich nicht ausweisen, da ihre offiziellen Dokumente durch das Erdbeben verloren gegangen waren. Schon in den ersten Monaten nach der Wahl zeigte sich, dass die AKP ihre autoritäre und unterdrückerische Politik fortsetzt und intensiviert.

13/03/2016: Ans Kollektiv

Hevalên hêja, Liebe Freund_innen,
wir wollen in Kürze auf die wichtigsten eurer Fragen und Unklarheiten eingehen, damit ihr besser im Bilde seid.

Es gibt die klare Ansage, dass die Situation gerade unsicher ist. Die Sicherheitslage lässt nicht abschätzen, was die nächsten Tage und Nächte passieren wird. Zu Newroz bzw. die Tage darauf wird klar werden, was die Strategie von AKP/Daeş[104] ist. Hintergrund sind bisher u. a. drei Angriffe von Daeş, einer auf Girê Spî und zwei auf Dörfer direkt hier in der Nähe, eines westlich von Qamişlo, eines nur drei Kilometer von uns weiter im Osten. Vermutlich kleinere Provokations- und Testangriffe. Nach Aussage von Freund_innen ist die Stra-

104 Daeş ist die im Mittleren Osten verwendete Fremdbezeichnung für den sogenannten Islamischen Staat und leitet sich als Akronym aus der arabischen Selbstbezeichnung ab (الدولة الإسلامية).

tegie von AKP/Daeş bislang nicht bekannt, deshalb muss mit allem gerechnet werden. Wir bereiten uns ebenfalls vor. Nach Newroz wird alles klarer sein.

Wir haben diskutiert und wollen darauf hinweisen, dass eine Verzögerung der Reise auf keinen Fall als Schwächung des Organisierungsprozesses in Deutschland oder anderswo verstanden werden sollte. Als Revolutionär_innen ist es eure Aufgabe, die Zeit produktiv und kreativ zu nutzen. Die leitenden Fragen sollten sein: Wie könnt ihr die Struktur stärker machen, Klarheit verbreiten? Wir haben auch eine Reihe von Arbeiten auf dem Schirm, die ihr aufnehmen könnt, wenn Zeit und Raum vorhanden ist. Es sind Sachen, die sowieso die nächsten Wochen und Monate passieren müssen, und bei denen es gut ist, wenn Vorarbeit geleistet wird.

- Ihr habt den Bericht über die Webseite *Lêgerîn* bekommen, die wir von hier aus planen. Wir brauchen eine Kommission, die von Europa aus daran mitarbeitet.
- Es braucht eine Liste über alle Publikationen über und von der Bewegung in westlichen Sprachen.
- Es braucht eine englische Übersetzung von Widerstand und gelebte Utopien[105].
- Es braucht eine Übersetzungskommission von türkischen und kurdischen Schriften ins Deutsche und Englische. Das wäre eine der nachhaltigsten und sinnvollsten Arbeiten. Also: Leute finden, die übersetzen können. Wir wollen die *Çözümlemes* übersetzen (Gesprächsnotizen aus der zentralen Parteiakademie in Syrien, in denen mit Apo die Persönlichkeitsanalysen besprochen werden) und haben einige andere Schriften auf dem Schirm (Rustem Cudi: *Mittlerer Osten und Ideologie*, *Einführung in die Jinologie*, *Anatomie eines Krieges* von Heval Cemal und Bildungsinhalte).
- Für den Film über Şehîd Dilsoz braucht es auch Zuarbeit von Deutschland. Es soll auch einen Film über Şehîd Avaşîn geben.

Einen kämpferischen 12. März euch. Heute ist der Jahrestag des Massakers von Qamişlo 2004 und des Militärputsches in der Türkei 1971, in dessen Folge auch Deniz Gezmiş und Mahir Çayan gefallen sind. Gedenket den Anfängen.

Aus dem, was hier an Berichten von euch ankommt, ziehen wir große Stärke. Wir wissen, dass der Kampf in Europa anders ist, die Ausgangssituation schwieriger. Wir sind froh, dass wir auf euch zählen können. Wir kämpfen dafür, dass wir uns hier bald sehen können, um gemeinsam eine noch größere Stärke und Schönheit zu entwickeln. Bis dahin, haltet noch ein wenig stand und stärkt euch gegenseitig. Gebt euch selbst die Bedeutung, die die Geschichte euch

105 Das Buch *Widerstand und Gelebte Utopien. Frauenguerilla, Frauenbefreiung und Demokratischer Konföderalismus in Kurdistan* Mezopotamien Verlag 2011 sowie Unrast Verlag 2019) basiert auf Interviews mit Aktivistinnen der Kurdischen Frauenbewegung, die 2010 geführt wurden.

gegeben hat. Ihr tragt die Verantwortung und das Potential Lösungskraft für eure Situation zu sein. Arbeitet und lebt revolutionär.

Silav u rezen şoreşhgeri revolutionäre Grüße und Respekt
Hv. Xelîl Viyan für den Bund der Morgenlandfahrenden

20/03/2016: Email an TATORT Kurdistan

Hevalên hêja, Liebe Freund_innen,

wir schicken euch ein Dokument, das von großer Bedeutung für den Freiheitskampf und die demokratische Erneuerung des Mittleren Ostens ist. Als Vorschlag zur Lösung der Krise in Syrien und dem Mittleren Osten wurde am 17. März 2016 das Föderale Demokratische Systems von Rojava/Nordsyrien ausgerufen. Im Anhang findet ihr das erste Dokument der Föderation auf Englisch, Arabisch und Kurdisch.

Bitte helft bei der Übersetzung und Verbreitung. Wissen um Verbundenheit ist die beste Verteidigung. Dies ist eine wichtige Zeit, in der die faschistischen Kräfte auf Krieg, Massaker und Eskalation setzen. Die Ausrufung der Föderation beantwortet all die Angriffe auf die Gesellschaften im Mittleren Osten mit einem Projekt, das nicht auf Ausgrenzung und Feindseligkeit basiert.

Cejna Newroz a we pîroz be. Wir wünschen Euch ein frohes Newroz-Fest.
Alle Kämpfe sind ein Kampf.
Silav u rezen şoreşgeri Mit revolutionären Grüßen und Respekt
X.

25/04/2016: Ans Kollektiv

Hevalên hêja, Liebe Freund_innen,

in Qamişlo ist Krieg mit dem Regime ausgebrochen. Weil gerade relativ viele Westlinge auf einem Haufen saßen und es willkürlichen Mörserbeschuss gab, sind wir erst mal in einer Akademie in einer anderen Stadt untergekommen. Nichts wirklich bedrohliches, das Regime ist wie immer umzingelt und hilflos.

Zuerst zu uns selbst: Ich selbst wollte einige Zeit zur YPG[106] oder zur *Asayiş*[107] gehen. Wir haben unter uns darüber geredet und befanden es als sinnvoll. Ich habe den Vorschlag im Januar mit der verantwortlichen Freundin

106 Die YPG (*Yekîneyên Parastina Gel*) sind die Volksverteidigungseinheiten von Rojava und stellen eine revolutionäre Kraft zur Verteidigung der Errungenschaften der Revolution in Nord- und Ostsyrien dar. Sie gaben ihre Gründung am 1. Januar 2013 bekannt und sind inzwischen Teil der QSD (siehe Fußnote 107). Die Frauen innerhalb der YPG organisieren sich seit dem 4. April 2013 autonom in den Frauenverteidigungseinheiten *Yekîneyên Parastina Jin* (YPJ).

107 Asayîş sind Kräfte der inneren Sicherheit in Nord- und Ostsyrien.

diskutiert und es wurde wegen des Organisierungsprozesses hier vorerst für nicht sinnvoll befunden.

Viele Internationalist_innen beschäftigt die Frage, ob sie in militärische Einheiten gehen wollen oder nicht. Ich kann die Gedanken sehr gut nachvollziehen; ich glaube, die Entscheidung nicht kämpfen und töten zu wollen ist eine sehr grundlegende, wenn es darum geht eine ethische Haltung zu bewahren und die Linie der legitimen Selbstverteidigung[108] zu verstehen. Ich hatte immer wieder sehr klärende Gespräche dazu, was es heißt eine Revolution bewaffnet zu verteidigen. Zuerst einmal: Die Revolution ist militärisch zur Zeit nicht bedroht. Natürlich gibt es eine existenzielle Bedrohung durch Banden, die KDP und den türkischen Staat, aber die Situation war seit der Eskalation im Bürgerkrieg Syriens noch nie so entspannt wie jetzt. Die QSD[109] und YPG/YPJ sind jedes Mal am Vorrücken, wenn es diplomatisch gerade tragbar ist, und zwar in Richtung der Gebiete, in denen die Bevölkerung nach Hilfe gefragt hat und eigene Milizen bereitstehen, um die Banden gemeinsam zu vertreiben. Gerade stehen sie vor Minbic (von Osten) und sind inzwischen in Azaz (von Westen). Im Fall von Minbic gibt es bereits ein lokales Bündnis von Kräften, die mit Unterstützung der QSD von außen ihre Stadt befreien wollen. Kurz gesagt unsere Beteiligung hat militärisch kein großes Gewicht, außer wir sind innerhalb der nächsten paar Monate ein paar Hundert bis Tausend Leute. Natürlich kann es eine enorme Stärkung der Moral der Freund_innen sein, mit internationalen Freiwilligen zu kämpfen, noch dazu wenn es sich um revolutionäre Freiwillige handelt, die die Bewegung und die Philosophie verstehen wollen. Wie ich schon versucht habe ein wenig zu beschreiben, geht es dabei vor allem um den Kampf im Inneren: die Probleme mit den Freund_innen teilen statt sich zurückzuziehen und gemeinsame Lösungen zu finden. – Hauptpunkt ist es, die Bedeutung revolutionärer Freund_innenschaft und Gleichheit zu lernen, Gleichheit im Sinne von Gleichwertigkeit aller Einzigartigkeiten, nicht im Sinne des stumpfen homogenen Sumpfes, der in konventionellen hierarchischen Armeen erzwungen wird. Wie eine Freundin in den Bergen es ausgedrückt hat: Der eigentliche Kampf in der revolutionären Auseinandersetzung ist der Kampf gegen dich

108 Mit dem von Abdullah Öcalan in Gefangenschaft entwickelten neuen Paradigma, das er in der Verteidigungsschrift *Jenseits von Staat, Macht und Gewalt* zum ersten Mal formulierte, wurden seit den 2000er-Jahren die militärischen Strukturen der kurdischen Freiheitsbewegung grundlegend umstrukturiert – vom bewaffneten Volkskrieg im Sinne des alten Paradigmas hin zur legitimen Selbstverteidigung.

109 *Qewetên Syria Demokratîk*, Demokratische Kräfte Syriens, sind ein Verteidigungsbündnis von YPG, YPJ, arabische Stammesmilizen, Suryoye-Verteidigungseinheiten sowie Teilen der arabischen Opposition, die sich nach dem Widerstand in Kobanê zusammenschlossen, um ihre Gebiete vom IS zu befreien und sind bis heute für die militärische Verteidigung der Region zuständig. Sie sind werden oft mit englischen Abkürzung SDF bezeichnet.

selbst, gegen deine verinnerlichte Unterdrückung, die immer auf Angst und Bewusstlosigkeit basiert. Sie meinte, der Kampf gegen den äußeren Feind macht nur zehn Prozent aus.

Natürlich sind diese zehn Prozent nicht bedeutungslos.

Apo selbst hat mal gesagt, dass es durchaus sein kann, dass in Europa kein großer Krieg nötig sein wird, wenn die Organisierung so selbstbewusst und stark mit den eigenen Werten verbunden ist, dass sie den Krieg von vornherein unnötig macht und bei anderen Kräften keine Angst hervorruft, die sie zu Aggressionen verleiten könnte.

Das ist die grundlegendste Sache, die wir hier lernen müssen: uns der Freiheit anzunähern, bewusste Entscheidungen über den Weg und die Situationen zu treffen in der wir sind oder in die wir uns begeben. Gleichzeitig geht es darum, die Realität in all ihren Facetten zu begreifen, und die Realität der Revolution ist untrennbar mit der Realität des Krieges verbunden. Das heißt nicht, dass es nur einen Weg gibt, diese Realität verstehen zu lernen.

Der andere große Punkt betrifft die Möglichkeit der politischen Diskussion. Es gibt keinen Mangel an Möglichkeiten zum Austausch über die Situation, die Geschichte, die Zukunft und unsere Strategien und Wege der nächsten Zeit. Wir können die Nächte nicht mehr zählen, die schlaflos durchdiskutiert wurden. Es ist wichtig für uns zu verstehen, wie gemeinsame Erkenntnisse und Entscheidungen erarbeitet und getroffen werden. Dieser Punkt ist für uns ein großer Punkt der Selbstkritik an unserer Praxis in Europa. Was bedeutet es, sich in großer Runde mit allen aktiven Freund_innen der eigenen Organisierung zusammenzufinden? Im NK[110] war es immer unser Problem, keine gemeinsame Praxis zu haben, aber gemeinsame Entscheidungen bei großen, aufgeladenen Treffen herbeizwingen zu wollen. Es gibt hier keine Trennung der Arbeit und Lernprozesse, die im Alltag stattfinden, von den Analysen und Entscheidungen darüber. Das macht die Praxis der Bewegung aus, die wir uns in den letzten Monaten versucht haben anzueignen. Wir sind jeden Tag, jede Woche dabei, historische Analysen anzuwenden und zu verbessern, um die Organisierung zu verbessern, machen jeden Tag Selbstbildung, alle paar Tage verfeinern wir unser Bild der Strategie. Und nach einiger Zeit treffen wir uns und entscheiden darüber, was wir uns als verbindlich erarbeitet haben, was die verschiedenen Stränge der Arbeiten sind und was zu kurz gekommen ist. Das Wichtige an der theoretisch-strategischen Diskussion ist die Methode. In Deutschland haben wir es nie geschafft uns wirklich eine gemeinsame Methode anzueignen. Das ist die Grundaufgabe hier. Wenn wir uns darin an verschiedenen Stellen gemeinsam und jeweils allein darin geübt haben, die Realität ein bisschen besser zu verstehen und nach der Wahrheit zu suchen, wird jede strategische Entscheidung leicht

110 Nomadisches Kollektiv, siehe beim Kasten »Nomad_innen« (S. 125).

sein und wir schnell zu einer gemeinsamen Lösung finden, sobald wir uns wieder treffen und unser Denken und unsere Energie zusammentun.

Es wurde noch einmal die Frage aufgeworfen, ob all unsere Überlegungen mit der Kriegslage und den Bedingungen vereinbar wären. Der Krieg ist nicht eine große, seltsame Variable, der wir hilflos gegenüberstehen, keine mysteriöse Idee, nichts Übermächtiges. Wir müssen uns dem gewissermaßen rational annähern: Ja, es gibt Mächte dort draußen, die unserer Art und Weise zu leben, zu kämpfen und zu lernen feindlich gesinnt sind, und die sich im Zweifelsfall auch für unsere Auslöschung entscheiden würden. Aber das führt nicht dazu, dass das Leben aufhört und wir dem Untergang geweiht sind. Wir müssen vielmehr lernen, diese Realität zu akzeptieren und uns dementsprechend zu organisieren. Ich würde die Behauptung aufstellen, dass diese Auseinandersetzung mit den Bedingungen des Krieges und der gemeinsamen Betroffenheit das ist, was wir brauchen, wenn wir uns als Revolutionär_innen dem Ziel verschreiben Initiativkräfte zur Überwindung des Chaos und der Vernichtung zu werden. Wir haben in den Prozessen zur Überwindung des Chaos unglaublich Fortschritte gemacht und haben daran gearbeitet, den Boden für die zu bereiten, die sich auf dem gleichen Weg der Befreiung sehen. Die Details und individuellen Lernwege werden wir diskutieren können. Was wir brauchen, ist ein gemeinsamer Anfangspunkt, um uns gegenseitig noch besser zu erkennen und auf dieser Grundlage herauszufinden, was der jeweils beste Weg der Selbstermächtigung und Vorbereitung ist. In diesem Sinne ist alles, was wir hier tun, immer das ständige Spiel von Auseinandersetzungen, denen wir uns jede_r für sich stellen müssen, und das ständige Spiel der Zusammenführung unserer Kämpfe in ein gemeinsames Bewusstsein und in gemeinsames Handeln.

Mit all den Schwierigkeiten und dem ganzen Chaos, das es hier seit unserer Ankunft gab und mit dem wir umgehen mussten, würde ich sagen, dass es eine der wichtigsten Zeiten für wirkliches, tiefes Lernen war, die jede_r von uns hier bisher jeweils durchlebt hat. Es ist wohl von Europa aus nur schwer verständlich, was ein wirklich kommunales und revolutionäres Zusammenleben bedeutet; jedenfalls habe ich es dort nie für eine längere Zeit erreicht. Wir wünschen uns, dass ihr erkennt und euch offen darauf einlasst, was für uns gerade möglich wird. Euer Leben wird davon in tiefer Weise durchdrungen werden, und es ist nicht klar, wann und wie der Weg zurück aussehen kann. Was es für den Anfang braucht, ist das Vertrauen, dass wir zusammen diesen Weg gehen können und wir füreinander verantwortlich sind, mit allen Problemen, die für uns dabei auftauchen.

Passt auf euch auf.
Silav u rezen şoreşgeri revolutionäre Grüße und Respekt
X.

YPG International

Um für die wachsende Anzahl von Internationalist_innen, die sich insbesondere seit dem Widerstand in Kobanê am Schutz Rojavas und seiner Werte beteiligten, eine eigene Struktur zu schaffen, entstanden 2015 die *YPG International*. Xelîl nahm Ende des gleichen Jahres an der Grundausbildung der internationalen YPG-Akademie Şehîd Kemal teil, welche nach einem der ersten internationalistischen Gefallenen benannt ist: Konstandinos ›Kosta‹ Erik Scurfield aus Nottingham, der am 2. März 2015 in der Nähe von Qamişlo im Kampf gegen den IS fiel.

Eine Besonderheit der YPG International ist, dass hier Menschen verschiedenster Herkunft, sozialen Hintergrunds, Weltanschauungen und Absichten zusammenkommen. Daher war Xelîls Zeit in der Akademie, die er mit ehemaligen NATO-Soldaten, Abenteuerlustigen und linken Studenten sowie Freiheitssuchenden und für Menschenrechte Kämpfenden verbrachte, auch nicht immer konfliktfrei. In der Rolle des Team-Kommandanten bemühte er sich, seine Leidenschaft und Erfahrungen mit der Freiheitsbewegung Kurdistans zu vermitteln. Er gab den anderen Teilnehmer_innen der Ausbildung Kurdischunterricht und versuchte sogar, für die Feierlichkeiten zum Jahrestag der Gründung der PKK einen gemeinsamen internationalistischen Chor aufzubauen. Im September 2016 trug er außerdem die Verantwortung für eine dreitägige Lehreinheit zum Thema »Methode, Zivilisation und Neues Paradigma« in der er Grundlagen des Geschichtsverständnisses Öcalans, des Demokratischen Konföderalismus und der Befreiungsphilosophie der Guerilla zu vermitteln suchte. Viele der teilnehmenden Internationalist_innen wurden in der Zeit danach verletzt oder verloren ihr Leben: So wurde der aus Magdeburg stammende Şehîd Zana Ciwan (Anton Leschek) 2016 im Kampf gegen den IS durch türkische Luftangriffe bei Cerablus ermordet, zusammen mit Şehîd Robîn Agirî (Michael Israel) aus den USA. Ein weiteres Beispiel ist der Kieler Şehîd Andok Cotkar (Konstantin Gedig), der 2017 an der Befreiung von Raqqa mitwirkte, später in den Reihen der YBŞ (Widerstandseinheiten Şengal) zur Verteidigung der êzîdischen Bevölkerung kämpfte und letztendlich bei der Abwehr von Angriffen des türkischen Staates auf die Stadt Serekaniyê in Nordsyrien aus dem Leben gerissen wurde. Şehîd Andok Cotkar (Konstantin Gedig) lernte Xelîl während einer Bildungseinheit in der Akademie der YPG International kennen, ebenso wie Şehîd Dilsoz Bahar (Kevin Jochim).

Erkenne deine Aufgabe

Mai 2016, Rojava

08/05/16: Email an zwei Freund_innen

…,

ich hoffe, du bist wohlauf. Ich finde endlich ein wenig Zeit, um dir von hier aus ein paar Worte zu schreiben, wie die Geschichte bei uns weitergegangen ist und was daraus werden kann. Gerade sitze ich im Krankenhaus (in einem echten sozialistischen: Die Ärzt_innen tanzen vor der OP), allerdings bin ich nur als Begleitung und Übersetzer hier. Ein Freund, der gerade bei uns im internationalistischen Zentrum zu Besuch ist, hat eine mittelschwere Wasservergiftung oder akute Dehydratation oder ähnliches und bleibt über Nacht hier. Das hat den positiven Nebeneffekt, dass ich ein wenig Zeit habe, um Gedanken und Reflexionen zu sortieren. Nun, ich will versuchen ein wenig von unserer Perspektive hier zu berichten, damit du und ihr bei euch ein wenig mehr Klarheit darüber bekommt, und vielleicht finden sich ja Verbindungslinien zu eurer Situation und Überlegungen, an die ihr anknüpfen könnt.

Seit wir hier sind, haben wir mit vielen Freund_innen der Bewegung gesprochen, was ihre Einschätzung ist, was sie unter revolutionärem Internationalismus verstehen, wie sie unsere Annäherung bewerten, was sie für sinnvoll halten, sowohl für hier als auch für die weitere Organisierung in Europa. Im Laufe der Diskussionen haben wir nach und nach Verbindungen zu Freund_innen aufgebaut, die unsere Perspektive unterstützen: Wie du weißt, haben wir seit einigen Jahren die Perspektive immer weiter verfolgt, eine revolutionäre Perspektive für Europa zu eröffnen. Für mich fing dieser Prozess 2011 an, als ich mein Studium abgebrochen hatte und die Perspektivfragen sich mit anderen Freund_innen verbanden. Dieser Prozess hat sich seitdem immer weiter vertieft, hat Wege nach Kurdistan gefunden und inzwischen können wir klar formulieren, was wir wollen und – unserem Denken nach – brauchen: eine revolutionäre Organisierung für Europa, die in der Lage ist, Initiative zu ergreifen, eine nachhaltige Verteidigung zu stemmen und den Aufbau von Autonomie auf breiter gesellschaftlicher Basis möglich macht. Das heißt auch, Klarheit und Umgangsformen mit sich faschisierenden Teilen der Gesellschaft zu finden, die gerade in der Offensive sind und uns auf die zu konzentrieren, die offen für einen Aufbruch sind. Es sind sicher nicht die großen Massen, aber der geringen Erfahrung nach, die wir bisher sammeln konnten, mehr als wir oft glauben, wenn wir versuchen sie zu finden.

Ich würde sagen, dass die Klarheit sich hier letztendlich gefestigt hat, die wir vorher noch nicht in der gleichen Entschlossenheit und Überzeugung aussprechen konnten. Für uns hat sich immer mehr herauskristallisiert, dass die verfestigten Strukturen und Milieus der deutschen und europäischen Linken gerade große Schwierigkeiten haben, aus sich selbst heraus wirkliche Militanz zu entwickeln. Damit meine ich, tiefgreifende Entscheidungen zu treffen, sich für die Ungewissheit des revolutionären Kampfes zu entscheiden. Natürlich gibt es viele Freund_innen mit einem Willen, dem richtigen Gefühl und der Klarheit, dass es nicht viel zu verlieren gibt. Aber wir müssen klar erkennen, dass gerade in all dem Chaos in Europa, der faschistischen Aggression, der neoliberalen Mobilisierung und Abschottung, der Repression und dem Sachzwang noch kein positiver, entschlossener und kollektiver Aufbruch entstehen konnte. Ich würde sagen, es verbinden sich entscheidende Linien revolutionärer Organisierung nicht: Es gibt sichere und feste Kreise von Freund_innen, die sich gegenseitig auffangen und stützen können. Ich sehe das vor allem in kleinen anarchistischen Kreisen, die im Osten und andernorts die linken Kreise dominieren. Es gibt Organisationen, die sich in aller Radikalität in der tiefsten Analyse für den Umsturz der Verhältnisse aussprechen können – die akademische Linke und die großen institutionalisierten sozialistischen Gruppierungen. Allerdings können die Ersteren sich nicht in aller Entschlossenheit auf die größeren gesellschaftlichen Probleme einlassen, ohne sich wieder zu verunsichern, und Letztere können nicht zu einer militanten Praxis kommen, solange sie die einzelnen, besonderen Situationen und Unsicherheiten der organisierten Freund_innen nicht zum Ausgangspunkt nehmen.

Was sagt uns das? Dass die linken Kreise ein grundlegendes Problem mit der Aushandlung zwischen Individuum und Kollektiv haben, damit, aus vereinzelten Leuten Kollektive und Formen kommunalen Lebens aufzubauen. Im Grunde wirft es genau das Problem auf, dass die vergangenen sozialistischen Versuche so traumatisch haben werden lassen: Die Erschaffung des neuen Menschen, d_ie selbstermächtigter Teil einer freien Gesellschaft ist, hat erschreckende Praktiken freigesetzt, völlige unethische Konsequenzen aus der Einsicht in die Notwendigkeit gezogen, dass der Mensch etwas ist, das erst im Prozess der Befreiung entsteht. Der Kapitalismus und die patriarchale Herrschaft haben uns alle so schwach gemacht, dass wir natürlich nicht in der Lage sind, in unserer heutigen Situation emanzipatorisch zu leben. Ich denke, wir müssen uns dieses Projekt wieder aneignen, den sozialistischen Menschen zu erschaffen, wenn auch nicht im alten Sinne des starken, heldenhaften Arbeiters. Ich denke, wir müssen uns eine freie Persönlichkeit eher als eine Freund_in vorstellen, die ermächtigt handeln kann, die sich ihrer Verbundenheit mit der Geschichte und Gesellschaft in jeder Situation bewusst ist. Vor allem heißt es wohl eine Klarheit über die Werte zu haben, die dem eigenen Leben und Handeln zugrunde liegen und auf

Grundlage dessen rational und strategisch handeln zu können. Das bedeutet für mich eine ethisch-politische Form der Militanz. Die Auseinandersetzung mit der eigenen ethischen Haltung ist etwas, das hier, in der kurdischen Bewegung, an erster Stelle kommt und ich würde sagen, dass es wohl der entscheidende Punkt war, der anderen vorangegangenen Bewegungen gefehlt hat. Im Zweifelsfall den Wert des Lebens und der Freundschaft zu verteidigen ist keine rationale Entscheidung und wichtiger als jede strategische Überlegung.

Nun, ich glaube, dass es nicht viel braucht, um einen Anfang zu machen. Es ist auf jeden Fall ein Teil Wahnsinn notwendig, Irrationales, das auch in der unhinterfragbaren Freundschaft steckt – wir können nicht erwarten, dass wir uns rational herleiten können, was in dieser Gesellschaft einfach nicht denkbar ist. Revolutionär zu sein bedeutet notwendigerweise ins Chaos zu taumeln, das Nichts und die Möglichkeit des Untergangs zu akzeptieren und ins Ungewisse zu marschieren. Es heißt, Vertrauen einzig aus der eigenen Kraft und dem Bündnis der Freiheitskämpfenden zu ziehen. Ich glaube, das ist der Grund, warum es in Europa gerade so schwer ist, revolutionär zu werden. Wir müssen gut die Psychologie des Liberalismus und Kapitalismus begreifen, wie sie die patriarchale Herrschaft weiterentwickelt haben: Der Kapitalismus zielt darauf, den Wert der Menschen für sich selbst zu zerstören, das Selbstwertgefühl zu vergiften und mit liberalen Werten zu verbinden. Du bist nur akzeptiert, wenn du konsumierst, studierst, eine Perspektive auf dem Arbeitsmarkt hast, nicht arm bist, deine soziale Stellung akzeptierst, die Autorität respektierst, dem Code der Szene folgst, der Norm entsprichst. Die Sklaverei des Westens ist die Selbstassimilation – nicht gesagt zu bekommen, dass du anders sein sollst, sondern tatsächlich die ganze Zeit selbst anders sein zu wollen, als du eigentlich bist, anstatt einen Willen zu entwickeln, der damit zu tun hat, was du tun könntest und welche Welt du willst.

In all dem wächst der Zweifel über die eigene Perspektive (Was soll noch kommen?) und die eigene Situation (Eigentlich geht es uns gar nicht so schlecht oder nicht schlecht genug oder wir müssen weiter Theorie darüber wälzen, wie es uns geht, oder explizit unabhängig davon, wie es uns geht, oder es gibt keine Notwendigkeit, keine Verbindung, keine Betroffenheit, der eine Bedeutung gegeben wird). Wenn die Diskussionen über das eigene Leben und die gemeinsame Zukunft zum Ende gekommen sind und sich alle nur noch darin bestätigen, wie schlecht die Welt ist, wie toll sie sind, wie dumm die anderen sind, wie aussichtslos die Lage ist – dann hat das System gewonnen, denn es gibt keine Handlungsmacht mehr, kein mögliches Bündnis, um einen Ausweg freizukämpfen.

Nun, ich glaube, wir haben ein Bündnis gefunden. Eines, das von Freund_innen ausgehend entstanden ist, die aus irgendeinem Grund aus ihren Begegnungen so viel Vertrauen ziehen konnten, dass sie sich das Wort geben konnten, gemeinsam bis zum Ende zu kämpfen und Rache zu üben für die Gewalttätigkeit, die die Gesellschaften unterwirft und uns nicht zur Ruhe kommen lässt. Ein Freund hier hat es sehr treffend ausgedrückt, als er vorgeschlagen hat, dass wir nur drei Punkte in Verbindung bringen müssen: Würde, Rache und Freiheit. Wir sollten uns fragen, was wir als unsere Würde begreifen, wie eine Art zu leben aussieht, die wir unseren Familien und Freund_innen, unserer Gesellschaft als würdig befinden. Davon ausgehend müssen wir erkennen, was uns diese Würde aberkennen will, und uns dafür rächen. Unsere Rache soll mit unserer Situation der Würdelosigkeit verbunden sein, und letztlich auf den dritten Wert, die Freiheit, gerichtet sein, um sie wieder möglich zu machen. Nun, ich fand den Gedanken sehr einfach und klar, und ich glaube, er reicht sehr weit.

Im Grunde ist es auch das, was die Fledermausmenschen[111] sagen, die ihre würdige Wut haben wachsen lassen und das Feuer von den Bergen in die Städte brachten. Es ist leicht zu erkennen, wie sehr die herkömmlichen Lebensformen gerade diesen Werten durch die kapitalistische Gesellschaftsform und das patriarchale Raster keinen Platz mehr einräumen. Würdelos Arbeiten auszuführen, die keine Bedeutung für uns haben; würdelos alles hinzunehmen, ohne den Gedanken daran, eine angemessene, radikale Antwort zu suchen; würdelos keine klare Vorstellung mehr von Freiheit zu besitzen. Ich glaube, das beschreibt auch auf eine bestimmte Art und Weise, was sich im Prozess unserer Bewusstwerdung und Organisierung ausdrückt. Ich und wir haben im Austausch mit der Bewegung hier diese Klarheit weiter vertieft und wir können inzwischen den Weg nachzeichnen, der uns hierher gebracht hat. Es führt zu dem anderen Punkt, der internationalistischen Perspektive. Ich denke, wir wären sehr früh gescheitert, hätten uns verlaufen, wären in Resignation gefallen oder in Streit auseinandergegangen, wenn es nicht den Bezug zu den Freund_innen in Mesopotamien gegeben hätte.

Es ist etwas Unklares, Mystisches, darin und ich glaube inzwischen, dass es das braucht: das Wissen, dass es etwas Größeres gibt, das noch nicht greifbar, verständlich ist, das aber beweist, dass Zweifel zwar angebracht sind, aber vor allem Anstoß sein sollte, weiter zu suchen und nicht in dogmatische Urteile zu verfallen. Eine utopische Leerstelle. Je mehr ich Stück für Stück die Geheimnisse begreifen lerne, die der Bewegung hier zum Leben verhelfen, desto klarer werde ich mir über unsere mögliche Rolle, unsere Stärken und die Schwächen, gegen die wir kämpfen müssen. Apo hat mal gemeint, dass in unserer Zeit Europa gesättigt ist und in Inaktivität gleitet, was wirkliche historische Aufbrüche angeht, dass es eine äußere Kraft braucht, um eine neue Revolution dort auslösen zu können. Diese Kraft muss keine Invasion von außen sein, es reicht schon

111 Bezieht sich auf zapatistische Sprachbild der Fledermausmänner und -frauen, die in einigen Erzählungen des Subcomandante Marcos vorkommen.

eine Verbindung zu neuen Gedanken der Befreiung, die von anderen Kämpfen einsickern. Der Mittlere Osten hat so lange mit ungelösten Problemen gekämpft, die von außen und innen kamen und immer weiter verschleppt wurden, dass sie Widersprüche erzeugen mussten, die sich gerade positiv im Aufbruch der Revolution in Kurdistan entladen und eine neue Alternative erkämpfen.

Dank der umsichtigen Arbeit des ideologischen Kerns der PKK, der Frauenbewegung und Rêber Apos geht dieser Aufbruch sehr tief und ist konstruktiv, und weil er auf tiefen gesellschaftlichen Werten beruht und strategisch vorangetrieben wird, kann er den nationalen Rahmen überwinden und den ganzen Mittleren Osten neu gestalten. Das ist nicht hypothetisch, es passiert bereits auf breiter Ebene – in Syrien sammeln sich immer mehr gesellschaftliche Teile im Projekt der Föderation Nordsyrien-Rojava, die kurz vor Newroz ausgerufen wurde, in der Türkei wurde das antifaschistische Bündnis aller Kräfte vom 20. März gegen den AKP-Faschismus ausgerufen, im Iran laufen die Diskussionen mit anderen linken Kräften und das Rätesystem wird aufgebaut. Wir glauben, dass der Aufbruch in Kurdistan das Lernfeld ist, in dem wir die entscheidende Energie in uns sammeln können, um Europa mit Ideen und Techniken, die hier entwickelt wurden, aufzuwecken und einen Ausweg aus der Feindseligkeit, aus Autoritarismus, Abschottung und Faschismus zu zeigen.

Die Frage ist, auf welcher Ebene eine Alternative für Europa erkämpft werden kann. Ich glaube, es ist gefährlich auf der nationalen Ebene vorgehen zu wollen, was notwendigerweise passiert, wenn wir der Bewegung in Deutschland mehr Gewicht geben als unserer Verbundenheit mit den Kämpfen in anderen Teilen Europas, des Mittleren Ostens und anderswo. Natürlich ist es unsere Verantwortung und Pflicht, auch eine Form der Rache für die Gewalt zu finden, die die deutsche Herrschaftsgeschichte freigesetzt hat. Aber gerade sind nur wenige Freund_innen bereit, eine revolutionäre Bewegung in Deutschland aufzubauen, dafür wiegen die historischen Traumata zu schwer: das Trauma des Kolonialismus, in weite Ferne gerückt das der nationalsozialistischen Herrschaft, die Niederlage der Revolte von 68, der RAF und den Autonomen (die es noch gibt, die aber oft keine Lösungskraft mehr darstellen, sondern im besten Fall taktische Verteidigungen aufbauen und Stellungen halten). Das Trauma der autoritär gewordenen DDR, die oft gut gemeint war und doch zu einer Maschine verkommen ist, weil es auch dort nicht geschafft wurde, von den Leuten und ihrer Fähigkeit zur Veränderung auszugehen. Wo es mit unklaren Mitteln versucht wurde und die Basis nicht ausgereicht hat, den Geist des Faschismus und des Opportunismus auszutreiben.

Natürlich ist eine revolutionäre Bewegung in Mitteleuropa genauso möglich wie anderswo, wenn wir gut verstehen, wie die Form der Herrschaft dort funktioniert, wie der Kapitalismus die Psyche, das Begehren und die Lebensformen der Menschen kolonisiert, sie unter das eigene Paradigma zwingt. Es gibt hier einen einfachen Gedanken, der immer wieder formuliert wird und sehr weit führt: Wir analysieren nicht die Situation, sondern die Geschichte, nicht das Individuum, sondern die Gesellschaft. Denn Individuum und Gesellschaft spiegeln sich ineinander und die Probleme, die die Einzelne in bestimmten Momenten haben, sind in Wahrheit nicht ihre Probleme, sondern Ausdruck des Kampfes, der zwischen der Herrschaft des Patriarchats, des Staates und des Kapitalismus auf der einen und dem Leben und Widerstand der Unterworfenen auf der anderen Seite geführt wird, deren Begehren immer auf den Ausbruch aus der Erstarrung und Isolation der Beherrschung gerichtet ist, ob unbewusst oder in Klarheit und strategisch geführt.

Es gibt keine individuellen Probleme, das ist mir hier in aller Deutlichkeit praktisch klar geworden, nicht mehr nur als theoretische Abstraktion. Und am schwersten haben es die, die allein klarkommen wollen und die Fähigkeit verloren oder nie erlernt haben, nach Hilfe zu fragen. Ich glaube, für Europa stellt sich uns genau das Problem, dass ganze Gesellschaften jede Form gesellschaftlichen Vertrauens verlernt haben und viele nicht mehr im Stande sind, sich auf Ebene wirklicher Gleichheit zu verbünden. Das heißt sich gegenseitig anerkennend und füreinander kämpfend. Das ist auf jeden Fall etwas, was wir uns hier mit der Zeit ein wenig aneignen konnten – Vertrauen darin zu haben, dass es einen Weg gibt, wenn wir geduldig sind, nicht in falsche Dringlichkeit verfallen und keine Angst haben, dass etwas verloren gehen könnte.

Hier schlagen immer mehr vereinzelte Glücksritter auf, echte Kreuzfahrer, die gegen den Teufel kämpfen wollen, lebensmüde Abenteurer. Die meisten gehen wieder, weil sie nicht in der Lage sind, die eigene Veränderung ernst genug zu nehmen und sich im Geiste selber isolieren, immer von ›den anderen‹ sprechen (meist in Form von Schuldzuweisungen) und sich selbst nicht sehen können. Aber es kommen inzwischen auch immer mehr suchende Revolutionär_innen, denen es um eine nachhaltige Verbindung und Veränderung geht. Wir haben gelernt, sie zu erkennen. Vor allem sind wir hier in einem mikroskopischen Rahmen mit all den Konflikten konfrontiert, die die fortschrittlichen Kräfte in Europa gerade lähmen. Wenn wir sie hier verstehen lernen und lösen können, ist es nur noch eine Frage der Organisierung, das auch in Europa zu schaffen.

Ergibt das ein Bild für dich? Wir, die wir uns hier zusammen organisieren, haben uns über den Kanton verteilt und stecken in verschiedenen Arbeiten oder in einer der Akademien. Es ist eine etwas andere Zeitlichkeit, eine andere Geschwindigkeit und Art zu arbeiten. Pläne werden langsam über die Monate entwickelt, wir entscheiden gemeinsam die Richtung und gehen dann an unsere jeweiligen Orte. Meiner ist im internationalistischen Zentrum, um daran zu arbeiten, dass Verbindungen zu anderen Bewegungen aufgebaut werden und die Philosophie und das Paradigma der Bewegung auch für andere Kämpfe nutzbar gemacht werden können. Es entwickelt sich ein anderes Vertrauen zueinander, wenn es nicht mehr darum geht, alles gemeinsam entscheiden zu wollen, immer aufeinander zu hängen, sondern individuell in die Rolle versetzt zu werden, verantwortlich Aufgaben zu erfüllen, dafür Rechenschaft abzulegen und einzustehen, statt sich in der Masse, der eigenen Gruppe oder im Privaten zu verstecken. Das ist etwas, das wir in der Intensität in Europa nie für längere Zeit umsetzen konnten. Es betrifft das Verhältnis zur eigenen Arbeit und zum Wert, der dabei entsteht: für etwas zu arbeiten, das Bedeutung hat ohne bezahlt werden zu können; und gleichzeitig gemeinsam die Grundlage zu erarbeiten, für alle zu sorgen.

Leider habe ich es in all dem Chaos hier nicht geschafft mich früher ausführlich zu melden. Ich hoffe, das hat keine Verunsicherung ausgelöst. In dem Weg, den wir hier hinter uns haben, war ich in Gedanken ständig in Europa, in Deutschland, bei dir und den Freund_innen, mit denen wir frühere Teile des Weges gegangen sind. Ich glaube, dass alles verbunden ist und diese Verbindung sich vertieft, wenn die Zeit gekommen ist (das heißt von jetzt an, wenn du willst). Wir wälzen hier Gedanken und Pläne, weil sehr klar ist, dass die Dringlichkeit in Deutschland und Europa anders aussieht und Antworten gefunden werden müssen. Vor allem, was die Perspektive der Verteidigung angeht, gibt es hier einige sehr hilfreiche Gedanken, neben praktischer Erfahrung. Ich arbeite gerade noch an einigen Gedanken zur Theorie der legitimen Selbstverteidigung. Darin drückt sich denke ich aus, was uns als Verteidigungslinie in Deutschland oft gefehlt hat: das Verhältnis von Verteidigung, revolutionärer Organisierung und Aufbau gesellschaftlicher Autonomie. Dazu mehr, wenn die Zeit gekommen ist. Nun, ich freue mich von dir zu hören. Wir sind hier sehr auf Gedanken von außerhalb angewiesen, denn wir sehen natürlich auch hier nur einen kleinen Teil der Welt. Wir arbeiten darauf hin, dass die Kluft zwischen den Welten leichter zu überwinden ist. Ich harre deiner Antwort.

Grüß die Freund_innen, und pass auf dich auf.
X.

Es wird eine Zeit kommen

Juli bis Oktober 2016, Rojava

13/07/2016: Email an Nergîz

Nun zu Minbic. Ich glaube, dass innerhalb der Partei ab einer bestimmten Ebene vielen klar ist, wie schwierig die Operation ist und dass sie natürlich ein politischer Drahtseilakt ist. Ich weiß nicht, mit wem du darüber gesprochen hast und woher die Einschätzungen kommen. Natürlich ist klar, dass die USA nicht einfach so einen Durchmarsch der QSD bis nach Afrin wollen. Es ist Teil ihrer ekligen Balance- und Governance-Politik, immer nur soviel einzugreifen, wie sie Einfluss ausüben können. Sich selbst nicht in Gefahr bringen und die Kraftpole in Gleichgewicht halten können. Die USA wollen hohe Verluste auf Seiten der QSD. Sie haben das Problem, dass sie mangels Alternativen eine Seite unterstützen müssen, die ihnen erklärtermaßen ideologisch vollkommen gegenübersteht. Sie wollen eine Fragmentierung von Syrien in kleine, kontrollierbare Teile, die gut neoliberal angebunden werden können. Die Föderation als politisches Konzept können sie nicht leiden. Also versuchen sie es militärisch zu schwächen und diplomatisch kleinzuhalten, zum Beispiel offen nicht anzuerkennen, obwohl sie selber ein föderales System für Syrien vorgeschlagen haben, aber eben ein parlamentarisch-repräsentatives, kein rätesozialistisches mit gesellschaftlichem Bewusstsein, was am Ende nicht so leicht mit Konsummitteln vollzupumpen ist wie Başûr. In diesem Sinne ist die Operation gerade natürlich eine Falle der USA, der Türkei und der KDP, die vermutlich ihre Zustimmung die Füße stillzuhalten nur unter der Bedingung gegeben haben, dass die QSD geschwächt daraus hervorgehen soll.

Wenn der Korridor nach Minbic geöffnet ist, wird das eine neue Phase im ganzen Mittleren Osten einleiten, deshalb kämpfen und taktieren alle Seiten so stark und verbissen. Daeş wird erledigt sein, die Türkei wird eine völlig neue Richtung finden müssen gegen die Bewegung vorzugehen, während sie im Norden sowieso schon arg in Bedrängnis ist und ihre Initiativen leerlaufen. Die Situation ist nicht so schlecht, wie viele es sehen, die gerade, wie du, versuchen müssen mit langem Atem etwas aufzubauen. Der Krieg in Rojava wird immer stärker psychisch geführt: Im Krieg weißt du genau, wer der Feind ist. Jetzt musst du ideologisch untermauern, was der Zustand ist und dass, genau genommen, auch wir gerade – mit klar formulierter Ansage – die USA ausnutzen. Es geht wieder einmal darum, auf unser Paradigma zu vertrauen, einen Kampf des

Willens zu führen. Theorie und Praxis klaffen immer nur soweit auseinander, wie wir unsere Methode nicht angemessen gewählt haben. Natürlich kann sich niemand einfach so eine Ökonomie aneignen, ein eigenes Dorf denken, eine klare Vorstellung von Freiheit haben. Du bist immer noch in einer zutiefst unterworfenen Gesellschaft, das ändert sich nicht in fünf Jahren, schon gar nicht inmitten des Krieges. Vielleicht ist Dêrik ein seltsamer Ort, weil er so komisch neutral ist und eben nie vom Krieg erreicht wurde. Dadurch fehlt eine wichtige Verbindung des Bewusstseins zur aktuellen Situation. Das können wir auf jeden Fall von Apo lernen: Kraft und Vertrauen aus der politischen Lage zu ziehen, im Sturm aufrecht gehen zu lernen. Wind ist nicht das Problem, sondern die Risse im Vertrauen, dass er gut und richtig ist, weil es so geworden ist und nicht anders. Das bedeutet es, den Gefallenen Bedeutung zu geben, nicht, weil es so tragisch ist und wir irgendwie moralisch verpflichtet sind ihnen zu folgen, sondern weil wir die Freiheit haben von der tiefen Bedeutung zu lernen, die sie ihrem Leben gegeben haben: Konsequenz.

Die Situation gerade ist im Grunde besser als das ganze letzte Jahr. Sie ist besser als zu Newroz, als wir das Manifest geschrieben haben. Hast du die letzte Zeit nochmal hineingeschaut? Gibt es dir Motivation oder Zweifel? Ich glaube, es macht Sinn, uns gerade an Positionen zu begeben, wo wir Vertrauen und Moral geben können. In der HPC[112] funktioniert das gerade ziemlich gut. Wie laufen da deine Bestrebungen, auf die Freund_innen zuzugehen? So symbolisch sie auch sein mag; symbolische Gesten sind für eine revolutionäre Bedeutungsgebung unglaublich wichtig. Das müssen wir auch lernen, nicht nur die großen strukturellen Machtlinien zu sehen, die handfesten materiellen Probleme, sondern gemeinsame Erfahrung in Symbolen, die verbinden: mit den Freund_innen und mit der Welt. Darin sehe ich übrigens gerade eine wichtige Verteidigungsaufgabe: Teil der Verteidigung des Hinterlandes zu sein, psychisch und notfalls militärisch. An der Front sind gerade schon viele, wir sollten Stabilität und Verbundenheit im Hinterland stärken.

Ich glaube auch, wir lösen uns immer wieder von Illusionen, mit jedem einzelnen Lernfortschritt, denn das ist nichts, was mit einem tiefen Einschnitt passiert. Das ist der Prozess des täglichen Aufstands gegen die Verzweiflung, die Hoffnungslosigkeit und die Angst. Ich glaube auch, dass die anderen gerade nicht kommen sollten. Wir hatten ja schon kurz darüber gesprochen, dass es eben genau jetzt wichtig ist, eine stabile antipatriarchale Grundlage an Organisierung in Europa zu schaffen. Daran sollen sie arbeiten, sonst macht alles hier keinen Sinn. Aber wir müssen auch angemessen unserer Situation in Verbundenheit kämpfen, sonst macht ihr Aufbau in Europa auch keinen Sinn. Vielleicht müssen wir nochmal darüber reden, wie wir die Ernsthaftigkeit

112 Sie Kasten auf S. 286.

unserer Situation vermitteln können, damit sie es erkennen und ihren Kampf stärker führen können. Willst du dafür ein paar Worte aufschreiben, aus denen wir einen Text machen können? Wenn du bei euch gerade keine Sinnhaftigkeit siehst, beweg dich ein bisschen und fahr an andere Orte. Wir dürfen nicht vergessen, was Nomadischsein bedeuten kann, wenn wir es tief verstehen – dass es eine Möglichkeit ist, das Produktive, Verbundene, besser zu sehen. Ich glaube, wir haben Wahrheiten gefunden, für die es Bedeutung hat zu kämpfen.

Und zu den anderen Dingen: Ich freue mich, von dir zu lesen, wenn du einen Kopf dafür hast. Du weißt ja, wie du mich findest. Gleich links kurz vor dem Morgengrauen.

Steh auf, Charlie.

HPC (Hêzên Parastina Civakî)

Die *Hêzên Parastina Civakî* (HPC, Gesellschaftliche Verteidigungskräfte) der Kommunen Rojavas wurden 2014, die HPC-Jin (*Hêzên Parastina Civakî-Jin*, Gesellschaftliche Frauenverteidigungskräfte) 2015 gegründet. Sie sind wichtiger Teil der Errungenschaften der Revolution auf gesellschaftlicher Ebene und bringen die radikaldemokratische Idee des Konzepts der *Demokratischen Nation* zum Ausdruck: Für die Sicherheit der Kommunen sorgen die Bewohner_innen selbst. Sie diskutieren und lösen gesellschaftliche Konflikte in ihrem Umfeld. Die HPC sorgen für die Weiterbildung der Bevölkerung in Bereichen von Selbstverteidigung und gesellschaftlicher Konfliktlösung. Sicherheit ist nicht mehr ein Monopol des Staates, sondern grundlegend eingebunden in das alltägliche Leben und die kommunalen Entscheidungsprozesse.

Das Verständnis der HPC basiert auf dem Grundsatz, dass im menschlichen Zusammensein eine starke Gesellschaftlichkeit selbst die Funktion der eigenen Verteidigung übernimmt. Um dies direkt zu erfahren und so besser zu begreifen, beschloss Xelîl 2016 sich selbst aktiv in die Arbeiten der HPC in Qamişlo einzubringen. Er beteiligte sich nachts an den Checkpoints, welche die Straßen kontrollieren, und überraschte dabei einige mit seinem guten Kurdisch. Bei einer Patrouille an der Grenze zur nordkurdischen Stadt Nisebîn entdeckte er mit seinen Genossen von der HPC sogar einen IS-Kämpfer unter Schafsfell versteckt in einer Schafherde. An einem anderen Tag schlichteten sie einen Streit in Cûdî, einem Stadtteil Qamişlos. Der Konflikt war ausgebrochen, als bekannt wurde, dass ein Ladenbesitzer tonnenweise Zucker hortete, um ihn zu Wucherpreisen zu verkaufen, während die Bevölkerung wegen des Embargos keinen Zucker für ihren geliebten süßen schwarzen Tee auftreiben konnte. Die Selbstverwaltungsstrukturen kauften dem Händler den Zucker schließlich zum Einkaufspreis ab und verteilten ihn gerecht unter den Kommunen des Bezirks.

28/07/2016: Ans Kollektiv

Hallo liebe Freund_innen,

wir hoffen es geht euch gut und dass die Arbeiten erfolgreich vorangehen. Es gibt gerade so viel zu tun, dass wir nur auf einige Dinge eingegangen sind. Entschuldigt also die etwas kurze und verspätete Antwort. Mehr zu euren Fragen gibt es dann im Laufe der nächsten Woche.

In Anbetracht der aktuellen Lage nach der Attacke in Nizza[113] und dem anhaltenden Chaos in der Türkei freuen wir uns, mit euch frohe Neuigkeiten zu teilen und all dem etwas entgegenzusetzen. Die Verbindung zu euch gibt uns Kraft und Hoffnung für den Kampf für eine bessere Welt.

Die aktuelle politische Lage ist einerseits bestimmt vom Rückblick auf 4 Jahre Revolution in Rojava und die Entstehung der Föderation, andererseits von den sehr heftigen Kämpfen um Minbic und den wahnsinnigen Geschehnissen der letzten Tage in der Türkei.

Im letzten Monat haben über 1.000 Menschen ideologische Bildungen durchlaufen, um nun den Aufbau der föderalen Strukturen auch mit einem ordentlichen Bewusstseinsfundament zu stärken. Es wird nun als nächstes eine Kampagne zur Stärkung der Kommunen anlaufen und in den nächsten Monaten wird die Universität Rojava geöffnet werden, um Menschen in verschiedensten Bereichen für den Aufbau des neuen Gesellschaftssystems auszubilden.

Die Kämpfe der Operation Ebu-Leylah gehen zwar langsam und erfolgreich voran, jedoch mit sehr großen Verlusten. Nach der Befreiung von Minbic ist jedoch der größte Schritt zur Verbindung der Kantone und Vertreibung von Daeş aus Syrien gelegt und würde somit einen neuen Meilenstein in der internationalen Anerkennung des Projekt Rojava-Nordsyrien bedeuten. Währenddessen scheint der IS, in der Türkei in Zusammenarbeit mit der AKP, zu einem ernsthaften Problem geworden zu sein, wie die vielen Fotos von Angriffen durch IS-Mitglieder auf Putschisten zeigen. Erdoğan scheint nach dem radikalen Schlag gegen alle demokratischen Bewegungen nun den Putsch zum Anlass zu nehmen auch das nationalistisch-säkuläre Militär auszuschalten, um seinem Imperium den Weg frei zu machen. Vielen kommen Erinnerungen an die Nazis hoch, nicht zuletzt deswegen heißt es für uns, uns noch klarer zu dieser Situation zu verhalten und unsere Verantwortung als Antifaschist_innen und Freiheitskämpfer_innen ernst zu nehmen.

Mit revolutionären Grüßen
Serkeftin!

113 Am 14. Juli 2016 gab es einen Anschlag auf das Fest zum französischen Nationalfeiertag bei dem ein Lastwagen in eine Menschenmenge auf fuhr und 86 Menschen ermordete. Es wurden mehr als 400 Menschen teilweise schwer verletzt. Zu dem Anschlag bekannte sich der IS.

Faisal Abu Leyla

Faisal Abu Leyla wurde 1984 in Kobanê geboren, wuchs allerdings im arabisch und kurdisch geprägten Minbic auf, wo er als Automechaniker arbeitete. Er beteiligte sich an den Protesten gegen das Regime, als es im Jahr 2011 in Nordsyrien von der Bevölkerung aus dem Gebiet gedrängt wurde. Ende 2012 schloss er sich oppositionellen Kräften an, Anfang 2014 war er Mitbegründer der Brigade *Shams al-Shamal*. Im September desselben Jahres begann die Belagerung seiner Geburtsstadt. Abu Leyla nahm mit seiner Brigade an der Befreiung Kobanês teil und wurde im Verlauf der Offensive sieben Mal verwundet. Nachdem die Stadt vom IS befreit wurde, kämpfte er auch in Girê Spî, Hesekê, Ain Issa, Şedadê, Sirrin und Tişrîn erfolgreich gegen den Terror. Er zählt zu den Mitbegründern des Militärrats von Minbic und der QSD, denen der Militärrat angehört.

Am 3. Juni 2016 – nur zwei Tage nach der am Tişrîn-Staudamm eingeleiteten Befreiungsoffensive – traf ihn nach einem Artillerieangriff im Dorf Abu Qelqel ein Schrapnell am Kopf. Koalitionskräfte flogen den schwerverletzten Abu Leyla noch am selben Tag in ein Krankenhaus im südkurdischen Silêmanî aus. Dort starb der 32-Jährige an seiner Kopfverletzung.

Das Wort Abu ist ein Bestandteil männlicher arabischer Beinamen und bedeutet ›Vater von‹. In der Region ist es üblich, dass Beinamen den Namen des ältesten Sohnes beinhalten. Abu Leyla war Vater von vier Töchtern und benannte sich, gegen die Tradition, nach seiner ältesten Tochter Leyla. In einem Interview sagte er, die Namenswahl wäre eine bewusste politische Botschaft, um sein Engagement für die Gleichstellung von Frauen zu unterstreichen. Er nahm damit einer bedeutende Vorbildrolle ein.

»Es ist unsere Pflicht, deine Zukunft und die Zukunft von Kindern wie dir zu verteidigen, zu arbeiten und zu kämpfensie zu verteidigen, damit du nicht aufwächst und sagst, wie wir, dass unsere Väter und Vorväter nichts getan haben.« Alle Hoffnungen von Abu Leyla wurden in dieser Stelle aus einem Brief zusammengefasst, den er an seine Tochter Leyla schickte, während er in der Schlacht von Kobanê kämpfte.

> »Ich kämpfe für dich und deinesgleichen, alles, was wir erleiden und riskieren, ist für deine Zukunft und die Zukunft aller Kinder wie dir, um in diesem Land frei und sicher zu leben, und die Revolution ist für dich und für das Heimatland Syrien. Wie sehr ich dich vermisse, meine liebe Leyla, du wirst stolz auf deinen Vater sein, ob er lebt oder ein Märtyrer ist, mein Kuss für dich ... Dein Vater Abu Leyla aus Kobanê.«

Abu Leyla setzte sich von Beginn an für den Aufbau eines demokratischen, säkularen, multiethnischen Syrien ein. Sein Tod war ein schwerer Schlag für seine Freund_innen und die Bewohner_innen der Städte, bei deren Befreiung er geholfen hatte. Er war nicht nur ein bedeutender Militärkommandant, sondern auch eine inspirierende Persönlichkeit und vertrat Ansichten, die Syrien vom weltweiten Epizentrum der Verzweiflung und des Extremismus zu einem Zentrum der Toleranz und des Zusammenlebens verwandeln könnten. Nach der Befreiung Kobanês erklärte er: »Ich kämpfe nicht für eine bestimmte Gruppe oder ein islamisches, arabisches, christliches oder kurdisches Syrien. Ich kämpfe für ein freies und demokratisches Syrien.« An seiner Beisetzung am 6. Juni 2016 in Kobanê nahmen Zehntausende Menschen aus allen Regionen Nord- und Ostsyriens teil.

10/09/2016: Email an Nergîz

Meine Liebe,

geht es dir gut? Ich hoffe ihr habt einen schönen Ort gefunden und alle vertragen sich bei euch auch so schön wie hier. Ich bin immer noch im Camp der YPG International und es ist tatsächlich sehr schön. Ich habe heute den ersten Tag Bildung gegeben, *Pirsgirêka Rêbaz*[114], und es hat großen Spaß gemacht, jedenfalls Vormittags. Nachmittags habe ich nicht mehr so gut Luft bekommen und es zu spät gemerkt, deshalb war ich ein wenig angestrengt, aber es hat großen Spaß mit der Gruppe gemacht. Es sind 14 Leute und sie sind sehr anders als die Kreuzfahrer, die vor einer Weile noch hier waren. Gut die Hälfte sind gute Freund_e, und die andere Hälfte sind die Sorte offener, lern- und wissbegieriger Soldaten. Ich gebe noch zwei Tage Seminar und es schließt wirklich grandios an, wenn wir in der nächsten Zeit zu westlicher Männlichkeit arbeiten können. Ich für mich selbst bin hier gerade sehr bewusst in meiner Annäherung an die Freund_e, und ich habe das Gefühl, dass ich es auch immer wieder zwischendurch mit einigen Freund_en schaffe, gute Verbindungen und Vertrauen aufzubauen. Ich will die nächsten Tage noch konkret Kontakte zusammenklauben und in dem Kontext auch mit einigen über ihre Erfahrungen mit Geschlechterbefreiung reden. Die Bildung war eine gute Grundlage. Ich glaube, ich kann gut von hier aus, aus dem Camp, heraus arbeiten, und ab und zu eine Bildung zu geben ist gut für die Klarheit.

Pass auf dich auf, Charlie.
und Liebe
X.

---

114 Er gab drei Tage Bildung für die YPG International zu den ideologischen Grundlagen der Bewegung, hier kurz »Pirsgirêka Rêbaz« (Probleme der Methodik) genannt. Dabei verglich er Erfahrungen aus revolutionären Prozessen weltweit und in der Geschichte mit der Methodik, die die PKK in 40 Jahren Erfahrung erarbeitet hat und die heute die ideologischen Grundlagen der Freiheitsbewegung bilden.

16/09/2016: Email an Vater

Haaallo,

das trifft sich ja, ich wollte die letzten Tage immer schon mal was schreiben, aber es kam immer irgendwas dazwischen. Internet kaputt, Ort ohne Internet, Stromausfall und vieles mehr. Ich war bis vor drei Tagen zehn Tage in einer Akademie, um Unterricht zu kurdischer Sprache, Philosophie, Soziologie und der politischen Theorie des neuen Systems, das in Rojava aufgebaut wird, zu geben. Es war ganz gut, außer dass ich den Unterricht auf Englisch geben musste, was zwar gut funktioniert, aber die Sprache ist einfach furchtbar unästhetisch und vollkommen unphilosophisch. Vor allem, weil ich die Wochen davor vor allem Kurdisch und Deutsch geredet habe. Seit drei Tagen bin ich wieder in Qamişlo und, neben einiger drängender Probleme von anderen Internationalist_innen, musste ich gestern noch kurzfristig mit auf eine Konferenz. Deshalb hat es sich immer noch einen Tag nach hinten verschoben, in Ruhe Nachrichten zu schreiben und berichtzuerstatten. Die Konferenz war für die Neuausrichtung des Systems der *Gesellschaftsakademien.* Wir arbeiten gerade noch an einem Text darüber, wie das ganze Rätesystem hier funktioniert, oder auch nicht funktioniert und deshalb wieder umgebaut wird. Ein bisschen wie die unendliche Geschichte: Immer wenn wem was einfällt wird die Struktur erweitert, bis es unübersichtlich wird, dann gibt es alle ein bis zwei Jahre ein paar Konferenzen und Kongresse und das System wird neu aufgebaut. Dieses Mal ist es der Versuch, das Rätesystem von unten (also die kommunalistische Organisierung), das ist TEV-DEM[115], mit dem Projekt der Föderation Nordsyrien, als Dachverband und Einheit nach außen, zusammenzubringen. Der Fortschritt ist, dass bürokratische Strukturen wie die Interimsregierung, die irgendwo dazwischen rumdümpelte und für alles noch ein Extra-Ministerium hatte, aufgelöst wird, und es tatsächlich nur noch eine breite Basisorganisierung und eine Einheit und Repräsentation aller Institutionen, Identitäten und Gruppierungen auf Ebene der Föderation geben soll. Das wird auf jeden Fall spannend, weil zunehmend die kurdische Dominanz zurückgedrängt wird und es eine wirklich vielfältige Organisierung von christlichen, arabischen, aramäischen, kaldäischen, kurdischen, êzîdischen, turkmenischen, tscherkessischen und anderen Gruppierungen wird. Gestern wurde auch beschlossen, dass alle Muliplikator_innen des Bildungssystems darauf hinarbeiten sollen, alle drei Hauptsprachen zu lernen und gleichberechtigt nutzen zu können: Aramäisch, Arabisch und Kurdisch.

---

115 *Tevgera Demokratîk* (Demokratiebewegung) nannte sich die flächendeckende Organisierung in Kommunen und Räten zu Beginn der Revolution in Rojava. Heute ist TEV-DEM eher ein über die Kommunen und Räte hinaus gehendes zivilgesellschaftliches Bündnis innerhalb der Autonomen Selbstverwaltung Nord- und Ostsyriens.

Was die allgemeine politische Lage angeht hat sich, von hier aus gesehen, die letzten ein bis zwei Wochen nicht allzu viel geändert. Die türkische Armee ist 20 Kilometer in syrisches Territorium eingedrungen[116] und es gibt eine Frontlinie nördlich von Minbic, wo sich die SDF (Syrian Democratic Forces, das Militärbündnis der Föderation), die türkische Armee und ihre Stellvertreterbanden gegenüberstehen. Die Türkei will den Korridor alleine dicht machen und Bab besetzen, um sich letztendlich Aleppo einverleiben zu können. Aber gerade läuft der Krieg vor allem auf diplomatischer Ebene und es kann sein, dass uns Russland vorher hilft, den Korridor nach Afrin einzunehmen und die Internationale Koalition den türkischen Staat unter Kontrolle hält. Das ist noch nicht abschließend ausgehandelt. Gerade ist die Entscheidung, wer das kleinere Übel für die NATO und das russisch-iranischeAssad-Bündnis ist: eine türkische Besatzung der Şehba-Region (das ist der Korridor zwischen Afrin und Kobanê) und die Bedrohung Aleppos oder ein geschlossenes Gebiet der Föderation Nordsyrien. Das ›Blöde‹ bei der Föderation ist, dass sie leicht berechenbar sind, aber nicht zu kontrollieren und eben ihr eigenes Projekt einer Demokratisierung Syriens umsetzt. Das macht spätere Einflussnahme schwer. Autonome Gebiete kann keiner leiden.

Zur Lage bei euch lese ich nur ab und zu die Nachrichten: Geht ja in eine interessante Richtung mit dieser Alternative für das Land, die keine ist. Das Positive ist, dass sie, wenn sie nächstes Jahr die absolute Mehrheit im Bundestag bekommen, zusammen mit Trump die NATO auflösen könnten. Bleibt zu hoffen, dass sie nicht produktiver werden als die Piratenpartei, und die hatten immerhin einen guten Namen. Die AfD ist natürlich ein klassisches Krisenphänomen: Die konservative Stimme, die Sicherheit verspricht und den Niedergang verlängert und vertieft. Nach unseren Diskussionen scheinen sich die drei Richtungen, in die die Gesellschaft geht und sich spaltet, in etwa die Waage zu halten: Das Drittel der konservativ Verängstigten, die sich im Zweifelsfall auch faschisieren können und in der AfD eine stumpf-trötende Stimme gefunden haben könnten. Dann das Drittel der Karrierist_innen, die neoliberalen, individualisierten, die die bunte Warenwelt ziemlich toll finden. Und dann das Drittel der Links-Liberalen, eigentlich fortschrittlich Denkenden, die nur noch keinen Rahmen und keine Richtung gefunden haben, mit der sich die Situation nachhaltig und besonnen lösen lässt. Ich bin eigentlich zuversichtlich, dass es genug klare Leute gibt, die im Zweifelsfall offen für alternative Lösungen sind, wenn wir wissen, wie sie für Europa funktionieren können. Wir arbeiten jedenfalls an einigen Gedanken. Hier gibt es viel, was sich auch für eine Perspektive in Europa nutzen lässt.

116 Hier geht es um einen Angriff in der Region Jarabulus.

Gute Nachrichten, dass wer bei euch die erste Geige übernimmt. Wenn ich wiederkomme kann mir das Nichtenkind auf jeden Fall ein paar Auffrischungsstunden geben und dann spielen wir vierhändig, und die Schwester trommelt dazu.[117]

Grüß und umarm auf jeden Fall alle, die du siehst.

Nun, ich schicke das mal ab. Vielleicht bekommst du es noch, bevor du losfährst. Drück nochmal alle, und ich freu mich, von euch zu hören.

M.

16/09/2016: Email an Nergîz

Meine Liebe,

weißt du, ich glaube, ein großer Teil meiner Kraft und relativen Ruhe kommt gerade genau aus dem Vertrauen, dass wir zusammen weitergehen. Deshalb habe ich mich auch vor allem gefreut, sehr gefreut, dass ihr endlich eine gute Perspektive gefunden habt, die sehr tief und nachhaltig zu sein scheint. Ich freue mich unglaublich, dass wir und du endlich einen Weg gefunden haben, mit den Freundinnen zusammen ein kleines Fenster zu öffnen, um die Stärke, die Entschlossenheit und Schönheit von hier wieder zurückzutragen. Deshalb fühlt es sich für mich auch gar nicht so an, als ob eure Projekte und die Monate, die sie vielleicht noch länger brauchen, bis du zurück nach Europa kannst, unserem gemeinsamen Weg entgegenstünden. Ganz im Gegenteil, ich glaube, dass die Arbeiten, die wir jetzt gerade noch machen, auch getrennt voneinander, ein furchtbar starkes Fundament für uns sein werden und ein geheimer Punkt unserer Schönheit und Entschlossenheit. Vielleicht freue ich mich so, weil ich das Gefühl habe, darin das zu erkennen, wofür wir gearbeitet haben: eine Zukunft, eine Richtung, eine gemeinsame Entscheidung. Eine utopische Heimat, die viel klarer ist als je zuvor. Denn ich glaube, es braucht beides, um gehen zu können: ein Wissen über die eigene Herkunft, Heimat und Geschichte, und die Heimat, die wir aufbauen wollen. Wenn ihr es schafft damit einen Schritt für eine wirkliche Frauenbewegung zu legen, ist das genau das, was wir brauchen, für alles, was uns Stärke und Sicherheit geben wird.

Ach Charlie, ich sehne mich nach dir und wünsch dich genau dorthin, wo du bist, weil ich jedes mal sehe, wie du noch schöner wirst.

Sei umarmt und fühl dich geliebt, Charlie.

X.

117 Bezieht sich auf seine beiden Nichten.

29/09/16, Qamişlo, Rojava

Hevala hêja, Liebe Freundin,

ich hoffe du bist wohlauf. Es hat ein wenig länger gedauert, das Paket aufzugeben, deshalb werden auch die Briefe der Freund_innen schon ein wenig älter sein. Ich hatte sie eine Weile bei mir und fand keine Zeit und keine Ruhe, dir zu schreiben, und wie es eben ist im Fluss der Bewegung, vergehen die Jahreszeiten in einer anderen Geschwindigkeit. Ich glaube, ich habe auch immer wieder das Gefühl gehabt, dass du gleich hier auftauchst, ich habe dich auch ein, zweimal gesehen und von Freundinnen gesagt bekommen, du wärst angekommen.

Nun, ich hoffe es ist eine gelungene Überraschung, dir den Brief auf diesem Weg zu überbringen. Wie du daran unschwer erkennen wirst, haben sich einige Dinge getan seit wir uns zuletzt sahen, dort oben auf dem Berg, auf dem ich damals gute Kämpfe austragen, aber doch nicht bleiben konnte. Ich frage mich gerade oft, warum die Freund_innen mich danach so schnell haben gehen lassen. Einiges wäre anders gewesen, vielleicht wäre ich auch nicht wieder heruntergekommen. So hat mich mein Weg viele Dinge lernen lassen. Manchmal glaube ich: auf schwierigere Weise, und ich bin immer noch dabei das Chaos für mich zu sortieren, das seit meiner Rückkehr in diesem Winter vor drei Jahren entstanden ist. Gerade, wo wir an einem neuen Abschnitt stehen – dem Beginn des Aufbaus des internationalistischen Systems für alle revolutionären Kräfte – wirken viele der Dinge, die wir bis hierher erreicht haben, wieder um einiges schöner als wir es oft in der Situation verstanden haben und erkennen konnten. Wir haben die Jugendakademie in der Stadt im Osten Deutschlands aufgebaut und das *Nomadische Komitee* gegründet. Wir sind in die Provinz im Norden des Landes gegangen und haben den Gedanken der Autonomie in den Kommunen bewusst gemacht. Es sind Linien über ganz Europa entstanden und wenn wir gut arbeiten, war das nur eine Vorbereitung für die Schönheit und Stärke, die hier noch entstehen kann. Vor allem haben wir, habe ich, viel kämpfen müssen, um eine erste Ahnung zu bekommen, was es heißt, den dominanten Mann zu töten. Weißt du, das sind einige der Dinge, über die ich gerne mit dir reden würde, denn ich vermute deine Erfahrungen würden ergänzen können, was uns im Chaos noch unsichtbar geblieben ist.

Für den Moment will ich es hierbei belassen, weil der Brief und die Kürze der Zeit nicht reichen, um die Gedanken in Ausführlichkeit zu teilen. Ich wünsche dir alles Gute. Ich hoffe, dass wir bald die Gelegenheit haben werden, in Ruhe die Geschichten zu verbinden. Der Freund, der dir den Brief bringt, wird dir mehr über einige der Begebenheiten erzählen können.

Pass auf dich auf.
Silav û rêzên şoreşgerî revolutionäre Grüße und Respekt
Xelîl Viyan

09/10/2016: Email an die Familie

Hey,

hier ist die Lage ganz gut, ich gebe gerade Kurdisch- und Philosophieunterricht, vermutlich noch etwa eine Woche. Es ist endlich ein wenig kühler geworden. Nachts kann man endlich wieder mit Jacke draußen sitzen, zumindest hier, am Ostende des Kantons, wo von Weitem die Berge von Botan und der Berg Cûdî zu sehen sind, wenn die Sicht klar ist. Der Regen wird wohl erst nächsten Monat kommen, bis dahin ist das Wetter sehr schön, tagsüber noch dreißig Grad. Lil' ist in Amudê, der Stadt der Verrückten, bei Freundinnen von der Frauenbewegung.

Nachdem der Waffenstillstand für Syrien wieder gekippt ist, haben sich die USA anscheinend dazu durchringen können, uns endlich Waffen im großen Maßstab zu geben, sogar offiziell. Bisher mussten sie immer große Planen über die LKWs ausbreiten, mit mysteriösen Fragezeichen versehen (es kann natürlich sein, dass die geheimen Waffenlieferungen wie schwere Waffen aussehen, dass sie entsprechende Geräusche machen, unhandlich sind, die Planen komisch ausgebeult ist und sie entsprechend geheim transportiert werden, aber lassen sie sich nicht täuschen – es sind geheime Waffenlieferungen). Die Türkei wirkt ein bisschen verloren, Erdoğan muss vor leeren Sälen reden und trotz militärischem Aufgepuste sind sie irgendwo hinter Jarabulus steckengeblieben, und in ihrem Hinterland explodieren ihre Stützpunkte. »Schlecht organisiertes Verbrechen« hat das ein Freund mal genannt. Wenn es gut läuft, gibt es demnächst dann endlich den Korridor von Kobanê nach Bab und Afrin. In wenigen Tagen soll die Föderation Nordsyrien offiziell ausgerufen werden.

17/10/2016: Email ans Kollektiv

Hevalen hêja, Liebe Freund_innen,

ihr bekommt den monatlichen Bericht über unsere Arbeiten und Fortschritte. Heval Xelîl schreibt.

1. Politische Lage: Die letzten Wochen waren vor allem von den diplomatischen Aushandlungen über die Einflussnahme in Syrien und der Region geprägt. Es ist eine Phase relativer militärischer Ruhe, trotz der heftigen Kämpfe in Aleppo, die anscheinend für keine Seite wirkliche Fortschritte bringen, und der ständigen Provokationen der Türkei, die vor allem in Afrin über die Grenze schießt und in Kobanê immer wieder über die Grenze den Boden von Nordsyrien betritt. Wir haben diese Dialektik im Verlauf des letzten Jahres immer wieder beobachtet: Es gibt Phasen der diplomatischen Aushandlung, die sich abwechseln mit Phasen militärischer Dynamik, sobald eine Seite vorteilhafte Bedingungen und Allianzen und Rückversicherungen erarbeitet hat. Das heißt, dass gerade alle Seiten ihre nächsten Schritte planen und absichern wollen.

Die Türkei plant eine Ausweitung ihrer Einflusssphäre. Es gab ein Treffen in der Türkei, bei dem wohl auch Pläne für eine Besatzung Afrins[118] diskutiert wurden. Die Interessens- und Einflusssphäre der Türkei in Syrien beschränkt sich bisher auf die Şehba-Region (das Gebiet um Minbic zwischen Afrin, Aleppo und Kobanê). Es gibt verständlicherweise nicht viele Fans ihrer Pläne. Es gab die letzten Tage ein Wirtschaftsabkommen zwischen Russland und der Türkei für eine neue Pipeline, weil Russland zunehmend wegen des NATO-Embargos gezwungen ist, anderweitig an seine Devisen zu kommen. Bei aller diplomatischen und teilweise wirtschaftlichen Annäherung zwischen Russland und der Türkei dürfen wir nicht vergessen, dass es letztlich eher ein Kampf um Einfluss ist, mit dem Ziel die Türkei der NATO zu entfremden. Generell versucht die Türkei mittelfristig ihre Hände in Richtung Aleppo, Mossul und Kirkuk auszustrecken. Gleichzeitig stecken sie im eigenen Land hohe Verluste ein. Die Operation, die gerade in Çele und Etruş läuft, ist angeblich die Größte im gesamten Kampf gegen die Guerilla und auch diese Operation verläuft im Sande, wie so viele davor.

Die USA wollen möglichst schnell groß angelegte Operationen gegen Daeş beginnen lassen. Der Angriff auf Mossul steht gerüchteweise tatsächlich kurz bevor und es soll eine bunte Mischung von Truppen beteiligt sein. Die Koalition[119] versucht die HPG ins Boot zu holen, aber es wird von vielen hier als unrealistisch eingeschätzt, dass die Freund_innen sich auf so etwas einlassen. Vermutlich wird die Dynamik, die mit Mossul ausgelöst wird, zu einer Reihe von Vorstößen genutzt werden. Unter anderem wird darüber gesprochen, dass die SDF nach Süden Richtung Deir-ez-Zor vorstoßen werden, um Daeş' Nachschubwege noch weiter zu verkomplizieren. Bab wartet im Westen. Eine der entscheidenden Fragen ist, wie der weitere Umgang der NATO und Russlands mit der Türkei aussieht, ob sie es schaffen, zu einen Deal zu kommen, mit dem ein Einflusszuwachs der Türkei im Westen weiter akzeptiert wird. Der Einmarsch der Türkei in der Şehba-Region bei Jarabulus wird hier als Drohgebärde der USA gewertet, dass sie doch gemeinsames Spiel mit der Türkei machen können, wenn die Bewegung ihnen nicht bei ihren militärischen Kampagnen hilft. Es wird mit hoher Wahrscheinlichkeit noch dieses Jahr sehr große Bewegung in drei Richtungen geben: Die USA haben ebenfalls Interesse daran, den Korridor nach Afrin möglichst schnell zu schließen und, wegen des Wahlkampfes und

---

118 Am 20. Januar 2018 begann der türkische Staat eine große Offensive gegen die Region und die Stadt Afrin im Nordwesten Syriens in Zuge dessen die Region vom türkischen Staat besetzt wurde. Bis dahin war Afrin von der mehrheitlich kurdischen Gesellschaft selbst verwaltet und ein Kanton der Selbstverwaltung Rojavas. Seit der Besatzung hat sich die Situation der Bevölkerung massiv verschlechtert, ein Großteil ist geflohen und der türkische Staat verfolgt ein Projekt der demografischen Veränderung in dem Gebiet.

119 Gemeint ist die Internationale Koalition gegen den IS.

als Krönung von Obamas Präsidentschaft, die Angriffe auf Raqqa und Mossul zu führen.

Es ist zu vermuten, dass nach diesen Operationen, die noch vor dem Regen anfangen müssen (weil sonst keine Fahrzeuge mehr benutzt werden können[120] und alles bis zum Frühling ruht), ein Status erkämpft ist, der zwar eine riesige Kraftanstrengung ist, aber dann eine neue Stabilität bedeutet. Zu diesem Zweck wurden die letzten Monate viele neue Kräfte ausgebildet: Asayiş, Kommunemiliz (HPC) und Wehrpflicht (*Hêzên Erka Xweparastin*, Kräfte der Selbstverteidigungspflicht, die in Zukunft auch als offizielle Truppen neben YPG/YPJ und SDF gewertet werden. Bisher hatten sie nur defensive Aufgaben wie Straßenkontrollen – sie werden so eine Art neue offizielle Streitkraft der Föderation, die YPG/YPJ werden eher eine professionelle ideologische Kraft).

2. *Lage der Freund_innen:* Zur Zeit befinden wir uns an sehr verschiedenen Orten bei verschiedenen Aufgaben. Heval Xelîl unterrichtet und arbeitet für YPG International. Vor einer Woche fing eine zehntägige englischsprachige Bildung an, die die Jugend für Internationalist_innen organisiert hatte.

Die Zeit im Camp ging sehr gut vorbei und den Umständen entsprechend relativ produktiv (immerhin ist der Spezialkrieg hier sehr stark, weil viele westliche Leute Chaos stiften und wir uns entsprechend oft Zeit nehmen müssen, uns gegenseitig aufzubauen und Geschehnisse einzuordnen und auszuwerten). Im Camp ist eine ganz gute Gruppe in der Ausbildung (offen und diskussionsbereit, dafür ultra-liberal). Gleichzeitig haben wir zu dritt angefangen uns unsere Geschichten zu erzählen und uns mit unseren Persönlichkeiten und unseren Wegen auseinanderzusetzen. Einerseits, wie unsere politischen Sozialisierungen aussahen, dann über unsere Wege zur Bewegung, Probleme und Widersprüche, mit denen wir zu kämpfen hatten und die teils immer noch gelöst werden müssen. Andererseits über patriarchale Muster und Klassen- und andere Eigenschaften, die uns unsere seltsame Gesellschaft mitgegeben hat. So haben wir es in den letzten zehn Tagen, die wir zu dritt hier sind, geschafft, einen guten Raum für Auseinandersetzungen zu schaffen, der natürlich in die alltägliche Arbeit eingebunden ist (und deshalb zu großen Teilen nachts stattfinden muss). Deshalb ist die Moral und die Verbundenheit unter uns dreien sehr gut. Gleichzeitig ist die Arbeit im Camp zur Zeit eine Art Warteposition, alle drei von uns warten im Grunde darauf, dass die nächsten Schritte passieren können.

Silav û Rêzên şoreşgerî revolutionäre Grüße und Respekt
X. für den Bund der Morgenlandfahrenden, Rojava, Nordsyrien

120 Die Erde in der Region ist so lehmig, dass viel Matsch entsteht, sobald es regnet, und sogar Kettenfahrzeuge stecken bleiben.

Raqqa

Im November 2016 gaben die QSD den Beginn der Operation »Zorn des Euphrats« zur Befreiung der Stadt Raqqa bekannt. Raqqa wurde zu diesem Zeitpunkt vom IS »Hauptstadt des Kalifats« genannt und damit zugleich zum beständigen Ort jahrelanger Schreckensherrschaft und Versklavung Tausender verschleppter êzîdischer und christlicher Frauen gemacht. Das Militärbündnis QSD hatte sich im Anschluss an die erfolgreiche Befreiung von Kobanê gegründet. Beim Start von »Zorn des Euphrats« hatte das Bündnis, dem sich kontinuierlich weitere Gruppen anschlossen (und auch weiterhin anschließen), bereits erfolgreich die Städte Minbic und Tabqa aus den Händen des IS zurückgewonnen. Nach gelungener Operation übergaben die QSD die Leitung der Städte an einen Zivil- und einen Militärrat, die aus lokalen Kräften bestanden und sich seitdem mit Unterstützung der Demokratischen Kräfte Syriens um den Wiederaufbau und die Verteidigung der Städte kümmern.

Die US-geführte Anti-IS-Koalition unterstützte die Bodenoffensiven der QSD mit koordinierten Bombenangriffen. Die beim Kampf um Raqqa, der fast ein Jahr andauerte, mehrheitlich aus arabischen Kämpfer_innen bestehenden Einheiten der QSD wurden stets von einer Frau und einem Mann gemeinsam kommandiert. Auch êzîdische Fraueneinheiten aus Şengal beteiligten sich an der Offensive, ebenso zahlreiche Internationalist_innen. Im Oktober 2017 wurde die Befreiung der gesamten Region Raqqa vom IS bekanntgegeben.

Die junge Türkin Destan Temmuz (Ayşe Deniz Karacagil) war im Rahmen der Gezi-Proteste[121] 2013 in den Medien der Türkei als »Mädchen mit dem roten Halstuch« bekannt geworden. Sie wurde für dieses Kleidungsstück, welches – so wurde behauptet – »den Sozialismus symbolisieren« würde, verhaftet. In mehreren Ermittlungsverfahren wurden insgesamt 103 Jahre Haftstrafe gegen sie gefordert. Anstatt sich der Willkürjustiz der Türkei zu überlassen, schloss sie sich daraufhin einem internationalistischen Bataillon der türkischen linken Kräfte in Rojava an. Am 29. Mai 2017 fiel sie beim Kampf um die Befreiung Raqqas.

121 Als Gezi-Proteste ist eine massenhafte zivilgesellschaftliche Widerstands- und Protestwelle gegen den türkischen Staatspräsident Erdoğan bezeichnet, die sich in Konflikten rund um ein geplantes Bauprojekt auf der Fläche des Gezi-Parks in Istanbul in 2013 begründet.

Einen lachenden Kampf

Oktober 2016 bis Juni 2017, Rojava – Şengal – Rojava

04/02/2017: Email an Nergîz

…,

ich hoffe es geht dir gut, da, wo du bist. Wo ist das wohl? Neulich wurde ich eilig gerufen und in eine kleine Stadt gebracht, um auf einmal strahlende Gesichter alter und neuer Freund_innen zu sehen. Von H. Delal habe ich von deinem Aufbruch gehört. Ich hoffe, es war eine gute Bewegung, und du bist verbunden und strahlst dabei Schönheit zu erschaffen.

Wo den Anfang setzen? Es ist so viel passiert, so viel Bewegung, so viel Kampf und Erneuerung. Ich habe mich oft gefragt, ob dich mein Brief erreicht hat, ob du etwas abgeschickt hast, was mich nicht erreicht hat. Denn tatsächlich habe ich, außer indirekt über Freund_innen, nichts mehr von dir gehört, seit wir uns zuletzt in Qamişlo sahen. Ich war drei Monate vollständig abgeschnitten und habe erst wieder Ende Januar von den Freundinnen überhaupt mitbekommen, dass du gegangen bist, dass neue Freund_innen gekommen sind, wie sich in Europa alles entwickelt. Im Moment bin ich in Qamişlo, im Zentrum, für etwa eine Woche haben die Freunde mir frei gegeben, damit ich mich wieder mit dem Rest der Welt verbinden kann. Ich habe offiziell vorgeschlagen, bald wieder zurück nach Rojava zu gehen und auch, dass ich über das wann und wie einer Rückkehr nach Europa diskutieren will. Die Freund_innen meinten, dass das alles gut so ist und ich noch bis zum Frühling im Şengal bleiben solle. Deshalb bin ich gerade zum Kurzbesuch hier, um mich dann wieder ganz darauf konzentrieren zu können, zu verstehen, zu lernen, wirklich anwesend zu sein und gemeinsame Bewegung und Achtsamkeit zu lernen, Geduld und Beharrlichkeit. Ich werde wohl etwa bis Newroz dort sein.

Es gibt einiges, das ich zu Papier gebracht habe und das ich dir eigentlich überreichen wollte, wenn ich nach Rojava komme. Gerade habe ich das Gefühl aus einer anderen, rauen, fordernden, konfrontierenden Welt in eine mehr oder weniger vertraute Welt zurückgekehrt zu sein. Es wird natürlich einige Zeit brauchen, um die Erfahrungen zu übersetzen, aber ich bin mir sicher, es sind gute Erfahrungen, die nachhaltig sind. Universelle Veränderung, im Sinne einer Bewusstwerdung, Erfahrung, die in Richtung der Befreiung führen kann. Meine großen Kämpfe gegen die Selbstzurückhaltung und die Unsicherheit, den Mangel an Erfahrung mit dem *Wie* der Auseinandersetzung haben sich ein wenig bewegt und ich gehe mit dem Willen und dem Wunsch voran, eine befreiende, Schönheit erschaffende Kraft der antipatriarchalen Initiative zu entwickeln, einen lachenden Kampf gegen die engstirnige, verhärtete Männlichkeit. Die Niederlagen und das immer wieder aufkommende Gefühl der Hilflosigkeit sind etwas, das Teil meines Kampfes ist. Gerade bin ich entsprechend müde, also alles gut, und ich bewege mich.

Für den Moment schicke ich dir diese wenigen Zeilen. Ich schaue den Sternenhimmel an und suche nach Zeichen. Ich erneuere jeden Tag meine Entscheidung, befrage mein Bewusstsein über meine Angst und die Art zu gehen, die sie lachend hinter sich lässt. Ich vertraue darauf, dass wir uns sehen, wenn die Zeit gekommen ist, und wir uns in Stärke und Schönheit begegnen.

X.

Şengal

Das Şengal-Gebirge befindet sich auf irakischem Staatsgebiet in der Region Nînewa auf der Höhe der Stadt Mossul im Grenzgebiet zu Syrien. Die Stadt Şengal und viele Hundert Dörfer im Umland des gleichnamigen Gebirges sind historisches Siedlungsgebiet der êzîdischen Glaubensgemeinschaft. Die Êzîd_innen nennen diese Gegend auch *Êzîdxan*; viele ihrer heiligen Stätten liegen dort.

Seit dem 15.Jahrhundert waren die Êzîd_innen immer wieder Unterdrückung und Massakern ausgesetzt, Hunderttausende von ihnen leben in der Diaspora in Nordamerika, Russland und Europa. 2014 verübte der IS einen Genozid und Feminizid an den Êzîd_innen der Şengal-Region. Hunderte Männer und Alte wurden ermordet, Tausende Frauen und Kinder wurden in vom IS kontrollierte Gebiete verschleppt, misshandelt und oftmals auf Sklavenmärkten, unter anderem als Sexsklavinnen, verkauft. Hunderttausende flohen in die Berge und viele von ihnen starben auf der beschwerlichen Flucht. Durch Initiative der YPG und YPJ aus Rojava und Guerillakämpfer_innen der HPG konnten etwa 30.000 Êzîd_innen über einen freigekämpften Korridor nach Rojava evakuiert werden.

In der Region Şengal werden, trotz der schwierigen Lage, seit 2014 Strukturen der autonomen Selbstverwaltung sowie eigenständige Selbstverteidigungseinheiten aufgebaut. Mitte 2015 konnte auch die Stadt Şengal dann, mit Unterstützung von Luftangriffen der Internationalen Koalition, zurückgewonnen werden. Die vor dem Genozid 2014 aus dem Gebiet abgezogenen Pêşmerga-Kräfte der südkurdischen Regierung unter der Leitung der kurdisch-nationalistischen KDP reklamierten öffentlich den Sieg für sich und versuchten, die Beteiligung der YPG/YPJ und PKK sowie die erfolgreiche Selbstorganisierung der Êzîd_innen medial zu übertönen.

Hunderte internationale Freiwillige beteiligten sich an der militärischen Verteidigung sowie am medizinischen und gesellschaftlichen Wiederaufbau der Region. Xelîl reiste nach einem Jahr Aufenthalt in Rojava im Oktober 2016 dorthin. Er beteiligte sich an den Aufbauarbeiten der Jugendbewegung Şengals und nahm auch zeitweise eine Rolle in den regionalen Widerstandseinheiten YBŞ ein.

Er lernte hier Şehîd Zekî Şengalî kennen. Şehîd Zekî Şengalî widmete sich lange Jahre revolutionären Aufgaben in Europa. Als am 3. August 2014 der faschistische IS die êzîdisch-kurdische Bevölkerung in Şengal überfiel, kehrte er dorthin zurück und nahm bis zu seinem Tod an den Aufbauarbeiten eigener autonomer Strukturen für ein freies und geschwisterliches Lebens für die Êzîd_innen und die Völker Şengals teil. Er wurde zu einem Lehrer und Repräsentanten der êzîdisch-kurdischen Identität von Şengal.

Am 3. März 2017 erlebte er dort einen Angriff der KDP-Pêşmerga, die im Interesse des türkischen Staates militärische Auseinandersetzungen in der Region Şengal provozieren wollten. Dabei wurde die seit 2005 als Journalistin tätige Nûjiyan Erhan durch Pêşmerga-Kräfte gezielt angegriffen, als sie den Überfall dokumentieren wollte. Mit schweren Verwundungen wurde sie in ein Krankenhaus in Rojava gebracht und starb dort 20 Tage später an ihren Verletzungen. Xelîl griff später, in Erinnerung an sie in seiner neuen Namensgebung ihren Bager Nûjiyan ihren Namen auf. Der Name Bager bedeutet im Kurdischen »Wirbelwind«.

04/02/2017, E-Mail an die Familie

…,

nach langer Stille schicke ich dir endlich wieder ein Lebenszeichen. Es hat ein bisschen länger gedauert und ging schneller los als gedacht, weshalb ich es nicht mehr geschafft habe, nochmal Bescheid zu sagen. So ist das hier manchmal, in Bewegung und mitreißend. Die letzten drei Monate war ich im Hügelland[122] und habe gelernt, in Ruhe und fernab von all dem Lärm und komplizierten Geräten. Ich hoffe, bei euch lief alles gut und ihr habt euch nicht zu viele Sorgen gemacht. Mir geht es sehr gut, gerade bin ich für fünf, sechs Tage in Qamişlo. Tatsächlich bin ich danach nochmal etwa zwei Monate unterwegs und werde mich leider wieder nicht melden können. Ich hoffe wir können bis dahin nochmal hin- und herschreiben.

Mitte nächster Woche werde ich nochmal zu einer anderen Arbeit in den Şengal gehen. Dort ist die Lage gut, wenn auch ganz anders als in Rojava. Die

122 Gemeint ist Şengal.

Selbstverteidigung wurde seit dem Genozid an den Êzîd_innen vor zweieinhalb Jahren aufgebaut und gerade laufen die Diskussionen und Vorbereitungen, um die Demokratische Autonomie und Selbstverwaltung aufzubauen und vermutlich dieses Jahr noch offiziell ausrufen zu können. Ich werde eine Weile dort unterwegs sein und mit Freund_innen arbeiten. Şengal hat bisher immer noch keinen Status, es gibt einen Wust von verschiedenen Seiten, die alle Einfluss haben wollen: die KDP, die irakische Zentralregierung, südlich lagern noch ein paar Banden des IS, wobei ihre Kräfte fast alle nach Mossul und Raqqa verschoben wurden oder (die Führungsriegen) sowieso schon nach Afghanistan und Libyen verschwunden sind. Jedenfalls werde ich dort vermutlich bis etwa Newroz sein, dem Frühlingsfest am 21. März, und dann wieder nach Rojava kommen. Seit der Befreiung des Şengal 2015 gibt es eine Verbindung nach Rojava. Şengal existiert international auf diplomatischer Ebene gerade einfach nicht, weshalb es auch keine Passkontrollen oder ähnliches gibt. Der IS kann gegen den Şengal tatsächlich nichts mehr ausrichten, sie können nicht im Gebirge kämpfen. Der Genozid an den Êzîd_innen 2014 war nur möglich, weil es nahezu keine Organisierung gab, keiner die Gefahr wahrhaben wollte und die KDP (Barzani und die Baggage) systematisch jede Bewusstwerdung verhindert haben, sogar noch Waffen, die in der Hand der Bevölkerung waren, konfisziert hat. Jetzt ist die Organisierung in vollem Gange, es werden Kommunen und Räte organisiert, Nachbarschaftshilfe, eine basisdemokratische Verwaltung, Grundversorgung, ein neues Bildungs- und Gesundheitssystem, und vor allem die Jugend schließt sich der Selbstverteidigung an. Nun, jedenfalls werde ich dort eine Weile sein, viel lernen und recherchieren.

M.

07/02/2017: E-Mail an die Familie

Haaallo,

heute Morgen haben wir auf dem Dach des Zentrums in Qamişlo bei knapp zwanzig Grad und Sonnenschein gefrühstückt. Der Winter kommt hier immer nur kurz und ruckweise alle zwei, drei Wochen mal. Şengal und Cizire/Ost-Rojava sind klimatisch nicht so unterschiedlich, außer dass Şengal natürlich ein Gebirge ist. Ich bin die meiste Zeit auf halber Höhe gewesen, besonders kalt ist es nicht, aber der Wind ist vollkommen verrückt. Deshalb braucht es gute Abhärtung und Vorsicht, um nicht krank zu werden. Ich habe angefangen mindestens doppelt so viel zu essen und inzwischen mindestens fünf Kilo zugenommen. Deshalb ist mir die ganze Zeit warm. Die Jugendlichen beschweren sich zwar die ganze Zeit, dass es so furchtbar kalt ist, aber das ist dann auch ein bisschen selber Schuld, so ohne Hut und Schal. Die Lage im Şengal ist bezogen auf Versorgung ein wenig schwieriger als Rojava, weil es natürlich kleiner ist und die KDP tatsächlich kaum etwas durchlässt. Es gab vor kurzem einen Report von *Human Rights Watch*, in dem sie auch kritisiert wurden. Dieser ganze Barzani-Clan ist wirklich eine Verbrecherbande, die mit kleinen, schlecht durchdachten taktischen Rankünen und Komplotten ihre Macht sichern wollen. Aber in der Substanz ist ihre Politik leer, ihre Peşmerga sind unmotiviert und stehen nur wegen des Geldes in der Landschaft herum. Es ist wirklich ein Unterschied, ob du an einem Peşmerga-Kontrollposten vorbeikommst, die im Grunde selbst nicht so genau wissen, was sie da eigentlich tun (die unteren Ränge), oder ob du auf Freunde der Widerstandseinheiten triffst. Die Grundversorgung ist nicht problematisch, aber es gibt kein Baumaterial, weshalb ein großer Teil, wahrscheinlich die Mehrheit der Bevölkerung, immer noch in den Camps auf der Hochebene im Gebirge lebt und dort so gut es eben geht den Winter abwartet. Medikamente sind wirklich knapp, Babynahrung, die Sachen, die für Familien dringend sind. Wahrscheinlich kommen mit dem Frühling einige Familien so langsam zurück in die Dörfer in der Umgebung des Şengal. Geheizt wird mit Dieselöfen, meist gibt es einen pro Familie. In unserem Ort, in dem zwischen zwei und zwanzig Leuten sind, gibt es zwei, drei Stück und kleine Benzinöfen, die aber nicht den Raum insgesamt warm machen, sondern nur einen Meter Umkreis. Ich bin viel stationär an einem Ort und in die Jugendarbeiten involviert. Wir machen gerade viel Bildung, Philosophie, Selbstorganisierung, Geschichte von Êzîdxan (»Das Haus der Êzîd_innen«, das heißt die Gesamtheit der êzîdischen Gesellschaft), êzîdische Mythologie und Verbindung zur Befreiungsphilosophie. Demokratische Autonomie als Selbstverwaltung und Einheit der Êzîd_innen nach außen und Demokratisierung der Familien und innerhalb der ganzen Gesellschaft sind einige der Themen. Es geht insgesamt darum, dass gerade zum ersten Mal seit Jahrhunderten die êzîdische Gesellschaft durch die Freiheitsbewegung Kurdistans, die interveniert hat als der Genozid stattfand, eine Selbstverwaltung aufbauen kann, die das jahrhundertelange Korruptionsspiel beendet und die Abhängigkeit von der Gnade Bagdads oder Erbils überwindet. Ich bin vor allem hier, um ein wenig die Außenwelt zu repräsentieren und dabei die wirklichen, rudimentären Grundlagen des gesellschaftlichen Aufbaus verstehen zu lernen. Das Denken der Êzîd_innen ist wirklich furchtbar interessant. Da sie immer isoliert waren, gab es im Grunde nie breiteren Kontakt mit Großstädten (außer als Wanderarbeiter in Südkurdistan oder dem Zentralirak, was insgesamt auch nicht sehr viele waren) und so etwas wie wissenschaftlichem Denken. Einerseits gibt es natürlich eine starke religiöse Dogmatik und Vorsicht gegenüber dem Islam (dem großen Anderen, der immer eine Bedrohung dargestellt hat), gleichzeitig aber als Grundlage des Êzîdentums eine Philosophie und Naturmythologie, die sehr fortschrittlich, ganzheitlich und demokratisch ist. Wir versuchen diese Verbindung zu diskutieren und mit den Jugendlichen das Bewusstsein über die revolutionären Möglichkeiten und

Notwendigkeiten der Lage des Şengal zu erarbeiten. Es heißt, das der Kern der kurdischen Gesellschaft und Kultur insgesamt am nächsten im Êzîd_innentum verstanden werden kann. Die anderen kurdischen Teile wurden durch den Islam und imperiale Eingriffe und jahrtausendelange Repression und Vereinnahmung von ihrer eigentlichen Identität und mythologischen Grundlage entfremdet, deshalb ist der Şengal so wichtig für die kurdische Bewegung – darin spiegelt sich noch ein geheimes Wissen über die alten, matrizentrischen und ganzheitlichen Gesellschaften wieder.

Insgesamt geht also alles gut voran, mir geht es sehr gut und ich lerne in der Praxis des şengalischen Chaos. Gegenüber dem mittelöstlichen Sommer geht es mir hier im Winter eindeutig besser, auch wenn die Luft in Qamişlo furchtbar dreckig ist. Aber im Şengal ist (außer den Dieselrauch-Schwaden, die entstehen, wenn gewisse Jugendliche nicht richtig wissen, wie sie damit Wärme erzeugen und die Flamme ersticken) die Luft um einiges besser. Es wird sich zeigen, wie das im Frühling wird, wenn die Stürme wieder anfangen und den Staub großzügig in der Landschaft umverteilen. Je nach Klimaeinfluss schwanken die Temperaturen sehr (von einem auf den anderen Tag manchmal fast zwanzig Grad Unterschied). Als ich vor ein paar Tagen nach Rojava kam, hatten wir gerade vier Tage klirrende Kälte hinter uns und es gab kurz kein Wasser mehr, weil alle Tanks gefroren waren. Da hier inzwischen zwanzig Grad sind, ist der Unterricht im Şengal vermutlich auch draußen in der Sonne. Der Ostwind aus dem Iran bringt die Kälte, die Luft vom persischen Golf die Wärme, glaube ich.

Ich melde mich, sobald ich die Möglichkeit habe. Wir sehen uns, wenn die Zeit gekommen ist. Bis dahin pass auf dich auf, halte die Moral hoch und grüß alle, die du siehst.

Aus dem Vorfrühling der mesopotamischen Ebenen
M.

Internationalistische Kommune

April bis Juni 2017, Rojava – Internationalistische Kommune

08/04/2017: E-Mail an den Vater

Guten Abend,

ich bin seit Kurzem wieder zurück in Rojava, gerade wieder in Qamişlo, komme aber erst jetzt dazu zu schreiben (weil es manchmal schwierig ist, in einer freien Minute auch einen Rechner zu haben oder umgekehrt vor einem Rechner eine ruhige Minute). Mir geht's gut, allen anderen auch, und alles geht seinen Gang. Ich bin eigentlich nur kurz provisorisch für ein paar Gespräche aus Şengal zurückgekommen. Aber so wie es aussieht, werde ich erst mal wieder hier sein, bis auf einen kleinen Auftrag diese Woche, in der ich als Übersetzer und einigermaßen Kultur-eingeweihter mit Journalisten nochmal zurückgeschickt werde. Jedenfalls war die Zeit im Şengal sehr gut und produktiv. Nachdem ich den Dialekt lernen musste (ein Unterfangen, das einige Geduld erfordert) war ich einige Zeit in Gesellschaftsarbeiten und Jugendarbeit involviert, und natürlich nebenbei damit beschäftigt zu recherchieren und zu erforschen, wie sich eine wahrscheinlich jahrtausendealte Mentalität bis heute halten konnte. Die Mythologie von Êzîdxan ist einerseits sehr offen, sehr anknüpfungsfähig, aber gleichzeitig mitunter so hart und dogmatisch, dass manchmal nicht klar ist, ob sich Denken und Gesellschaft verändern oder nicht. Jedenfalls war die êzîdische Gesellschaft vorher kaum mit Leuten von außerhalb (also außerhalb der Gesellschaften von Südkurdistan und dem Zentralirak) in Berührung, was sehr zu spüren ist. Aber das ist auch in Rojava an vielen Orten nicht anders. Entsprechend sind europäische Leute, vor allem welche, die immer wieder auftauchen, schnell so etwas wie bunte Hunde. Wir hatten den Gedanken ein Wörterbuch speziell für Internationalist_innen im Şengal zu schreiben, weil sich die Sätze, mit denen sich überall Türen öffnen, in einigen wenigen Worten zusammenfassen lassen: ›bihna fireh‹ heißt soviel wie ›tief durchatmen‹, ›bi hêviya xwede‹ heißt ›mit Hoffnung auf Gott‹, das heißt, ›wird schon werden, wenn es soll‹, ›te tam nekir‹ heißt ›das hast du nicht gekostet‹, also ›davon hast du keine Ahnung‹. Das reicht als sprachliche Selbstverteidigung meistens aus, damit der Engel Pfau einem hilft. Das ist der heilige Engel, der die Êzîd_innen schützt, wegen ihm werden die Êzîd_innen von Djihadisten als Teufelsanbeter_innen verfolgt, weil sie die Legende falsch verstehen. Tawsî Melek, der Engel Pfau, ist angeblich der gefallene Engel, der sich Gott widersetzte. Er taucht auch im Christentum auf, aber die Legende ist im Êzîdentum viel richtiger: Nachdem die Erde erschaffen wurde, befahl Gott, dass niemand den Kopf beugen dürfe, auch nicht vor ihm oder seiner Schöpfung. Nach siebentausend Jahren kam er wieder vor die Engel und befahl ihnen, den Kopf zu beugen. Nur Tawsî Melek blieb ungehorsam, aus Loyalität zur Schöpfung, aus Respekt vor dem Beginn. Dementsprechend ist er nicht der gefallene Engel, sondern der Verteidiger der Geschichte, des Anfangs, und auch der Êzîd_innen, weil sie ihn als solchen erkennen. Das heißt in der modernen Übersetzung, dass nur Widerstand wirklich der Lage angemessen ist – wer sich der Ehrfurcht, dem Gehorsam und der Passivität hingibt, kann die Wahrheit nicht sehen, macht sich schuldig gegenüber der Wahrheit. Sehr schön ist, dass diejenigen, die die wahre Rolle von Tawsî Melek nicht verstehen, eben einfach arm dran sind, und nicht Ungläubige oder Ähnliches. Die Êzîd_innen haben nicht den Anspruch, anderen Leuten ihre Wahrheit aufzudrücken, sondern bleiben eher unter sich, wenn Leute sich seltsam annähern und ihnen irgendetwas aufdrücken wollen. Wer verstehen will, kann sich bei ihnen bewegen, mit ihnen leben. Sie sagen, dass die urchristliche Ethik nahe an der Wahrheit des Êzîdentums ist, ebenso die Philosophie Zarathustras, bei der es vielmehr um eine ethische Haltung und die Entwicklung des freien Willens geht.

Ich glaube, es gibt kaum Recherchen zum Êzîdentum, vor allem aus der jetzigen Perspektive wäre es sehr gut, die Verbindung der êzîdischen Geschichte von Mythologie, Verfolgung und der gerade stattfindenden Erneuerung durch die Intervention der PKK gegen den Genozid nachzuzeichnen. Das hat Zeit und braucht auf jeden Fall noch einige Recherchen.

Nun, soweit in Kürze. Sei umarmt, und pass auf dich auf. Ich melde mich, sobald es wieder die Möglichkeit gibt.

M.

30/04/2017: E-Mail an die Familie

Hallo,

bei uns ist alles gut. Die Luftangriffe gingen nur auf das Hauptquartier der YPG, zivile Ziele haben sie bisher nicht angegriffen. Sie provozieren zwar an der Grenze, wurden aber unter schweren Verlusten zurückgeschlagen. Die Angriffe sind natürlich eine neue Stufe der Eskalation, aber wir selbst sind gut geschützt. Die Angriffe waren vor allem eine Falle der USA: Sie haben hinter den Kulissen Erdoğan ermutigt, um sich jetzt gegen die Türkei völlig legitim in Nordsyrien verbreiten zu können. Der Kampf, der damit hier gerade beginnt, dreht sich vor allem um die Gefahr der US-Einflussnahme für das Projekt der Föderation

Nordsyrien. Das ist ärgerlich, aber das heißt eben, dass wir mehr Familien besuchen und die US-Spiele erklären müssen, damit klar ist, dass das US-Engagement hier für uns nur ein taktisches Bündnis ist, auf Dauer will die hier niemand. Es ist auf jeden Fall gut zu merken, dass auch die Mittel der großen Imperien im Zweifelsfall sehr gering sind, wenn es nicht nur darum geht, möglichst viel sofort kaputt zu machen, sondern auch ein bisschen an die Zukunft gedacht werden muss. Da ist unsere Perspektive gerade nachhaltiger und sicherer als die der AKP.

Pass auf dich auf, grüß alle anderen, und hab eine gute Zeit.
M.

Qereçox

Zu einer Zeit, als die Operation der QSD in Richtung Raqqa bereits weit fortgeschritten war, große Teile Syriens vom sogenannten IS befreit und die Demokratische Konföderation Nordsyrien gegründet worden war, fand ein Angriff von besonderer strategischer Bedeutung statt. Sein Ziel, eine Hügelgruppe namens Qereçox, liegt an der Grenze Syriens zum Irak, südlich der Stadt Dêrik und nördlich der Şengal-Berge. Es ist der erste Ort, an dem in Syrien nach Öl gebohrt wurde, und er hatte aufgrund seiner Aussicht immer eine strategische Bedeutung. So wurden die Hügel seit Beginn der Rojava-Revolution für militärische Zwecke genutzt: zunächst als Trainingsort für neue Kämpfer_innen, später als Radiostation und zuletzt als Kommandantur und YPG-Media-Center, das die Erfolge der Revolution in Bild und Ton und in mehreren Sprachen in die Welt trug. Am 25. April 2017 wurden die Qereçox-Berge von 26 türkischen Kriegsflugzeugen bombardiert. Der Angriff zielte auf die Einrichtungen und Gebäude der YPG-Pressestelle, den Radiosender Dengê Rojava sowie eine Druckerei der Presse und militärische Einrichtungen. Es kamen drei Mitarbeiter_innen des Pressezentrums, sowie 20 YPG-und YPJ-Kämpfer_innen ums Leben. Zudem wurden 18 weitere Kämpfer_innen der YPG/YPJ verletzt. Unter den Getöteten war auch Rûstem Zêdan (Mehemed Xelîl), ein Kommandant in der Anti-IS-Operation in Raqqa. Die Kampfflugzeuge flogen nach dem ersten Angriff weiter in Richtung Şengal und bombardierten dort die Dörfer Kasra und Amuda.

Die kurdischen Medien beschrieben diesen Luftschlag als Angriff auf ihre Bemühungen, die Wahrheit über den Niedergang des IS und den Erfolg der Selbstverteidigungskräfte Nord- und Ostsyriens zu berichten. Die Bombardements durch die türkische Armee fanden statt, obwohl der durchquerte Luftraum seit 2015 unter der Kontrolle der internationalen Anti-IS-Koalition stand. Der türkische Präsident Erdoğan erklärte gegenüber der Nachrichtenagentur Reuters, dass die US-Amerikaner_innen, die Russ_innen und die Kurdische Regionalregierung im Nordirak im Vorhinein über die Angriffe informiert worden seien. Die Angriffe wurden von den QSD folgendermaßen eingeordnet: Die Türkei versuche, dem IS Luft zum Atmen zu verschaffen, der in seinen letzten Zügen liege. Durch den Angriff gegen die Selbstverwaltung Nord- und Ostsyriens und die sich damit entwickelnden Widersprüche in der Anti-IS-Koalition strebe die Türkei an, den Kampf gegen den IS zu schwächen.

04/05/2017: E-Mail an die Familie

Hallo,

der ND-Artikel war von mir,[123] ich dachte, das ist ein guter Name für Publikationen, klingt sehr schriftstellerisch. Ich will versuchen, mir immer mal die Zeit zu nehmen, Sachen zu verschriftlichen und den Leuten dort zu schicken. Vermutlich habe ich die nächsten 2 bis 3 Wochen auch noch viel andere Arbeit (Bildung geben, Übersetzungen, außerdem arbeiten wir gerade daran, ein brauchbares Kurdisch-Lehrbuch für Internationalist_innen zusammenzustellen), aber mit ein bisschen Glück kann ich bald mehr journalistisch arbeiten. Muss auf jeden Fall mehr üben, zu schreiben.

Mach's gut, und wünsch allen alles Gute zum Donnerstag.
M.

16/06/2017: E-Mail an TATORT Kurdistan

Hallo,

da noch nichts über den Verteiler kam: Vor einigen Tagen wurde die *Internationalistische Kommune Rojava* gegründet, die erste offizielle nicht-militärische Akademie und Koordination für Internationalist_innen in Rojava.

internationalistcommune.com
https://twitter.com/CommuneInt

Die *Rote Hilfe International* hat dazu eine Spendenkampagne begonnen:
https://rotehilfech.noblogs.org/

Revolutionäre Grüße
X.

123 Xelîl veröffentlichte am 26. April 2017 aus Rojava den Artikel »Rojava – großtürkisches Feindbild« in der Zeitung *Neues Deutschland.* Er wählte das Pseudonym ›Michael Sommerfeld‹, für das er den Geburtsnamen seiner Mutter übernahm.

Internationalistische Kommune

Mit der Revolution in Rojava und dem Aufbau von Räte-, Akademie- und Kooperativstrukturen in den unter Selbstverwaltung stehenden Gebieten Nord- und Ostsyriens reisten viele interessierte Menschen aus der ganzen Welt dorthin. Insbesondere nach der erfolgreichen Verteidigung der nordsyrischen Stadt Kobanê gegen den IS erfuhren mehr Menschen als jemals zuvor vom demokratischen Aufbruch im Mittleren Osten. Dadurch entstanden Verbindungen zwischen emanzipatorischen Bewegungen auf der ganzen Welt. Rojava wird oftmals mit dem Kampf gegen den Faschismus in Spanien in den 1930er-Jahren verglichen, denn internationale Freiwillige beteiligten sich in allen Bereichen seiner Verteidigung. Dutzende Menschen aus aller Welt ließen für die Errungenschaften der Revolution in Rojava ihr Leben, darunter Ivana Hoffmann (Avaşîn Tekoşîn Güneş) in Til Temir, Kevin Jochim (Dilsoz Bahar) in Siluk, Anton Leschek (Zana Cîwan) in Minbic, Alina Sanchez (Lêgerîn Çiya) in Hesekê, Farid Medjahed (Şahîn Qerecox) in Deir-ez-Zor, Anna Campbell (Hêlîn Qerecox) in Afrin, Konstantin Gedig (Andok Cotkar) in Serê Kaniyê und viele weitere.

Xelîl reiste dreimal nach Rojava. Ihn und seine Freund_innen beschäftigte die Frage, was für eine neue internationalistische Struktur es dort brauchen würde, um der Rolle Rojavas für freiheitsliebende Menschen auf der ganzen Welt gerecht zu werden. Mit seinen Ideen, seiner Beharrlichkeit und Überzeugungskraft war er eine wichtige Kraft hinter dem Aufbau der Internationalistischen Kommune in Rojava.

Die Internationalistische Kommune spielt weiterhin eine bedeutende Rolle in den Entwicklungen in Nord- und Ostsyrien. Über ihre Organisierung ist es möglich, dass insbesondere junge Menschen aus aller Welt einen sinnvollen Beitrag zur Revolution leisten können. Es finden dort Seminare und Bildungen statt, ökologische Projekte werden aufgebaut und koordiniert, Informationen werden in viele Sprachen übersetzt. Die Inhalte und Grundlagen der Revolution werden so für viele Menschen überhaupt erst zugänglich.

18/06/2017: E-Mail an die Familie

Ihr Lieben,

geht's euch gut? Hier ist wie immer alles in Bewegung und es geht voran. So wie immer ist die Bewegung hier etwas ruckartig und Veränderungen kündigen sich zwar irgendwie vorher an, aber wenn es losgeht, wirkt es meistens spontan, obwohl das natürlich Teil der Organisierung ist. Jedenfalls habe ich heute die Nachricht bekommen, dass ich für eine Zeit für eine andere Arbeit unterwegs sein werde. Morgen geht es los und ich werde dann eine Weile ohne Internetverbindung sein. Wie lange, das steht noch nicht fest, aber es können einige Monate werden. Kennt ihr ja schon, dieses Mal ist es nur noch ein wenig spontaner. Ich hatte eher Ende des Sommers damit gerechnet, aber so ist es im Grunde noch besser.

Grüßt auf jeden Fall alle von mir. Drückt vor allem die Schwester von mir, und alle unter einem Meter fünfzig. Ich melde mich, sobald sich wieder die Gelegenheit ergibt.
Habt eine gute Zeit, und passt auf euch auf.
M.

Bager Nûjiyan

Michael Panser, der seit seiner Reise nach Kurdistan in 2012 auch als Xelîl bekannt war, entschied sich 2017 für einen neuen Namen: Bager Nûjiyan. Die meisten Menschen, die beschließen, Teil der PKK zu werden, benennen sich beim Beitritt um. Sie symbolisieren damit den Beginn eines neuen Lebensabschnitts und ihre Bereitschaft, sich persönlich weiterzuentwickeln. Die Wahl oder die späte Verleihung eines Namens erinnern zudem an indigene Bräuche, bei denen Menschen im Zuge ihrer Emanzipation, ihrer Selbstwerdung und mit einer gewissen Selbsterprobung und Selbstkenntnis einen weiteren, ihnen eigenen Namen wählen.

Unter den Umständen enormer Repression und Kriminalisierung, wie sie vor allem in der Türkei und bei deren NATO-Verbündeten – allen voran Deutschland – auftreten, wird die Nutzung verschiedener Namen auch als Schutz vor Verfolgung verwendet. In der kurdischen Bevölkerung ist es jedoch allgemein weit verbreitet, andere Rufnamen zu haben als die, die in offiziellen Papieren zu finden sind. Das liegt vor allem daran, dass die koloniale Politik der Länder, in denen die Kurd_innen wohnen, oftmals die Eintragung kurdischer Namen nicht akzeptiert. Tatsächlich liegt auch deutschen Behörden eine Liste kurdischer Vornamen vor, von denen Eltern bei der Namenswahl ganz offensiv abgeraten wird beziehungsweise bei denen später zum Beispiel das Erhalten von Ausweispapieren massiv erschwert wird.

Bager bedeutet ›Wirbelsturm‹. Es ist wahrscheinlich, dass Xelîl den Namen bewusst wegen seiner Bedeutung annahm oder auch, weil er den Tod eines Weggefährten erlebt hatte, den er sehr schätzte. Häufig nehmen Militante der Freiheitsbewegung Kurdistans Namen aufgrund ihrer Geschichte und in Gedenken an wertvolle Freund_innen an, um deren Kämpfe fortzuführen und an sie zu erinnern. Den Namen Nûjiyan, der ›neues Leben‹ bedeutet, wählte Xelîl in Erinnerung an die Freundin Nûjiyan Erhan, die einem Angriff der KDP in den Bergen Şengals zum Opfer fiel.

Verschiedene Menschen kennen Micha–Xelîl–Bager unter den verschiedenen Namen.

Erster Brief an die Familie

Weihnachten 2017, Freie Berge Kurdistans

Ihr Lieben,

lange hat es gedauert, bis ich Zeit und Raum finde, euch diesen Brief zu schreiben. Vor allem auch, weil es Zeit und Ruhe braucht, die Gedanken zu ordnen, im Geist das Bild entstehen zu lassen, das ich euch in diesen Zeilen beschreiben will.

Es dürften mittlerweile gut sechs Monate sein, seit ich einige Zeilen an U. absetzen konnte. Die Nachricht des Aufbruchs kam früher als erwartet und so war ich eine Weile unterwegs und in Arbeiten eingespannt. Entsprechend lange trage ich in Gedanken diesen Brief umher; nun ist es Zeit, spät, aber dafür vielleicht ein wenig klarer und länger. Bereits das ist eine wichtige Erfahrung – wie langsam wirklicher Fortschritt im Denken vonstatten geht und wie lange Gedanken reifen müssen, bis sie zu tiefer Bedeutung finden und der Verbindung und dem Weg gerecht werden.

Zuerst – wie es euch geht! Geht es euch gut, seht ihr euch, passt ihr gut aufeinander auf? Was ihr wohl in der Zeit getrieben habt, in der ihr nicht erreichbar wart? Jedenfalls hoffe ich, ihr seid wohlauf, und munter und voller Heiterkeit und zelebriert angemessen alle wichtigen Ereignisse, auch stellvertretend für mich. Ich verfolge in Gedanken euren Kalender – auch das ist eine Wahrheit, dass jeder Klan nach seinem eigenen Kalender lebt. Ich habe drei verschiedene – den mit euch gemeinsam, den der Bewegungen des Westens und den des Morgenlandes.

Ich will euch von der Welt schreiben, in die ich geraten bin und in der ich seit einer Weile lebe. Ende März kam die Nachricht, dass der Weg bereit sei, in die Berge zu gehen.

Die Zeit im Şengal und in Rojava hatte ich viel genutzt um Überlegungen anzustellen; über unseren bisherigen Weg, vom Auszug aus der Welt Mitteleuropas in die Ebenen Mesopotamiens; über die Fragen, wie weit wir schon gekommen waren; wann die Zeit für einen möglichen Rückweg nach Europa gekommen wäre und was für Bedingungen dafür erfüllt sein müssten.

Vor allem eine Frage war von großer Wichtigkeit: Wann ich genug gelernt haben würde, um mit einer Rückkehr diese große Distanz überbrücken zu können und um die Verbindung des Morgenlandes zurücktragen zu können.

Letztendlich war das eine der großen Aufgaben, die ich mir gestellt hatte, als ich vor inzwischen fast zweieinhalb Jahren aufbrach: Das Verstehen der Verbindung zwischen dem Mittleren Osten, Mesopotamien und Kurdistan mit Europa, denn in gewisser Weise sind beide Welten wie die zwei Hälften einer Tontafel, die ohne einander nicht verständlich sind.

Auch wenn in Europa das Bewusstsein darüber nicht mehr sehr klar ist: Der Anfang der Geschichte ist hier, im Morgenland, und ohne das Verständnis der Geschichte und Gesellschaft hier ist auch das Verstehen der Wahrheit Europas und deren Probleme unmöglich.

Es gab in der Geschichte immer zwei Annäherungen Europas an die Welt des Mittleren Ostens. Die eine ist die Linie der Eroberung, des Krieges, der Kreuzzüge, der Intervention und Versuche, sich des Reichtums hier zu bemächtigen. Der erste, der die Tradition des Angriffs auf den Mittleren Osten gewissermaßen begründet hat, war Alexander der Große. Bei ihm ist der Gedanke der militärischen Invasion noch klar mit dem Bewusstsein gefüllt, dass die Kraft, der Ursprung der Zivilisation, hier liegt, und was er geschafft hat, war vor allem eine Synthese der neuen Welt Europa, die sich auf die neue Methode des philosophischen Denkens gründet, und der tiefen Kultur des Morgenlandes herbeizuführen.

In dem Maße, wie in Europa der Schritt zur Zivilisation gegangen wurde, übertrug sich die Form der Staatswerdung auf Europa. Das römische Imperium war vor allem ein Abglanz der Imperien des Mittleren Ostens, das sich die Methode der Regierung und militärischen Führung der Gottkönigreiche seit Akkad, Ägypten und Assur aneignete und mit der Flexibilität der griechischen Philosophie verband. Dies ist die eine Seite der Geschichte, die Geschichte von Macht und Herrschaft, in der sich die Formen des Angriffs, der Ausbeutung und Unterwerfung ändern, aber nicht die Mentalität, die immer darauf gerichtet ist, die Gesellschaft zu unterwerfen und sich die Produkte der Arbeit und die gesellschaftlichen Werte anzueignen.

Denn so sehr unser Bild vom Mittleren Osten von diesen großen Imperien, Gottkönigen, von Despoten, von Gewalt und religiösem Dogmatismus und Fanatismus geprägt ist – all das sind bereits Formen von Herrschaft und deren Auswirkungen, die der Gesellschaft im Grunde fremd sind.

Was dem gegenübersteht, ist ein tiefes Erbe von kommunalem Leben, Werten, eine Freiheitsbewegung, die fünfzehntausend Jahre zurückreicht und in der Neolithischen Revolution ihren Ursprung hat. Was der Stärke der Bewegung in Kurdistan zugrunde liegt, ist eben diese Gesellschaftlichkeit, die immer im Widerstand gegen die Staaten, Gottkönige und Imperien stand. Dies ist die andere Bewegung, die Suche nach dieser Gesellschaftlichkeit, die eine andere Annäherung an den Mittleren Osten von Europa aus begründet. Vielleicht eine gewisse Faszination, aber vor allem eine neue Erkenntnis, dass der Kern unserer

Gesellschaft, unserer Kultur Mitteleuropas, hier, im Mittleren Osten, ihren Ursprung hat; dass es Werte und Bedeutungen gibt, die von hier ausgingen, bis heute fortleben und bei uns versteckt sind, vielleicht nicht verlorengegangen, aber vergraben unter zweitausend Jahren Krieg, Invasion, Dogmatismus und zuletzt der neuesten Form der Herrschaft, der kapitalistischen Moderne, sind.

Es heißt, unsere Wahrheit liegt am Anfang der Geschichte versteckt und wenn wir die Probleme unserer Zeit, unserer Epoche, richtig verstehen und lösen – erlösen – wollen, müssen wir diese Geschichte verstehen – in ihrer ganzen Verwobenheit, von den ersten Klans, die aus Afrika nach Norden wanderten, vom Übergang der konföderalen Dorfkultur in Mesopotamien, von der Entstehung von Städten, Klassen und Staaten bis zu unserer Zeit. Vor allem ist es die Suche nach Wahrheit, Freiheit und die Überwindung all dessen, was einem tiefen, gelebten Leben im Wege steht. Das ist der Kern unserer Bewegung und dies ist der Weg, den seit Jahrtausenden Suchende aus Europa nach Osten gegangen sind. Es ist die Bewegung der Morgenlandfahrenden, wie ein Freund es genannt hat; eine Bewegung des Geistes, der Verbindung; eine Bewegung, die den Gegenpol zu kriegerischer Invasion und Unterwerfung darstellt.

In anderer Form ist es vor allem eine Gegenbewegung gegen die kapitalistische Moderne und deren neuen Plan zur Erschließung des Mittleren Ostens, das *Greater Middle East-Project*. Die Bewegung des politischen faschistischen Islam ist dabei nur ein Türöffner für den Angriff der USA und der NATO, aber dazu später.

Kurdistan ist ein seltsames Land; ein geteiltes Land, auf vier Staaten aufgeteilt und gleichzeitig nicht in erster Linie von diesen vier Staaten (Türkei, Iran, Irak, Syrien) besetzt, sondern vielmehr Teil eines Großmachtprojektes, das von außen kommt und alle Teile und Kräfte der Region gegeneinander ausspielen soll. Entsprechend vielfältig sind die Verwicklungen, sowohl in der Region, in der Gesellschaft als auch international; und die Formen, wie die Gesellschaft angegriffen wird, sich verteidigt und organisiert, sind eine unendliche Geschichte.

Es ist wie ein Kreis, dessen Umfang wächst, je mehr du dich damit beschäftigst; du kannst an jedem Punkt beginnen, aber nie wieder aufhören, und das Verstehen Kurdistans, seiner Teile und der Auseinandersetzungen, die darin geführt werden, verbindet vieles: meinen Weg aus Europa, nach Rojava, in den Şengal, in die Berge mit der Jugend Europas, die neolithische Revolution mit den Fehlern des Realsozialismus, unsere Familie mit einem alten Freund, der auf einer Gefängnisinsel, Imrali, im Marmara-Meer sitzt und über die Zukunft der Menschheit nachdenkt. Entsprechend schwierig ist es, diese Geschichte zu erzählen und einen Anfang zu finden. Hier fangen die meisten Geschichten so an: Am Anfang, in der natürlichen Gesellschaft, gab es noch keine Zersplitterung. Der Einzelne und der Klan, die Gesellschaft und das Individium standen noch nicht im Widerspruch, deshalb gab es auch die Idee des Individuums, des

Einen getrennt von Allen, vom Ganzen, noch nicht, alle Arbeit war gemeinschaftlich, alle Mühe und Werte waren geteilt, gleich wichtig, was gestern geschaffen wurde, war heute heilig, das Morgen im Heute begründet und geschützt durch die Achtsamkeit der Gemeinschaft. So war das Denken eine Mentalität des Lebens, eine Kultur des Teilens, der Weitergabe, des Bewahrens und Schützens, der Mühe, Bedeutung und des Hervorbringens, Gebärens – die Kultur der Muttergöttin, die hier Innana heißt oder Iştar.

Alles Leben war heilig, im Austausch, im Einklang. So fangen die Geschichten hier an und sie werden mit einer Haltung erzählt, die sich diesen Werten verschreibt und versucht sie zu leben. Dieses Bild der Gesellschaft steht am Anfang der Geschichte, wie wir sie uns hier erzählen, es ist der Anfang unserer Geschichte, die wir als demokratische Kultur, demokratische Zivilisation, beschreiben können. Der größte Teil der Geschichte der Menschheit verlief so, ohne tiefe Widersprüche zwischen Mensch und Natur, Individuen und Gesellschaft, Mann und Frau. Denn es sind symbiotische Beziehungen; Polaritäten, die zusammen gehören, sich gegenseitig hervor bringen und zur Stärke, zur Schönheit, zum Bewusstsein führen.

Doch es entstand noch eine andere Geschichte, die mit einem Bruch begann, als eine Gruppe von Männern sich gegen die Gesellschaft wandte; vermutlich aus der Jagdkultur (die eine im Vergleich zur Landwirtschaft marginale Rolle spielte) entwickelte sich eine Kriegsmentalität, die sich über die Zeit vom ganzheitlichen Bewusstsein entfernte, einseitig analytische Intelligenz entwickelte. Aus der List der Jagd kommt der Gedanke des Raubes der gesellschaftlichen Produkte der Arbeit; die ursprüngliche Akkumulation der Überproduktion, das heißt des Reichtums der neolithischen Gesellschaft. Dies ist die Geschichte der Herrschaft, die in Sumer beginnt: dem ersten Staat. Vermutlich setzte sich innerhalb der Dorfkonföderationen immer mehr eine Kaste durch, die vorher wenig Einfluss hatte, aber mit einer Mentalität, die aus der Jagderfahrung Organisations- und politische Stärke ziehen konnte. So beginnt die Herrschaftsgeschichte mit dem Patriarchat, einem Bündnis einiger weniger Männer mit einer gegen die Gesellschaft gerichteten Mentalität, die auf Hierarchie, Ausbeutung, Kontrolle und Unterwerfung basiert. Es war immer ein Angriff auf die Gesellschaft als Ganzes, auf die Frau und deren bedeutende Rolle, Zentrum der Gesellschaft, auf die Jugend und Kinder und ebenso auf alle Männer, die sich nicht auf die Seite der Macht stellen wollten. Der Schritt, in dem die patriarchale Kaste Gesetze über die Gesellschaft verhängte und sie durch List, Propaganda, Vereinnahmung und militärische und andere Gewalt durchsetzte, stellte die Staatsgründung dar; was einst eine vielfältige, gleichheitlich-demokratische gesellschaftliche Kultur war, erstarrte, wurde von oben zentralistisch in eine Form gepresst, wurde statisch, zum Staat. Es heißt, je mehr Regeln und Gesetze aufgestellt werden, desto weiter ist eine Gesellschaft davon entfernt, sich selbst zu leiten, zu verwalten und die eigenen Probleme zu lösen, entfernt von ihrem eigentlichen, demokratischen Charakter. Denn das ist der eigentliche Widerspruch der Geschichte: zwischen der Gesellschaft, der demokratischen Zivilisation, auf der einen Seite, und dem Staat, der zentralistisch-herrschaftlichen Zivilisation, auf der anderen Seite. Die Mentalität des Staates und das Modell Sumer breiteten sich aus, seit 4.300 Jahren können wir diesen Strom von Imperien, die entstehen und untergehen, studieren. Wichtig dabei ist, zu verstehen, dass jeder dieser Staaten auf den Werten der Gesellschaften gebaut worden ist und mit diesen Gesellschaften im Kampf ist. Jeder Staat hat seit jeher einen Spezialkrieg gegen die Gesellschaft geführt, um sie von ihrem Bewusstsein zu entfremden, nicht zur Ruhe kommen zu lassen und für sich arbeiten zu lassen. Was wir gut verstehen müssen, ist, dass trotz der organisierten Gewalt, Armee, Bürokratie, Mythologien, die dem Staat Legitimität verleihen sollen, kein Staat bisher über die Zeit dem gesellschaftlichen Widerstand standhalten konnte.

Denn auch das ist unsere Geschichte, die Geschichte des Widerstandes der Gesellschaften in all ihren historischen Formen: Angriffe der ›Barbaren‹ (die eigentlich die Verteidigung der alten Kultur gegen die Stadtstaaten darstellen, die deren Lebensform bedrohen); Propheten, die gegen die Mythologien der Gottkönige versuchten einen Maßstab, eine Ethik der Rechtschaffenheit zu begründen; Alchemisten und Hexen, die das alte Wissen bewahrten und verteidigten; revoltierende Sklaven, Bauern, Arbeiter, Philosophen, die zwischen den Lügen nach der Wahrheit suchen; Nomaden, die dem Zugriff des Staates ausweichen, die Kämpfe der Frauenbewegungen, Bewegungen gegen koloniale Besatzung, die Versuche des Realsozialismus, der Anarchismus, die ökologische und Anti-Atom-Bewegung; lokale und regionale Autonomie; das Erbe der letzten großen Jugendrevolte von 68 (die nur pausiert, nicht beendet ist); nicht zuletzt die Kunst-, Kultur- und Musikschaffenden, die ästhetische Formen und Ausdrücke der Gesellschaft geschaffen haben, die weit über das hinausgehen, was ein Staat erschaffen könnte.

All das ist verbunden, ist Teil einer großen historischen Bewegung, die einen Bogen von 20.000 Jahren spannt (das ist seit dem Ende der vierten Eiszeit) und uns letztendlich auch zu dem Grund führt, warum ich gerade hier bin und euch diesen Brief schreibe. Es ist schwierig, all das in einige wenige Zeilen zu bringen, aber ich will zumindest versuchen, auch einige Grundgedanken zu schreiben, damit ihr besser versteht, was es mit all dem auf sich hat, was wir so treiben.

Ich bin seit Ende Juni vergangenen Jahres in den Bergen, um zu studieren und zu arbeiten. Die Berge, das sind die Medya-Gebiete in Südkurdistan, das Herz und Gehirn der kurdischen Bewegung, die befreiten Gebiete der kurdischen Revolution, Guerilla-Gebiet, in dem kein Staat Einfluss hat und die sich deshalb vorzüglich zur Vertiefung und Klarwerdung eignen. Die Monate bis zum Herbst war ich in einer kleinen Schule und nachdem die Schule aus war, schlug ich vor, in den Bergen zu bleiben, um Erfahrungen zu sammeln und etwas zu betreiben, was hier ›Verdichtung des Denkens‹ genannt wird und zur Überwindung von Verwirrung und Unklarheit gut sein soll.

Ich schloss mich einer Gruppe an, die den Winter über Bildung und Selbstbildung betreibt, und fast den kompletten Oktober und November haben wir damit verbracht, unser Winterquartier zu errichten. Wir haben uns in einem kleinen Waldstück sehr bequeme Winter-Hobbit-Höhlen gebaut. Ich bin in wenigen Wochen Meister der Spitzhacke geworden und habe eine grobe Ahnung davon bekommen, was es heißt, aus dem Nichts etwas zu machen. Inzwischen ist es Ende Januar und obwohl der Winter fast vorbei ist, ist die wirkliche Schnee- und Kältewelle ausgeblieben. Das liegt auch daran, dass unsere Berge nah an der Ebene von Mossul liegen und das Klima in Südkurdistan, den Ebenen von Niedermesopotamien, sehr unbergig und warm ist. Zudem ist das Wetter dieses Jahr sehr seltsam – normalerweise ist der Herbst sehr regnerisch, aber auch das blieb aus. Jedenfalls haben wir die letzten zwei Monate mit Bildung verbracht. Es ist eine etwas andere Art zu studieren – wir sind etwa zwanzig Leute und abgesehen von den Tagesaufgaben (Küche etc.) finden alle Bildungen gemeinsam statt (bis auf einige Tage autonomer Bildung, die die Frauen alleine sehen; sie sind etwa die Hälfte an unserem Punkt). Wir diskutieren viel über Geschichte: Geschichte Kurdistans (die mit dem Urknall beginnt, logischerweise), Geschichte der Freiheitsbewegung, Geschichte der Frau; Quantenphysik und deren Rolle für die Philosophie, Denksysteme und Wissenschaftskritik; Kritik des Realsozialismus und die Bücher Öcalans, vor allem eines, das *Soziologie der Freiheit* heißt und den Kern der Philosophie der Bewegung darstellt. Die Grundfrage ist folgende: Wie kann ausgehend von der schwierigen Lage der kurdischen Gesellschaft eine Lösung im Mittleren Osten gefunden werden? Wie kam es dazu, dass ein Volk auf vier Staaten aufgeteilt und einem kulturellen Genozid und Assimilationspolitik ausgesetzt wurde? Wie groß muss die Lösung, wie umfassend das Verständnis des Problems sein? Ihr seht, all das ist verbunden mit dem Problem von Herrschaft und dem Erbe des Staates, der in moderner Form, vor allem der des türkischen Nationalstaates, die Gesellschaft in eine ihr fremde, homogene und kontrollierbare Form pressen soll. Dabei ist die kurdische Geschichte vielleicht wie keine andere mit der Tradition der ursprünglichen, konföderal-demokratischen Dorfkultur und einer freien Mentalität und Naturphilosophie verbunden, die vor allem in dem Weg Zarathustras ausgedrückt ist. Zarathustra und seine Ethik von Freiheit, Wahrheit und Schönheit, Güte stellen nämlich den eigentlichen Kern des kurdischen Glaubens dar, der vom Urmia-See (in Ostkurdistan, Iran) weit über die Gebiete des Mittleren Ostens ausstrahlte und selbst in Europa Spuren hinterlassen hat (wie in der südfranzösischen Bewegung der Katharer im Spätmittelalter, bei

Meister Eckhardt und christlichen Mystikern, und nicht zuletzt bei Nietzsche, der hier großes Ansehen genießt, weit mehr als bei uns).

Der Islam kam als militärischer Feldzug nach Kurdistan und lange war es nur die kollaborierende kurdische Oberschicht, die islamisiert wurde. Bis heute existieren zoroasthrische Glaubensgruppen, Feueranbeter und Verteidiger der alten Mythologie: die Êzîden, die Kakai in Südkurdistan, die Aleviten in Nordkurdistan, die Hewremanen in Ostkurdistan. Ein Teil des Glaubens hat, vor allem in Verteidigung gegen den Islam, dogmatisch-harte Formen angenommen, aber das tiefe philosophische Fundament kommt gerade durch den Kampf der Bewegung wieder ans Licht, so wie überhaupt gerade Prozesse ablaufen, die als Renaissance des Mittleren Ostens bezeichnet werden können.

Bei uns im Winterlager ist dementsprechend ein buntes Gewirr von Charakteren anzutreffen: Verantwortlich ist ein ehemaliger Ziegenhirte aus dem Norden, die Verantwortliche der Frauen aus Kobanê, drei Freundinnen aus Syrien, Araberinnen, ein arabischer Freund aus Aleppo, Freunde aus türkischen Metropolen, Rojava, Südkurdistan. Alle sprechen irgendwelche lustigen Dialekte, ein Gemisch aus kurdischer Grammatik, Arabisch und türkischem Vokabular. Absurderweise bin ich zum Kurdisch-Lehrer ernannt worden, damit nach dem Winter alle Kurdisch lesen und schreiben können. Da einige Freunde aus dem Norden hier sind, ist mein Türkisch inzwischen ganz passabel. Ein assyrisch-christlicher Freund ist auch noch bei uns und ein ehemaliger Geschichtslehrer aus dem Norden, der vom AKP-Regime entlassen wurde und untertauchen musste.

Wie ihr seht, ist die Bildung hier nicht auf theoretische Inhalte beschränkt, sondern es geht vor allem darum, ein kommunales Leben aufzubauen, den Alltag gemeinsam zu gestalten, zusammen zu arbeiten und so die eigenen persönlichen Grenzen auszutesten und zu überwinden. Es gibt regelmäßige Treffen und Versammlungen, um Kritiken und sonstige Bewertungen zu tauschen, und es gibt zwar Zeit für individuelle Vertiefung, aber es ist entsprechend schwierig, lange zusammenhängend in eine andere Welt, zu euch, zu schreiben.

Wir verfolgen regelmäßig Nachrichten und diskutieren die Entwicklungen – alles in allem stellt unsere Kommune hier ein sehr politisches Kollektiv dar, und genau darum geht es: Es gibt diesen Satz, dass wir nicht den Moment, sondern die Geschichte, nicht das Individium, sondern den gesellschaftlichen Hintergrund verstehen müssen.

Und so kommt es, dass aus einem seltsamen Verhalten eines Freundes tiefe Analysen und Wissen gezogen werden können, denn in all unseren Persönlichkeiten spiegeln sich das Erbe und die Widersprüche der Gesellschaft wider aus der wir kommen. Ich schrieb bereits, dass, wenn wir eine Lösung für die Probleme unserer Zeit finden wollen, wir die Vergangenheit verstehen und lösen müssen, um eine freie Zukunft zu ermöglichen. Bei uns geht es auch darum, in uns selbst diese Widersprüche zu erkennen und zu überwinden, denn wenn du dich selbst von den Schwierigkeiten deiner Gesellschaft emanzipierst, kannst du eine initiative Rolle übernehmen, der Gesellschaft zum Bewusstsein, zur Befreiung verhelfen. Natürlich kommen die Freunde hier aus einer anderen Welt, sind beeinflusst von Assimilation, Islam, europäischer Kultur (das heißt Fernsehen und Konsum-Unkultur), arabischem und türkischem Nationalismus. Aber in Diskussionen stellt sich heraus, dass es mehr Parallelen gibt, als es scheint, denn bei uns gibt es ebenso jahrhundertelange Prozesse, die bis heute wirken. Und auch wenn oft vom Schlussstrich, der ›Wende‹ und anderen historischen Umbrüchen gesprochen wird, sind die Kontinuitäten und die gelebte Erfahrung oft wichtiger.

Ich bin erst seit Kurzem dabei, zu vertiefen, was genau eigentlich der Realsozialismus, die UdSSR und die DDR waren, denn es ist klar, das eine 40- oder sogar 70-jährige Erfahrung Spuren hinterlassen haben, die über unsere Familiengeschichte Einfluss auf mich hatte; ebenso der Faschismus und die deutsche Ideologie mit ihrem Idealismus. Auch ist mir erst im Morgenland ein wenig klarer geworden, welchen Einfluss das Christentum und überhaupt dogmatisch-religiöses Denken noch heute auf uns haben, auch wenn Gott tot ist (gestorben an seinem Mitleiden mit den Menschen).

Und nicht zuletzt wird es wohl eine unserer großen Aufgaben der nächsten Jahre sein, tief zu analysieren, was die letzten fünfhundert Jahre kapitalistischer Spezialkriegsführung mit uns angestellt haben. Im Grunde ist das das tiefe Konfliktfeld seit der Renaissance und den Religions-Bürgerkriegen des 16. und 17. Jahrhunderts, die all unseren Biographien zugrunde liegt, denn was damals anfing war nicht nur die schrittweise Durchsetzung des europäischen Nationalstaates, der Ausweitung der Kapitalisierung des Lebens und die Industrialisierung. Vor allem lief dieser Prozess als tiefer Eingriff in die gesellschaftlichen Lebensformen ab: gegen die freien Bauern, die Rolle der Frau in der Gesellschaft, als Disziplinierung der Arbeitsfähigen und Ausmerzung der Faulen und Widerspenstigen. Vor allem aber wurde seitdem immer mehr der Individualismus in der Gesellschaft durchgesetzt, die Entkopplung des Individuums von allem statt einer symbiotischen Beziehung zwischen Einzelnen und der Gesellschaft. Nicht als freiwillige Wahl trennt sich ein Mensch von der Gesellschaft, geht von seiner Familie fort, zieht in eine andere Stadt, sondern weil es die Bedingungen so vorgeben, das System es so vorgibt. Natürlich gibt es individuelle Wege und den Drang zu entdecken, nach Veränderung, das Nomadische in jedem Menschen. Aber seit den letzten fünfhundert Jahren gleicht diese Bewegung des Zerfalls der Gesellschaft eher einer Mobilisierung, gezwungenen Veränderung durch Krieg, Grenzziehungen, ökonomischen Druck, kulturelle Verwüstung.

Und letzten Endes stehen wir an einem wichtigen Punkt der Geschichte, sind Teil eines großen historischen Momentes. Denn der Individualismus ist in vielen

Metropolen Europas und Amerikas so weit fortgeschritten, dass die Gesellschaft an manchen Orten droht, völlig vom System vereinnahmt zu werden – alle leben für sich, für den Job, alle gesellschaftlichen Verbindungen der Karriere untergeordnet. Das ist die eine Kaste, die die kapitalistische Moderne hervorgebracht hat – Karrieristen, geldbezogene, fröhliche Arbeitstiere, denen es nicht so bedeutend erscheint, was die anderen Ein-Personen-Unternehmen treiben. Es gibt eine immer größer werdende Klasse von Abgehängten, Arbeitslosen, Marginalisierten, Flüchtlingen aus dem In- und Ausland, Wartende auf eine Chance – oft sind sie am anfälligsten für Propaganda jeder Art, für Anti-Islam-Versammlungen, Nationalismus, Ressentiments, und auch das ist ein Effekt der kapitalistischen Logik – Konkurrenz, Hass aufeinander und Existenzangst zu schüren, und falsche, schreckliche Gemeinschaften zu erschaffen, die oft offen faschistoide Tendenzen annehmen. All das sind Spuren, die wir in uns selbst verstehen und überwinden müssen, denn es gibt zweifellos noch eine dritte Gruppe in unserer Gesellschaft, offen und des kritischen Denkens fähig – eine demokratisch-progressive Kraft, ein Potential, das zur Bewegung werden kann. Denn auch wenn es vielen gerade an Klarheit, nachhaltiger Perspektive und tiefen Analysen fehlt, so haben die meisten Menschen doch noch einen Sinn für Moral, ›was richtig ist‹, haben ein Gewissen und haben gute Absichten, etwas Schöneres zu erschaffen als Schrecken ohne Ende im kapitalistischen Wahn. Das sind die drei Grundrichtungen, in die die Gesellschaft Europas gerade tendiert, und jede Richtung entspricht einer Art zu denken: die Kader und Karrieristen der kapitalistischen Moderne, die Europa und die Welt in ein totalitäres Finanzregime verwandeln wollen, alles unproduktive verdrängen und die gesellschaftliche Kultur in den unkreativsten Konsumsumpf verwandeln; die Reaktionär-Konservativen, die den Schutz eines neuen Autoritarismus suchen; und die Fortschrittlichen, die im Grunde nach Formen suchen, in denen sich eine neue demokratisch-gesellschaftliche Kultur, die wirklich bei den Menschen anfängt, widerspiegelt.

Ich habe unsere Familie und Freundeskreise immer als Teil dieser Kultur und Bewegung gesehen, auch wenn es nie so klar formulierbar war. Unser, mein Problem war immer die Frage, wie die Suche nach dieser notwendigen Erneuerung und gesellschaftlichen Renaissance organisiert, gelebt werden könnte; denn zweifellos waren wir solange ich denken kann mit einiger Unordnung in der Gesellschaft konfrontiert, Konflikthaftigkeit. Auch dazu später mehr.

Jedenfalls werde ich wohl bis zum Frühling an diesem Ort bleiben, um einige Studien und Erörterungen abzuschließen, um danach mit den Freunden hier zu diskutieren, wie die nächsten Schritte aussehen könnten und wohin der Weg führt. Ich bin sehr zuversichtlich, dass etwas Gutes daraus wird, dass nichts verlorengeht, sondern immer weiter zur Klarheit und richtigen Entscheidungen führt. Auch das ist Teil unserer Kultur hier, wegen der die Bewegung eine Befreiungs- und basisdemokratische Bewegung ist: Nämlich dass jede Entscheidung tief durchdacht und gemeinsam für gut befunden werden muss, bevor sie gültig sein kann. Ein alter Freund hat einmal gesagt, dass, wenn wir uns wirklich darauf einlassen ein Problem zu verstehen, oder einen Weg, ohne zu urteilen oder uns zu fürchten, dann wird alles klar erscheinen und die Lösung, der Fortschritt und die Richtung sich offenbaren. Was wir dabei meistern müssen, sind unsere Ungeduld, unsere falsch gelernten Vorlieben, Abneigungen und Unklarheit der Sinne, die Taubheit gegenüber dem, was ist. Und so kommt es, dass ich auf diesen langen Weg gegangen bin, der vielleicht im Moment sehr weit von euch weggeführt hat, aber eben auch das Potential hat die Verbundenheit und Bedeutung zu vertiefen, die Wahrheit unserer Gesellschaft und Familie ans Licht zu bringen.

Für den Moment will ich es dabei belassen und den Hauptteil dieses Briefes beenden, bis auf einige nachgestellte Bemerkungen. Ihr könnt darauf vertrauen, dass es mir ganz ausgezeichnet geht, dass wir Fortschritte machen und an sicheren Orten in Bewegung sind, so sicher es eben auf dieser Erde sein kann. Jedenfalls üben wir uns in der richtigen Organisierung und darin, Tunnel und Brücken zwischen den Welten zu bauen. Es heißt, aufmerksam zu sein und gespannt auf das, was kommt, denn, soviel dürfte klar sein, all das ist nur der Anfang.

Passt gut aufeinander auf, vor allem auf alle unter einem Meter fünfzig, und bereitet euch und die, die euch nachzufolgen haben, gut vor. Vor allem auch, bleibt oder tretet in Verbindung zu denen, die bei euch mit der Revolution in Kurdistan verbunden sind; vor allem die Frauenbewegung TJK-E und die Jineolojî (Wissenschaft der Frau, Thinktank der kurdischen Frauenbewegung) sind bei euch sehr fleißig, wie es scheint. Und so chaotisch diese Zeiten auch scheinen, es kommt etwas Gutes dabei heraus. Wie immer haben wir in der Mitte begonnen und nähern uns dem Anfang, der in den Anmerkungen weiter unten erklärt wird.

Mit revolutionären Grüßen und einer Umarmung
m.

Der Weg in die Berge

Aus allen Teilen des Mittleren Ostens und aus zahlreichen anderen Orten der Welt machen sich jährlich Tausende auf den Weg in die Berge Kurdistans. Die meisten von ihnen sind junge Kurd_innen, doch auch Türk_innen, Turkmen_innen, Araber_innen, Perser_innen und viele weitere Menschen verschiedenster Identitäten und mit diversen Sprachen versammeln sich in den ›freien Bergen Kurdistans‹. Mit dem Ziel, den Demokratischen Konföderalismus, eine basisdemokratische, geschlechterbefreite und ökologische Gesellschaft, in die Wirklichkeit umzusetzen, bilden sie sich dort unter anderem im militärischen, diplomatischen, kulturellen, journalistischen oder dem Bildungsbereich fort.

Sie werden von erfahrenen Kämpfer_innen und Mitgliedern der PKK unterstützt und angeleitet. Sie sammeln, unter schwierigen Umständen in der freien Natur und unter ständigen Angriffen, Erfahrungen im Leben der Guerilla. Revolutionär_innen der PKK sind auf verschiedenen Kontinenten und in vielen Arbeitsbereichen tätig, um das neue Paradigma des Demokratischen Konföderalismus in die Praxis umzusetzen. Eine Mehrzahl ist jedoch konstant mit der Verteidigung der Errungenschaften der Revolution in Kurdistan beschäftigt und jedes Jahr fallen dabei Dutzende Guerillakämpfer_innen.

Neben der Organisierung in kleinen beweglichen oder fest stationierten Guerillaeinheiten kommen die Kämpfer_innen oberhalb sowie unterhalb der Erde für monatelange Akademien zusammen. Als Xelîl in die Berge kam, nahm er an einer Grundausbildung der *şervanên nû* teil. Diese umfassende Ausbildung beinhaltet sowohl tiefgreifende ideologische als auch militärische Teile. Dabei entwickeln sich die Taktiken der Guerilla immer weiter und werden innovativer denn der ausgeprägte Drohnenkrieg der Türkei hat ihre Bewegungsmöglichkeiten weitgehend eingeschränkt. Regelmäßig werden gemeinsame sogenannte Moral-Veranstaltungen organisiert, bei denen getanzt, gesungen wird und Geschichten erzählt werden. Begegnungen untereinander sind oftmals kurz und intensiv. Die Abschiede fallen besonders schwer, denn man weiß nie, wann und ob man sich wiedersehen wird.

Als eine weitere Internationalistin Xelîl bei der Moral-Veranstaltung seiner Grundausbildung traf, führten sie lange und intensive Gespräche. Das Auseinandergehen kam ganz plötzlich, in kleineren Einheiten reiste die Akademiegruppe auf den Ladeflächen von geländefähigen Jeeps ab. Als sie Xelîl aufsteigen sah, rannte die Freundin noch einmal zu ihm. Es blieb nicht viel Zeit und er sagte ihr mit einem Leuchten im Gesicht: »Sag' allen in Europa, dass ich da angekommen bin, wo ich hinwollte. – »Serkeftin. *Viel Erfolg.*« Sie winkten sich zum Abschied zu.

PS. für die gedachte Verbindung und die, die gerade nicht sichtbar sind

Denn sicherlich ist ein Brief vor allem immer auch ein Kampf zwei Welten zu verbinden, den Lauf der Ereignisse für einen Moment zu verlangsamen und eine Querverbindung einzuführen. Vor allem ist es eine Verbindung des Denkens, Übertragung von Bedeutung, eine Reflexion, in der sich zwei Welten spiegeln, die nur scheinbar getrennt sind. Zu wissen und zu erfahren ›was passiert‹, ist wichtig, aber wichtiger noch ist das Bewusstsein der Einheit dieser Welten, das Grenzen und Entfernungen überwinden kann und den Fluss sieht, die historische Bewegung, die unsere Bewegungen, Leben, Kämpfe vereint. Ich glaube, ich konnte nie akzeptieren, dass all diese Welten, die ich in Büchern,

Erzählungen, in der Geschichte und in der Vorstellung, in der Fantasie so klar dargestellt fand, angeblich mit unserer Welt nicht mehr oder nur so schwach verbunden sein sollen.

Eine unserer Aufgaben ist es, nach der Wahrheit dieser Geschichte zu suchen und unsere Welt, die wir in der Art und Weise, wie wir leben, erschaffen, mit der Bedeutung zu füllen, die aus der Menschheitsgeschichte als Ganzes kommt. Die Frage, wie tief, kunstvoll und nachhaltig wir leben ist direkt verbunden mit unserem Verständnis der Geschichte, unserer Verbindung zu dem, was war. Das bezieht sich nicht nur auf das, was wirklich real da war, sondern auch die Geschichte der Ideen, der Utopien; Geschichte verstehen und sich anzueignen, dem eigenen Leben zugrunde zu legen, heißt, sich mit den Hoffnungen, Träumen, der Gefahr und dem Potential, den Möglichkeiten, zu verbinden, die in einem Moment der Geschichte aufblitzen und unsere Situation so als eine historische Chance zu sehen, eine freie, wirklich freie Gesellschaft, den freien Menschen zu erschaffen. Frei sein bedeutet verbunden sein, und sich ganz des eigenen Potentials bewusst zu werden – so kann ein wirklich ästhetisches Leben erreicht werden.

Alles beginnt mit dem Denken, der richtigen Denkweise, die sich von der Angst befreit, die Verbindung anerkennt, die aus der Geschichte kommt. Bei Zarathustra heißt es: Richtig denken, wahr sprechen, gut ausführen. Alles beginnt mit dem Erkennen, der Frage, wie wir die Wahrheit begreifen, die uns umgibt. Dieses Begreifen ist sicherlich nichts, das je zu einem Ende kommt, es ist das, was wir als Wahrheitssuche beschreiben. Um richtiges Leben zu erlernen, müssen wir genau das werden: Wahrheitssuchende, sich ständig als Lernende begreifend, sich erneuernd, überwindend, die Geschichte und Gesellschaft verstehend, aus der wir kommen, und so die Geschichte voranbringend, hin zu Nachhaltigkeit und Schönheit. Darum geht es, und vielleicht seht ihr ein wenig, warum mein Weg so lange auf krummen Bahnen verlief. Es ist nichts Leichtes, sein Denken zu verändern und darin eine Welt zu erschaffen, die die Fehler der Vergangenheit nicht wiederholt. Es ist ein Kampf, der, einmal begonnen, nicht mehr aufhört; diesen Kampf das eigene Denken zu verändern, anzuhalten, hieße, sich nur dogmatisch auf einen Standpunkt, eine geschlossene, idealistische Ideologie zu versteifen – zu erstarren – oder aber sich einem fremden, äußeren Denken, einer gegen unser Selbst und unsere Selbsterkenntnis gerichtete Ideologie unterzuordnen und sich zu ergeben. Was wir also brauchen ist ein Denken, das sich der Suche nach der Wahrheit verschreibt und gleichzeitig die Werte schützt, die dem Leben Bedeutung verleihen, das freie Individuum und eine gerechte nachhaltige Gesellschaft ermöglichen. Was wir gut verstehen müssen, ist, dass Leben ohne Ideologie im Grunde für uns nicht möglich ist, dass wir eine Ideologie brauchen, um uns auf die Suche nach der richtigen Art zu leben zu machen.

Aber keine Ideologie, wie der Begriff bei uns verdreht ist, als rein dogmatische Hülle und Schein-Denken, die nur Phrasen betet. Wir können ein ideologisches Leben im Sinne eines bewussten Lebens aufbauen, ein Leben, dem Prinzipien, Werte, eine Geschichte zugrunde liegt. Und zweifellos muss unser Denken eine offene Ideologie sein, ganzheitlich, ein Denken, das in Fragen und Verbindungen verläuft, nicht in Positionen und Abgrenzungen. Genau genommen ist der Versuch diese Art von Denken zu lernen, die Allerschwierigste, denn sie braucht eine Achtsamkeit, die niemals aufhört, an keinem Ort, zu keiner Zeit. Eine weiche Haltung, die genau beobachtet, eine freundliche Ideologie, die nichts ausschließt oder zurückweist.

Natürlich spricht diese Form von Ideologie (die im Grunde nichts ist als ein Ideensystem) gegen vieles, was wir in der Schule, im Fernsehen, in Auseinandersetzung mit dem Staat gelernt haben. Und es ist klar, dass das Denken, die Logik, die Ideologie des Staates im Grunde vollkommen gegen eine offene Suche steht und dass die Ideologie, mit der heute Europa von oben regiert und gelenkt wird und die dem kapitalistischen System zugrunde liegt, gegen freies Denken, im Grunde gegen die Gesellschaft gerichtet ist und damit gegen das Leben. Die Logik, die im Kanzleramt Gesetze zur Kontrolle und Überwachung bedenkt, die in der europäischen Zentralbank ein absurdes Finanzregime kreiert und vom Palast in Ankara aus Eroberungsfeldzüge gegen Afrin sendet, ist letztlich dicht miteinander verwandt. Die Gesellschaft soll von einem freien Bewusstsein, von der Entfaltung des eigenen Potentials abgehalten werden und sich der kapitalistischen Maschinerie unterordnen. Deshalb sind diese beiden Linien, der Kampf, Räume für freies Denken zu erschaffen und den Aufbau des richtigen freien Lebens für die Gesellschaft zu ermöglichen, eins.

Was in unserer Zeit vor sich geht und die Ausmaße eines dritten Weltkrieges angenommen hat, ist ein Kampf von Ideologien. Wir können uns entscheiden in diesem Kampf bewusst Partei zu ergreifen; vielleicht ist es sogar unabdingbar, denn letztlich ist die Frage, die diesem Kampf zugrunde liegt, unsere Frage: ›Wie leben?‹ Es ist diese Frage, die mich über Tausende Kilometer in die freien Berge Kurdistans geführt hat, um dieses Stück Geschichte voranzubringen und in vollem Bewusstsein die Entscheidung für diesen Kampf zu treffen. Die Ideologie dieses Kampfes zu entwickeln und gegen jede Dogmatik immer wieder zu erneuern, zu verändern, ist die Aufgabe, die wir uns gestellt haben. Eine Ideologie, ein Denken, das auf der Entscheidung für das freie Leben beruht, nach Wahrheit sucht, den Menschen, die Gesellschaft und die Natur verteidigt. Unsere Revolution ist damit vor allem eine mentale Revolution, eine Revolution des Gewissens. Wir können auch sagen, die Suche nach dem richtigen Sozialismus, einem demokratischen Sozialismus, ohne Staat, ohne hierarchische Führung; ein Sozialismus, der nie vollkommen sein kann, weil er immer weiter verändert, verbessert wird, mit Bewusstsein, Bedeutung und Leben gefüllt und damit schöner und tiefer wird. Es ist eine unendliche Geschichte, die mit einer einfachen Frage beginnt: ›Wie leben, wo beginnen, was tun?‹

PPS. Ich will euch von diesem Weg schreiben, der mich hierher geführt hat. Er hat mit der Frage zu tun, die mir in den letzten Jahren immer wieder gestellt wurde, »was ich denn eigentlich täte«. Eine gute Frage, die Frage nach der eigentlichen Tätigkeit, dem Beruf; in ihrer tieferen Bedeutung die Frage der Berufung – die Aktivität, die dem wirklichen Charakter der Persönlichkeit entspricht. Ich konnte lange keine gute Antwort auf die Frage geben. Im Grunde war ich selbst immer auf der Suche, folgte Spuren, lernte einige Handwerke zumindest in den Grundlagen, übte mich in der Kunst, Schönheit erschaffen zu können – allein, ich konnte mich nie für eine Form entscheiden.

Ich wollte eine Form, die alle diese Dinge, die mir nahe waren und lagen, zu einem Weg vereint. Natürlich verlief diese Suche meist unbewusst, instinktiv und oft vor allem auch als Zurückweisung dessen, was mir gegen das ästhetische Empfinden lief. Ich habe überall nach Schönheit, nach Formen gesucht, in denen Wahrhaftigkeit wahrnehmbar ist. Ich glaube, Wahrheit ist vor allem eine Frage der Harmonie und ich habe lange vor allem in der Musik, der Literatur, später in der Natur diese Harmonie wahrnehmen können. Diese ersten klaren Erinnerungen aus der Kindheit spielen sich bei mir alle in der Natur ab, im Wald: im Babelsberger Park, im Staßfurter und Kleinmachnower Garten, an einem Ort im Vorharz, von dem ich nicht mehr weiß, wo er ist, aber ich habe dort Drachen gesehen. Das sind die ersten Formen meiner Wahrheitssuche, die bis heute tragen – überhaupt ist Musik als reine Metaphysik vielleicht der Königsweg zur kosmischen Harmonie.

Aus dem Vertiefen in Geschichten entwickelte sich die Frage nach der wirklichen Geschichte und nach dem Widerspruch, warum wir angeblich nach der Wende am Ende der Geschichte angelangt, wie es die liberale Ideologie der kapitalistischen Moderne predigt, und angeblich jenseits lebbarer Geschichte stehen sollen. Die Verbundenheit zur Natur, auch wenn sie eine Zeit lang nicht ausgelebt wurde, hat mich auch davor bewahrt, in der Metropole und Großstadt verloren zu gehen. Ich glaube, ich habe das Unbehagen in der Großstadt nie verloren und letztlich war die Enge und Naturferne auch ein Grund meiner Flucht aus Berlin. Ein Teil dieser Suche war immer auch die Suche nach der richtigen, tiefen Freundschaft, dem Bündnis. Ein Teil meines Unbehagens der Schule gegenüber war vor allem auch die Seichtheit der Beziehungen, die viel zu oft von Karrierismus und unter Vorbehalt der begrenzten Zeit abgeschwächt wurden. Lange Zeit habe ich nach der richtigen Freundschaft in Liebesbeziehungen gesucht, aber auch diese Form war für mich begrenzt, krisenanfällig, denn um eine wirkliche tiefe Freundschaft zum anderen Geschlecht aufzubauen, braucht es vor allem auch eine Liebe dem eigenen Geschlecht gegenüber, und starke Freundschaft drückt sich vor allem auch darin aus, dass sie wächst und sich auf andere Menschen überträgt. Da es mir vor allem um ein Bündnis ging, neigten alle Liebesbeziehungen dazu, sich entweder aufzulösen oder aber sich in kollektivere Formen zu übertragen, sich zu politisieren und so eine gemeinsame Suche nach Freiheit, Gesellschaftlichkeit und Selbsterkenntnis zu begründen.

Instinktiv, auch durch das Vorbild meines Bruders, habe ich in den faschistischen Banden in und um Potsdam eine der offensichtlichsten Formen schrecklicher Gemeinschaften, dem Mob, und ein Symptom dafür erkennen gelernt, dass sich unsere Gesellschaft, vor allem die Jugend, in einer Sinnkrise befindet. Vor allem waren Neonazis für mich immer eine Bedrohung und Beleidigung wirklicher Freundschaft – Einzelne angreifen, in sich brutal, antisozial, die Verkörperung von Feindseligkeit. Dagegen bewusst die Entscheidung für die Auseinandersetzung zu treffen, stellt einen Teil der Wahrheitssuche dar, der mich dem antifaschistischen Kampf und einem linken Bewusstsein zuführte. Vor allem lernte ich zu kämpfen, Selbstverteidigung im Nahkampf. Anfangs aus Notwendigkeit, aber je weiter ich mich in Technik und Stil vertiefte, desto wichtiger wurde die Frage der Lösungskraft. Denn darin bestand immer unsere Schwäche: Uns gegen gewalttätige Banden zu stellen und dazu ein Bündnis antifaschistischer Freundschaft aufzubauen, aber doch das Problem nicht lösen zu können, uns gegen einen Feind zu stellen, aber damit selber der Gefahr ausgesetzt zu sein, ein Denken von Feindseligkeit auszuprägen. Die Frage des Ziels war unklar – wie wollten wir eine Welt erschaffen, eine gesellschaftliche Veränderung, die nicht nur antifaschistisch ist, sondern dem Faschismus, vor allem dem geistigen, die Grundlage entzieht? Wir suchten in politischer Theorie nach Spuren, und so entwickelten wir eine Verbindung zur Frage der Revolution, der sozialen Erneuerung, Wiedergeburt. Die Tradition der revolutionären Bewegungen war vor allem in der Geschichte des 20. Jahrhunderts in Lateinamerika für uns lebendig – diese Frage in der praktischen Erfahrung zu erforschen war für mich Antrieb, mich zweimal auf den Weg zu machen; indes, wir waren spät dran. Auch wenn die Gesellschaften Lateinamerikas sehr dynamisch sind, Bewegungen existieren, die nach einer Alternative zum neokolonialen System suchen, fehlt doch eine klare Vorstellung, die all diese Bewegungen vereint und Selbstbestimmung, den Aufbau eines neuen Kommunalismus ermöglicht. Was ich in den widerständigen zapatistischen Gemeinden Südmexikos, den Armenvierteln Kolumbiens und dem neuen Staatssozialismus in Venezuela, in den Erinnerungen eines alten Sandinistas in Nicaragua und den Überresten der indigenen Lebensformen fand, war die gleiche offenen Frage: ›Wie ein bedeutungsvolles, würdevolles und freies Leben angesichts dieses hegemonialen Systems von Ausbeutung, militärischer Unterwerfung und kultureller Zersetzung aufbauen?‹

Obwohl ich beim Verständnis konventioneller Wissenschaft nie große Probleme hatte, fehlte mir darin doch die nötige Tiefe, der wirkliche Realitätsbezug. Schulwissen war für mich vor allem auf zwei Ebenen nützlich und nur darin bedeutsam: Einerseits, um methodisches Denken auszutesten, im Glasperlenspiel mit Formeln und Herleitungen zu experimentieren, oder im politischen Streit, der Diskussion. Alle anderen Formen von Schuldisziplin und -bildung nahm ich eher hin oder wies sie zurück. Gleichzeitig konnte ich mich nie mit dem Gedanken von Karriere anfreunden. Wissen war für mich immer der Suche untergeordnet und ich vertiefte mich präzise in das Fach, das in der heutigen akademischen Form fast völlig brotlose Kunst ist, oder hoffnungslos veraltet und konservativ – entsprechend ambivalent waren meine drei Semester an der Uni. Ich wollte Geschichte verstehen, Geschichte der Gegenwart, die den Fluss versteht; eine Geschichte, die lebt, offen ist und auf die Zukunft verweist. Ich lernte einige nützliche methodische Werkzeuge, aber alle wichtigen Diskussionen, relevanten Themen waren in furchtbar engen Seminarformen gefangen; Erkenntnisdrang wurde im Grunde in die individuelle Vertiefung verwiesen, die wir sowieso außerhalb der Uni betrieben, aber kollektiv im anarchistisch geprägten Szeneklüngel der Großstadt.

Was mich immer wieder zunehmend bewusst beschäftigte, war der unstet-liberal-individualistische Umgang, eine Halbernsthaftigkeit, mit der vieles betrieben wurde. Im Grunde war kaum jemand wirklich von dem überzeugt, was sie selbst trieben, ich unter ihnen, liberale Beliebigkeit der liberalen-individuellen Freiheit. Es gab einige wenige Komplizinnen und Komplizen, die diese Wahrnehmung teilten, die das gleiche Unbehagen wahrnehmen konnten. Es gab Leute, die gestern noch von Revolution redeten, am Tresen agitierten, aber eine Woche später mit ihrem Masterabschluss und Stipendium nach Washington flogen, um ihr kritisches Wissen in irgendeinen Thinktank einzuspeisen und der Intelligenz des Systems zuzuführen. Es war im Herbst 2011, als diese Krise, in der alle individuell an ihrer Zukunft werkelten, mir klar ins Bewusstsein trat. Zurückgekehrt aus Mexiko, fand ich mit dem Krisenregime in Griechenland die gleichen Symptome, die auch die Gesellschaften Mexikos, Kolumbiens, Honduras, bis hinunter nach Feuerland nicht zur Ruhe kommen lassen. Krisenverwaltung, Finanzkrise – und ich selbst zurückgekehrt in eine akademische linksliberale Atmosphäre, die selbst von einer Krise der Bedeutungsgebung geprägt ist. Da ich mein Studium sowieso nicht aus finanziell-karrieristischen Gründen aufgenommen hatte und gerade sieben Monate pausierte, war es mir möglich, einige grundlegende Punkte als äußerst fragwürdig anzuerkennen. Wozu studieren? Wie sinnhaft in dieser bunten Konsum-Karriere-Metropole leben? Mit welcher Perspektive? Vor allem aber die Frage, was denn meine eigene Rolle in all dem sein sollte. Was ist die angemessene Form zu leben, in einer Situation, in der im Grunde die ganze Jugend vor die Wahl gestellt ist, sich gegen die eigene Generation im Karriere-Konkurrenz-Kampf durchzusetzen oder sich dem Heer der Abgehängten anzuschließen, sich vom Job-Center drangsalieren zu lassen und individuell nach dem Glück zu suchen, eine Nische zu finden.

Ein entscheidendes Signal, dass wir eine Entscheidung zu treffen hatten, waren die Nachrichten aus Griechenland, die Freunde von dort mitbrachten: die Regierung und das Parlament von der europäischen Zentralbank gestürzt, die Gesellschaft verarmt, von Versorgungsengpässen und Vergesellschaftung der Staatsschulden bedroht, faschistische Banden auf dem Vormarsch und keine revolutionäre Kraft, die sich dem entgegenstellen könnte, die Gesellschaft kaum organisiert, keine Perspektive, die sich dem kapitalistischen Wahn und der Fremdbestimmung entgegensetzen könnte. Im Grunde eine revolutionäre Situation: keine legitime Regierung, die ganze Gewalt und Ausbeutung, die der Gesellschaft aufgebürdet werden, offensichtlich selbst das schiefe Versprechen der staatlichen Fürsorge ausgehebelt – aber keine Kraft, die daraus Energie für einen neuen Aufbruch hätte ziehen können. Für uns war klar, dass wir in einer solchen Situation, die maßgeblich unter Regie der deutschen Regierung herbeigeführt worden war, sicher nicht ruhig im Herzen der Bestie, in der Metropole, sitzen, unsere Bachelorarbeiten schreiben und an einer Zukunft basteln konnten, die all das nichts angeht. Und so trafen wir eine Entscheidung, einen Bruch herbeizuführen – uns von der individuellen Perspektive, der Unilaufbahn, dem offiziellen Lebenslauf, der Staatsbürokratie zu verabschieden und uns auf die Suche zu machen. Um zu sehen, ob sich in dieser Welt noch eine andere Tür öffnen ließe, um eine neue Geschichte zu beginnen. Teils eine Flucht vor dem System, das sich uns vor allem als diese geradlinige erzwungene Lebensführung, als Sachzwang und Alternativlosigkeit präsentierte. Vor allem der erste vollkommen bewusste Schritt, die klare Entscheidung für die Suche, für die Bewegung, die Suche nach der richtigen revolutionären Bewegung und Lebensführung.

Ein Freund hat es einmal als Humanstreik bezeichnet – gegen das Vorgegebene, die völlige Verweigerung und das Beharren auf der Veränderung, der Existenz einer anderen Welt, auf dem Weg zur Freiheit und Selbsterkenntnis. Das heißt, den Willen zu klären und die eigene Energie zu befreien, ohne einzwängende Form, gegen das größte Monster, das uns beigebracht worden ist: die Sorge. Diese Entscheidung, vorerst zu verschwinden, um den richtigen Weg zu finden, trafen wir in einem ersten Bündnis zu zweit, aber schnell verband sich unser Kampf der Bewusstwerdung mit anderen, denen die Uni, die Arbeit, die linke Szene keine Antworten mehr geben konnten. Auch wenn so vieles dieser Entscheidung lange sehr unklar und kaum formulierbar war, ist das Verschwinden aus Berlin im Herbst 2011 einer der wichtigsten Schritte, vielleicht der grundlegendste, die ich in meinem Leben tat. Ich begann zu reisen, zu nomadisieren, und wir entwickelten eine Lebensform, Nomadentum, die der Offenheit und Suche entspricht. Eine radikal ideelle Kultur, die sich auf ein Minimum an Materiellem beschränkt, sich von der materiellen Kultur des Konsums lossagt und eine Art Askese zugrunde legt.

Ich begann wieder Literatur zu lesen, was ich lange Zeit vernachlässigt hatte; vor allem die Beschreibungen Hesses, die ebenso von Lebenswegen der Bewusstwerdung und Wahrheitssuche erzählen, erschienen mir nah und paradigmatisch. Wir reisten zu zweit, zu viert, allein, in wachsenden Netzen von sich verbündenden Nomadinnen und Nomaden, besuchten anarchistische Kommunen in Frankreich, Kongresse, auf denen über die richtige Methode und Geschichtsforschung diskutiert wurde, quer durch Europa bis Schottland und Marokko. Vor allem begann ich richtig zu studieren, um das Problem zu verstehen, dass Adorno auf den Punkt brachte, dass es kein richtiges Leben im falschen gibt. Ich knüpfte an die offenen Fragen der Geschichtsforschung an, auf die die Uni keine Antwort bieten konnte: Zum einen Geschichte als ganzheitlichen Prozess zu sehen, in dem die Phänomene einer Gesetzmäßigkeit folgen, in einem Fluss von Widersprüchen und Aufhebungen verläuft, die Frage der Methode, des richtigen Erkennens der historischen Werdung unserer Gegenwart; zum anderen und damit verbunden, die Frage der Macht, der Herrschaft, die Frage des Warum der Ohnmacht der Menschen und der Gesellschaft; letztlich verbunden mit der Frage nach der Selbstermächtigung, die ich früh in der Praxis der Selbstverteidigung erfahren konnte. Kurz, ich fing an mich mit der Philosophie, Geschichtsphilosophie und Psychologie, daran anschließend mit Psychoanalyse, zu beschäftigen. Aus all diesen Bereichen, den Versuchen die Wahrheit des Menschen, den Weg der Menschheit, deren Potential und Gefahr, zu verstehen, begann ich Karten anzufertigen. Erste ideologische Karten, die ein Verständnis des eigenen Selbst ermöglichen sollen, die Selbsttechniken, Kampftechniken, vermitteln sollen und das Verhältnis zwischen uns selbst, der Gesellschaft und der Welt als ganzes neu bewusst wahrnehmbar machen.

Ein schwieriges Unterfangen, das Zeit in Anspruch nimmt und eine recht philosophische Lebensfühung verlangt. Ich ging in eine ostdeutsche Stadt, vor allem um Raum für Vertiefung zu haben, denn ich kannte dort niemanden, der mich hätte ablenken können. Der Versuch ein neues Denken aufzubauen hatte uns der kurdischen Freiheitsbewegung nahegebracht und es gab vieles, das aus der Erfahrung des Mittleren Ostens in unser Denken übersetzt werden musste. 2012, mit der ersten Reise nach Kurdistan, war klar geworden, dass die Fragen, die uns zum Aufbruch verleitet hatten, hier bereits Grundlage einer Massenbewegung und revolutionären Praxis war, die über jahrzehntelange Erfahrung verfügte und vor allem selbst den großen Schritt geschafft hatte, sich gegen die Dogmatik zu erneuern und als Bewegung ein neues Paradigma zugrunde zu legen, das all diesen Dingen, die wir uns mühsam und bruchstückhaft ins Bewusstsein holten, klare Namen und Bedeutungen geben konnte. Seit diesem Spätsommer 2012 waren wir Lernende, Freunde, Verbündete dieser großen Bewegung und versuchten unsere Suche und den Kampf der kurdischen Bewegung zu verbinden, zusammenzudenken. In diese Zeit der Vertiefung, des Versuches, zusammenzudenken, was in scheinbar getrennten Welten, Europa und dem Mittleren Osten, brodelt, fällt die Erkrankung meiner Mutter. Durch unsere Diskussionen und die Meditation der Hintergründe vertiefte sich für mich die Bedeutung meines Weges, und wir teilten offene Fragen, die mir vorher nicht klar waren. Aber dazu weiter unten.

Das Bewusstsein, das ich mir erarbeiten konnte, reichte aus, um die notwendige Verbindung der Frage der Perspektive, die sich für Europa und vor allem für die Jugend stellt, mit der Renaissance und gesellschaftlichen Erneuerung des Mittleren Ostens zu sehen, die gerade mit der Revolution von Rojava eine erste konkrete Ausformung angenommen hatte. Was wir wahrnehmen und schließlich auch theoretisch-philosophisch-historisch belegen konnten, war, dass in Europa zwar ein großes demokratisches Potential, ein fortschrittlicher Geist, existiert, dass dieser Geist aber seit der Wende und dem Zusammenbruch des Realsozialismus in eine Müdigkeit, mitunter Resignation, verfallen ist und der Geist unserer Zeit, in der wir unsere Jugend verbracht hatten, von Skeptizismus und einer eher wartenden, ungewissen, unentschlossenen Haltung geprägt war. So war es für uns auch schwierig, in Europa selbst zu einer neuen Klarheit zu finden. Was sich zuletzt mit der Solidarisierung mit dem Widerstand von Afrin zu beweisen scheint, ist, dass der Anstoß für eine Verjüngung des europäischen Geistes, für die Fortsetzung der gesellschaftlichen Renaissance in Europa von außen, konkret aus dem Mittleren Osten, aus dem Geist der Revolution Mesopotamiens kommen muss, um ein Erwachen aus dem Albtraum der kapitalistischen Moderne zu ermöglichen.

Ich hatte die kurdische Bewegung vor allem über ihre Philosophie, die Schriften Öcalans, kennen gelernt und darin den Grundriss eines Denksystems erkannt, das auch einen Weg für Europa darstellt – ein tiefes Bewusstsein, das wirkliche Demokratie, Ökologie und die Befreiung der Frau und darüber hinaus der ganzen Menschheit von insgesamt 6.000 Jahren Herrschaft und Patriarchat denk- und lebbar macht. Um diese Philosophie und die daraus hervorgehende Praxis besser zu verstehen, ging ich immer wieder los, wir besuchten die Freunde in den freien Bergen sowie die Revolution in Rojava und diskutierten mit ihnen über die Verbindung dieser Realitäten. Schließlich war unser Ziel zunehmend klarer darauf gerichtet, eine neue Bewegung in Europa zu schaffen, die Flucht aus der Metropole in revolutionärer Form zurückzuführen.

Wir fingen an, eine Grundlage und einige erste Bezugspunkte aufzubauen – in Landkommunen, Jugendgruppen, die in verschiedenen Städten mit Selbstbildung anfingen und mit der Aufklärungsarbeit über die kurdische Bewegung und Revolution sowie deren Bedeutung für uns in unserer Suche nach einer Alternative. Auch wenn wir einige gute Schritte taten und neue Verbündete fanden, war doch klar, dass die Verbindung mit der kurdischen Bewegung und der revolutionären Realität noch nicht stark genug war, als dass wir klar genug wirklich nachhaltige Arbeiten voranbringen könnten. Mir wurde klar, dass eine wirkliche Veränderung der Realität Europas nur durch ein tiefes Verstehen möglich sein würde, eine Veränderung vor allem der eigenen Perspektive, die sich von dem alten Eurozentrismus, also Europa als Zentrum der Welt zu sehen, befreite. Um nicht den Fehler zu machen, in unserem Leben das System immer wieder zu wiederholen, es mit unserer Energie zu stärken, müssen wir am Anfang das Problem verstehen und einen anderen Weg öffnen. Und so wie das Problem der Herrschaft, der Prozess der Zivilisation, hier im Mittleren Osten begann, so wäre auch von hier dieser letzte Abschnitt der Geschichte, 500 Jahre kapitalistische Moderne, die seit 200 Jahren Angriffe auf die Quelle der Geschichte führt, um sich zu vervollkommnen, verständlich.

Kurz, was es brauchte, damit ich auf dem Weg des Verstehens weiter vorankäme, war eine Morgendlandfahrt. Aber nicht wie zuvor, ein kurzer Besuch von wenigen Wochen oder Monaten, sondern ein langes Einlassen auf die Realität, die diesen historischen Moment, der Renaissance, der Wiedergeburt Kurdistans, der Kinder des Feuers und der Berge, zugrunde liegt. Im Grunde war mein Ziel stets die Heimkehr, der Weg zurück in die Wälder und Ruinen Mitteleuropas, mit einem neuen Bewusstsein, wie die europäische Frage gelöst werden könnte, gestärkt mit dem Geist der Revolution Mesopotamiens.

Je länger ich hier bin und lerne, desto klarer wird mir, dass wir immer noch am Anfang stehen und dass diese Morgenlandfahrt alles übersteigt, was ich mir ausgemalt hatte. Die lange Zeit in Rojava war notwendig, um einige Gedanken der Praxis in Europa zu reflektieren und die grobe Fragestellung des Wie dieses neuen Internationalismus mit den Freunden zu diskutieren. Im Şengal hatte ich erstmals wirklich die Ruhe, mir tiefere Gedanken über meine persönliche Perspektive und den weiteren Weg zu machen. Letztendlich, nach Rojava zurückgekehrt, war ich in der Lage in aller Klarheit die Bedenken und Berechnungen abzuwerfen, und die Entscheidung zu treffen, mich wirklich mit der Revolution Kurdistans zu verbinden und die weiteren Entscheidungen mit den Freundinnen und Freunden gemeinsam zu treffen. Und so, letzten Sommer, bin ich schließlich zur Vertiefung ins Herz der Revolution aufgebrochen und lebe seitdem als Waldläufer bei den Freunden, studierend, wie die Derwische, die mit dem Wind leben, und überschaue von hier aus Jahrtausende Geschichte, lerne von Propheten und Freunden aus vermutlich inzwischen allen Teilen des Mittleren Ostens. Uns alle verbindet diese Grundfrage, die Frage nach dem richtigen Leben, die am besten fern von Metropolen und materieller Kultur vertieft und meditiert werden kann. Was bereits klar ist, ist dass das richtige Leben nur im Verständnis der Verantwortung gelebt werden kann. Das heißt sich zur Gesellschaft bekennen, auf dem Sozialismus beharren, das heißt auf dem Menschsein beharren. Für mich verbindet diese Lebensform hier vieles von dem, das ich im einzelnen als richtig, als Form von Schönheit für mich erkannt habe: Musik, Geschichten, Freundschaft, die Suche nach Wahrheit, danach richtig zu kämpfen, das Leben in der Natur – all das, was für mich grundlegend und Bezugspunkte des Lebens waren. Sicherlich ist diese Lebensform ein guter Ausgangspunkt für tiefes Lernen, die Frage, was danach kommt, ist eine andere Frage, die woanders verhandelt wird.

PPPS. Wir sind in eine seltsame Zeit geboren, eine bedeutende Zeit. Eine Zeit, die mit Krise, Enge, Wende, Leere beginnt. Vielleicht hat der Zeitpunkt meiner Geburt und die Abfolge der Ereignisse während der ersten Jahre meines Lebens eine besondere Bedeutung, die bis heute wirkt. Ich habe lange mit dem Versuch verbracht, die Gründe für mein Asthma, die Atemnot, zu verstehen. Ich habe keinen Zweifel, dass es vor allem eine gesellschaftliche Krankheit ist, dass die Prägung des Geistes sich in physischer Krankheit ausdrückt. Es heißt 80% aller Asthma-Erkrankungen sind psychosomatisch, geistig bedingt. Es gibt eine Reihe von Fragen, die ich euch stellen wollte, über eure Wahrnehmung dieser Zeit, die Bedeutung der Wende. Ich glaube nicht, dass es Zufall ist, dass mein Asthma, der Beginn der Problematik des Durchatmens, die Wende, die Geburt meiner Schwester und alle damit einhergehenden Veränderungen zusammenfallen. Mein Vater und meine Mutter haben in Erzählungen von der großen Unklarheit und Ungewissheit erzählt, ich glaube, ich kann und konnte diese Frage, große Leere, mitempfinden. Es heißt Asthma und andere Lungenerkrankungen seien mit Lebensangst verbunden, ebenso war bei mir chronische Unruhe immer mit der Atemnot verbunden. Ich will bei Gelegenheit vertiefen, welche Lernprozesse im Alter von zwei Jahren ablaufen, denn ich glaube, dass die Veränderungen, die damals mit der Übernahme und Abwicklung des Realsozialismus einhergingen, die Gesellschaft tief erschütterten und so auch Einfluss auf unsere Familie hatten, letztlich nicht nur eine große Leere der Perspektive hinterließen, sondern als gefühltes Ende einer Welt, einer emotional zwei Jahre lang stabilen Welt, Grund für die Atemnot, Erstickungsangst und Unruhe waren.

Episch gesprochen hat die Zerschlagung des Realsozialismus die Ruhe, die nötig für Wachsen und Lernen gewesen wäre, gestört und eine große Leere der Sinngebung an deren Stelle gesetzt. Mir ist hier klar geworden, wie wenig ich im Grunde über die DDR weiß, über die Art, wie das Leben im Sozialismus ablief. Meine Mutter hat immer wieder von einer Enge, gefühlten Enge, gesprochen, von wenig wählbaren Möglichkeiten. Gleichzeitig habe ich immer einen Stolz, eine Tiefe und ein Beharren auf sozialistischen Werten bei meiner Mutter wahrnehmen können, denn trotz aller Dogmatik, Starre und Festgefahrenheit haben vierzig Jahre doch eine Ethik und gesellschaftliche Moral hervorgebracht, die versucht, menschliche Werte wie Gerechtigkeit, Freiheitsliebe, den

Bezug zum eigenen Land in gesünderer Form, Solidarität und Widerspruch gegen Unterdrückung und Ausbeutung zugrunde zu legen. In Gesprächen hat meine Tante immer mal vom *Neuen Forum*[124] erzählt, und hätte der Westen nicht in so perfider Form interveniert, hätten wir vielleicht eine Erneuerung des Sozialismus voranbringen können. Denn was fehlerhaft war, war ja nicht die Idee der freien Gesellschaft, die die Ausbeutung des Menschen durch den Menschen beendet, sondern die feste, staatsgestützte Organisierung, die sich nicht erneuern konnte und die Gesellschaft letztlich einsperrte, statt sie zum tiefen Bewusstsein und Entfaltung ihrer selbst zu führen. Jedenfalls glaube ich, dass mein Asthma mit dem Zusammenbruch der sozialistischen Realität, der stabilen Ordnung, zusammenhängt. Es gibt hier bei uns den Begriff des ideellen Genozids, die Zerstörung der geistigen Ordnung einer Gesellschaft. Vielleicht beschreibt der ganz gut den Angriff des Westens auf die Gesellschaft, gerade in dem Moment, in dem die Möglichkeit der Bewusstwerdung und Erneuerung der sozialistischen Idee aufblitzte.

Ich habe beim Trampen und Reisen im Osten immer mal ähnliche Perspektiven gehört, eine Klarheit bei Leuten, die bewusst auf sozialistischen Werten beharrten, eine gesellschaftliche Offenheit und Solidarität, die ich so im Westen selten bis nie fand, außer vielleicht im Norden und bei Alt-68ern. Stefan Heyms[125] Schriften und Reden gingen in eine ähnliche Richtung und der ambivalente Umgang vieler nach der Wende spricht eben nicht für eine ›Befreiung vom sozialistischen Joch‹, wie es die liberalen Ideologen predigen, sondern von einer Art Blockade-Abwehrhaltung und enttäuschter Hoffnung, zum einen sicherlich enttäuscht von dem zu realen Sozialismus, der mit dem Staat das eigene Ziel blockierte, zum anderen aber enttäuscht von der Niederlage gegen den Angriff des Kapitalismus, dessen Realität jeden Sozialdemokraten, der sich ein wenig der eigenen Geschichte verpflichtet fühlt, beschämen muss.

Jemand aus unserer Familie hat mal erzählt, dass die Zeit nach der Wende die schwerste Zeit war. Dieses tiefe Unbehagen habe ich wohl verinnerlicht, in Form der Krankheit gegen mich selbst gewendet und später, erst unbewusst, später immer klarer zur Grundlage meiner Suche gemacht. Vielleicht ein schöner Rahmen für eine Geschichte, denn ich glaube, darin drückt sich mein Streben aus, den wirklichen Sozialismus wiederzufinden, einen, der die Bedeutung fühlbar macht, gesellschaftliches Leben ermöglicht, die Vergangenheit des engen,

124 Das Neue Forum war ein Teil der Bürger_innenbewegung der DDR, die eine Veränderung erwirken wollte und dadurch die sogenannte Wende mitprägte. Ein Teil des Neuen Forums ging später in das Bündnis 90/Die Grünen über.

125 Stefan Heym (1913–2001) war ein wichtiger Schriftstellter in der DDR. Er prangerte Fehler in der DDR klar an und beharrte gleichzeitig auf die Möglichkeit eines demokratischen Sozialismus, auch nach der sogenannten Wende. Immer wieder eckte er auch damit an die damalige Staatspolitik der DDR an.

dogmatischen Sozialismus des Staates überwindet und erlöst, im Aufbau des tiefen kommunal-demokratischen Sozialismus die Rache am kapitalistischen Wahn in eine kunstvolle Form zu führen, und letztendlich gesund zu werden. Vielleicht ist die Heilung und der revolutionäre Prozess eins, denn wenn die Asthma-Erkrankung aus der Krise unserer Gesellschaft hervorgegangen ist, fallen die Gesundung der Gesellschaft und die Heilung, die Überwindung der Krankheit in eins. Diese Perspektive und Therapie scheint mir doch immerhin tiefer durchdacht und diagnostiziert als die reine Bekämpfung der Symptome. Es spiegelt sich eine Wahrheit darin, die ich sowohl bei Che als auch bei den Zapatistas fand: dass die Heilung des Menschen letztlich die gesamte Menschheit, die Gesellschaft, erfassen muss und die gesellschaftlichen Ursachen der Krankheit bekämpft – das Unbehagen, die Leere an Bedeutung, Vereinsamung, Routine, die kein Organismus auf Dauer aushalten kann. Krankheit bedeutet immer auch, von der eigenen Kraftquelle fortgerissen, abgeschnitten zu sein, von der Gesellschaft getrennt, in Disharmonie gefallen zu sein. So hat jede Gesellschaft eigene, spezifische Krankheitsbilder, die den ihr eigenen Problemen entsprechen. In Kurdistan sind es vor allem Bluthochdruck und Magenerkrankungen; dem entsprechen ein ständiger Angriff von Besatzungsmächten auf die Gesellschaft und ihre Werte, die den Druck von außen verinnerlicht und auch in körperliche Leiden überführt. Allergien und psychische Erkrankungen gibt es hier kaum bis nie, wo sie auftreten, dann oft bei Leuten, die in türkischen Metropolen oder Europa aufgewachsen sind. Deshalb ist das Verstehen der Krankheiten in unserer Gesellschaft ein Schlüssel, um die gesellschaftlichen Probleme besser zu verstehen.

Die Krankheit meiner Mutter hat mich hier lange beschäftigt und ich habe lange über die Hintergründe nachgedacht. Vor allem darüber, wie die Krankheit mit ihrem Weg und ihrer Persönlichkeit zusammenhängt. Sie verkörperte für mich immer eine große Stärke, Widerstandskraft, Gerechtigkeitssinn, einen Maßstab von richtig und falsch – im Grunde habe ich in ihr lange Zeit die Führung gesehen, Koordination und Kommandantur; im positiven Sinne eines In-Bewegung-Setzens, Dynamik-Erschaffens. Ich habe lange nicht verstanden, woher diese Stärke, Initiativkraft, ihr Drängen nach dem Richtigen kam. Zum einen glaube ich, wie ich bereits schrieb, dass bei aller Unvollkommenheit des Realsozialismus, doch ein Maßstab existierte; ihr Gerechtigkeitssinn hatte sicherlich auch darin einen Ausgangspunkt und ich glaube, den größten Fehler des Marxismus-Leninismus, die Geringschätzung der Frauenfrage, hat sie zusätzlich in Energie verwandelt und sich zur Grundlage der eigenen Identität gemacht. Sie erzählte ja öfter, wie einschneidend für sie die Erfahrung war, als Frau angeblich nicht stark genug zu sein und als Tiermedizinerin nicht studieren zu dürfen. Ich glaube, sie hatte diese Fähigkeit, Widersprüche klar wahrzunehmen und zur Grundlage eines Kampfes zu nehmen. Über diese Eigenschaft verfügen heute nicht mehr viele, denn das System von Kapitalismus, Nationalstaat, Lohnarbeit, bürokratischer Verwaltung und Abgabe von Verantwortung versucht heute jeden offenen Kampf zu vermeiden und die Gesellschaft zu Passivität und Vereinzelung zu verleiten. Widersprüche nicht einfach hinzunehmen habe ich sicherlich von ihr gelernt. Ebenso wie sie auf der Gleichheit der Frau beharrte, haben wir in Gesprächen, vor allem in Gesprächen nach der Diagnose, immer mal über das Erbe des Sozialismus gesprochen, wie wichtig ein Bekenntnis zu dieser Geschichte ist. Denn trotz dessen Zusammenbruch als Staatssystem war sie für mich in ihrer Haltung immer Sozialistin, überhaupt liegt darin für mich immer klarer die Substanz einer sozialistischen Ethik: wie sie im Freundeskreis agierte, initiativ war, Verantwortung verkörperte und einforderte, versuchte ein Beispiel zu sein – Gesellschaftlichkeit voranzubringen, Kultur zu erschaffen, letztlich.

Diese Werte zu verteidigen, bewusst zu halten, muss in all der Unklarheit der Wendezeit und danach eine schwere Aufgabe gewesen sein. Sie hat immer wieder angedeutet, dass sie innerlich nicht zur Ruhe kommt, sich ständig mit der Frage nach dem richtigen Weg beschäftigt. Ich bin inzwischen überzeugt, dass unsere Unruhe, ihre und meine, einen gleichen Ausgangspunkt hat, dass dahinter die gleiche Suche steckt – nach der richtigen Gesellschaftlichkeit, danach die Verteidigung der Gesellschaft zu ermöglichen. Dieser gefühlte Widerspruch liegt für mich auch in der Diskrepanz zwischen unserer Familie, in der eben diese Werte ausgedrückt sind, oft unbewusst und selbstverständlich, und der großen Unklarheit, Spannung der Gesellschaft ›außerhalb‹, in Schule, dem Druck ›etwas werden‹ zu sollen, die oft Feindseligkeit verkörperte. Ich habe meine Protesthaltung gegen diesen gefühlten Druck durch Schule (weniger durch Lehrkräfte und Unterricht als eher das schlechte Klima der Klassen und halbpolitisierten Banden und Cliquen untereinander) und politische Konflikte mit Nazis und Polizei oft nicht klar benennen und reflektieren können, mit in die Familie gebracht und damit sicherlich die Unruhe, auch die meiner Mutter, verstärkt. Wir haben hier viel diskutiert, was der ideelle Zusammenbruch einer Gesellschaft bedeutet und es gibt Parallelen im Mittleren Osten, vielleicht vor allem bei den Êzîden. Es ist immer schwierig, sich in einer solchen Lage auf die eigene Identität, das eigene Erbe, zu berufen. Es heißt, nach der Wende haben sich viele von der Gesellschaft, das heißt von aktiver politischer Beteiligung, entfernt, weil der Bedeutungsrahmen nicht mehr existierte, vom liberalen neuen Arbeitsregime geschluckt wurde. Wir müssen noch auf viele Fragen Antworten finden, was diese Zeit nach der Wende bedeutete.

Jedenfalls glaube ich, das all dies, die gesellschaftliche Anspannung, Ohnmacht, nicht nur Einfluss darauf hatte, wie mein Asthma zustande kam, sondern dass darin auch ein Grund für die Erkrankung meiner Mutter liegt. Es heißt ja, Krebs bedeutet für einen Körper, aus dem Gleichgewicht gefallen zu sein. Es ist eine gesellschaftliche Krankheit, die ausdrückt, dass der Körper versucht, das Ungleichgewicht zu kompensieren. Ich glaube, dass der Grund für diese Unruhe, das Ungleichgewicht, von außen kam und dass ein Zusammenhang zwischen der Zerschlagung des Realsozialismus und ihrer Erkrankung existiert. Vor allem glaube ich, dass in unserer Gesellschaft das Verständnis der psychischen Dimension von Gesundheit, von Harmonie, von bedeutungsvollen Leben sehr gering ist, dass Gesellschaftlichkeit und demokratische Kultur entscheidende Notwendigkeit für Gesundheit ist. Sicherlich ist die Explosion von neuen Lebenstechniken, Gesundheitssuche und Suche nach Ausgeglichenheit sicherlich ein Beginn einer Bewusstwerdung, aber wir dürfen nicht die Augen davor verschließen, dass nachhaltiges, wirklich gesundes Leben im Kapitalismus nicht möglich ist, dass die Unruhe, der psychische Druck, die Vereinzelung und Drohung der Verelendung systembedingt sind. Mit ihrer Arbeit in der Frauenorganisierung hat meine Mutter sicherlich auch versucht, in der Situation des notwendigen Neuanfangs der Suche nach dem richtigen Leben gegen das falsche System die eigene Identität zum Ausgangspunkt zu nehmen und trotz allem den Kampf weiter zu führen. Wir haben öfters diskutiert, was der Kampf gegen das Patriarchat bedeutet, ob und wie der Kampf gegen das System damit zusammenhängt. Sie war oft selbst unzufrieden mit der Enge des Rahmens der offiziellen, am Staat orientierten Arbeit und dass sie arbeitsbedingt diesen Kampf in so kleiner Konstellation, in verantwortlicher Position, aber oft allein vom Büro aus führen musste. Meine eigenen Studien, Geschichtsanalyse, vor allem die Auseinandersetzung mit der kurdischen Freiheitsbewegung, waren noch nicht besonders fortgeschritten, als die Diagnose kam. Ich glaube, sie hätte aus dem Wissen um diese Bewegung viel Kraft ziehen können, denn hier laufen viele Linien zusammen, die sie zur Grundlage ihrer Suche gemacht hatte – das Beharren auf dem Sozialismus, das Unbehagen dem Staat gegenüber, das Zurückweisen jedes Dogmatismus, vor allem aber die Tatsache, dass diese Bewegung im Kern eine Frauenbewegung ist, die die Frau als Zentrum der historischen Gesellschaft, und damit auch des Sozialismus, sieht.

In diesem Sinne sehe ich meinen Weg hierher auch ein stückweit als ihren Weg, meinen Kampf zu verstehen, richtig leben zu lernen als Fortsetzung ihres Kampfes. Denn das ist sie für mich immer deutlicher – Kämpferin, Feministin, Sozialistin. Auch wenn ihr Kampf noch nicht diesen deutlichen, klar formulierbaren Ausdruck finden konnte und vor allem gegen die Unklarheit und Perspektivfrage der Zeit eine Antwort suchte, stellt ihre Suche doch das Drängen nach Veränderung, Erneuerung und Revolution dar. Diesen Kampf, den Anspruch und Willen zu verstehen, hat sie bis zuletzt verteidigt. Ich habe in der Beschreibung einer Freundin hier einige Parallelen finden können, erstaunliche Nähe, auch wenn die Welten einander so fern scheinen. Es ist die Autobiographie von Sakine Cansiz, der kurdischen Rosa Luxemburg. Ihr Buch

Mein ganzes Leben war ein Kampf wurde auch übersetzt und müsste bei euch, mindestens im Sputnik, aufzutreiben sein.

PPPPS. Kampf um die Erinnerung

Jeder Aufbruch, jede Erneuerung, beginnt mit dem Erkennen dessen, was falsch ist. Aber dieses Erkennen ist nicht immer voll bewusst und artikulierbar. Oft ist es eher das unbewusste Wahrnehmen, das etwas fehlt, verlorengegangen ist. Wir können nicht mit Sicherheit wissen, ob und wie wir etwas Besseres, Neues, erschaffen können, und wir müssen immer bewusst halten, dass die gute Absicht nicht vor Fehlern schützt, so wie es oft in der Geschichte bewiesen wurde. Wir können nicht sicher sein. Deshalb fängt jeder Kampf um Erneuerung und Veränderung mit dem Glauben an; dem Glauben daran, das eine andere Welt möglich ist.

Aber wir dürfen es nicht dabei belassen, naiv oder dogmatisch auf etwas zu beharren; was wir brauchen ist das richtige Bewusstsein, das unseren Glauben an diese Veränderung untermauert. Uns muss bewusst sein, das diese Welt nicht so bleiben kann; die Nachrichten, die uns jeden Tag erreichen weisen in aller Deutlichkeit darauf hin, dass wir unsere Gesellschaften bis auf die Ebene des Globalen weit von einem nachhaltigen, gesunden, freien, bewussten Leben entfernt sind. Nicht nur die Menschen untereinander wissen oft nicht mehr miteinander umzugehen, ganze Gesellschaften, von Staat und Sachzwang, Konkurrenzlogik und künstlichem Mangel verleitet, treten in Widerspruch zueinander, vom Widerspruch des Menschen zur Umwelt ganz zu schweigen. Das heißt, wir müssen uns bewusst machen, dass Erneuerung notwendig ist.

Aber diese Erneuerung ist nicht einfach ein ›großer Sprung nach vorn‹, eine Flucht in eine unklare Zukunft; Veränderung kann nicht einfach dadurch erreicht werden, dass das Bestehende zurückgewiesen wird. Wenn wir verstehen wollen, wie richtiges Leben und eine gerechte, gesunde Gesellschaft erschaffen werden können, müssen wir die Geschichte verstehen; wir müssen verstehen, wo wir vom Weg abgekommen sind. Denn wenn der Mensch Teil dieses Kosmos, dieser Ordnung des Lebens, Entstehens und der Veränderung, ist, wenn er aus dieser Natur entstanden ist, können wir daran glauben, dass der Mensch im Grunde nicht habgierig, zerstörerisch, abweisend und ignorant ist, sondern alle Eigenschaften des Kosmos und der Natur trägt: Kreativität, Verteidigung des Lebens, Gemeinschaftlichkeit, Affinität, Empathie; all das sind Eigenschaften, die die Wissenschaft zunehmend dem Universum und der Natur selbst zuschreibt. Vor allem trägt der Mensch den Drang nach Harmonie, ästhetischem Empfinden, und Musik und Kunst sind immer Ausdruck und Spiegel einer sich selbst bewussten Gesellschaft. Im Kosmos und in der Natur existiert so etwas wie Vernichtung, Auslöschung, Inakzeptanz und Herrschsucht nicht – es gibt nur Reorganisierung, Neuanordnung, und jeder Zerfall und jedes Ende bringt etwas

Neues hervor, ein ewiges Gesetz des Werdens, Vergehens, und wenn wir uns in Kosmologie, Musik und Atomphysik und Quantenphysik vertiefen, werden wir sehen, welche Rolle Harmonie und kunstvolle Proportionen spielen.

Wir hier untermauern unseren Glauben an Veränderung mit der Quantenphysik und dem Teilchen-Welle-Dualismus, der im Grunde eine Gesetzmäßigkeit der Dialektik ist. Wenn Energie sowohl den Charakter von Welle und Teilchen tragen kann, sowohl Zustand als auch Potential ist, muss dies auch für uns und die Gesellschaft gelten. Denn nichts ›ist‹ einfach nur, alles verändert sich fortwährend und versucht die beste Form zu finden, um angemessen in all dem existieren zu können. Vor allem geht nichts verloren, jede überwundene Form lebt als Erfahrung fort und jedes Beharren, jede Verhärtung, jede Bewegungslosigkeit ist ein Vergessen. Der Kampf, den wir führen, ist ein Kampf um die Erinnerung, ein Kampf der Geschichte – um zu werden, was wir sind, wie Nietzsche meint. Denn all diese Dinge waren die ganze Zeit bei uns, in uns, der ganze Kosmos, die ganze Natur, die Gesellschaft, die Geschichte – wir haben es nur vergessen. Wenn wir die Geschichte verstehen lernen, werden wir sehen, wie richtig unser Glaube war – dass der Sozialismus, der demokratische Sozialismus, eine Eigenschaft, ein Potential des Menschen ist, der die meiste Zeit der Geschichte gelebt wurde, natürlich, unbewusst, im Klan über 300.000 Jahre lang, in 15.000 Jahren kommunaler Dorfkultur, und dass der Gedanke des Paradieses die Erinnerung an diesen Sozialismus war, in dessen Zentrum die Frau, die Muttergöttin, stand. Wie sehr Imperien, Staaten, Regime und Despoten es auch versucht haben, dieser sozialistische Geist ist nicht auslöschbar, und wir stehen an jenem entscheidenden Punkt der Geschichte, wo wir diesen Rahmen überschauen können, denn Archäologie, Physik, Biologie, Psychologie und viele andere Wege, die von Wahrheitssuchenden gegangen wurden, ermöglichen uns ein Bewusstsein zu erlangen, das die Einheit all dessen denkbar macht.

All diese Gedanken sind die Grundlage dessen, was gerade in Kurdistan passiert. Ein Besinnen auf gesellschaftliche Werte, die hier zwar vom Islam überschattet waren, aber gerade durch die Revolution, die die kurdische Bewegung angestoßen hat, klar zum Fundament eines neuen, mittelöstlichen Sozialismus gemacht werden. Der Kampf gegen Daeş, den IS, der in Syrien, Rojava und Irak vor allem auch von der Bewegung geführt wird, ist letztlich auch der Kampf dieses neuen Sozialismus, der, noch sehr jung und voller Fragezeichen, die religiös-patriarchale Ordnung zurückweist und die alte konföderale Ordnung des Zusammenlebens der Gesellschaften Mesopotamiens zu neuem Selbstbewusstsein und politischer Organisierung führt. Ich glaube, es ist für uns wichtig zu studieren was hier gerade vor sich geht, denn die Idee des Demokratischen Konföderalismus, wie Öcalan sie ausformuliert hat und wie sie in Rojava und dem Şengal umgesetzt wird, kann auch für Europa, im Grunde weltweit, eine Ahnung vermitteln, wie Basisdemokratie, Pluralistische Selbstverwaltung und ein Leben außerhalb des Kapitalismus und Nationalstaats organisiert werden kann. Vor allem heißt heute wieder vom Mittleren Osten zu lernen, unsere Gesellschaft und deren Schwächen zu verstehen. Denn die Revolution Kurdistans ist zum einen der Versuch eine Alternative zum westlich-kapitalistischen Modell aufzubauen, zum anderen aber auch die Erneuerung der Idee des Sozialismus; die Erneuerung zu der es in der UdSSR und der DDR nicht mehr gereicht hat.

In diesem Sinne ist all das unsere Geschichte – und wie es in allen vorherigen Zeiten war, wird ein Fortschritt, eine Renaissance des Mittleren Ostens auch für Europa neue Energie freisetzen, tut es schon jetzt. Sich heute auf die Revolution von Kurdistan zu beziehen, bedeutet, sich zu unserer Geschichte, zu unserem Erbe und unserer Verantwortung zu bekennen – zum Geist des Antifaschismus, zur internationalen Solidarität, zu einem neuen Versuch der Gesellschaft zur Freiheit zu verhelfen.

Das ist die eine Aufgabe unserer Zeit: von der kurdischen Bewegung lernen. Denn mit diesem Versuch des Verstehens und der Annäherung an das gesellschaftliche Erbe und die Werte einer demokratischen Zivilisation können wir nicht nur eine Vorstellung einer Perspektive gewinnen. Es stellt ebenso den Versuch dar, die Angst und die Distanz vor dem Fremden, dem Anderen, zu überwinden. Diese Abgrenzung vom Mittleren Osten wurde in unserer Gesellschaft seit 200 Jahren durch massive Propaganda gelehrt, durch ein Denken, das das Fremde zurückweist, ausgrenzt. Der Faschismus und Antisemitismus sind der aggressive, mobilisierte Gipfelpunkt dieser Abgrenzung. Eine neue Perspektive zu gewinnen, wie ein neuer demokratischer Sozialismus aussehen kann, bedeutet, diese Distanz zu überwinden und sich darauf einzulassen, was hier vor sich geht. Es gibt inzwischen eine gute Menge von Annäherungen an die kurdische Bewegung, aber wichtig ist vor allem auch das Denken zu verstehen, das aus dieser Wirklichkeit einen Aufbruch ermöglicht hat. Einige Bücher Öcalans müssten inzwischen übersetzt sein; mindestens *Jenseits von Staat, Macht und Gewalt* und *Zivilisation*[126].

Wenn wir uns darauf einlassen, unser Denken auf diese Wahrheitssuche zu schicken, wenn wir uns auf den Weg machen, diese Perspektive zu verfolgen, werden wir unmittelbar auf das zurückgeworfen, was uns an die Vergangenheit bindet.

Ich schrieb euch bereits einige Gedanken unsere Geschichte betreffend, die DDR, unsere Familie, die große gesellschaftliche Unklarheit nach der Wende. Ich glaube, es ist an der Zeit diese Geschichte zu schreiben, sie uns bewusst zu machen. Ich sehe darin eine unserer Aufgaben – diese Geschichte bewusst zu machen, richtig zu bewerten, Bedeutung zu geben. Das heißt, nicht zu

126 Gemeint ist das Öcalans *Manifest der demokratischen Zivilisation*.

verurteilen, sondern zu verarbeiten. Geschichte, die nicht verarbeitet, bewusst gemacht und anerkannt wird, wird zu einem Gewicht, zur Last, die erdrückt; in Form von Melancholie, Nostalgie, Schuld und verhindert, dass wir etwas Neues erschaffen. Deshalb wollte ich euch einige Fragen schreiben, um sie später mit euch diskutieren zu können, vielleicht findet ihr auch Raum und Zeit, darüber zu schreiben. Ein Ziel von mir ist es, ein Forschungskomitee zu europäischer Geschichte zusammenzubringen, um mit Hilfe der Methoden, die wir auch hier nutzen, unser Verständnis unserer Geschichte zu vertiefen.

Hier also die Fragen, die ich euch stellen will:

- Wie habt ihr die Idee des Sozialismus in der DDR wahrgenommen?
- Wie sehr wurden sozialistische Werte und Ideen diskutiert und transportiert?
- Wie sehr war es Teil des Alltagslebens, außerhalb der Institutionen?
- Welche Rolle und welche Bedeutung wurde der Frau gegeben?
- Wie war die Stimmung, Atmosphäre, in den letzten Jahren vor der Wende?
- Wie stand es um Überzeugung und Glauben an die Idee?
- Was waren Kritiken am System?
- Was waren Hoffnungen und Besorgnisse bezüglich der Zukunft?
- Wie habt ihr die Wende erlebt?
- Wie sah die Perspektive nach der Wende aus?
- Was hatte sich verändert?
- Was waren Schwierigkeiten, wie das Gefühl von Sicherheit?
- Wie änderte sich das gesellschaftliche Klima?
- Wie viel wurde diskutiert, was vor sich ging?
- Was seht ihr heute als sozialistische Werte an, die damals Bedeutung hatten und verloren gingen?
- Worin seht ihr die Fehler der DDR?

Sicherlich sind all diese Fragen sehr groß und brauchen einigen Raum und die richtige Zeit, um gelöst werden zu können. Aber vielleicht taugen sie, um uns ein wenig mehr mit der Geschichte zu verbinden, vielleicht ist es nützlich, sie einmal auszuformulieren; denn ich habe zu einigen zwar eine Grundahnung, die aber vertieft und diskutiert werden will. Wenn ihr also wollt, freue ich mich über eure Unterstützung, um dieses Stück Geschichte zu erhellen. Denjenigen, die erst in den 80ern oder nach der Wende geboren sind, will ich vor allem die eine Frage stellen: Wie ist euer Verhältnis zu dieser Geschichte, was verbindet ihr mit dem Realsozialismus, wie nah ist euch diese Welt?

Meine These ist, dass das System des Westens nämlich versucht hat, uns möglichst außerhalb der Geschichte zu lassen, ungeschichtlich, wie es der Idee des Liberalismus und Kapitalismus mit dem ›Ende der Geschichte‹ eigen ist. Deshalb ist der Kampf um die Erinnerung, um die Geschichte, der erste revolutionäre Akt, um uns unserer Identität bewusst zu werden, Möglichkeiten und Verantwortung zu erkennen. Wenn wir der Spur dieser Geschichte über unsere Geburt hinaus, die Familiengeschichte entlang zur Geschichte der Gesellschaft weiterführen und bis zum Anfang zurückgehen, werden wir klarer sehen, was dieses Leben bedeutet und noch alles beinhalten kann. Von der Nachwendezeit über den Realsozialismus, die Bedeutung des Faschismus zum Widerspruch zwischen einer gelebten gesellschaftlichen Kultur in Mitteleuropa, die sich auf die deutsche Sprache gründet und der vereinheitlichenden, aggressiven nationalistisch-imperialistischen Staatsidee, die die Gesellschaft erstickt. Denn auch die Geschichte Mitteleuropas und der deutschsprachigen Kultur als Ganze bedarf wohl einiger Neubewertungen. Nun, es gibt viel zu tun, zu forschen, zu verstehen und zu diskutieren. Im Grunde ist es der Versuch, in der Gegenwart anzukommen, mit dem Bewusstsein der historischen Gesellschaft eine Antwort auf die Fragen der Zeit zu finden, um neu beginnen zu können.

PPPPPS. Es gibt diesen Satz, dass jede Generation jene braucht, die ihr Leben nicht leben als hätte es einen Anfang und ein Ende, sondern die im Bewusstsein eines Endes und Neuanfangs leben. Ich glaube, ich habe mir unbewusst, doch mit der Zeit immer klarer und zuletzt durch die bewusste Entscheidung, diese Haltung zum Beruf, zur Grundlage meines Weges, gemacht. Es gab in jeder Zeit diese Form des Berufs, der Berufung; Nomaden, Wandermönche, Waldläufer, bis die Moderne in Europa durch Verstädterung, Industrialisierung und staatliche Verwaltung den Raum verengt hat. Aber es gibt und gab das Nomadische in jeder Zeit, es ist Teil unseres kulturellen Erbes und Unbewussten, vertieft in 280.000 Jahren nomadischen Klanlebens. In unserer Zeit, wo sich die Kultur so weit verdinglicht und in materielle Werte ausgeformt hat, ist der Beruf, der die ideelle Kultur der Veränderung und Selbsterneuerung radikal zugrunde legt, in der Form des Berufsrevolutionärs zurückgekehrt. Und wenn ich auch nicht von mir behaupten kann, dieses hohe Ideal zu verkörpern, dient es doch als Gedankenstütze, als ein Vorbild für einen Weg, den viele große, schöne Menschen, höhere Menschen, vor uns gegangen sind und zu Sinnbildern der Erneuerung, des Aufbruchs, der Suche des freien Lebens und des Widerstandes und Kampfes gegen das Falsche, den Verrat an der Menschheit, wurden. Für mich verbindet es all die Kunsthandwerker, die für mich wertvoll, aber getrennt voneinander nicht vorstellbar, waren: ein Schriftsteller, der vom richtigen Weg erzählt, von den Welten, die möglich sind; ein Journalist, der nach der Wahrheit forscht und nur diese schreibt; ein Historiker, der die Geschichte mit dem Leben und unserer Zeit verbindet und auf die Zukunft verweist; ein Psychologe, der die Blockaden des Geistes löst; ein Musike, der aus Nichts und der Stille Harmonie und Schönheit erschaffen kann.

All diese Dinge auf eine richtige Grundlage zu stellen und mit Bedeutung zu füllen, hat mich bis nach Mesopotamien geführt, und mir klar gemacht, dass dieser Weg und Beruf, soll er nachhaltig sein und nicht nur individualistische Lebenskunst, auf eine breite kollektive und organisierte Weise ausgeübt werden muss. Ich bin Teil dieser großen Bewegung hier geworden, zum einen, um tiefer lernen und verstehen zu können, wie wir diese Veränderung zuerst in uns selbst leben und voranbringen können, zum anderen im Bewusstsein darüber, dass das Zentrum der Auseinandersetzung unserer Zeit, der zeitgenössische Versuch eine freie Gesellschaft und einen demokratischen Sozialismus zu ermöglichen, der Mittlere Osten, Kurdistan, ist. Auch wenn mein Ziel nach wie vor ist, diese Klarheit, das Bewusstsein und die Kraft, die von hier ausgeht, zurück nach Europa zu tragen, ist doch noch nicht klar, wann der richtige Zeitpunkt gekommen sein wird und was für Aufgaben noch auf diesem langen Weg zurück liegen. Es ist eine der großen und schönen Missionen, die Philosophie und den Geist eines neuen Internationalismus von hier aus zu verbreiten, nach Europa zu bringen und darüber hinaus.

Der Weg hierher war nur ein Anfang, denn die Aufgaben der Zeit brauchen eine gute Grundlage. Ich werde diesen Sommer in eine andere Baumschule gehen, zwei Hügel weiter östlich, in den freien Bergen. Wenn ich bisher auf Grundschulniveau gelernt habe, ist es dort ein eher universitärer Rahmen, ich werde unter weisen Freundinnen und Freunden die Zusammenhänge vertiefen, weiter nach Wahrheiten suchen. Bis zum Herbst wird das meine Mission sein. Was danach passiert, ist offen, es heißt gespannt zu sein und wachsam. Es gibt viele Ideen, Pläne, und wenn wir die Hintergründe und Bedingungen des Weges gut verstanden haben, werden wir eine richtige Entscheidung treffen können und etwas Gutes daraus werden. Was auch immer am Ende dabei herauskommt – es wird großartig sein.[127]

PPPPPPS. Einige nachgestellte Bemerkungen zum Verständnis der politischen Situation, denn erfahrungsgemäß ist es nicht einfach, mit einfachem und klarem Blick zu sehen, was ist, was passiert und wie es zu bewerten ist.

- Was auch immer ihr über Entwicklungen in der Region hört und lest – es wird nichts so heiß gegessen, wie es gekocht wird. Alle Kräfte spielen mit

127 Zitat des Kommandanten Çiyager. In den Jahren 2015/16 war er Kommandant im Widerstand gegen die türkische Belagerung von Sûr, der historischen Altstadt von Amed (Diyarbakir) in Nordkurdistan (Türkei). Am 25. Oktober 2019 ist er in Heftanîn bei der Verteidigung Südkurdistans gegen die türkische Besatzung ums Leben gekommen. Über den Widerstand in Sûr drehte die *Komîna Film a Rojava* (Filmkommune Rojava) den Film *Für die Freiheit* (Ji Bo Azadiyê), der 2019 veröffentlich wurde.

Täuschung und diplomatischen Manövern. Was gesagt wird, sagt etwas über Absichten und Neigungen aus, nicht darüber, was passiert.

- Der wichtigste Akteur der Region, die Gesellschaft, wird von fast keinem Nachrichtendienst ernst genommen. Das lässt die Lage oft krumm erscheinen, denn in all dem Chaos und der Verworrenheit gibt es ein Leben, das weiter geht und auf gegenseitiger Unterstützung und Akzeptanz basiert. Je organisierter die Gesellschaft ist, desto mehr muss sie auch ernst genommen werden, aber die Gegenpropaganda ist entsprechend stark. Deshalb: Es gibt immer einen großen Teil der gesellschaftlichen Wahrheit, von der nicht berichtet wird. Es ist wichtig im Strom der Ereignisse diesen Punkt im Hinterkopf zu behalten.
- Hinter jeder Nachrichtenstelle steht ein Denksystem, eine Weltanschauung, die entsprechend der eigenen Absichten und Ziele berichtet. Lest und verfolgt die Nachrichten der kurdischen Bewegung, die Perspektiven und Bewertungen sind doch ein wenig mehr der Situation entsprechend und versuchen vor allem nicht ihre Absichten zu verschleiern.
- Wie auch immer sie sich präsentieren – es gibt keine Staaten, die auf unserer Seite stehen. Ein Staat kann sich verstellen, mit uns taktische Zusammenarbeit führen, aber es sind niemals Freunde. Staatspolitik ist immer Macht- und Interessenpolitik, auf den Vorteil aus, auf Einfluss und Kontrolle. Auch wenn einige materielle Unterstützung vom Westen nach Rojava geschickt wird und manche diplomatischen Manöver zu unserem Vorteil sind – wir können kein Vertrauen dareinsetzen, dass auch nur ein Versprechen eingelöst wird, selbst wenn einige Leute in Amt und Würden gute Absichten haben und persönlich rechtschaffen sein sollten. Die USA sind nicht unser Freund, sie sind geduldeter Gast, Russland hat jeden Maßstab und Anspruch auf freundliches Ansehen verspielt; Deutschland ist sowieso offen feindselig und setzt auf ein Bündnis mit Islamfaschisten, und auch wenn Frankreich gerade versprochen hat, Rojava zu unterstützen, verfolgt es damit eigene Interessen und wir vertrauen nicht auf die Menschenliebe eines Staates, der vor nicht allzu langer Zeit genozidale Kolonialpolitiken betrieb und bis heute von Einfluss in ›Indochina‹ und anderswo träumt. Wir vergessen nicht, wir erinnern uns an alles. Deshalb hat es auch nicht viel Sinn, von Staats- und Machtpolitik enttäuscht zu sein.
- In den Tagen, in denen ich diese Zeilen schreibe, hat sich die YPG aus Afrin zurückgezogen und sicherlich sehen darin viele eine Niederlage. Aber es ist wichtig die Gesamtlage zu sehen, wie alles verbunden ist. Unsere Bewegung ist groß, inzwischen weit über die vier Teile Kurdistans hinausgewachsen, verfügt über mehr als 40 Jahre Erfahrung, ist letztendlich eine Kraft, die aus der Gesellschaft kommt, unzählige Formen von Organisationen in sich vereint und in der ganzen Region aktiv ist. Gerade in Afrin zeigt sich, wie die Bedro-

hung eines Teils Energie in allen anderen Teilen freisetzt, sich potenziert und in alle Welt strahlt. Bisher haben wir noch vermocht jede Niederlage in einen Sieg zu übersetzen, Bewusstsein und Stärke daraus zu ziehen. Vielleicht wird Afrin tatsächlich der Beginn des Untergangs des Erdoğan-Regimes und diese Jahr wird das Jahr der Erneuerung und Befreiung der Türkei. Unser Projekt ist der Aufbau eines neuen Gesellschaftssystems und die Verteidigung der Gesellschaft. Die Frage ist nicht, ob wir erfolgreich sein werden. Natürlich kann es sein, dass dafür große Opfer gebracht werden müssen; aber der Status quo ist das, wovor wir uns mehr fürchten sollten. Jeder Faschismus wächst aus einer verpassten Revolution, heißt es. Entsprechend grundlegend ist es, auf dem Sozialismus zu beharren. Oder, wie ein Freund meinte: Unbedingt werden wir siegen.

- Wir können die Art, wie wir Politik verstehen und betreiben wollen, als demokratische Politik beschreiben und begreifen. Politik in ihrem eigentlichen, nichtstaatlichen und nicht machtbezogenen Sinne wurde mal als die Art und Weise beschrieben, wie eine Gesellschaft nach Freiheit sucht, sich organisiert und ihren Willen ausdrückt. Das ist Aufgabe unserer Zeit: eine neue Form von demokratischer Politik zu entwickeln, uns als Initiativkräfte zu begreifen und die Art und Weise, wie wir leben wollen, über unseren Alltag hinaus zu diskutieren. Wenn der liberale Nationalstaat Menschen als Arbeitstiere nutzen und in politische Passivität drängen will, ist die richtige Antwort darauf Aktivität und Selbstorganisierung. Bei euch, in der Familie, in der Nachbarschaft, auf kommunalpolitischer Ebene, international. Für uns sind es wichtige Zeichen zu sehen, wie groß der Protest gegen Erdoğan ist, die Solidarität mit Afrin, dass die Demonstrationen nicht abreißen, wie wir in den Nachrichten verfolgen. Vor allem hat es große Bedeutung, dass nicht mehr nur Kurdinnen und Kurden demonstrieren, sondern dass auch die deutsche Gesellschaft ihr Unverständnis und ihre Verbundenheit zeigt. Vor allem sind diese Demonstrationen für uns Möglichkeiten zu zeigen, dass wir viele sind, uns zu zählen, vor allem uns selbst klar zu machen, dass Menschlichkeit und Solidarität stärker sind als ein paar Hampelmänner in Palästen und ihre Banden. Geht auf die kurdischen Demos, wenn ihr Zeit habt, und haltet Kontakt zu denen, die Brücken schlagen. Vielleicht vor allem für meine Schwester interessant: die Jineolojî, eine Art Bildungs- und Forschungskommitee der Frauenbewegung, veranstaltet auch Bildungen. Ich glaube, du kennst dort auch Freundinnen.

PPPPPPPS. Ein letztes: Heute ist der 31. März und ich beende diesen Brief, den ich zu Weihnachten angefangen habe zu schreiben. Er ist ein wenig länger geworden; ich hoffe das entschuldigt ein wenig die lange Funkstille. Heute habe ich die Nachricht bekommen, dass ich mich morgen auf den Weg machen werde.

Vor mir liegt ein langer Fußweg durch die freien, frühlingshaften Berge. Dieses Jahr ist mein Heuschnupfen ausgeblieben und alles um uns blüht, erwacht. Ich weiß noch nicht, wann ich wieder Gelegenheit haben werde, einen nächsten Brief abzusetzen, aber ihr könnt mir über die Freunde schreiben. Ich bin sicher, ihr findet einen Weg.

Passt gut auf euch auf und bereitet die gut vor, die dem Geist der Jugend am nächsten stehen. Bleibt in Bewegung, in Verbindung und wachsam gegenüber dem, was kommt. Denn wir stehen gerade erst in der Mitte der Geschichte und nähern uns dem Anfang.

Angriff auf Afrin

Am 20. Januar 2018 begann die türkische Armee unter dem Befehl Erdoğans die sogenannte Operation Olivenzweig. Dieses Militärmanöver war der erste offensive Versuch, die neo-osmanische Politik des AKP-Regimes in die Praxis umzusetzen – mit tatkräftiger Unterstützung zahlreicher islamistischer Gruppierungen.

Die Bezeichnung ›Operation Olivenzweig‹ ist letztlich eine Parodie auf das Friedenssymbol des Olivenzweigs. Sie kann allerdings auch so gedeutet werden, dass es um die Eroberung von Olivenbäumen ging, denn die Zielregion Afrin ist bekannt für ihre wunderschönen und uralten Olivenhaine. Diese sind ein wichtiger Teil der Identität und Kultur der dortigen Menschen. Der Name ›Operation Olivenzweig‹ ist also auch ein deutlicher Angriff auf eben jene gesellschaftlichen Werte und die Verbundenheit der Menschen mit ihrem Land. Afrin war bis zum türkischen Einmarsch auch eine sehr diverse Stadt und Region gewesen, in der viele verschiedene Gemeinschaften und Religionen ein nachbarschaftliches Leben miteinander gepflegt hatten. Ziel der Invasion war die Vertreibung und Vernichtung der Bevölkerung einschließlich ihrer diversen Kultur und ihrer Identität.

Die Offensive wurde bis zum 18. März 2018 fortgesetzt. Die Selbstverteidigungseinheiten der QSD, maßgeblich bestehend aus YPG/YPJ und den lokalen militärischen Einheiten, leisteten entschlossen Widerstand. Die Bewohner_innen der Stadt Afrin, die den gleichen Namen wie die ganze Gegend trägt, verharrten lange Zeit an Ort und Stelle und weigerten sich, ihr Zuhause zu verlassen. Dieser Zustand änderte sich erst, als die militärische Leitung der QSD die Bevölkerung inständig darum bat, die Stadt zu verlassen, um weitere zivile Opfer zu vermeiden. Aufgrund der massiven Bombardierungen der türkischen Luftwaffe war es den Selbstverteidigungseinheiten jedoch nach 54 Tagen nicht länger möglich, die Stadt zu halten. Durch die Angriffe verloren Tausende Menschen ihre Leben. Unter anderem die aus Großbritannien stammende YPJ-Kämpferin

Anna Campbell (Şehîd Hêlîn Qereçox) wurde in dieser Zeit durch einen türkischen Luftangriff getötet, was großen Einfluss auf Internationalist_innen weltweit hatte.

Folge der Angriffe war eine brutale Besatzung der Region unter türkisch-islamistischer Vorherrschaft. Seitdem ist von friedlichem Leben keine Spur mehr zu finden. Es werden tagtäglich Menschen, insbesondere Frauen, entführt, gefoltert und ermordet. Eine radikale Türkisierung und Islamisierung der gesamten Gegend findet statt. Letztlich handelt es sich de facto um eine extralegale Erweiterung türkischen Staatsgebietes.

Seit der Besatzung ist es das Ziel der Selbstverwaltungsstrukturen Nord- und Ostsyriens den Menschen aus Afrin eine Rückkehr zu ermöglichen.

Brief an Heval Sara[128]

1. April 2018, Freie Berge Kurdistans

Hevala hêja, Liebe Freundin,

ich hoffe, du bist wohlauf und es geht voran, was es natürlich tut. Ich wollte dich auf den letzten Stand bringen, vor allem, da ich nicht weiß, wie erreichbar ich die nächste Zeit sein werde. Heute ist der erste April, ich werde morgen aus meiner Einheit verschwinden und in eine Bildung geschickt[129]. Wie sieht es bei dir aus? Bleibst du in der Praxis, gehst du in eine Bildung oder eine andere Region? Ich habe nur grobe Informationen von den anderen deutschen Freundinnen in Garê, dass sie noch an ihren Orten sind, ansonsten keine Ahnung, was die internationalistischen Freund_innen und Entwicklungen angeht. Ich habe mir vorgenommen mich bis zum Herbst voll auf die Bildung zu konzentrieren und solange auf die Weltrevolution zu vertrauen. Ich habe das letzte halbe Jahr vor allem genutzt, um meine Persönlichkeitsanalyse zu vertiefen und meine Gedanken zum Internationalismus zu ordnen. Vor allem wollte ich dich informieren, dass ich einen langen Bericht zu diesen beiden Themen geschrieben habe: Zur Analyse der Liberalen Persönlichkeit und der notwendigen Vertiefung der ideologischen Arbeiten, um die europäische Persönlichkeit zu verarbeiten und so eine gute Grundlage der Europaarbeiten zu schaffen. Außerdem einen Projektvorschlag, wie der organisatorische Aufbau in Europa aussehen könnte. Ich habe einfach alle Gedanken zu dem Thema runtergeschrieben und der Organisation überantwortet. Vor allem auch, um ein wenig mehr Ruhe und einen freieren Kopf für die Prozesse hier zu haben. Ich will dir kurz die wichtigsten Grundgedaken skizzieren, falls wir uns tatsächlich vorerst nicht mehr sehen sollten.

Ich sehe innerhalb der internationalistischen Arbeiten gerade zwei Linien, zwei Wege, die parallel verlaufen; sie bedingen sich einander, müssen beide weiterentwickelt werden, aber sind doch auf verschiedenen Stufen der Organisierung, ein wenig voneinander entfernt. Das eine ist der Weg der Maulwurfsarbeit, das andere der Weg der Guerillawerdung. Ich hatte das Gefühl, meine Sicht in dem Bereich der Organisation niederzuschreiben, sei keine schlechte Idee. Schließlich war mein Weg zur Bewegung, und schließlich mein Anschluss,

---

128 Ein Brief an Sarah Handelmann (Sara Dorşîn). Siehe Kasten auf S. 351.

129 Im Sommer 2018 geht er an die Mazlum-Doğan-Akademie. Siehe Kasten S. 352.

aus dem Weg der Maulwurfsarbeit gewachsen, aus der Frage, wie in Europa eine revolutionäre Kraft aufgebaut werden kann, die eine tiefe ideologisch-philosophische Grundlage, das richtige Fundament der Organisierung und eine radikale Praxis besitzt. Ich habe gerade H. Abbas[130] *Revolutionäre Ethik und Kultur* gelesen, um den Weg der Partei- & Armeewerdung besser zu verstehen. Die Grundlage ist der ideologisch-organisatorische Kampf, aus dem die richtige politisch-militärische Praxis erwächst. Ich habe eine Weile gebraucht, diese beiden Stränge, Maulwurf und Guerilla, ins richtige Verhältnis zu setzen, und natürlich ist das eine im anderen enthalten. Jeder Maulwurf, vor allem in der Metropole, muss das Bewusstsein des Guerillakampfes besitzen, tiefe Tarnung und Disziplin besitzen, und gleichzeitig muss jede Guerillero_a das Verständnis des Systemkampfes aufbauen – abgeschnitten voneinander, rein auf das pragmatische bezogen, führt das eine zu opportunistischem Politikertum, Demagogie, das andere zu Militarismus.

Ich glaube, es ist sinnvoll, sich zumindest für einen Zeitraum klar für einen der beiden Wege zu entscheiden, jedenfalls habe ich das Gefühl, das für meine eigene Klarheit, Klarwerdung und Fortschritt zu brauchen. Ich sehe die Zeit seit dem Weg in die Berge als Grundschule des ideologisch-organisatorischen Kampfes, sich Erfahrungen einzuverleiben und meinen gesellschaftlich-historischen Hintergrund zu reflektieren und die vorherige Praxis in der deutschen Linken klar zu bewerten. Meine Grundschule wird bis zum Herbst gehen und ich werde meine Sicht darüber mit den Freund_innen diskutieren, was danach passieren kann. Auch wenn ich das Guerillaleben sehr mag, glaube ich doch, dass ich in der Organisierungs- und Maulwurfsarbeit momentan mehr zum Lauf der Geschichte beitragen kann, und ich sehe eine Menge Aufgaben, die mit mehr Energie und einer größeren Anzahl von Verantwortlichen gefüllt werden müssen. Das eine ist eine wirklich breite Informationsstruktur und Propagandaarbeit, um das Paradigma und die Lage zu vermitteln. Im Grunde braucht es ein europaweites Netz von internationalistischen und Solidaritätskomitees, die als strategischer Teil verstanden und eingespannt werden. Aus meiner etwas abrupt abgebrochenen Vorarbeit in Europa habe ich ein wenig das Gefühl, einige Dinge weiterführen zu müssen, zu korrigieren und praktische Selbstkritik leisten zu müssen. Zu jener Zeit hatte ich weder die Klarheit noch persönliche Stärke, um eine tiefe Grundlage schaffen zu können. Deshalb sehe ich darin meine Verantwortung und werde den Freund_innen vorschlagen im Herbst, oder in absehbarer Zeit danach, vorerst nach Europa geschickt zu werden. Ich glaube auch, dass es der Lage und dem Potential Europas gerecht wird, auf dieser Linie eine Vertiefung voranzubringen. Das soweit, damit du über meine Perspektive Bescheid weißt. Und natürlich weiß ich nicht, wie

130 Heval Abbas meint Duran Kalkan. Er ist Exekutivratsmitglied der KCK.

weit die Arbeiten in Europa gerade bereits vorangeschritten sind und welchen Schwerpunkt die Organisation setzen will. Ich werde nach der Bildung nach einer klaren Einschätzung der Leitung fragen, nach einer klaren Perspektive, wo sie Bedarf und Potential sehen. Je mehr ich mich in Strategie und in Fragen der Praxis vertieft habe, desto klarer ist mir geworden, dass die grundlegendste Notwendigkeit die Ausprägung, der Aufbau, der richtigen Kommandantur ist. Spezialisierung in Branchen ist wichtig und für die Kampfpraxis entscheidend, aber die größten Schwierigkeiten dieser Revolution sind letztlich Probleme der richtigen Führung.

Nun, all das ist Zukunftsmusik; falls es vor der Bildung nicht mehr klappt, versuche ich nach der Bildung ein Treffen zu initiieren, dann kann all das weiter- und umentwickelt werden. Bis dahin wird sich sicherlich noch einiges entwickeln und ich glaube, aus all dem wird etwas Gutes.

Soweit, viel Erfolg dir, grüß die Freundinnen, und pass auf dich auf.
Silav û rêzên şoreşgerî revolutionäre Grüße und Respekt
Bager Nûjiyan

Sarah Handelmann (Sara Dorşîn)

Sarah Handelmann, geboren am 25. November 1985, studierte in Tübingen Literatur und lebte danach in Berlin. Sie war Feministin und Teil von kollektiven Wohnprojekten.

2016 reiste sie mit zwei Freundinnen nach Amed, um den Kampf der kurdischen Frauen im Kontext des türkischen Angriffskriegs, gegen die Ausrufung der Selbstverwaltung in Nordkurdistan, mit der Videokamera aufzuzeichnen. So entstand der einstündige Dokumentarfilm namens *Xwebûn* – kurdisch für »Selbstsein« –, den Sarah vor ihrem Aufbruch nach Rojava 2017 fertigstellte. Sie erschuf so ein beispielloses Zeitdokument für die Auswirkungen des Krieges und die entschlossene Frauenorganisierung unter schwersten Umständen.

Am 30. Juni 2017 beschloss Sarah, sich der kurdischen Guerilla anzuschließen und nahm den Namen Sara Dorşîn an. Sie wählte den Jahrestag der legendären Aktion der PKK-Kämpferin Zîlan 21 Jahre zuvor, die als wegweisend für die Frauenbefreiungsideologie der kurdischen Frauenbewegung gilt.

In ihren ersten Monaten in den Bergen nahm Sara an den Şervanên nû teil, einer Grundausbildung für neu beigetretene Kämpfer_innen, gemeinsam mit Xelîl, der sich bereits Bager Nûjiyan nannte. Er übersetzte einen großen Teil des Unterrichts für sie. Es gab vieles, was die zwei miteinander verband, beispielsweise ihre Liebe zu Büchern und zur Musik. Beide spielten Geige und Gitarre. Sie diskutierten viel und blieben auch nach der Ausbildung über

Briefe per ›Guerillapost‹ im Kontakt zueinander. Gerade über die Bedeutung der Revolution Kurdistans für Europa und speziell auch (Ost-)Deutschland, aus dem sie beide stammten, schrieben sie sich lange Nachrichten.

Sara wurde am 7. April 2019 durch einen Luftangriff der türkischen Armee ermordet. Da die Nachricht vom Tod Bagers aufgrund der Kriegsumstände erst Monate später bekannt wurde, wusste sie nichts vom Verlust des Freundes.

Mazlum-Doğan-Akademie

Mazlum Doğan war ein Student aus Dep (türk.: Karakoçan) in Nordkurdistan, der sich den Revolutionär_innen für die Befreiung Kurdistans angeschlossen hatte. Er war bekannt dafür, dass er viel las und über eine großartige analytische Gabe verfügte.

1979 wurde er festgenommen und im berüchtigten Gefängnis von Amed, der ›Hölle von Diyarbakir‹, eingekerkert. Er erlebte gemeinsam mit Hunderttausenden von politischen Gefangenen des Militärputsches 1980 entmenschlichende Folter, Misshandlungen und Erniedrigungen. Das Foltergefängnis von Amed, das auch Sakine Cansiz in ihrer Autobiografie beschreibt, hatte zum Ziel, Persönlichkeiten zu brechen und ihrer Identität zu berauben.

Vor Gericht brachte Mazlum mit seinen Genoss_innen eine politische Verteidigung vor. Sie wurde zu einem historischen Schriftstück von 20.000 Seiten und war die zu jener Zeit umfassendste schriftliche Darstellung zur Realität und Existenz Kurdistans.

Mazlum Doğan wurde zum Sprachrohr des kollektiven Widerstandes der Gefangenen und widersetzte sich jedem feindlichen Zugriff, wie beispielsweise dem Zwang zur Uniformierung und dem Singen der türkischen Nationalhymne. Am 21. März 1982 beendete er sein Leben unter den unwürdigen Bedingungen der Gefangenschaft und zündete dabei seine Zelle an. Diese Aktion stand symbolisch für das Feuer des Neujahrsfestes Newroz, welches Kurd_innen jedes Jahr am 21. März entzünden – eine Tradition, die durch den türkischen Staat verboten wurde. Der Widerstandsakt des Entzündens des Newrozfeuers bekam durch Mazlum Doğan eine neue Bedeutung als Aufstand der Würde. Seine Funken lösten einen jahrelangen extremen Widerstand in den Gefängnissen der Türkei aus. Der Spruch ›*Berxwedan Jiyan e* – Widerstand ist Leben‹ stammt von ihm.

Die Zentrale Parteischule der PKK trägt daher seinen Namen. Die monatelangen ideologischen Bildungsdurchläufe dort sind sehr intensiv, die Ideologie Öcalans wird hier vermittelt und die Strategie der PKK wird diskutiert und geprägt. Viele langjährige Kader_innen nahmen daran teil. Bager hatte einen fünfzehnseitigen persönlichen Bericht an die Leitung der PKK geschrieben, in denen er seine Motivation für eine Teilnahme an der Mazlum-Doğan-Akademie darlegte. Obwohl es sehr außergewöhnlich ist, dass ein Freund, der erst seit einigen Monaten der Bewegung beigetreten ist, an einer solchen Bildung teilnimmt, wurde Bagers Antrag stattgegeben. Die PKK sah großes Potential in ihm und so verbrachte er den Sommer 2018 gemeinsam mit Dutzenden anderen Guerillakämpfer_innen in dieser Akademie.

Tagebuch

Oktober 2018, Freie Berge Kurdistans

09/10/2018

Heute vor zwanzig Jahren begann etwas, das nicht nur den Mittleren Osten erschüttern sollte, sondern den Auftakt zu der großen Auseinandersetzung unserer Zeit gab. Letztendlich stellt das Internationale Komplott und die Verschleppung AÖs den Ausgangspunkt dafür dar, dass sich all diese Linien, die Geschichten und Suchen unzähliger FreundInnen, Kämpfenden und Liebenden vereinen sollten und letztendlich auch meine Anwesenheit in diesem seltsamen Teil der Erde nach sich ziehen sollte. Das Verstehen dieses Prozesses ist keine leichte Aufgabe, die Interpretationen sind so zahlreich wie die, die diesen Ereignissen vor zwanzig Jahren Bedeutung geben und sich zu dem Weg bekennen, der daraus entstand. Für mich öffnet das Internationale Komplott eine Tür, die meiner Suche eine Form verleiht und der Enge und Ausweglosigkeit der Zivilisation Europas eine andere Welt entgegenstellt. Nicht mehr marginal, sondern in Gestalt einer Massenbewegung, einer vierzig Jahre alten Revolution, die eine Unmenge von Erfahrungen hervorgebracht und eine langsame, schmerzvolle Erneuerung ermöglicht hat; die die Unmöglichkeit würdigen Lebens in die Möglichkeit revolutionärer Umwälzung erneuert hat. Vielleicht ist dies eine der Verbindungslinien, ein Teil des geheimen Mechanismus, der mich angezogen hat – die Möglichkeit wirklicher, tiefer Rache. Eine Rache, die nicht zerstörerisch ist, die nicht einfach die Gewalt spiegelt und damit die Ausweglosigkeit nur fortsetzt und in einer Abwärtsspirale des Nihilismus den Untergang zelebriert; sondern eine wirkliche Antwort, eine Aufhebung der Ursachen bedeuten kann. Denn darin besteht die eigentliche Bedeutung von Rache – sie bedeutet zuallererst ein Bekenntnis, ein Bekenntnis zu einem Problem, die klare Erkenntnis, dass ein Problem gelöst werden muss, dass ein Zustand, der Leben verhindert, nach Veränderung schreit. Mit dem Nichteinverständnis beginnt die Suche nach Antworten; das Verstehen der Gewalttätigkeit dieses Zustandes führt zum Erkennen des Feindes. Der Feind ist nicht einfach ein Mensch, nicht nur eine Bande, eine Partei, ein Führer. Der Feind ist zuallererst eine falsche Ordnung, eine falsche Art zu leben, dem ein falsches Bewusstsein und falsche Werte zugrunde liegen.

Das Gefühl der Falschheit ist die Grunderfahrung meiner Jugend, das Unbehagen und die Enge das Klima meiner Kindheit. Vor allem dieser Zwiespalt zwischen einem vertrauten Umfeld, das beharrlich versucht, Schönheit, Geborgenheit, Sicherheit, klare Werte und einen Umgang für die Zukunft zu finden, und der Kälte, der Feindseligkeit, dem Sachzwang. Ich habe lange gebraucht, den Charakter dieses Zustandes als Auswirkung einer falschen Ordnung, eines falschen Systems, zu erkennen. Letztlich führte der Versuch, den Grund dieser Feindseligkeit aufzudecken bis nach Mesopotamien und die Gemeinschaften mythischer Freundschaft. Denn für mich bedeutet der Orden zuallererst dieses: ein Bündnis, eine Gemeinschaft, die sich versprochen hat, einen gemeinsamen Ausweg zu erkämpfen, gegen alle Hindernisse und Vorurteile. Die Schwierigkeiten im Sinne dieses Versprechens vorwärtszugehen macht meine aktuelle Schwäche aus.

Vielleicht stellt dies einen guten Rahmen dar, mit diesen Aufzeichnungen zu beginnen. Der Versuch zu verstehen, worin die Schwierigkeiten unserer Leben in dieser Zeit des Umbruchs bestehen; die Suche nach einem neuen Sozialismus, das Reflektieren der Spuren der Kultur von Moderne, Männlichkeit, Liberalität, positivistischem Denken und anderer Narben, die die Ordnung des Feindes in unserem Bewusstsein hinterlassen hat. Heute und in diesen Tagen, in denen sich das Internationale Komplott zum zwanzigsten Mal jährt, müssen diese Ereignisse und der Umbruch, den sie einleiten, mit Bedeutung gefüllt werden – wir müssen nicht nur die Wahrheit des Feindes verstehen, sondern ebenso unsere Lage, unsere Rolle klar erkennen lernen und uns der Aufgabe annehmen, ein neues Leben aufzubauen. Denn der Aufbau des Sozialismus ist vor allem eine Aufgabe des alltäglichen Lebens, des bedeutungsvollen Lebens, eines bewussten, kommunalen Lebens. Entsprechend muss die Art, wie wir leben Gegenstand unserer Achtsamkeit, Reflexion, Kritik und ständiger Verbesserung sein. Die Kunst revolutionärer Lebensführung war immer Teil dieser Bewegung, ist Grundlage ihrer Mythologie, die eine radikal entindividualisierte Ethik und Kultur lebt. Der Mythos von Militanz lässt sich auf viele Arten beschreiben – Hingabe, Liebe, als eine Art, den kantschen Kategorischen Imperativ organisiert und politisiert zu leben. Vor allem bedeutet es, das eigene Begehren zu vergesellschaften, sich zu überzeugen, dass die Erfüllung und Befriedigung nicht in kleinen Wünschen und Dosierungen möglich ist, sondern auf die Ganzheit gerichtet sein muss. ›Immer mehr wollen‹ führt nicht als liberaler Konsumtrieb zum erfüllten Leben, sondern in eine Form revolutionärer Hingabe – ›sich immer mehr geben und verbinden wollen‹. Die emotionale Erfüllung und die Mühe, die Anstrengung der Aufopferung und der Akt der Schöpfung sind letztlich identisch. Die Liebe des Revolutionärs bedeutet daher immer auch, die Zärtlichkeit des Schmerzes lieben zu lernen; sich selbst zu geben und etwas anderes, etwas außer sich zu erschaffen. Das Verstehen der Notwendigkeit, die Freiwilligkeit das Dringende zu tun, macht die Genugtuung des Revolutionärs aus. Sich für das Alternativlose zu entscheiden bedeutet vielleicht nichts anderes, als das analytische Denken, die rein individuelle Schlussfolgerung und die egoistische Selbsterhaltung zu überwinden. Im Akt der Selbstaufgabe stirbt die Angst, wird bezwungen von der Erfüllung des Augenblicks, in dem alles verbunden ist und das Selbst sich ganz im Prozess, im Geschehen des Kampfes, des Aktes der Schöpfung verliert. Vielleicht sind dies einige Weisen, auf die die Energie des revolutionären Lebens beschrieben werden kann – jedenfalls stellen sie jeweils Fragmente dar, die ich hier, im Versuch revolutionäres Leben aufzubauen, habe wahrnehmen können.

Inzwischen bin ich gut zwei Wochen an diesem neuen Ort. Vor gut einem Monat war die Bildung zu Ende und seitdem bin ich in den Schluchten zwischen Hölle und Paradies, zwei Regionen, die einen Teil der Verteidigungsgebiete der Freiheitsbewegung bilden. Hier werde ich diesen Winter verbringen, in einer Einheit für Kulturarbeiten. Ich will versuchen, diesen Winter einige Episoden des Lebens in Bewegung zu verschriftlichen, vom Versuch eine neue, eine revolutionäre Kultur lebbar zu machen – eine revolutionäre Lebenskunst zu entwickeln und zu organisieren, die den Wunsch und die Utopie mit der Notwendigkeit und mit der Wirklichkeit unserer Situation vereint.

Gefängnisschriften Abdullah Öcalans und das neue Paradigma

Die Freiheitsbewegung Kurdistans hat im Laufe der Jahrzehnte intensiver revolutionärer Organisierung tiefgreifende Erfahrungen gesammelt, welche beständig in die ideologischen Grundlagen sowie Werte und Prinzipien eingeflochten werden. Zu Beginn wurde vor allem ein marxistisch-leninistisches Paradigma mit der antikolonialen Suche nach einem eigenen Staat verfolgt.

Mit dem Ende des Realsozialismus bemühte sich Abdullah Öcalan als ausschlaggebender philosophischer Denker und Revolutionär der PKK auch um eine Neubewertung des Staatssozialismus und setzte sich mit Themen wie Hegemonie, Staat, Kapitalismus, Klassenkampf etc. von Neuem auseinander. Bereits Anfang der 90er-Jahre beschäftigte er sich zudem intensiv einer Neubewertung des demokratischen Sozialismus und förderte die Bildung autonomer Frauenstrukturen.

Sein Verständnis von der Schaffung eines neuen Menschen bedeutete vor allem, »sich täglich mehrmals von Neuem erschaffen [zu] können«, »sich ständig weiterzuentwickeln«, »das herrschaftliche System ständig aus sich herauszukotzen« und »den Kampf zu 10 % gegen den äußeren Feind und zu 90 % gegen die eigenen rückständigen Eigenschaften zu führen«.[131]

Die im Verlauf der 90er vertieften Überlegungen und Diskussionen sind in Hunderten Büchern und Texten sowie Tausenden Ton- und Videoaufnah-

131 Mündlich weitergegebene Aussprüche und Leitsätze Abdullah Öcalans.

men dokumentiert, die größtenteils nur in türkischer und kurdischer Sprache zur Verfügung stehen.

Mit der Verschleppung Öcalans 1999, der durch massenhaften kollektiven Protest verhinderten Todesstrafe und der daraufhin erfolgenden extralegalen Inhaftierung im Isolationsgefängnis auf der Insel İmralı begann eine neue Phase der ideologischen Vertiefung Abdullah Öcalans. Durch sein Studium der Ansätze Murray Bookchins zum Anarchismus und zur moralischen Ökonomie sowie verschiedenster Theorien und revolutionärer Bewegungen und durch eine Vertiefung in die globale Vernetzung kapitalistischer Interessen, die auch zu seiner eigenen Verschleppung durch multistaatliche Geheimdienste geführt hatten, entwickelte er die Idee des Demokratischen Konföderalismus. Dabei betonte er stets, dass er nichts Neues erfindet, sondern schlichtweg eine Synthese bestehender Erfahrungen schuf und die historische Situation tiefgründig analysierte. In Einzelhaft verfasste Öcalan mehrere Bücher, zuletzt erschien das *Manifest der Demokratischen Zivilisation* in fünf Bänden. Unter schwersten Gefängnisbedingungen konnte er seine Erkenntnisse nur als *Verteidigungsschriften* an verschiedene Gerichte, u. a. für den Europäischen Gerichtshof der Menschenrechte zu Papier bringen und veröffentlichen. Er richtet sich jedoch an alle, die den Kampf für Freiheit und ein würdiges Zusammenleben aller Menschen weiterführen wollen. Abdullah Öcalans Überlegungen, mitgeteilt über seine Bücher und über während des ›Friedensprozesses‹ stattfindende Gespräche, bewirkten einen radikalen Umgestaltungsprozess der gesellschaftlichen Praxis der Freiheitsbewegung Kurdistans. Dieser ideologische Wandel von staatssozialistisch geprägten Ansätzen hin zu libertären Ideen, mit der Schlussfolgerung, den Demokratischen Konföderalismus umzusetzen und zu verteidigen, wird ›Paradigmenwechsel‹ genannt.

11/10/2018

Diese Nacht kam der Regen … und gleichzeitig trat etwas ein, was einen Teil des Problems des ausbleibenden Regens von Grunde auf behob. Denn der Regen hat für das Leben der Guerilla zwei praktische Funktionen: Zum einen füllt er die Quellen auf, die gegen Ende des Sommers in vielen Teilen der Berge nur spärlich Wasser hervorbringen; zum anderen aber bedeutet der Regen Schutz gegen die ständigen Aufklärungsflüge der Drohnen des Feindes, die ständig die Bewegung einengen und Bedrohung durch Enttarnung bedeuten. Für die Guerilla sind die Drohnen weitaus gefährlicher als die Kampfflugzeuge, denn ohne das Auge, dass die Bewegungen entdeckt, ihre Orte sichtbar macht, gehen alle Angriffe der Kampfflugzeuge ins Leere. Dieses Jahr kam der Regen spät, entgegen der Hoffnungen der FreundInnen. Denn im Schutze des Regens und, unerkennbar für die Kameras der Drohnen, entfaltet die Guerilla ihre volle Schlagkraft und der Enthusiasmus, gegen die Besatzung der türkischen Armee endlich in Aktion treten zu können, ist gewaltig.

Genau in diesen Tagen des gespannten Wartens auf den richtigen Zeitpunkt trat ein grundlegender Wandel ein. In unserem Teil der Befreiungsgebiete ist in diesem Jahr die Dichte der Drohnenüberflüge und Enttarnungsversuche besonders dicht, denn die Berge von Paradies und Hölle, in denen sich unser Punkt[132] befindet, sind dieses Jahr eines der wichtigsten strategischen Aushandlungsfelder zwischen der Freiheitsbewegung und dem Feind. Von der Grenze im Norden aus gesehen bilden die beiden Gebiete das Einfallstor zur Festung, dem Herz und der Leitung der Bewegung.

Im Frühling konnte der Feind aus einer Mischung von Geheimdienstaufklärung (das heißt Agententätigkeit), technologischer Übermacht und Überraschungsvorteil einen Brückenkopf in die Gebiete vom Paradies schlagen, einige strategische Gipfel einnehmen und dort Stellungen errichten. Weiteres Vorrücken war trotz enormen Materialaufwandes an Soldaten und Gerät unmöglich und entgegen des Angriffserfolges erlitt der Feind in den folgenden Monaten durch Schleichangriffe und Scharfschützenaktionen der Guerilla schwere Verluste. Die Verteidigung seiner Stellungen basierte vor allem darauf, die komplette Umgebung ununterbrochen aus der Luft und per Wärmebildkameras zu überwachen und bei den Anzeichen von Guerillaaktivitäten und der geringsten Bewegung durch Artillerie, Kampfhubschrauber und Kampfflugzeuge bombardieren zu lassen. Den Feind aus den Verteidigungsgebieten zu vertreiben ist für die FreundInnen in der Guerilla nicht nur eine strategische Frage, sondern vor allem eine der Würde, eine moralische Frage, stellt eine Haltung der Selbstkritik gegenüber den Fehlern des Frühlings dar und ist Teil des Krieges um die Bedeutung. Seit der Verhandlungsprozess zwischen dem türkischen Staat und der Freiheitsbewegung für eine politische Lösung der kurdischen Frage 2015 durch die Komplotte des Feindes zunichtegemacht wurde, versuchte der Feind durch ständige militärische Aggressionen und psychologische Kriegsführung gegen die Bewegung und die loyale Bevölkerung den Widerstandsgeist und Freiheitswillen zu brechen. Auch aus diesem Gesichtspunkt trägt die Vertreibung des Feindes aus den Bergen von Paradies große Bedeutung für das Bewusstsein der Bewegung.

Seit drei Tagen blieben die Drohnenüberflüge im gesamten Gebiet aus. Nicht eine einzige Drohne hatte sich genähert; die Gipfeleinheiten, die für die Luftaufklärung (das heißt das Verfolgen und Melden der Aufklärungsüberflüge) verantwortlich sind, vermeldeten fortwährend Ruhezustand. Langsam sickern

132 Vom kurdischen Wort *noqta,* was einen Stützpunkt bezeichnet, aber wörtlich Punkt heißt.

die Ereignisse in die Einheiten durch und bestätigen die Gerüchte: Eine Drohne wurde abgeschossen und der Feind hat alle drohnengestützten Aufklärungsversuche eingestellt, aus Angst, seine teure Technologie zu verlieren, die nun so gut wie nutzlos und ihrer Aura der Unantastbarkeit beraubt ist. Denn bisher war es der Guerilla nicht gelungen, eine verlässliche Methode zu finden, die Drohnen aus der Luft zu holen – die Flughöhe war zu groß, als dass die leichten und mittleren Waffen, die der Guerilla zur Verfügung stehen, über ausreichend Reichweite und Durchschlagskraft verfügten.

Über die letzten Jahre waren unzählige Diskussionen geführt worden, wie eine effektive Waffe gegen diese letzte Überlegenheit des Feindes entwickelt werden könnte. Denn eines ist in diesem Krieg, der inzwischen seit 34 Jahren andauert, klargeworden: Ohne seine Technologie, die er aus den Händen der führenden imperialen Staaten erhält, ist der türkische Staat nicht in der Lage, die Guerilla in Schach zu halten, geschweige denn zu besiegen. Der Krieg in Kurdistan scheint Maos These von vor 80 Jahren zu bestätigen, dass die Guerilla, die sich auf die Kraft der Bevölkerung stützt und den Willen zu Freiheit und Selbstbestimmung verkörpert, militärisch nicht zu besiegen ist. Die kurdische Guerilla hat in ihrer Geschichte eine fortwährende Erneuerung durchlebt, sich gegen äußere und innere Angriffe verteidigt, vor allem den Kampf des Bewusstseins und gegen den moralischen Verfall als grundlegende revolutionäre Aufgabe erkannt und das Bandenwesen, das durch das unterdrückte Bewusstsein der Persönlichkeiten, die der kurdischen Gesellschaft entspringen und durch den Feind ausgenutzt und gefördert werden, zersetzen können. Nicht zuletzt auf Grund dieser Erfahrung und ihrer Praxis, aus jeder Niederlage und Schwierigkeit Bedeutung und Fortschritt ziehen zu können, stellt die Guerilla in Kurdistan heute eine der beispielhaftesten Kräfte der weltweiten Befreiung und des revolutionären Kampfes dar, die sich gegen die Kräfte der kapitalistischen Moderne stellt.

Welcher Art die neue Waffe ist, die die Drohnen des Feindes nutz- und schutzlos macht, ist noch nicht klar. Aber sollten sich die Informationen bestätigen und der erfolgreiche Abschuss wiederholbar sein, geht in diesen Tagen damit eine Ära zu Ende – die Ära des Drohnenkrieges in Kurdistan, der die Guerilla bisher daran hinderte, ihre Aufgabe der Verteidigung der Gesellschaft voll auszufüllen und auf den kompletten Norden auszudehnen. Denn die Guerilla ist nicht nur eine militärische Kraft, sondern vor allem eine ideelle; sie repräsentiert die Hoffnung, die Stärke, den Willen und die Würde der Gesellschaft. Die Gestalt der Guerilla und ihr Erfolg, die Selbstbehauptung, die sie verkörpert, das Beharren auf der eigenen Existenz und Würde, des Widerstandsgeistes und der Einheit, bilden einen Grundstein des mythologischen Charakters der Revolution in Kurdistan. Wenn das Wissen, dass die Guerilla auch diese letzte taktische Überlegenheit des Feindes hat ausschalten können, sich ausbreitet und die Guerilla ihre Aktivitäten ausbreitet, könnte dies einen entscheidenden neuen Abschnitt in der Geschichte dieser Revolution, die immer kurz davor ist, wirklich zu beginnen, bedeuten.

Entsprechend dieser Gelegenheit des Aufatmens und des Enthusiasmus vergingen die letzten beiden Tage vor allem mit zwei Tätigkeiten: einerseits dem energischen Vorantreiben der Wintervorbereitungen, andererseits mit dem Ausleben der neu errungenen Bewegungsfreiheit in Form von Fischen und Wildschweinjagd. Gestern hat ein Freund vier Wildschweine erlegen können, gleichzeitig machte sich eine Gruppe daran, Fische aus dem Wasser unseres Flusses zu ziehen. Wir haben zwei Kisten Fisch zu FreundInnen in der Nähe geschickt und heute wurde den ganzen Tag lang Wildschwein gebraten, gepökelt und für den Winter eingelegt. Eine Gruppe war tagsüber damit beschäftigt, ein altes Sommerlager in unserer Nähe aufzulösen und Utensilien an unseren neuen Ort zu überführen. Trotz der allgemeinen Erschöpfung ist die Moral gut und das gemeinsame Arbeiten, Diskutieren und Scherzen stellt einen unendlichen Fluss von Energie dar, der sich erneuert, vertieft, aus den Reibereien Erfahrung ziehen lässt, einen gemeinsamen Willen mit immer neuen Bedeutungen füllt und unser Leben hier mit der Revolution in Kurdistan verbindet – der nur noch wenig fehlt, um wirklich zu beginnen.

Biradost

Die Region Biradost ist nach dem gleichnamigen Gebirge benannt und befindet sich im größeren Gebiet Xinêre. Dieses Areal, welches Teil der Medya-Verteidigungsgebiete ist und sich somit unter der Kontrolle der PKK befindet, ist seit Jahrzehnten umkämpft. Denn es ist eine strategisch überaus wichtige Pufferzone. Während im Osten von Xinêre das Territorium des iranischen Staates beginnt, befindet sich im Norden das an die Türkei angrenzende Gebiet Xakurkê – und dort kommt es seit zwanzig Jahren quasi konstant, wenn auch in der Intensität etwas variierend, zu Auseinandersetzungen zwischen dem türkischen Militär und der Guerilla. Xinêre ist somit einer der zentralen Orte für Rückzug und Versorgung der militärischen Einheiten der PKK und wird dementsprechend häufig Ziel von Luftschlägen der Türkei. Andererseits spielt es eine wichtige Rolle in der Verteidigung gegen mögliche Angriffe des iranischen Militärs, welche meist in Form von vereinzelten Mörsergranaten stattfinden.

Eine weitere Bedrohung für Xinêre geht von der südkurdischen Partei KDP aus: Infolge des Unabhängigkeitsreferendums in irakischen Teilen Kurdistans[133] versucht die KDP, ihre Herrschaft über die ihr zugesprochenen

133 Siehe Kasten zur Invasion in Südkurdistan, S. 396.

Gebiete durchzusetzen. Die Bevölkerung Xinêres, historisch bekannt für ihren Widerstand gegen Fremdbestimmung, sieht sich deshalb mit heftiger Repression konfrontiert. So wurden in dem Gebiet massiv Truppen zusammengezogen, viele neue Militärstützpunkte wurden errichtet. Unter dem Vorwand, die Guerilla bekämpfen zu wollen, gab es mehrfache Umstellungen ganzer Landstriche, teilweise über Monate hinweg. Der Bevölkerung wurde es auf diese Weise unmöglich gemacht, sich frei zu bewegen. Die üblichen Vorbereitungen für die kalte Jahreszeit wurden stark verzögert, wodurch im Winter viele Dorfbewohner_innen in Städte ziehen mussten.

Parallel dazu findet auch ein intensiv geführter Drohnenkrieg statt – ein Kooperationsprojekt der Türkei und der KDP-geführten Autonomieregierung. Es kam zu vielen gezielten Hinrichtungen aus der Luft, darunter die Ermordung Qasim Engîns[134]. Gleichzeitig wurden mehrfach Massaker an politisch engagierten Zivilist_innen verübt – so wurde im November 2020 bei Kanî Masî eine Person bei Angriffen ermordet und eine Frau verlor ihr Bein. Türkische Propaganda stellt diese Tötungen stets als traurige Querschläger oder aber als Liquidierung von »Terroristen« bzw. »terroristischen Elementen« dar, auch wenn es »Zivilist_innen« sind.

Drohnenkrieg

In den ersten Jahren der militärischen Auseinandersetzungen zwischen der PKK-Guerilla und dem türkischen Militär wurde ein Krieg geführt, der sich insbesondere in Form von Eroberung von Gebieten, Hinterhalten und Überfällen am Boden ausdrückte. Bald musste das staatliche Militär jedoch den Fehler dieser Strategie analysieren: Es war Ausdruck einer massiven Überheblichkeit. Deshalb setzte es sich bereits Ende der 80er-Jahre ein Motto, das bis heute beibehalten wurde: ›Vorsprung durch Technik‹. Heutzutage hat es sich auf die Kriegsführung aus der Luft spezialisiert. In den 90er- und frühen 00er-Jahren fand diese ausschließlich durch Kampfbomber statt. Es ging dem türkischen Staat dabei weniger darum, effektiv Stellungen anzugreifen, da es der Guerilla in der Regel leicht fiel, sich effektiv zu verstecken. Vielmehr wurde auf die psychologische Wirkung der Geräusche der Flieger sowie der Bomben gesetzt. Die Regelmäßigkeit des Zerberstens von Scheiben und des Zitterns der Wände sollte die Bevölkerung einschüchtern und aus den Dörfern in die Städte treiben. Gleichzeitig war das Vorgehen auch ein gezielter Kampf gegen die Natur, nichts Lebendiges sollte auf den Bergen Kurdistans übrig bleiben.

134 Siehe Kasten auf S. 435.

Zu einem Wandel des Krieges aus der Luft kam es erst ab 2007. In dieser Zeit nutzte die Türkei erstmalig Drohnen im Kampf gegen die Guerilla. Die Technik war noch nicht sehr ausgereift. Da den Kämpfer_innen in den Bergen jedoch noch nicht bewusst war, womit sie konfrontiert waren, erzielte die türkische Armee trotzdem zunächst Erfolge. Es dauerte einige Jahre, in denen sowohl Aktivist_innen aus nichtmilitärischen Arbeiten und Zivilist_innen als auch zahlreiche Kämpfer_innen und Kommandant_innen ihr Leben ließen, bis erfolgreiche Methoden zur Drohnenabwehr gefunden worden waren. Einer der Gefallenen dieser Phase ist Rustem Cudî, der unter anderem Mitglied im Exekutivrat der KCK[135] war. Nachdem die Verteidigung gegen Drohnen fortgeschrittener war, gelang es erneut, die Angriffe aus der Luft größtenteils auf ihre psychologische Wirkung zu reduzieren.

Besonders die Phase der Friedensgespräche von 2013 bis 2015 nutzte das türkische Militär, um wieder eine effektivere Luftwaffe gegen die Guerilla aufzubauen. Als die Verhandlungen vom damaligen Ministerpräsidenten Erdoğan unvermittelt abgebrochen wurden, begann direkt eine groß angelegte Operation mit Luftschlägen auf die gesamten Medya-Verteidigungsgebiete. So wurde sofort deutlich, mit welcher Mentalität das türkische Militär weiter kämpfen wollte.

Seit 2017 vollführt der türkische Staat auch in Südkurdistan gezielte Hinrichtungen durch Drohnen. Dabei kam es anfangs zu mehreren ›Testangriffen‹, bei denen sowohl Zivilist_innen als auch Kämpfer_innen der PKK verletzt oder getötet wurden; anschließend begann in 2018 die anhaltende, große Offensive des türkischen Drohnenkrieges, der in Südkurdistan unter anderem Diyar Xerîb, Qasim Engîn, Zekî Şengalî[136] und auch Internationalist_innen wie Sara Dorşîn und Bager Nûjiyan selbst zum Opfer fielen.

135 Die Union der Gesellschaften Kurdistans (KCK, *Koma Civakên Kurdistan*) ist der Zusammenschluss der gesellschaftlichen Organisierung Kurdistans und in der Diaspora im Sinne des Demokratischen Konföderalismus.

136 Diyar Xerîb war ein Militanter der PKK und Mitglied des Präsidialrates der KCK und des PKK-Zentralkomitees. Er starb am 5. Juli 2019 bei einem gezielten Luftangriff der türkischen Armee in Qandîl. Mit ihm zusammen sind auch die beiden Guerillakämpfer Abdulkadir Aslan (Şahin Dicle) und Murat Gündüz (Devran Canfeda) ums Leben gekommen. Qasim Engîn war ebenfalls Militanter der PKK und hat Bager kennengelernt. Er hat ein Nachwort über ihn geschrieben, welches wir am Ende dieses Buches veröffentlichen. Dort finden sich auch nähere Informationen zu seiner Person. Zêkî Şengalî war eine anerkannte êzîdische Persönlichkeit, hat in Deutschland gelebt und ist dann wieder nach Şengal gegangen. Er hat maßgeblich dazu beigetragen die Bevölkerung Şengals und die Freiheitsbewegung Kurdistans einander anzunähern. Am 15. August 2018 drangen Verbände der türkischen Luftwaffe in den irakischen Luftraum ein und töteten ihn bei einem gezielten Anschlag. Zekî Şengalî war über vier Jahrzehnte der Sache der Freiheitsbewegung Kurdistans verbunden gewesen, gehörte der êzîdischen Koordination in der Şengal-Region und dem Exekutivrat der KCK an.

Wichtig bei der Betrachtung dieses Drohnenkrieges ist seine Einbettung in die allgemeine Invasion Südkurdistans, von der er nur ein wichtiges Element ist. Einzig in diesem Zusammenhang und vorbereitet durch den türkischen Geheimdienst MİT, die kollaborierende Kräfte wie die KDP, herrschende Partei in der Autonomen Region Kurdistans, sowie durch die Unterstützung weiterer Kräfte am Boden werden die Angriffe erst möglich.

Brief an eine Freundin

11. Oktober 2018, Freie Berge Kurdistans

Liebe Freundin,

wie wir gelernt haben, ist alles zu seiner Zeit gut. Und so kommt es, dass es gut anderthalb Jahre vergangen sind, seit du etwas von mir auf direktem Wege gehört hast. Es ist ein bisschen wie in den Erzählungen des Sub[comandante Marcos]: Der Fluss fließt lange in unterirdischen Rinnsalen, gewinnt Substanz, sammelt Erfahrungen und reift, bis er zu seiner Form und unter dem Licht des Mondes zu seiner Stärke findet – und sein Potential entfesselt. Ich glaube, mein Denken ähnelt ein wenig diesen Rinnsalen, unterirdisch, formlos, oft ist es für mich selbst unabschätzbar, wie sie Stärke und Form finden können. Und es ist ebenso eine Lektion, die wir gelernt haben, dass die geraden Wege wenige geworden sind; so wie die frei fließenden Flüsse. Und weil es Zeit, Mühe und lange Wege des Lernens braucht, um das Einfache, Wahre, Schöne und Richtige zu verstehen und zu erkennen, kommt mein Brief erst jetzt und sagt vermutlich nur sehr einfache, leicht verständliche Dinge aus.

Ich hoffe es geht dir gut und du kannst dein Potential entfalten; deinerseits zu einem lachenden, strömenden Fluss werden. Davon gehe ich aus, und unsere letzte Begegnung und die Kraft, die du ausstrahltest, hat mich in aller Ruhe darauf vertrauen lassen. Ich habe Gerüchte gehört, dass du inzwischen in einem anderen Land bist und das Morgenland verlassen hast. Ab und zu sehe ich über verschiedene Medienkanäle Dinge, von denen ich glaube, dass du dabei eine Rolle spielen könntest, und ich habe mich einige Male sehr gefreut, weil Dinge zusammenwachsen, sich Prozesse rückverbinden. Ich habe letzten Winter eine gute Überraschung erlebt, als das Gesicht von S. auf dem Bildschirm auftauchte. Jedenfalls ein gutes Gefühl, zu sehen, dass nichts und niemand verloren geht. Ich habe den Entschluss gefasst, dass es an der Zeit ist, meinerseits Anstrengung und Konzentration darauf zu lenken, aktiv Welten zu verbinden; auch dieser Verantwortung in Form einer Verdichtung meiner Schreibarbeit gerecht zu werden.

Die letzten anderthalb Jahre habe ich mich bewusst auf Erfahrungen hier konzentriert und bis auf einen (doppelt ausgeführten) Brief an die Familie nichts nach außen geschickt. Vielleicht erinnerst du dich, ich hatte immer diesen inneren Drang unmittelbar Antworten finden zu müssen und dafür zu sorgen, dass niemand sich entfernt, verloren geht, sich in Missverständnissen distanziert. Auch wenn darauf eine Zeit lang meine tragende Energie beruhte, war es doch ein falscher Ausgangspunkt; Mobilisierung aus Angst und nicht aus Vertrauen, Freiheitsdrang und Liebe. Auch wenn all das vorhanden war, hatte das Gefühl der Getriebenheit, der Notwendigkeit, einen Ausweg zu finden, großen Einfluss auf mein Wirken und war offen für viele Fehler, falsche Initiative und einen schlecht versteckten Geltungsdrang, geschuldet der Angst schwacher Männlichkeit davor, verlorenzugehen. Mein Aufbruch im Frühling letzten Jahres hatte auch damit zu tun, diesen falschen Stil, die schiefe Grundlage richtig aufzuschlüsseln und zu überwinden. Sicher stehe ich immer noch ganz am Anfang, aber ich glaube, es gibt Fortschritte. Lange Zeit meines Leben war vom vorherrschenden Gefühl des Drucks (äußerem und innerem) geprägt, vom Zwang mich verhalten zu müssen ohne einen rechten Maßstab zu besitzen. Ich wusste, dass in dieser Art des Wirkens kein tiefer Gehalt an Wahrheit steckt, allein, ich fand in mir selbst keine rechte Alternative als die Flucht nach vorn.

Insbesondere die Zeit nach meiner Rückkehr nach unserer gemeinsamen Morgenlandfahrt, vor inzwischen fünf Jahren, wusste ich, dass wir die Antwort auf das Dilemma unseres Leben, die Krise des gesellschaftlichen Lebens in Europa und auf die Frage ›Was tun, wie leben?‹ kaum auf eigene Faust finden würden. Ich weiß nicht, ob ich es dir gegenüber wirklich ausdrücken konnte, aber deine Anwesenheit in den befreiten Gebieten war eine der besten Orientierungen, stellte eine Fluchtlinie und geheime Kommandantur dar. Vor allem eine Mahnung, die Frage wirklicher Radikalität nicht aus den Augen zu verlieren. Ich versuchte so viele FreundInnen wie möglich mit dieser Linie zu verbinden und war dabei ständig mit meiner eigenen Angst, sozialen Mängeln, emotionaler Einsamkeit und Kompensationsdrang konfrontiert. Ich weiß nicht, wie viel du über die NomadInnen und diesen Teil des Weges und der Geschichte weißt; viele, wenn nicht die allermeisten, Fehler resultierten aus meiner falschen Haltung, die nicht in der Lage war, wirkliche Kommunalität zu fördern, ernst zu nehmen und die eigenen Sorgen und Ängste ausreichend zu bearbeiten und in Schach zu halten.

Als wir uns vorletzten Winter kurz in Q. zum ersten Mal nach langer Zeit sahen, sagtest du etwas, dass mir einen der grundlegendsten Fehler meiner Orientierung vor Augen führte: dass das Leben wirklicher Freundschaftlichkeit sich mit Privilegiertheit in den Beziehungen nicht verträgt. Vielleicht musste ich diese Kritik von dir hören; ich versuche seit fast zwei Jahren zu verstehen, warum die Flucht in Liebesbeziehungen bei mir so stark ist und so lange meiner wirklichen Gesellschaftswerdung im Wege stand. Dabei tat ich beiden Seiten Unrecht: Gegenüber dem Umfeld, der Familie, den Freundeskreisen lebte ich in einem Gefühl des Vertrauensmangels, gegenüber den Freundinnen erschuf ich eine Blase emotionaler Selbstversicherung. Ich glaube, die Sexualisierung der Beziehungen zu Frauen entspricht ziemlich genau einer Blockade eigener

Emotionalität, die versucht einen Ausdruck zu finden und mit all der Spezialkriegsprägung, Verkümmerung männlicher Sprache und verdrehtem rationalisiertem/rationalistischem Bewusstsein stellt (männliche) Sexualisierung eine letzte ärmliche Form dar, Zuneigung zu artikulieren.

Ich schreibe diese Dinge als Reflexion meiner eigenen Verzerrungen und vor allem auch aus dem Gedanken heraus, dass wir die große Aufgabe angehen müssen, die liberale Männlichkeit zu überwinden. Ich habe über die Zeit einige Gedanken zu einer Psychologie des Patriarchats gesammelt; vielleicht fällt mir diesen Winter ein Rechner in die Hände und ich kann all das ein wenig ordnen. Denn ich glaube, dies kann uns eine Hilfe sein, die große Konterrevolution unserer Zeit zu beantworten, die vor allem zwei Linien nutzt: sexualisierte liberale Patriarchalität und, als Linie von Agententum gegen soziale Bewegungen, liberalen Anarchismus (auch dazu haben wir in Rojava einige Erfahrungen sammeln können).

Mein Frauenbild, mein Zugang zu Frauen, ist ungemein stark von meiner Mutter geprägt. Daraus gehen sowohl eine gewisse Stärke als auch einige Verstörungen hervor. Die letzte Zeit, bis hin zu meiner letzten kommunalen Persönlichkeitsanalyse, war stark auf die Auseinandersetzung mit meiner Mutter und daraus folgende Charakteristika gerichtet, denn so gut wie alles wird davon beeinflusst: Lebensverständnis, sozialistische Utopie, moralischer Maßstab. In gewisser Weise bin auch ich ein Kind der Mutterlinie, nur dass diese Mutterlinie bereits stark krisenhaft ist; unter Angriff des Systems von Staatlichkeit und Moderne, bürgerlicher Lebensführung und dem tiefen, krisengeprägten Drängen nach Selbstbefreiung, Überwindung eingesperrten Lebens. Meine Mutter war für mich immer eine starke Persönlichkeit und ich habe nie so recht verstanden, woher sie diese Stärke nahm. Zum einen ist in unserer Familie generell eine starke Linie der Frau vorhanden, arbeitenden Frauen, die sich im Chaos der letzten 200 Jahre behaupten mussten und in der Familie Autoritäten darstellten. Meine Mutter, als Fortsetzung dieser Autorität, schlug stark nach ihrer Mutter und ich glaube im Nachhinein eine starke Ethik einer sozialistischen Lehrerin, Erzieherin wahrnehmen zu können, auch wenn mir das vorher nie so bewusst war.

Ich habe im Zuge meiner Persönlichkeitsanalyse versucht, einige historische Linien herauszuarbeiten, die bis auf mich nachwirken; vielleicht können sie als Grundlage einer Analyse der deutschen Nachwendepersönlichkeit dienen. Zum einen ist da ein tiefes Erbe christlicher Werte, die noch immer wirken, auch wenn kaum jemand von uns ihnen noch wirkliche Bedeutung gegeben hat. Bei uns gibt es noch immer diese tiefen Schuld- und Schamkomplexe, die besonders in mir bis heute andauern; ein Fundament protestantischer Ethik, das vor allem individuelle Verantwortung, idealistisch-dogmatisches Denken und Hörigkeit verankert hat.

Die zweite Linie stellt die liberale Ideologie dar, die bei uns vor allem durch die kleinbürgerliche Handwerkerlinie in die Familientradition eingegangen ist und die an die gleiche christliche Tradition anknüpft und zu Tugenden wie Fleiß, Karrierismus und Opportunismus, meisterlicher Anpassung an die Umstände aufschwingt. Haben wir mal über Listigkeit in meiner Vergangenheit geredet? Meisterliche Lügennetze, die das Selbst als eine schimmernde Illusion präsentieren, in jedem Milieu entsprechend der Notwendigkeiten und Maßstäbe, um eine unantastbare Sonderrolle einnehmen zu können ... Gerade fehlt mir dazu das entsprechend mitwissende Umfeld über die europäisch-deutsche Realität, aber wenn sich das ändern sollte, habe ich große Lust in kollektiver Arbeit Episoden über die liberale Lebensführung zu verschriftlichen.

Über die dritte Linie, das Erbe des Faschismus, habe ich eine lange Zeit versucht klare Schlüsse zu ziehen, vor allem im Hinblick auf die Frage, wie ein richtiger Antifaschismus in der Praxis aussehen kann; im Nachhinein sehe ich viele Fehler, falsche Ansätze und grobe Verkürzungen in unserer Geschichte antifaschistischer Praxen. Sowohl in Potsdam als auch darüber hinaus auf Ebene einer ostdeutschen Antifa-Bewegung hatten wir zeitweise zwar eine recht aktive Form der Organisierung, aber vieles ist auseinandergelaufen, ohne dass eine wirkliche Reflexion stattgefunden hätte. Ich glaube heute zu sehen, dass unsere Organisierung zwar einem gewissen moralischen, oft emotionalen und aus Betroffenheit oder moralischer Ablehnung begründeten Widerstand zur Grundlage hatte, wir aber die Frage des antifaschistischen Bewusstseins, eines Antifaschismus des Geistes, nicht richtig stellen konnten. Wir haben es nie geschafft, wirklich die Bedeutung von Faschismus (außer des Studierens der positiven/ereignisbezogenen Tatsachen) und dem darauf aufbauenden notwendigen Verständnis eines tiefen Antifaschismus zu diskutieren.

Dabei spiegelt sich unsere Erfahrung von Antifa-Aktivität in der Annäherung meiner Familie (vor allem in der Linie meiner Großeltern väterlicherseits): tiefes Unbehagen und eine grundlegende Negativität in der Annäherung und Auseinandersetzung, die die persönliche Rolle und Betroffenheit nicht ansprechen kann, die eigene Geisteshaltung nicht diskutieren oder tief reflektieren kann. Ich glaube, dass die Erfahrung des Faschismus ein Trauma ist, das innerhalb der deutschen Gesellschaft so gut wie nicht verarbeitet ist, ein Tabu darstellt. Was bis heute unverständlich und unverstanden ist, ist die Kraft der faschistischen Führung, die Mobilisierungskraft, die es vermag die Gesellschaft auf Grundlage eines Wechselspiels positiver Emotionalität, des kollektiven Bekenntnisses einer gemeinsamen Identität und der Ablehnung eines Anderen, Fremden, Äußeren und Bedrohlichen zu vereinnahmen, zu organisieren und mit dem eigenen quasi-militärischen Führungsstil zu verbinden und zu durchdringen. Der Faschismus stützt sich immer auf die Klasse des Kleinbürgertums; die Klasse, die am tiefsten von liberaler Ideologie durchdrungen und entsprechend der Werte von Anpassung, Karrierismus, Konkurrenz und Selbstbehauptung gegen eine stumme äußere Bedrohung (das ›Chaos‹, den ›Verfall‹ und die ›Entartung‹, den Zusammenbruch des Systems) organisiert war. Faschismus ist organisierte Angst, Massenpanik auf Grundlage der gesellschaftlichen Entfremdung. Deshalb kann natürlich auch ein Trauma des Faschismus in einer vom liberalen System vereinnahmten Gesellschaft nicht gelöst werden, da die zu Grunde liegende Existenzangst und mangelnde Kommunalität nicht bearbeitet wird.

Deshalb ist ein rein moralischer, sich empörender Antifaschismus immer dazu verurteilt, auf Grundlage der gleichen Angst Gegenmobilisierungen voranzubringen, die den Kreis von ›Wir und die bösen anderen‹ weiter drehen. All das ist natürlich nicht neu, und die Freunde der Frankfurter Schule haben einiges dazu verschriftlicht. Mit den Verteidigungsschriften haben wir eine starke Grundlage, um die Ursachen des Faschismus auf psychischer Ebene, als Folge liberaler Zersetzung und als fortgesetztes Genozidregime der Moderne zu verstehen. Liberale Lebensführung ist genau in dem Punkt immer traumatisierend, an dem sie die Einzelnen fortwährend auf die Linie des Verrats und der Mittäterschaft zwingt. Da sich jede Einzelne im liberalen System selbst fortwährend allein gelassen, verraten und einer feindlichen Umwelt ausgesetzt fühlt, ist die Gegenaggression als Selbstverteidigungsreflex legitimierbar, weshalb es nicht möglich ist, sich die eigene Herrschaftlichkeit und, im konkreten Fall des Faschistischen Traumas, die eigene Schuld einzugestehen. Das Trauma der deutschen Gesellschaft ist die Betroffenheit, keine ausreichende Widerstandskraft gegen die liberale Angst mehr zu besitzen.

Dem geht eine lange Reihe von Genoziden, Kriegen und Notlagen zuvor, die die moralische Substanz der deutschen Gesellschaft geschwächt haben. Ich habe angefangen ein wenig über eine Korrektur des Verständnisses der deutschen Geschichte nachzudenken, denn ohne tiefes Verständnis der Angriffe der zentralistischen Zivilisation auf die deutsche Gesellschaft in ihren historischen Vorformen ist nichts von alledem verständlich, was unsere Leben am Ende der Herrschaft der kapitalistischen Moderne so stark in Bedrängnis gebracht und unseren Aufbruch erzwungen hat. Denn in uns finden all diese Prägungen und Verzerrungen, die nie wirklich gelöst wurden, ihren Endpunkt, ihren klaren Ausdruck, dass diese Linie historischer Krisen so nicht mehr lebensfähig ist.

Das gilt auch für die vierte Linie des historischen Erbes, dessen Trümmer vor uns liegen und das die Unklarheit unserer Jugend ausgemacht hat: die Linie des Realsozialismus, des falschen, irrtümlichen Sozialismus, der die Utopie einer freien Gesellschaft in eine schreckliche Maschine verwandelt hat; der das Misstrauen und Unbehagen gegenüber einer unperfekten und angegriffenen Gesellschaft in einem zentralistischen Geheimdienst- und Staatsapparat organisierte. Auch hierin spiegelt sich die Schwäche moralischer Widerstandskraft innerhalb der deutschen Gesellschaft.

Ich glaube, dass die moralische Angegriffenheit in drei historischen Linien verläuft, die wir jeweils gut verstehen und in uns wahrnehmen müssen. Zum einen müssen wir historisch weit zurückgehen, zu dem Anfang der Gesellschaftswerdung in Mittel- und Nordeuropa. Die Schwäche der europäischen Gesellschaft, deren relativ junger und dynamischer Charakter, hat in einem ursprünglichen Spannungsfeld ihre Ursache: Die neolithische Erfahrung macht einen recht kurzen Zeitabschnitt aus, vielleicht gerade einmal 3.000 Jahre. Als die neolithische Lebensform sich aus Mesopotamien bis nach Europa ausgebreitet hatte, blieb nicht mehr viel Zeit, bis die zentralistisch-herrschaftliche Zivilisation, in Gestalt des römischen Imperiums, die Gesellschaften mit systematischen Angriffen und Kriegskultur überzogen hatte. Wie ein alter Freund hier in meiner Nähe meinte, entstand daraus natürlich ein gewisser germanischer Widerstandsgeist, aber eben auch eine Verhärtung der Organisierung hin zu Militarisierung, einer Stärkung der patriarchalen Rolle und entsprechende Veränderung des Bewusstseins (er hielt das für eine gute Herleitung deutscher Dickköpfigkeit und für eine Grundlage dogmatischen Denkens, die er kunstvoll in meiner Person verurteilte, – und wohl auf alle ›GermanInnen‹ wie uns übertragbar). Auf Grund dieser Konfrontation mit imperialer Kriegskultur sind wir und die deutsche Gesellschaft wohl ein bisschen wild und barbarisch geblieben, wie der Freund ›Schwarze Schlange‹[137] ebenfalls mal kommentierte. Ich halte es jedenfalls für plausibel, dass dadurch das Bewusstsein und Fundament natürlicher Gesellschaftlichkeit nicht annähernd so tief entwickelt ist wie im Morgenland.

Eine zweite Linie, die das moralische Fundament geschwächt hat, ist sicherlich die kirchliche Herrschaft im Mittelalter, die durch einen doppelten Angriff die Fähigkeit zur Selbstkorrektur der Gesellschaft untergrub: Dämonisierung und Marginalisierung der Rolle der Frau und Implementierung der Beichtpraxis und des Sündenkomplexes – auch darin spiegelt sich eine erste Grundlage für Individualisierung des Herrschaftszugriffes und Zersetzung von Kommunalität. Ich würde die Vermutung aufstellen, dass die beiden Linien eine Grundlage für die Entfaltung des Herrschaftsprojektes der kapitalistischen Moderne boten – als Konterrevolution gegen gesellschaftliche Bewusstwerdung und Widerstandsbewegungen der Renaissance. Die Intensität der Religionskriege bis 1648 spiegelt die Tiefe der gesellschaftlichen Schwächung und ich möchte behaupten, dass diese generelle Mobilmachung und Konfrontation der Gesellschaft, mit ihren umfassenden Massakern und Vertreibungen, das ursprüngliche Trauma am Anfang der Entfaltung liberaler und nationalstaatlicher Herrschaftsvernunft darstellt.

137 Übersetzung von *Karayilan*. Gemeint ist Murat Karayilan, Mitglied des PKK-Zentralkomitees.

Darauf folgen 150 Jahre der Festigung und Institutionalisierung der Herrschaft in bürokratischen, militaristischen und absolutistischen Staaten und 200 Jahre moderner nationalstaatlicher Herrschaft. Was nötig war, um die Gesellschaft entsprechend dieser Vernunft zu formen, hat Silvia Federici hergeleitet und die von ihr skizzierte Linie stellt den dritten Angriff auf die moralische Substanz Europas dar: die Durchsetzung der individuellen Sklaverei über die Frau, das Erschaffen des Anderen außerhalb (die zu kontrollierenden und auszubeutenden Kolonien) als entmenschlichtes Objekt und Formen des proletarischen Körpers als entwurzelte, mobilisierbare Masse. Ich glaube nicht, dass es Zufall ist, dass die reinste Ausformulierung der nationalstaatlichen Herrschaftsvernunft durch Hegel den Kern der deutschen Philosophie darstellt und aus dem Erbe deutscher historischer Erfahrung hervorgegangen ist – und im Faschismus gipfelt. Und ich verstehe langsam, woher dieser tiefe Zwiespalt kommt, den ich in familiären Diskussionen, vor allem mit meiner Mutter und ihren Eltern über die Erfahrung des Realsozialismus wahrgenommen habe. Denn der hegelsche Geist und seine Fortsetzung im Marxismus, in der praktisch immer mechanisch gebliebenen Mentalität des dialektischen Materialismus, hat uns letztendlich die Utopie gekostet; die Utopie, die wir uns auf unserem Weg mühsam durch unsere Morgenlandfahrt des 21. Jahrhunderts wieder erkämpfen mussten.

Du erinnerst dich vielleicht an die Stille und Angespanntheit in meiner Familie. Wir verfügten immer über einen gewissen unhinterfragbaren Zusammenhalt, ein familiäres praktisches Bündnis; nur dass dieses Bündnis oft von Rat- und Kritiklosigkeit geprägt war. Stiller Rückzug – und in der Linie meines Vaters (vor allem bei seinem Vater) tiefe Negativität. Ich habe erst hier eine Ahnung bekommen, wie tief der Einschnitt des Zusammenbruchs der Wende für ihn gewesen sein muss. Denn trotz allem gab es einen positiven Bezug, ein Bekenntnis zur Idee des Sozialismus – ich glaube, in meiner ganzen Familie, mehr oder weniger kritisch. Für meinen Großvater väterlicherseits stellt die Wende einen doppelten Verrat dar – dem Feindsystem des Westens ausgeliefert und gleichzeitig mit der Aufdeckung der Stasi-Machenschaften konfrontiert. Mit der Wende erfuhr er, dass Unmengen an Akten über ihn als leitenden Verantwortlichen des Finanzministeriums existierten. Für meinen Vater war es ähnlich, und bedeutete den Zusammenbruch der geistigen Ordnung der Welt. Ich habe mich oft gefragt, wie er vor der Wende war – in verantwortlicher Rolle als Betriebsgruppenleiter und akzeptierter Teil einer Welt, die trotz aller Mängel im Besitz eines Wertehorizontes und Kommunalität war. Es gibt den Begriff des ideellen Genozids, der Vernichtung der geistigen Ordnung und ideellen Kultur einer Gesellschaft. Ich glaube, er passt ziemlich gut zur Charakterisierung der Wende.

Ich würde den Hintergrund unserer Jugend und prägenden Erfahrungen klar damit in Verbindung bringen – für mich war die grundlegende Erfahrung meiner Kindheit Enge und Lebensangst. Es ist kein Zufall, dass mein Asthma genau im Alter von zwei Jahren, zur Wende und zur Zeit der Geburt meiner Schwester begann. Atemwegserkrankungen haben immer mit Lebensangst zu tun, mit dem Gefühl der Unmöglichkeit zu leben. Die Enge der ersten zwei Jahre meines Lebens war der behütete Hintergrund einer patriotischen, sozialistischen Kleinfamilie; mit dem Zusammenbruch der DDR zerbrach die Ordnung der Welt. Vor allem war das für meine Eltern und die weitere Familie der Fall und ich spiegelte den Zusammenbruch der Lebensordnung, indem ich die Angst der Situation internalisierte. Ich habe früher bereits für meinen Weg der Bewusstwerdung und Selbstbefreiung, die Überwindung der inneren Angst, als grundlegend anerkannt – inzwischen kann ich behaupten, dass es ebenso der Weg einer möglichen Heilung darstellt, als Weg zum wahren Sozialismus, zur Überwindung der liberalen Sklaverei; der staatlichen Dogmatik und einer Welt, die erstickt und keinen Raum zum Atmen und leben lässt. Kurz, meine Krankheit stellt die tiefe Erschütterung der Lebenswelt dar, nicht nur meiner, sondern ebenso der familiären und gesellschaftlichen; dem Verlust von Wahrheit, Schönheit und Gesellschaftlichkeit. Oder, episch gesprochen: Ich bin Spiegelbild der Krise dieser Zivilisation, Repräsentant der mittleren Kinder der Geschichte, die keine Rolle mehr haben.

Ich glaube, drei Phasen meines Lebens (1990 bis 2011), vom Angriff des Systems bis zur Entscheidung der Loslösung und dem Bruch vor sieben Jahren, waren von dem Versuch geprägt, Wahrheit und Schönheit zu erkämpfen, zumeist unbewusst. Die entscheidende moralische Führung war für mich dabei immer meine Mutter. Ich habe es nicht geschafft mir das rechtzeitig einzugestehen und bewusst zu machen, und alle groben Entgleisungen und Unklarheiten meines Lebens hingen damit zusammen, dass ich mich von ihr als Orientierung entfernte. Es gibt diese Idee, dass sich ein Leben in Schritten von sieben Jahren bewegt, die wie Stufen aufeinanderfolgen. Diese Rechnung passt auf meine Wege erstaunlich gut, nur dass alles zwei Jahre nach hinten verschoben ist. 2011, mit Beginn der vierten Phase, beginnt mein Weg der Bewusstwerdung und Selbstbefreiung auf Grundlage der Klarwerdung, dass ein tiefes, wahres Leben in den Ruinen der alten Welt unmöglich ist. Vorher suchte ich nach Wahrheit in verschiedenen Formen: In den ersten sieben Jahren vor allem innerhalb familiärer Sicherheit und Naturerfahrung – bis heute sind Wälder einige der wenigen Orte, an denen ich Ruhe finde. Mit dem Beginn der Bewertung in der dritten Klasse beginnt für mich der Zugriff des Systems in direkter Form und ich versuchte, durch Anpassung und Suche, außerhalb eine Gegenwelt aufzubauen – vor allem durch Flucht in Bücher und Musik. Instinktiv suchte ich nach ästhetischen Formen auf den zwei Königswegen zur gesellschaftlichen, utopischen und universell-harmonischen Wahrheit in Literatur (vor allem fantastischer) und dem Erschaffen von Harmonie aus dem Nichts.

Sieben Jahre darauf, in der zehnten Klasse fand ich mich in einer Situation der Isolation wieder und mit niedrigschwelliger faschistoider Bandengewalt konfrontiert – und suchte eine Antwort im antifaschistischen Bündnis und in wahrer Freundschaft zu finden. Ich habe spät verstanden, dass Liebesbeziehungen für mich oft vor allem der Versuch waren, tiefe Freundschaft zu leben, nur dass diese Versuche in paradoxen Formen, Romantik und Unsicherheit gefangen waren. Die Beziehungen, die ich lebte, neigten immer in eine von zwei Richtungen zu kippen: zur Implosion durch dualen Rückzug und gegenseitiges Ersticken oder zur Politisierung und zum Bündnis, das die Enge einer Romantischen Zweierbeziehung sprengte. Denn natürlich ist es eine Wahrheit, die ich sehr schmerzvoll und gegen meinen konservativen Trotz lernen musste, dass individuelle Liebe in unserer Zeit nicht lebbar ist, außer zum Preis der Zerrissenheit. Ich glaube, ich versuchte in Frauen immer die Stärke meiner Mutter wiederzuentdecken, um dorthin zu fliehen. In der gefühlten Leere meiner Kindheit wurde meiner Mutter tatsächlich zu einer Art Göttinnenfigur für mich, unhinterfragbare Autorität und Schutzschild gegen eine feindliche Außenwelt. Bis heute habe ich diese Projektion in meinem Kopf und eine große Sprachlosigkeit gegenüber autoritären älteren Frauen. Gleichzeitig bedeutete dies eine Geringschätzung von als schwach wahrgenommen jungen Frauen, die dem Maßstab, den meine Mutter mir gab, nicht gerecht wurden. Ich konnte lange meine Schwester nicht als eigene Kraft wahrnehmen, versperrt durch meine Wahrnehmung, dass meine Mutter sie in Schutz nahm.

Überhaupt stellt diese Linie von Göttlichkeit–Vergötterung–Geringschätzung die Schieflage meiner Annäherung Frauen gegenüber dar. Es ist ein Mechanismus, der mich gleichzeitig Stärke aus der Führung der Frau und Genugtuung aus der Herabsetzung der (jungen) Frau ziehen lässt. Eine Grundlinie liberaler Männlichkeit: Eine Form von Männlichkeit, die über kein männliches Vorbild verfügt. Auch das ist eine Grunderfahrung der Orientierungslosigkeit meiner Kindheit und Jugend: Ohne Vorbild zu sein, den von meiner Mutter vermittelten Maßstab indirekt in idealistischen Fantasien anzunehmen und mein eigenes Begehren anzupassen, das heißt zu unterdrücken. Daraus ergibt sich meine Schwierigkeit, überhaupt tiefe Freundschaften einzugehen, auch gegenüber Männern, die für mich immer das bedrohliche, unverständliche Andere blieben. Es ist bis heute Teil meiner Annäherungsweise gegenüber neuen Umgebungen, eine ganze Weile zu beobachten und die Bedrohlichkeit und Charakteristiken abzuschätzen, bis ich Kontakt auch initiativ vertiefe und wirkliches Vertrauen aufbaue.

Vor gut zwei Wochen endete die vierte Phase meines Lebens, die vor allem Suche, Loslösung, Bewusstwerdung darstellt. Eine lange Zeit des Lernens, sieben Jahre des Nomadisierens und Umherschweifens, der Flucht und der Rückführung zu einer tiefen Form der Rache, der Rückkehr, die von jetzt an beginnt.

Vor allem waren die letzten Jahre von tiefen Einschnitten und Verlusten, von Entfernungen und Brüchen geprägt. Die Flucht aus Berlin, Distanzierung von dortigen FreundInnen, das Experiment der NomadInnen und dessen Scheitern (also in der von mir fantasierten Form, oder meiner Teilnahme darin), der ambivalent unklare Kontakt mit den alten Kreisen in Potsdam. Im Grunde gibt es für mich keine gefühlte Distanz, ganz im Gegenteil, aber es gibt viele offene Enden in Deutschland, die ich aus meiner Schwäche heraus noch nicht wieder richtig zusammenführen konnte. Das betrifft auch den Austausch mit meiner Familie; ich habe nicht das Gefühl ausreichend vermittelt zu haben, was all das, dieser Weg, bedeutet, warum er mit ihnen verbunden ist und auch eine Fortführung des Weges meiner Mutter darstellt. Denn die Suche und das Drängen, das auch sie nie hat zur Ruhe kommen lassen, setzt sich in mir fort.

Überhaupt verbindet unsere Wege, den meiner Mutter und meinen, viel: Ich bin überzeugt, dass ihre Krankheit und meine Krankheit den gleichen Ausgangspunkt haben und der Krebs letztendlich die Folge des Unbehagens mit dem Leben im Falschen war, das sie nie hat akzeptieren können. Sie hat immer gekämpft – mit ihrem Vater, der strengen männlichen Autorität, mit der sozialistischen Staatsbürokratie, die sie als Frau nicht ihre Wunschrichtung hat studieren lassen, mit dem spießbürgerlichen Wertekonzept der Schwiegereltern, mit falsch gelebten Liebesbeziehungen, nervigen Typen zum Schutz der Freundinnen (in der Zeit des Studiums und vor der Ehe), nach der Wende vor allem gegen den Zerfall der Freundeskreise und Liberalität der Beziehungen darin. Sie war immer Führung, brachte Freund_innen zusammen, organisierte Partys und hatte eine starke Position inne. Vor allem war sie gerecht und tief von Verantwortungssinn geprägt.

Ich habe einige alte Tagebuchaufzeichnungen von ihr gelesen. So sehr sie gekämpft hat, war sie immer von Unruhe geprägt, von der Frage wie richtiges Leben möglich wäre. Vor allem nach der Wende und der Unklarheit der 90er-Jahre war sie in der Situation, sowohl eine Familie führen zu müssen (die Führung war vor allem sie), klare Maßstäbe bieten zu müssen, die Kinder zu erziehen, als auch gleichzeitig eine Perspektive für das eigene Leben aufbauen zu müssen, gegen Arbeitslosigkeit, Verleumdung der alten Werte durch eine neue Leitkultur und Verlust der eigenen Utopie. Dass sie den Weg der Organisierung im Feminismus und der Behauptung der eigenen Identität wählte, weist auf ihre Stärke und ihre Intuition hin. Allein, die gelernten Lebensmodelle und Vorbilder des Realsozialismus gingen über Kleinfamilie und erzwungene liberale Lebensführung und Lohnarbeit nicht hinaus und ich glaube, auch sie lebte in emotionaler Isolation, unbefriedigt vom Leben in einer kleinen, engen, feindlichen Welt unter kapitalistischer Besatzung. Ich bin davon überzeugt, dass die Lebensrealität dieser Moderne sie umgebracht hat, ihr inneres Gleichgewicht fortwährend angegriffen hat und die Krankheit bedingte. Denn Krebs des

Hormonsystems ist natürlich Ausdruck davon, dass der Organismus aus dem Gleichgewicht geraten ist. Letztendlich war sie und ihr Drang nach einem freien Leben zu groß für diese Zeit.

Für mich stellt die Zeit ihrer Krankheit eine Zeit der Klarwerdung und des Bündnisses dar. In dieser Zeit haben wir erstmals unsere Fragen diskutieren können und ich hatte das Gefühl, dass sie durch den Einschnitt der Diagnose erstmals tief verstehen konnte, warum wir taten, was wir taten, als wir uns vom Leben im System verabschiedeten. In den letzten Gesprächen diskutierten wir auch über die Erfahrung und den Kampf des Sozialismus und Frauenbefreiung. Ich glaube, wenn mein Verständnis der Bewegung und des Sozialismus unserer Zeit als freie Gesellschaft auf Grundlage der Frau schon weiter fortgeschritten gewesen wäre, hätte ihr das ein wenig Kraft geben können. Für mich ist sie in dieser Zeit bewusst zur Sozialistin, Feministin, Kämpferin und Verbündeten geworden. Ich versuche auf Grundlage dessen, auch als Selbstkritik für meine krummen Wege zuvor, etwas Klarheit und praktische Erfahrung zu gewinnen wie eine freie, starke Freundschaft zu Freundinnen möglich ist, als Komplizin und ›Andere und Gleiche‹ als Gegenpol und vergesellschafteter Maßstab.

Ich schreibe dir all das, weil du Teil dieser Geschichte bist, weil du meine Mutter kennengelernt hast, und weil all das vielleicht eine Hilfe dabei sein kann, diese Geschichte voranzubringen. Ich habe erst hier gelernt, mich wirklich zu einer Heimat, zur eigenen Identität zu bekennen und all das als Erbe anzuerkennen, das wir lösen können. Darin sehe ich einen Weg, die Fortsetzung dessen, was wir gemeinsam begonnen haben; den Weg der Rache am System durch die Behauptung der Möglichkeit freien Lebens, das notwendigerweise revolutionär sein muss und die Linie einer wirklichen widerständigen Tradition und des sozialistischen Geistes fortführt. Eine Art historische Selbstkritik, die vor allem in unserer Linie durch internationalistische Beteiligung den hegelschen Geist herausfordert.

Vor allem glaube ich, dass wir uns auf einen großen Kampf vorbereiten müssen, denn die herrschaftliche Linie deutscher Staatlichkeit scheint ein neues imperiales Projekt im Sinne von hegemonialer Dominanz über Europa aufgestellt zu haben. Diskutiert ihr europäische Machtpolitik? Die Analyse der neuen neoliberal-faschistoiden Achse Deutschlands – die TC[138] als Kern europäischer Machtsicherung ist auf jeden Fall ein anstehendes Projekt. Ich schreibe auch anknüpfend an einen Gedanken, eine Warnung, die du in Rojava geäußert hast – dass wir klar eine eigene Identität entwickeln und behaupten müssen und uns nicht assimilieren dürfen. Mein Weg stellt in tiefer Weise den Weg meiner eigenen Selbsterkenntnis dar, dem Verstehen der historisch-gesellschaftlichen Linien, auf dessen Grundlage wir eine Identität überhaupt erst annehmen

138 *Türkiye Cumhuriyeti*, dt. Türkische Republik

können. Es gibt einige ausgesprochene Verteidungsmechanismen in meiner Persönlichkeit, die verhindern, dass ich wirklich assimiliert werde, gleichzeitig habe ich die Verarbeitung unserer Geschichte hin zu einer Befreiung und Aneignung gesellschaftlicher Identität immer als Aufgabe und Verantwortung gesehen; vor allem auch, weil wir noch nicht viele sind, die diesen Weg des Aufbruchs gehen. Ich glaube inzwischen ein wenig Klarheit gewonnen zu haben, die Linien herrschaftlicher Prägung zu einem Projekt des freien Mannes, einer widerständigen nationalen Tradition (auch wenn das so nicht ausgedrückt werden darf, um nicht völlig falsch verstanden zu werden) und gelebter Gleichheit zu entwickeln, auch die praktische Ausführung natürlich eine unendliche Geschichte darstellt.

Vor allem in Bezug auf eine internationalistische Perspektive sehe ich großartige Bewegungen und Entwicklungen vor uns. Natürlich findet ein Teil der Auseinandersetzung hier immer in einer Sonderposition statt. Ich vermute deine Erfahrungen unterscheiden sich da ein wenig – unter Männern, vor allem feudal sozialisierten, ist es eine größere Herausforderung, entsprechende Tiefe und Anknüpfung herzustellen, bilde ich mir zumindest ein. Um ehrlich zu sein, wünsche ich mir öfters ein wenig ein kulturell anknüpffähigeres Umfeld, denn vieles unserer kulturellen Erfahrung ist doch tatsächlich schwer vermittelbar und von umgekehrt orientalistischen Projektionen verdeckt. Natürlich gibt es immer Verstehende, aber auch aufgrund der aktuellen Lage ist deren Anwesenheit geringer geworden. Wie ein gemeinsamer Freund es ausdrückte, ist unsere Rolle immer noch ein Prototyp – an den meisten Orten und Milieus ist jede_r von uns die Erste.

In den letzten Tagen hat der Herbst begonnen und heute hat es zum ersten Mal geregnet. Ich habe diese Zeilen dieses Briefes in den letzten zwei Tagen heruntergeschrieben, denn gerade in dieser Zeit ist für mich ein Gefühl des Neuanfangs, eines neuen Abschnitts, sehr präsent und das verträgt sich gut mit ein paar rekapitulierenden Gedanken. Ich mochte von allen Jahreszeiten den Herbst immer am meisten – für mich stellt er eine Zeit der Klarwerdung dar, in der alles endet, zu klarer, tiefer Bedeutung führt und im Sturm die eigene Kraft fühlbar wird. Eine Zeit der Veränderung, ein Erwachen nach der Leichtigkeit des Sommers. Ich glaube, Entscheidungen und Verbindungen, die im Herbst entstehen, haben für mich immer eine größere Tiefe gehabt, denn sie entstehen im Hinblick auf die Gefahr, den drohenden Kälteeinbruch und im Bewusstsein der Notwendigkeit des Bündnisses. Vielleicht war das Gefühl meiner Jugend ein endloser Herbst, vielleicht beschreibt das auch das Klima unserer Gesellschaft: In stummer Erwartung der Kälte, und in Hoffnung auf einen Frühling, von dem noch keine_r weiß, wann er kommt und wie er herbeigeführt wird.

Ich bin seit zwei Wochen an einem neuen Ort, über den es heißt, dass er immer kalt ist, was sogar besungen wird, aber für mich ist es das beste Klima, als Kind des Nordens; das einzige was mir fehlt sind Wälder. In dieser Hinsicht hatte ich dieses Jahr kein Glück, denn auch den Sommer über befand ich mich in heftigen Höhen, in denen sich kein Baum hält. Den Sommer über habe ich vor allem studiert, und du wirst vielleicht ein wenig lachen, wenn du erfährst, was sich die Freund_innen für mich ausgedacht haben: Gerade warte ich auf meine Geige, um meine Arbeit beginnen zu können. Wie lange ich dabei bleibe und was zukünftige Wege angeht, ist noch alles offen und wir werden sehen, welchen Sturm der Frühling bringt. Ich fühle mich am Anfang eines neuen Wegabschnittes, einer Zeit des Wirkens, Schaffens, die auf einen langen Weg folgt, der vor allem dem Lernen und der Klarwerdung gewidmet war. Dieser Weg war sehr lang, sieben Jahre, deren Ende die letzten anderthalb Jahre in diesem seltsamen Teil der Welt verlief, über den es keine Karten gibt (und wenn es welche gibt, dann können die in keinster Weise zeigen, was die wahre Bedeutung dieser Gebiete ist).

Die letzte Zeit habe ich vor allem damit verbracht Klarheit über die Frage des richtigen Stils und der Methode zu gewinnen; natürlich spiegelt sich darin die Frage der richtigen Führung – sowohl Selbstführung als auch die Frage der Initiative in kollektiver und gesellschaftlicher Hinsicht. Denn meine Schwäche bestand in genau dieser Hinsicht – nicht richtig ausdrücken, verkörpern und leben zu können, was ich in Gedanken als richtig, wahr und schön erkannte. Aus der Losgelöstheit des Denkens entwickelten sich diese vielen Fehler, idealistische Annäherungen, falsche Haltung, Negativität und Wut (im Grunde stellen ja diese Wutausbrüche, die eigentlich Panikattacken sind, die patriarchale Angst dar, die im Kleinen die nihilistische Geste der faschistischen Aggression, den mentalen Mikrofaschismus zum Vorschein bringen, hilfloser Aufschrei gegen die scheinbare Ausweglosigkeit der Situation und Spiegel der Gewalt der Welt, die immer gegen die falschen gerichtet ist); vor allem glaube ich, dass ich entgegen dem Anschein vorpreschender Initiativkraft furchtbar langsam lerne und mich verändere, was wirkliches Verstehen betrifft.

Von jetzt an beginnt für mich der Rückweg, der Versuch nach Hause zu kommen. Natürlich nicht das alte Zuhause, das es nicht mehr gibt; sondern der Weg des Erschaffens einer lebenswerten Welt. Unser Zuhause ist das Land der Kinder der Zukunft, wie es einige Freunde formulierten, und der Weg dorthin führt über das Verstehen und Vereinen unserer Vergangenheit mit unserem tiefen Begehren und der Wirklichkeit. Mein Weg in diesem Teil der Welt und alle Entscheidungen waren darauf gerichtet, eine Lösung zu finden für das Dilemma unserer Jugend und der Gesellschaften. Vielleicht auch, weil ich ein gutes Stück konservativer bin, als ich mir vorher eingestanden hätte, fühle ich, dass mein Weg mich nach Europa zieht und dass der Teil, der mir zufällt, vor allem dort stattfindet. Das hängt wohl auch damit zusammen, dass ich erst spät gelernt habe, ein Gefühl für eine Art Heimat und für die Gesellschaft zu gewinnen, aus der ich komme, und das Sehnen danach entsprechend stark und frisch ist, eine

Verbindung bewusst zu leben. Ich will gegen die lange Zeit der verhinderten Liebe und des blockierten Begehrens eine lachende Rache leben, die nicht zerstört, sondern alles Falsche zwingt sich zu verändern und die Wahrheit zu erkennen. Die Diskussionen, die wir hier führen, lassen auf Gutes hoffen, und auch wenn noch nicht klar erkennbar ist, wann und wie sich alles entwickeln wird, glaube ich, dass all das ganz hervorragend ist und etwas Großartiges dabei herauskommt. Ich vertraue darauf, dass du und ihr eurerseits voranschreitet und eure Energie stetig wächst.

Ich werde den Winter nutzen, um einige Gedanken zu verschriftlichen, und einen Weg suchen, sie auch dir zukommen zu lassen. Pass auf dich auf und grüß alle in deiner Umgebung. Und auch wenn nicht klar sein sollte, wann und wie wir uns über den Weg laufen, ist doch klar geworden, dass diese Welten nicht mehr so weit von einander getrennt sind, sowohl im Geiste als auch die Wege betreffend.

Mit revolutionären Grüßen und einer Umarmung
X.

PS.: Ich habe aus dieser Welt bei dir anderthalb Jahre nichts gehört; aber ich glaube, wenn du die Maulwürfe rufst, können sie kommen und die Briefe abholen und zustellen, da du vermutlich viel zu tun hast. Ich hatte im Frühling zwei Briefe an die Familie geschickt, Antwort hatte mich nicht erreicht. Wenn du helfen könntest, wäre das großartig. Falls du in irgendeiner Weise Kontakt oder Kenntnis zum Stand in den alten Kreisen hast, würde mich das auch brennend interessieren.

Die patriarchale Männlichkeit töten

Seit den späten 1980er-Jahren diskutiert Abdullah Öcalan die Notwendigkeit der ›Veränderung des Mannes‹, um eine freie Gesellschaft als Teil der Freiheitsbewegung zu entwickeln. Dieses Konzept wird im Kurdischen *kuştina zilam* (»den dominanten Mann töten«) genannt. Nach langen Diskussionen mit Genoss_innen in der Bewegung und Reflexionen über seine eigenen Beziehungen zu Frauen schrieb er 1986 das Buch *Die Frage der Frau und der Familie in Kurdistan*. Darin analysierte er die unterdrückende Macht des kolonialen Staates gegenüber Männern, die ihrerseits diese Unterdrückung gegen die Frauen anwenden. So wird die Familie im Buch als Mikrokosmos des Staates beschrieben. Mahir Şayan, eine der führenden Figuren der revolutionären Student_innenbewegung in den 1970er-Jahren in der Türkei, besuchte Abdullah Öcalan 1996 in Damaskus, 18 Jahre nach ihrem letzten Treffen in Ankara. Ihre Gespräche veröffentlichte er in einem Buch, dessen Titel er nach einer, seiner Ansicht nach grundlegenden, Aussage Abdullah

Öcalans benannte: »Den Mann töten«[139]. Öcalan selbst beschreibt seine Gedanken zum Töten der patriarchalen Männlichkeit dort folgendermaßen:

»Eigentlich ist es das grundlegende Prinzip des Sozialismus. Es geht darum, Macht zu töten, einseitige Herrschaft und Ungleichheit, darum, Intoleranz zu töten. Es geht sogar darum, Faschismus, Diktatur und Despotismus zu töten. Dieses Konzept kann so weit gefasst werden.«

2021 veröffentlichte das Andrea Wolf Institut der Jineolojî-Akademie in Rojava die erste deutschsprachige Broschüre zu dem Thema unter dem Titel *Den dominanten Mann töten und verändern.*[140]

139 Şayan, Mahir: Erkeği Öldürmek: Abdullah Öcalan ne diyor? Toprak Publications 1997.
140 Siehe: https://jineoloji.eu/de/wp-content/uploads/2021/07/Den-dominanten-Mann-toeten-und-veraendern.pdf

Brief an die geliebten Maulwürfe

Herbst 2018, Freie Berge Kurdistans

Geliebte Maulwürfe,

wieder hat sich ein Kreis vollendet und meine Gedanken richten sich auf die, deren ständige Anwesenheit und geistige Präsenz unser Geheimnis und unsere Verbindung ausmachen. Ich hoffe, es geht euch gut und ihr seid an wohl geschützten und gut verbundenen Orten. Ich sitze unter der Erde, wie es sich für einen Bergmaulwurf gehört, gut behütet vor den beginnenden Herbststürmen. Diese gehen in unserem Teil der Welt hier sowohl klimatisch als auch politisch vonstatten – ich bin sicher, es ist auch bis in eure Welt gedrungen und die Verdichtung der Prozesse ist ein allgemeines Phänomen. Nach einer Weile des Schweigens und der asketischen Vertiefung hielt ich es für angebracht, das geheime Wort wieder zum Kreisen zu bringen, das die Verbindung beschwört und an Vergangenes anknüpft, um sein größeres Potential zu befreien; wissend, dass es geflüsterte Worte sind, die die Zukunft herbeiführen können und die Geschichten verbinden, zu der einen großen Geschichte, die von Befreiung, von der Überwindung des illusionären Selbst und der falschen Ordnung erzählt, von der Suche nach Wahrheiten und der Welt, in die alle Welten passen.

Heute sitze ich in der letzten Herbstsonne zwischen Moos und Wind und denke über unsere seltsame Maulwurfskonstellation nach. Denn es ist kein Zufall, dass ausgerechnet wir drei skeptischen Maulwürfe einen gemeinsamen Anfangspunkt setzen konnten; dass wir drei ein Bündnis aus diesen seltsamen männlichen Maulwürfigkeiten erschufen, verrückt und krisenhaft: schwankend zwischen Rationalität und Suche nach Ästhetik, pendelnd zwischen Emotionalität und Philosophiererei. Zwischen Liebe, zerknirschtem Ausweichen und paranoischer Flucht. Ich glaube, wir brauchten uns, gaben einander, was uns jeweils fehlte, und die Fehler, die wir auf unseren Wegen hinterließen, zeigen auf unsere Schwachpunkte, auf die Leerstelle, die sozialisierte Männlichkeit in uns hinterlassen hat. Im Nachhinein stellt für mich unser Bündnis klar den Versuch dar, Freundschaft gegen diese seltsame liberale Männlichkeit zu erkämpfen – ein wunderschönes Scheitern, ein Bekenntnis zum gemeinsamen Untergang.

Denn ich glaube, dass wir drei intuitiv wahrnehmen konnten, dass diese Männlichkeiten im Grunde nicht lebensfähig waren, dass die wirkliche Bedeutung in der gemeinsamen Bewegung liegt. Ihr beiden lebtet in Nischen, als ich euch traf, in individuellen Schutzräumen, die trotz ihres souveränen Anscheins krisenhaft waren. Gleichzeitig fand ich auf meiner Flucht und Suche in K.s emotionaler Wärme und J.s meditativer Ruhe Anhaltspunkte für das, was mir fehlte – vor allem fand ich Vertrauen, vor allem auch in der Erkenntnis, dass die Fragen und die Unklarheit, vor allem was die Perspektive betrifft, gemeinsame waren. Der Wille und der enthusiastische Schritt des Aufbruchs sind das eine, die Fähigkeit und Klarheit zur wirklichen Selbstführung das andere – und wir müssen klar erkennen, dass ohne die Freundinnen, die die eigentliche Führung der radikalen Linie darstellen, unser Bündnis wohl nie zustande gekommen wäre. Das trifft ebenso auf meinen Aufbruch zu, ohne das Bündnis mit den Freundinnen wäre ich vielleicht immer noch in der Maschine gefangen, im Karriere-Sachzwang. Ich glaube sehen zu können, dass es uns an dieser Autonomie mangelt, dass die Männlichkeiten, die wir gelernt haben, immer auf die Stärke von Frauen angewiesen sind, ohne sie wirklich anerkennen zu können. Die Schwäche unserer Maulwurfskonstellation lag immer darin, dass wir jeweils Zuflucht und Rückversicherung bei Freundinnen außerhalb suchten. Darin sehe ich vor allem einen großen Schwachpunkt meinerseits, die Unsicherheit in der Auseinandersetzung nicht wirklich eingestehen zu können, keinen richtigen Weg zu finden aus der Krise zueinander und stattdessen in etwas Äußeres zu fliehen. Inzwischen sehe ich darin die grundlegende Aufgabe einer neuen, revolutionären antipatriarchalen Bewegung: Freundschaft gegen Männlichkeit aufzubauen und zu verteidigen, eine Kultur des Vertrauens, die der Angst und Isolation, die wir internalisiert haben, die Grundlage entzieht.

Wir diskutieren hier mitunter über die Theorie der Loslösung, die die Frauenbewegung zugrunde legt und sie ist ebenso wichtig für uns im Kampf gegen die Mentalität des Mannes: Erst wenn wir Ruhe und Vertrauen bei uns selbst finden können, in Distanz zu den Freundinnen, wird eine wirkliche anerkennende, verstehende Annäherung und Freundschaft mit ihnen möglich sein. Das meint sicherlich keine Entfernung, sondern Selbstwerdung, ein Verstehen unserer Schize, unserer paranoiden Geste der Selbstflucht und -verleumdung, eine Befreiung des Geistes und der Lebensform von der Abhängigkeit, die vor allem eine emotionale ist. Darin liegt für mich eine der größten Selbstkritiken meinerseits, diesen Mangel vielleicht in Ansätzen theoretisieren zu können, aber in unserer gemeinsamen Praxis, vor allem nach unserer gemeinsamen Morgenlandfahrt, meiner Rückkehr und der Leerstelle der ersten Freundinnen keine bewusste, angemessene Antwort zu finden.

Bis zu dieser meiner aktuellen Morgenlandfahrt beruhte mein Stil, mein Weg, auf einer ständigen Flucht nach vorn, und alles Gute, was auf unserem gemeinsamen Weg entstand, geschah trotz meines Stils, nicht wegen ihm. Denn der paranoische Charakter hat die Eigenschaft, Energie freisetzen zu können (genau genommen ist er dazu gezwungen), auch bei anderen mobilisieren zu können, aber nicht über die Kraft und Ausgeglichenheit zu verfügen, sie zu leiten und in nachhaltige Bewegung zu überführen. Er sucht nach Zuständen, Sicherheit, Rückversicherung, Idealbildern. Was aus unserer gemeinsamen Bewegung entstand, beruhte auf eurer Kraft, sie mit Leben zu füllen, während ich weiter floh. Sicherlich ist es richtig und von grundlegender Notwendigkeit sich zu organisieren, organisierte Initiative zu entwickeln, aber ich verstehe inzwischen, dass mein Drängen zur Form Prozesse und Kollektivierungen im Nomadischen abwürgte, der Ent-Individualisierung vorgriff. Denn das Nomadische stellte keine Form der politischen Organisation dar, sondern eine Kulturbewegung, eine neue Form von Mentalität ideeller Kultur, eine asketisch-antimaterialistische Lebensform, die die Erstarrung und Gefangenschaft der modernen Lebensformen (eigentlich Unmöglichkeiten zu leben) in Bewegung versetzt und herausfordert. Mein Versuch, diese Kultur in einen politisch-organisatorischen Rahmen pressen zu wollen, bevor sie überhaupt als Bewegung wirklich beginnt und ein gesundes Selbstbewusstsein ausprägen kann, stellt auf jeden Fall einen meiner größten Fehler dar – das Erbe des Denkens einer Staatlichkeit, von Idealismus, von Materialisierung des Flusses und der Ströme.

Wir sehen daraus vor allem, wie wichtig eine Kritik und Reflexion unseres Begehrens ist, dessen Verbindung mit der Wirklichkeit wir begreifen müssen, um ein revolutionäres Potential befreien zu können, statt das Erbe dieser Moderne, dieses Systems, zu wiederholen und ihm nur neue Kraft zu verleihen. In diesem Sinne kann ich meine Selbstkritik in der Parole: ›Tod dem Nomadismus! Es lebe das Nomadische!‹ ausdrücken. Eine Lebensform, eine Kultur, eine Art sich zu verbinden, gemeinsam zu arbeiten und zu kämpfen, mentale Erstarrung und die Dogmatik des selbstbezogenen Wunsches zu überwinden, aber keine Struktur. Dass es diese braucht, ist etwas anderes, eine praktisch-organisatorisch-strategische Frage; eine Frage der Logistik und der Entfaltung von Taktiken. Es ist ein Milieu für Initiativkräfte sich zu finden, Bündnisse zu schmieden und lokal zu wirken, autonome Gebiete mit Leben zu füllen.

Eine Bewegung, die von einem gemeinsamen, uneinheitlichen Bewusstsein getragen wird, das ständig dabei ist, eine eigene Sprache zu finden und zu verbessern, und vom Gewissen getragen eine moralische Bewegung ist. Ich glaube, in bestimmten Momenten erreichten wir immer wieder diese Zustände, Situationen von Komplizenschaft, die auch auf andere übergriffen. Ich glaube inzwischen, dass der Fluss dieser Energie in zwei Richtungen wirken muss, die sich ergänzen und gegenseitig hervorbringen: Das Kommunale, das lokale gesellschaftliche Werdung und Verdichtung widerständiger Gemeinschaften vorantreibt, und die militante Organisierung, eine radikale ideelle Organisierung von Militanten, Initiativkräften, die sich dem Dienst der Revolution verschreiben und sich bewusst strategisch verhalten können – die Partei, die aus dem Imaginären heraustritt. Ich glaube, dass sie nötig ist, wenn der Krieg sich weiter ausbreitet, sicherlich in einer anderen Form als im Morgenland, aber dennoch als eine Kraft, die Vorschläge der Perspektive und Selbstverteidigung organisieren kann.

Ich glaube weiterhin, dass eine nachhaltige Bewegung, eine wirkliche demokratische Gesellschaftsbewegung, die die Marginalität verlässt, mindestens vier Bereiche umfassen muss: Sie muss eine Kommunalbewegung sein (der rhizomatischen Verflechtung von Gemeinschaften, die die Verantwortung und Perspektive wieder kollektivieren), eine Bildungsbewegung (die die Idee der kleinen Schulen zur geistigen Renaissance vorantreibt), eine Kulturbewegung und eine Bewegung der antifaschistischen Selbstverteidigung (die sich nicht auf bestimmte Feindbilder bezieht, sondern den Faschismus in allen Formen zurückdrängt, vor allem die geistigen Mikrofaschismen und entsprechend der Notwendigkeit die Banden, die moralisch nicht von der Feindseligkeit ablassen).

Ich bin mir sicher, dass ihr beide irgendwo an den gleichen Gedanken und Tunneln grabt, auch wenn ich sie gerade nur nebulös formulieren kann. Ihr müsst wissen, dass mich die Gedanken umtreiben, wie ein Kampf in der Metropole nachhaltig und entsprechend einer revolutionären Philosophie geführt werden kann, um die europäische Frage zu einer Lösung vorantreiben zu können. Denn uns hier ist klar, dass diese beiden Hälften des Kampfes, das Morgenland und die Ruinen des Westens, eins sind, sich in Wechselwirkungen entfalten und nur gemeinsam gelöst werden können. Im Moment entstehen überall kleine Funken, die in der Lage sein können, diese beiden Geschichten wieder zu verbinden: Eine Revolution Europas, die eine Revolution der Kultur, Moral und des Bewusstseins sein muss, eine noch vor allem potentielle Revolution, noch unklar-formlos, und doch so bitter nötig gegen die Krise des gesellschaftlichen Lebens und der Lebensformen, und die Revolution Mesopotamiens, die immer noch kurz davor ist, zu beginnen, um der Kultur der Muttergöttin wieder zum Leben zu verhelfen.

Mein bisheriger Weg war vor allem ein Weg des Lernens, der Selbstreflexion und dem Versuch gewidmet, diesen meinen Mangel und Zivilisationsschaden zu verstehen. Dieser Kampf um das Verstehen war anfangs, in den Ebenen des Westens, vor allem noch zurückgehalten von meinem Beharren, die organisatorische Linie niemals zu verlieren – und auch wenn der Gedanke einer organisatorischen Verbindung zwischen dem Westen (dem kleinen[141]) und dem Abendland sicher nicht falsch war, führte diese Annäherung doch zunächst in eine neue Isolation – wohl eine nötige, um mir meine Schwachstellen und Gefahren unausweichlich zu Gesicht zu führen. Den vorletzten Winter, den ich auf dem Berge des Engel Pfau[142] verbrachte, nutzte ich in diesem Sinne für Meditationen: Vor allem gelangte ich zu der Erkenntnis,

141 Gemeint ist Rojava, d.h. Westkurdistan.

142 Gemeint ist Şengal. Der Engel Pfau ist Tawûsî Melek, welche eine sehr wichtige Figur innerhalb des êzîdischen Glaubens darstellt.

dass meine Persönlichkeit, die Schäden, die sie durch die Prägung des Systems davongetragen hatte, eine radikale Bearbeitung, Überwindung und Hingabe erforderten, um zu einer militanten Persönlichkeit werden zu können, die auch ihre Gefahren erkennt und lösen kann, vor allem die Schäden von Männlichkeit, Fluchtdrang und Systemzwang. All diese Krankheiten des Geistes habe ich vor allem im Laufe des letzten Jahres versucht zu verstehen, versucht deren Kern auszumachen.

Denn natürlich ist im Grunde diese ganze Sammlung von Defekten Ergebnis der einen großen Krise, die sich vom System auf mich übertragen hat. Unfähigkeit zu leben (die als Lebensangst internalisiert auch Grund für das Asthma ist, das vor 28 Jahren genau zum Zusammenbruch des Realsozialismus und mit dem Verlust der familiären ideellen Ordnung begann), Getriebenheit und Flucht nach vorn, Kompensation der Unsicherheit im Verhältnis zu Frauen (in autoritärer Form als Spiegel meiner Mutter, als Schutz- und Perspektivinstanz bemüht oder in sexualisierter Form als Flucht in die emotionale Rückversicherung bei Freundinnen), die utopische Suche nach einer anderen Gesellschaftlichkeit als Antwort auf den Verlust einer lebbaren Wirklichkeit. Ich habe mich immer um die Frage gedreht, was eine angemessene Lebensform sein kann, wie richtiges Leben gelebt werden kann. Denn ich wusste aus frühen Prägungen, dass es so etwas wie ein Richtiges, Schönes, Wahres und Gutes gibt, nicht umsonst wurde ich immer von der Ruhe des Waldes, den epischen Geschichten und der musikalischen Harmonie angezogen. Vielleicht ist die neoliberale Lebensrealität der 90er und 2000er eine der grausamsten, in der eine Jugend stattfinden kann – ohne Maßstäbe, Ziel, wirkliche Bedeutung; vor allem ohne wirkliche Möglichkeiten, Erfahrungen zu sammeln, Kämpfen zu lernen – vor allem Kälte, Isolation, Unklarheit, Sachzwang von Karriere, Geld, Gehorsam. Meine Flucht und unser gemeinsamer Weg waren für mich der Versuch einen Ausweg aus dieser Sklaverei zu finden, die ich 23 Jahre meines Lebens gelebt hatte. Eine mentale Sklaverei, die ihre Tiefe daraus zieht, nichts anderes als denkbar zuzulassen. Entsprechend groß waren noch die Schäden bei mir, als wir uns trafen, und ich glaubte, ich musste letztendlich diese große Distanz zurücklegen, um klarer erkennen zu können, was ich hinter mir gelassen hatte und um die Frage ohne Angst und Möglichkeit der Rückversicherung klar zu formulieren: was mein Wille ist, und welches Leben die angemessene Antwort auf das Regime des Schreckens ist, von dem wir versucht hatten los zu kommen.

Seitdem versuche ich mich darin, die Kunst der Selbstführung und des bewussten Lebens zu lernen (hier sprechen wir vom ideologischem Leben). Denn was ich vorher hatte, waren Ideen, Theorien, Traumbilder – kein wirkliches Bewusstsein. Bewusstsein, das ist gelebte Ideologie, leben nach einem Maßstab, mit einer geistigen Führung. Ich habe das letzte Jahr vor allem versucht, mich in zwei Bereichen zu vertiefen: Einerseits der Umsetzung, dem

Leben von Bewusstsein – wir reden hier von Stil, Haltung und Geschwindigkeit als Einheit der Anwendung, das richtige Handeln und die richtige Artikulation, die Einheit von Denken-Sprechen-Handeln. Der richtige Stil ist dabei natürlich etwas, das nur von Situation zu Situation entwickelt und verbessert werden kann und bei dem nur Lösungskraft, Nachhaltigkeit und Ästhetik von Bedeutung sind. Militanz, revolutionär zu leben, bedeutet den Moment zu leben und sich in der Bewegung der Veränderung hinzugeben. Andererseits habe ich versucht, das Denken zu verstehen, das wir gelernt haben und das uns fortwährend davon abhält, den Moment bedeutungsvoll zu leben: Das ideologische Fundament der kapitalistischen Moderne [abzulehnen]; Liberalismus, Positivismus und Humanismus, die drei Krankheiten des Geistes unserer Zeit. Und natürlich haben alle unsere Fehler damit zu tun, dass wir diese Denklinien verinnerlicht haben, sie stellen die aktuellste Ausformung der Mentalität des Mannes dar, des zivilisierten, individuellen, rationalen Mannes, der etwas *ist*, anstatt gesellschaftlich-historischen Werdens.

Ich glaube, wir müssen diese drei Ideologien tief in ihren Grundlagen verstehen und erforschen, was sie in der Psyche, individuell und dem gesellschaftlichen Bewusstsein anrichten. Denn sie bilden die Grundlage für unsere Missverständnisse, Blindheit und Verwirrung, verhindern Bedeutungsgebung, Willensbildung, Selbstverständnis und Wahrheitssuche. Die drei Denklinien stellen die zeitgenössische Form patriarchaler Mentalität und Weltauffassung dar; deren Verständnis kann uns einer Psychologie des Patriarchats näher führen. Ich glaube, darin besteht eine der wichtigsten Aufgaben, diese Arbeit anzugehen, und ich habe angefangen einige Reflexionen zusammenzutragen, vor allem im Rahmen meiner Selbstanalyse. Diese drei Denkgerüste, die ihnen eigene Fragmentierung, Entwertung der Begriffe und damit einhergehende Wertezerüttung, verhindern unsere wirkliche Verbindung und Kommunewerdung, zersetzen Freundschaften und gesellschaftliche Kultur. Alle drei Linien kultivieren die Schizophrenie, die Entfremdung, Trennung, Entwurzelung und Deterritorialisierung, die dem zivilisatorischen Prozess innewohnen.

Der Liberalismus, entstanden aus der Pragmatik des Bürgertums und der traumatischen Erfahrung des moralischen Bankrotts der Religions- und Bürgerkriege, die auf die Renaissance folgten, pfercht die gesellschaftliche Aushandlung in zwei Zonen ein: In den Individualismus, der von der Kommunalität losgelöst ist, die zerfallen ist (mentaler Mikronationalismus, jeder für sich eine heilige auserwählte Existenz), und die Nationalstaatlichkeit, als zentrale Instanz, die den Krieg und die Aushandlung für immer wegverwalten soll. Liberale Lebensführung wird damit in völligem Subjektivismus, autistischer Selbstherrlichkeit und Sich-ins-Zentrum-der-Welt-Setzen zugespitzt, konterkariert von der freiwilligen Unterwerfung unter das zentralistische Verwaltungsregime. Liberale Lebensführung wird auf diese Weise zu einer schlecht versteckten Sklaverei, die sich immer freiwillig ausliefert und dem System überantwortet, eine internalisierte Angst vor der Gesellschaftlichkeit.

Diese Angst vor dem Anderen ist der dem liberalen Individuum (das eigentlich nicht in der Lage ist sich zu individualisieren, zu einem Selbst zu werden) innewohnende Pol der Gefangenschaft. Dieser äußert sich bei uns, bei mir, als Repression des Begehrens, dessen zwanghafte Rationalisierung und Zerstückelung. Die dem gegenüberstehende Form ist die ›Dogmatisierung der Bedürfnisse‹, die ständig in Kompensationen und zwanghaftem Ausleben von Bedürfnissen (materialisierte, symbolisierte Fragmente des Begehrens) gelebt wird. Beide Pole, die sich zur unmöglichen Begehrensökonomie des Liberalismus ergänzen, bedeuten die Gefahr der falschen Liebe. Statt der Einswerdung durch das Andere, statt des Überkommens des Selbst durch die Hingabe für das Andere, versucht der Liberalismus Selbstliebe durch die Selbstbestätigung gegenüber dem anderen in Abgrenzung oder durch Ausnutzen der anderen zu rekonstruieren. Wir haben immer wieder die Erfahrung gemacht, dass die Exklusivität von Liebe und deren Behauptung ohne Vergesellschaftung in die Krise führt – für mich spiegelt sich darin nicht nur eine schwer akzeptierte Lehre und Selbstkritik meines Weges wieder (vor allem auch in Bezug auf die Nichtlösung des Kollektivierungsproblems im Nomadischen während meiner Anwesenheit), ich glaube sogar, dass die Form des liberalen ›Liebes‹-Lebens der Metropolen-Linken das Rückgrat gebrochen hat. Ich sehe darin einen der wichtigsten Punkte, der Loslösungstheorie: Dass der Aufbau von Kommunalität (das ist gesellschaftliche Liebe und Moral) und Selbstliebe dem Ausleben von Partnerschaft vorangehen muss; oder, auf gesellschaftlicher Seite, jede Beziehung kommunal sein muss. Auch wenn wir darüber einiges an Diskussionen geführt hatten, entsprach meine und unsere Praxis dem im Grunde kaum, weil ich mich von der Angst des Verlustes nicht freimachen konnte. Der Kampf um die Reparatur liberaler, mentaler Schäden wird wohl der große Kampf dieses Jahrhunderts, der Kampf um die Rekommunalisierung, der Ermöglichung von moralisch-politischer Gesellschaftlichkeit.

Vor allem im Zuge unserer ersten philosophischen Diskussionen hatten wir immer wieder über Kritik von Wissenschaftlichkeit, Metaphysik und die Frage der richtigen Weltauffassung gesprochen; aber ich glaube, ich habe erst hier in den Bergen praktischer verstanden, welche Abgründe dem Positivismus innewohnen. Ein seltsames, ärmliches Denken, das anstatt der Überwindung Gottes und universeller Transzendenz eher die Angst vor Gott kultiviert, sie in völlige Banalisierung der Wirklichkeit überführt, die uneingestandene Metaphysik der Oberflächlichkeit. Im Grunde in die panische Angst davor, dass etwas existiert, das sich unserem Verständnis und unserer Kontrolle entziehen könnte und unsere Stufe übersteigt. Im Moment studiere ich noch einmal Haag[143] und versuche mir vorzustellen, wie diese Metaphysik gestaltet sein könnte, die wir dem positivistischen Stumpfsinn entgegensetzen können. Öcalan schlägt die Suche und Entwicklung der Aushandlung über die Werte, das Experimentieren mit den Maßstäben des Guten, Schönen und Richtigen vor – den Kampf der Ideologien als Prozess der Revolution des Bewusstseins, der Bedeutungsgebung, des Gewissens und Willens.

Vor allem habe ich hier in der Auseinandersetzung mit der Frage des richtigen Stils (Methode, Annäherung und Problemlösung) einige Erfahrungen sortiert: Denn was mein Leben in den 23 Jahren vor meiner Flucht aus Metropole, Uni und Sachzwang tief geprägt hat, war genau diese Zerstückelung und Losgelöstheit des Denkens, das im Grunde unlebbar war. Sowohl die Flucht in Idealismen, Utopien als auch die Unmöglichkeit der Behauptung eigener Wertemaßstäbe sind Folgeschäden dieser positivistischen Prägung, der erwürgten Metaphysik. Meine Trennung, die große Distanz zwischen analytischem und emotionalem Wirklichkeitszugang, ist Ergebnis dieses Schadens, und im Moment arbeitete ich mühsam an der Reparatur. Es ist kein leichter Kampf, wirklich anwesend zu sein und den Reflex, die Konditionierung von Rationalisierung und Objektivierung, zurückzudrängen und dem tiefen Empfinden, dessen bewusster Realisierung, Platz einzuräumen. Aber wir machen Fortschritte und es ist eine wunderschöne Erfahrung, aus diesem Krieg des Geistes Energie und Freude zu ziehen; denn es bedeutet eine tägliche Erleichterung, es ist belebend die Last dieses Denkens abzuwerfen, das Schönheit nicht erkennen kann.

Ich glaube, ich habe nie wirklich verstehen können, was der Humanismus uns sagen möchte, diese seltsame Heiligung und Lobpreisung der Existenz des Menschen an sich. Das eigene Sein zu Lobpreisen, ohne die gesellschaftlichen Werte, die Mühe und Arbeit der Kulturwerdung in Rechnung zu ziehen und davon auszugehen, war immer die Geste der Elite, die keinen Anteil an der Kulturerschaffung hat, sondern sich darauf ausruht, bloß da zu sein. Der Humanismus, das Dilemma der Menschenfreundlichkeit, spiegelt sich gewissermaßen in der Ausweglosigkeit des klassischen Dramas, das unentwegt die Frage der Existenz losgelöst vom Werden verhandeln will. Die bei Shakespeare ausformulierte Zuspitzung ›Sein oder Nichtsein‹ spiegelt dabei vor allem die paranoische Mobilisierung der Staatsmaschine (konkret aus der Erfahrung des um sein Überleben kämpfenden Adels des 16. Jahrhunderts im Blutbad der Religions- und Bürgerkriege, der Wiege dieser Moderne) wieder, die in ihrer Existenz stets vom Überkommen des Status quo bedroht ist.

143 Karl-Heinz Haag (1924–2011), Schüler von Theodor W. Adorno und Max Horkheimer, war deutscher Philosoph aus dem Umfeld der Kritischen Theorie.

Die Unmöglichkeit zivilisierten Lebens ist immer wieder bemühtes Thema der Dramatik seit der Antike, von *Antigone* bis zu Brechts *Der gute Mensch von Sezuan*, führt moralisches Handeln, die Konsequenz der Lebensführung, in den Selbstmord oder Freitod. Damit stützt der Humanismus, der den Menschen als feste ontologische Existenz festsetzen will, den Gedanken der Alternativlosigkeit und Unmöglich- und Untauglichkeit moralischer Auseinandersetzung. Die Aushandlung erstarrt in der Form des Gesetzes, geht auf den Staat als rettende transzendente Instanz über, den hinabgestiegenen, verweltlichten neuen Gott. Daher der Konservatismus des Humanismus, dessen Zwiespalt in der Frage des Ausschlusses und des Bösen deutlich wird, die Prekarisierung des ›Menschlichen an sich‹. Die praktische Erfahrung zeigt, dass die Gemeinschaft, die die Aushandlung ihrer Wertmaßstäbe praktiziert (ob ›unzivilisierte‹ außerhalb oder Sekten und Banden im Inneren) dazu neigt, ihre ›universellen Menschenrechte‹ nicht zugesprochen oder aberkannt zu bekommen, sobald sie sich dem verordneten Pazifismus (d. h. der Passivität) nicht unterordnet und Widersprüche aushandelt – sprich sich moralisch und zu gesellschaftlichen Konfliktfeldern verhält. Der Terrorismus als Angst vor dem organisierten Anderen ist damit nur eine weitere Konsequenz der Menschenfreundlichkeit, die Konstruktion der Feinde des Menschengeschlechts, die dem Humanismus als Gegenpol innewohnt.

Natürlich wissen wir, dass die Idee des Humanismus eine Lüge ist – noch kann nicht gesagt werden, was der Mensch ist, und das Beharren auf der Existenz und ihre Dramatisierung stellt nur die Spiegelseite einer Kultur des Todes dar. Wir wissen, dass die Frage der moralischen Lebensführung keine der Existenz, sondern der Ästhetik ist, nicht *dass* oder *ob* wir leben kann in Frage gestellt werden, sondern das *wie*. Nach welchen Maßstäben des Ästhetischen werden wir uns einem würdigen, freien Leben annähern, in welcher Form von Gesellschaftlichkeit? Die Prekarisierung der Existenz, deren Ökonomisierung, ist die Strategie des Systems, uns stets von unserem Potential zu entfremden, uns zurück zu halten. Der Tod ist in den Gesellschaften des Westens daher sowohl permanente Drohung des Systems als auch Tabu. Dabei wird die Tatsache des Todes der dramatische Endpunkt eines verhinderten Lebens. Gerade der Tod als Aufhebung des Kampfes, den das Leben darstellt, sollte dabei doch die Zuspitzung der Bedeutung eines ästhetischen Lebens sein, eine Explosion von Energie, die die materielle Grenze unserer Existenz übersteigt, in die Welt trägt und die Einswerdung von Kosmos und Bewusstsein vollzieht. In diesem Sinne sind wir tatsächlich in der Lage unsterblich zu werden und den Tod zu besiegen – als Sieg über die Todesangst. In diesem Sinne sind auch die Gefallenen unsterblich, denn die Bedeutung, die sie auf dem Weg der Bewusstwerdung, der Gesellschaftswerdung, erkämpft haben, ist die Energie, die uns trägt. Und ihr

Weg stellt die Geschichten dar, die uns Maßstäbe des Ästhetischen vermitteln können.

Ästhetik ist für mich immer an die Frage der Harmonie gebunden, eine Frage der Musik, die aus Vielheiten besteht, sich zueinander bewegend, bekennend, verändernd, erneuernd und auflebend, einer unsichtbaren Führung folgend. In diesem Sinne sind moralisches Leben, Musik, Liebe, Politik und Krieg letztendlich das Gleiche, folgen den gleichen Prinzipien. Veränderung, Ästhetisierung des Menschen, die Aufhebung dieses Zustandes – nicht dessen Bewahrung, sondern seine Überwindung. ›Was der Mensch ist‹ ist keine ontologisch zu beantwortende Frage, sondern eine historisch-gesellschaftliche und utopisch-quantomische[144]. Wir müssen uns von dem Bild freimachen, das der Humanismus uns in den Kopf gepflanzt hat: ›der Mensch‹ als singulärer Mann der Natur gegenüber. Wenn wir ein Bild bemühen wollen, das menschliches Leben darstellt, kann dies nur das Bild der Gemeinschaften sein, die sich ständig verändern, organisiert um die Frau herum und als Teil der Natur und deren Fortsetzung, eine Einheit und Ganzheitlichkeit. Davon gehen alle frühen Mythologien aus, die unserer Mythologie der Revolution einen Anknüpfungspunkt bieten.

Daher ist auch die Frage moralisch-politischer, revolutionärer Lebensführung zuallererst eine Frage epischer, legendärer Lebensführung. Die Geschichte, Geschichten der Revolution, entfalten sich nicht als dramatischer Spannungsbogen von Zwiespalt, Aufbruch, Schlacht, Niedergang und Katastrophe (dem klassischen Schema der fünf Akte[145]), sondern stellt eine unendliche Geschichte dar, eine fortlaufende Entfaltung von Kämpfen, Bündnissen, Überwindungen, Niederlagen und Neubeginn. Geschichten und Erfahrungen, an die immer noch ein ›und dann war da noch …‹ angefügt werden kann. Diese Geschichten erzählen von Aufbrüchen, Momenten der freien Entscheidung und Entschlossenheit (dem quantomischen Moment der Geschichte, in dem das Potenzial sich in einem winzigen Augenblick konzentriert und alles möglich ist), von Prozessen des Lernens, den Wegen der Gefallenen, von der Bewusstwerdung und der Suche nach Wahrheiten. Sich der Revolution anzuschließen beginnt daher mit dem Bekenntnis zu dieser ideellen Kultur, die sich auf eine mythologisch-philosophische Grundlage stellt, sich ausbreitet und alles mit Bedeutung füllen kann. Dies bedeutet nichts anderes, als in die Geschichte einzutreten und Teil zu werden, sich in all diesen Kämpfen wiederfindend, alle aufnehmend und fortführend.

---

144 Als Adjektiv zu Quantum, womit die unendlichen Möglichkeiten gemeint sind.

145 Opern und klassisches Theater bestehen aus fünf Akten: Exposition, steigende Handlung mit erregendem Moment, Höhepunkt und Peripetie, fallende Handlung mit retardierendem Moment, Katastrophe.

Ich glaube, es ist von großer Bedeutung, sich bewusst auf die Linie der Revolutionen von 68 zu beziehen, denn in diesen Aufbrüchen spiegelt sich ein erstes Aufflackern der ganzheitlichen Kämpfe, eine Dynamik, die die ganze Welt erfasste und deren einzelne Linien sich bis heute fortführen. 68 stellt, neben dem internationalen Geist globaler Befreiung, vor allem den Versuch dar, die Utopie, den Wunsch und die Suche von der Dogmatik der klassischen ML-Tradition[146] zu befreien und sucht zum ersten Mal bewusst außerhalb der Staatsmaschine; noch unklar, spontaneistisch, oft unbeholfen und in unzähligen Verirrungen und Einbahnstraßen steckenbleibend. Aber die Unzufriedenheit mit der Form, das Primat der Praxis gegen die alten Dämonen Pragmatismus und Idealismus, haben letztendlich dazu geführt, dass die 68er bis heute Aktualität haben – gegen alle Propaganda des Systems und den Legenden des ›Deutschen Herbstes‹ zum Trotz, die damit den Mythos der kommunistischen Gefahr endgültig beerdigen wollen.

Die zwei strahlungskräftigsten Kämpfe unserer Zeit (bis jetzt), Kurdistan und Chiapas, sind nicht umsonst aus dieser 50-jährigen Bewegung hervorgegangen und die Schwäche der progressiven Kräfte in Europa resultiert auch daher, dass wir noch keine aktuelle Verkörperung dieses Geistes gefunden haben, die die einzelnen Stränge wieder vereint und von ihren Verhärtungen und Dogmatiken, Konservatismen und Abgrenzungen erlösen konnten. Für mich bedeutet dieses Projekt, das ich inzwischen als demokratischen Sozialismus bezeichnen würde, die Erkämpfung freien Lebens, das diese zwei Linien zusammenführt: unsere Wünsche, Begehren, Utopie und das Verständnis des Moments – das Potential der historischen gesellschaftlichen Wirklichkeit. Je weiter wir auf der Suche und dem Weg des Verstehens vorangehen, desto klarer werden wir Formen und Aufhebungen für unsere Wünsche finden, und immer ein wenig mehr ganz und geheilt sein.

Ich habe mich in der letzten Zeit viel mit der Frage der Führung beschäftigt. Sie ist eine der grundlegendsten Fragen, die für uns lange nicht möglich war zu sehen, verstellt durch das Trauma des Faschismus und dessen Führungsprinzip – aggressiv-paranoische Fremdführung gegen das Andere, das nur noch als Feind wahrnehmbar ist. Für mich verbindet die Frage der Führung vieles, was ich lange Zeit nicht gut zusammendenken, nicht klar als zusammenhängend wahrnehmen konnte: die Frage nach dem richtigen Leben der Selbstführung (das heißt: Ziel, Lebensform und Selbsttechniken); die Frage revolutionärer Initiative (das heißt: kollektive Führung und vergemeinschaftete Suche, richtige Freundschaft, die etwas über sich hinaus schafft und ständig versucht, das gemeinsame Potential zu befreien); die Frage der sozialistischen Gesellschaft, der sozialistischen Art und Weise, wie die Gesellschaft sich selbst führen könnte, ohne die gemein-

146 ML steht für Marxismus-Leninismus.

same Verantwortung zu verlieren (das heißt: Degeneration zu Liberalität und Bandentum oder in Dogmen und Staatlichkeit zu erstarren); die Frage von Universalität, Kosmos und Wahrheit. Denn ich bin inzwischen sicher, dass auch der Kosmos, die Wirklichkeit, einem Führungsprinzip folgt, einem unsichtbaren unnennbaren Ziel zustrebt und sich entsprechend bestimmter Prinzipien und Gesetzesmäßigkeiten entfaltet. Vielleicht ist das die Bewusstwerdung der Natur im Menschen, Energiewerdung oder Aufhebung aller Widersprüche im unendlichen Werden, wie auch immer wir es bezeichnen wollen, ich glaube, dass uns die Meditation und Achtung vor diesen Ebenen, die alle zusammenhängen, einem ästhetischen, epischen und freien Leben näher bringen können. Dessen Zuspitzung wurde als *Fenahittah*, Nirvana[147], Erleuchtung beschrieben, der Weg, der sich diesem Ziel verschreibt als Derwischhane[148], Zen[149] oder eben Militanz.

Ich für meinen Teil sehe den Weg zu einer solchen Ganzwerdung und Heilung nur in Verbindung mit der gesellschaftlich-historischen Wirklichkeit als wirklich bedeutsam und zeitgemäß an. Natürlich ist die Entscheidung und Praktizierung asketisch-ideellen Lebens immer bedeutsam und respektabel, aber es gibt da diese andere Linie der Geschichte, die Geschichte von Herrschaft, Ausbeutung und Unterwerfung. In unserer Zeit erreicht der Kampf dieser zwei Lebensprinzipien vielleicht seinen Höhepunkt durch die Tatsache, dass es keinen Punkt mehr gibt, der außerhalb stünde, keine Natürlichkeit oder ungefährdeten Ruhepunkt. Unserer Seite, der Seite der Selbstführung (individuell, revolutionär – derwischhaft oder gesellschaftlich-kommunal, das heißt moralisch-politisch) steht die Seite der letzten Form der Herrschaft gegenüber, die Biomacht, die das gesellschaftliche Leben vollständig in den Verwertungskreislauf einbinden will und eine schreckliche Matrix entfremdeten Lebens erschafft, ein Spektakel, Lohnsklaverei, fröhliche Sklaven und den letzten Menschen, der sich nicht mehr verachten und überwinden kann.

Ich sehe unsere Aufgabe darin, den Boden für eine Bewegung zu bereiten, die einen Ausweg aus ihrer Welt erkämpft – eine Metropolenbewegung, die die Loslösung organisiert, so wie es die 68er als utopisches Projekt begonnen haben – und wunderbar gescheitert sind. Die Aufgabe der Maulwürfe ist es wie immer den Boden vorzubereiten, Tunnel, Schutzräume, Verbindungen zu graben und sich mittels ihrer Blindheit nie von der Oberflächlichkeit des Scheins beirren zu lassen. Unsere Bewegung muss eine Bewegung des Gewissens und

147 Nirvana bezeichnet ein Konzept des Buddhismus, welches bezeichnet aus dem Kreislauf des Leidens, des Daseins und der Wiedergeburt und damit des Lebens auszutreten und in den Zustand des Nirvana, des Erwachens, überzugehen. Fenahittah kommt vermutlich vom arabischen ءآنَف was der islamische Ausdruck für »Verschwinden des Selbst« ist.

148 Vermutlich in Anlehnung an Derwisch, einer religiösen islamischen Ordensgemeinschaft.

149 Eine Strömung des Buddhismus.

des Bewusstseins sein, sich langsam zu einer politischen Bewegung entwickelnd, vor allem aber eine neue Kultur lebend, die Leere und Verwüstung des Systems wieder mit Bedeutung füllen. Natürlich ist unsere Aufgabe dieser geduldige Aufbau, der sich an die Wirklichkeit dieses Dritten Weltkrieges heranarbeitet.

Vielleicht ist das unser Spannungsfeld, das wir aushalten müssen: Die Geduld des langsamen, ruhigen Aufbaus, vor allem des Selbstverständnisses, und auf der anderen Seite die strategische Perspektive, die im Chaos dieses Krieges eine Gegenwelt erkämpfen und verteidigen muss, und dementsprechend niemals die Verbundenheit aus dem Auge verlieren darf. Eine lächelnde Wachsamkeit, alles beobachtend, was vor sich geht, und doch nicht im geringsten beunruhigt darüber, was vor sich geht, immer im Bewusstsein über die notwendige Vermittlung, Anknüpfung, aber doch nie beunruhigt darüber, dass etwas verloren gehen könnte. Darin besteht die Schwierigkeit des Denkens, das wir brauchen, die Organisierung der Hoffnung, die einen unablässigen geistigen Kampf bedeutet, immer auf der Suche danach, unsere Verbindungen zu verstärken, auszuweiten, zu vertiefen und gegenseitig kritisierend überwindend, führend – eigene revolutionäre Führung gegen die Biomacht.

Die Aufgabe wird zukünftig darin bestehen, den Ausstieg aus dem System organisiert und massenhaft zu praktizieren. Im Moment fliehen Tausende individuell, weil sie die Führung des Systems, die Biomacht-Finanz-Kommandantur, nicht mehr akzeptieren oder ertragen können. Die erste Aufgabe ist das Erkämpfen von Vertrauen, das einen kollektiven Ausstieg möglich macht, einen Anschluss an den revolutionären Prozess – die Mobilisierung dieser großen Energie (die [im bestehenden System] keine Form, keine Richtung mehr hat, keinen Ausdruck findet), die das Potenzial hat, die Kommunen hervorzubringen und sie zu schützen. Wir haben in Experimenten mit dieser Energie einige Erfahrungen gesammelt und von jetzt an geht es darum, die Kommunen auszuweiten, zu vertiefen, Territorien zu gewinnen. Orientierung und Maßstäbe bieten dabei vor allem auch Schriften der kurdischen Bewegung, wie etwa durch die Dimensionen der Demokratischen Autonomie, die in der Broschüre ›Demokratische Nation[150]‹ aufgeschlüsselt werden. Vor allem müssen wir die Frage der Ökonomie der Kommune vertiefen, um die Abhängigkeit vom System nach und nach zurückdrängen zu können. Gleichzeitig dürfen wir nicht in die Gefahr des Ökonomismus verfallen und uns nur auf die Reorganisierung der Arbeit versteifen, denn die Dimensionen demokratischer Autonomie ergänzen sich und bestimmte Ebenen der Autonomie brauchen Zeit und eine gewisse Größenordnung.

150 Konzept im neuen Paradigma der Freiheitsbewegung Kurdistans. Es bezeichnet eine Nation mit demokratischen Grundwerten und formuliert als strategisches Ziel ein friedliches und demokratisches Zusammenleben der verschiedenen sozialen, ethnischen und religiösen gesellschaftlichen Gruppen.

Nun, ich hoffe ihr versteht die Grundbotschaft hinter dem Text und verzeiht die Wiederholungen, Unklarheiten und Unlesbarkeiten. Natürlich hatten wir vieles in unseren Diskussionen bereits vorweggenommen; der Grundunterschied besteht für mich oft nur darin, dass ich auf meinem Weg ein wenig mehr die Bedeutung all dieser Worte vertiefen konnte, mühsam, oft schmerzvoll, mit euch in Gedanken, und oft mit diesem Gefühl einer tiefen Selbstkritik, von der ich, ob ihrer Schwere, nicht weiß wie ich sie je erbringen kann – denn Selbstkritik muss vor allem zu einer Handlung werden, zum Bekenntnis, zur Reparatur – zum Tiqqun. Im Moment bin ich in einer Umgebung, die furchtbar gut zu dieser Vertiefung und Meditation zu passen scheint – dem Kunst und Kulturbereich. Denn genau das ist die Kunst, die ich mir vorgenommen habe zu vertiefen: bewusste Lebensführung, Wachsamkeit, richtige Initiative auf dem Weg der Ganzwerdung, Teil-Werdung. Denn Kunst, revolutionäre Ästhetik, die die Möglichkeit der Überwindung, Aufhebung vermittelt und die Erstarrung des Geistes lösen kann, muss aus dem Kollektiv, aus kommunaler Energie, entspringen, um nicht bloße Verzierung zu sein oder Selbstbestätigung.

In diesem Sinne hoffe ich, dass auch ihr euch in der Kunst übt, als einem Mittel, um auf dem Weg der Entindividualisierung voranzukommen. Vergesst nie, dass *Aşik* (der Liebende) und *Maşik* (der Geliebte) nie wirklich zueinander finden können, soll die Liebe fortbestehen. Deren Vereinigung bedeutet die Aufhebung und damit das Ende der Liebe. Kosmische, revolutionäre Liebe bedeutet mit diesem Zwiespalt zu leben, die Liebe ständig wachsen zu lassen und im Spiel der Distanzen Schönheit und Bewusstsein zu erkämpfen, auf dem Weg zu sich selbst zu kommen. Ich habe es eine Weile meiner Schize zugerechnet, dass die Zuneigung zu euch mit der Entfernung wächst, aber inzwischen weiß ich, dass es einem kosmischen Prinzip folgt – so wie die Erde der Sonne, der Unerreichbaren, zugeneigt ist – und deren Einswerdung das Ende unseres Spiels, und damit der Liebe, wäre, und der Mond ist der ewige Eifersüchtige.

Lasst mich euch zuletzt drei Aufgaben stellen: Erstens – falls ihr es noch nicht getan habt – lest die letzten Verteidigungsschriften Öcalans, vor allem den dritten Band *Soziologie der Freiheit* und das Kapitel der Aufgaben des Aufbaus. Zweitens besucht meinen Vater – falls ihr es nicht sowieso ab und zu tut –, auch er ist Teil unserer Kulturbewegung. Drittens wäre es mir eine große Hilfe, wenn ihr mir bei der Beschaffung einiger technischer Hilfsmittel behilflich sein könntet.

Haltet Verbindung zu allen, die mit uns aufgebrochen sind oder in unserer Nähe gehen. Grüßt alle Maulwürfe und sonstigen Fabeltiere, und passt auf, dass niemand verloren geht. Ich für meinen Teil befinde mich auf dem Rückweg, auch wenn ich noch nicht weiß, wie lange es dauert. Ich habe das Ziel, den Wunsch, die Wälder und den Regen unseres Ostens wiederzusehen, und kämpfe und arbeite darauf hin, dass sich diese Welten vielleicht noch ein wenig mehr verbinden. Ihr seid hier präsent, mitgedacht, niemals abgeschnitten, ebenso wie ich nicht wirklich fort bin. Ihr dürft niemals die Bedeutung der zwei Seiten des Mondes vergessen und den Weg, der unser gemeinsamer Weg ist und dessen Geschichte schon jetzt einen Vorgeschmack geben kann, von dem, was kommt. Was auch immer am Ende dabei herauskommt – es wird großartig sein.

Aus den Schluchten der freien Berge,
mit revolutionären Grüßen, Liebe und einer Umarmung
X.

PS: Grüßt alle Nomadisierenden, ich wollte gern noch mehr und ausführlicher, auch persönlich an mehr Freund_innen schreiben, aber wegen des Herbstregens schließen sich langsam die Wege. Ich versuche einige Gedanken aufzubereiten, die den Weg, der kreisförmig ist, zurückverbinden … und vergesst nicht vom Fuchs zu grüßen.

Invasion in Südkurdistan

Südkurdistan, die Gebiete auf dem irakischen Staatsgebiet, ist für die kurdische Gesellschaft allein schon unter historischen Gesichtspunkten sehr wichtig, da dort stets energisch um Selbstbestimmung gerungen wurde. Seit Jahrtausenden wird in dieser Region ein Kampf um die eigene Kultur, Tradition und Geschichte geführt, der erfolgreicher war als in anderen Teilen Kurdistans. Diese selbstbewusste Haltung ist dem türkischen Staat seit seiner Entstehung ein Dorn im Auge, stellt sie doch eine große Gefahr für seine Unterdrückungspolitik gegen die kurdische Bevölkerung auf türkischem Territorium dar. Zudem strebt eine türkisch-nationalistische Mentalität eigentlich auch die Integration Südkurdistans ins eigene Staatsgebiet an; dies war schließlich im Nationalpakt Misak-ı Millî aus den 1920er-Jahren festgeschrieben. Doch auch Regierungskräfte in Syrien und im Irak stellen sich den Bemühungen der südkurdischen Bevölkerung für Selbstverwaltung mit Härte entgegen.

Da das Staatskonstrukt im Mittleren Osten durch kurdische Autonomiebestrebungen bedroht wird, wurden über die Jahre mehrere Versuche gestartet, diese einzudämmen. Prinzipiell basierten diese stets auf dem Gedanken, einen Staat zu schaffen, der in Abhängigkeit der Nachbarstaaten steht. Gleichzeitig wurde eine Politik der Assimilation und des Nationalismus betrieben, die dazu beitragen sollte, einen Keil in die Bevölkerung zu treiben. So wurde 1991 die Autonomieregion Kurdistans im Irak gegründet und der Macht der Barzanî-Familie unterstellt. Diese Familie jedoch befand sich selbst in größter finanzieller Abhängigkeit zu den USA sowie allgemein den NATO-Staaten. Bis heute hat sich diese Beziehung nicht verändert. Zudem ist die Barzanî-Regierung geopolitsch und militärisch stark an den türkischen Staat gebunden. In den 90er-Jahren brach zwischen den kurdischen Parteien im Süden Kurdistans sogar der sogenannte ›Bruderkrieg‹ aus. Dabei kämpften teilweise Väter gegen ihre Söhne, Schwestern gegen ihre Brüder. Das dadurch hervorgerufene Trauma in der Gesellschaft ist enorm und wurde bis heute nur sehr bruchstückhaft verarbeitet.

Nach vielen Jahren, die von Seiten der Staatsmächte durch Spaltungsversuche geprägt waren, kam es zwischen 2013 und 2015 zu einer allmählichen Entwicklung hin zu einer aggressiveren Politik der Besatzung. Insbesondere die Zeit der Friedensgespräche zwischen dem türkischen Regime und Abdullah Öcalan wurde genutzt, um die Invasion in Südkurdistan vorzubereiten. Ihre Umsetzung begann schließlich ab 2017. In diesem Jahr verzeichnete die KDP in den Konflikten rund um das zwar gewonnene Unabhängigkeitsreferendum trotzdem eine politische Niederlage gegenüber anderen Hegemonialkräften in der Region, wodurch sie zusätzlich Teile ihres Herrschaftsbereichs verlor. Infolgedessen musste sie sich seitdem noch mehr dem Willen des türkischen Staates beugen. Immer mehr Agent_innen des türkischen Geheimdienstes MİT sind nach Südkurdistan gekommen, zunehmend wurden türkische Militärverbände nach Südkurdistan verlagert und Militärstützpunkte errichtet. Die militärische Zusammenarbeit zwischen KDP und türkischem Militär wurde immer offenkundiger. Da die Türkei selbst lange wenig gegen die symbolischen Gebiete der PKK bewirken konnte, boten sich dafür stattdessen die Pêşmerga – die militärischen Einheiten der Autonomieregion Kurdistans – unter Leitung der KDP, aber auch der PUK, an. Das für seine Nähe zur PKK bekannte Geflüchtetenlager Maxmûr wurde kurzerhand unter ein Embargo gestellt.

Das Qandîl-Gebirge, ein wichtiger Rückzugsort der PKK, wurde von KDP-Einheiten bei Zîne Wertê bedrängt. Militärstützpunkte wurden aufgebaut und im Nachhinein in Nachtaktionen dem türkischen Militär übergeben. Straßen, die angeblich im Rahmen des allgemeinen Ausbaus der Infrastruktur planiert wurden, waren kurze Zeit später in Militärstraßen für türkische Panzer umgewandelt worden, um nur einige wenige Beispiele zu nennen.

Zentraler Ausdruck des beschriebenen Wandels ist jedoch die souveräne Offenheit, mit der sich türkische Kräfte, sowohl militärische als auch geheimdienstliche, seit 2017 bewegen. Eine Unzahl an Menschen wurde anzuwerben versucht – teilweise aufgrund der herrschenden Armut erfolgreich – um für ein wenig Geld im Dienste der Invasionstruppen zu arbeiten. Die oftmals ausweglose Situation von Jugendlichen wird schamlos dazu ausgenutzt, vermeintlich harmlose Aufgaben zu erfüllen, die allerdings den Tod von Guerillakämpfer_innen und oft auch von Zivilist_innen zur Folge haben.

Zudem werden kontinuierlich Attentate auf politisch aktive Kurd_innen verübt. Seit September 2021 sind sieben Menschen bei gezielten Anschlägen ermordet worden: Ferhad Bariş Kondu wurde am 16. September 2021 in Silêmanî schwer verletzt; einen Tag später wurde Yasin Bulut (Şükrü Serhed), am 17. September 2021, Mitglied des Komitees der Familien der Gefallenen, ermordet. Zeki Çelebi wurde am 17. Mai 2022 vor seinem Restaurant in Silêmanî Opfer eines bewaffneten Angriffs und starb am Tag danach. Suheyl Xurşîd Ezîz, Autor und Historiker, Mitglied der Generalversammlung der Bewegung *Tevgera Azadî*, wurde am 28. August 2022 vor seinem Haus im südkurdischen Kifrî ermordet. Am 4. Oktober 2022 wurde außerdem Nagihan Akarsel, eine kurdische Akademikerin, langjähres Mitglied der Jineolojî, vor ihrer Wohnung in Silêmanî mit zahlreichen Schüssen angegriffen und erschossen, als sie auf dem Weg zur Frauenbibliothek war, welche sie gerade aufbaute. Hüseyin Türeli wurde am 18. April 2023 in einem Einkaufszentrum in Dihok ermordet. Am 10. Juni 2023 verstarb Hüseyin Arasan nach einem Anschlag auf ihn am Vortag vor dem Verein der Werktätigen aus Mesopotamien (KKM, *Komeleye Karkerên Mezopotamyayê*) in Silêmanî. Er war geflüchteter Aktivist aus Nordkurdistan und Mitglied des KKM, der von politisch Verfolgten aus Nordkurdistan gegründet wurde. Am 18. September 2023 wurde Deniz Cevdet Bülbün im Büro des KNK in Hewlêr (Erbil) erschossen. Der 36-Jährige war der Repräsentant des KNK und arbeitete zur kurdischen Sprache und Geschichte und setzte sich gleichzeitig für eine kurdische Einheit ein.

Dass hinter den tödlichen Anschlägen der türkische Geheimdienst und seine Kollaborateure in Südkurdistan stehen, wird im Umfeld der Ermordeten nicht angezweifelt.

Tagebuch

12. Oktober 2018, Freie Berge Kurdistans

Bis zum frühen Nachmittag haben wir mit Bauarbeiten verbracht, um unseren Ort für den Winter bereitzumachen. Unser Ort ist eine Höhle, tief unter den letzten Bergketten im Höllen-Gebiet, in der Nähe der Bergkette, wo das Paradies beginnt. Die Namen sollen den beiden Gebieten angeblich von Alexander dem Großen gegeben worden sein, als er und seine Armeen vor gut 2.300 Jahren Mesopotamien zu durchqueren versuchten. Zu seiner Linken fand er die fruchtbaren, bewaldeten Hänge der Bergketten, die ihn zum Vergleich mit dem Paradies brachten – eine reiche, natürliche Region, gemäßigt warm, voller Obstbäume, Tierherden, Quellen und Wasserläufen. Hölle, südlich vom Paradies gelegen, verdiente seinen Namen aus zwei Gründen: Einerseits wegen der relativen Armut an Bäumen, einer Mischung aus spärlicheren Quellen und Hochsümpfen, harschem Klima, da auf Grund der Höhenlage entweder erschlagende Hitze oder zermürbende Kälte herrscht. Andererseits wurden die Gebirge der Zagroskette für die Armeen Alexanders zum Albtraum – schwierige Versorgung der Truppen und ständige Angriffe der Bergbewohner mit Taktiken, denen keine konventionelle Armee gewachsen ist: Hinterhalte, Schleichangriffe aus dem Nebel, aus dem Nichts –, nicht umsonst tauchen in mythologischen Beschreibungen der Berge Kurdistans aus Sicht der Besatzer Bilder von Geistern und Djinns auf, um die Kinder der Berge und des Feuers zu beschreiben. In diesen Bergketten befindet sich auch unser Ort; unsichtbar für die, die ihn nicht finden sollen, Schutz durch Dickicht, Schatten der Täler und meterdicke Gesteinsschichten, die nicht nur gegen Regen und die Augen des Feindes schützen, sondern selbst für die Raketen und Fliegerbomben undurchdringlich sind. In diesen Tagen ist unsere Höhle noch eine Baustelle, und dieser Zustand wird noch etwa einen Monat anhalten, bis alle Wintervorbereitungen abgeschlossen sind.

Zweiter Brief an die Familie

12. Oktober 2018, Freie Berge Kurdistans

Ihr Lieben,

wie ein Fluss verrinnt die Zeit und aus den verregneten Schluchten des Südostens schicke ich euch einige Zeilen aus dem Herbst. Die Zeit vergeht hier sehr kurzweilig in den Bergen Mesopotamiens und es kommt mir nicht wirklich wie ein halbes Jahr vor, seit ich aus den Frühlingsstürmen zuletzt Nachricht an euch schickte. Es geht mir gut und in all der Bewegung, die hier in dem Chaos und Gewirr unserer Zeit vor sich geht, gibt es doch viele Entwicklungen, Fortschritte und einen sich abzeichnenden Strom von Energie, Klar- und Bewusstwerdung, der Wege und Lösungen aus dem Chaos sichtbar werden lässt. Denn in all den Turbulenzen, die im Politischen, zwischen Staaten und in den Gesellschaften vorherrschen, lässt sich unter der Oberfläche erkennen, dass die Krise unserer Zeit, die eine Krise des gesellschaftlichen Lebens insgesamt ist, nicht nur einen Teilbereich, sondern die Frage nach dem richtigen Leben selbst ins Zentrum stellt. Im letzten Brief hatte ich versucht, euch ein wenig von meinem Weg, die richtige Frage zu finden, zu erzählen. Ich weiß nicht, ob euch mein Brief erreicht hatte, ich hatte vorsichtshalber zwei Wege gewählt und Briefe ähnlichen Inhalts auf den Weg gebracht. Mich hat seitdem nichts aus der Außenwelt erreicht, daher gehe ich davon aus, dass alles seinen rechten Gang geht, ihr wohlauf und beisammen seid.

Ich will euch in einigen wenigen Zeilen von den Entwicklungen berichten und sie schnell auf den Weg bringen, bevor Regen, Schlamm und/oder Schnee uns vorerst wieder vom Rest der Welt trennt und in die Ruhe der Abgeschiedenheit hüllt. Unser Ort befindet sich ein wenig ab vom Schuss, salopp gesagt, in einem ruhigen Teil der Schluchten der Zagros-Gebirgskette. Unsere Umgebung ist furchtbar schön, natürlich, voller Bäume, uriger Felsen, Eichhörnchen und Zugehörigem. Hier werde ich den Winter verbringen und im Moment gibt es noch eine Menge an Wintervorbereitungen zu erledigen, bevor die Zeit der Vertiefung, des Studiums, der Meditation und anderer kultureller Arbeiten beginnt.

Den Sommer über habe ich auf einer Hochebene verbracht, die die Täler überblickt und uns als Ort unserer kleinen Schule diente. Über die genauen Abläufe und Funktionsweise unserer improvisierten Universitäten kann ich bei Gelegenheit ausführlicher berichten, auf anderen Wegen, denn es ist in der Tat schwierig, ein präzises Bild zu vermitteln. Viele Freundinnen und Freunde kamen uns immer wieder besuchen, haben Seminare gegeben. Wir lasen gemeinsam Bücher, diskutierten und analysierten eine Vielzahl von Themen: das Neolithikum, die Geschichte der Zivilisation, Philosophie, Psychologie, Kultur. Ich lernte passabel türkisch lesen und wir zeichneten Karten und Entwürfe über Wege aus der Krise, über andere Arten zu leben, zu arbeiten, uns zu organisieren und was wir tun können, um einer anderen, freieren Gesellschaft den Boden zu bereiten. Viel wurde auch die aktuelle Lage diskutiert, die Kriegsverläufe, die die Kontinente verbinden und die unsere einsame Hochebene auf seltsam scharfe Art mit dem Rest der Welt verband. Darin liegt wohl eine der seltsamen Besonderheiten dieser unserer Revolution, dass trotz aller Entfernungen und Distanzen alles intensiv wahrnehmbar und bewusst ist, miteinander verbunden. Und so kommt es, dass es hier kein Widerspruch ist, sich in Reflexion und Meditation zu begeben, um eine Form derwischhaften Lebens zu gestalten, eine asketisch-tiefbewusste Lebensführung zu erlernen und mit dem Sturm der politischen Ereignisse und dem Lauf der Weltgeschichte Schritt zu halten. Denn letztlich stellt dies eine der Erfahrungen aller gescheiterten Revolutionen und freiheitssuchender Versuche dar: dass eine andere Welt nur durch eine andere Art zu Leben erschaffen werden kann. Freies, bedeutungsvolles Leben ist dabei vor allem eine Frage des Bewusstseins und die Frage einer anderen Gesellschaft kann nur von der Verantwortung und dem Gewissen ausgehen – die zwei Momente deren Umsetzung in aller Konsequenz in unseren Gesellschaften des Westens in unserer Zeit so große Schwierigkeiten bereitet.

Nachdem die Schule vor gut sechs Wochen vorbei war, bin ich in einen Bereich der Bewegung gekommen, der sich verstärkt mit den Kulturarbeiten beschäftigt. Ich glaube, dass hier ein guter Ort ist, um ein tieferes Verständnis davon aufzubauen, wie eine wirklich nachhaltige gesellschaftliche Veränderung zu erreichen ist, auf wie tiefe Weise wir Gesellschaftlichkeit verstehen müssen. Denn natürlich ist die Krise unserer Zeit vor allem eine Krise der Kultur. An diesem Punkt blieben die klassischen Revolutionen des 20. Jahrhunderts oft stehen, denn obwohl sie versuchten eine eigene Form von Kunst und Ästhetik auszuprägen, scheiterten sie doch daran, eine wirkliche sozialistische Kultur zu erschaffen. Die Lebensform und Form der gesellschaftlichen Erfahrung, der kommunalen Räume, unterschied sich oft nicht wirklich von denen vor der Revolution. Im Grunde sorgte die Form des Staates oft dafür, dass die alten Lebensformen zwar mit anderen Begriffen ideologisiert wurden, aber im Kern den gleichen Regeln, Gesetzen und Routinen folgten – allen voran die Arbeit, die immer noch industriell, ökonomistisch, leistungsorientiert war; die Kommunalisierung der gesellschaftlichen Basis lief, wenn überhaupt, sehr begrenzt ab und die Ideen einer einheitlichen Nationalstaatlichkeit und der Notwendigkeit des Militärs lösten die Gesellschaften nicht aus der Erstarrung, sorgten nicht für eine neue Kultur des Austauschs, der Willensbildung, Innovation und selbstbestimmter Selbstverteidigung.

Die Erfahrungen der kurdischen Revolution sind sehr lehrreich, denn vor allem gründet sich die Bewegung auf eine kommunale Form des Lebens, die sich grundlegend von der Einheitlichkeit eines sozialistischen Staates unterscheidet. Die kurdische Gesellschaft war immer konföderal, folgte einer Mischung aus Klan- und Stammestradition, regionaler Autonomie, Räten; es gab keine Familie, die nicht Teil einer Kommune, einer symbiotischen Verbindung von Gemeinschaften war. Natürlich haben verschiedene historische Linien der Veränderung dazu geführt, dass die kurdische Gesellschaft sich von ihrem kommunal-konföderal-matrizentrischen Erbe entfernt hat; vor allem der Islam und im letzten Jahrhundert die kulturelle Genozidpolitik der türkischen Republik haben das kulturelle Bewusstsein geschwächt. Entsprechend grundlegend wichtig ist es, dass das kulturelle Erbe erneuert wird; vielleicht ist es durchaus nicht übertrieben zu behaupten, dass der Kampf der kurdischen Bewegung der letzten 45 Jahre vor allem eine Kulturrevolution war, die das Bewusstsein dieser alten Gesellschaft wiedererweckt und in eine neue politische Form überführt hat. Nicht umsonst diskutieren wir den Rahmen dieser Revolution im Hinblick auf die Errungenschaften der neolithischen Revolution vor 12.000 Jahren. In der Region des goldenen Dreiecks von Mesopotamien entstand die Kultur der Muttergöttin und die letzten 6.000 Jahre Patriarchat und 4.300 Jahre der Geschichte des Staates stellen den eigentlichen Angriff auf die Gesellschaft dar. Daher ist die Revolution der Frau in Kurdistan eines der Kernprojekte dieses Sozialismus, der eine politische und moralische Gesellschaft in kommunalistisch-demokratischer konföderaler Form, ohne Staat, aufbauen will. Die Gestaltung einer demokratischen Kultur bildet eine der tragenden Linien, und neben der philosophisch-soziologischen Beschäftigung mit dem Thema Kulturwerdung sind bei uns ziemlich alle praktischen Bereiche der Kulturschaffung vertreten; Musik, Theater, Literatur, Film und gestaltende Kunst sind an anderen Orten. Meine Arbeit wird vor allem die Musik sein, sowie die Medienarbeit und -verarbeitung; das heißt für diesen Winter vor allem eine Menge notwendiges technisches Wissen zu erlernen.

Neben dem konkreten Arbeiten gibt es einiges an organisatorischen Arbeiten in unserer Kommune, so dass im ständigen Gewusel starke Selbsttechniken, Klarheit und Selbstdisziplin gefragt sind. Nun, all das ist schwierig zu beschreiben, vor allem in dieser Form. Die vergangenen Abschnitte meines Weges auf dieser Morgenlandfahrt waren vor allem von einem ständigen Strom des Lernens geprägt, in gewisser Weise habe ich bewusst die Verwertung all dieser Erfahrungen auf einen späteren Zeitpunkt verschoben, wissend, dass der

Orm[151], die schriftstellerische Energie, sich von selbst in Bewegung setzt und dass der Prozess des Schreibens zwar disziplinierte ständige Praxis braucht, aber gerade als ergebnisschaffender Prozess nicht erzwungen werden kann. Inzwischen fühle ich, dass es an der Zeit ist, die Verschriftlichung einiger Gedanken zu beginnen, die nach Ausdruck und Form verlangen. Das ist ein Teil meiner Winterarbeit, die ich mir vorgenommen habe. Denn inzwischen glaube ich einiges klarer verbunden zu sehen – dass die Geschichten, die Erzählungen, Bewusstwerdungen und die Revolution letztlich eins sind. Bedeutungsvolles Leben mit und durch die Geschichte, das Bekenntnis zu diesem Erbe der Kämpfe um Befreiung, Verständnis und gesellschaftliches Leben und mystisches legendäres Leben sind letztlich eins. Wir sind diese historischen Subjekte, in der Lage andere, ästhetischere Welten zu erschaffen, und die Verwirklichung dieser Utopien sind der revolutionäre Prozess und der Kampf zur Überwindung ihrer schlechten Ordnung, die uns mit der Lüge vom Ende der Geschichte täuschen wollte. Mein bisheriger Weg stellte vielleicht vor allem auch den Versuch dar, die Kraft der Imagination, des Wunsches, wieder mit der Wirklichkeit in Verbindung zu bringen. Seit meinem Studienabbruch und Aufbruch 2011 läuft dieser Prozess der Realisierung, der Klarwerdung, der sich mit meinen kulturellen Prägungen vor allem aus den frühen Jahren meiner Jugemd und Kindheit wieder verbindet: Epik, Musik, Natur. Das sind meine drei Königswege der Ästhetik und Maßstäbe revolutionären Lebens.

Gestern hat der Herbstregen begonnen. Das macht nichts, denn unser Ort ist vollkommen wetterresistent, eine luftige Höhle, geräumig, gut belüftet, ausgestattet. Auch das ist ein Teil der Lebenswirklichkeit hier, die nur schwer begreiflich ist. Aber das macht nichts; was zählt ist vor allem die Wirklichkeit der Verbundenheit immer weiter zu tragen, zu vertiefen und zu verstehen. Ihr seid hier sehr anwesend, Teil dieser Geschichte, dieses Weges. Für mich ist diese Erfahrung hier Teil eines Rückwegs, denn ich weiß, dass mein Weg vor allem der Versuch ist, eine Lösung zu finden; nicht eine Entfernung, sondern Verstehen, Zurückführen, Aufhebung und angemessene Antwort auf die Krise unserer Zeit. Und natürlich ist das auch euch, uns als Familie, zu verdanken, denn was ich hier und auf meinem Weg oft gefunden habe, ist die Bestätigung von Werten und Prinzipien, die bei uns immer selbstverständlich waren: Teil einer demokratischen Kultur sein, Vertrauen und Gewissen, Gerechtigkeitssinn. Unser Kampf hier stellt gewissermaßen den Versuch dar, diese Kultur weiterzuführen und die Kunst richtiger Lebensführung zu entwickeln. Ich bin sicher, dass diese Fragen auch zunehmend für die Kleinsten (das heißt die eigentlich Größten, da sie die

151 Die Fähigkeit, vollkommene Literatur zu verfassen. Begriff aus *Die Stadt der träumenden Bücher* von Walter Moers.

freieste Energie und das größte Potential verkörpern), relevant werden – ich bereite mich darauf vor, einige schwierige Fragen mit ihnen zu lösen.

Ich wünschte, es wäre ein bisschen näher bei euch; aber vielleicht ist es auch nicht nur von Nachteil, einen verrückten Onkel im Morgenland zu haben.

Ihr müsst furchtbar gut aufeinander aufpassen, alles dokumentieren, was vor sich geht; und dürft niemals vergessen, dass alles verbunden ist, nichts und niemand verloren geht; dass der Neuanfang nah ist. Das Wichtigste ist die Kraft der Bedeutung, Bedeutungsgebung, denn es hat einen Sinn und Nutzen, das alles so passiert und nicht anders. Wenn wir uns diese Bedeutung aneignen können wir uns vom Geist der Schwere befreien. Vielleicht bin ich eine Weile etwas weiter und länger von euch entfernt, aber darin liegt auch das Potential einer neuen Verbundenheit – ihr könnt alle alten Verbindungen auch als die eurigen betrachten, auch ihr seid Teil dieser Revolution geworden. Ich hoffe ihr seid in guter Verbindung und Austausch mit anderen Kurdistan-RevolutionärInnen. Sie sind immer in irgendeiner Weise verbunden und ansprechbar, ebenso wie andere; ich bin sicher, ihr findet Wege. Denn eine jede Revolution fängt auf diese Weise an – mit einer neuen Art in Verbindung zu treten, mit einer Gemeinschaft, die auf Vertrauen gebaut ist, sich ausbreitenden Netzwerken, Perspektiven, die ausgetauscht werden. So auch die Revolution, die kommt, die große europäische, die auf uns zu kommt, die mit der Renaissance Mesopotamiens verbunden ist und eine neue Kultur erschaffen kann. All das wird großartig, wenn wir uns darauf einlassen und auf unsere Kraft der Fantasie vertrauen.

Umarmt und grüßt alle, passt auf euch auf und seid wachsam. Auch wenn mal nicht klar sein sollte, wie dieser Weg verläuft, auf den ich mich begeben habe, verworren und dem Lauf der Geschichte folgend, ist doch klar, dass der Weg zu euch und mit euch fester Bestandteil aller Schritte und Zielvorstellungen ist. Jeder Weg ist ein Kreis, der zum Ursprung strebt.
M., aus dem Regen der freien Berge

Çand û Hûner - Kunst und Kultur

Die kurdische Kultur ist in allen Teilen Kurdistans einer Verleugnungs- und Vernichtungspolitik ausgesetzt. Menschen, die Kurdisch singen oder sprechen, werden verhaftet oder auf offener Straße angegriffen und ermordet, kurdische Namen werden von Ortsschildern und Anzeigetafeln entfernt. Die Buchstaben w, x und q, die im türkischen Alphabet nicht vorkommen, werden aus Namen gestrichen und ersetzt. Aufgrund dieser Politik laufen alte kurdische Dialekte, aber auch allgemein die kurdische Sprache, Gefahr ›auszusterben‹. Nur ein geringfügiger Teil der Bevölkerung kann Kurdisch lesen und schreiben. In Verkehrsampeln in der Türkei wurde aufgrund der ›kurdischen‹ Farbkombination Rot/Gelb/Grün das Grün durch Blau ausgewechselt, Menschen werden aufgrund von Tüchern in diesen Farben verhaftet oder angegriffen. Millionen Schüler_innen wird in der Schule erklärt, dass es ihre Heimat gar nicht gäbe und sie die Sprache von Terrorist_innen sprechen würden. Millionen Kinder bekommen ihre Sprache von den Eltern nicht gelehrt, um sie dadurch nicht in Gefahr zu bringen. An Orten, an denen das Sprechen der kurdischen Sprache zwar erlaubt ist, wie im Iran, bleiben dafür die politische Meinungsäußerung und das freie Denken versagt. In der Diaspora wird sich der Kultur und Sprache vor Ort angepasst und die meisten Lehrer_innen in den Schulen erzählen den Kindern ebenso, dass es Kurdistan nicht gäbe und sie sich zwischen »Ich bin Türk_in, Perser_in oder Araber_in« entscheiden müssten. Kultur ist also ein tiefgreifendes und weitreichendes unsichtbares Schlachtfeld der Gesellschaft, das die Bevölkerung über Generationen formt und verändert.

Mit der kurdischen Freiheitsbewegung sind kurdische Lieder, die Tänze und auch Trachten wieder sichtbar geworden, denn um das Recht auf die eigene Kultur wurde aktiv gekämpft. Es entwickelten sich ein kurdischsprachiger Journalismus, Zeitungen und Fernsehen. Lieder, die über den Widerstand der Guerilla, über Volksaufstände oder erlebte Massaker berichten, sind heute in aller Ohren. Einige stammen von der Guerilla-Band *Awazê Çiya – Die Melodie der Berge*, mit der Bager in den Monaten nach der Akademie gemeinsam musizierte.

Letzte Tagebucheinträge

Oktober bis Dezember 2018, Freie Berge Kurdistans

16/10/2018

Es ist von ungemeiner Wichtigkeit, sich niemals von der Quelle zu trennen oder zu entfernen – das Bewusstsein über den Fluss und seinen Ursprung ist das Geheimnis der Bedeutungsgebung jeden Weges. Denn der Weg selbst, und jeder Schritt auf ihm, muss in seiner Ganzheit und Verbundenheit verstanden werden. Es ist nicht einfach, einen Weg konsequent zu gehen, und ich bin oft an die Grenzen meiner Kraft gestoßen, beim Versuch, dem Weg gerecht zu werden. Das bezieht sich nicht nur auf die Distanz, die mein Weg bisher zurückgelegt hat, sondern vor allem auf die Tiefe von dessen Bedeutung, die immer wieder lebendig gehalten und ins Bewusstsein geholt werden will. Denn die Frage der Distanz ist zweitrangig; der Kern des Weges, der wahren Suche, des Versuchs des Verstehens, ist nicht an eine bestimmte Form gebunden. Die Gestalt dieses Weges und die Stufen, die er zurücklegt, ergeben sich aus der Kraft des Verstehens der Suchenden. Fast könnten wir sagen: Wer besonders weit geht und sich tief in die Gefahr und Distanz begibt, braucht diese Erfahrung auf seinem Weg der Reifung. Meine Morgenlandfahrt hat nicht zuletzt deshalb diese lange, krumme Bahn genommen und die Schwierigkeiten der Lösung meines Erbes waren zahlreich.

Je größer die Gefangenschaft, desto größer und stärker muss die Kunst ausgeprägt werden, sich ihr zu entziehen. Meine Gefangenschaft des Geistes verläuft in der tiefen Widersprüchlichkeit zwischen der Unmöglichkeit zu leben und der Suche nach Wahrheit. Denn mein Leben war lange Zeit von der tiefen Entfremdung bestimmt, getrennt von so gut wie jeder Wahrheit. Meine Morgenlandfahrt entspringt der Suche nach einem bedeutungsvollen Leben, einem epischen Leben, nach der Möglichkeit Geschichte leben zu können, Geschichten zu erleben, legendär, mythisch. Meine Welt war immer die Welt der Legenden, der Heldensagen, des Kampfes. Seit meiner Kindheit entzog ich mich der Enge und dem Zwiespalt unserer Lebenssituation, indem ich in Geschichten Zuflucht suchte. Ich erinnere mich, dass ich lange Zeit meine Geschichte mir selber erzählte, im Geiste alles in Geschichte übersetzte, jede Handlung, die ich vollzog, jedes Erlebnis. Die Zeit im Garten, die imaginären Schlachten, die ich dort im Schatten der Büsche und Bäume mit mir selber austrug, und in denen ich gegen den Stillstand und die Angespanntheit eine Welt der Fantasie stellte. Vermutlich spürte ich die Schwierigkeit der Situation meiner Eltern, die versuchten uns eine Sicherheit aufzubauen, und selber dazu genötigt waren, eine Lebenswelt gegen die Invasion eines feindlichen Systems aufzubauen, Bedeutung gegen die Ungewissheit zu behaupten und mutig neue Träume zu entwickeln, trotz alledem.

Im Grunde beginnt meine Morgenlandfahrt bereits in diesen Tagen, vor meiner Einschulung. Denn die legendäre Welt, die in unserer Kultur Geschichte fühlbar hätte machen können, war der kalten Realität des Sachzwangs und des neuen Verwaltungsimperiums gewichen. Der Kampf der Geschichte war aus Europa ausgelagert und wird gezwungen sein, die Mauern des Imperiums, dass auf Neutralität und Zentralität (wenn nicht als Institution, so doch als Grundprinzip) gegründet ist, von außen zu überwinden und die Wahrheit des laufenden Krieges wieder in die Metropolen zu führen. Meine Fantasie bedeutete immer die Behauptung dieser Welt, das Beharren darauf, dass der Kampf um die Welt nicht vorüber ist. Ich erinnere mich an das innere Erwachen, das mich erfasste, wenn ich Nachrichten von Katastrophen, Kriegen und wirklichen Ereignissen im Fernsehen sah. Und gleichzeitig an das Unbehagen gegenüber der Kälte, die diesen Nachrichten begleitete, die Disharmonie der Nichtbezogenheit, die Abwesenheit des Sprechenden.

Innerlich habe ich Objektivität immer gehasst und ich erinnere mich an die Verwirrung, die mich angesichts des schulischen Geschichtsverständnisses erfasste: Kalte Objektivität, der verboten ist, sich wirklich in den Lauf der Geschichte einzufühlen, sich der Gefahr zu vergegenwärtigen und Stellung zu beziehen. Ich verfolgte lange den Versuch, in der Geschichte den Lauf dieses Kampfes um Veränderung zu finden; und mein Weg nach Lateinamerika stellte den zum Scheitern verurteilten Versuch dar, die Spur des revolutionären Erbes des 20. Jahrhunderts aufzunehmen. Wohin ich auch kam: Die Moderne und der ihr innewohnende Hang der Geschichtslosigkeit waren mir immer einen Schritt voraus; überall die gleiche Abwesenheit, das gleiche Vergessen. Der Versuch meiner Suche war bis zur Flucht aus Berlin immer ein Probieren, ein Ausbruch unter Vorbehalt, kleine Vorstöße, die versuchten, Ereignisse aufzuspüren.

Sicherlich ist die klassische Linke tief von der romantischen Sehnsucht nach der Schlacht, der Nachstellung des Krieges geprägt; eine Kriegs-Melancholie in gewissem Sinne. Die Zeremonien ihrer sektiererischen Gemeinschaften stellen immer entweder die niedrigschwellige Schlachtordnung (Demonstrationen) oder die Beschwörung der gerechten Gemeinschaft der Ausgestoßenen (Subkultur) dar. Daher ist die Linke immer im Spannungsbogen der Dramatik gefangen, ihre Schauspiele kommen nie über ihre fünf Akte hinaus: die Empörung, die Geste des Widerspruchs, die Konfrontation mit dem Feind, der erwachende Widerspruch im Inneren, der Zerfall oder die Katastrophe. Die klassisch-moderne Linke ist unfähig zu einer wirklichen Mythologie des Widerstands, unfähig einen epischen Feldzug gegen das falsche Leben zu beginnen, geschweige denn zu gewinnen. Was ihr fehlt ist die radikale Linie, die das nackte Leben zu einer heiligen Militanz führen kann.

Ich glaube, diese Suche nach dem radikal Guten, nach der Lebbarkeit moralischen Handelns, war mein Ausgangspunkt, die Quelle meiner Morgenlandfahrt. Das Gute leben zu lassen, die Recht schaffende Kraft, war immer Gegenstand meiner Fantasie, die viele Formen bei dem Versuch durchlaufen hat, sich selbst auszudrücken; von Geschichtsbüchern über Kriegsspiele, Selbstverteidigung, politische Theorie bis zu Psychologie und Moralphilosophie. Aber all das reichte nicht, führte nicht zur Lebbarkeit von Wahrheiten. Das Gute entsteht erst, wenn das Selbst sich in Geschichte auflöst, als Teil des Flusses kämpfender Gemeinschaftlichkeit, als Teil der Bewegung, die den Zustand aufhebt. Daran gemessen geht gerade in diesen Tagen der Atemnot, der Erschöpfung und des Kampfes um Gleichgewicht und Harmonie dieser geheime Übergang vor sich, an dessen Beginn ich lange stand, ohne wirklich den entscheidenden Schritt tun zu können: Teil zu werden, Teil des großen Liedes revolutionären Lebens, von dem keiner genau weiß, wie es aussieht, und das sich immer entzieht, wenn es zur Sprache kommen soll. Das Gute ist nicht das Bewahrende, sondern das Schaffende, die Polarisierung der eigenen Anwesenheit, die immer die Situation sprengt, weil sie noch mehr will. Diese Lektion geht in diesen Tagen des inneren Kampfes innerhalb meines Empfindens vor sich. Diese Form der Anwesenheit bedeutet immer voll, als Geschichte, teilzunehmen, den eigenen Weg bis in die Situation zu führen und dort aufzulösen, zu einer geteilten Melodie.

Internationalismus und die Frage der revolutionären Führung

Bager machte sich viele Gedanken und forschte unnachgiebig über die Geschichte und die Zustände der Welt. Ständig schrieb er und führte durchgängig Tagebuch. Diese Tagebücher tippte er über die Jahre manchmal selbst sauber am Computer ab und teilte sie mit seinen Freund_innen. Er las nach einem Lektüreplan, in dem er seine Studien nach Themen wie ›Philosophie‹, ›Geschichte‹, ›Sprachen‹ oder ›Romane‹ einteilte, und oftmals las er mehrere Bücher parallel. In den Monaten nach seiner Bildung in der Mazlum-Doğan-Akademie vertiefte sich Bager in die Thematik der deutsch-kurdischen und deutsch-türkischen Beziehungen sowie der Spezialkriegsführung der Türkei, ihrer Kolonialisierungspolitik und der Tradition des Şark-Islahat-Plans aus den 1920er-Jahren, derdie komplette Assimilierung der Bevölkerung in eine türkische Nationalidentität zum Ziel hatte. Andauernd waren seine Gedanken mit der Rolle der Internationalist_innen in der zeitgenössischen Revolution im Mittleren Osten beschäftigt. Die eigene

Geschichte zu kennen, sich selbst besser kennenzulernen und das eigene Handeln richtig einzuordnen und zu reflektieren, sind wichtige Teile davon.

Er schrieb in den Bergen einen Text mit dem Titel *Internationalismus und die Frage der revolutionären Führung*. Es handelt sich um eine historische und philosophische Auseinandersetzung mit der Frage der Führung in revolutionären Prozessen, die sich viele Menschen im Bezug auf die Freiheitsbewegung Kurdistans intensiv stellen. Die dreißig Seiten umfassende Abhandlung ist auch die erste ihrer Art, die auf türkisch übersetzt in der PKK-Zeitschrift *Serxwebûn* veröffentlich wurde. Auf Deutsch, Englisch, Kurdisch und Spanisch wurde das Dokument im Dezember 2018 auf der Homepage der Internationalistischen Kommune von Rojava veröffentlicht. Bager hatte sich viele Notizen zu Themen, die er weiter ausarbeiten wollte, gemacht: Anatomie des Dritten Weltkriegs, deutsche Hegemonialpolitik, Männlichkeit und Patriarchat, ›Vom Widerstand des Gewissens zu einem Antifaschismus des Geistes‹ und ›3 Wege – Nationalstaat, Islam, Konföderalismus‹.

12/12/2018

Die zwei Seiten des Erkennens und das Ende der Philosophie (– als Philosophie)

Sicherlich gibt es eine Reihe von Gründen, davon auszugehen, dass wir in einer seltsamen Zeit des Umbruchs leben. Das schließt die großen Kriege, den schleichenden Verfall aller bisherigen Strukturen der Macht und Herrschaft und das entscheidende Vakuum mit ein, in dem sich die Gesellschaft befindet – von der Kraft zur Selbstführung entfernt, entfremdet, und doch in Besitz des steigenden Bewusstseins, dass der bisherige Zustand gleichbedeutend mit der sich verselbstständigenden Krise ist, die immer mehr zum Normalzustand wird; dass nichts so bleiben kann wie es ist und doch nicht klar ist, was an dessen Stelle treten könnte. Das bedeutet, nicht nur die Wirtschaft, die Art und Weise wie wir arbeiten (oder besser die Art, in der immer weniger Menschen das fragwürdige Privileg haben, eine Lohnarbeit zu finden und ihrer Tätigkeit eine systemkonforme Bedeutung beizumessen) und wie wir uns organisieren sind fragwürdig geworden – vor allem ist die große Krise unserer Zeit die Krise des Denkens, des Bewusstseins. Das Denken, das wir gelernt haben, versetzt uns nicht mehr in die Position, wirklich das zu tun, wozu uns unser Denken eigentlich befähigen sollte: einen Umgang mit der Situation zu finden, uns zu hinterfragen, Antworten auf Probleme zu finden, uns unserer Rolle in der Welt, der Gesellschaft, der Geschichte bewusst zu werden.

Die Krise unseres Bewusstseins beginnt mit der ungeheuren Einengung unseres Horizonts, mit dem, wofür wir Bedeutung aufbringen können und es zu uns ins Verhältnis setzen können.

Herausgeber_innenkollektiv

Epilog

Anhand seiner Tagebücher und Schriften haben wir an den Gedanken und Reflexionen unseres Freundes, des jungen Antifaschisten und Internationalisten Michael Panser–Xelîl Viyan–Bager Nûjiyan teilhaben können. Er entschied sich Teil der Guerilla in den Bergen Kurdistans zu werden und vertiefte dort seine Überlegungen, Analysen und den Kampf für bzw. die Suche nach einem freien Leben. Über die letzten Monate seines Lebens und unseren schmerzhaften Verlust durch seinen Tod werden uns Freund_innen und Gefährt_innen erzählen, die diese Zeit mit ihm verbracht haben.

Es sind Erzählungen, Erinnerungen und Überlegungen von Guerillas aus den freien Bergen Kurdistans, mit denen Bager die letzten Monate seines Lebens verbrachte, diskutierte und musizierte. Sie sind weitere Einblicke in das Leben, die Entwicklungen und das Sehnen und Suchen von ihm.

***

Die politische Lage in den freien Bergen Kurdistans war 2018 angespannt und geprägt von vielen Angriffen durch die türkische Armee. Heval Mordem verbrachte im Sommer 2018 eine mehrmonatige Bildungseinheit an der Mazlum-Doğan-Akademie mit Bager und ging anschließend gemeinsam mit ihm in die Kunst- und Kulturarbeiten der Guerilla:

> »Es war eine Zeit in ständiger Alarmbereitschaft. Während der Bildung gab es militärische Operationen und Angriffswellen gegen Xakurkê und die umliegenden Gebiete. Heval Bager war der einzige Internationalist, der an dieser Bildung teilnahm. In seinem Leben vertrat er eine starke eigene Haltung, die sich auch in der Art und Weise widerspiegelte, wie er revolutionäre Freundschaften führte. Er war sehr diszipliniert und das wirkte sich auch auf seine Umgebung aus. Sichtbar war das sowohl während wir körperlich arbeiteten als auch während der Bildung und in seinen Analysen. Diese disziplinierte Haltung in seinem Leben wurde auch immer wieder als vorbildlich hervorgehoben. Wenn er während der Bildung mit uns seine Gedanken zu einem Thema teilte, war es immer eine sehr umfassende Annäherung und gut formulierte Analyse. Auch schrieb er eigene Texte und teilte sie mit uns. Er wollte die Revolution in Kurdistan nach Europa bringen und dort umsetzen. Zum Beispiel sagte er einmal: ›Europa steht in der Schuld des Mittleren

Ostens.‹ Er machte außergewöhnliche Bewertungen: Analysen, Kritiken, zeigte Zusammenhänge auf. Nach den Bildungseinheiten arbeiteten wir nachmittags auch körperlich. So mussten wir zum Beispiel Stellungen und Verstecke ausheben. Dabei verletzte eine Freundin Heval Bager versehentlich mit der Spitzhacke an der Hand. Nachdem die Wunde versorgt war, scherzte er: ›Mein Vater sagte mir: Geh nicht in den Mittleren Osten, dort arbeiten sie mit Schaufel und Spitzhacke. Davon verstehst du nichts.‹«

Er war ein Freund, der andere Freunde und Freundinnen immer motivierte und eine schöne Atmosphäre schaffte. Er hatte einen tollen Humor. [...] In der Bildung haben wir bei Moralabenden mehrmals gemeinsam gespielt und gesungen. Er spielte Gitarre und ich Tembûr. Wir spielten internationalistische Lieder. Er sang auch ein paar kurdische Lieder wie ›Sê jinên azad‹[152], das sang er sehr schön. Er konnte auch Geige spielen, doch zu diesem Zeitpunkt hatten wir keine Geige bei uns. Daraufhin haben wir nach einer Geige gebeten, diese kam aber leider erst bei uns an, nachdem er schon gefallen war. Sie hatte ihn leider nicht mehr erreicht.«

Heval Xebat erzählt, wie sie gemeinsam auf diese Geige gewartet haben. Aufgrund der Sicherheitslage war es in dieser Zeit nicht möglich, die Geige sicher zu transportieren und benötigte einige Zeit, kam letztlich nicht mehr rechtzeitig an. Die Geige ist nun bei einem Freund aus jener Musikgruppe, in welcher auch Bager damals spielte. So wird die Geige heute im Andenken an ihn gespielt. In Erinnerung an die gemeinsame Zeit berichtet Heval Xebat:

»Was mich am meisten an Heval Bager beeindruckt hat, war seine reife Haltung und ganzheitliche Annäherung. Oft hat er lustige Witze gemacht. Er beeindruckte seine Umgebung. Nicht, dass er andauernd Witze gemacht hätte, nein, das nicht. Aber er war sehr warmherzig – das war eine seiner Eigenschaften. Die Zeit in der wir uns kennen lernten, war geprägt von Reflexion und ideologischer Vertiefung. Außerdem haben wir an einer Höhle gearbeitet. Dazu muss man wissen, dass die Arbeit in der Höhle schwer ist. Es gab viel Staub und es ist viel schwere körperliche Arbeit. Heval Bager hatte Asthma, aber wollte nicht so recht darauf Acht geben – so war er. [...]

Für mich war es das erste Mal, dass ich im Alltag zusammen mit einem Internationalisten lebte. Ich hatte ständig viele Fragen im Kopf, wenn wir beisammen waren oder er neben mir saß. Ein Mensch wie er hätte in seinem Leben alles Mögliche machen können, er hätte sich für alles entscheiden können. Doch seine Entscheidung hierher zu kommen, sein Wille in die Berge zu gehen, das brachte uns zum Nachdenken. Das ist ein tiefer bleibender Ein-

152 ›Drei freie Frauen‹, ein sehr bekanntes Lied der Guerillasängerin Delîla.

druck, den Heval Bager hinterlassen hat. Es waren sehr intensive Momente mit ihm, auch wenn wir nicht lange Zeit gemeinsam an einem Ort waren und uns zwar viel austauschten, dies jedoch nie ausreichte. [...] Viele Freunde und Freundinnen beeindruckte, dass Heval Bager sehr gut Kurdisch gelernt hatte. Er konnte nicht nur sehr gut Kurdisch sprechen sondern auch schreiben und lesen. Das hat viele beeindruckt, denn viele Freunde und Freundinnen, die in Kurdistan mit einer starken Assimilationspolitik aufgewachsen sind, haben Schwierigkeiten, Kurdisch zu lernen. Er mochte Schach und zusammen mit den anderen Freunden und Freundinnen haben wir in der Höhle viel gespielt. Dabei ist ein liebevoller Wettbewerb entstanden. Wie eine Art Krieg, aber ein freundschaftlicher Krieg zwischen uns Freunden und Freundinnen. Das Spielen hat allen viel Freude bereitet. Heval Bager konnte sehr gut spielen. Auf Kurdisch gibt es ein Sprichwort, einen Witz, den Heval Bager auch oft machte. Er scherzte sogar auf Kurdisch und sagte zum Beispiel nicht: ›Komm, wir spielen Schach!‹ Sondern er sagte: ›Komm, ich zieh dir 'nen Zahn!‹ Es gab viele lustige Momente, denn er konnte sehr gut spielen. Dabei machte er andere aufmerksam und sagte: ›He, deine Strategie ist falsch!‹ Oft gewann Heval Bager das Schachspiel. Manchmal habe ich auch gewonnen. Das hat er vielleicht sogar mit Absicht gemacht! Ich weiß es nicht! [Heval Xebat lacht.]«

Heval Hêdar von der Musikgruppe *Awazê Çiya* erzählt von gemeinsamen musikalischen Träumen und Projekten, die er mit Bager teilte:

»Wir hatten viele schöne Momente zusammen. Manchmal scherzten wir miteinander und verabredeten, dass wir beide zusammen ein Projekt für Kinder auf die Beine stellen werden. Er war sehr offen und auf welche Weise auch immer du auf ihn zugingst, er konnte sich auf dich einlassen. Er trug diese kindliche Seele in sich. So saßen wir zusammen und sangen mit unseren Kinderstimmen Kinderlieder. Gemeinsam sponnen wir an dem Projekt, dass wir Kinderlieder in verschiedenen Sprachen, sowohl kurdischer als auch anderer Kulturen sammeln und aufnehmen würden. Das ganze planten wir als ein Kinderprojekt. Wir hatten eine gemeinsame Idee und Meinung, doch leider konnten wir sie nicht mehr umsetzen.

Er war vorher bereits an vielen Orten und hatte in verschiedenen Bereichen gearbeitet, aber sein Weg in die Kunst- und Kulturarbeiten bedeutete eine weitere Vertiefung. Hier tätig zu sein, bedeutet sich und die Welt besser kennenzulernen. Und auch wenn er schon viele Orte gesehen hatte, so merkte man ihm an, dass er auch diesem Bereich eine große Bedeutung gab. Dabei reicht es nicht aus nur einen Schritt zu machen, also diesen Bereich oberflächlich kennen zu lernen, sondern es geht darum, die geplante Bewegung ganz auszuführen und in die Tiefe zu gehen. Das merkte man ganz klar an seiner Haltung und dem Willen, dem Kunst- und Kulturbereich einen Wert und eine Bedeutung zu geben. Ihm reichte es nicht aus, nur an dem Ort gewesen zu sein und unter den gegebenen Umständen einfach teilzunehmen. Seine Suche war immer tiefer. Daher war eines seiner Ziele auch, die kurdische Kultur im Rahmen dieser Arbeiten besser kennen zu lernen. Es besaß eine große Neugierde und ein großes Interesse. Wenn wir gemeinsam gesungen haben, dann wollte er hinterher unbedingt, dass wir ihm den Liedtext aufschreiben. Dann wollte er es auswendig und auch singen lernen. Im Denken war er sehr aufgeweckt und forderte seine Gedanken immer weiter heraus. Wir verstehen uns als Kunst- und Kulturbewegung zwar als universelle Bewegung und wollen die Stimmen aller miteinbeziehen, doch mit der Beteiligung eines Freundes wie Heval Bager wurde dies viel lebendiger und praktischer. Eines unserer Ziele war es, die deutsche Kultur mit unserer kurdischen zu verweben und gemeinsame, neue Melodien zu schaffen und schöpfen. Es war das Ziel von Heval Bager, ebenso wie unser aller Ziel, dass wir zur Stimme aller Unterdrückten und aller, die auf der Suche nach Freiheit sind, werden – ihre Sprache zu sprechen und ihre Kultur zu erfassen. Wir wollten uns gegenseitig gut kennen lernen und dafür war Heval Bager zu uns gekommen.«

Auch Heval Yilmaz erinnert sich an ihn und fügt hinzu:

»Er war neugierig. Ihn beschäftigte, wie Texte in verschiedenen Regionen gesungen werden, was für Formen des Gesangs und Ausdrucks es gibt, welche Worte genutzt werden, welche Begriffe. Wie sind die verschiedenen Rhythmen und Tonarten? Nicht nur in Bakur, sondern auch in Rojhilat, auf Sorani. Er wollte die kurdische Musik verstehen und kennenlernen und hat sich dabei viel Mühe gegeben. […] Ich habe viele Freundinnen und Freunde aus Deutschland kennengelernt und Heval Bager war wirklich ein besonderer Freund. Er hat nicht irgendeine Art ›deutscher Disziplin‹ verkörpert, sondern eine freie, eine revolutionäre Art der Disziplin. Manche Leute sagen: ›Die Disziplin der Deutschen ist so und so.‹ Heval Bager war nicht so. Er war uns sehr nah. […] Heval Bager konnte zusammenbringen. Diese Eigenschaft hatte er. Er brachte Dinge zusammen, sein Umfeld, die Menschen. Er liebte Gespräche. Oft hat er Zitate von *Serokatî*[153] sehr weit und umfangreich interpretiert. Er hat viel nachgedacht und seine Reflexionen geteilt. Er wollte ideologische Gespräche führen. Diskussionen schätze er sehr. Über die zapatistische Bewegung hat er viel nachgedacht und auch darüber geschrieben. Seine Texte konnte er nicht fertigstellen. Er wollte unsere Revolution, die

153 Damit ist Abdullah Öcalan gemeint.

PKK und die Revolution der Zapatistas einander näherbringen. Er wollte etwas Gemeinsames oder ein Zusammentreffen organisieren. Seine Freundschaft stand immer außer Frage. Seine *hevaltî*[154], seine Liebe ... es gibt Dinge, dafür reichen Worte nicht aus, die kannst du nur leben. Sein Verlust hat uns alle sehr schwer getroffen. Es gibt keinen Freund und keine Freundin, die davon nicht persönlich getroffen war. Wenn ich mich wieder daran erinnere und es mir vor Augen rufe, bewegt mich das sehr. Ein Freund, der so schnell in die Bewegung hineinwächst, der seine Umgebung so beeindruckt, dessen Art und Weise wie er sich darin beteiligt einen solchen Eindruck hinterlässt. Es gibt noch so vieles, dass ich mit ihm verbinde. Schöne Eigenschaften, Gedanken – ich mochte Heval Bager sehr. Wir lebten eine Zeit lang zusammen an einem Ort als er neu in die Kulturarbeiten kam und wir noch nicht in der Höhle waren. Wir machten gemeinsam Sport und, klar, wenn eine Drohne kam, dann sind wir gerannt! Ich habe Kickboxen gemacht, er Kung Fu. Wir haben zusammen gekämpft! [Heval Yilmaz lacht.] So viele schöne Situationen! Jetzt erinnere ich mich an viele Dinge, deshalb lache ich!«

Lange Zeit hat Heval Varûn mit Bager in den Kulturarbeiten verbracht und erzählt darüber:

»Es gibt ein altes Sprichwort: ›An der Art des Gehens und Bewegens siehst du die Haltung im Leben eines Menschen.‹ Darin wird auch das Denken von Heval Bager sichtbar. Er war sehr natürlich. Wenn er sprach, hat er nicht erst angestrengt nachgedacht – seine Haltung war sehr klar und deutlich. Stets im Kontakt und Austausch reagierte er und antwortete direkt. Seine Beobachtungsgabe war enorm und seine Ansichten teilte er mit uns. Sein Interesse war sehr groß. So schaute er zum Beispiel alle möglichen Sender der Welt, die wir im Fernsehen erreichen konnten. Ich machte Scherze und sagte, was er denn mit all dieser Weltpolitik machen wolle, er sei ja nun in Kurdistan. Er sagte, dass es wichtig sei, für uns zu erkennen, wie all diese Kräfte sich verhalten. Und damit hatte er Recht. Er war sehr klar und so war auch sein Auftreten. [...] Heval Bager las viele Bücher und nutzte dafür jede Minute. Ein Freund sagte mal, wenn er so weitermacht wird er ein sehr sonderbarer Mensch werden. Wenn er mit diesem Lesen und intensiven Denken weitermacht, dann wird er gehen und das Haus der Deutschen zertrümmern. Das ist bei uns so ein Sprichwort, das sich auf die unterdrückerischen Systeme bezieht. Es meint also, dass er eine große Veränderung schaffen und zur Revolution beitragen wird.«

154 Hevaltî meint in der kurdischen Bewegung Freund_innenschaft und Genoss_innenschaft.

Viele Freunde und Freundinnen schätzten ihren Freund Bager sehr und und hatten ein großes Interesse sich mit ihm als Internationalisten auszutauschen. So auch Heval Şiyar:

> »In den verschiedenen Bereichen der Kämpfe haben wir revolutionäre Menschen aus vielen verschiedenen Nationen, mit verschiedenen Identitäten, verschiedenen Gedanken und von verschiedenen Organisationen kennengelernt. Wir haben nur wenige kennengelernt, die sich so bewusst, bescheiden und gleichzeitig so stark eingebracht haben wie Heval Bager. Er war aus Deutschland und aus der antifaschistischen Bewegung gekommen. Die Kraft der Worte reicht nicht aus, um seine Wärme, seine Aufrichtigkeit und seine prinzipientreue Haltung zu beschreiben. Heval Kemal Pir, der aus der Schwarzmeerregion stammte, hatte erklärt, dass die Revolution der Türkei über die Revolution Kurdistans führt. Heval Bager hatte den Anspruch diese Überzeugung in die Welt zu tragen. […] Eines Tages hatte er uns in der Bildung die zapatistische Guerilla, ihre Wälder und Kampfmethoden erklärt. Er sprach stets mit Respekt und Liebe von ihnen. Auch die antifaschistische Bewegung war ihm wichtig. Auch diese erklärte er uns ausführlich, doch erzählte er uns auch, dass er eine neue Leitlinie für Leben und Handeln gefunden hatte, nachdem er die Ideen Öcalans kennenlernte. Einmal fragte ich: ›Die Proletarier aller Länder haben sich nicht vereint. Ob wir wohl alle Revolutionären und Revolutionärinnen zusammenbringen können?‹ ›Ja. Ich glaube, dazu sollten alle revolutionären Kräfte Rêber Apos Ideen und sein Paradigma für sich prüfen‹, hatte er gesagt. […]
>
> Durch die Geschichte hindurch hatten die Berge unser Volk beschützt. Auch im viele Jahre andauernden Krieg war die Guerilla geradezu eins mit den Bergen geworden. Wie viele Epen von heldenhaften Taten gegen den türkischen Kolonialismus waren in diesen Bergen geschrieben worden. Gegen die kriegerischen Angriffe des türkischen Faschismus, die keine Moral, keine Grenzen und keine Regeln kennen, war der Widerstand ständig gewachsen und hatte weltweit für Aufsehen gesorgt. Als unser Kampf in Kurdistan Erfolge errang, beeinflusste er auch andere Völker und bekam im Ergebnis einen universalen Charakter. Bis wir dieses Niveau erreichten, hatten wir dafür Tausende unserer Genossinnen und Genossen begraben. Es traf uns alle schwer, dass wir Heval Bager so früh verloren. Doch wir wollten uns von dieser tiefen Trauer nicht erdrücken lassen, sondern sein Andenken stolz mit uns tragen. Wir würdigen unsere Gefallenen, wenn wir ihre Ziele verwirklichen. Das ist ein Teil unserer Bewegung, unserer Kultur geworden. […] Wir glauben, dass Revolutionäre und Revolutionärinnen unsterblich sind und erinnern an sie. Durch den Sinn, den sie ihrem Leben gegeben haben, und das Erbe, das sie der Menschheit hinterlassen, erlangen sie Unsterblichkeit. Heval

Bager hat dies in jedem Moment seines Lebens bewiesen: Es gelang ihm, zu einer Brücke zu werden, die Kontinente, Berge, Meere, Wälder, Völker, die Menschheit miteinander verbindet.

Als er ein paar Tage vor dem Angriff in der Küche unseres Lagers Essen zubereitete, hörte er Musik, die er selbst ausgewählt hatte. Er liebte Gerichte mit Kartoffeln und an die Küche Kurdistans hatte er sich schnell gewöhnt. Jeder von uns erledigte reihum den Küchendienst. Als er zum letzten Mal in der Küche war, wollte ich hingehen und ihn filmen – es sollte eine Erinnerung werden. Während er kochte, begann ich zu filmen, aber der Dampf um ihn herum ließ das nicht so richtig zu. Das bedauerte ich sehr. Dabei hörte er Lieder der EZLN. In dieser Zeit hatte er eine Gruppe Guerillas in den Bergen Kurdistan mit schwarzen Wollmützen[155], genau wie bei den zapatistischen Guerillas, fotografiert und zusammen mit einer Grußbotschaft zum Jubiläum des Kampfes der großen Revolutionärinnen und Revolutionäre abgeschickt[156]. […]

Er wollte Geige spielen und internationalistische Lieder schreiben. Die Gruppe *Awazê Çiya* wollte mit ihm revolutionäre Lieder in den europäischen Sprachen singen. Doch die Antwort auf Heval Bagers Sehnsucht ist nicht nur, weiterhin revolutionäre Lieder zu schreiben, sondern in Europa, in Lateinamerika, in Asien, in Afrika, in der ganzen Welt sich als Widerständige zu vereinen und eine Bewegung der globalen Demokratie und Ökologie zu entwickeln. […] Als es in einem Gespräch um Lieder ging, erwähnte ich Victor Jaras Lied ›A Desalambrar‹. Er kannte es. Ich verbinde Heval Bager mit

155 Gemeint sind die sogenannten *pasamontañas* der zapatistischen Bewegung. Es sind Wollmützen, die außer einem Sehschlitz, das Gesicht verdecken. Die Zapatistas sagen, dass sie ihr Gesicht verdecken, um gesehen zu werden.

156 Er sendete den Text im Dezember 2018 auf den Weg den 25. Jahrestages des zapatistischen Aufstands zu Neujahr 2019 zu erreichen: »Es ist richtig, dass wir uns im Krieg befinden, aber es ist nicht der Krieg, der uns besiegt. Wir verlieren im Leben, wenn wir es nicht schaffen, eine Kultur des Widerstands und des selbstbestimmten Lebens zu entwickeln. So wie auch die Guerilla nicht nur die Kraft der Verteidigung eines Gebietes oder des nackten Lebens ist; sie ist Verteidigerin der Gesellschaft und Trägerin einer Kultur des freien Lebens, der Verantwortung und Bedeutungsgebung, eine Kraft der Kreativität. Dies ist auch der Grund, der die EZLN zum Symbol der Suche nach einem anderen Leben gemacht hat und Freiheitssuchende auf allen Kontinenten inspiriert hat. Am Neujahrstag begehen die Widerständigen der EZLN den 25. Jahrestag ihres Aufstands der Würde. Ihr Kampf und unsere Kämpfe sind eins, unteilbar, Teil einer globalen Revolution, die in diesem Sinne eine Kulturrevolution ist: der Kampf um eine andere Art zu leben.« Das Foto, welches mit der Botschaft gesendet wurde, diente als Vorlage für den Umschlag dieses Buches.

Im Internet ist der ganze Text auf der Homepage der Internationalistischen Kommune zu finden: https://internationalistcommune.com/bager-nujiyan-der-wharheitssucher-der-auf-eine-andere-welt-beharrte/

diesem Lied von Víctor Jara[157]. Weil Víctor Jara unter der Folter im Stadion bis zu seinem letzten Atemzug sein Lied flüsterte, betrachtete ich ihn als den Babek[158] der Künstler. Heval Bager dagegen wurde zum Víctor Jara der Guerilla von Kurdistan. Jara wurde unter der Folter ermordet, Heval Bager dagegen von einem Kampfflugzeug.

An jenem Morgen hatte er ein deutsches Lied auf den Lippen. Hätte ich nur gewusst, welches Lied das war. Ich weiß es nicht mehr, doch es hatte eine schöne, langsame Melodie. Wir haben körperlich gearbeitet. In einer Teepause sagte Heval Têkoşîn von Awazê Çiya: ›Ich habe heute ein schlechtes Gefühl.‹ Sie hatte eine starke Intuition. Wenig später hörten wir eine Explosion. Drei Raketen wurden hintereinander abgeschossen. Manchmal feuern sie Dutzende davon gleichzeitig ab. Dieses Mal hatten sie mit drei Raketen angegriffen. Die zweite war drei Meter über dem Felsen eingeschlagen, hinter dem sich Heval Bager zum Schutz versteckt hatte. Auf seiner Stirn war eine Wunde in Form einer dünnen Linie. Sein Kopf war gegen den Felsen vor ihm geprallt. Metall-, Holz- oder Steinsplitter hatten seinen Körper nicht getroffen. Er hatte durch die Druckwelle eine innere Blutung erlitten. Er trug eine grüne Strickjacke, um den Hals hatte er einen der Schals, die man *Koçerî* nennt, aus dünnem Stoff mit einem bunten Blumenmuster. Links, zwischen *Kefiye*[159] und Hals, waren trockene Blätter gefallen. Er sah aus, als habe er sich ruhig hingelegt und schliefe. Wir sahen unseren Genossen zum letzten Mal. Nie war ich so traurig und wütend wie in diesem stillen Moment.«

Zur selben Zeit war auch Heval Varûn vor Ort:

»Es wurde langsam Winter und die Blätter der Bäume waren schon abgefallen. Die Tage wurden immer kürzer und wir organisierten unsere Schichten

157 Víctor Jara (1932 – 1973) war ein kommunistischer Sänger und Gitarrist aus Chile. Mit seiner Musik hatte er einen wichtigen Einfluss auf die Kultur Chiles. Sein Leben und seine politischen Liedern spiegeln sein Land, die bewegte Zeit, in der er lebte und seine persönlichen Philosophien sowie politischen Ideen wieder.

Am 12. September 1973 wurde er während des Putsches unter Augusto Pinochet gegen Allende verschleppt und mit Tausenden von Mitgefangenen im Sportstadion Estadio Chile in Santiago eingesperrt. Der damals 41-Jährige wurde wie auch viele weitere gefoltert und seine Hände verstümmelt, damit er nicht mehr Gitarre spielen konnte. Sogar unter diesen schrecklichen Folterungen hob Víctor Jara noch seine Stimme und sang. Vier Tage später wurde er ermordet.

158 Babak Chorramdin führte im Jahr 816 den Aufstand der Churramiten gegen das arabische Kalifat an. Die Churramiten kamen aus einer zoroasthrischen (also vorislamischen) Tradition; es werden historische Verbindungen zur alevitischen Kizilbaş-Tradition vermutet. Die Geschichte von Babek wird in der kurdischen Freiheitsbewegung gelesen und erforscht.

159 Dickeres Tuch mit Fransen.

für die Wache. Heval Bager wollte immer Wache halten, er machte es gerne und es war auch für seine Gesundheit gut. Wir wollten nicht, dass er in den Tiefen der Höhle an der körperlichen Arbeit teilnimmt, da er Atemwegsbeschwerden hatte. Wir waren gerade wieder in der Höhle mit dem Bauen beschäftigt, als wir eine Explosion hörten. Es war ein Raketenbeschuss und es hörte sich etwas weiter weg an, nicht direkt bei uns. Wir fragten uns nach der Ursache und machten uns auf die Suche, um das zu klären. Nachdem etwas Zeit vergangen war, kam das Geräusch eines zweiten Einschlages. Dieses Mal war es viel näher an unserer Höhle. Wir gingen zum Funkgerät am Höhlenausgang um Heval Bager auf der Wache anzufunken. Er antwortete nicht. Wir riefen immer wieder, aber durch die ständige Überwachung mithilfe von Drohnen ist auch die Nutzung von Funkgeräten gefährlich. Daher konnten wir immer nur kurze Funksprüche senden, um ihn zu erreichen, nur ein oder zwei Sekunden lang. Wir riefen ihn und er antwortete nicht. Das war um circa 9:30 Uhr oder 10 Uhr vormittags. Wir versuchten ihn bis circa 13 Uhr zu erreichen. Wir überlegten, dass er das Funkgerät vielleicht nicht mitnehmen konnte, als er sich in Sicherheit brachte. Oftmals bringen wir das Funkgerät an einem Baum an und da kann es vorkommen, dass man es nicht schafft, es mitzunehmen. Um 13 Uhr begann dann ein weiteres, intensiveres Bombardement und zwar direkt am Höhleneingang. Die Freundinnen meinten, es sei sehr wahrscheinlich, dass Heval Bager durch eine Drohne gesichtet worden war. Zunächst mussten wir uns nun in der Höhle in Sicherheit bringen.

Dann um circa 14:30 Uhr gingen wir an einen anderen Ausgang der Höhle und lauschten. Da wir weder Geräusche von Drohnen noch von Flugzeugen hörten, funkten wir die Verteidigungseinheiten auf den Bergspitzen in der Nähe an. Sie bestätigten uns, dass zu diesem Moment keine Drohnen mehr fliegen würden. Also konnte einer unserer Freunde hinausgehen und nach Heval Bager suchen. Ich blieb am Höhleneingang, um die Situation weiter zu beobachten und sicherzugehen, dass der Himmel frei von Drohnen blieb, während der Freund sich draußen bewegte. Der Freund suchte circa 10-20 Minuten, kam dann zurück und erklärte, dass er ihn nicht gefunden habe. Er beschrieb uns den Ort, wo die Raketen eingeschlagen hatten. Es war etwas oberhalb des Wachpostens gewesen. Etwas weiter unterhalb befanden sich zwei Stellungen, die in einem solchen Fall als Schutz dienen sollten. Ich fragte ihn, ob er auch dort nachgeschaut habe und er verneinte. Wir hatten Heval Bager zuvor gezeigt, wie er sich auf der Wache am besten schützen konnte, denn diese unterirdischen Stellungen bieten einen guten Schutz bei jeglichem Beschuss. Wir besprachen uns kurz und funkten weiter das Funkgerät der Wache an, denn auch das hatte der Freund nicht gefunden.

Danach gingen ein Freund und eine Freundin ein weiteres Mal zum Ort der Einschüsse. Etwa zwei Meter neben dem einen Einschusskrater befanden sich zwei große Felsen. Auf der anderen Seite war ein kleines Waldstück. Ein Freund ging zum Felsen und rief, dass er den Freund entdeckt habe. Heval Bager hatte versucht sich in einer Felsspalte zu schützen, doch die Felsspalte war sehr klein. Es war offensichtlich, dass die Drohne ihn verfolgt und seinen Ort genau bestimmt hatte, sodass die Rakete direkt neben ihm einschlug. Durch die Explosion wurde Heval Bager von der umliegenden Erde bedeckt. Daher hatte der Freund ihn zuerst nicht entdeckt. Er hatte dort gehockt und zum Schutz vor der Drohne den Regenschirm über sich geöffnet, da das Signal der Drohne durch diese Ablenkung gestört wird.[160] In der Hand hielt er also diesen Regenschirm. Wir strichen die Erde von ihm, hoben ihn auf und nahmen ihn mit zur Höhle. Ich untersuchte seinen gesamten Körper, um zu sehen, wo er Splitter abbekommen hatte. Er hatte keinen einzigen Splitter abbekommen. Der Druck hatte ihn getötet, denn der Einschlag war sehr nah gewesen. Durch den Stein und die Felsen hinter ihm hatte sich der Druck des Explosion verstärkt. Wenn dieser Druck auf Erde trifft, so wird er eingedämmt, doch Stein lässt den Druck zurückprallen. Er hatte keine einzige äußere Verletzung.

Wir wurden innerhalb der Bewegung schwer dafür kritisiert, dass wir ihn nicht schützen konnten. Die Umstände waren so schwierig. Danach gab es eine ständige Überwachung durch Drohnen. Die Drohnen bewegten sich keinen Moment weg von uns. In der Höhle sammelten wir Holz und bauten einen Sarg. Wir bewahrten ihn an einem kalten Ort auf, am Eingang der Höhle. Etwa 15 Tage war sein Körper also bei uns in der Höhle und 24 Stunden am Tag hielten wir Wache bei ihm. Zwei, drei unserer Freunde und Freundinnen konnten das nicht. Es war emotional zu schwer für sie. Die Verbindung unseres großen Funkgerätes war durch die Raketeneinschläge abgeschnitten worden und wir hatten Schwierigkeiten dabei, die anderen Freunde und Freundinnen zu erreichen. Schließlich erreichten wir sie und sie kamen zu uns. Wir hatten alles vorbereitet und überreichten den Freunden und Freundinnen seinen Körper. Es war sehr schwer für uns und es hat uns alle sehr schwer getroffen. Wir fragten uns, wie wir die Familie erreichen könnten, um ihnen die Nachricht mitzuteilen. Es gab eine Tasche und andere Dinge, wie seine Uhr, ein Notizbuch, einen Stift und ein Tuch, das wir der Familie schicken wollten. Wir sind sehr froh, dass diese Dinge die Familie erreicht

160 Seit Beginn der Drohnenüberwachung hat die Guerilla diverse Techniken entwickelt, um ihre Technik zu überlisten. Eine Methode ist die Nutzung dick beschichteter Regenschirme, die die Körpertemperatur und die Farbkontraste des Menschen überdecken und somit die Nutzbarkeit der Überwachungsdaten der Drohne verringert. Nur mit dieser Guerillataktik ist es den Verteidigungseinheiten seit Jahren möglich, trotz des intensiven Drohnenkrieges, die Grenzen zwischen den Ländern Iran, Irak und Türkei zu überqueren und die Berge Kurdistans über die Grenzen hinweg zu ›bewohnen‹.

haben. Es war eine schwere Zeit, in der sehr viele Freunde und Freundinnen gefallen sind. Wir hätten gern so viel mehr und intensivere Zeit gemeinsam verbracht. Doch von 2018/19 bis heute sind die Angriffe sehr intensiv und lassen vieles nicht zu. Jeden Tag Flugzeuge, jeden Tag Raketen, jeden Tag Krieg – an den Grenzen, auf den Bergen. Überall ist Krieg. [...]

Ich finde es sehr gut, dass ihr in Gedenken an Heval Bager all diese Arbeiten macht. Denn in unseren Herzen ist so vieles. Doch oftmals tritt es nicht an die Oberfläche, in unser Denken, in unser Bewusstsein, und wird deshalb nicht ausgetauscht. Dass ihr mich nach meinen Erinnerungen gefragt habt, hat dafür gesorgt, dass ich über vieles wieder von Neuem nachgedacht habe. Damit wir die Schönheit und das Wirken eines Menschen im Leben auch erkennen und uns vor Augen führen können, sind das sehr wichtige Arbeiten. Genau das zu tun, ist auch unser Erbe von Heval Bager. Warum kam er und kämpfte in Kurdistan? Das hat eine große und tiefe Bedeutung. So können wir unser eigenes Leben besser begreifen und unser Leben in der Revolution bewusster führen.«

***

Auch für uns Internationalist_innen sind das Gedenken und der Weg, den unser Freund Bager eingeschlagen hat, von großer Bedeutung. Wir knüpfen an seine Überlegungen zu Ostdeutschland, an seine Willensstärke und Entschlossenheit, an sein Zweifeln und Suchen an. Wir verfolgen den Weg, den er und viele weitere gegangen sind, und wir knüpfen die Fäden weiter, entwickeln seine Gedanken, Ideen und Träume weiter, um einen Internationalismus zu leben, der seinen Namen verdient.

Wenn wir uns das Leben und Denken von Michael Panser–Xelîl Viyan–Bager Nûjiyan ins Gedächtnis rufen und mit unserem eigenen Kampf, unserer Suche und unserem Wirken verknüpfen, wird *»Şehid namirin!«* »Die Gefallenen sind unsterblich!« Wirklichkeit.

Şehîd Namirin!
Bager presente!
Erinnern heißt kämpfen!

Qasim Engîn

Ein sozialistischer Kämpfer: Bager Nûjiyan

Die Freiheitsbewegung ist wie ein Fluss. Seit Jahren strömen aus vier Himmelsrichtungen besondere Kämpfer und Kämpferinnen diesem Fluss hinzu. Wenn Gesellschaftswerdung, von Gelehrten auch Sozialität genannt, zum ideologischen Hoffnungsschimmer der Menschheit wird, so wird für einen Menschen, aus einem anderen Teil der Welt, Kurdistan zur Heimat. Ein Sozialist aus Kurdistan sieht als revolutionärer Mensch ebenso die andere Seite der Welt als seine Heimat an.

Wie Che Guevara zu seiner Zeit sagte: »Unrecht, egal wo auf der Welt es jemandem angetan wird, tief im eigenen Herzen zu spüren. Das ist die schönste Eigenschaft eines Revolutionärs«. Diese Worte schmücken das Herz jeden revolutionären Menschen.

Wir wissen, dass Che Guevara eine aufständige Persönlichkeit war, gegen jedes Unrecht und das imperialistische System, welches dieses Unrecht produziert. Dieser Aufstand geschieht nicht nur mit Worten. Es ist auch keine Widerständigkeit, die planlos, ziellos und genügsam ist. Der Aufstand des Che ist die Verantwortungsübernahme für seine innere Stimme und sein Gewissen. Che ist den Menschen gewidmet. Seine Hingabe für die Menschen ist der gesamten Menschheit gewidmet. Gegen Besatzung, Ausgrenzung, Versklavung, Unterdrückung, und Erniedrigung pflegt er eine unendliche Wut und Zorn. Er möchte eine gerechte Welt. Er ist sehnsüchtig nach einer Welt, in der Menschen wie Menschen, gemeinsam und gleich leben.

Unser Freund Bager hat auf die Stimme seines Herzens gehört und ist im Sinne einer guten Gefolgschaft und Freundschaft den Spuren Ches und seines sozialistischen Denkens gefolgt. Unser Freund Bager hat Abdullah öcalans Ausspruch »Übt keinen Verrat an Euren Kindheitsträumen« für sich als Grundlage genommen und hat seinen Weg in diesem Sinne beschritten.

Ist nicht die schönste Beschreibung der Guerilla die, dass die Guerilla Kinder der Natur sind? Oder wenn man sagt, dass sie treue Kämpfer und Kämpferinnen ihrer Träume und Utopien sind? Ob wohl die Beschreibung ›diejenigen, die ihre Kindheitsträume nicht verraten haben‹ eine noch bessere ist? Ob es diejenigen sind, die sich im Sinne der größten Utopien in den freien Fluss des Lebens begeben und beflügelt sind? Indem sie sich niemals beugen, mit ihrer stolzen Haltung, als stärkste Waffe zur Umsetzung von Gerechtigkeit, nehmen sie ihr Herz in die Hand und erheben sich unter den schwersten Umständen und Bedingungen widerständig gegen den Tod – sind die Guerilla mit ihrem großen Glauben und ihrer Überzeugung für die Erschaffung einer freien Zukunft nicht an erster Stelle diejenigen, die den Träumen des Che folgen?

Wenn wir von Che sprechen, ist es angemessen, dass uns direkt unser Freund Bager Nûjiyan in den Sinn kommt. Ich habe Heval Bager im Frühling 2018 kennengelernt. Davor hatte ich bereits von ihm gehört. Er schrieb in einem 15-seitigen Bericht, den er an die Partei gerichtet hatte, dass er das neue Paradigma insbesondere in der Zentralen Parteiakademie von Nahem kennenlernen und dort lernen möchte. Sein Vorschlag wurde als sinnvoll erachtet. Sein Bericht wurde als sehr eingehend und tiefgründig bezeichnet. Sein Bericht nahm sich insgesamt das sozialistische Denken, den Sozialismus und den neuen Menschen vor. Die Freunde und Freundinnen teilten uns mit, dass er in seinem Bericht weitgehende Gedanken und Vertiefungen mitgeteilt hatte. Da ich auch selbst teilweise an den Bildungsarbeiten teilnehme, habe ich in diesem Zusammenhang auch von Heval Bager gehört. Da ich selbst aus Kurdistan stammend in Deutschland aufgewachsen bin, habe ich immer einen besonderen Bezug zu den Freunden und Freundinnen, die aus Deutschland gekommen sind, und auch eine besondere Beziehung und Aufmerksamkeit für die Jugendlichen, die aus anderen Ländern der Welt in die Berge Kurdistans kommen. Wir verstehen uns als Revolutionäre, als Teil der weltweiten Revolution. Daher ist unsere Beziehung und unsere Aufmerksamkeit für Internationalisten und Internationalistinnen der Welt, die in die Berge kommen, immer eine besondere gewesen. In diesem Zusammenhang hatte ich immer einen besonderen Bezug zu den deutschen Freunden und Freundinnen, die in die Berge gekommen sind, denn wir entwickeln einfach auf natürliche Weise eine Beziehung zueinander.

Also, bevor ich den Freund Bager kennen lernte, hatte ich bereits einiges über ihn erzählt bekommen. Doch um jemanden zu begreifen, zu erkennen, sich eine Meinung über jemanden zu bilden, muss man die- und denjenigen kennen lernen, gemeinsame Zeit miteinander verbringen, sich gegenseitig erfahren, diskutieren, kurz und kurdisch gesagt, miteinander leben.

Wenn man zunächst Heval Bager gesehen hat, eine ruhige Persönlichkeit, mit starker Beobachtungsgabe, zuhörend, beim Reden etwas zurückhaltend, gleichzeitig sehr aufgeklärt, eine Person, die weiß wo sie was sagt und diesbezüglich eines großen Bewusstseins im Leben aufweisend, sah man kurz gesagt eine Person mit einer Persönlichkeit und Eigenschaften, die einem Revolutionär zu eigen sind.

Wenn man mit Heval Bager diskutierte und ihn kennenlernte, so merkte man, dass er über einen tiefgründigen Wissensschatz verfügte und man erkannte seinen Glauben in den Sozialismus. Wenn wir von Sozialismus sprechen, so sprechen wir nicht vom Sozialismus, der auf Herrschaft, Staat und der Diktatur des Proletariats aufbaut. Der Sozialismus, den wir zur Grundlage nehmen, ist ein Sozialismus jenseits von Staat, fern von Staatlichkeit und Herrschaft und gegen jede Form von Hierarchie und Unterdrückung.

Als wir uns das erste Mal gesehen haben, haben wir uns auf Deutsch unterhalten. Je mehr ich ihn jedoch kannte, sah ich, dass der Freund Bager besser als viele Kurden und Kurdinnen Kurdisch sprechen konnte. Sein Kurdisch war so schön und ich bekam mit, dass er sowohl an der Mazlum-Doğan-Schule Kurdisch lesen und schreiben unterrichtete, als auch viele Perspektiven und Erklärungen in fließendem Kurdisch vor der gesamten Schulklasse vorlas.

Mir war mehr oder weniger bewusst, dass Europäer und Europäerinnen eine gute Voraussetzung dafür besitzen, neue Sprachen zu lernen. Obgleich mir die historische und soziologische Grundlage dafür nicht bekannt ist, so ist mir die Tatsache, das Europäer und Europäerinnen, und insbesondere Deutsche, einfach Sprachen lernen aus unmittelbarer Nähe bekannt. Doch ein Mensch, der von einem fremden Ort ist und in der kurdischen Sprache die Kämpfer und Kämpferinnen dieses Volkes unterrichtet, war wirklich von großem Interesse und aufschlussreich für uns.

Die Moralabende bei der Guerilla sind allseits bekannt. Wenn von Moralabenden gesprochen wird, so verstehen wir darunter Folgendes: Alle 15 Tage veranstaltet jede Guerillaeinheit ein Moralfest, um die eigenen kulturellen Fähigkeiten zu entwickeln. Bei diesen Festen erzählen einige Freunde und Freundinnen Erinnerungen, einige tragen eigene Gedichte oder die Gedichte bekannter Revolutionär und Revolutionärinnen und Sozialisten und Sozialistinnen vor, einige Freunde und Freundinnen singen Lieder, einige ahmen die Bewegungen anderer Freunde und Freundinnen nach, wenn die Umstände es hergeben, so wird traditionell auch getanzt und Theater gespielt oder auch Pantomime vorgespielt.

Eine Revolutionärin oder Revolutionär, eine oder ein Guerilla ist nicht nur eine gute Kämpferin oder ein guter Kämpfer; weil ihr Kampf der Schöpfung eines neuen Menschen gilt, ist es in erster Linie auch ein kultureller Kampf. Sie sind Kämpfende gegen jede Rückschrittlichkeit, Ausgrenzung, Unrecht und Ungerechtigkeit. Also eine Kämpferin oder ein Kämpfer dafür, sie selbst zu sein und zu werden. Daher sollte jede und jeder Guerilla die Genauigkeit und Feinfühligkeit einer Künstlerin bzw. eines Künstlers zu eigen sein. Wenn ihre Leben nicht künstlerisch sind, so ist es mangelhaft, falsch, wendet im Leben als Guerilla falsche Methoden an und ist fehlerhaft. Wie Che Guevara sagt : »Der neue Mensch ist nur mit der entwickelten Kultur der RevolutionärInnen möglich.« Eine weit entwickelte Kultur ist die Liebe zur Freiheit und bedeutet eine stolze und würdige Haltung gegen jede Form von Unterdrückung und Erniedrigung!

***

Vielleicht sagt ihr nun: »Warum erzählst du uns das?« Da Heval Bager in den letzten Jahren sowohl bei den offiziellen Festen als auch an besonderen Tagen und Jahrestagen, die veranstaltet wurden, wo Freund_innen sich mit Tembûr, Gitarre, Trommeln und ihren anderen Instrumenten beteiligen, immer an erster Stelle dabei war und noch vor allen anderen eine Rolle darin übernahm! Heval Bager hat sowohl bei den offiziellen Festen, natürlich auch auf vielen Sprachen und mit den anderen Freund_innen gemeinsam, revolutionäre Lieder gesungen, auch bei den ganz spontan entstehenden Moralabenden hat er dutzende Lieder nacheinander mit den anderen geteilt. Jede Freundin und jeder Freund hat voller Begeisterung dem internationalistischen revolutionären Gefährten, der aus einem anderen Land gekommen war, zugeschaut. Besonders wenn er das Lied von Natalia sang, das den Namen *Commandante Che Guevara* trägt, haben alle Freunde und Freundinnen von ganzem Herzen geklatscht und mitgesungen. Ein anderes Lied, das Heval Bager immer gesungen hat, ist das Lied *Sê Jinên Azad* von der Freundin Delîla. Dieses Lied wurde in der Schule direkt mit Heval Bager in Verbindung gebracht. Ein anderes Lied, das jeder und jede mit ihm in Verbindung brachte, war ein weiteres Lied von Heval Delîla mit dem Namen *Zîlan*.

Zunächst habe ich den Freund Bager auf diese Weise kennengelernt. Zweifellos ist es nicht dabei geblieben. Je mehr man ihn kannte, desto mehr war seine Liebe und Treue zu den Menschen, ebenso seine Verbindung mit dem Sozialismus und, ganz ohne Zweifel, seine tiefe Liebe für das Paradigma Abdullah Öcalans sichtbar.

Ich hoffe, es wird nicht falsch verstanden, wenn ich sage, dass das Umfeld in dem Menschen aufwachsen, diese beeinflusst und sie formt. Europa ist das Zentrum der kapitalistischen Moderne. Seine Zentralität entsteht vor allem aus der Besonderheit, dass es keinen einzigen Menschen in Ruhe lässt, bis er in das System eingebunden ist. Es ist eine solche letzlich zentralistische Haltung, die andere Menschen um sich herum herablassend betrachtet. So weit, dass zu einer Zeit als Menschen aus Afrika auf Märkten verkauft wurden, darüber diskutiert wurde, ob es denn nun Menschen seien und ob denn ihr Körper Schmerzen empfinden oder nicht! Es ist eine Modernität, die so sehr von sich selbst überzeugt ist, dass gerade sehr humanistische Menschen sie in diese Unterdrückung versetzten. Solche Formen der Annäherung haben zu seiner Zeit dafür gesorgt, dass Christopher Columbus und seine Gefährten dasselbe gegen die indigenen Amerikaner und Amerikanerinnen unternahmen. Gleichzeitig sind diese Unternehmungen, die dem Menschen das Menschsein entzogen, legitimiert durch Passagen aus der Bibel. Wir können das, was geschehen ist, in dutzenden Schriften von Päpsten und Pfaffen nachlesen.

Also, Europa ist selbstbezogen-zentralistisch. Und eben das gibt es an seine Gesellschaft weiter oder es wird den Menschen eingetrichtert. Seine Gesellschaft und die Einzelnen darin lässt es fühlen, dass sie sehr besondere Menschen sind, macht sie so zu Mittragenden seines weltweiten Kolonialismus und lässt sie verstummen. Kurz gesagt: Europäische Menschen schauen von oben auf Menschen in Afrika, Asien und dem Mittleren Osten herab. Der Ursprung dessen liegt nicht grundsätzlich im Guten oder Schlechten des Menschen. Das System der kapitalistischen Moderne tut mithilfe seines Bildungssystem alles dafür, um diese Mentalität in europäischen Menschen zu verankern. Nicht grundlos hat der verstorbene Sozialwissenschaftler Immanuel Wallerstein gesagt, dass «wir alle ein bisschen Kinder der kapitalistischen Moderne [sind]«. Obgleich es nicht ihre Absicht ist, sich selbst zu überhöhen, andere herablassend zu betrachten, sich auf eine Weise in herrschaftliche Positionen zu bringen – all das ist trotzdem auch in unseren Einheiten zu beobachten.

Doch ich kann sagen, dass ich in der Persönlichkeit von Heval Bager nicht mal ein kleines bisschen an Selbstbezogenheit und Egoismus gesehen habe. In der Schule war er unter seinen Freunden und Freundinnen vielleicht sogar der kommunalste, der am meisten teilte, mit jeder und jedem in den Austausch trat, mit all der ihm zur Verfügung stehenden Kraft versuchte, für die Sorgen aller Lösungen zu finden. Das heißt, er war von seiner Richtung her ein gesellschaftliches Vorbild und mit seiner Haltung im Leben sehr bescheiden.

Wenn man ihn so betrachtete – hätte er nicht seine rot-blonde Farbe – so hätte man nicht gemerkt, dass er ein deutscher Freund ist. Er hatte also auf seinem Weg in die Berge die Mittel von Che zur Grundlage genommen. Als Che sich von seiner Mutter verabschiedete, hatte er nicht ohne Grund gesagt: »Wieder einmal spüre ich zwischen meinen Fersen die Rippen Rosinantes[161]. Ich bin wieder unterwegs.« Und als Che Kuba verließ und sich im Dienste der Revolution auf den Weg in ein noch für ihn unbekanntes Land in Afrika machte, sagte er nicht grundlos zu Fidel: »Andere Länder der Welt warten auf meine bescheidene Hilfe.« Ein Mensch, der in einem anderen Land der Welt versucht, seine bescheidene Hilfe zu leisten, der muss zunächst mit den Revolutionären und Revolutionärinnen vor Ort und der Gesellschaft dort eins werden, um mit seinen Bemühungen erfolgreich zu sein. Das Problem ist nicht die Rückschrittlichkeit oder Fortschrittlichkeit an diesen Orten; das Problem ist, das Unrecht, das dort geschieht, auf eine tiefgründige Weise fühlen zu können und somit ein kleines bisschen für ihre Probleme eine Lösung zu finden. Diese Lösung umzusetzen ist zweifellos durch Bescheidenheit möglich.

Der Freund Bager war wirklich ebenso sehr, wie er von Che begeistert war, auch ein guter Weggefährte von ihm. Er war so, dass er um Revolutionär zu werden zunächst das Land von Che und dann viele Länder Lateinamerikas bereiste. Neben Deutsch und Englisch sprach er auch Spanisch. Sprache ist schlussend-

161 Rosinante ist das Pferd Don Quijotes.

lich der Angelpunkt jedes Austausches. Um mit Menschen eine gute Beziehung aufzubauen, musst du mit ihnen sprechen. Um sprechen zu können, musst du die Sprache können. Heval Bager hat diese Wahrheit früh erkannt und wo auch immer er hinging, lernte und sprach er die Sprache vor Ort bestmöglich.

Eine grundlegende Eigenschaft einer Revolutionärin und eines Revolutionärs ist es auch, wo auch immer er hingeht, Verbindung und Austausch zu pflegen. Der große türkische Internationalist und Weggefährte Kemal Pîr sagte: »Wenn ich täglich nicht die Gesichter von Hundert Menschen sehe, dann kann ich nicht ruhig bleiben.« In die Gesichter von Hundert Menschen zu blicken bedeutet Verbindungen aufzubauen. Im Geiste mit ihnen eins zu werden. Einander von tiefstem Herzen zu fühlen. Der Weggefährte Bager wurde sowohl durch seinen Austausch als auch durch seine Einigkeit im Geiste innerhalb kürzester Zeit ein reifer Kämpfer der Berge.

Zweifellos kann man nicht immer und überall auf einen solchen Weggefährtinnen und Weggefährten treffen oder wann immer man will, einen solchen Freund kennenlernen. Manchmal bringt das Schicksal einen mit einem solchen engelsgesichtigen, zarten, liebevollen, feinfühligen und zuvorkommenden Revolutionär in Berührung, mit großem Intellekt, hingebungsvoll in seinen Bemühungen und durch seine bloße Haltung ein Revolutionär. Unser Freund Bager war ein solch ausfüllender und ausgewählter Revolutionär und Kämpfer. Man hält immer Ausschau nach solchen Persönlichkeiten und Weggefährten und wir sehnen uns nach ihnen. Er war ein solcher Freund, dass man geduldig die Murmeln seiner *Tezbî*-Kette[162] weiterschob, bis er seine Worte gesprochen hatte. Er war so einer, dass man kilometerweit gehen würde, um ihn zu sehen, um in sein aufgewecktes Gesicht blicken und bei der Begrüßung ihn innig und ausgiebig zu umarmen und von Herzen und in tiefer Verbundenheit nach seiner Verfassung zu fragen. Er war eine Persönlichkeit, die man nicht vergisst. Obgleich Revolutionärsein etwas kommunales ist, solche Weggefährtinnen und Weggefährten trägt man ewig in den Tiefen seines Herzens.

Wenn ich mich nicht irre, so habe ich zwei Bildungseinheiten abgehalten in der Schule, in der auch Heval Bager sich befand. Eine davon war zur Geschichte Kurdistans. Wenn wir die Geschichte Kurdistans behandeln, so betrachten wir dabei natürlich nicht nur die KurdInnen und Kurdistan. Wir betrachten dabei die Kräfte der demokratischen Moderne, die in der Front gegen die herrschaftliche, gewaltsame und staatsbezogene kapitalistische Moderne ihren Platz einnehmen. Als wir in diesem Zusammenhang das sklavenhalterische Römische Imperium zum Thema hatten, bewerteten wir insbesondere auch die christlichen Bewegungen, die den Aufstand gegen das sklavenhalterische Rom gewagt hatten, und ebenso die Bewegungen aus dem Norden wie die der Germanen und

162 Gebetskette

Germaninnen, die um nicht versklavt zu werden, Welle um Welle den Weg nach Rom einschlugen und ihre Rache nahmen. Außerdem auch die Bewegungen der Teutonen und Teutoninnen, Alemannen und Alemanninnen und zweifelsohne genauso die Gallier und Gallierinnen, Normannen und Normanninnen und all die Völker, die gegen die Sklavenherrschaft Roms Widerstand leisteten. Wenn wir uns mit ihnen beschäftigen und sie bewerten, dann versuchen wir insbesondere ihren Charakter zu verstehen. Wir versuchen das Erbe derer, die nicht versklavt wurden, zu begreifen und zu erkennen. Aus diesen Analysen versuchen wir die Lehren zu ziehen, die für uns nötig sind. Daher sind die Vertiefungen bezüglich der Rolle dieser Bewegungen für uns sehr bedeutsam. Einerseits sehen wir die Germanen-Alemannen, die sich nicht ergeben und sich nicht beugen, andererseits die Germanen-Alemannen, die willkürlich einfältig, eigensinnig, dickköpfig, engstirnig, zornig sind und niemanden außer sich selbst kennen.

In diesen Diskussionen haben wir den Freund Bager in die Tiefen der deutschen Geschichte begleitet und ihm viele Fragen gestellt. Sehr eindrucksvoll ist dabei, dass wir einander ähneln, egal wo auf der Welt wir leben, wenn wir von an einem Ort kommen, an dem eigensinnige Stämme gelebt haben. Als nun Heval Bager aufstand und ein bisschen sich und ein bisschen die Germanen und Germaninnen erläuterte, war die gesamte Schule beeindruckt davon, dass Germanen und Germaninnen und Kurden und Kurdinnen sich ähnelten, wie es auch im Vergleicht mit den Araber und Araberinnen, Persern und Perserinnen und anderen Völker mit Stammestradition an anderen Orten der Welt auffällig ist. Wenn sich etwas geändert hat, so besonders in den letzten 200 Jahren, also durch nichts anderes als das Zeitalter des Monsters namens Nationalstaat, Rassismus, Fundamentalismus und Sexismus sowie der positivistischen Ideologien, die die Völker voneinander abtrennen und miteinander verfeinden. Je mehr wir uns dessen bewusst werden, desto mehr schließen wir das kommunale und natürliche Leben in unsere Arme und entwickeln unsere Utopie im Kampf gegen den Rassismus und jede andere Krankheit, die der Nationalstaat ausgebreitet hat, immer weiter.

Da wir alles in Verbindung setzen, sehen wir Che, der im einen Teil der Erde aufsteht und sich auf den Weg macht und sich für die Umsetzung der Revolution auf den Weg nach Afrika macht. Der Weggefährte Bager kommt ebenso von einem Teil der Erde in einen anderen Teil der Welt in ein anderes Land, um sich für die Revolution und Freiheit eines Volkes mit dem kämpferischen Geist seines Volkes in den Reihen der Revolution zu beteiligen.

Auf diese Weise haben wir in vielen Unterrichtseinheiten mit dem Freund Bager diskutiert. Er fragte und die Freunde und Freundinnen antworteten, die Freunde und Freundinnen fragten und er antwortete. Ist das Revolutionärsein nicht eben, dass wir uns gegenseitig vervollständigen? Wenn Revolutionärsein das sich gegenseitig vervollständigen ist, dann hat der Freund Bager den Freunden und Freundinnen gegeben, was er geben konnte und die Freunde und Freundinnen gaben, was es zu geben und zu vertiefen galt.

Je mehr wir die Vertiefung sahen, die in dem Freund vor sich ging, desto weiter trugen uns unsere Diskussionen bis an viele Orte der Welt. Bald ließ sich erkennen, dass der Freund Bager bewusst die Berge Kurdistans gewählt hatte und hergekommen war. Auf diese Weise habe ich durch ihn das große Interesse verstanden, mit dem das Paradigma Abdullah Öcalans zunächst in Europa, aber auch an vielen anderen Orten weltweit aufgenommen wird. Seit 1990 bis heute zählte er die neuen Suchbewegungen, die sich weltweit an vielen Orten entwickelt haben, eine nach der anderen auf. Wirklich, je mehr er erzählte, desto mehr erweiterte sich mein Horizont und der aller Freunde und Freundinnen. Wenn man lernt, dass er mit Weggefährte und Weggefährtinnen an einem anderen Ort der Welt dieselben Gefühle und Gedanken teilt und im selben Geist lebt, so erweitert es das Herz jeder und jedes Einzelnen und erweitert ihren Horizont. Natürlich gibt es Forschungen, die wir anstellen und studieren, insbesondere mit vielen deutschen Freund_innen, die ich kennen gelernt habe, mit denen ich diskutiert habe, mit den vielen Internationalistinnen und Internationalisten, die ich getroffen habe. Ich kann jedoch klar sagen, dass ich das Paradigma Abdullah Öcalans am meisten mit Heval Bager diskutiert habe.

Der Bildungsdurchgang ging auf sein Ende zu. Bei uns werden vor dem Ende der Bildung Plattformen durchgeführt. Unsere Plattformen sind der Angelpunkt für die Bewusstwerdung und Veränderung jeder und jedes Einzelnen von uns. Wir verstehen das Leben als kritikwürdig und berichtigen es – Freundinnen und Freunde geben Kritiken für uns und wir geben unsere Selbstkritik für sie. Plattformen sind unsere Aktionsform dafür. Die wirksamste Waffe der Freiheitskämpfenden ist die Kritik und Selbstkritik. Das grundlegendste Ziel dieser Plattformen ist es, unsere Eigenschaften, die der demokratischen Moderne nicht entsprechen, selbst zu erkennen und durch Kritik und Selbstkritik zu überwinden.

Auch Heval Bager hatte solch eine Plattform. In ihr wurde deutlich, wie sehr die Freunde und Freundinnen Heval Bager wertschätzten und respektierten. Zweifellos schafft ein Revolutionär selbst den ihn auszeichnenden Respekt. Die Achtung ihm gegenüber, war gekennzeichnet durch den Bezug auf seine sozialistische und treue Persönlichkeit.

Vielleicht wird es euch besonders erscheinen, doch ich möchte es ein weiteres Mal sagen. Die Wirklichkeit, die wir Freiheitskämpfenden auf höchster Weise verteidigen, ist, dass jede und jeder mit ihrer eigenen Art und Farbe[163] zum revolutionären Kampf beiträgt. Wir wollen, dass jedejede und jeder sich mit

163 Im Kurdisches gebräuchliches Bild: Jeder Mensch trägt seine oder ihre eigene Farbe zu etwas bei.

ihrer und seiner Farbe und Kultur beteiligt. Wer aus der arabischen Gesellschaft kommt, mit der Farbe der Araber und Araberinnen, ein Türke oder eine Türkin mit der Farbe der türkischen Gesellschaft, eine Armenierin oder ein Armenier mit der Farbe der armenischen Gesellschaft, eine oder ein Suryoye beteiligt sich mit der Farbe der Gesellschaft der Suryoye. Oder auch der alevitische, êzîdische oder ein anderer Glaube beteiligt sich mit den Farben seiner Gesellschaft. Wer sich nicht mit seiner eigenen Farbe am Kampf der Revolution beteiligt, kann auch nicht sein ganzes Potenzial entfalten. Wer stattdessen jemand oder einige andere nachahmt, kann sich seiner selbst nicht bewusst werden. Heval Bager besaß in seinem Leben, seiner Haltung, seiner Sprache, seinen Liedern und den Beziehungen zu seinen Freunden und Freundinnen eine reife und bewusste Haltung. In den Plattformen wurde er mit seiner beispielhaften Haltung eine leibhaftige Kritik für die Freunde und Freundinnen, die ihren Bericht nicht auf Kurdisch verfasst hatten. Gleichzeitig hat er bei seinen Plattformen stets tiefgründig über die Wirklichkeit der deutschen Gesellschaft nachgedacht, denn jedes Kraut und jede Blume erblüht aus ihren eigenen Wurzeln. Also sollte eine deutscher Freund oder eine deutsche Freundin nicht zur Kurdin bzw. einem Kurden werden; um die Kurden und Kurdinenn zu verstehen, ist eine empathische Annäherung zweifellos dennoch notwendig, dementsprechend hat er dies auch getan. Heval Bager war ein solcher Freund. Er hat sich so sehr mit dem Guerilla- und Revolutionärsein vereinigt, dass seine Freunde und Freundinnen ihn bewunderten.

Zum Abschluss der Bildungseinheit kam die Musikgruppe *Amara* zu den Festlichkeiten der Mazlum-Doğan-Akademie. Heval Bager hat dutzende Lieder auf verschiedensten Sprachen gemeinsam mit der Gruppe gesungen und begeisterte alle Freunde und Freundinnen. Als ein in Deutschland aufgewachsener Freund bat ich ihn, das Lied ›Roter Wedding‹ zu singen, was er mit großer Freude tat. Nach all den Jahren mit der Stimme von Heval Bager das deutsche revolutionäre Lied ›Roter Wedding‹ zu hören, hat mir eine große Freude und Motivation bereitet.

So gut wie alle Freunde und Freundinnen wussten von der Geschicklichkeit und den Fähigkeiten Heval Bagers. Unter vielen Talenten spielte er sehr schön auf der Gitarre und der Geige. Alle Schüler_innen der Schule sahen und wussten, dass er Gitarre spielt. Der Freund Bager spielte nicht nur Gitarre und Geige, sondern er sang ebenso schön Lieder dazu. Es wurde viel diskutiert und ein Kulturkomitee aufgebaut, um Lieder in vielen verschiedenen Sprachen zu schaffen. Das grundlegende Ziel war es, in verschiedenen Sprachen Lieder über die großen Kommandanten und Revolutionäre Erdal (Engîn Sîncer), Atakan (Suleyman Çoban) und Egîd (Mahsûm Korkmaz) zu schreiben und zu singen. Einen ganzen Winter lang wollten sie gemeinsam mit der Musikgruppe *Awazên Çiya* Lieder schöpfen, um diese Freunde wie Che Guevara mit seinem Lied unsterblich zu machen. Dafür ist auch Heval Bager für eine bestimmte Zeit in die Kulturarbeiten versetzt worden.

Als Heval Bager in den Kulturarbeiten war, haben wir uns noch manchmal gesehen, doch vor allem haben wir uns geschrieben. Da er sehr tiefgründige ideologische Bewertungen vornahm, schickte er mir einige Texte zu, um sie weiterzusenden. Ich hatte ihm auch vorgeschlagen, Texte über das Paradigma zu schreiben. Auch hat er von mir Material und Quellen zu den deutsch-türkischen und deutsch-kurdischen Beziehungen angefordert, um dazu zu forschen. Ich habe das Material bei mir gesammelt und aus Archiven angefordert, zusammengestellt und ihm zugeschickt.

In einer Zeit, als wir voller Erwartung für die Guerilla Kurdistans und das Paradigma der demokratischen Moderne waren, auf Vertiefung, Vermehrung und seine dahingehend neue Schöpfung in kultureller und künstlerischer Hinsicht, haben Flugzeuge des faschistischen türkischen Staates am 14. Dezember 2018 die Medya-Verteidigungsgebiete angegriffen und wir haben die traurige Nachricht erhalten, dass er gefallen ist. Es ist angemessen zu sagen, dass alle Freund_innen, die Heval Bager kannten, zerbrachen. Die Worte waren in ihren Mündern vertrocknet!

Die Schwere der Winter in Kurdistan ist bekannt. In diesem Monat des schweren Winters bargen die Freunde und Freundinnen den Körper von Heval Bager von dem Ort, an dem er gefallen war, und brachten ihn mit einer eindrucksvollen Gedenkfeier zum Friedhof der Gefallenen. Als sein Körper auf dem Friedhof begraben wurde, war auch ich anwesend. Keine Freundin und kein Freund bekam nur ein Wort über die Lippen, doch die Tränen ihrer Augen wollten nicht versiegen. Fast alle Freunde und Freundinnen, die ihn begruben, hatten ihn gekannt. Die größte Wut der Freunde und Freundinnen bezog sich darauf, dass ein Freund vom anderen Teil der Welt kommt und die Art und Weise von Che zum Leben erweckt, um für die Revolution in Kurdistan zu kämpfen und dann unter uns seinen letzten Weg geht. Kämpfende, die sich der Revolution anschließen, wissen, sobald sie ihre Schritte in diesem Kampf gehen, dass Revolution und Revolutionärsein seinen Preis hat. Diejenigen, die glauben, dass eine andere Welt möglich ist, wissen zweifellos, dass dies nicht geschieht, ohne Opfer dafür zu geben. Daher haben sich im Freiheitskampf Kurdistans bereits Zehntausende schöne Seelen der Revolution gewidmet!

Die Haltung jeder Revolutionärin und jedes Revolutionärs, die sich den Bergen und der Guerilla zugewendet hat, ist stets in diesen Worten Ches versteckt, im Gefühl davon, dass »woher auch immer und wie auch immer der Tod kommen wird, wenn die Worte unserer Münder in den Ohren aller widerhallen, unsere Waffe nicht aus den Händen fällt, andere Menschen mit den Rufen des Krieges und des Erfolges und mit den Geräuschen der Gewehre auf unseren Gräbern verweilen, so soll der Tod voller Segen und willkommen sein«.

So sehr wir uns dessen bewusst sind, so lässt unser Herz nicht los und akzeptiert nicht, dass ein Freund von jener Seite der Erde gekommen ist und Schulter an Schulter mit uns in unserem Land für die Revolution Kurdistans gekämpft hat, zur Brücke der Revolution wurde, von uns genommen wurde und gehen muss. Das akzeptieren wir niemals. Mit anderen Worten: »Bis die Träume nur noch eine Weintraube im Sonnenlicht sind«, werden wir in der Persönlichkeit Heval Bagers unseren Kampf auf höchster Ebene fortsetzen, bis zum Erfolg, um die Träume, Utopien und Ziele aller Revolutionäre und Revolutionärinnen für die Freiheit zu verwirklichen.

Unsere Worte für das Leben, unsere Suche im Leben und unser Maßstab im Leben immer und bei jedem Schritt:

Hasta la Victoria Siempre!
An Sosyalîzm an Sosyalîzm! Entweder Sozialismus oder Sozialismus!
Jiyan an dê azad be yan azad be! Das Leben wird frei sein oder frei sein!

Şehîd Qasim Engîn

Heval Qasim Engîn war ein Pionier des neuen Internationalismus, so beschrieb es die Internationalistische Kommune. Er lernte die Freiheitsbewegung Kurdistans in seiner Familie kennen und beteiligte sich ab 1985 in Deutschland an den Arbeiten der Bewegung. 1989 beschloss er, professioneller Revolutionär zu werden. Seitdem war er im Mittleren Osten in allen Bereichen der PKK tätig und zuletzt Mitglied des Zentralkomitees der Partei. In den 90ern verbrachte er einige Jahre bei Abdullah Öcalan im Libanon und übersetzte dort viele der diplomatischen und journalistischen Besuche in europäische Sprachen. Er war ein Liebhaber von Literatur, Musik und Tanz und hatte selbst herausragende Fähigkeiten. Seine Gedichte drücken eine tiefe Wut gegenüber der kolonialen Gewalt aus, der Kurd_innen ausgesetzt sind.

In seinem zuletzt veröffentlichtes Buch namens *Dîrok niha ye* (›Die Geschichte ist jetzt‹) setzt er der kolonialen Geschichtsschreibung auf 800 Seiten seine eigene Forschung entgegen. Dabei beruft er sich nicht nur auf schriftliche Quellen, die so oft die Geschichte der Kolonisierten auslöschen, sondern auch auf Erzählungen und Begegnungen, die er in seiner dreißigjährigen Praxis in den Bergen, Tälern und Ebenen Kurdistans gesammelt hatte. Sein Deutsch hat Heval Qasim nie verlernt, auch durch die Bücher in deutscher Sprache, die er immer weiter gelesen hat. Er pflegte einen besonderen Kontakt zu Internationalist_innen aus aller Welt und im Speziellen aus Deutschland, die ihren Weg in die Berge Kurdistans gefunden hatten. Wie kein anderer verstand er es, diesen aus der Ferne angereisten Freund_innen ihren eigenen Eurozentrismus anhand einfacher Beispiele vor Augen zu führen und sie in die Welt auf der Seite der Kolonisierten einzuführen, der ›Verdammten dieser Erde‹. Er verbrachte im Sommer 2018 mehrere Monate gemeinsam mit Heval Bager, sie führten intensive Gespräche und entwickelten eine beeindruckende Freundschaft. Zum Gedenken schrieb Heval Qasim Engîn den oben abgedruckten Text. Heval Qasim Engîn wurde am 27. Mai 2020 von türkischer Kriegstechnologie ermordet. Es ist von einem gezielten Attentat auszugehen, das durch Geheimdienstinformationen, Agententätigkeiten und moderne Drohnenüberwachung ausgeführt wurde.

Glossar

AKP (Adalet ve Kalkınma Partisi): Partei für Gerechtigkeit und Entwicklung

ANF (Ajansa Nûçeyan a Firatê): News Agency Nachrichtenagentur Firat

APPO (Asamblea Popular de los Pueblos Oaxaca): Gesellschaftliche Versammlung der Gemeinschaften Oxaca

BDP (Bariş ve Demokrasi Partisi): Partei des Friedens und der Demokratie

CHP (Cumhuriyet Halk Partisi): Republikanische Volkspartei

DBP (Demokratik Bölgeler Partisi): Demokratische Partei der Regionen

DİTİB (Diyanet İşleri Türk İslam Birliği): Türkisch-Islamische Union der Anstalt für Religion e.V.

DTP (Demokratik Toplum Partisi): Partei der demokratischen Türkei

EZLN (Ejército Zapatista de Liberación Nacional): Zapatistische Armee der Nationalen Befreiung

GAP (Güneydoğu Anadolu Projesi): Südost-Anatolien-Projekt

HDP (Halkların Demokratik Partisi): Demokratische Partei der Völker

HPC (Hêzên Parastina Civakî): Gesellschaftliche Verteidigungskräfte

HPC – Jin (Hezên Parastina Civakî – Jin): Gesellschaftliche Frauenverteidigungskräfte

HPG (Hezên Parastina Gel): Volksverteidigungseinheiten

IS: Islamischer Staat

KC (Komalên Ciwan): Gemeinschaften der Jugend

KCK (Koma Civakeyên Kurdistan): Union der Gesellschaften Kurdistans

KCR (Komela Ciwanên Rojhilat): Gemeinschaft der Jugend Ostkurdistan

KDP (Partiya Demokrata Kurdistanê): Demokratische Partei Kurdistan

KKM (Komeleya Karkerên Mezopotamyayê): Verein der Werktätigen aus Mesopotamien

KJAR (Komelgeha Jinên Azadiya Rojhilat): Gemeinschaften der freien Frauen Ostkurdistan

KNK (Kongreya Neteweyî Kurdistanê): Kurdischer Nationalkongress

MHP (Milliyetçi Hareket Partisi): Partei der Nationalistischen Bewegung

MİT (Millî İstihbarat Teşkilâtı): Nationaler Aufklärungsdienst

PAJK (Partiya Azadiya Jina Kurdistanê): Freie Frauenpartei Kurdistan

PJAK (Partiya Jiyana Azad a Kurdistanê): Partei für ein freies Leben Kurdistan

PKK (Partiya Karkerên Kurdistanê): Arbeiterpartei Kurdistan

PUK: Patriotische Union Kurdistan (siehe YNK)

RAF: Rote Armee Fraktion

QSD (Qewetên Syria Demokratî): Demokratischen Kräfte Syriens (siehe SDF)

SDF (Syrian Democratic Forces): Demokratischen Kräfte Syriens

TC (Türkiye Cumhuriyeti): Türkische Republik

Tev-Dem (Tevgera Demokratik): Demokratiebewegung

YBŞ (Yekîneyên Berxwedana Şingal): Widerstandeinheiten Şengal
YJA – STAR (Yekîtiya Jinên Azad – Star): Einheiten der freien Frauen
YNK (Yekêtiy Niştimaniy Kurdistan): Patriotische Union Kurdistan
YPS (Yekîneyên Parastina Sivîl): Zivile Verteidigungskräfte
YPG (Yekîneyên Parastina Gel): Volksverteidigungseinheiten
YPJ (Yekîneyên Parastina Jin): Frauenverteidigungseinheiten
YRK (Yekîneyên Rojhilatê Kurdistanê): Ostkurdistaneinheiten
YSP (Yeşil Sol Parti): Grüne Linkspartei
YXK (Yekîtiya Xwendekarên Kurdistan): Verband der Studierenden aus Kurdistan